DIE ZEIT

Welt- und Kulturgeschichte

DIE ZEIT

Welt- und Kulturgeschichte

Epochen, Fakten, Hintergründe in 20 Bänden

Mit dem Besten aus der ZEIT,
u. a. mit Beiträgen
von Richard Herzinger,
Thomas Fischermann
und Volker Ullrich

10 Zeitalter der Revolutionen

Europa im Zeitalter des Absolutismus II (1648–1770)

Europa im Zeitalter der Revolutionen (1770–1850)

Amerika I (1770–1860)

Zeitverlag
Gerd Bucerius GmbH & Co. KG

Herausgeber
Zeitverlag Gerd Bucerius GmbH & Co. KG
Pressehaus, Speersort 1, 20095 Hamburg
Bibliographisches Institut & F. A. Brockhaus AG

Projektleitung Dr. Hildegard Hogen
Redaktion Jürgen Hotz M. A., Klaus M. Lange, Mathias Münter-Elfner, Marianne Strzysch-Siebeck
Bildredaktion Dr. Eva Bambach (Leitung), Dipl.-Geogr. Ellen Astor, Dr. Rainer Ostermann, Eva van Meeuwen M. A.
Redaktionsleitung ZEIT Aspekte Dr. Dieter Buhl
Layout Sigrid Hecker
Einband- und Umschlaggestaltung Mike Kandelhardt
Herstellung Constanze Sonntag

Bibliografische Information der Deutschen Bibliothek
Die Deutsche Bibliothek verzeichnet diese Publikation in der Deutschen Nationalbibliografie; detaillierte bibliografische Daten sind im Internet über http://dnb.ddb.de abrufbar.

Namen und Kennzeichen, die als Marke bekannt sind und entsprechenden Schutz genießen, sind durch das Zeichen ® gekennzeichnet. Handelsnamen ohne Markencharakter sind nicht gekennzeichnet. Aus dem Fehlen des Zeichens ® darf im Einzelfall nicht geschlossen werden, dass ein Name oder Zeichen frei ist. Eine Haftung für ein etwaiges Fehlen des Zeichens ® wird ausgeschlossen.

Alle Rechte vorbehalten. Nachdruck, auch auszugsweise, verboten.
Das Werk einschließlich aller seiner Teile ist urheberrechtlich geschützt. Jede Verwertung außerhalb der engen Grenzen des Urheberrechtsgesetzes ist ohne Zustimmung des Verlags unzulässig und strafbar. Das gilt insbesondere für Vervielfältigungen, Übersetzungen, Mikroverfilmungen und die Einspeicherung und Verarbeitung in elektronischen Systemen.

© Zeitverlag Gerd Bucerius GmbH & Co. KG, Hamburg 2006
   Bibliographisches Institut, Mannheim 2006

Satz A–Z Satztechnik GmbH, Mannheim (PageOne, alfa Media Partner GmbH)
Druck und Bindung GGP Media GmbH, Pößneck
Printed in Germany

ISBN Gesamtwerk: 3-411-17590-7
ISBN Band 10: 3-411-17600-8

Abbildungen auf dem Einband aisa, Archivo iconográfico, Barcelona: Afrika, Aksum, Konfuzius, Byzanz, China Kolonialismus, Erster Weltkrieg, Etrusker, Franken, Französische Revolution, Hausa, Huangdi, Mesopotamien, Mykene, Osmanisches Reich, Steinzeit, Zweiter Weltkrieg; akg-images, Berlin: Erster Weltkrieg, Jungsteinzeit, Stalin; Bibliographisches Institut & F. A. Brockhaus AG, Mannheim: Ägypten, Avignon, Gandhi, Minoer, Preußen, Taj Mahal; Farb- und Schwarzweiß-Fotografie E. Böhm, Mainz: Buddhismus; A. Burkatovski, Rheinböllen: Katharina II., Skythen; M. Gropp, Unterhaching: Maya; Image Source, Köln: Kolosseum; Istituto Geografico de Agostini, Novara: Napoleon, Römer; Dr. V. Janicke, München: Mogulreich; picture-alliance/akg-images, Frankfurt am Main: Afrika – Sklavenhandel, Amerika – Unabhängigkeit, Azteken, Heinrich IV., Indianer, Karolinger, Lenin, Ludwig XIV., Luther, Marx, Maximilian I., Metternich, Mittelalter, Ottonen, Sonnenwagen von Trundholm, Völkerwanderung, Wirtschaftswunder; picture-alliance/Bildfunk, Frankfurt am Main: Bronzezeit; picture-alliance/dpa, Frankfurt am Main: Clinton, Golfkrieg, Gorbatschow, Kennedy, Kohl, Mandela, Mauerfall, UN

Die Reihe im Überblick

Anfänge der Menschheit und Altes Ägypten
Vor- und Frühgeschichte
Ägypten (3000–330 v. Chr.) Band 01

Frühe Kulturen in Asien
Frühe Hochkulturen in Vorderasien
(3000–539 v. Chr.)
Persien (539–330 v. Chr.)
Frühe Hochkulturen in Süd- und Ostasien I
(3000–221 v. Chr.) Band 02

Frühe Kulturen in Europa
Frühe Hochkulturen in Süd- und Ostasien II
(3000–221 v. Chr.)
Frühe Kulturen der antiken Welt
(700 v. Chr.–500 n. Chr.) Band 03

Klassische Antike
Griechische Antike (1600–30 v. Chr.)
Römische Antike I (650 v. Chr.–395 n. Chr.) Band 04

Spätantike und Völkerwanderungszeit
Römische Antike II (650 v. Chr.–395 n. Chr.)
Völkerwanderung (395–565)
Vorderasien und Afrika I (850 v. Chr.–651 n. Chr.) Band 05

Aufstieg des Islam
Vorderasien und Afrika II (850 v. Chr.–651 n. Chr.)
Süd- und Ostasien (320 v. Chr.–550 n. Chr.)
Die arabische Welt (610–1492)
Europa im Mittelalter I (550–1500) Band 06

Europa im Mittelalter
Europa im Mittelalter II (550–1500) Band 07

Frühe Neuzeit und Altamerika
Europa in der frühen Neuzeit (1500–1648)
Altamerika (13000 v. Chr.–1492 n. Chr.) Band 08

Zeitalter des Absolutismus
Süd- und Ostasien (550–1650)
Afrika (300–1800)
Europa im Zeitalter des Absolutismus I
(1648–1770) Band 09

Zeitalter der Revolutionen
Europa im Zeitalter des Absolutismus II
(1648–1770)
Europa im Zeitalter der Revolutionen
(1770–1850)
Amerika I (1770–1860) **Band 10**

Zeitalter der Expansionen
Amerika II (1770–1860)
Süd- und Ostasien (1520–1870)
Afrika (1500–1850)
Die Welt im Zeitalter des Nationalismus I
(1850–1918) Band 11

Zeitalter des Nationalismus
Die Welt im Zeitalter des Nationalismus II
(1850–1918)
Der Erste Weltkrieg I Band 12

Erster Weltkrieg und Zwischenkriegszeit
Der Erste Weltkrieg II
Die Welt im Zeitalter des Totalitarismus I
(1919–1945) Band 13

Zweiter Weltkrieg und Nachkriegszeit
Die Welt im Zeitalter des Totalitarismus II
(1919–1945)
Die Welt im Zeitalter des Ost-West-Konflikts I
(1945–1991) Band 14

Zeitalter des Ost-West-Konflikts
Die Welt im Zeitalter des Ost-West-Konflikts II
(1945–1991) Band 15

Die Welt heute
Krisenherde im Nahen und Mittleren Osten
Der Nord-Süd-Konflikt
Die Welt an der Jahrtausendwende
Globale Entwicklungen heute Band 16

Lexikon der Geschichte Bände 17 bis 19

Chronik, Literaturhinweise, Register
Chronik der Weltgeschichte
Literaturhinweise
Gesamtinhaltsverzeichnis
Autorenverzeichnis
Personen- und Sachregister Band 20

Inhaltsverzeichnis

Europa im Zeitalter des Absolutismus

Die europäischen Mächte in der Epoche des Ancien Régime *(Fortsetzung)*

Der autokratische Gendarm: Russland von Katharina II., der Großen, bis zu Nikolaus I. *Edgar Hösch*	12
Der Bär zeigt seine Pranken: Die Expansion Russlands *Horst Gründer*	29
»Die Knute folgt der Flagge«: Die Erschließung Sibiriens *Horst Gründer*	45
Zusammenprall von Abendland und Morgenland: Die Türkenkriege *Edgar Hösch*	55
Der »kranke Mann am Bosporus«: Europa und das Osmanische Reich *Edgar Hösch*	65
Vom Niedergang einer Großmacht: Das Osmanische Reich im 18. Jahrhundert *Klaus Kreiser*	74
Um den Fortbestand ringend: Das Osmanische Reich im 19. Jahrhundert *Klaus Kreiser*	88

Exkurs: Der Adel
Klaus Vetter — 101

Europa im Zeitalter der Revolutionen

Kennzeichen der Epoche

Und es ward Licht! – Die Aufklärung
Georg Seiderer   128

»Jederzeit selbst denken«: Leitbegriffe und
Wirkungsgeschichte der Aufklärung
Georg Seiderer   136

Im Geiste der Aufklärung: Die »Encyclopédie«
Hans Wussing   151

Freiheit, aber für wen? – Der Liberalismus und
der Konservativismus   *Erich Pelzer*   156

Die »Erfindung« der Nation: Der Nationalismus
Erich Pelzer   163

»Eigentum ist Diebstahl«: Der Frühsozialismus
Peter Kranepuhl   168

Wirtschaftliche Schranken fallen:
Vom Zunftzwang zur Gewerbefreiheit
Rolf Walter   180

Gegen Zölle und Monopole: Der Freihandel
Rolf Walter   191

Die Bindung an Boden und Lehnsherrschaft wird
aufgelöst: Die Bauernbefreiung   *Rolf Walter*   194

»Gott Baumwolle«: Die industrielle Revolution
Rolf Walter   207

»Herkules Eisenbahn«: Die Industrialisierung
in Deutschland   *Rolf Walter*   220

Die Französische Revolution

Adel, Klerus, Bürger, Bauern:
Die vorrevolutionäre Krise   *Erich Pelzer*   232

Vom dritten Stand zur Nation:
Die Revolutionen im Sommer 1789   *Erich Pelzer*   237

Eine neue Ordnung entsteht:
Die Ablösung des Ancien Régime   *Erich Pelzer*   246

Auf dem Weg zur Republik:
Die Ereignisse der Jahre 1791/92   *Erich Pelzer*   257

Robespierre bemächtigt sich des Schafotts:
Die Diktatur des Wohlfahrtsausschusses (1793/94)
Erich Pelzer   274

Die bürgerliche Republik:
Das Direktorium (1795–99)   *Erich Pelzer*   281

Freiheit, Gleichheit, Brüderlichkeit:
Die Leitbegriffe der Französischen Revolution
Erich Pelzer   285

Eroberung oder Befreiung? – Das revolutionäre
Frankreich und die europäischen Mächte
Erich Pelzer   293

»Und ihr könnt sagen, ihr seid dabei gewesen«:
Der erste Koalitionskrieg und der Aufstieg
Napoleons   *Erich Pelzer*   303

Das Zeitalter Napoleons

Napoleons Meisterstück:
Der Staatsstreich des 18. Brumaire   *Erich Pelzer*   311

Die Revolution ist beendet: Konsulat (1799–1804)
und Kaiserreich (1804–14/15)   *Erich Pelzer*   315

Krieg und Frieden: Napoleons Machtentfaltung
Erich Pelzer   321

Rückschläge und Sturz: Das Ende des Empire
Erich Pelzer   332

Restauration und Vormärz

Neuordnung unter dem Vorbehalt der Reaktion:
Der Wiener Kongress   *Erich Pelzer*   341

Nach der Herrschaft der »Hundert Tage«:
Die Restaurationszeit in Frankreich
Erich Pelzer   350

Um Verfassung und Nation:
Die Freiheits- und Nationalbewegungen
Erich Pelzer   361

Der »Bürgerkönig« besteigt den Thron:
Die Julirevolution und die Julimonarchie
in Frankreich   *Erich Pelzer*   365

Vom Hambacher Fest zum Frankfurter
Wachensturm: Der Vormärz   *Erich Pelzer*   377

Die Revolutionen von 1848/49

Bürger auf den Barrikaden:
Vorgeschichte und Beginn der Revolution
Gerhard Baum   380

Um Freiheit und Einheit: Die Revolutionen in
Frankreich und Italien   *Gerhard Baum*   391

Von der Paulskirche zur Hofburg: Die Revolutionen
in Deutschland, Österreich und Ungarn
Gerhard Baum   400

Die Monarchen erstarken wieder:
Die Auswirkungen der Revolution
Gerhard Baum   412

Exkurs: Revolution
Vera Nünning   415

Amerika

Nordamerika

Nova Gallia in der Neuen Welt:
Die Anfänge des französischen Kolonialreichs
Horst Gründer   **440**

Von den Irokesenkriegen zum »Louisiana Purchase«:
Der Niedergang des französischen Kolonialreichs
Horst Gründer   **453**

Freibeutertum und Nonkonformismus:
Die Anfänge des britischen Kolonialreichs
Horst Gründer   **460**

Von Jamestown nach Philadelphia:
Die Etablierung des britischen Kolonialreichs
Horst Gründer   **476**

Das Streben nach Glück:
Die Amerikanische Revolution
Jürgen Heideking   **490**

Das Lösen der Bande: Die Formulierung der
Unabhängigkeitserklärung und der Verfassung
Jürgen Heideking   **492**

Siegreiche Rebellen: Der Unabhängigkeitskrieg
Jürgen Heideking   **505**

ZEIT Aspekte   ab S. 513

Katharina die Große · Osmanisches Reich ·
Krimkrieg · Freimaurer · Alexis de Tocqueville ·
Liberalismus · Nationalismus · Manchestertum ·
Industrielle Revolution · Friedrich List · Napoleon ·
Revolution in Deutschland

Der autokratische Gendarm: Russland von Katharina II., der Großen, bis zu Nikolaus I.

Die neue Alleinherrscherin hatte es anfangs nicht leicht, mit dem Makel der Gattenmörderin zu leben und sich ihren Untertanen als treu sorgende Landesmutter zu empfehlen. Die öffentliche Meinung des Auslandes umwarb sie mit einem betont aufgeklärten Regierungsprogramm, dessen Grundzüge sie im regen Briefkontakt mit den großen Geistern der Zeit eingehend erläuterte. Montesquieu, eigentlich Charles de Secondat, Baron de la Brède et de Montesquieu, und der italienische Jurist Cesare Beccaria hatten ihr die Feder geführt bei der Abfassung ihrer Aufsehen erregenden »Großen Instruktion« von 1767, in der sie die theoretischen Vorgaben und das Aufgabenfeld der Gesetzgebungskommission umriss, zu der sie gewählte Vertreter aus allen Landesteilen eingeladen hatte.

Die »republikanische Autokratin« Katharina II.

Katharina II. fühlte sich einer praktischen Philanthropie aus pietistischem Geiste verpflichtet, war sich aber auch der Grenzen ihrer Macht, so unter anderem in der Frage der Leibeigenschaft, bewusst. Sie gefiel sich in der Rolle der wahren Testamentsvollstreckerin Peters des Großen, dem sie 1782 am Newaufer ein imposantes Denkmal errichten ließ. Die bildungsbeflissene Monarchin folgte ihm indes nicht in einer planlosen Neuerungssucht. Sie suchte die Annäherung an die europäischen kulturellen Traditionen.

Als gelehrige Schülerin der französischen Aufklärungsphilosophen und der deutschen Kameralisten bemühte sie sich redlich, den Armen und Entrechteten in einer von den Adelsinteressen dominierten Gesellschaft zu helfen und in der Ausübung der öffentlichen Gewalt rechtsstaatliche Normen zur Geltung zu bringen. Sie hatte das allgemeine Wohl und den Staatsnutzen im Blick bei der Einrichtung von Findel- und Waisenhäusern in Sankt Petersburg und Moskau, bei ihren schulreformerischen Maßnahmen in Anlehnung an die in der Habsburger Monarchie erprobten Erziehungspläne, bei der Berufung ausländischer Siedler und der Begründung der »Freien Ökonomischen Gesellschaft zur Beförderung

100563

Katharina II. stand in brieflicher Verbindung mit dem Staatsphilosophen Montesquieu (Bild). Ihre »Große Instruktion« von 1767 wurde neben Cesare Beccaria von dem durch seine Gewaltenteilungslehre berühmten Franzosen inspiriert.

von Landwirtschaft und des Hausstandes in Russland« (1765), bei der Kirchen- und Klosterreform nach josephinischem Muster und bei den Versuchen zur Neuordnung der Gouvernementsverwaltung (1775) und der Behördenorganisation.

Auf längere Sicht strebte sie eine Vereinheitlichung der Verwaltungsstrukturen in allen Landesteilen und einen Abbau provinzieller Sonderrechte an. In einer Instruktion aus dem Jahre 1764 empfahl sie eine sanfte Russifizierungspolitik in den Westgebieten. Die traditionelle Hochburg der Saporoger Kosaken in der Sitsch löste sie 1775 auf. Ihre beiden Gnadenurkunden des Jahres 1785 gestanden den Stadtbewohnern und dem Adel auf Gouvernements- und Kreisebene obrigkeitlich reglementierte korporative Zusammenschlüsse zu und banden gleichzeitig die gewählten adligen und städtischen Vertretungen in die Lokalverwaltung ein, um der mangelnden Präsenz des Staates in den Regionen des Reiches abzuhelfen.

Das Toleranzedikt vom 17. Juni 1773 versprach die Duldung aller religiösen Bekenntnisse, doch den Juden, die im Zuge der polnischen Teilungen in größerer Zahl zu Untertanen des Reiches geworden waren, beschränkte

Die 1764–67 von dem frühklassizistischen Architekten Jean-Baptiste Michel Vallin de la Mothe als Schloss für die russische Kaiserin Katharina II. erbaute Eremitage in Sankt Petersburg beherbergt heute eines der berühmtesten Kunstmuseen der Welt.

> **INFOBOX**
>
> **Die Kosaken**
> Die Kosaken lebten als kriegerische Gemeinschaften freier Reiterverbände in den Randgebieten der osteuropäischen Steppenzone. Sie rekrutierten sich u.a. aus Bauern, die sich so der Leibeigenschaft bzw. dem wirtschaftlichen Druck auf den Adelsgütern entziehen wollten. Aufgrund der schlechten wirtschaftlichen Bedingungen wurde das Kosakentum in der 2. Hälfte des 15. Jh. zur Massenerscheinung. Es bildeten sich jenseits der regulär verwalteten Territorien von Polen-Litauen und Russland freie Kosakengemeinschaften: großrussische an Don, Wolga, Ural, Terek und ukrainische am Dnjepr. Die Festung Sitsch, auf schwer zugänglichen Inseln im Dnjepr gelegen, war seit Mitte des 16. Jh. das befestigte Zentrum der Saporoger Kosaken.
> Die Kosaken organisierten sich in Reiterheeren unter gewählten Atamanen (bei den Saporoger Kosaken Hetmanen) und lebten von Beutezügen und etwas Landwirtschaft. Gleichzeitig kämpften die »registrierten« Kosaken gegen Besoldung in den Heeren Polens und des Moskauer Staates.

sie rigoros die Freizügigkeit auf die bisherigen Siedlungsgebiete im »Ansiedlungsrayon«. Vor einer radikalen Änderung der bestehenden Sozialverfassung schreckte sie trotz der unübersehbaren sozialen Missstände zurück. Den Aufruhr unzufriedener leibeigener Bauern und Fremdvölker in der Wolgaregion 1773 ließ sie brutal niederschlagen.

s. ZEIT Aspekte
Katharina die Große
S. 516

Katharina II. und ihre Außenpolitik
Das überraschende Ausscheren Peters III. aus der Kriegskoalition hatte Katharina lästiger Bündnisverpflichtungen enthoben und ihr eine unverhoffte Handlungsfreiheit beschert. Zur Vorfeldsicherung an der russischen Westgrenze war nach ihrer Einschätzung eine längerfristige Abstimmung mit dem aufstrebenden Preußen hilfreich. Ihr außenpolitischer Berater Nikita I. Panin plante nach den Erfahrungen der Schlesischen Kriege eine stärkere Einbindung Großbritanniens und Dänemarks in ein mehr an den nordeuropäischen Ländern orientiertes Bündnissystem, einen »Nordischen Accord«.

Katharina II., die Große, die sich als Herrscherin mit zahlreichen Günstlingen und Liebhabern umgab, deren einflussreichster seit 1774 Fürst Potjomkin war, erhob den Hof von Sankt Petersburg zu einem kulturellen Mittelpunkt von Europa (Ausschnitt aus einem Gemälde von Dimitrij Grigorjewitsch Lewitskij, um 1780; Pensa, Kunstmuseum).

Ihren Anspruch auf einen beherrschenden Einfluss in den polnischen Angelegenheiten bekräftigte Katharina II. 1763 durch die erzwungene Königswahl ihres

Europa im Zeitalter des Absolutismus

ehemaligen Favoriten Stanislaus August Poniatowski. Sie scheute auch nicht vor dem Einsatz von Gewaltmitteln zurück. Angesichts der bürgerkriegsähnlichen Zustände in Polen seit 1767 betrieb sie schließlich gemeinsam mit Preußen und Österreich eine Generalbereinigung dieses immer weniger kalkulierbaren Sicherheitsproblems. Die drei polnischen Teilungen von 1772, 1793 und 1795 bewirkten eine weiträumige Westverlagerung der russischen Staatsgrenze. In den russischen Teilungsgebieten lebte unter den insgesamt etwa 5,5 Millionen Bewohnern eine mehrheitlich ostslawische Bevölkerung mit einem nur schwer integrierbaren jüdischen Anteil.

Der russische Türkenkrieg (1768–74) wies der russischen Herrscherin eine neuartige Rolle als Beschützerin der Balkanchristen und als Vorkämpferin für den orthodoxen Glauben zu. Im Friedensschluss, den sie dem geschlagenen Sultan am 21. Juli 1774 in Kütschük Kainardschi aufzwang, setzte sie neue Maßstäbe in der europäischen Orientpolitik und stellte die territoriale Integrität des Osmanischen Reiches infrage. Die Neuerwerbungen

Der russische Türkenkrieg (1768–74) wies Katharina II. eine neuartige Rolle als Beschützerin der Balkanchristen und als Vorkämpferin für den orthodoxen Glauben zu. Die hier abgebildete Gedenkmedaille (Vorderseite) wurde 1774 anlässlich des Sieges über die türkische Flotte geprägt.

umfassten die Mündungsgebiete von Don, Dnjepr und Bug sowie die Große und Kleine Kabardei im Kaukasus. Sie machten das Russische Reich erstmals zum Anrainer des Schwarzen Meeres.

Wenige Jahre später ging Katharina II. versuchsweise einen Schritt weiter und skizzierte in ihrem »Griechischen Projekt« von 1782 als Verhandlungsangebot an ihren Briefpartner Kaiser Joseph II. die Umrisse eines weiter gehenden Teilungsplanes. 1783 verkündete sie die Annexion der Krim, der Tamanhalbinsel und des Kubangebietes und forderte den Sultan zu einem weiteren Waffengang heraus. Der zweite russische Türkenkrieg (1787–92) brachte Katharina II. im Frieden von Jassy das Gebiet zwischen Bug und Dnjestr und die Bestätigung der Annexionen von 1783 ein.

Russland und Europa während der Koalitionskriege – Paul I.
Der fortbestehende Antagonismus zwischen Preußen und Österreich erlaubte es Katharina II., in der Euro-

Katharina II. setzte im Friedensschluss, den sie 1774 dem geschlagenen Sultan aufzwang, neue Maßstäbe in der europäischen Orientpolitik und stellte die territoriale Integrität des Osmanischen Reiches infrage. Die hier abgebildete Gedenkmedaille (Rückseite) wurde 1774 anlässlich ihres Sieges über die Türken geprägt.

> **ZITAT**
>
> Aus den Gesprächen mit Frau Natalija Kirillowna Sagrjaschskaja, aufgezeichnet von A. S. Puschkin (1834–36):
>
> *Die Kaiserin Katharina II. pflegte zu sagen: »Jedes Mal, wenn ich mich mit einer neuen Institution befassen will, gebe ich Befehl, in den Archiven nachzuforschen, ob von dieser Frage nicht schon unter Peter dem Großen gesprochen worden, und fast jedes Mal stellt sich heraus, dass er die in Aussicht genommene Sache bereits erwogen hatte ...*

papolitik eine wichtige Mittlerrolle einzunehmen. Sie erreichte im Frieden von Teschen (13. Mai 1779), der den Bayerischen Erbfolgekrieg beendete, dass Russland zum künftigen Schiedsrichter in Reichsangelegenheiten bestellt wurde. An den wichtigsten deutschen Fürstenhöfen nahmen seither ständige Residenten die Interessen Russlands im Reich wahr. Vollends nach der Französischen Revolution ruhten die Hoffnungen der europäischen Monarchen und der zahlreichen Emigranten auf der Interventionsbereitschaft der Militärmacht des östlichen Kaisertums Russland. Katharina II. wollte sich dieser Verteidigungsaufgabe gegenüber der revolutionären Gefahr keineswegs entziehen, sie ist aber über den Vorbereitungen zur Teilnahme am ersten Koalitionskrieg 1796 gestorben.

Ihr Sohn Paul I., den sie über zwei Jahrzehnte hinweg bewusst von allen Regierungsgeschäften fern gehalten hatte, teilte die antirevolutionäre Gesinnung aus innerer Überzeugung, gab aber dem Einsatz diplomatischer Mittel den Vorzug vor voreiligen militärischen Aktionen und distanzierte sich aus einer wertkonservativen Grundeinstellung heraus von der exzessiven und skrupellosen Machtpolitik seiner ungeliebten Mutter. Er beorderte sämtliche russischen Truppenverbände, die außerhalb

> **INFOBOX**
>
> **Der Pugatschow-Aufstand**
>
> Nachdem Kaiser Peter III. 1762 ums Leben gekommen war, verstummten im Volk die Gerüchte nicht, dass er noch am Leben sei. Der Donkosak Jemeljan Pugatschow machte sich diese Gerüchte zunutze: Er gab sich für den auf wundervolle Weise erretteten Kaiser aus und stellte sich 1773 an die Spitze eines Aufstandes unter den Uralkosaken, der u. a. von Baschkiren, Raskolniki und Leibeigenen starken Zulauf hatte. Sein Ziel war die Errichtung eines Bauernstaates unter einem Bauernzaren.
>
> Die Aufstandsbewegung weitete sich rasch aus und erfasste ein riesiges Gebiet zwischen der kasachischen Steppe, der mittleren Wolga, Westsibirien und dem Don. Diese bis dahin größte soziale Erhebung in der Geschichte Russlands, die man zunächst unterschätzt hatte, konnte erst durch den Einsatz der aus dem Türkenkrieg heimgekehrten Regierungstruppen niedergeschlagen werden. Der »Bauernzar« wurde von seinen Mitstreitern ausgeliefert und am 10. Januar 1775 in Moskau hingerichtet.

der Reichsgrenzen im Einsatz waren, zurück und ließ die Chancen einer gesamteuropäischen Friedensinitiative im ökumenischen christlichen Geiste sondieren.

Zu einem Sinneswandel veranlassten ihn die Invasion des jungen Napoléon Bonaparte in Italien 1796 bis 1799 und der weitere Vorstoß der französischen Revolutionsarmee über Dalmatien und die Ionischen Inseln nach Ägypten 1798. Paul I. trat der antifranzösischen Koalition bei und lehnte selbst ein Zusammengehen mit dem türkischen Erzfeind nicht mehr ab, als der Sultan russische Militärhilfe im östlichen Mittelmeer erbat. Ein russischer Flottenverband beteiligte sich 1799 gemeinsam mit den Türken an der Rückeroberung der Ionischen Inseln. Während des ersten Koalitionskrieges verdrängte Aleksandr W. Suworow als Oberbefehlshaber und Feldmarschall des russischen Kaisers die Franzosen aus Oberitalien und führte die Koalitionstruppen über den Sankt Gotthard.

Anhaltende Unstimmigkeiten mit Wien wegen der weiteren Kriegführung bewogen schließlich Paul I., seine Truppen wieder zurückzuziehen. Insbesondere die eigenmächtige Besetzung der Mittelmeerfestung Malta durch Admiral Horatio Nelson musste der Großmeister des Malteserordens Paul I. als persönliche Kränkung empfinden. Er suchte die Aussöhnung mit Napoleon, der sich ihm nach dem Staatsstreich des 18. Brumaire VIII (9. November 1799) als Partner einer europäischen Friedenslösung empfahl. Für eine neuerliche Umorientierung der russischen Außenpolitik war es zu spät.

Eine Palastrevolution kostete Paul I. am 24. März 1801 das Leben. Sie war nicht ohne Mitwissen des eigenen Sohnes von dem Sankt Petersburger Militärgouverneur inszeniert worden. Zum Verhängnis wurden Paul I. willkürliche Eingriffe in die persönliche Lebensführung einflussreicher Hofkreise und erste Ansätze einer eher bauernfreundlichen Sozialpolitik, die weitere Beeinträchtigungen des adligen Besitzstandes befürchten ließen.

ZITAT
Aus dem Bericht des hannoveranischen Diplomaten Friedrich Christian Weber »Das veränderte Russland«, Frankfurt 1721:
... die Erbauung der Stadt Petersburg und des Cronschlötischen Hafens, ... die aus den Casanischen Hölzern verfertigte und in der Ost-See gesetzte Flotte, ... sind solche große Neuerungen und die darauf gewendete Zeit so geringe, dass ein jeder, der dieselbe mit Augen gesehen, darüber erstaunen muss.

Autokratie und Rechtsstaat – Alexander I.
Sein Sohn Alexander I. fügte sich besser ein in die Erwartungen der europäischen Mächte. Von dem Waadtländer Frédéric César de La Harpe im republikanischen Geist erzogen, waren ihm als Thronfolger zeitgemäße

Der von Katharina II., der Großen, nach Sankt Petersburg berufene Andreas Caspar Hüne stellte 1791 mit diesem im Auftrag der Zarin entstandenen Gemälde dar, wie sie die Beute aus dem türkisch-russischen Krieg am Grab Peters des Großen niederlegt.

liberale und konstitutionelle Vorstellungen nicht fremd. In einem »Inoffiziellen Komitee« sammelte er einen Kreis seiner Jugendfreunde um sich, die in strikter Geheimhaltung praktische Reformmaßnahmen diskutierten und sich nicht scheuten, in verschiedenen Ressorts selbst politische Verantwortung zu übernehmen. Aufklärerische Impulse kamen unter Alexander I. vor allem in einer umfassenden Schul- und Universitätsreform zum Tragen. Eine neue Geschäftsverteilung in der Reichszentrale ersetzte 1802 die alten Kollegialbehörden durch Fachministerien.

Für die konzeptionelle Vorbereitung der notwendigen Änderungen in der Regierungspraxis fand Alexander I. in Michail M. Speranskij, dem späteren Kodifikator des russischen Rechtes, einen kundigen und loyalen Mitarbeiter. Er legte 1809 ein ausgearbeitetes Reformkonzept nach westlichem, vornehmlich französischem Vorbild vor. Wegen der akuten Kriegsereignisse ist es allerdings nur in Teilbereichen ausgeführt worden.

Der Machtkampf mit Napoleon in Europa entwickelte sich für Alexander I. zu einer persönlichen Herausforderung von schicksalhafter Bedeutung. Die anfänglichen Ausgleichsversuche scheiterten an den weiter gehenden Ambitionen Napoleons. Nach der Niederlage in der Dreikaiserschlacht (Napoleon I. gegen Kaiser Alexander I. und Kaiser Franz II.) von Austerlitz am 2. Dezember 1805 und dem Zusammenbruch Preußens, den auch ein russischer Gegenangriff in Ostpreußen nicht mehr abwenden konnte, sah sich Alexander I. zu einem Arrangement mit dem Sieger gezwungen. Im Frieden von Tilsit, an der Grenzlinie der beiden Machtbereiche auf einem Floß mitten in der Memel am 7. Juli 1807 unterzeichnet, einigten sich beide Herrscher auf eine Abgrenzung der Interessensphären in Europa. Damit war der vierte Koalitionskrieg beendet.

Russland gewann freie Hand für die kriegerischen Auseinandersetzungen mit Schweden (1808–09) und dem Osmanischen Reich (1806–12), musste sich aber zum Schaden der eigenen Wirtschaft der von Napoleon gegen die englische Seemacht verhängten Kontinentalsperre anschließen. Napoleon behinderte weiter gehende russische Orientpläne, gestand aber in Nordeuropa den Erwerb Finnlands zu, das 1809 als Großfürstentum mit eigener Landesverfassung und Volksvertretung Teil des

> **ZITAT**
> **Bericht Katharinas II. in ihren »Memoiren« über die Entstehung der Großen Instruktion von 1767:**
> *Man verlangte und wünschte, die Gesetzgebung solle in eine Verfassung gebracht werden. Daraus schloss ich in meinem Sinn, dass die Denkweise überhaupt und auch das bürgerliche Recht nicht anders verbessert werden könne, als durch die Festsetzung nützlicher Regeln, die ich schreiben und bestätigen müsse, für alle Bewohner des Reiches und für alle Angelegenheiten.*

> **INFOBOX**
> **Erbauer der »potemkinschen Dörfer«**
> Fürst Grigorij Potjomkin, der schon an der Palastrevolution von 1762 beteiligt gewesen war, wurde 1774 Günstling und enger politischer Ratgeber Katharinas II. Er annektierte 1783 die Krim und war 1787–91 Oberkommandierender des Heeres und der Flotte im Krieg gegen die Türkei. Seine Bedeutung liegt in seiner Kolonisationspolitik in vom Zarenreich neu erworbenen Gebieten an der nördlichen Schwarzmeerküste (Neurussland), wo neben der ländlichen Kolonisation auch zahlreiche Städtegründungen wie Cherson, Sewastopol und Jekaterinoslaw auf ihn zurückgehen.
> Anlässlich der Reise Katharinas II. auf die Krim 1787 soll Potjomkin – was allerdings von der historischen Forschung inzwischen als Legende angesehen wird – Dorfattrappen errichtet haben lassen, die sprichwörtlichen »potemkinschen Dörfer«, die der Kaiserin den Wohlstand des Gebietes vortäuschen sollten.

> **INFOBOX**
>
> **»Befreier Europas«**
>
> Alexander I. sah sich als Sieger über Napoleon I. und das revolutionäre Frankreich als »Befreier Europas«, als Heils- und Friedensbringer in einer von der göttlichen Vorsehung zugedachten Rolle. Er träumte unter dem Einfluss eines christlich verbrämten Mystizismus von einer tief greifenden moralischen Erneuerung der europäischen Völkergemeinschaft und einem Bund von Thron und Altar. Sein Programmentwurf für eine »Heilige Allianz« spiegelt ein romantisches Politikverständnis wider. – Nach dem Tod Alexanders verbreitete sich die Legende, er sei nicht gestorben, sondern habe der Regierung entsagt und lebe als Einsiedler in Sibirien.

> **ZITAT**
>
> **Aus dem ursprünglichen Entwurf Alexanders I. für die »Heilige Allianz«:**
>
> *Ihre Majestät, der Kaiser von Österreich, der König von Preußen und der Kaiser von Russland... erklären feierlich, dass dieser Vertrag nur den Zweck hat, vor dem Angesicht des Erdkreises ihre unerschütterliche Entschlossenheit zu bekunden, sich künftig... nur von den Geboten dieser heiligen Religion, den Geboten von Gerechtigkeit, Liebe und Frieden leiten zu lassen,...*

Russischen Reiches wurde. Für eine dauerhafte partnerschaftliche Beziehung der beiden Herrscher fehlten alle Voraussetzungen.

1812 holte Napoleon zum Präventivschlag gegen seinen Kontrahenten aus, der aber nach dem Brand Moskaus mit dem unrühmlichen Untergang der »Großen Armee« auf einem strapaziösen Rückzug endete. Der geschlagene Napoleon musste seinem russischen Herausforderer das Feld überlassen. Alexander I. schmiedete gemeinsam mit Preußen, Großbritannien und Österreich eine neue Militärallianz, und am 31. März 1814 zog er gemeinsam mit dem Preußenkönig an der Spitze der verbündeten Truppen in Paris ein. Auf dem Wiener Kongress rangen in zähen monatelangen Verhandlungen 1814/15 die Monarchen und ihre Ratgeber um eine tragfähige Neuordnung der Staatenbeziehungen in Europa.

An der Polenfrage drohte die Konferenz wiederholt zu scheitern. Alexander I. musste schließlich einem Teilungsplan zustimmen, der ihm aus der Erbmasse des von Napoleon 1809 geschaffenen Herzogtums Warschau wohl den Löwenanteil beließ, aber als Kompensation für Preußen ein »Herzogtum Posen« abtrennte und den Österreichern Gebietsarrondierungen in Ostgalizien zugestand. Außerdem war eine freie und unabhängige Stadt Krakau unter dem Protektorat der Teilungsmächte vorgesehen. Russland gewann 3,3 Millionen neue polnische Untertanen hinzu. Alexander I. gewährte ihnen eine eigene Verfassung in einem »Zartum Polen«, das in Personalunion mit dem Russischen Reich verbunden war.

Mit dem österreichischen Staatsmann Klemens Lothar Wenzel von Metternich teilte Alexander I. das strikte Legitimitätsdenken und die Furcht vor umstürzlerischen Umtrieben. Gemeinsam befürworteten sie eine Rückkehr Frankreichs als gleichberechtigtes Mitglied in das europäische Mächtekonzert, und auf den Fürstenkongressen der folgenden Jahre in Troppau 1820, Laibach 1821 und Verona 1822 sprachen sie sich für eine aktive Interventionspolitik zur Eindämmung unkontrollierter Volksbewegungen aus.

Die Kongressdiplomatie konnte die Lage auf der Iberischen Halbinsel und in Unteritalien unter Kontrolle halten, sie scheiterte aber an der Türkenfront, als es nach

> **ZITAT**
>
> **In einem Inserat in der »Moskauer Zeitung« (1821) war zu lesen:**
> *Es werden verkauft drei Kutscher, stattlich und gut geschult, und zwei Mädchen von 18 und 15 Jahren, beide von hübschem Äußeren und mit Handarbeit wohlvertraut... Im gleichen Hause werden Klaviere und Orgeln abgegeben.*

Im Geist der Aufklärung erzogen, wollte Alexander I. durch Reform- und Machtpolitik die Selbstherrschaft mit den zeitgemäßen Prinzipien verbinden. Seine wachsende Revolutionsfurcht führte jedoch seit 1819 zu einer repressiven Innenpolitik (zeitgenössisches Porträt von Jean-Laurent Mosnier; Moskau, Puschkin-Museum).

dem Ausbruch des griechischen Freiheitskampfes 1821 zwischen Bündnisloyalität und dem Mitgefühl mit den bedrohten Glaubensbrüdern zu entscheiden galt. Alexander I. hatte sich noch persönlich zu einer Kehrtwendung durchgerungen und sich in Absprache mit dem britischen Außenminister George Canning der Notwendigkeit einer Humanitätsintervention nicht mehr länger verschlossen. Sein Nachfolger Nikolaus I. übernahm den Vollzug.

Der Gendarm Europas – Nikolaus I.

Nach der russisch-österreichischen Niederlage von 1805 und der preußischen von 1806/07 schloss Alexander I. 1807 mit Napoleon I. den Frieden von Tilsit, der Russland den Gewinn Finnlands und die Fortsetzung des Türkenkrieges ermöglichte. Der Friedensvertrag wurde, wie der Stich zeigt, auf einem Floß mitten auf der Memel unterzeichnet.

Alexander I. war am 1. Dezember 1825 während eines Kuraufenthaltes im entfernten Taganrog gestorben. Den Regierungsantritt des jüngeren Zarenbruders Nikolaus I. überschatteten Unsicherheiten in der Nachfolgefrage. Die Öffentlichkeit war über den Thronverzicht des älteren Bruders Konstantin nicht informiert. Oppositionelle Gruppierungen innerhalb des Offizierskorps suchten den »Großmutstreit« in der kaiserlichen Familie für ihre Zwecke zu benutzen und riefen die Offiziersanwärter, die am 26. Dezember 1825 auf dem Senatsplatz in Sankt Peters-

Zar Nikolaus I. konnte den Aufstand der Dekabristen, die den Eid auf ihn verweigert hatten, rasch niederschlagen. Das Gemälde von Wilhelm Georg Timm (1853) zeigt, wie in Sankt Petersburg das Militär gegen die Aufrührer aufmarschiert.

burg antreten mussten, zur Eidverweigerung auf. Etwa 3000 schlossen sich der Demonstration gegen das autokratische Regime in Russland an. Der Aufmarsch loyaler Truppen erstickte den Aufstandsversuch im Keim. In den nachfolgenden Gerichtsverfahren rechnete Nikolaus I. unnachsichtig mit den Dekabristen ab und ließ die Wortführer in der Peter-und-Pauls-Festung hinrichten.

Das nikolaitische System galt den Vetetern des liberalen und demokratischen Europa als abschreckendes Beispiel eines allgegenwärtigen Polizei- und Überwachungsstaates. Die von der Dritten Abteilung der Höchsteigenen Kanzlei Seiner Majestät geleitete geheime Staatspolizei unter Alexander Graf von Benckendorff wurde zu einer der meistgehassten Einrichtungen. Die Obrigkeit entfremdete sich der Gesellschaft, und die kritische Intelligenz und eine ganze Generation der bedeutendsten Dichter – so Aleksandr S. Puschkin, Michail J. Lermontow, Fjodor Dostojewskij oder der ukrainische Bauerndichter Taras Schewtschenko – zerrieben sich im Dauerkonflikt mit der Staatsgewalt. Der Minister für Volksaufklärung Sergej S. Uwarow hat als die tragenden Säulen des Staates »Autokratie, Orthodoxie und Volksverbundenheit« benannt.

> **INFOBOX**
>
> **Dekabristen**
> Dekabristen (nach russisch dekabr »Dezember«) wurden die Teilnehmer des Aufstandes genannt, der am 26. 12. 1825, kurz nach dem Tod Alexanders I., als über die Wirksamkeit des geheimen Thronverzichts des Großfürsten Konstantin von 1823 und über die Nachfolge des späteren Nikolaus I., (»Großmutstreit«) noch Unklarheit herrschte, in Sankt Petersburg und Anfang Januar in Südrussland ausbrach. Vorbereitet in den Geheimbünden junger Aristokraten und Gardeoffiziere, war es sein Ziel, die Autokratie zu stürzen, um soziale Reformen, u. a. die Aufhebung der Leibeigenschaft, einzuleiten.
> Nach der Niederwerfung ihres Aufstands wurden über 500 Beteiligte nach Sibirien verschickt; 1856 begnadigte man die bis dahin Überlebenden »zur Siedlung«. Diese Zwangsangesiedelten machten etliche landwirtschaftliche Produkte, darunter Hanf, sowie die Schafzucht in Sibirien heimisch.

Der romantische Schriftsteller und Offizier Michail Jurjewitsch Lermontow wurde 1837 wegen seines gesellschaftskritischen Gedichts auf den Tod Aleksandr Puschkins in den Kaukasus strafversetzt.

Nikolaus I. hat sich nicht nur als unnachsichtiger Hüter des bedrohten monarchischen Systems verstanden. Er fühlte sich einer paternalistischen Herrschaftsauffassung verpflichtet und zum Wohle der ihm anvertrauten Untertanen aufgerufen. Nikolaus I. hat das große Werk der Gesetzeskodifikation, an dem frühere Generationen gescheitert waren, mit der 1830 veröffentlichten »Vollständigen Sammlung der Gesetze des Russischen Reiches« zum Abschluss gebracht. Er hat das Eisenbahnzeitalter in Russland eröffnet und enorme Anstrengungen unternommen, das staatliche Bildungsangebot auszuweiten und die Professionalisierung des bürokratischen Apparates durch Qualifikationsnachweise zu befördern.

Er verkannte keineswegs die Fehlentwicklungen und Missstände in Staat und Gesellschaft und den sozialen Brennstoff, der in dem Leibeigenschaftssystem schlummerte, das der Mehrheit der Bauern eine bedrückende Armut und Rechtlosigkeit zumutete. Er hegte allerdings immer noch die Hoffnung, die periodischen Bauernunruhen unter Kontrolle halten und den Adel durch die Überzeugungskraft der besseren Argumente für eine vorausschauende Reformpolitik gewinnen zu können. Im Bereich der Staatsverwaltung hat er ein nachahmenswertes Beispiel vorgegeben. Den »Staatsbauern«, die nahezu die Hälfte der bäuerlichen Bevölkerung des Reiches stellten, haben die Reformkonzepte des Domänenministers Graf Pawel D. Kiseljow eine spürbare Verbesserung der sozialen Lage gebracht.

Mit der Regierungszeit Nikolaus I. verbindet sich eine Trendwende in der russischen Innenpolitik. Obwohl der Staat keine Mühe scheute, eine kritische Öffentlichkeit zu verhindern und zur Bewahrung des Althergebrachten beizutragen, sind die Zeichen einer neuen Zeit dennoch unübersehbar. In den hauptstädtischen Salons diskutierte man in den Dreißigerjahren leidenschaftlich über den russischen Weg in eine bessere Zukunft, während gleichzeitig in Wirtschaft und Gesellschaft unter dem zunehmenden Modernisierungsdruck alte Strukturen aufbrachen und sich durchgreifende Veränderungen der bestehenden Ordnung anbahnten.

Ernsthaft gefährdet haben das Lebenswerk des Zaren die von außen einwirkenden Kräfte einer europaweiten nationalen und revolutionären Bewegung und offenkundige Fehlkalkulationen in der Außenpolitik. Die Niederschlagung des ersten polnischen Aufstandes 1830/31 hat dem Ansehen des Zaren in Westeuropa schwer geschadet. Der Auftritt flüchtiger polnischer

Fjodor Michajlowitsch Dostojewskij war 1847 Mitglied eines geheimen politischen Zirkels. 1849 wurde er verhaftet, zum Tod verurteilt, dann aber zu vier Jahren Zuchthaus begnadigt. Das undatierte Foto zeigt – links – den Schriftsteller im Arrest.

Unter Nikolaus I. nahm 1837 die erste russische Eisenbahnlinie mit einer Länge von 23 km den Betrieb auf (Konstantin Apollonowitsch Sawizkij: »Reparaturarbeiten an einer Eisenbahnlinie«, 1874; Moskau, Tretjakow-Galerie).

Patrioten, unter anderem auf dem Hambacher Fest 1832, hat die russenfeindliche Grundstimmung in der westlichen Presse erheblich verstärkt. Russische Alleingänge in der Orientfrage sorgten in den Dreißigerjahren für Missstimmung in den europäischen Kabinetten und erregten Argwohn.

Während der Revolutionsereignisse des Jahres 1848 wurde der Zar nochmals seiner Rolle als »Gendarm Europas« gerecht. Auf Ersuchen des Wiener Hofes marschierten russische Truppen in Ungarn und Siebenbürgen ein und erzwangen die Kapitulation der ungarischen Revolutionsarmee bei Világos in der Nähe von Arad. Nikolaus I. war als Bezwinger der Revolution auf dem Höhepunkt seiner internationalen Machtstellung. Er verspielte sie aber wenig später 1853 im Krimkrieg. Den Untergang der heiß umkämpften Festung Sewastopol hat er nicht mehr erlebt, er starb am 18. Februar 1855. Seinem Sohn Alexander II. blieb es überlassen, nach einem Ausweg aus der Vertrauenskrise des autokratischen Regimes zu suchen.

Edgar Hösch

Der Bär zeigt seine Pranken:
Die Expansion Russlands

Während sich westeuropäische Nationen ihre Kolonialreiche in Übersee schufen, breiteten sich die Russen vom eigenen Gebiet in direkter Richtung nach Osten und Südosten aus. Mit dem Zug des Kosakenführers Jermak Timofejewitsch in das Fürstentum Sibirien (Khanat Sibir) im Jahre 1581 setzte der koloniale Expansionismus des gerade erst gefestigten Moskauer Staates ein. Bereits 1648 war die Ostspitze Sibiriens erreicht. Damit hatten die Russen in weniger als siebzig Jahren den Grundstein für die Besitznahme des größten zusammenhängenden Kolonialgebietes überhaupt gelegt. Aber nicht nur, was die Schnelligkeit des Vordringens betrifft, auch im Hinblick auf die Unterdrückung und Ausrottung der unterworfenen Völkerschaften – 1989 machten die Ureinwohner noch gerade sechs Prozent der Bevölkerung Sibiriens aus – lässt sich die kontinentale Expansion Russlands durchaus mit den maritimen Unternehmungen der übrigen Europäer vergleichen.

Jermaks Zug über den Ural
Erste Kontakte zu den Gebieten jenseits des Urals reichen bis in das 11. Jahrhundert zurück. Kaufleute aus Nowgorod holten von dort vor allem Pelze. Diese kaufmännischen Züge entwickelten sich im Laufe der Zeit immer mehr zu bewaffneten Expeditionen, die mit reicher Beute heimkehrten. Das systematische Vordringen setzte mit der Errichtung des Moskauer Großreichs nach der Abschüttelung der Tributherrschaft der Tataren, der »Sammlung der russischen Erde« von 1463 bis 1521 und der Proklamierung des Moskauer Großfürstentums zum Zarenreich ein. Am Anfang stand die Unterwerfung der als »Goldene Horde« bezeichneten Tataren-Khanate. Die Eroberung des Khanats von Kasan 1552 bedeutete die Angliederung der westlichen Uralgebiete und die Öffnung des Weges nach Sibirien, die des Khanats Astrachan 1556 brachte die Kontrolle über das gesamte Wolgagebiet bis zum Kaspischen Meer.

Bereits nach der Einnahme Kasans hatte Iwan IV., der Schreckliche, den Titel »Zar von Sibirien« angenommen, vorerst freilich eher ein Programm denn Wirklichkeit.

Dennoch erfolgte am Ende seiner langen Regierungszeit von 1533 bis 1585 der erste Schritt zur Kolonialeroberung Sibiriens. Durchführen sollte das Unternehmen die Nowgoroder Großhändlerdynastie der Stroganows, womit sich gleich zu Beginn des russischen Expansionismus die auch für die Folgezeit typische Konstellation des Wechselspiels von staatlichen und privaten Interessen sowie Initiativen ergab.

Mit der Durchführung des Unternehmens beauftragte die Familie den Kosakenführer Jermak. Er gehörte zu jenen »freien Kriegern« (kazak), die in militärisch organisierten Reiterverbänden am unteren Lauf der Wolga, des Don und des Dnjepr lebten und die zwischen den slawischen Christenreichen Osteuropas und den muslimischen Khanaten ihren Lebensunterhalt mit Flusspiraterie, Raubzügen und als Söldner verdienten. Dem russi-

Der Kosakenführer Jermak Timofejewitsch stieß im Dienst der Familie Stroganow über den Ural vor und leitete 1582 durch seinen Sieg über Kutschum, den Tatarenkhan des westsibirischen Reiches, die Eroberung Sibiriens durch Russland ein (anonymes Porträt, 1. Hälfte 18. Jh.; Tomsk, Kunstmuseum).

Im Zuge der Aneignung Sibiriens durch die Russen wurden große Teile der dort ansässigen Bevölkerung ausgerottet. Das Foto aus dem 19. Jh. zeigt eine Gruppe von Ainu, den Ureinwohnern Südsachalins.

schen Kolonialstaat waren sie schließlich geradezu unentbehrlich als Vorhut der Kolonialeroberung und zur Aufrechterhaltung des kolonialen Regiments.

Mit etwas mehr als 800 Mann, ausgerüstet mit Feuerwaffen und Kanonen, überschritt Jermak im Jahre 1581 den Ural und eroberte im folgenden Jahr das Khanat Sibir, das dem gesamten Gebiet östlich des Urals den Namen geben sollte. Einheimische Völker wie die Ostjaken und Wogulen wurden zu Tributzahlungen verpflichtet. Plündernd zogen die Kosaken im Gebiet zwischen Ob, Tobol und Irtysch umher, bis der noch keineswegs völlig besiegte Khan Kutschum am 5. August 1584 ihr Lager am oberen Irtysch überfiel. Bei diesem Vorfall verlor Jermak sein Leben. Für das Russland des 19. und 20. Jahrhunderts ist der Kosakenführer immer ein Volksheld geblieben, der Sibirien »geöffnet« und einen entscheidenden Sieg des christlichen Russland über die »Heiden« errungen hatte.

Der Weg zum Pazifik
Vorerst sollten Jermak und seine Kosaken jedoch in Moskau in Ungnade fallen. Der Zar bezeichnete sie als »Räuber und Rebellen«. Nach der Beendigung des Liv-

Anikej Stroganow, der Stammvater der Großhändlerdynastie Stroganow, erhielt 1558 von Iwan IV. im noch unerschlossenen westlichen Uralvorland großen Landbesitz. Dieser aus Holz errichtete Palast in Nowgorod diente der Familie über 200 Jahre als Wohnsitz.

ländischen Krieges 1582/83 erinnerte man sich jedoch wieder an Sibirien, zumal Jermak wertvolle Pelze mitgebracht hatte. Die endgültige Unterwerfung der sibirischen Khanate gelang den Truppen des Zaren. Zur Kontrolle des Gebietes errichteten deren Kommandeure befestigte Stützpunkte an den Flüssen, von denen sich einige zu wichtigen Städten – wie Tobolsk ab 1587 – entwickelten. Von diesen Stützpunkten aus drangen Pelztierjäger, Händler und Kosaken längs der Stromsysteme und Portagen – geeigneten Stellen zum Transport der flachbodigen Schiffe von Fluss zu Fluss – weiter nach Osten vor. Im Norden hatten erste russische Siedlungen bereits vor Jermaks Zug bestanden.

Die Russen tauschten bunte Glasperlen und Metallwaren gegen Zobel-, Marder- und Biberpelze mit den dort lebenden Samojeden. Zentren russischer Oberherrschaft in diesem Raum wurden die Städte Berjosowo und Obdorsk. Kosaken und aus Einheimischen rekrutierte Hilfstruppen drangen von dort aus weiter nach Osten vor. Anfang des 17. Jahrhunderts erreichte eine Gruppe den Jenissej; von Ob und Irtysch stießen andere Trupps im gleichen Zeitraum nach Süden vor. Um 1620 war die Annexion Westsibiriens vollendet, russische Herrschaft vom Ural bis zum Jenissejtal und vom Nordpolarmeer bis zur Steppengrenze im Süden etabliert.

In den folgenden dreißig Jahren drangen die Russen nach Zentral- und Nordostsibirien vor. Die Richtung gaben die Wasserwege vor, die von Osten in den Jenissej mündeten, sowie das Flusssystem der Lena. Zentralsibirien wurde von einer nördlichen und einer südlichen Route erschlossen. Schnittpunkt beider Stoßrichtungen wurde das 1632 gegründete Jakutsk, das bereits um 1650 3 000 Russen beherbergte. Von dort ging schließlich die Angliederung Ostsibiriens an das russische Kolonialreich aus. Auch sie verlief in zwei Stoßrichtungen, nach Nordosten und nach Osten auf das Ochotskische Meer zu. 1639 erreichte der Kosak Iwan Moskwitin mit zwanzig Begleitern den Pazifik. Acht Jahre später wurde Ochotsk am Endpunkt ihrer Reise gegründet, der erste befestigte Stützpunkt am Pazifik. 1648 umschiffte der Kosak Semjon Deschnjow, angetrieben von dem Mythos eines Landes mit Silberbergen und Zobelherden, die Ostspitze Sibiriens und erreichte die Mündung des Flusses Anadyr. Fast achtzig Jahre vor Vitus Jonassen Bering hatte er damit als erster Europäer die Meeresstraße zwischen Asien und Amerika durchfahren.

Im Süden und Südosten Sibiriens setzten dagegen Mongolen und Chinesen dem russischen Expansionismus Grenzen. Als erstes mongolisches Volk begegneten den Russen 1628 die um den Baikalsee angesiedelten Burjaten; mit den östlichen, lamaistischen Burjaten kamen russische Pelzjäger und Kosaken Ende der 1640er-Jahre in Kontakt. 1652 wurde Irkutsk als Außenposten gegründet. Noch bis Ende des 17. Jahrhunderts haben die Burjaten den Russen heftigen Widerstand entgegenge-

INFOBOX

Die Stroganows
Die Stroganows gehörten zu jenen 20 bis 30 Großkaufleuten im Russischen Reich, die ihr Vermögen dem Fernhandel mit Pelzen und Salz sowie vielfältigen Bergbauunternehmungen verdankten. Als Lieferanten von Luxusgütern und als Bankiers hatten sie sich für den Zarenhof unentbehrlich gemacht, sodass die Familie weit reichende Landbesitztitel erhielt. Seit 1558 gehörten dazu ausgedehnte Ländereien an der Kama und im noch unerschlossenen Gebiet von Perm. Eine Erweiterung dieses Kolonisationsrechts stellte jener Freibrief dar, der den Stroganows im Land jenseits des Urals das Recht eigener Gerichtsbarkeit einräumte und es ihnen erlaubte, eine Privatarmee aufzustellen. In ihrem Auftrag stieß Jermak Timofejewitsch 1581 (oder schon 1579) mit einer Kosakenabteilung über den Ural nach Sibirien vor.

setzt. Erst Mitte des 18. Jahrhunderts begannen sie sich mit ihnen zu vermischen: Sie bildeten den Kern der Kosakenregimenter in Transbaikalien.

Im Südosten drangen die Russen vom Gebiet der Jakuten aus auf der Suche nach Getreide für Ostsibirien in das fruchtbare Amurbecken vor. Mit der dann 1651 erfolgten Gründung des zentralen Stützpunktes Albasin am mittleren Amur waren die Russen aber in den Einflussbereich der Mandschu geraten, die sich 1644 zu Herren Chinas gemacht hatten. 1658 erlitt ein eilig aufgestelltes, bunt zusammengewürfeltes russisches Heer eine empfindliche Niederlage gegen Mandschu-China. Infolge der chinesischen Überlegenheit verzichtete Russland im Vertrag von Nertschinsk 1689 – bei dessen Verhandlungen zwei Jesuiten der Pekingmission als Dolmetscher und Vermittler dienten – auf bereits besetztes Gebiet im Amurbogen und anerkannte eine Grenzlinie längs der Wasserscheide zwischen Lena- und Amurbecken. Der Vertrag von Kjachta 1727, der bis Mitte des 19. Jahrhunderts gültig blieb, legte schließlich die in ihrem gesamten Verlauf bis zum Pazifik neu markierte sibirisch-mongolische Grenze fest und schloss – bis auf den Kjachta-Handel – die Grenze zu China.

> **ZITAT**
>
> **Aus der 1672–75 verfassten Autobiographie des russischen Protopopen Awwakum:**
>
> *Der Fluss war leicht und die Flöße schwer, die Aufseher aber unbarmherzig. Grob waren die Prügel und knorrig die Stöcke, scharf die Knuten, schrecklich die Foltern – Feuer und Rad –, und hiezu noch die hungernden Leute... Ach, das waren schreckliche Zeiten!*

Das »weiche Gold«

Vorangetrieben und in seiner Art und Weise bestimmt wurde der russische Expansionismus in Sibirien durch den Pelzhandel. Bereits in Wikingerzeiten waren nordrussische Pelze als wertvolle Handelsware nach Europa gelangt. Auch im ehemaligen Byzantinischen Reich, im islamischen Mittleren Osten und in China bestand ein Markt für die kostbaren Silberfuchs- und Zobelpelze. Im 17. Jahrhundert wurden jährlich bis zu 100 000 Felle aus Sibirien geliefert; 1644 machten die Einnahmen aus Pelzen und Abgaben aus dem Pelzgeschäft zehn Prozent der russischen Staatseinnahmen aus. Bereits 1595, als man in Europa einen Beitrag Moskaus zu den Türkenkriegen forderte, sandte der Zar eine Lieferung sibirischer Felle an Kaiser Rudolf II. Sie repräsentierte den Gegenwert von 400 000 Rubeln und erregte beträchtliches Aufsehen. Im 18. Jahrhundert ging das Schwergewicht des Pelzhandels vom weitgehend ausgerotteten Zobel auf den Seeotter über. Wenn auch die seit der Zeit Peters des Großen

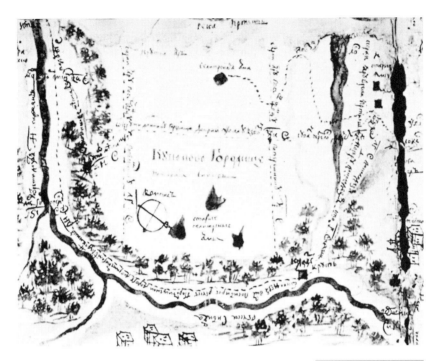

(1689–1725) vorangetriebene Industrialisierung Sibiriens immer mehr an volkswirtschaftlicher Bedeutung gewann, behielt das Pelzgeschäft doch bis in das 19. Jahrhundert seine Bedeutung.

Die Erschöpfung der Pelztierbestände in den erschlossenen Flussniederungen führte die Russen in einem immer schnelleren Tempo nach Osten. Jäger, Händler, aber auch im Dienst des Staates stehende Personen rüsteten auf eigene Kosten Expeditionen aus, für deren Bewilligung sie eine bestimmte Anzahl von Fellen abzuliefern hatten. Außerdem gehörte von jeder Pelzausbeute der zehnte Teil dem Staat. Die größten Einnahmen des Kolonialstaates stammten jedoch aus den Zwangsabgaben der einheimischen Bevölkerung. Ihnen wurde der jassak auferlegt, ein in Fellen zu erbringender Tribut. Dieses Verfahren der Untertanenbesteuerung hatten schon die Tataren praktiziert. Das von den Russen geschaffene Netzwerk von Städten und Stützpunkten diente neben der Herrschaftssicherung daher in erster Linie dem Einzug des Tributs bei den einheimischen Völkern.

Der Khan Kutschum leistete den Kosakenverbänden, die Sibirien eroberten, heftige Gegenwehr. 1584 überfiel er ihr Lager am oberen Irtysch, wobei der Kosakenführer Jermak ums Leben kam. Der Ausschnitt aus einem Plan des 17. Jh. zeigt die Lage von Kutschums Stadt Isker am gleichnamigen Fluss.

Für das Russland des 19. und 20. Jh. ist der Kosakenführer Jermak ein Volksheld, der Sibirien »geöffnet« hat (Wassilij Iwanowitsch Surikow: »Die Eroberung Sibiriens durch Jermak«, 1895; Sankt Petersburg, Russisches Museum).

Die russischen Eroberer hatten es mit zahlenmäßig kleinen Naturvölkern zu tun, die sich als Nomaden oder Halbnomaden von Jagd, Fischfang, Rentierzucht und dem Anbau von Gemüse und Getreide ernährten. Weitgehend waren diese dem Schamanismus zugetan, einer von Naturgeistern, Ahnenkult und Tieropfer geprägten Religion. Militärisch waren sie den Russen zwar hoffnungslos unterlegen, setzten ihnen aber meist – wie namentlich die Tschuktschen und Korjaken in Nordostsibirien – einen lang andauernden erbitterten, immer wieder aufflammenden Widerstand entgegen. Einige Ethnien wie beispielsweise die Jukagiren, die in den Gebieten zwischen der unteren Lena und der Andyrmündung im Osten lebten, wurden wegen dieser Haltung beinahe ausgelöscht. Hinzu kam, dass die sibirischen Völker zu jenen bis dahin isoliert lebenden Ethnien – wie die Indianer Nordamerikas oder die Südseebewohner – gehörten, die als Folge des Erstkontakts mit den Europäern gegenüber deren Krankheitserregern keine Abwehrstoffe besaßen und in großer Zahl Seuchen und Epidemien erlagen.

Die Reaktion der Russen auf Widerstand bestand in äußerst brutalen Strafexpeditionen, wobei gefangene Rebellenführer in der Regel gehängt wurden. Nicht anders gingen sie bei der Eintreibung des jassak vor. Obgleich die Regierung ihren Beamten in einem Edikt um 1640 hinsichtlich der Einheimischenbehandlung eingeschärft hatte, »den jassak für den Gossudar (Zar) mit

Güte und Freundlichkeit einzuziehen, nicht mit Grausamkeit«, wurden Geiseln, meist Frauen und Kinder, die man nach den Gehorsamseiden der Klanoberhäupter genommen hatte, erbarmungslos getötet, wenn die geforderte Anzahl von Fellen ausblieb. Ganze Volksteile wurden versklavt. Viele einheimische Völker suchten daher den Russen auszuweichen und verlegten ihre Wohnsitze.

Die Kamtschatka-Expeditionen und die Große Nordische Expedition
Unter Peter dem Großen änderte sich die russische Sibirienpolitik in mehrfacher Beziehung. Zum Ersten suchte der große Modernisierer des russischen Staates, dem bislang eher spontanen Vordringen in Sibirien eine konsequentere Zielrichtung zu geben. Dazu gehörte, Informationen über die Beschaffenheit des Landes und die Art seiner Bevölkerung zu sammeln und zu verwerten. Neben die bisherigen Beutezüge traten daher vom Staat organisierte und finanzierte Forschungsexpeditionen. Zum Zweiten erhielten nun fast alle Unternehmungen – ein weiterer neuer Aspekt – eine geostrategische und machtpolitische Motivation. Unter Peter gewann damit die bisherige, quasi natürliche Ausdehnung nach Osten eine national-imperialistische Ausrichtung. Sibirien wurde jetzt bewusster als Erweiterung des Russischen Reiches angesehen, zugleich wurde aber bereits eine Ausdehnung über die östlichen Grenzen hinaus ins Auge gefasst. Schließlich beabsichtigte der Zar, aus den territorialen Gewinnen einen vermehrten Nutzen zu ziehen.

ZITAT
Die Piskarew-Chronik berichtet über Jermaks Sieg über Kutschum:
Die Leute hatten keine Geschütze, sondern nur Pfeile und Bogen, Lanzen und Säbel. ... Die Kosaken überwältigten die Kuwasen und jagten sie von der Höhe in den Fluss Irtysch ... Als Kutschum dann erkannte, dass es um die Herrschaft geschehen war, floh er aus seiner Burg Kasbyk, die auch Sibir genannt wird, am 26. Oktober [1582], bei Anbruch der Nacht.

Die Hüttenwerke im Ural ließen Russland im 3. Viertel des 18. Jh. zum bedeutendsten Eisenexporteur Europas werden. Das Gemälde von Pawel Petrowitsch Wedenezki zeigt eine Ansicht der Tschernoistotschni-Fabrik im Ural (um 1830; Moskau, Staatliches Historisches Museum).

Damit richtete sich das Augenmerk verstärkt auf die reichen Bodenschätze Sibiriens.

Die Devise »Zobel für den Zaren« verlor Peter deshalb nicht aus den Augen. Da er für seine Kriege im Westen sofort Geld brauchte, unterwarf er 1697 den gesamten Pelzhandel einem Staatsmonopol und gab den Militärgouverneuren Sibiriens die Order, »neue Länder« als Quellen für Zobelpelze zu entdecken. Ein erstes größeres Unternehmen, das territorialen Gewinn mit wissenschaftlicher Aufklärung verband, war die Expedition des Kosakenoffiziers Wladimir Atlassow, der mit sechzig Kosaken und sechzig einheimischen Soldaten auf die Halbinsel Kamtschatka vordrang, die dortigen Korjaken und Itelmenen, auch Kamtschadalen, zum jassak zwang und erste Nachrichten über die Kurilen übermittelte.

Auf Atlassows Entdeckungen und Erkenntnissen sowie Anregungen, die von dem deutschen Philosophen Gottfried Wilhelm Leibniz ausgingen, bauten die beiden großen Kamtschatka-Expeditionen von 1725 bis 1729 und von 1733 bis 1743 auf, die unter der Leitung des dänischen Seefahrers Vitus Jonassen Bering standen. Sein Auftrag lautete, von Kamtschatka aus die vermutete Meerenge oder Landverbindung zwischen Asien und Amerika zu suchen – Deschnjows Bericht war nicht nach Moskau gelangt –, aber auch herauszufinden, »ob man bis zu einer Stadt in den europäischen Besitzungen fah-

Der große Bevölkerungsaufschwung Sibiriens setzte nach der Eröffnung der zwischen 1891 und 1904 erbauten Transsibirischen Eisenbahn ein. Auf diesem Foto (nach 1891) stellt ein Bahnwärter die Weichen für einen herannahenden Zug der Transsib.

Bis 1689 hatte Russland bereits weite Teile Asiens in Besitz genommen. In Auseinandersetzung mit den Türken sicherte sich Russland den Zugang zum Schwarzen Meer. Siege gegen Schweden im Großen Nordischen Krieg brachten den Besitz des Baltikums.

ren kann«, wie es Peter noch selbst formuliert hatte. Bering brauchte allein zwei Jahre, um von Sankt Petersburg auf dem Landweg bis Kamtschatka zu gelangen. Er entdeckte die Sankt-Lorenz-Insel, die er für Festland hielt, und stieß durch die nach ihm benannte Beringstraße ins Tschuktschenmeer vor, wo ihn heftige Stürme zur Umkehr zwangen.

Als auf Veranlassung von Admiralität, Kommerzkollegien und Wissenschaftlern der Sankt Petersburger Akademie eine zweite Kamtschatka-Expedition ausgerüstet wurde, konnte der Däne einen zweiten Versuch unternehmen. Im Rahmen dieser Großen Nordischen Expedition, die die gesamte Küste Sibiriens von Archangelsk am Weißen Meer bis zu den japanischen Gewässern vermessen und deren wissenschaftliches Begleitpersonal eine vollständige historische, physische, botanische, ethnographische und sprachgeographische Beschreibung Sibiriens erstellen sollte, erhielt er den Auftrag, die Ostküste Sibiriens und die Nordwestküste Amerikas geographisch zu erforschen und Möglichkei-

Archangelsk war bis zur Gründung von Sankt Petersburg (1703) der einzige Seehafen Russlands und wichtigstes Handelszentrum mit dem Ausland. Von hier aus bis zu den japanischen Gewässern wurde im Rahmen der Großen Nordischen Expedition die gesamte Küste Sibiriens erforscht (Tundra im Gebiet Archangelsk, am Fluss Pechora).

ten von Handelsbeziehungen mit Amerika und Japan zu erkunden.

Mit zwei Schiffen, der »Sankt Peter« und der »Sankt Paul«, nahm Bering Kurs auf die nordamerikanische Küste. Zu seinem wissenschaftlichen Stab gehörte der deutsche Naturforscher Georg Wilhelm Steller, der auf dieser Reise unter anderem die nach ihm benannte und bald danach ausgerottete »Stellersche Seekuh« entdeckte. Das zweite Schiff stand unter dem Kommando des Russen Alexander Tschirikow. Es erreichte am 15. Juli 1741 den Alexanderarchipel. Bering entdeckte die Aleuten und erblickte auf seiner Weiterfahrt am 20. Juli 1741 den Mount Saint Elias, Nordamerikas dritthöchsten

Berg. Doch der an Skorbut leidende, bereits tödlich erkrankte Kapitänkommandeur nahm den Anblick »sehr gleichgültig hin und zeigte keinerlei Freude«, wie Steller in seinem Tagebuch vermerkte. Die Alaskahalbinsel entlangsegelnd, fand Bering weitere Inseln, zuletzt die nach ihm benannten Kommandeurinseln. Hier starb er am 13. August 1741.

Zu den Verdiensten der von ihm geleiteten Großen Nordischen Expedition gehören neben den Entdeckungen im Bereich der russischen Pazifikküste und vor Alaska die ersten Schritte zur wissenschaftlichen Erschließung der geographischen Verhältnisse Sibiriens und seiner vorgelagerten Inselwelt, der in den durchquerten Regionen lebenden Völkerschaften, der dortigen Flora und Fauna sowie der Bodenschätze.

Der Sprung über den »kleinen Teich«
Die gewissermaßen konsequente Folgerung, die sich aus den Expeditionen Berings und Tschirikows ergab, lag in der Fortsetzung des russischen Expansionismus in den pazifischen Raum. Wiederum stellte das »Pelzfieber«

Die bei weitem größte Anzahl von nach Sibirien Deportierten stellten Strafgefangene und Kriminelle dar. Das Foto von 1890 zeigt einen Käfig mit Häftlingen auf dem Frachtdampfer »Petersburg«, der diese nach der Insel Sachalin deportiert.

Zar Paul I. verlieh 1799 der Russisch-Amerikanischen Kompanie für Amerika und den nordpazifischen Raum ein Handelsmonopol (Gouache aus der Moskauer Malerschule; Moskau, Tretjakow-Galerie).

die treibende Kraft für die Überschreitung der maritimen Grenze dar.

Bereits zwei Jahre nach dem Tod des dänischen Seefahrers auf den Kommandeurinseln landeten Pelztierjäger auf dieser 250 Kilometer östlich von Kamtschatka gelegenen Inselgruppe. Weitere zwei Jahre später erreichte ein Schiff die Aleuten, und bis um die Mitte der 1760er-Jahre waren die wichtigsten Aleuteninseln bekannt. Auf ihnen lockte vor allem der Seeotter, dessen Fell beim Mandschuadel besondere Wertschätzung genoss. In der letzten Dekade des 18. Jahrhunderts sind über 100 000 dieser kostbaren Tiere getötet worden. Kaum weniger radikal gingen die Russen mit den Menschen um. Die Ureinwohner wurden drangsaliert – es galt ein Verbot, Kanus für mehr als zwei Personen zu bauen –, versklavt oder getötet. Mit zwangsrekrutierten aleutischen Hilfstruppen setzten die Russen schließlich nach Alaska über, das sie 1761 erreichten.

Die wirtschaftliche Ausbeutung des nordpazifischen Raumes und Alaskas überließ der russische Kolonialstaat jetzt allerdings privilegierten Kaufleuten, zum einen, weil der jassak mit dem Schwinden der Pelztierbestände immer mehr an Bedeutung verlor, zum anderen, weil mit der Niederlassung auf dem amerikanischen Kontinent außenpolitische Gesichtspunkte an Bedeu-

> **INFOBOX**
>
> **Russisch-Amerikanische Kompanie**
> »Um zu Lande Alaska, das Amerika genannt wird, zu erreichen sowie zu bekannten und unbekannten Inseln zu segeln, Pelzhandel zu treiben, das Land zu erforschen sowie einen freiwilligen Handel mit den Eingeborenen aufzubauen«, gründete der aus der Provinz Kursk stammende Kaufmann Grigorij Iwanowitsch Schelichow, der mit der Organisation von Jagd- und Beutezügen im Nordpazifik reich geworden war, zusammen mit Iwan Golikow nach dem Vorbild der englischen Ostindischen Kompanie 1783 eine eigene Handelskompanie. Erst im Spätsommer 1784 – wegen schlechten Wetters mussten er und seine Ehefrau auf der Beringinsel überwintern – erreichten die beiden die Insel Kodiak, wo er ebenfalls zusammen mit Golikow eine russische Niederlassung ins Leben rief, bevor Alaska zum Zentrum der Aktivitäten der höchst erfolgreichen Handelspartner wurde. Als Zar Paul I. der Handelsgesellschaft 1799 das Handelsmonopol übertrug, war Schelichow bereits seit vier Jahren verstorben.

Die Aktivitäten der Russisch-Amerikanischen Kompanie erstreckten sich bis nach Kalifornien, wo 1812 nordwestlich von San Francisco Fort Ross errichtet wurde. 1841 zogen sich die Russen wieder aus Kalifornien zurück. Das Foto zeigt die wieder aufgebaute russisch-orthodoxe Kapelle (1812) in Fort Ross.

tung gewannen. Die finanziell stärkste der Pelzhandelsgesellschaften erhielt 1799 als »Russisch-Amerikanische Kompanie« von Zar Paul I. für Amerika und den nordpazifischen Raum ein Handelsmonopol.

Als auch im westlichen Alaska der Seeotter nahezu ausgerottet war, dehnte sich der Aktionsraum der Kompanie weiter in südliche Richtung bis nach Nordkalifornien aus. Mit dem Erreichen dieser klimatisch günstigeren Zone entwickelte sich gleichzeitig der Gedanke einer Siedlungskolonisation. Allerdings hatte das Vordringen der Russen hastige Gegenmaßnahmen der Spanier im Süden zur Folge, wohingegen es mit den Ame-

Grigorij Iwanowitsch Schelichow, Gründer der Russisch-Amerikanischen Kompanie

Adam Johann von Krusenstern leitete 1803–06 die erste russische Erdumseglung, auf der er die Westküste Hokkaidos und die Nord- und Ostküste Sachalins erkundete (Porträt von Jakob Fjodorowitsch Grevisirskij; Moskau, Staatliches Zentrales Marinemuseum).

rikanern anfangs sogar zu Jagd- und Schiffsgemeinschaften kam. 1812 errichteten die Russen Fort Ross – der Name ist abgeleitet vom russischen Wort für »Russland«, Rossija – nördlich von San Francisco und schlossen 1817 mit den Indianern der Umgebung einen Landabtretungsvertrag.

Die Aktivitäten der Kompanie in Amerika korrespondierten weitgehend mit hochfliegenden Plänen des zaristischen Staates von einem russisch dominierten Nordpazifik und einem weiten Netz von Handelsstützpunkten zwischen Japan und Südamerika. Von 1803 bis 1806 fand die erste russische Erdumsegelung unter Adam Johann von Krusenstern statt, weitere 35 Weltexpeditionen sollten folgen. Als sich die Russen 1816/17 auf Hawaii niederließen, schienen sie den natürlichen Mittelpunkt ihres projektierten pazifischen Imperiums gefunden zu haben. Die Inselgruppe war zugleich als Versorgungsstation für Alaska gedacht. Verträge mit einheimischen Herrschern zielten deshalb darauf ab, neben Plätzen für Handelsniederlassungen Land zur Anlage von Plantagen zu erhalten. Da jedoch die Ambitionen der Kompanie mit amerikanischen und britischen Interessen auf Hawaii zusammenstießen, zog es Zar Alexander I., der Vater der »Heiligen Allianz«, aus außenpolitischen Überlegungen 1819 vor, alle weiteren Aktivitäten der Kompanie zu untersagen.

Auch das russische Abenteuer in Kalifornien neigte sich bald dem Ende zu. Als die Russisch-Amerikanische Kompanie 1821 den Versuch unternahm, ein Jagd-, Handels- und Schifffahrtsmonopol an der nordwestamerikanischen Küste durchzusetzen, stieß sie auf den Widerstand der Vereinigten Staaten und Großbritanniens. Es folgte, bei zunächst weitgehenden Konzessionen im Bereich von Schifffahrts- und Fischereirechten, ein Defacto-Rückzug auf die Grenzen des heutigen Alaska. Im Jahre 1841 überließ die Kompanie das bis dahin russische Kalifornien dem aus der Schweiz nach Amerika eingewanderten John Sutter für 30 000 Dollar. 7,2 Millionen Dollar erhielt sie, als sie 1867 Alaska an die Vereinigten Staaten verkaufte. Ein Jahr später löste sich die Kompanie selbst auf.

Horst Gründer

»Die Knute folgt der Flagge«: Die Erschließung Sibiriens

Die frühe Besiedlung Sibiriens beruhte zum einen auf dem spontanen, unkontrollierten Zufluss russischer Bürger, zum anderen auf der systematischen Organisation durch den russischen Staat. Ausgangspunkte waren die befestigten militärischen Stützpunkte (ostrogs), aus denen sich oft Dörfer und Städte entwickelten. Das typische russische Dorf der Pionierphase bestand aus einem mit Palisaden versehenen Fort mit den Garnisonen der Kosaken und Dienstverpflichteten, dem Gefängnis und einer Kirche. Außerhalb der Wälle befanden sich das Handelsviertel, kirchliche und andere Bereiche. In Blockhäusern wohnten die »alten Sibirier«, Beamte und Soldaten, die ihren Dienst quittiert hatten, Händler, Handwerker, Waldläufer, Priester und Mönche. Die Frauen holte man sich mehr oder weniger gewaltsam aus der einheimischen Bevölkerung oder kaufte sie.

Bei den bäuerlichen Siedlern handelte es sich anfänglich um Staatsbauern, da die Mehrzahl der russischen Bauern seit dem 16. Jahrhundert schollenpflichtig waren und jede Art der Zwangsrekrutierung auf den Widerstand der Beamten und des Adels der russischen Provinzen stieß. Dennoch bestand die Hauptmasse der bäuerlichen Kolonisten Sibiriens aus so genannten Läuflingen, das heißt schollenpflichtigen Bauern, die sich heimlich, teilweise mithilfe professioneller »Umsiedlungsagenten«, nach Sibirien begaben; gab es dort doch weder landsässigen Adel noch Leibeigenschaft.

Ein weiteres wichtiges Element der Besiedlung stellten die Kosaken dar, die sich nach ihren unterschiedlichen Aufgaben im Dienst des Staates als Bauern niederließen. Vor allem wurden sie jedoch in den Marken entlang der Grenzen angesiedelt. Später kamen Siedler aus der Ukraine, Weißrussland, dem Baltikum und den deutschen »Mutterkolonien« in der Ukraine oder an der Wolga. In den Städten ließen sich neben den Beamten, Soldaten und Kirchenangehörigen vor allem Juden und Tataren nieder.

Aufständische, »Räuber« und »Verbrecher« wurden schon in der ersten Hälfte des 17. Jahrhunderts nach Sibirien gebracht. Es war aber erst Zar Peter I., der

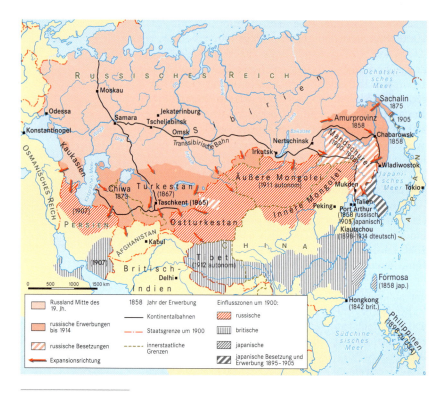

Russland dehnte seinen Einflussbereich in den 1860er- und 1870er-Jahren im Süden bis an die Grenzen Persiens und Afghanistans aus. Im Osten begann die Expansion 1858 mit dem Erwerb des Amur-Ussuri-Gebietes von China. 1860 wurde am japanischen Meer die Hafenstadt Wladiwostok gegründet, die zur Endstation der Transsibirischen Eisenbahn wurde.

Deportationen von Kriminellen, politischen und Kriegsgefangenen sowie von Altgläubigen im großen Stile durchführen ließ. Bei den Altgläubigen handelte es sich um Angehörige der russisch-orthodoxen Kirche, die die Liturgiereform von 1654 mit ihrer starren philologischen Rückführung der in Jahrhunderten gewachsenen Moskauer Tradition auf das griechische Urbild ablehnten oder sich gegen die staatskirchliche Politik des Zaren wehrten. Die ersten Kriegsgefangenen, die nach Sibirien gebracht wurden, waren Offiziere, Soldaten und Seeleute des schwedischen Heeres aus dem Großen Nordischen Krieg. Vor allem waren aber immer wieder Polen betroffen, die als Folge der Teilungen ihres Staates oder ihrer Aufstände gegen die russische Herrschaft im 19. Jahrhundert in die Verbannung nach Sibirien geschickt wurden.

Politische Gefangene waren in der Mehrzahl in Ungnade gefallene Adlige, sie stammten aber auch aus dem

Kreis bürgerlicher politischer Oppositioneller und Aufklärer. Namhafte politische Häftlinge waren die Dichter Aleksandr Nikolajewitsch Radischtschew (1749–1802), dessen humanitär-aufgeklärter Protest sich gegen Autokratie und Leibeigenschaft richtete, sowie Fjodor Michajlowitsch Dostojewskij (1821–81). Im Jahre 1825 wurde eine Gruppe zumeist adliger Verschwörer, die so genannten Dekabristen, nach Sibirien verbannt. Die bei Weitem größte Anzahl von Deportierten stellten jedoch die Strafgefangenen und Kriminellen. Bereits unter Peter dem Großen wurden sie vor allem in die Bergwerke und großen Produktionsstätten geschickt.

Schwerpunkt der russischen Durchdringung und Besiedlung war und blieb der südwestsibirische Schwarzerdegürtel, insbesondere nachdem der zwischen 1760 und 1770 erbaute »Große Sibirische Postweg« (trakt) eine Verkehrsverbindung zwischen Moskau und Irkutsk schuf

Der Schriftsteller Aleksandr Nikolajewitsch Radischtschew (1749–1802) klagte Leibeigenschaft und andere Missstände an. Sein daraufhin verhängtes Todesurteil wurde zu lebenslänglicher Verbannung nach Sibirien umgewandelt. 1796 begnadigt, beging er Selbstmord, weil ihm erneut Verbannung drohte (anonymes Porträt, 2. Hälfte 18. Jh.).

und russische Siedler, Beamte, Kaufleute und Kleriker nach Westsibirien strömten. Erst der von den Gold- und Silberfunden ausgelöste »Run« trug zu einer wachsenden Bevölkerungszahl auch im Osten bei. Lag die Anzahl der Einwohner Sibiriens Mitte des 17. Jahrhunderts bei ungefähr 1 500 und stieg sie bis zum Ende des 18. Jahrhunderts nur langsam auf etwa eine Million, so erreichte sie um die Mitte des 19. Jahrhunderts bereits 2,7 Millionen, während der Anteil der einheimischen Bevölkerung immer weiter zurückging. Der große Bevölkerungsaufschwung Sibiriens setzte aber erst nach der Abschaffung der Leibeigenschaft 1861 und der Eröffnung der zwischen 1891 und 1904 erbauten Transsibirischen Eisenbahn ein, der längsten Eisenbahnstrecke der Welt.

Ein »Königreich Sibirien«?

Mit der religiös-nationalen Idee von Moskau als dem »dritten Rom« besaß der russische Staat auch eine eigene Sendungsideologie. Sie beruhte auf jener nach 1510 unter dem Einfluss des russischen Mönchtums entwickelten Vorstellung, dass Moskau nach dem Untergang erst Roms und dann 1453 Konstantinopels als letzter und einziger Hort des rechten Glaubens, der Orthodoxie, das dritte – und letzte – Rom sei. Hinter diesem imperialen

In dieser Hütte lebten die Fürstinnen Trubezkaja und Wolkonskaja, die ihren am Aufstand der Dekabristen beteiligten Männern in die Verbannung nach Sibirien gefolgt waren.

> **INFOBOX**
>
> **»Aufzeichnungen aus einem Totenhaus«**
> Der Schriftsteller Fjodor Michajlowitsch Dostojewskij gehörte 1847 dem geheimen Zirkel um den Intellektuellen Michail Wassiljewitsch Petraschewskij an, in dem u. a. der »utopische Sozialismus« diskutiert wurde. In einer Tischrede soll Petraschewskij ausgerufen haben: »Wir verurteilen die bestehende Ordnung zum Tode.« Zur Vollstreckung dieses Urteils sollte es allerdings nicht kommen. Stattdessen wurden die Mitglieder des Zirkels im Dezember 1849 verhaftet. Dostojewskij wurde zum Tod verurteilt und erst auf dem Richtplatz zu vier Jahren Zuchthaus in Sibirien begnadigt (1850–54).
> In der Weihnachtsnacht 1849 wurden Dostojewskij und zwei Schicksalsgefährten aus Sankt Petersburg abtransportiert. Der Transport nach Sibirien dauerte über einen Monat. In der Strafkolonie von Omsk verbrachte Dostojewskij die ersten vier harten Jahre seiner Gefangenschaft – er schildert diese Leidenszeit in den »Aufzeichnungen aus einem Totenhaus« (1860–62). Erst 1859, nach mehreren Jahren Militärdienst, durfte er zurückkehren, jetzt als überzeugter Christ und radikaler Gegner des atheistischen Sozialismus. Seine Wandlung, die er später seinen Helden Raskolnikow in »Schuld und Sühne« erleben lässt, fasst er so zusammen: »An die Stelle der Dialektik war das Leben getreten.«

Programm verbarg sich nicht nur eine ideologische Fundamentierung des neuen Machtzentrums im Osten Europas, sondern es gewährte zugleich die Rechtfertigung und das gedankliche Instrument zur Durchsetzung und Festigung kolonialer Herrschaft.

Grundsätzlich ist daher das Christentum in seiner russisch-orthodoxen Bekenntnisform als ideologische und rituelle Begleiterscheinung des russischen Kolonialexpansionismus aufgetreten. Dennoch besaß der Missionierungseifer der Russen einen sehr pragmatischen Aspekt: Wo es ihnen aus machtpolitischen Gründen vernünftiger erschien, bestehende Religions- und Kultformen zu respektieren, haben sie auf eine Zwangschristianisierung verzichtet.

Die erste intensive Bekehrungskampagne ist einmal mehr mit dem Namen Peters des Großen verbunden. 1702 machte er seinen Günstling Filofej Leschtschinskij zum Bischof von Tobolsk, damit ein Zeichen für die Christianisierung Westsibiriens setzend. 25 Jahre später kam als zweites Bistum Irkutsk für Ostsibirien hinzu.

Dieses Foto aus dem 19. Jh. zeigt drei Menschen in der Maschinerie des sibirischen Strafvollzugs: den freien Arbeiter, den Sträfling und den Wächter.

Klöster und Kirchen folgten auf den Spuren der Kolonisten. 1706 und 1710 ergingen Dekrete Peters, die Ostjaken und Wogulen Westsibiriens zur Orthodoxie zu bekehren. Mit der Zerstörung ihrer Idole und Kultstätten setzte eine rücksichtslose Mission ein, der zufolge beide Völker bereits 1712 als Christen galten. Unter der Oberfläche ihres neuen Glaubens blieben die meisten jedoch Anhänger ihrer schamanistischen Religionsform, wobei es für sie keine Probleme machte, den russischen Erzheiligen Sankt Nikolaus in ihr Götterpantheon aufzunehmen. Das gleiche Verhalten traf auf die Jakuten und westlichen Burjaten zu, die allenfalls ein Kreuz um den Hals tragen mochten, im Übrigen aber ihrem alten Glauben treu blieben. Die Jakuten hatte man von Irkutsk aus mit Geschenken und einem fünfjährigen Erlass des jassak für das Christentum geworben.

Auf der anderen Seite hat Peter den islamischen Glauben der Tataren Westsibiriens audrücklich geschützt. Noch weiter ging Katharina die Große (1762–96), die die Erlaubnis zum Bau von Moscheen in der Kirgisensteppe erteilte und den Mullahs ein staatliches Gehalt zahlte. Bei den buddhistischen Mongolen in Transbaikalien, den östlichen Burjaten, wurde sogar der Posten eines Schamba-Lama als Haupt der russischen Buddhisten geschaffen. Mitte des 19. Jahrhunderts begrenzten die Russen allerdings die Zahl der Lamas auf 255, und neue Klöster durften nicht mehr eingerichtet werden. Im gleichen Zeitraum setzten bei den westlichen Burjaten massive Missionierungsversuche ein, unter anderem mithilfe englischer Sendboten. Im Nordosten Sibiriens, in Kamtschatka, auf den Aleuten und in Alaska hatte man bereits Versuche einer gewaltsamen Missionierung im Zuge der Eroberung im 18. Jahrhundert unternommen.

Die meisten der durch Zwangs- und Massentaufen Bekehrten haben ihren alten Glauben aber nicht aufgegeben; es entwickelten sich daher eher synkretistische Religionsformen. Der im Kolonialismus der Westeuropäer, insbesondere der Portugiesen und Spanier, praktizierte Versuch, Religion zur Schaffung eines gleich gearteten Untertanenverbandes heranzuziehen, gelang daher allenfalls hinsichtlich der kollaborationsbereiten Stammesführer und Klanoberhäupter. Für den einhei-

So wie Australien für England war Sachalin die Gefangeneninsel des russischen Reichs. Den Neuankömmlingen in den Straflagern wurden Fußfesseln angeschmiedet (Foto aus dem 19. Jh.).

Der Schriftsteller Anton Tschechow unternahm 1890 eine Informationsreise zur russischen Strafkolonie auf Sachalin und schrieb über die inhumane Praxis des russischen Strafvollzugs (an ihre Schubkarren gekettete Sträflinge, Foto aus dem 19. Jh.).

mischen Feudaladel – etwa die Führungsschicht der Jakuten und Burjaten – bedeutete die Taufe und die Annahme eines russischen Namens das Eintrittsbillet in die russische Gesellschaft und den Aufstieg in den russischen Erbadel. Umgekehrt sind jedoch auch die wenigen Russen durch ihre Umgebung in hohem Maße geprägt worden, sodass von wechselseitigen kulturellen Angleichungsprozessen gesprochen werden kann.

Betrieb der russische Kolonialstaat die Missionierung Sibiriens eher mit halbem Herzen, so war er von Anfang an mit desto größerem Engagement an den Einkünften aus den neuen Ländern interessiert. Bereits 1637 wurde in Moskau ein »Sibirisches Amt« eingerichtet, dessen vornehmste Aufgabe im Anfangsstadium russischer Herrschaft es war, den einheimischen Völkern den jassak abzuzwingen. Die Pelze brachten vor allem in China hohe Gewinne. In der Regel zog alle drei Jahre eine offizielle Handelskarawane mit diesem wichtigsten Handelsgut nach Peking und kehrte mit Gold, Seide, Damast, Porzellan und später Tee zurück. Daneben exis-

tierte allerdings ein ungeheuerer Pelz- und Lederschmuggel nach China. Der auf diese Weise steinreich gewordene erste Generalgouverneur von Sibirien, Fürst Matjew Petrowitsch Gagarin, büßte freilich seine illegalen Geschäfte 1720 mit der öffentlichen Enthauptung.

Neben dem von Peter dem Großen staatlich lizenzierten Pelzhandel beanspruchte der Staat ein Monopol auf Salz, Pottasche, Branntwein, Bier, Honigwein, Tabak und später Kaffee. Seit 1747 kamen auch die Bergwerke unter staatliche Regie. Zentren des Bergbaus wurden die Eisen- und Kupferminen bei Jekaterinburg, die Gold- und Silberförderstätten um Krasnojarsk und bei Nertschinsk im Altaigebiet und die Kohlegruben von Kusnezk. Zwischen 1747 und 1861 förderten die Bergwerke des Altai mehr als 2000 Tonnen Silber, das durch Gold reich gewordene Krasnojarsk beschäftigte im Jahre 1861 über 2000 Bergleute. Der Versorgung dieser industriellen Zentren mit Verbrauchsgütern wie Fisch, Fleisch, Getreide und nicht zuletzt Wodka diente der neben dem Fernhandel bereits früh entstandene innersibirische Handel mit seinen großen Messen in Irbit, Tobolsk, Omsk, Tomsk, Krasnojarsk, Jenissejsk, Irkutsk und Kjachta.

Irkutsk war der Umschlagplatz für den russischen Handel mit der Mongolei und China. 1803–22 war die Stadt Sitz des Generalgouverneurs von Sibirien, 1822–1917 von Ostsibirien. Bereits 1725 wurde Irkutsk Bischofssitz (Erlöserkirche in Irkutsk).

War der russische Osten wirtschaftlich ursprünglich wegen seines reichen Vorkommens an Pelztieren interessant, so rückte nach Erschöpfung der Zobelbestände zunehmend der Abbau von Bodenschätzen in den Vordergrund (Außenansicht des Kohlenbergwerks von Due auf Sachalin, Foto aus dem 19. Jh.).

Kontrolliert und einigermaßen zusammengehalten wurde das gesamte sibirische Kolonialreich durch die fast allmächtigen Provinzgouverneure, Militärkommandanten und Verwaltungsbeamten. Da sie – wenn überhaupt – nicht sonderlich hohe Gehälter bezogen, waren sie in der Regel korrupt und auf ihre eigene Bereicherung bedacht. Selbstverständlich erwarteten sie von den tributpflichtigen Völkern entsprechende »Geschenke«. Ohnehin floss ein beachtlicher Teil des jassak in ihre Taschen. Später gaben die Militärkommandeure und höheren Beamten das Recht zu dessen Einziehung an »vereidigte Männer« weiter, die statt eines Gehalts etwa die Konzession für eine Schnapsbrennerei und die Betreibung einer Schankstube erhielten. Ebenso wurden die Klan- und Stammesoberhäupter der unterworfenen Völker mit dem Einzug des jassak betraut, die Tribute bestanden nach der jeweiligen Erschöpfung der Pelztierbestände in Geld. Seit der Abschaffung des Geiselsystems 1763 haftete der gesamte Klan für die Abgaben.

1822 teilte eine Verwaltungsreform die einheimischen Völker in Sesshafte, Nomaden und »Wandernde« ein. Nur die Angehörigen der beiden letzten Kategorien hatten den jassak zu zahlen, die Sesshaften die weit höhere Kopfsteuer. Eine beschränkte Selbstverwaltung existierte mit der Einrichtung von Klanräten, Direktorien und Steppenräten. Selbstverständlich galt alles Land, das wichtigste Kapital der Kolonie, als Staatseigentum. Katharina die Große spielte immer wieder mit dem Gedanken der Einrichtung eines »Sibirischen Königreiches«, ließ ihn schließlich aber fallen. Dafür wurde Sibirien 1783 in acht Provinzen eingeteilt, es wurden eine einheitliche Verwaltung geschaffen sowie die noch bestehenden Sonderrechte einheimischer Fürsten abgeschafft.

Im 19. Jahrhundert gingen alle noch so geringen Reformen des russischen Staates an Sibirien spurlos vorbei. Als in den 1860er-Jahren Studenten die Idee einer sibirischen Selbstständigkeit verfochten, bezahlten sie ihre Pläne mit der Verurteilung zu Zwangsarbeit in Sibirien.

Horst Gründer

Zusammenprall von Abendland und Morgenland: Die Türkenkriege

Die erfolgreichen Eroberungszüge der Osmanen auf der Balkanhalbinsel während des 14. und 15. Jahrhunderts hatten einen Großteil der christlichen Balkanvölker unter die Botmäßigkeit eines islamischen Oberherrn gezwungen. Der Fall Konstantinopels am 29. Mai 1453 löschte eine tausendjährige christliche Kaiserherrschaft am Bosporus aus und beendete die bisherige wirtschaftliche Vorrangstellung der italienischen Seestädte, allen voran der Markusrepublik Venedig, im östlichen Mittelmeerraum. Der Zugang zum Schwarzen Meer blieb seit dem Ende des 15. Jahrhunderts über drei Jahrhunderte für christliche Handelsschiffe gesperrt. Die Türkengefahr wurde zeitweise zu einer ernsthaften Bedrohung der christlich-abendländischen Staatengemeinschaft. 1529 erschienen die Türken erstmals vor Wien und bedrohten die kaiserliche Residenz.

Der unselige Kampf um die Nachfolge in Ungarn lähmte die Verteidigungsanstrengungen. Erzherzog Ferdinand, dem Bruder Karls V., gelang es als Landfremdem nicht, den Erbvertrag des Jahres 1515 mit der litauisch-polnischen Dynastie der Jagiellonen einzulösen. Der widerspenstige ungarische Kleinadel bevorzugte den Woiwoden von Siebenbürgen Johann Zápolya. Als König Johann I. behauptete er sich mit türkischer Waffenhilfe bis zu seinem Tode 1540 in der Osthälfte Ungarns. 1541 rückte eine türkische Besatzung in die königliche Residenz Buda ein. Ganz Siebenbürgen wurde zu einem osmanischen Vasallenstaat, und der Habsburger Ferdinand musste sich als gewählter ungarischer König mit einem schmalen Gebietsstreifen im Norden und Nordwesten begnügen. Neue Hauptstadt dieses »Königlichen Ungarn« blieb bis zum Jahre 1848 Preßburg.

Während es in den folgenden Jahrzehnten bedeutende Herrscherpersönlichkeiten wie István Báthory (1571–76), der spätere polnische König Stephan IV., oder Gabriel Bethlen von Iktár (1613–29) und Georg I. Rákóczi (1630–48) verstanden, als Woiwoden von Siebenbürgen mit einer geschickten Schaukelpolitik zwischen den

> **INFOBOX**
>
> **Die Militärgrenze**
> Als Militärgrenze bezeichnet man den 1 750 km langen Landstrich in Österreich und Ungarn (einschließlich Kroatiens), der im 16.–19. Jh. die Grenze zum Osmanischen Reich bildete. Hier wurden aufgrund der ständigen Bedrohung durch die Osmanen im 16. Jh. wehrhafte Bauern angesiedelt, zunächst Serben und Kroaten aus den türkisch besetzten Gebieten, später auch Flüchtlinge orthodoxer Religionszugehörigkeit (Raszier, Walachen). Bis Ende des 17. Jh. verlief die Militärgrenze von der Adria bis zur Drau, nach Abschluss der Türkenkriege (1683–1739) wurde sie an die Nordwestgrenze Dalmatiens vorverlegt, der Save und Donau bis Orsova sowie dem Karpatenkamm bis zur Bukowina folgend.
> Die Militärverwaltung war direkt der habsburgischen Monarchie, d. h. dem innerösterreichischen Hofkriegsrat in Graz bzw. dem Wiener Hofkriegsrat unterstellt. Die Grenzer waren als Bauernsoldaten zum dauernden Waffendienst in ihren Grenzregimentern verpflichtet, dafür genossen sie größtenteils Abgabenfreiheit. 1849–66 bildeten die Bezirke der Militärgrenze ein eigenes österreichisches Kronland, das dem Kriegsministerium unterstellt war. Bis Ende des 19. Jh. wurde die Militärgrenze aufgelöst.

Europa im Zeitalter des Absolutismus

In der Seeschlacht von Lepanto im Golf von Korinth (1571) besiegte die Flotte der Heiligen Liga (Venedig, Spanien, Papst) die zahlenmäßig überlegene Flotte der Osmanen. Sie gilt als die letzte große, mit geruderten Galeeren geschlagene Seeschlacht (Ausschnitt aus einem anonymen Gemälde von 1571; Venedig, Museo Correr e Quadreria Correr).

Mächten eine gewisse Eigenständigkeit zu behaupten, sahen sich die Habsburger in einen ständigen Kleinkrieg an der Demarkationslinie zum osmanischen Machtbereich verwickelt.

Die Bewohner der innerösterreichischen Lande hatten sich schon seit Anfang des 15. Jahrhunderts immer wieder überraschender Vorstöße türkischer Reitertrupps zu erwehren. Diese gefürchteten »Renner und Brenner« – auch »Sackmannen« genannt – gingen mit unerhörter Grausamkeit vor. Mit schmählichen Tributzahlungen musste ein labiler Waffenstillstand erkauft werden. Die habsburgischen Kaiser taten sich aus reichsrechtlichen Gründen schwer, für die Verteidigung ihrer Hausmachtinteressen eine dauerhafte Türkenhilfe im Reich zu mobilisieren. Die mangelhafte Grenzsicherung sorgte für erhebliche Unruhe unter den Bauern in Kärnten, der Krain und in der Steiermark, sodass die Stände bereit waren, das Landesdefensionswesen (die Landesverteidigung), das in der Verfügungsgewalt des Herrschers lag, zu stärken.

Nach dem 4. Kreuzzug (1204) kam Kreta an Venedig. 1645-69 eroberten die Osmanen die Insel. Aus venezianischer Zeit stammen einige Festungsbauten, so z. B. die 1573-87 in Rethymnon angelegte Burg Fortezza (Abbildung).

Während der Kaiser unter dem Druck der türkischen Bedrohung gezwungen war, im Reich einer schrittweisen rechtlichen Gleichstellung der protestantischen Stände zuzustimmen gemäß dem zeitgenössischen Spruch: »Der Türke ist der Lutherischen Glück«, gewann er als Kriegsherr an der Türkenfront an Macht. Die Errichtung eines zweiten Hofkriegsrates in Graz 1578, nur wenige Jahre nach der Schaffung des Hofkriegsrates 1556 in Wien, war eine von den Landständen initiierte administrative Neuerung, die Teil eines umfassenderen Reformwerkes, des »Brucker Libell«, war. Die neu errichtete zentrale Militärverwaltungsbehörde in Graz erleichterte eine bessere Koordinierung der Verteidigungsanstrengungen.

Am Aufbau einer »Militärgrenze« in Kroatien und Slawonien waren Balkanflüchtlinge meist orthodoxer Konfession beteiligt. Sie wurden in grenznahen wehrdorfartigen Siedlungen seit den Dreißigerjahren des 16. Jahrhunderts angesiedelt und als Wehrbauern mit der Grenzsicherung betraut. Auch die während des »Langen Türkenkrieges« (1593–1606) über die Grenze gewechselten zahlreichen Walachenfamilien wurden zu Grenz- und Wachdiensten eingesetzt. Die Habsburger waren allerdings erst Anfang des 17. Jahrhunderts in der Lage, eine aktivere Rolle an der Türkenfront zu übernehmen.

Koalitionsabsprachen unter den europäischen Mächten ebneten den Weg zu einer Einheitsfront, in die sich immer mehr christliche Staaten einreihten. Zur Unterstützung der Venezianer, die 1570 ihren Vorposten im östlichen Mittelmeer auf Zypern räumen mussten, hatten sich Spanien und der Papst an der Ausrüstung eines Flottenunternehmens beteiligt. Dieser Heiligen Liga gelang am 7. Oktober 1571 unter der Führung von Don Juan d'Austria bei Lepanto ein erster großer Seesieg über die Türken, an den das 1572 eingeführte Rosenkranzfest in der katholischen Kirche noch erinnert.

Eine nachhaltigere Erschütterung der osmanischen Militärmacht brachte jedoch erst der »Lange Türkenkrieg«. Eingeleitet hatte ihn Kaiser Rudolf II. 1593 mit dem Entsatz von Sissek (Sisak) und der Vernichtung des türkischen Belagerungsheeres unter Hasan Pascha von Bosnien. Dem Rachefeldzug des Sultans stellte sich eine christliche Verteidigungsallianz entgegen, an der sich die Reichsstände, der Papst, Spanien und Polen beteiligten und der sich auch Siebenbürgen und die Hospodare (Fürsten) der Walachei und der Moldau anschlossen. Im Gegensatz zu den verbündeten siebenbürgisch-walachischen Truppen, die nach erfolgreichen Abwehrschlachten das walachische Territorium freikämpften, erlitten die Kaiserlichen am 26. Oktober 1597 bei Mezőkeresztes eine vernichtende Niederlage.

Es begann ein langjähriger Kleinkrieg, der für beide Seiten unerwartete zusätzliche Gefahren heraufbeschwor. Die Osmanen hatten sich im Osten der Angriffe des neupersischen Reiches der Safawiden zu erwehren, die Habsburger mussten nach dem Frontwechsel Siebenbürgens seit 1604 gegen die Aufstandsbewegung des Ist-

Der osmanische Großwesir Kara Mustafa Pascha, der schon 1677/78 erfolglose Feldzüge gegen Russland unternommen hatte, wurde 1683 nach seiner Niederlage in der Schlacht am Kahlenberg auf Geheiß des Sultans erdrosselt.

ván Bocskay ankämpfen, mit dem jedoch im Wiener Frieden vom 23. Juni 1606 eine Einigung erzielt werden konnte. Nur wenige Monate später, am 15. November 1606, erreichte der Kaiser erstmals im Friedensschluss an der Zsitvamündung (daher auch Friede von Zsitvatorok genannt), vom Sultan als gleichberechtigter Vertragspartner akzeptiert zu werden.

Der Expansionsdrang der Osmanen war damit keineswegs gebrochen. Ein Restaurationsversuch unter den Großwesiren albanischen Ursprungs aus der Familie der Köprülü in der Mitte des 17. Jahrhunderts schuf die Voraussetzungen für eine letzte erfolgreiche Kraftanstrengung des Osmanischen Reiches. Es gelang den türkischen Truppen, in einem 25-jährigen erbitterten Ringen (1645–69) den Venezianern Kreta zu entreißen und bei einem erneuten Einfall in Ungarn 1663 die Festung Neuhäusel an der Neutra zu erobern. Zwar konnte das eilends herangeführte Reichsheer unter Raimund Graf von Montecuccoli in der Schlacht beim Kloster Sankt Gotthard an der Raab (Mogersdorf) am 1. August 1664 den Übergang der türkischen Truppen über die Raab verhindern, im Frieden von Vasvár (Eisenburg) am 10. August 1664 musste sich aber der Kaiser mit einem zwanzigjährigen Waffenstillstand begnügen und dem Sultan die eroberten Grenzfestungen und die Oberherrschaft über Siebenbürgen belassen.

> **INFOBOX**
>
> **Drei Dienstherren**
> Prinz Eugen diente im Laufe seines Lebens drei Kaisern des Hauses Habsburg. Seine Laufbahn begann er unter Kaiser Leopold I., der mit den Türkenkriegen den Aufstieg Österreichs zur europäischen Großmacht begründete.
> Den unter Leopold begonnenen Spanischen Erbfolgekrieg setzte dessen ältester Sohn Joseph I. siegreich fort – ihm diente Prinz Eugen als Reichsmarschall.
> Karl VI., der zweite Sohn Kaiser Leopolds, wurde nach dem frühen Tod seines Bruders, Josephs I., dessen Nachfolger. Er musste im Frieden von Utrecht (1713) auf die spanische Krone verzichten, während er in dem unter Beteiligung von Prinz Eugen ausgehandelten Rastatter Frieden (1714) mit den spanischen Nebenlanden (Neapel, Mailand, Sardinien, Spanische Niederlande) einen Teil des spanischen Erbes erhielt.
> Über diese drei Dienstherren sagte Prinz Eugen: »Leopold war mein Vater, Joseph mein Bruder, Karl mein Herr.«

Europa im Zeitalter des Absolutismus

Nach einigen schweren Niederlagen mussten die Türken in den Friedensschlüssen von Karlowitz (1699), Konstantinopel (1700) und Passarowitz (1719) den Großteil ihres europäischen Territoriums an Polen, Venedig und das Haus Habsburg abtreten.

Einen letzten großen Territorialgewinn brachte dem Osmanischen Reich der Polenfeldzug des Jahres 1672 ein. Nach dem Fall der heiß umkämpften Grenzfestung Kamenez-Podolskij musste der polnische König im Vorfrieden von Buczacz am 18. Oktober 1672 in die Abtretung Podoliens einwilligen und die türkische Oberhoheit über das ukrainische Territorium anerkennen.

Die »Geburtsurkunde der Donaumonarchie«
Die Unzufriedenheit über die nachgiebige Türkenpolitik Kaiser Leopolds I. entlud sich in Ungarn ab 1666 in der Magnatenverschwörung, in die höchste Adelskreise verwickelt waren. Die »Wesselényische Verschwörung« nahm 1671 mit der Hinrichtung der Anführer in Wiener Neustadt ein blutiges Ende. Das harte kaiserliche Regiment in Ungarn provozierte 1679 einen erneuten Aufstandsversuch in Ostungarn unter Graf Imre Tököly, der sich mit dem Fürsten von Siebenbürgen verbündet hatte und mit französischer und türkischer Unterstützung rechnen durfte.

Großwesir Kara Mustafa Pascha ließ im Verlaufe dieses so genannten Kuruzenkrieges türkische Truppen gegen Wien aufmarschieren. Diese zweite Türkenbelagerung Wiens endete für die Angreifer aber in einem Fiasko: Am 12. September 1683 kämpfte ein von dem

Prinz Eugen von Savoyen-Carignan (1663–1736) gilt als der fähigste Feldherr seiner Zeit, aber auch als weit blickender politischer Berater, der durch seine Ausrichtung an der Idee der Staatsraison die Starrheit dynastischen Denkens überwunden hat (Gemälde von Pietro Longhi; Venedig, Museo del Settecento Veneziano).

Polenkönig Johann III. Sobieski und Herzog Karl V. Leopold von Lothringen herangeführtes Entsatzheer in der Schlacht am Kahlenberg die kaiserliche Residenzstadt frei. Es folgte die Stunde der Abrechnung. In Oberungarn befahl der kaiserliche Kommandant Antonio Carafa ein hartes Gerichtsverfahren gegen die Anhänger Tökölys (Blutgericht von Eperies 1687). Die Gunst der Stunde nutzend, erreichte der Kaiser vom ungarischen Reichstag in Preßburg die Anerkennung der habsburgischen Erbansprüche auf die Stephanskrone. Das Verhandlungsergebnis von 1687 ist als die »Geburtsurkunde der Donaumonarchie« bezeichnet worden.

Zur Fortsetzung des Türkenkrieges fanden sich 1684 der Kaiser, Polen und Venedig unter dem Protektor Papst Innozenz XI. zu einer »Heiligen Liga« zusammen. Ihr trat erstmals 1686 auch Moskau bei, das nach dem großen Kosakenaufstand (1648–54) mit den ostukrainischen Gebietserwerbungen zum Anrainerstaat des osmanischen Machtbereiches geworden war. Während die russischen Truppen unter dem Fürsten Wassilij Wassiljewitsch Golizyn wenig erfolgreich in Südrussland gegen die Krimtataren operierten, drängten kaiserliche Feldherren wie Karl V. Leopold von Lothringen, der 1687 bei Harsány nahe Mohács die Türken besiegte, Markgraf Ludwig Wilhelm I. von Baden-Baden, der berühmte »Türkenlouis«, der bayerische Kurfürst Maximilian II. Emanuel, der 1688 Belgrad erstürmte, und Prinz Eugen von Savoyen-Carignan die Türken ganz aus Ungarn hinaus. In die Peloponnes (Morea) rückten die Venezianer mit den verbündeten toskanischen und päpstlichen Truppen ein und eroberten Koron, Patras, Korinth und Athen. Im Zuge dieser Kriegsereignisse wurde 1687 der Parthenon auf der Akropolis zerstört.

Als der Großwesir Fasil Mustafa Pascha 1690 eine überraschende Gegenoffensive in Serbien einleitete und

Prinz Eugen wurde 1697 zum Oberbefehlshaber über die in Ungarn operierenden Truppen ernannt und schlug im gleichen Jahr in der Schlacht bei Zenta eine zahlenmäßig weit überlegene türkische Armee (Reiterstandbild Prinz Eugens auf dem Burgberg von Budapest).

1530 gab Kaiser Karl V. dem Johanniterorden Malta zu Lehen. Höhepunkt der ständigen Kämpfe des Ordens gegen die Türken war die von Mai bis September 1565 dauernde erfolgreiche Abwehr der türkischen Belagerung durch Jean Parisot de La Valette, den Großmeister des Ordens (zeitgenössische Malerei).

Niš, Smederevo und Belgrad zurückeroberte, wichen die kaiserlichen Truppen über die Save zurück. In ihrem Gefolge flüchteten Tausende Serben unter ihrem Patriarchen von Peć auf südungarisches Territorium. Vor einem erneuten Einbruch der Türken in Ungarn bewahrte den Kaiser die siegreiche Abwehrschlacht des Prinzen Eugen bei Zenta 1697. Im Frieden von Karlowitz (Sremski Karlovci) am 26. Januar 1699 behauptete der Kaiser seine Eroberungen in Ungarn und Siebenbürgen. Er musste aber auf das Temescher Banat und Belgrad verzichten. Polen gewann die südöstliche Provinz Podolien zurück, Venedig wurden die Eroberungen in Dalmatien und auf der Peloponnes zugesprochen.

Als 1715 Sultan Ahmed III. vorzeitig den Waffenstillstand aufkündigte, eilte Kaiser Karl VI. den Venezianern

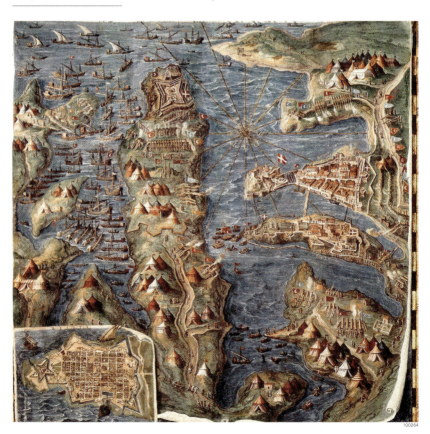

> **INFOBOX**
>
> **Prinz Eugen als Bauherr**
> Der Sieg bei Zenta machte den Prinzen Eugen schlagartig zu einem der berühmtesten Feldherren seiner Zeit. Er verhalf ihm aber auch zu ansehnlichem Wohlstand. 1694 hatte Prinz Eugen bereits ein Stadtpalais in der Himmelpfortengasse in Wien gekauft, in das er nach dem Tod des spanischen Botschafters, bei dem er bisher gewohnt hatte, einzog.
> Geld- und Landgeschenke des Kaisers wie auch das gestiegene Einkommen als kaiserlicher Offizier ermöglichten Prinz Eugen weitere Bauten: Johann Bernhard Fischer von Erlach erweiterte das Stadtpalais. Vor den Toren Wiens baute Johann Lucas von Hildebrandt, der bevorzugte Baumeister des Prinzen, das Schloss Belvedere mit einem großen Garten. Auf der Donauinsel Czepel wurde das Schloss Ráczkeve errichtet. Ab 1725/26 baute von Hildebrandt das Lustschloss Schlosshof bei Marchegg als Sommersitz für den Prinzen um.

zu Hilfe. Im Frieden von Passarowitz vom 21. Juli 1718 gewann Prinz Eugen zwar Belgrad, Nordserbien, das Banat und die Kleine Walachei hinzu, aber Venedig musste die Peloponnes räumen. Nach einem erneuten Waffengang 1735–39 verzichtete der Kaiser im Frieden von Belgrad am 18. September 1739 wieder auf die weit in den Balkanraum vorgeschobenen Positionen und behielt nur das Temescher Banat.

Die Rückeroberung Ungarns hatte an der Türkenfront endgültig die Trendwende eingeleitet. Das Schwergewicht des Habsburgerreiches verlagerte sich in den mittleren Donauraum. Aus der Türkengefahr, die über drei Jahrhunderte das christliche Europa in Atem gehalten hatte, wurde die »Orientalische Frage«. Ihre Lösung sollte sich bis in das 20. Jahrhundert hinziehen.   *Edgar Hösch*

Der »kranke Mann am Bosporus«: Europa und das Osmanische Reich

Im Streit um das Erbe des »kranken Mannes am Bosporus« wurden unter den christlichen Potentaten Europas erhebliche Interessengegensätze offenkundig. Am nachhaltigsten betroffen war von den Waffenerfolgen der kaiserlichen Truppen Frankreich, das sich nach dem Fall Konstantinopels am frühesten aus der christlichen Soli-

Admiral Aleksej Grigorjewitsch Orlow, Oberbefehlshaber der russischen Ostseeflotte, vernichtete bei einer Mittelmeerexpedition die osmanische Flotte am 7.7.1770 in der Bucht von Çeşme an der Westküste der Türkei.

dargemeinschaft verabschiedet und schon im 16. Jahrhundert den Kontakt zum Sultanshof gesucht hatte. Handelsprivilegien im gesamten Osmanischen Reich gaben den beiderseitigen Beziehungen eine feste Grundlage. Die türkische Karte ist seither wiederholt von der französischen Diplomatie ausgespielt worden, um den Kaiser während des Dauerkonflikts des Hauses Bourbon mit den Habsburgern unter Druck zu setzen.

Erst die sich abzeichnende weltweite Konfrontation mit Großbritannien in Übersee bereitete den Aufsehen erregenden »Umsturz der Allianzen« im Jahre 1756 vor, der Wien und Paris in der Europapolitik enger zusammenführte. Die unmittelbaren Opfer dieser veränderten Interessenlage waren die bisherigen Verbündeten Frankreichs im Osten, Polen und das Osmanische Reich. 1798 beendete Napoleons Angriff auf Ägypten endgültig das Zusammenspiel mit der Hohen Pforte. Frankreich wurde im Zeitalter der Revolution zum Anwalt der kleinen Völker und unterstützte die zentrifugalen Kräfte im Osmanischen Reich.

Die russische Orientpolitik

Zu einer ernsthaften Gefahr für den territorialen Bestand des Osmanischen Reiches sollte im 18. Jahrhundert Russlands Eintritt in das europäische Mächtesystem werden. Die deutschstämmige Usurpatorin des russischen Zarenthrones Katharina II. hat den ihr aufgezwungenen Türkenkrieg von 1768 bis 1774 dazu genutzt, Russland den Zugang zum Schwarzen Meer zu verschaf-

---

INFOBOX

Die Orientpläne Katharinas II.
Der Türkenkrieg 1768–74 hatte Katharina II. endgültig in den Besitz der Nordküste des Schwarzen Meeres gebracht; außerdem hatte Russland freie Schifffahrt im Schwarzen Meer und freie Durchfahrt durch die Meerengen für Handelsschiffe erhalten. Aber dabei sollte es nicht bleiben. 1782 skizzierte Katharina II. in ihrem privaten Briefwechsel mit Kaiser Joseph II. beiläufig ihre weiteren Orientpläne, die sie gemeinsam mit Wien zu verwirklichen hoffte. Sie sahen einen christlichen Pufferstaat »Dazien« und, bei einer endgültigen Aufteilung des Osmanischen Reiches, eine russische Sekundogenitur in Konstantinopel unter ihrem Enkel Konstantin vor, dessen Taufnamen sie bewusst für diesen Zweck ausgesucht hatte.

fen. Als die russische Armee im Juni 1774 den Übergang über die Donau erzwang, war der Sultan zum Frieden bereit. Im Friedensvertrag, der am 21. Juli 1774 in Kütschük Kainardschi, dem heutigen bulgarischen Dorf Kajnardscha, unterzeichnet wurde, diktierte Katharina II. die Bedingungen. Sie ließ sich die freie Durchfahrt durch die Meerengen für Handelsschiffe garantieren. Mit der Unabhängigkeit des Krim-Khanats und dem Zugewinn des Küstenstreifens zwischen Bug und Dnjepr sowie der Großen und Kleinen Kabardei im Nordkaukasus schuf sie sich eine günstige Ausgangsposition für künftige Auseinandersetzungen mit dem Sultan.

Die Annexion der Krim 1783 und die Erfolge im erneuten Waffengang von 1787 bis 1792 brachten sie dem Ziel ihrer 1782 skizzierten Orientpläne, dem so genannten griechischen Projekt, näher. Im Frieden von Jassy dehnte sie 1792 den russischen Anteil an der nördlichen Schwarzmeerküste bis zur Dnjestrmündung aus. Im Frieden von Bukarest, der den russisch-türkischen Krieg von 1806 bis 1812 beendete, setzte ihr Enkel Alexander I.

Im 18. Jh. empfand Europa das Osmanische Reich kaum mehr als Bedrohung. So konnte sich der Orientalismus zu einer Mode entwickeln und wohlhabende Müßiggänger wie Monsieur Levett und Mme. Glavany ließen sich in türkischer Kostümierung malen (1740; Paris, Louvre).

Aleksandr Wassiljewitsch Suworow war ein erfolgreicher Stratege in den beiden Türkenkriegen Katharinas II. 1790 wurde unter seiner Führung die türkische Festung Ismail (Bessarabien, Donaudelta) eingenommen.

die Abtretung der östlichen Moldau bis zur Pruthgrenze (das ist Bessarabien) durch.

Russland beanspruchte seither Protektoratsrechte über die Donaufürstentümer Moldau und Walachei. Deren Territorium diente bei allen künftigen Balkanhändeln als Aufmarschbasis. Das selbstbewusste Auftreten der Diplomaten des Zaren am Sultanshof musste bei den aufstandswilligen Balkanvölkern den Eindruck erwecken, dass russische Interventionstruppen notfalls Gewehr bei Fuß standen. Dieser Sachverhalt brachte im Verlauf des 19. Jahrhunderts die russische Orientpolitik zunehmend ins Zwielicht. Die Diplomaten am Zarenhof luden so nicht selten die Mitschuld an den periodischen Orientkrisen auf sich, die zu verhindern sie nach den Wirren der Französischen Revolution und der Napoleonischen Kriege im Rahmen der europäischen Pentarchie angetreten waren.

Die Frage nach dem Fortbestand des Osmanischen Reiches
Eine von den national-revolutionären Bewegungen der kleinen Völker ausgehende Gefährdung des europäischen Gleichgewichts zu vermeiden und drohenden rus-

sischen Alleingängen auf dem Balkan durch einvernehmliche Regelungen vorzubeugen, wurde eine Maxime der österreichischen Außenpolitik. Nach den napoleonischen Wirren sah der Staatsmann Klemens Wenzel Fürst von Metternich nicht in hehren Deklarationen wie der »Heiligen Allianz«, auf die sich 1815 die Herrscher der konservativen Ostmächte Russland, Preußen und Österreich eingeschworen hatten, sondern in gemeinsamen Militäraktionen ein geeignetes Instrument, das angeschlagene monarchische System gegen alle subversiven Kräfte zu verteidigen.

Er scheiterte an dem grundsätzlichen Dilemma, eine verträgliche Lösung zwischen den Erfordernissen des Gleichgewichts in Europa und den Wünschen der betroffenen Balkanvölker erreichen zu wollen, die auf eine rasche Zerschlagung des Osmanischen Reiches drängten. Gegen die Überzeugungskraft des nationalen Gedankens hatte das Metternich'sche System keine Überlebenschance mehr. Der österreichische Staatsmann musste in letzter Konsequenz auch das Osmanische Reich als europäischen Ordnungsfaktor anerkennen und den Freiheitswillen der christlichen Balkanvölker ignorieren.

Angesichts der unabsehbaren innen- und außenpolitischen Verwicklungen, die bei einer überstürzten Auflösung des Osmanischen Reiches zu erwarten waren, setzten Wien und London verstärkt auf eine Reformfähigkeit des Sultansregimes. Auch die russischen Herrscher des 19. Jahrhunderts gaben der Fortexistenz eines schwachen und von ihrem Wohlwollen abhängigen türkischen Nachbarn vor den immer unkalkulierbareren Risiken weiterer Teilungserfolge den Vorzug. Mit Rücksicht auf seine übergeordneten europäischen Interessen war Alexander I. daher nur zu einer bedingten Zusammenarbeit mit dem Führer des serbischen Aufstandes von 1804 bis 1813 bereit und begnügte sich im Frieden von Bukarest 1812 mit eher vagen Zusagen zugunsten des ehemaligen Verbündeten.

Alexander I. ist aus prinzipiellen Erwägungen die Einmischung in den griechischen Freiheitskampf (1821–29) nicht leicht gefallen. Seinen Nachfolger Nikolaus I. haben vornehmlich humanitäre Gründe bewogen, die russische Militärmacht aktiv an der Konfliktlösung zu

> **ZITAT**
>
> **Maria Theresia verhehlte ihre Skepsis vor Gebietserwerbungen auf der Balkanhalbinsel nicht; an Graf Florimund Mercy-d'Argenteau schrieb sie:**
> *Was würden wir gewinnen, wenn wir unsere Eroberungen selbst bis vor die Mauern Konstantinopels ausdehnen würden? Ungesunde, kulturlose, entvölkerte und von unzuverlässigen Griechen bewohnte Provinzen, welche die Kräfte der Monarchie nicht steigern, sondern erschöpfen würden.*

Der Lyriker Wilhelm Müller, genannt Griechen-Müller, bekannt durch seine Texte zu Franz Schuberts Liederzyklen »Die schöne Müllerin« und »Die Winterreise«, war in Deutschland der Hauptvertreter des literarischen Philhellenismus.

> **ZITAT**
>
> **Fjodor M. Dostojewskij, aus dem »Tagebuch eines Schriftstellers«:**
> *Also im Namen wessen, im Namen welches moralischen Rechtes könnte denn Russland Konstantinopel begehren? ... Nur als Führer der Orthodoxie, als deren Beschützer und Erhalter, in der Rolle, die ihm schon seit Iwan III. zusteht: Zum Zeichen dessen hat dieser den zweiköpfigen byzantinischen Adler über das alte Wappen Russlands gestellt ...*

beteiligen. Eine weltweite philhellenische Bewegung, der sich selbst gekrönte Häupter wie der Griechenfreund auf dem bayerischen Königsthron Ludwig I. aus innerer Überzeugung anschlossen, nahm sich der griechischen Sache an.

Die russische Humanitätsintervention
Angesichts der überzogenen Vergeltungsaktionen des Sultans vereinbarte Nikolaus I. im Sankt Petersburger Protokoll vom Frühjahr 1826 eine engere Kooperation mit Großbritannien in der Orientfrage. Sie sah als Fernziel einen freien Hellenenstaat vor und schuf die Voraussetzung für ein gemeinsames Flottenunternehmen in den türkischen Gewässern. Noch vor der offiziellen Kriegserklärung vernichtete ein britisch-russisch-französisches Geschwader am 20. Oktober 1827 in der Bucht von Navarino die türkisch-ägyptische Flotte. Im nachfolgenden russisch-türkischen Krieg drangen die Truppen des Zaren bis in das Vorfeld von Istanbul vor. Auf dem kaukasischen Kriegsschauplatz fiel die wichtige Festung Kars in russische Hand.

Im Friedensvertrag von Adrianopel vom 14. September 1829 ließ sich Russland die früher zugesagten Handelsprivilegien für russische Untertanen und die Autonomie Serbiens und der Donaufürstentümer bestätigen, verzichtete aber auf weiter gehende Territorial-

Der Bosporus ist die Meerenge zwischen Europa und Asien, die das Schwarze Meer mit dem Marmarameer verbindet. An seinem Südwestende liegt die »Goldenes Horn« genannte Bucht, die einen natürlichen Hafen Istanbuls bildet (Karte von 1752).

> **INFOBOX**
>
> **Auf Hellenen, zu den Waffen!**
> Ludwig I. von Bayern begeisterte sich für den griechischen Freiheitskampf; sein Gedicht auf den griechischen Freiheitskampf legt davon Zeugnis ab:
> »Auf Hellenen, zu den Waffen alle!
> Sparta's Söhne, kämpft mit altem Muth!
> Wie der Perser fiel, der Türke falle,
> Färb' Platäa's Feld mit seinem Blut!
> Auf, Athens, Korinthos tapfre Schaaren!
> Seyd das wieder, was die Väter waren,
> Und die alte Zeit wird wieder neu,
> von der Kunst und Wissenschaft die Sitze
> Werdet ihr und von Sophia's Spitze
> Leucht das Kreuz der Völker, welche frei.«

forderungen. In den Londoner Protokollen von 1829 und 1830 einigte sich der Zar mit Großbritannien auf die künftige Organisation eines freien Griechenland unter der Präsidentschaft des ehemaligen stellvertretenden russischen Außenministers Graf Ioannes Antonios Kapodistrias.

Vorrangiges Ziel der russischen Orientpolitik blieb der Schutz der südrussischen Grenzgebiete und die Sicherung der freien Durchfahrt durch die Meerengen. 1833 eilte Zar Nikolaus I. dem von seinem ägyptischen Vasallen Mehmed Ali bedrängten Sultan mit einer russischen Flottendemonstration im Bosporus und der Entsendung eines Truppenkontingents zu Hilfe, was er sich mit Zugeständnissen in der Meerengenfrage wie der Sperrung für fremde Kriegsschiffe honorieren ließ. Die Vermutungen über mögliche weitere Nebenabsprachen nährten in den westlichen Hauptstädten das Misstrauen vor einem russischen Alleingang im Orient. Die britische Presse überschlug sich während der Dreißigerjahre in einer russlandfeindlichen Berichterstattung.

Nikolaus I. sah sich im September 1833 auf seinem Treffen mit Kaiser Franz II., dem Kronprinzen Wilhelm von Preußen und Metternich im böhmischen Münchengrätz zu einer Kurskorrektur und zum Schulterschluss mit seinen europäischen Verbündeten veranlasst. 1833 verpflichtete sich Russland, bei künftigen Veränderungen des Status quo nach gemeinsamer Absprache mit dem Wiener Hof zu handeln.

Nach achtjährigem Kampf haben sich die Griechen von der Türkenherrschaft befreit. Das Detail aus einer Bildtapete von 1827/28 zeigt Oberst Favier, wie er die Griechen gegen die Türken in eine Schlacht führt.

So konnte wenige Jahre später einvernehmlich die erneute Orientkrise beigelegt werden. Sie wurde wiederum von Mehmed Ali ausgelöst, der die Unterstützung Frankreichs genoss und die Anerkennung seiner Unabhängigkeitserklärung 1838 erzwingen wollte. Am 24. Juni 1838 zerschlug sein Sohn Ibrahim Pascha die osmanische Armee bei Nisib, die ihm den weiteren Vormarsch auf die Sultansresidenz Istanbul verwehren sollte, und forderte ein Einschreiten der Großmächte heraus. Ohne Mitwirkung Frankreichs einigten sich im Londoner Juliusvertrag vom 15. Juli 1840 Großbritannien, Preußen, Österreich und Russland auf den Fortbestand des Osmanischen Reiches und stellten dem jugendlichen neuen Sultan Abd ül-Medjid I. eine aktive Hilfe zur Abwehr der ägyptischen Bedrohung in Aussicht. Britische Truppenlandungen zwangen Ibrahim Pascha zum Rückzug aus Syrien. Im Vertrag von Alexandria vom 27. Oktober 1840 gab sich Mehmed Ali mit der Anerkennung seiner erblichen Herrscherrechte in Ägypten zufrieden. Der Weg war frei für eine kollektive Garantieerklärung der europäischen Pentarchie unter Einschluss Frankreichs, die in der zweiten Londoner Konvention vom 13. Juli 1841 niedergelegt war. Sie verbot nichttürkischen Kriegsschiffen die Durchfahrt durch die Meerengen.

Die Tansimatperiode
Der britische Außenminister Lord Henry Palmerston hatte sein erklärtes Ziel erreicht, die einseitige Begünstigung Russlands vom Jahre 1833 zu korrigieren und die europäischen Mächte auf eine Stützung des Sultanregimes zu verpflichten. Den christlichen Balkanvölkern war diese Umkehrung der bisherigen Türkenpolitik allerdings nur zuzumuten, wenn sie auf eine Gleichstellung mit den islamischen Untertanen des Sultans rechnen durften. Man drängte daher den erst 16-jährigen neuen Sultan, grundlegende Veränderungen in Staat und Gesellschaft anzukündigen. Jedem Untertan wurde die Sicherheit von Leben, Ehre und Eigentum, der Schutz vor Amtsmissbrauch und die Gleichstellung vor Gericht versprochen. Dieses Reformedikt von Gülhane vom 3. November 1839 eröffnete die so genannte Tansimatperiode in der osmanischen Geschichte.

Mehmed Ali, der Statthalter des Osmanischen Reichs in Ägypten, überwarf sich 1831 mit der Pforte und besetzte Syrien. Seine Nachkommen herrschten als Vizekönige und Könige von Ägypten bis 1953. Die zeitgenössische Lithographie (Ausschnitt) zeigt Mehmed Ali, seinen Sohn Ibrahim Pascha und Süleiman Pascha in Kairo (Paris, Bibliothèque Nationale de France).

> **INFOBOX**
>
> **»Aufstand ist Aufstand«**
> Ehe Bayern unter Ludwig I. ein Zentrum des Philhellenentums wurde, hatten es die Anhänger Griechenlands hier nicht leicht. Im Juli 1821 rief Friedrich Thiersch in Zeitungen dazu auf, den Griechen eine deutsche Legion zu Hilfe zu schicken. Klemens Wenzel Fürst von Metternich veranlasste sofort Preußen zu einer scharfen Protestnote gegen den gesetzlosen, aufrührerischen Professor aus München. Auch der bayerische König Max II. Joseph witterte Gefahr seitens der Philhellenen und der Hellenen selbst. Den Architekten Leo von Klenze, der ihm die legitimen Gründe der griechischen Rebellion gegen die türkischen Zwingherren nahe zu bringen suchte, herrschte er an: »Aufstand ist Aufstand, und wer seinem Herrn nicht gehorcht, ist ein Rebell und damit Punktum!«

Gegen den erbitterten Widerstand der Geistlichkeit und der hohen Bürokratie ließen sich die Reformideen allerdings nur sehr schleppend umsetzen. Besonderen Anstoß erregen musste in einer dem islamischen Recht verpflichteten Gesellschaft die Absicht, Christen zum regulären Waffendienst einzuberufen und das Zeugnis Ungläubiger gegen Muslime vor Gericht zuzulassen. Der Widerstand zwang die Reformer zu Kompromissen, die niemanden zufrieden stellten. Der europäischen Diplomatie bot die ungelöste Orientfrage eine bequeme Handhabe, Interessengegensätze in das östliche Mittelmeer zu verlagern und Hegemonialkämpfe Europas auf fernen Kriegsschauplätzen »weit hinten in der Türkei« (Johann Wolfgang von Goethe) auszufechten.

Edgar Hösch

Vom Niedergang einer Großmacht: Das Osmanische Reich im 18. Jahrhundert

Im späten 17. Jahrhundert erstreckte sich der osmanische Staat noch immer über drei Kontinente, über Teile Asiens, Europas und Afrikas. Seine Einwohnerzahl kann allerdings nur sehr ungenau angegeben werden. Man geht von einer Größenordnung von 18 bis zwanzig Millionen Menschen aus (die Bevölkerung Europas soll um 1700 zwischen hundert und 120 Millionen betragen haben). Dabei wissen wir fast nichts über die Auswirkungen von Hungersnöten, Kriegen oder Epidemien auf die Untertanen des Sultans. Die erste, im Dienst der Rekrutierungen von Soldaten stehende »Volkszählung« sollte erst im Jahr 1831 erfolgen.

Durch die Niederlagen im Gefolge des Großen Türkenkriegs in Südosteuropa nach dem fehlgeschlagenen Wienfeldzug von 1683 verloren die Osmanen nicht nur reiche Ländereien, sondern auch bedeutende, weitgehend christliche Bevölkerungsteile. Erst die Kriege des 19. Jahrhunderts sollten zu Flucht und Vertreibung größerer muslimischer Gruppen aus dem Balkan, der Krim und den Kaukasusländern führen. Spätestens 1683 war offenkundig, dass die riesige osmanische Militärmaschine ohne tief greifende Neuerungen hinsichtlich Ausbildung und Technik den westlichen Gegnern nicht mehr gewachsen war.

Die Verbindungen Istanbuls mit seinen arabischen Besitzungen lockerten sich erst im Laufe des 18. Jahrhunderts, doch blieben dies vorübergehende Vorgänge. Um die Mitte des 19. Jahrhunderts war die Kontrolle des Osmanischen Reiches über seine arabischen und kurdischen Provinzen teilweise wiederhergestellt. Frankreich bemächtigte sich allerdings 1830 Algeriens. Die heutige Grenze zwischen der Türkei und Iran stabilisierte sich schon Mitte des 18. Jahrhunderts.

Das Osmanische Reich geriet von 1700 an zunehmend in Bedrängnis. Auf seine Kosten erweiterten Frankreich in Algerien und Russland am Schwarzen Meer ihr Territorium. Griechenland wurde 1829 unabhängig.

Husain Pascha, letzter Dei von Algerien, geriet mit Großbritannien und Frankreich in Konflikt, da er sich weigerte, seine seeräuberischen Aktivitäten einzustellen. Nach dreijährigen Verhandlungen und einer Expedition gegen Algier zwang ihn Frankreich 1830 zur Abdankung.

Die wirtschaftlichen Verhältnisse der Bauern hatten sich wenig verändert, auch wenn im 17. Jahrhundert neue Ackerpflanzen wie Tabak und Mais hervortraten. Die Kaufleute und Zunftmitglieder der Städte verspürten die Konkurrenz der europäischen Handelsnationen jedoch immer deutlicher. Nur während der Kriegsjahre 1683–99, als eine Art »Waffenembargo« der europäischen Mächte wirksam war, bemühte man sich um den Ersatz für Importgüter.

Die meisten privaten Manufakturen beschäftigten selten mehr als fünf bis zwanzig Arbeiter. Das Personal der »großen« Staatsbetriebe wie Kanonengießereien und Pulvermühlen erreichte fünfzig bis hundert Menschen. Eine Luxusindustrie fehlte fast ganz. Die Konsumbedürfnisse der Oberklasse wurden weitgehend durch

> **INFOBOX**
>
> **Janitscharen**
> Die Fußtruppe der Janitscharen – türkisch »neue Streitmacht« – wurde angeblich schon 1329, wahrscheinlich aber erst seit 1362/63 aufgestellt. Sie bestand v. a. aus Christenjungen, die im Balkanraum rekrutiert und zu Muslimen erzogen wurden. In Istanbul und den großen Städten des Osmanischen Reiches stationiert, bildete sie als Elitetruppe von 10 000 Mann – zeitweise auf 100 000 Mann verstärkt – den Kern des türkischen Heeres. Die Janitscharen waren eng mit dem Bektaschi-Orden, einem der wichtigsten türkischen Derwischorden, verbunden. 1826 wurde das Janitscharenkorps mit der Heeresreform Mahmuds II. gewaltsam aufgelöst.

Importe befriedigt. Anders als in Westeuropa protegierte der Staat die Produktionsstätten nicht. Staatliche Investitionen in Textilmanufakturen Anfang des 18. Jahrhunderts blieben kurzlebige Ausnahmen. Insgesamt herrschte eine feindselige Stimmung gegen die Akkumulation von Kapital in privater Hand.

Der Aufstieg von Aleppo und İzmir als Fernhandelszentren hatte sich im 17. Jahrhundert vollzogen. Die Versorgung Istanbuls mit Getreide aus dem europäischen Hinterland hatte für die Osmanen weiterhin höchste Priorität. Das Schwarze Meer sollte noch ein ganzes Jahrhundert so etwas wie ein osmanischer See bleiben, »so gut gesichert wie der Harem des Großherrn«, wie sich ein französischer Botschafter ausdrückte.

Der Große Türkenkrieg (1683–99)
Obwohl das Habsburgerreich nach 1683 zur Großmacht aufstieg und sich Russland unablässig nach Osten und Süden ausdehnte, hielt der osmanische Staat noch über zwei Jahrhunderte stand. Der Grund ist vor allem darin zu sehen, dass die Periode der Türkenkriege von dem relativ kriegsarmen 18. Jahrhundert abgelöst wurde, an dessen Ende sich die Osmanen in europäische Allianzsysteme einfügten – mehr als ein halbes Jahrhundert vor ihrer förmlichen Aufnahme in das »Europäische Konzert« im Jahr 1856.

Am 12. September 1683 hatte das alliierte Heer, das sich aus deutschen, lothringischen, österreichischen und polnischen Truppen zusammensetzte, die osmanische Armee am Kahlenberg oberhalb Wiens geschlagen. Der

Aleppo wurde 638 von den Arabern erobert und erlebte im 10. Jh. unter den Hamdaniden und im 12. und 13. Jh. unter den Aijubiden Blütezeiten. 1516 wurde die Stadt türkisch und stieg im 17. Jh. zu einem Fernhandelszentrum auf. Das Foto zeigt die noch in byzantinischer Zeit entstandene Festung von Aleppo.

polnische König Johann III. Sobieski hatte als ranghöchster Fürst und Führer des größten Hilfskorps den Oberbefehl. Der türkische Kommandant Kara Mustafa Pascha flüchtete mit den Resten seiner Truppen. Sein auf der Strategie des »staatserhaltenden Krieges« beruhender Feldzugsplan war gescheitert. Noch im selben Herbst verloren die Osmanen die Festung Esztergom (Gran), eine ihrer am weitesten nach Mitteleuropa vorgeschobenen Bastionen, die, mit einer Unterbrechung, seit 1543 in ihrem Besitz war.

Papst Innozenz XI. brachte 1684 die Heilige Liga zustande. Sie bestand zunächst aus Österreich, Polen und Venedig; 1686 trat ihr auch Russland bei. Die Osmanen sahen sich nun in einen Vielfrontenkrieg zwischen

Schwarzmeerraum und Adria verwickelt. Am 2. September 1686 wurde die erbittert verteidigte Festungsstadt Buda nach zweieinhalbmonatiger Belagerung durch Karl V. Leopold von Lothringen und Maximilian II. Emanuel von Bayern erobert. In offener Feldschlacht unterlagen die Osmanen 1687 bei Harsány unweit von Mohács, wo Sultan Süleiman I. 1526 triumphiert hatte. Noch im selben Jahr nahm der venezianische Generalkapitän Francesco Morosini nach einem heftigen Bombardement der Akropolis, bei dem der Parthenon zerstört wurde, die Stadt Athen ein.

In dieser außergewöhnlichen Krise wurde Sultan Mehmed (Mohammed) IV., genannt Avcı, »der Jäger«, abgesetzt und in die Nebenresidenz Edirne verbracht. »Neununddreißig Jahre«, schrieb der große österreichische Orientalist Joseph von Hammer-Purgstall, hatte er als »Schatten eines Sultans auf dem Throne gesessen, nichts als ein gewaltiger Jäger vor dem Volke«. Übrigens waren Absetzungen Bestandteil des osmanischen politischen Systems. Rund die Hälfte aller Herrscher verlor zu Lebzeiten den Thron! Auch die Nachfolger Mehmeds IV., Süleiman II. (1687-91) und Ahmed II. (1691-95), griffen kaum in die Staatsgeschäfte ein.

Die kaiserliche Armee unter Kurfürst Maximilian II. Emanuel von Bayern besetzte Belgrad am 6. September 1688, nachdem Geschütze die Mauern tagelang sturmreif geschossen hatten. Belgrad sollte allerdings noch mehrfach den Besitzer wechseln, bis es 1867 serbische Hauptstadt wurde. Nachdem 1691 der fähige Staatsmann Fasil Mustafa Pascha aus der bedeutenden Familie Köprülü in der Schlacht von Slankamen etwa vierzig Kilometer nördlich von Belgrad am Ende einer kraftvollen osmanischen Gegenoffensive gefallen war, verbanden sich 1695 mit dem Thronantritt Mustafas II. neue Hoffnungen.

Er war der erste Sultan des 17. Jahrhunderts, der nicht als Kind und nicht als ein durch lange Aufenthalte in der Isolation des Palastes Gebrochener oder Geistesschwacher den Thron bestieg. Der Sultan setzte sich persönlich an die Spitze des Heeres. Die osmanische Niederlage von Zenta (heute Senta) an der Theiß gegen die kaiserliche Armee unter dem Prinzen Eugen von Savoyen-Carignan 1697 führte zu Friedensverhandlungen. Im Vertrag von

Francesco Morosini, venezianischer Admiral und späterer Doge von Venedig, eroberte 1687 nach dreijährigem Krieg gegen die Türken Athen. Hierbei wurde die Akropolis bombardiert und der Parthenontempel zerstört.

Karlowitz (heute Sremski Karlovci) vom 26. Januar 1699 mussten die Osmanen das gesamte historische Ungarn bis auf Temesvar abtreten. Venedig erhielt die Peloponnes und Teile Dalmatiens; Podolien und die westliche Ukraine wurden Polen zugeschlagen.

Revolten, Kriege, Friedenszeiten

Wie schon zur Zeit Mehmeds IV. hatte sich unter Sultan Mustafa II. die Staatsspitze bevorzugt in Edirne aufgehalten, mit allen Folgen für die Kontrolle Istanbuls. Im Sommer 1703 rebellierten in der Hauptstadt einige Truppenteile wegen ausbleibender Soldzahlungen. Diesem Aufstand schlossen sich Janitscharen an, Prophetenabkömmlinge (Saijids) und Schüler der Medresen, der islamischen Hochschulen. Der seit acht Jahren im Amt befindliche oberste Mufti, der Scheichülislam Feisullah Efendi, wurde zum Hauptsündenbock für die Aufständischen.

Feisullahs Einfluss auf den Sultan, seinen ehemaligen Schüler, war in der Tat erheblich, sein Nepotismus beispiellos. Zum ersten und einzigen Mal in der osmanischen Geschichte hatte sich ein Scheichülislam vom Herrscher die Nachfolge im Amt für seinen Sohn bestätigen lassen. Die Revolution sprang bald von Istanbul nach Edirne über. Der flüchtige Scheichülislam wurde von den Aufständischen halb nackt auf einem Esel durch die Straßen geführt und förmlich gelyncht. Während dieser Ereignisse, dem so genannten Vorfall von Edirne, wurde übrigens ernsthaft über Alternativen zum Haus Osman nachgedacht.

ZEITTAFEL

Friedenszeiten im 18. Jh. (Orte der Friedensverträge)

Passarowitz: 1718–36

Belgrad: 1739–68

Kütschük Kainardschi: 1774–87

Jassy: 1792–98

Summe der Friedensjahre (ohne Kriege mit Iran): 66

INFOBOX

Die Tulpenzeit

Die Tulpenzeit in der Türkei, die mit der Epoche Sultan Ahmeds III. und besonders mit der langen Amtszeit seines Großwesirs Ibrahim Pascha (1718–30) zusammenfällt, entspricht der in Holland »Tulipomania« genannten Periode des 17. Jh., in der die Begeisterung für das Züchten von Tulpen sämtliche Bevölkerungsschichten erfasste und z. T. absurd hohe Preise für einzelne Pflanzen bezahlt wurden. In der »Tulpenzeit« erlebte das Osmanische Reich eine kulturelle Blüte. 1728/29 wurde das Druckwesen eingeführt. Die Herausbildung einer Literatenschicht schuf die Voraussetzung für die spätere geistige Europäisierung.

Dieses venezianische Gemälde zeigt, wie ein Geschwader der Markusrepublik, die zur Heiligen Liga gehörte, unter dem Dogen Francesco Morosini eine türkische Flottille in die Flucht schlägt (um 1700; Venedig, Museo Correr e Quadreria Correr).

Ahmed III.
Als im August 1703, nach der Absetzung Mustafas II., sein Bruder als Ahmed III. den Thron bestieg, ließ er die Rebellen liquidieren. Zu diesem Zeitpunkt konnte noch niemand voraussehen, dass auch seine Herrschaft mit einer blutigen Erhebung zu Ende gehen sollte. Unter Ahmed III. wurden die Osmanen in den Gegensatz zwischen Russland und Schweden verwickelt. Der von ihnen »Eisenkopf Karl« genannte Schwedenkönig Karl XII. hatte sich nach der Schlacht von Poltawa 1709 auf osmanisches Territorium gerettet. Das Osmanische Reich erklärte Russland auf Karls Drängen 1710 den Krieg. Im Pruthfeldzug Peters des Großen gelang es den Osmanen im Juli 1711, das russische Heer einzuschließen. Der Großwesir Baltacı Mehmed Pascha akzeptierte als Oberbefehlshaber die von Peter dem Großen angebotenen Friedensbedingungen. Als Ergebnis des Russisch-Türkischen Krieges erhielten die Osmanen im Frieden von Edirne/Adrianopel 1713 die wichtige Festung Hotin zurück.

Venedig als schwächster Feindstaat löste 1714 eine erneute Auseinandersetzung um Südgriechenland aus. Das osmanische Landheer und die Flotte operierten in den folgenden Jahren so erfolgreich, dass Österreich nach einem erneuten Beistandspakt mit Venedig ein Ultimatum an die osmanische Regierung, die »Hohe Pforte«, richtete. Im Türkenkrieg von 1716 triumphierte Habsburg erneut unter seinem Heerführer Prinz Eugen, der schon an den Feldzügen seit 1683, vor allem aber 1687/88 und – als

Oberbefehlshaber – 1697, teilgenommen hatte. Nach der osmanischen Niederlage bei Petrovaradin am 5. August 1716 wurden das gesamte Banat mit Temesvar sowie die Kleine Walachei besetzt. 1717 fiel Belgrad in die Hände der Kaiserlichen, ein osmanisches Entsatzheer erlitt eine Niederlage.

Im Jahr 1718 wurde der Vertrag von Passarowitz (heute Požarevac) unterzeichnet und ratifiziert. Österreich erhielt Nordserbien mit Belgrad zugesprochen, das Banat, einen Teil der Kleinen Walachei und einige Gebiete in Bosnien. Venedig verlor zwar die Peloponnes und seine letzten Häfen auf Kreta, konnte jedoch Korfu, die Ionischen Inseln und einige Plätze in Dalmatien behalten. Auch wurden beiden Staaten bestimmte Handelsvorteile eingeräumt.

Der große Wienfeldzug von 1683 wäre bei kriegerischen Verwicklungen mit dem persischen Nachbarn undenkbar gewesen. 1723 standen sich Osmanen und Perser wieder feindlich gegenüber. Freilich war dies keine Neuauflage der safawidisch-osmanischen Gegensätze. Die iranische Dynastie der Safawiden war 1722 unter dem Ansturm eines ehemaligen afghanischen Vasallen zusammengebrochen. Sowohl das Zarenreich als auch der Osmanenstaat nutzten die Lage zu Feldzügen gegen Iran. 1724 kam auf Vermittlung des französischen Gesandten bei der Pforte ein Teilungsabkommen zustande, bei dem den Russen Derbent, Baku und die nordiranische Provinz Gilan zufielen, den Osmanen alle Territorien westlich der Linie Ardebil-Hamadan.

Unter Ahmed III. verschärften sich, nicht zuletzt wegen der Kriege gegen Iran, die zur Einführung einer Sondersteuer zwangen, die sozialen und wirtschaftlichen Probleme. Nach 1720 zeigten sich als Symptome eine allgemeine Verteuerung, der Zusammenbruch der Zunftordnung und anhaltende Stadtflucht. Viele Zeitgenossen fanden den Luxus und die Ausschweifungen höfischer Kreise, vor allem in der Umgebung des Großwesirs Newschehirli Ibrahim Pascha (1718–30), als besonders herausfordernd. Die Spannungen entluden sich im so genannten Patrona-Halil-Aufstand, der zum Sturz Ahmeds III. führte, auch wenn dieser zuvor seinen Großwesir den Rebellen geopfert hatte. Damit endete die – erst wesentlich später so genannte – »Tulpenzeit«, ein

> **ZITAT**
>
> **Im 18. Jh. entstanden zahlreiche Bibliotheksbauten, u. a. die Ragıb-Paşa-Bibliothek in Istanbul. Über sie schreibt Jacob Jonas Björnstahl in einem Brief:**
> *Ich fand da so viele Leute, die nach Landessitte auf dem Boden saßen und lasen, und abschrieben, und exzerpierten, wie in einer europäischen Bibliothek; ihre Art, das Papier auf den Knien oder in der Hand zu halten, ist aber sonderbar. Im ganzen Zimmer findet sich kein Tisch...*

Abschnitt der osmanischen Geschichte, der mit der Amtszeit Ibrahim Paschas zusammenfällt.

Russland als treuester Gegner der Osmanen
Ein zweiter Krieg desselben Jahrhunderts gegen Russland und das mit ihm verbündete Österreich hatte einen unerwarteten Ausgang. Österreich sah sich im Frieden von Belgrad 1739 um einen erheblichen Teil der im Großen Türkenkrieg erworbenen Beute betrogen. Der Krieg war von Russland am Rand der Krim 1735 ausgelöst und 1736 förmlich erklärt worden. Während das russische Heer unter Burkhard Graf Münnich eine Reihe von Erfolgen erzielte, operierten die Österreicher im Raum Niš und Vidin recht glücklos. Ihr Verhandlungsführer willigte in die Abtretung Serbiens mit Belgrad, der Kleinen Walachei und Orsova an die Osmanen ein. Mit dem Frieden von Belgrad wurde die fünfzig Jahre lang unbestrittene Vormacht Österreichs auf dem Balkan beeinträchtigt. Die orthodoxen Balkanvölker setzten nun auf Russland als entscheidende Schutzmacht, obwohl auch dieses Zugeständnisse hatte machen müssen.

Während Russland 1735/36 selbst den Krieg mit dem Osmanischen Reich gesucht hatte, entstand durch eine osmanische Kriegserklärung im Herbst 1768 für Katharina II., die stark in die polnische Frage verwickelt war, eine eher unerwünschte Lage. Die Zarin erzielte den-

Nach dem Frieden von Karlowitz (1699) wurden die diplomatischen Beziehungen zum Osmanischen Reich erneut aufgenommen. Das Gemälde zeigt den kaiserlichen Gesandten Wolfgang IV., Graf zu Oettingen-Wallerstein, bei seiner Visite in Istanbul am 16. 2. 1700.

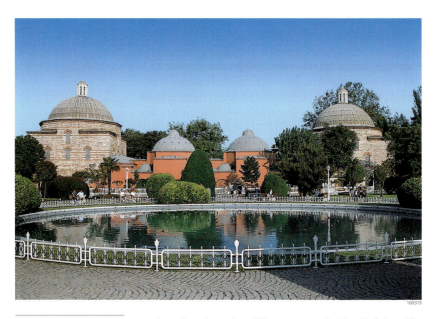

Istanbul, die Residenz der Sultane, war der unangefochtene Mittelpunkt der osmanischen Länder. Das bereits 1556/57 für Roxelane, die Gattin Sultan Süleimans des Prächtigen, errichtete Bad (Foto) lässt den Luxus, in dem die Oberschicht schwelgte, erahnen.

noch zu Lande und zu Wasser spektakuläre Erfolge. Ein russisches Flottengeschwader erschien Anfang 1770 vor der Küste der Peloponnes und unterstützte aufständische Griechen, die so genannten Mainoten. In der Seeschlacht von Çeşme am 7. Juli 1770 vor İzmir wurde die türkische Flotte vernichtet. In der Folge wurde selbst der Hafen von Beirut zweimal, 1772 und 1773, durch russische Schiffe bombardiert. Ähnlich erfolgreich operierten die russischen Landstreitkräfte im Schwarzmeerraum. Nach der Besetzung der Krim kapitulierte der Khan der Krimtataren, Selim Girai, im Jahre 1771.

In Kütschük Kainardschi (Küçük Kaynarca), dem heutigen bulgarischen Dorf Kajnardscha bei Silistra an der Donau, wurden am 21. Juli 1774 die russischen Territorialgewinne durch einen Vertrag besiegelt. Der Vertrag wird allgemein als Ursprung der »Orientalischen Frage« im Sinne der Art und Weise, wie das Osmanische Reich aufzuteilen sei, verstanden.

Russland erwarb nicht nur ungeheure Landmassen, sondern erhielt auch den endgültigen Zugang zum Schwarzen Meer und der Donau. Besonders wichtig war aber auch die Anerkennung eines russischen Protektorats über die beiden Donaufürstentümer, Moldau und

Walachei. Katharina schritt noch nicht zur Annexion der von ihr besetzten Halbinsel Krim, erreichte aber die Loslösung des Khanats von der Pforte. Gleichzeitig gestand man dem Sultan, der auch den Kalifentitel trug, eine Art geistliche Oberaufsicht über die dortigen Muslime zu. Hier handelt es sich um eine Konstruktion, die sich mit dem islamischen Verständnis des Kalifats eigentlich nicht verbinden lässt. Artikel 7 des Vertrags verpflichtet die Pforte, »die christliche Religion und ihre Kirchen in zuverlässigen Schutz zu nehmen«. Mit dieser Formulierung wurde Russlands Anspruch als Schutzherrin der christlichen Völker, nicht nur auf dem Balkan, unterstrichen.

Katharina begnügte sich nicht mit dem 1774 Erreichten und löste 1783 mit der Annexion der Krim, der Tamanhalbinsel und des Kubangebietes den zweiten Türkenkrieg ihrer Herrschaft aus. Obwohl Österreich, das wie im vorausgegangenen Krieg mit Russland verbündet war, in einem Sonderfrieden 1791 ausschied, erreichte die Zarin 1792 im Frieden von Jassy in der Moldau die Bestätigung ihrer Annexionen und weiteren Gebietszuwachs.

Das Jahrhundert der »Talfürsten«
Das osmanische politische und soziale System hatte sich während des 18. Jahrhunderts langsam, jedoch tief gehend gewandelt. Eine dieser Veränderungen betraf den Aufstieg der Finanzbürokraten (»Efendis werden zu Paschas«). Das Amt des Großwesirs wurde jetzt immer häufiger von Würdenträgern aus der Verwaltung besetzt, die ihren Weg über das Amt des Kanzleichefs (reisülküttab) gemacht hatten.

Das »klassische« osmanische Herrschaftssystem hatte auf einer Form von checks and balances, einem ausbalancierten Verhältnis zwischen den Provinzialgouverneuren (Sandschakbeis), Finanzbeamten (Defterdaren) und Richtern (Kadis) beruht. Gouverneure waren in Krisenzeiten von der Zentrale ermutigt worden, sich eigene Söldnertruppen zuzulegen, für die in Friedenszeiten wenig Verwendung bestand. Nicht wenige Gouverneure suchten durch Besteuerung der Untertanen (Rajah) diese Haustruppen zu unterhalten. Die Kadis suchten ihrerseits oft Anlehnung an die lokalen Notabeln.

Die Mitte des 18. Jahrhunderts bildete zugleich den Höhepunkt der Verselbstständigung dieser lokalen Familien und Statthalter in den meisten Provinzen. Dabei spielte es eine geringere Rolle, ob sich die einzelnen »Talfürsten« (derebeyi) oder »Notabeln« (ayân) förmlich von der Pforte lossagten oder nicht. Zahlreiche Familien erreichten das Recht zur unmittelbaren Einziehung von Steuern.

In Ägypten machte sich 1760 mit Ali Bei (entmachtet 1772) eine Figur selbstständig, die ein Bündnis mit einem weiteren Rebellen, dem Gewaltherrscher von Galiläa, Sahir al-Omar aufnahm. In Damaskus gaben die al-Asm von 1725 bis 1807 den Ton an, in Sidon (Südlibanon) Ahmed Pascha al-Djassar. Beirut und Teile des Libanongebirges wurden seit 1749 von den Emiren der sunnitischen Familie Schihab kontrolliert. Im Irak hatte sich seit Anfang des Jahrhunderts nach ägyptischem Muster ein Mamelucken-System herausgebildet: Anstelle eines von Istanbul entsandten Statthalters herrschten lokale Machthaber, die aus einer Militärelite hervorgegangen waren. Die Zahl der Mamelucken wurde ständig durch im Kaukasusgebiet gekaufte Sklaven georgischer oder tscherkessischer Herkunft ergänzt. Ihr mächtigster Vertreter war Süleiman (Pascha) der Große (1780–1802), der große Teile des heutigen Irak unter seine Kontrolle brachte.

Auf der arabischen Halbinsel war der Jemen der osmanischen Herrschaft völlig entglitten. Im 18. Jahrhundert gelang der Schutz der Pilgerstraßen nach Medina und Mekka nur noch unvollständig. So führte 1757 ein beduinischer Angriff auf die Karawane der Pilger zum

---

INFOBOX

Istanbul

Istanbul, im Westen bis ins 20. Jh. hinein meist Konstantinopel genannt, Residenz der Sultane und Weltstadt mit internationalem Gepräge, war der unangefochtene Mittelpunkt der osmanischen Länder. Schon unter Süleiman I. erreichte die Stadt im 16. Jh. 400 000 Einwohner. Im 19. Jh. übertraf sie mit über 600 000 Einwohnern Provinzmetropolen wie Kairo mit 210 000 bis 250 000 Einwohnern, Aleppo und Edirne, deren Einwohnerzahl sich auf je 100 000 belief, oder Bursa, Saloniki und İzmir mit jeweils mindestens 60 000 Einwohnern um ein Vielfaches.

Im 18. Jh. war das Osmanische Reich nur noch bedingt fähig, die Sicherheit der Pilgerstraßen nach Mekka zu garantieren. Die um 1860 entstandene Farblithographie zeigt die große Moschee von Mekka, im Hintergrund ein Kastell mit der türkischen Flagge.

Tod von über 2000 Menschen. Ende des Jahrhunderts wurde die Lehre des radikalen Religionsreformers Mohammed ibn Abd al-Wahhab durch die arabische Familie Saud mit Waffengewalt vorgetragen. Die Wahhabiten richteten sich sowohl gegen die sunnitische Orthodoxie der Osmanen als auch gegen die Schia Persiens. Auch in der Abwehr dieser Bewegung versagte der Sultan-Kalif, der seit Selim I. den Titel »Hüter der beiden Heiligen Stätten« (Mekka und Medina) führte.

Die Einführung des Buchdrucks
Die osmanische Kultur öffnete sich zwischen dem Anfang und dem Ende des Jahrhunderts zunehmend westlichen Einflüssen. Das Druckwesen wurde 1728/29 eingeführt – Jahrhunderte nach den ersten Druckereien der christlichen und jüdischen Minderheiten. Der aus Siebenbürgen stammende Konvertit Ibrahim Müteferrika legte dem Großwesir Ibrahim Pascha eine Denkschrift über die Nützlichkeit des Druckens von Büchern vor, in der er insbesondere an die in den großen Kriegen verloren gegangenen Handschriften erinnerte. Unter der Voraussetzung, keine Werke aus dem Gebiet der islamischen Traditionswissenschaften zu veröffentlichen, erhielt Müteferrika 1727 die Druckerlaubnis. In den folgenden 64 Jahren erschienen allerdings nur 24 Titel, was das geringe Interesse der osmanischen Gesellschaft an dem neuen Medium ausdrückte.

Klaus Kreiser

Um den Fortbestand ringend: Das Osmanische Reich im 19. Jahrhundert

Im Laufe der Kriege des 18. Jahrhunderts wuchs die Überzeugung, dass ohne die Einrichtung regulärer Bildungsanstalten keine Fortschritte zu erzielen wären. Ausländer wie der Graf von Bonneval oder der Baron de Tott beteiligten sich an der Reorganisierung des Heeres und der Stärkung der Festungen an den Meerengen. Claude Alexandre Graf von Bonneval, der sich mit Prinz Eugen überworfen hatte, war zu den Osmanen übergelaufen und zum Islam übergetreten; er baute unter dem Namen Ahmed Pascha ein modernes Artilleriekorps auf. An den osmanischen Erfolgen, die 1739 zum Frieden von Belgrad führten, hatte er wesentlichen Anteil. Baron François de Tott (1733–93) war nach den Niederlagen der Flotte bei Çeşme 1770 vor allem mit der Befestigung der Meerengen beschäftigt. Seine »Mémoires sur les Turcs et les Tartares« von 1784 galten als wichtigstes Türkeibuch des späten 18. Jahrhunderts.

Im Jahr 1789, wenige Monate vor dem Sturm auf die Bastille, wurde dem jungen Selim III. als Nachfolger von Sultan Abd ül-Hamid (Abdülhamid) I. gehuldigt. Der 27-jährige Thronfolger hatte eine sorgfältige Erziehung genossen. Als Prinz unterhielt er einen Briefwechsel mit

Der Fes – eine krempenlose Mütze aus rotem Filz mit flachem Deckel und hängender Quaste in Blau, Schwarz oder Gold

> **INFOBOX**
>
> **Der Fes**
>
> Zur Uniform der osmanischen Armee nach der Vernichtung des Janitscharenkorps 1826 gehörte der Fes. Die neuen Kopfbedeckungen, die bis dahin nur bei einigen Marineangehörigen üblich waren, wurden zunächst aus Nordafrika und Europa eingeführt. Besonders beliebt waren die tunesischen Fabrikate. 1832 wurden 23 Spezialisten aus Tunesien angeworben, um eine Herstellung in der Hauptstadt zu ermöglichen. Die »Feshane« genannte staatliche Manufaktur am Goldenen Horn produzierte allein zwischen 1840 und 1850 rund 400 000 Fese. Fese trugen Offiziere und Soldaten sowie alle zivilen Beamten. Der rote Filz wurde von Erstklässlern an den staatlichen Lehranstalten ebenso getragen wie vom Herrscher selbst. Der Turban war allerdings mit der Einführung des Feses keineswegs abgeschafft; er blieb weiterhin die Kopfzier der islamischen Theologen (Ulema) und der Derwischscheiche.

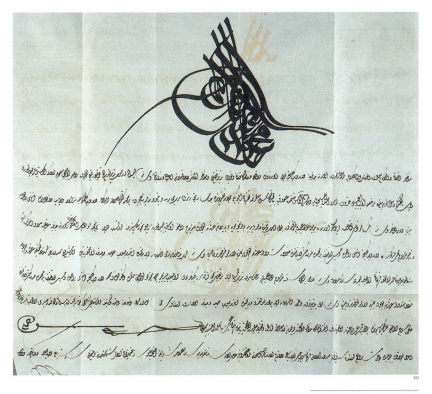

Ein Dekret des Sultans Mahmud II. gewährte auch deutschen und österreichischen Kaufleuten ungehinderten Aufenthalt innerhalb seines Herrschaftsgebietes. Die Abbildung zeigt einen im Oktober 1832 ausgestellten Passierschein.

dem französischen König Ludwig XVI. Ein junger Mann aus der Umgebung Selims, Ishak Efendi, war nach Paris zum Studium der französischen Zivilisation geschickt worden.

Als Herrscher unterrichtete sich Selim III. aber auch über die Verhältnisse im benachbarten Österreich. Eine umfassende Reformschrift, die ein ehemaliger Gesandter in Wien dem Sultan vorlegte, bezeichnete viele Einrichtungen des Kaiserreichs als vorbildhaft. Ab 1793 wurde das »Neue Regime« (Nizâm-ı cedîd) zum Schlüsselwort für alle Reformen und zugleich die Bezeichnung für die wichtigste Einzelmaßnahme des Sultans, die Aufstellung einer modernen Truppe. Der Sultan wagte zwar zunächst keine tieferen Eingriffe in die seit Jahrhunderten existierenden Janitscharen- und Reiterkorps (sipâhî). Doch stellte er ab 1794 Schützenregimenter auf, die er mit den bostancı genannten, ihm unmittelbar unterstell-

> **ZEITTAFEL**
>
> **Wichtige Neuerungen zwischen den beiden Tansimatedikten, 1839–56** (die Ereignisse beziehen sich in der Regel auf die Hauptstadt Istanbul)
>
> **1839:** Einrichtung staatlicher Grund- und Sekundarschulen
>
> **1840:** Strafgesetzbuch nach europäischem Muster; die schweren Körperstrafen des islamischen Strafrechts werden nicht erwähnt.
>
> **1842:** Aufführung von Gaetano Donizettis Oper »Belisario«. Die jüdische Gemeinde wird ermutigt, Studenten für die Medizinschule zu stellen.
>
> **1843:** Gerechtes Rekrutierungsverfahren für die Armee (Lossystem bei allgemeiner Dienstpflicht auf Zeit)
>
> **1845:** Eröffnung der »Neuen Brücke« über das Goldene Horn. Bildungsanstalt »Darülfünun«, aus der später die osmanische Universität hervorgeht
>
> **1846:** Lehrerbildungsseminar
>
> **1847:** Druck des Koran. Verbot des Sklavenhandels. Restaurierung der Hagia Sophia durch die Gebrüder Fossati
>
> **1850:** Handelsgesetzbuch nach französischem Vorbild. Anerkennung der Protestanten als Religionsgesellschaft (Millet)
>
> **1851:** Gründung der »Versammlung des Wissens«, einer gelehrten Gesellschaft nach dem Vorbild der Académie Française
>
> **1852:** Napoleon III. erwirkt Vergünstigungen für Katholiken.

ten Truppenteilen verband, weil sich die Janitscharen weigerten, mit ihnen gemeinsam zu dienen.

Am Ende der Herrschaft Selims III. gab es etwa 23 000 modern ausgebildete und bewaffnete Soldaten, die sich auf drei Regimenter verteilten. Diese Streitmacht war nicht groß genug, um in den Kriegen und Aufständen auf die Unterstützung von »Privatarmeen« mächtiger Provinzherren zu verzichten. 1805 kam es zum offenen Aufstand gegen die Einberufungen in die Reformtruppe. Zwei Jahre später weigerten sich die Janitscharen in der Bosporusfestung Rumeli Kavağı, die neuen Uniformen anzulegen. In einer Koalition von Janitscharen, hohen Würdenträgern des Palastes und dem Scheichülislam wurde Selim III. im Mai 1807 abgesetzt. Sein Nachfolger Mustafa IV. ließ ihn ein Jahr darauf ermorden, als der mächtige balkanische »Provinzfürst« Bairaktar Mustafa Pascha versuchte, den ehemaligen Sultan wieder einzusetzen.

Selim hatte zunächst nichts unternommen, um den 1787 von Katharina II. angefachten Krieg gegen Russland, dem sich ein Jahr später Österreich angeschlossen hatte, zu beenden – trotz der Niederlage bei Rymnik (Rîmnicu Sărat in Ostrumänien) wenige Monate nach seinem Thronantritt. In diesen Jahren versuchten die Osmanen durch einen Vertrag mit Schweden 1789 und eine Allianz mit Preußen 1791 ihren Bewegungsspielraum zu erhalten. Österreich schied aus dem Krieg aus, während mit Russland erst 1792 – wie oben dargestellt – ein Friedensabkommen geschlossen wurde.

Die erste und spürbarste Auswirkung der Französischen Revolution auf die osmanischen Länder war Napoleon Bonapartes Ägyptenfeldzug (1798–99), der an der Überlegenheit der britischen Flotte am 1. August 1798 in der Seeschlacht bei Abukir scheiterte. Nach jahrhundertelanger wirkungsvoller Zusammenarbeit mit Frankreich erklärte das Osmanische Reich dem alten Verbündeten den Krieg und ging 1799 eine Allianz mit Großbritannien und Russland ein. Auf diese Weise wurde das Osmanische Reich das erste und einzige nicht-westliche Mitglied in einem europäischen System von Allianzen. Ein bemerkenswerter Ausdruck der völlig veränderten Vorzeichen war das gemeinsame Protektorat, das Russen und Türken von 1799 bis 1806 über Korfu ausübten.

Im Zusammenhang mit der Ermordung Selims III. war Mahmud als einziger legitimer Nachfolger im letzten Augenblick gerettet worden. Bairaktar Mustafa Pascha machte sich zum Großwesir und berief 1808 eine Versammlung von Provinznotabeln ein, die das »Dokument der Einmütigkeit« (sened-i ittifak) verabschiedeten, das man als eine quasikonstitutionelle Vereinbarung bezeichnet hat, weil es die Machtstellung der »Talfürsten« stärkte, ohne (militärische) Reformen auszuschließen. Mahmud II. hatte wie Selim III. bei seinem Thronantritt einen anhaltenden Krieg übernommen. Er schloss mit England 1809 Frieden, während Russland erst 1812 unter dem Eindruck der Bedrohung durch Frankreich den Vertrag von Bukarest unterzeichnete.

Sultan Mahmud II. konnte den Russisch-Türkischen Krieg (1806–12) durch den Frieden von Bukarest beenden. Mithilfe von europäischen Offizieren begann Mahmud eine Heeresreform und setzte die innere Konsolidierung des Osmanischen Reichs in Gang.

ZITAT

Als Militärberater im Osmanischen Reich (1835–39) schreibt der spätere preußische Generalfeldmarschall Helmuth von Moltke in einem Brief: *Die Kurden ... klagen über zwei Dinge, über die Besteuerung und Truppenaushebungen. ... Der wahre Grund zur Klage liegt überhaupt nicht darin, dass die Steuern hoch, sondern dass sie willkürlich sind. ...*

Auflösungserscheinungen
In Ägypten war aus den Wirren nach der Vertreibung der französischen Truppen durch osmanisch-britische Kräfte ein bisher unbekannter Befehlshaber eines albanischen Truppenteils siegreich hervorgegangen: Mehmed (Muhammad) Ali. Schon 1805 war die Pforte gezwungen, diesen fähigen Politiker, der dem Nilland wieder geordnete Verhältnisse garantierte, als Statthalter (Wali) anzuerkennen. Während der Napoleonischen Kriege war Ägypten ein wichtiger Weizenlieferant Europas geworden. 1821/22 wurde die exportorientierte ägyptische Baumwollmonopolkultur geschaffen. Auf diese Weise erhielt Ägypten im Gegensatz zu den Kernprovinzen des Osmanenstaates eine ausreichende finanzielle Grundlage für Reformen im Bereich von Verwaltung, Militär und Bildung.

Im napoleonischen Zeitalter löste sich zum ersten Mal eine christliche Bevölkerungsgruppe aus dem Osmanischen Reich, um als eigene Nation die Bühne der Weltgeschichte zu betreten: 1804 hatten sich die Serben unter dem Bauernsohn Karađorđe aus Kragujevac erhoben. Es gelang ihm, 1805 eine Verfassung mit Senat und Volksversammlung (Skupschtina) durchzusetzen. Erst ein

1827 wurde in der Seeschlacht von Navarino die türkisch-ägyptische Seemacht von einer britisch-französisch-russischen Flotte vernichtet (Iwan Konstantinowitsch Ajwasowskij: »Die Seeschlacht von Navarino«, 1846; Sankt Petersburg, Marinemuseum).

Europa im Zeitalter des Absolutismus

> **INFOBOX**
>
> **»Engel der Verwundeten«**
>
> Florence Nightingale organisierte als Leiterin der Kranken- und Verwundetenpflege im Krimkrieg (1853–56) im damals türkischen Skutari und auf der Krim die Pflege Verwundeter und Kranker. Sie traf dort katastrophale Zustände an: »Es gab keine Wasserschüsseln oder irgendwelche andere Ausrüstung; keine Seife, keine Handtücher oder Kleidungsstücke; die Männer lagen da in ihren Uniformen, blutverkrustet und mit Schmutz bedeckt ...; ihr ganzer Körper voller Ungeziefer.« Durch die Verbesserung der hygienischen Bedingungen konnte sie einen deutlichen Rückgang der Todesrate erreichen.
>
> Das bleibende Verdienst Florence Nightingales besteht aber v. a. darin, dass sie die Krankenpflege grundlegend reformierte und als Lehrberuf etablierte. 1860 gründete sie mit der Londoner »Nightingale School for Nurses« die erste Schwesternschule der Welt. Bereits ein Jahr zuvor hatte sie »Notes on nursing« veröffentlicht, einen »Rathgeber für Gesundheits- und Krankenpflege«, der 1878 auch in deutscher Sprache erschien.

s. ZEIT Aspekte
Osmanisches Reich
S. 526

zweiter serbischer Aufstand unter Miloš Obrenović 1815 führte zur faktischen Unabhängigkeit der Serben, die sich an Russland anlehnten, ohne den osmanischen Oberherren die Loyalität förmlich aufzukündigen.

Von Istanbul aus gesehen war das griechisch-albanische Herrschaftsgebiet des abtrünnigen Ali Pascha von Janina (um 1744–1822) die größte innere Bedrohung des Reiches. Um 1800 umfasste es Epirus, Südalbanien, Teile Thessaliens und Westmakedonien mit etwa einer Million Einwohnern. Sein Abfall von der Pforte wurde übrigens ernster genommen als der Aufstand der »Klephten« genannten Freischärler im südlichen Griechenland.

Die Gründung der »Gesellschaft der Freunde« (Hetairia Philikon) 1814 in Odessa wird als Beginn der griechischen Unabhängigkeitsbewegung angesehen. Sie unterschied sich von früheren sporadischen Revolten durch ihr klares Ziel einer völligen Unabhängigkeit des Landes (»Embryo-Nationalismus«). Für das Ökumenische Patriarchat von Konstantinopel war diese epanastasis (Erhebung) nur eine apostasia, ein Abfall vom Glauben. Der Patriarch Gregorios V. exkommunizierte die Aufständischen, was ihn aber nicht vor der Hinrichtung durch Hängen bewahrte. Die griechischen Aufständischen hat-

Sultan Mahmud II. ordnete im Juni 1826 die Niederschlagung des Aufstandes der Janitscharen an. Die zeitgenössische Lithographie zeigt die Inbrandsetzung der Istanbuler Kasernen.

ten sich noch 1821 in den Besitz der ganzen Morea (der Peloponnes) gesetzt und im folgenden Jahr ihren ersten Seesieg – bei der Insel Spetse – errungen. Später verschlechterte sich die Lage der Aufständischen, die im Metternich'schen System (»Ich kenne keine Griechen, nur christliche Untertanen des Sultans«) zunächst in Europa nur begrenzten Rückhalt erfuhren.

1825 landeten 70000 gut ausgebildete ägyptische Truppen unter dem Sohn Mehmed Alis, Ibrahim Pascha, und eroberten mit Tripolitsa (Tripolis) einen Hauptort der Peloponnes. Zwei Jahre später war auch Athen wieder im Besitz der Osmanen. Die Großmächte wollten zu diesem Zeitpunkt nicht weiter gehen, als Griechenland bei innerer Autonomie als tributpflichtiges Fürstentum der Pforte zu unterstellen.

Die Seeschlacht bei Navarino/Pylos in Messenien am 20. Oktober 1827, die letzte große Auseinandersetzung mit Segelschiffen auf dem Mittelmeer, endete mit der völligen Zerstörung der osmanisch-ägyptischen Flotte durch eine britisch-französisch-russische Seemacht. 1828 griff Russland auch mit seinem Landheer ein. Zum ersten Mal in der osmanischen Geschichte war Edirne besetzt, Istanbul unmittelbar bedroht. Im Frieden von Edirne/Adrianopel (14. September 1829) wurde die so genannte Arta-Volos-Linie als Nordgrenze eines unabhängigen Griechenlands festgelegt, das in etwa dem griechischen Territorium klassischer Zeit entsprach.

> **ZITAT**
>
> **Aus dem Erlass von Gülhane vom 3. 11. 1839:**
> *Somit halten Wir im vollen Vertrauen auf die Hilfe des gnädigen Schöpfers und gestützt auf den geistigen Beistand des Propheten die Schaffung einiger neuer Gesetze für wichtig und notwendig, um in Zukunft unserem ruhmvollen Reiche und seinen wohlbehüteten Ländern die Wohltaten einer guten Verwaltung zuteil werden zu lassen.*

Die Vernichtung der Janitscharen

Dem Sultan war es gelungen, einen Teil des Janitscharenheeres in eine neue Eliteeinheit zu überführen, die so genannten eşkinciyân. Obwohl sich Mahmud II. der Mitwirkung der religiösen Elite und hoher Bürokraten, ja selbst der Janitscharenoffiziere versichert hatte, blieb eine Revolte der Truppe nicht aus. In der Nacht vom 14. auf den 15. Juni 1826 wurden die Kasernen der Istanbuler Regimenter von loyalen Truppen unter Feuer genommen, zwei Tage später das gesamte Korps zerschlagen.

Mit den Janitscharen wurde auch die Bruderschaft der Bektaschis aufgelöst; ihre Konvente wurden den staatsnäheren Nakschbendis überschrieben. Die Verbindung zwischen den Janitscharen und den als nicht rechtgläubig geltenden Bektaschis wird zwar allgemein als feststehende Tatsache gesehen, lässt sich aber im Einzelnen schwer belegen. Man klagte sie der Vernachlässigung der Pflichtgebete und des Fastengebots an. Jedenfalls kam die Beschlagnahmung ihres Agrarbesitzes der Staatskasse zugute. Ein äußeres Zeichen dafür, dass nun »eine andere Musik« in den osmanischen Kasernen spielte, war die Berufung von Giuseppe Donizetti zum Leiter der Hof- und Militärmusik im Jahre 1828.

Die letzten Jahre Mahmuds II. waren von dem Gegensatz zu dem starken »Gouverneur« Ägyptens bestimmt. Der Sultan hatte Mehmed Ali als Belohnung für das Eingreifen ägyptischer Truppen im griechischen Aufstand die Regentschaft über Kreta und die Peloponnes zugesagt. Da dieses Versprechen nicht einlösbar war, forderte Mehmed Ali Syrien als Ersatz. Die rasch vordringenden ägyptischen Truppen wurden erst durch die osmanisch-russische Konvention von Kütahya im Jahre 1833 aufgehalten.

Trotz der prekären äußeren Gegebenheiten sorgte Mahmud für einen Umbau wichtiger Staatsorgane. Der Palast wurde gestärkt, das Großwesirat in eine Art Premierministerium verwandelt. 1836/38 entstanden mit

Mehmed Ali schuf eine nationale ägyptische Armee und förderte Bildung und Wissenschaft sowie Landwirtschaft und Industrialisierung (die unter Mehmed Ali erbaute Alabastermoschee und die Zitadelle in Kairo; Foto, um 1885).

den Ministerien für äußere, innere und finanzielle Angelegenheiten erste »klassische« Ressorts. Besonders wichtig war die Einrichtung eines obersten Beratungsausschusses für Rechtsangelegenheiten. Größtes Augenmerk richtete der Sultan auf die Stärkung der Armee. Helmuth von Moltke, der spätere preußische Generalfeldmarschall, hielt sich zwischen 1835 und 1839 im Osmanischen Reich als Militärberater auf.

Der Versuch, Syrien von der ägyptischen Besatzungsmacht zurückzugewinnen, scheiterte zunächst mit der Niederlage von Nizip am 24. Juni 1839, wenige Tage vor dem Ableben Mahmuds. Die ägyptische Frage wurde 1840 in der Form gelöst, dass Mehmed Ali die Erblichkeit seines »Vizekönigtums« im Austausch für die Rückgabe Syriens und Palästinas zugestanden wurde.

Ein neues Handelssystem
Ein 1838 unterzeichnetes Handelsabkommen mit Großbritannien öffnete den osmanischen Markt für britische Waren und führte zur gänzlichen Abschaffung von Staatsmonopolen im folgenden Jahr. Das Osmanische Reich hatte ungünstige Konditionen in Kauf genommen, um sich der Unterstützung Großbritanniens im Streit mit Ägypten zu versichern. Der Wert britischer Exporte in das Osmanische Reich hatte sich schon in den späten Zwanzigerjahren des 19. Jahrhunderts verdoppelt, vor 1837 stieg er erneut auf das Zweifache. Mit dem Abkommen von 1838 wurde es ausländischen Kaufleuten gestattet, im Rahmen der gültigen Zollvorschriften überall Handel zu treiben. Einfuhrzölle lagen nun bei drei Prozent, Binnenzölle wurden mit zwei Prozent abgegolten, auf Ausfuhren wurden zwölf Prozent erhoben. Man hat das osmanische Handelsregime dieser Jahrzehnte als eines der liberalsten weltweit bezeichnet.

Auch die osmanischen Eliten hatten längst erkannt, dass der schwache Schutz des Eigentums, die ungenügende Rechtssicherheit insgesamt die Einnahmequellen versiegen ließen und Interventionen des Auslandes herausforderten. Unmittelbar nach dem Tode Mahmuds II. begann eine neue Epoche der osmanischen Geschichte, die sich nicht mehr mit vereinzelten Reformmaßnahmen begnügte, sondern das ganze System im Sinne eines zentralistischen, bürokratischen Staatswesens umbaute.

ZITAT

Hermann Fürst von Pückler-Muskau (»Aus Mehemed Ali's Reich«, 1844) über Mehmed Ali:
Es ist ein so großes Ding um einen Herrscher über Millionen..., dass ich nie einem solchen ohne eine gewisse innere Bewegung nahe, um wie viel mehr dann, wenn er zugleich ein so außergewöhnlicher Mann ist, wie Mehemed Ali.

Europa im Zeitalter des Absolutismus

Abd ül-Medjid I. und das Edikt von Gülhane
Als der 16-jährige Abd ül-Medjid (Abdülmecid) 1839 seinem Vater Mahmud II. folgte, stand ihm mit Mustafa Reschid Pascha eines der großen Talente des an politischen Begabungen nicht armen 19. Jahrhunderts zur Seite. Reschid hatte als Botschafter in Paris und London Erfahrungen gesammelt, bevor er Außenminister wurde. Das Großwesirat hatte er bis zu seinem Ableben 1858 sechsmal inne. Reschid entwarf auch den Text des so genannten Edikts von Gülhane.

Der Erlass, türkisch Hatt-ı şerîf, trägt seinen Beinamen »Rosenhaus« (Gülhane) nach einem unterhalb des Topkapı-Serails gelegenen Pavillon. An diesem Ort hielt sich der junge Sultan auf, als das Reformpapier am 3. November 1839 von dem Großwesir Reschid Pascha verlesen wurde. Die Epoche zwischen diesem Ereignis und der »Ersten Konstitution« von 1876 wird als Tansimatzeit bezeichnet, weil an ihrem Beginn tanzîmât-ı hayriye, das sind »wohltätige Verordnungen«, erlassen wurden.

Eine der reformerischen Maßnahmen im Osmanischen Reich während der Tansimatzeit war die Einrichtung der Bildungsanstalt »Darülfünun« (1845), aus der später die osmanische Universität hervorging. Das Foto zeigt das Eingangsportal der Universität.

Hatte sich das Reformwerk seiner Vorgänger weitgehend auf militärische Gegenstände und die Neuorganisation der Zentralregierung beschränkt, wurden unter Abd ül-Medjid eine Folge von Maßnahmen ergriffen, die für die Tansimatzeit charakteristisch sind.

Schon die Grundbestimmungen der im Edikt von Gülhane angekündigten Gesetze bezogen sich auf die Sicherheit des Lebens, den Schutz der Ehre und des Vermögens, die Festlegung der Steuern, die Art und Weise der Aushebung der nötigen Truppen und die Dauer ihrer Dienstzeit. Das grassierende Bestechungswesen wurde als »Hauptursache des Verfalls« angesprochen.

In den folgenden Jahren kam es zu Rechtsreformen nach europäischem, vor allem französischem Vorbild – so die Kodifizierung des Zivil- und Strafrechts, des Handels- und Bodenrechts –, zum Aufbau einer zentralistischen Provinz- und Kommunalverwaltung und zur Neuordnung des Bildungswesens. Die Stellung von Juden und Christen wurde verbessert, der Sklavenhandel 1847 verboten.

Abd ül-Medjid selbst war der erste osmanische Herrscher, der Französisch als Weltsprache des 19. Jahrhunderts so weit gelernt hatte, dass er die Pariser Blätter verfolgen konnte. Das erlaubte ihm, ebenfalls eine unerhörte Neuerung, mit den Vertretern ausländischer Mächte unmittelbar in Kontakt zu treten. Einen erheblichen Einfluss auf den Sultan übte auch der britische Gesandte Lord Stratford Canning aus. Der Sultan zeigte sich häufig in der »Öffentlichkeit«, besuchte den Ministerrat und unternahm sogar in den Jahren 1844 und 1846 ausgedehnte Inspektionsreisen in nähere Provinzen. Man sah den Sultan in der Loge der Istanbuler Oper und gegen Ende des Krimkriegs sogar auf einem Ball des französischen Botschafters.

Die Oberschichten Istanbuls imitierten zunehmend die luxuriösen Vergnügungsformen des Westens. Da sich zahlreiche Mitglieder des Hofes daran beteiligten, wuchs die Belastung der Staatskasse ins Unermessliche.

Der Krimkrieg und das »Großherrliche Handschreiben«
Der Krimkrieg hatte nicht etwa eine Rückgewinnung der Halbinsel zum Ziel. Die Auseinandersetzung zwischen Russland und dem Osmanischen Reich trägt ihren Na-

Sewastopol wurde nach der Annexion der Krim durch Russland (1783) als Festung und Kriegshafen angelegt und war seit 1804 zentraler Flottenstützpunkt am Schwarzen Meer. Während der Belagerung im Krimkrieg wurde die Stadt stark zerstört. Der Gemäldeausschnitt zeigt die Schlacht von Malakoff, die zu Beginn der Belagerung von Sewastopol stattfand.

s. ZEIT Aspekte
Krimkrieg S. 536

men allein wegen des Hauptkriegsschauplatzes. Auslöser war die russische Forderung von 1853, die unmittelbare Schutzherrschaft über die orthodoxen Untertanen des Sultans zu übernehmen, nachdem Napoleon III. 1852 für die Katholiken einige Vorteile erwirkt hatte. Das Osmanische Reich erklärte den Krieg, nachdem russische Truppen die Donaufürstentümer besetzt hatten. Ein britisch-französischer Flottenverband lief zum Schutz der türkischen Schwarzmeerküste aus, bald danach landeten die Alliierten an der Küste der Krim. Das bekannteste Ereignis dieses Krieges ist die Belagerung Sewastopols, die mit dem Sieg der Franzosen endete. Aus osmanischer Sicht war die erneute Kapitulation von Kars, ihrer wichtigsten Festung im Südkaukasus, am 16. November 1855 besonders schmerzlich.

Das zweite große Tansimatedikt wurde am 18. Februar 1856 erlassen, wenige Wochen vor dem Frieden von Paris. Es trägt den wenig aussagekräftigen Namen »Großherrliches Handschreiben« (Hatt-ı hümâyûn). Zahlreiche Bestimmungen betreffen den Status der christlichen Minderheiten, denen nun sogar der Zugang zum Militärdienst eröffnet wurde. Dieser zweite Tansimaterlass sollte verhindern, dass die europäischen Staaten beim Pariser Friedensschluss ihrem osmanischen Verbündeten direkte Vorschriften über die Gleichstellung der christlichen Untertanen machten.

Artikel 9 des Vertrages von Paris sagt ausdrücklich, dass keine der Mächte sich in die inneren Angelegenheiten des Reiches einmischen dürfe. Aber die bloße Erwähnung des »Hatt« konnte als Einladung an die europäischen Staaten verstanden werden, über die Ernsthaftigkeit der Reformen zu wachen. Es sollte sich in den kommenden Jahrzehnten zeigen, dass die europäischen Mächte weder auf direkte Eingriffe verzichteten noch die in Paris »garantierte« territoriale Integrität des Osmanischen Reiches respektierten. Im Frieden von Paris kam es nur zu geringeren Gebietsveränderungen an der Donaumündung. Das Osmanische Reich erhielt die Festung Kars zurück. Dem Sultan wurde vom britischen Gesandten der Hosenbandorden verliehen.

Klaus Kreiser

Exkurs: Der Adel

Auf Geburt gegründete Privilegien

In »höheren« Kreisen: Das Erscheinungsbild des europäischen Adels

In fast allen Formen des menschlichen Zusammenlebens vor dem Beginn des bürgerlichen Zeitalters kam es zur Aussonderung einer Schicht erblich bevorrechteter Familien, deren deutsche Bezeichnung »Adel« von dem althochdeutschen Wort »adal« oder »adol« herrührt, was so viel wie Geschlecht, Abstammung bedeutet. Die unterschiedlichen gesellschaftlichen Bedingungen in verschiedenen Zeiten und Räumen führten zu einem differenzierten Erscheinungsbild des Adels, jedoch lassen sich als Hauptmerkmale gegenüber anderen sozialen Schichten, Ständen oder Klassen seine Teilhabe an der Machtausübung und seine materielle Versorgung durch Untergebene und Unterworfene feststellen. Zumindest im größten Teil des mittelalterlichen Europa kam zu der Herrschaft über Menschen noch die Verfügungsgewalt über Grund und Boden.

Abgesehen von diesen Hauptmerkmalen war der Adel nie ein sozial einheitliches Gebilde, sondern zerfiel in eine in sich wiederum nach Macht und Reichtum abgestufte regierende Oberschicht, den Hochadel, und den Kleinadel, der in verschiedenen Ämtern und Rangstufen dem Hochadel beziehungsweise einem Zentralherrscher in der Verwaltung, im Heer oder bei Hofe diente. Der niedere Adel war die wichtigste Quelle für die Selbstergänzung des Hochadels, während der Adel insgesamt durch den Einstieg von Gruppen oder Einzelpersonen nichtadliger Herkunft erweitert und modifiziert wurde.

Die Einführung von Wappen – farbigen Abzeichen für voll gerüstete Krieger – ergab sich aus der militärischen Notwendigkeit, die Ritter für Freund und Feind erkennbar zu machen. Diese Erkennungszeichen verloren zunehmend ihre militärische Bedeutung und wurden zu Symbolen von Zugehörigkeit zu einer Familie (Wappen des Soest-Leipziger-Stammes).

Die Entstehung des Adels

Im Widerspruch zu Auffassungen, die eine Trennung von Herrschern und Beherrschten als immer gegeben behaupten, konnte aus der Analyse archäologischer und schriftlicher Quellen sowie aus der ethnographischen Erforschung ökonomisch zurückgebliebener Bevölkerungsgruppen in einigen Gegenden Afrikas, Amerikas und Australiens die Entstehung adliger Herrscherschichten in den Grundzügen nachvollzogen werden.

Die entscheidende Voraussetzung für diesen Prozess waren die Vorgänge in der so genannten neolithischen Revolution, die wohl der bisher tief greifendste Umbruch in der Menschheitsgeschichte war. Über Jahrhunderttausende hinweg hatten sich die Menschen die zum Lebensunterhalt notwendigen Nahrungsmittel und Gegenstände als Sammler, Jäger und Fischer verschafft. Sie vermochten gerade das zu gewinnen, was sie zum Leben unbedingt brauchten, und dies war allein durch gemein-

Exkurs: Der Adel

same Arbeit und organisiertes Zusammenwirken in den Sippen, also den Gentes, möglich, die die auf Blutsverwandtschaft beruhende Lebensgemeinschaft der Urgesellschaft waren.

Aus diesem Zwang zur kollektiven Sicherstellung der Existenz ergab sich die Art der Verteilung der Arbeitserträge. Alle Angehörigen einer Gemeinschaft wurden gleichermaßen versorgt. Nicht nur das gemeinsam Gewonnene, sondern auch das individuell Erjagte beziehungsweise Gesammelte kam der Gemeinschaft zugute, auch wenn die Anteile der Einzelnen am Gewonnenen ungleich waren. Notwendige Führungsaufgaben, zum Beispiel bei Jagden, Wanderungen und bei Verkehr oder Auseinandersetzungen mit anderen Gentes wurden von gewählten Anführern, Vorstehern oder Häuptlingen wahrgenommen. Dazu erkor die Gemeinschaft Mitglieder, die durch Fähigkeiten, Erfahrungen und erbrachte Leistungen besonders geeignet schienen. Diese konnten aber jederzeit von anderen Gentilgenossen abgelöst werden. Die grundsätzliche Gleichheit aller blieb erhalten; auf Dauer hätte sich niemand gegen den Willen der Gesamtheit behaupten können.

Diese in Libyen gefundene steinzeitliche Gravur stellt eine Frau in festlichem Putz, geschmückte Rinder sowie Hunde dar. Das Rind war Milch- und Fleischlieferant und – wie die Sättel zeigen – Reit- und Transporttier.

Diese Abbildung zeigt pflanzliche Nahrungsmittel der Jungsteinzeit (von oben links nach unten rechts): Leinsamen, Holzäpfel, Wildbirnen, Gerste, Erbsen, Weizen, Brombeeren, Eicheln, Wacholderbeeren, Haselnüsse und Mohnsamen.

Im Neolithikum, das heißt in der Jungsteinzeit, vollzog sich der Übergang vom Jagen und Sammeln zu Ackerbau und Viehzucht, von der periodischen Wanderung in einem bestimmten Revier zur Sesshaftigkeit. Dieser Übergang von der Aneignung naturgegebener Nahrungsquellen zur bewussten Herstellung pflanzlicher und tierischer Produkte, die »neolithische« oder »agrarische« Revolution – beide Begriffe wurden von dem britischen Archäologen Vere Gordon Childe (1892–1957) eingeführt –, war für die weitere Entwicklung der Menschheit ein Vorgang von außerordentlicher Tragweite. Er begann im 9. und 8. Jahrtausend v. Chr. im vorderasiatischen Raum und strahlte von dort um 6000 v. Chr. nach Europa aus, wo er gegen Ende des 3. Jahrtausends v. Chr. vollendet war.

Die wirtschaftlichen Umwälzungen der neolithischen Revolution befähigten die Menschen, mehr zu produzieren, als zum Lebensunterhalt unbedingt nötig war. Das so gewonnene Mehrprodukt war die Voraussetzung dafür, dass es zu sozialen Differenzierungen innerhalb der Gentes und der sich bildenden größeren Lebensgemein-

So könnte die altsteinzeitliche Jagd am »Feld der Pferde« in Solutré bei Mâcon (Frankreich) ausgesehen haben. Am Fuß des Felsens befindet sich eine 5 m dicke Schicht aus Knochenresten von schätzungsweise 100 000 Pferden, die vermutlich innerhalb mehrerer Tausend Jahre in den Tod gehetzt wurden.

Exkurs: Der Adel

In der Bronzezeit gewann der Krieg wachsende Bedeutung, wodurch der Heerführer immer unentbehrlicher wurde. Das Gemälde von J. Schnitz zeigt Achill und Hektor im Trojanischen Krieg (Madrid, Königliche Akademie San Fernando).

schaften, der Stämme, kommen konnte. Zugleich erforderten die komplizierter werdenden Produktionsstrukturen, der Tauschhandel, das Entstehen größerer, zum Teil schon stadtähnlicher Siedlungen und die Behauptung gegenüber anderen Stämmen neue »Leitungsstrukturen«. Man benötigte eine Art zentraler Gewalt, die das Stammesleben garantierte.

Diese Aufgabe nahmen Häuptlinge und Priester wahr, denen gewisse Vollmachten übertragen wurden, die aber zunächst unter der Kontrolle der Gemeinschaft blieben. Ganz allmählich kam es jedoch zu einer ungleichmäßigen Verteilung zugunsten der Häuptlinge, die sich aus der Masse der Stammesmitglieder herauszuheben begannen. So wurden sie wegen ihres Amtes zumindest teilweise von der unmittelbaren Produktion freigestellt und von dem erarbeiteten Mehrprodukt unterhalten; als Kriegsführer erhielten sie einen höheren Beuteanteil; als Priester kamen sie in den Genuss der Opfergaben. Eine wichtige Veränderung war die Einführung der Erblichkeit des Häuptlingsamtes innerhalb bestimmter Familien.

Die grundlegenden Veränderungen der neolithischen Revolution führten in der Bronzezeit, das ist, bezogen auf Europa, die Zeit zwischen dem Beginn des 2. Jahrtausends und dem 8. Jahrhundert v. Chr., zu einem gesellschaftlichen Zustand, für den der Amerikaner Lewis Henry Morgan (1818–81) den Begriff »militärische Demokratie« prägte, der aber in der Urgeschichtsforschung nicht unumstritten ist. Grundlage der Verfassung der militärischen Demokratie blieb der Stamm, der seine wichtigsten Angelegenheiten nach wie vor durch die Volksversammlung und den Stammesrat regelte.

Neu kam hinzu, dass in dieser Entwicklungsphase der Krieg wachsende Bedeutung gewann. Waren kriegerische Handlungen früher zumeist Rache- oder Vergeltungsakte für die Verletzung des Stammesgebietes, so nahmen sie jetzt mehr und mehr den Charakter von Raubkriegen zur Aneignung des von anderen Stämmen erzeugten Mehrprodukts an. Die Organisation des Krieges wurde für den Stamm eine für sein Überleben unabdingbare Aufgabe. Der Heerführer war unentbehrlich und sein Amt eine ständige Einrichtung, die dem Stammesrat und der Volksversammlung verpflichtet war.

Heerführer und Häuptlinge begannen, waffentüchtige Männer um sich zu scharen, die zumeist aus den angesehensten Familien des Stammes kamen. Diese Gefolgschaften wurden zu einem bewaffneten Organ der gentilen Oberschicht, das neben der Masse der Stammeskrieger stand und zunehmend der Kontrolle der Volksversammlung entzogen wurde. Die Gefolgschaften, anfangs Kampfgenossenschaften zum Zwecke der Beutegewinnung und Bereicherung, bildeten den Kern des entstehenden Adels. *Klaus Vetter*

»Alte« und »neue« Geschlechter: Der Adel in der Antike

Sowohl in der griechischen als auch in der römischen Antike war das Gefolgschaftswesen der Ausgangspunkt für die Entstehung adliger Oberschichten. In den Poleis, den griechischen Stadtstaaten, setzten sich die Aristokraten als die zur Herrschaft geborenen »alten Geschlechter« vom Volke ab. Innere und äußere Krisen führten zu

Exkurs: Der Adel

Reformen, die die formelle Beteiligung der nichtaristokratischen Freien an politischen Entscheidungen brachten, letztlich aber die Führung der Polisdemokratie durch die Aristokraten sicherten.

Das römische Patriziat ging wahrscheinlich aus dem berittenen Gefolge der etruskischen Könige in Rom hervor. Nach der Überlieferung wurde der letzte König, Tarquinius Superbus, 509 v. Chr. vertrieben. Das Patriziat brachte in der ersten Hälfte des 5. Jahrhunderts v. Chr. die Führung an sich und konnte sie in der frühen Republik als geschlossener Geburtsstand gegenüber der Masse der Römer (plebs) behaupten. Es beherrschte den

In der frühen Kaiserzeit von Augustus bis Antoninus Pius, d. h. von 27 v. Chr. bis 161 n. Chr., blieben für den auf 600 Personen angewachsenen Senatorenstand Latifundienbesitz, Ämtermacht und hohes Ansehen als erbliche Merkmale kennzeichnend (Marmorbüste des Augustus, nach 27 v. Chr.; München, Glyptothek).

Senat und besetzte die wichtigsten Ämter im Militär, in der Rechtsprechung und bei der Kultausübung.

Im Ergebnis der Ständekämpfe zwischen Patriziern und Plebejern im 5. und 4. Jahrhundert v. Chr. mussten die Patrizier Zugeständnisse machen, die auch Plebejern den Eintritt in den Senat und die Übernahme hoher Ämter ermöglichte. Auf diese Weise entstand eine neue Adelsschicht, die Nobilität. Die patrizisch-plebejische Nobilität übte die politische Macht aus und suchte die übrigen Römer durch gewisse soziale Absicherung zu befrieden. Die materielle Basis der Nobilität war die mit Sklavenarbeit betriebene Großgrundwirtschaft, die Latifundien. Der Großgrundbesitz wurde durch die Anlage von in Kriegen gewonnenen Reichtümern ständig erweitert. Die Nobilität schloss sich nach außen ab, sodass es nur noch selten Aufsteigern gelang, in sie einzudringen.

Mit der Ausweitung der römischen Herrschaft über Italien erfolgte die Aufnahme italischer Geschlechter in den Senatorenstand. Der Aufstieg Roms zur Weltmacht ließ eine in sich abgestufte Reichsaristokratie entstehen. Während die Zugehörigkeit zum Ritterstand (ordo equester) persönlich zu erwerben war, blieben für den in der frühen Kaiserzeit von Augustus bis Antoninus Pius, das heißt von 27 v. Chr. bis 161 n. Chr., auf 600 Personen angewachsenen Senatorenstand Latifundienbesitz, Ämtermacht und hohes Ansehen als erbliche Merkmale kennzeichnend. In der Kaiserzeit bestimmte die kaiserliche Zentrale die Geschicke Roms, der Senat geriet mehr und mehr in die Rolle eines bloßen Bestätigungsgremiums. Die Senatorenaristokratie und die führenden Familien des Ritterstandes fällten nun nicht mehr selbst die politischen Entscheidungen, übten aber als Staatsbeamte alle wichtigen zivilen und militärischen Ämter aus.
Klaus Vetter

Im Banne der Heerführer: Der Adel im Mittelalter

Die Entstehung und Entwicklung des Adels im europäischen Mittelalter war in fast allen Gebieten im Wesenszug gleich, erfuhr aber zahlreiche regionale Ausprägungen, die hier nicht im Einzelnen verfolgt werden können. Daher sollen nur zwei Entwicklungsstränge – die vom

Fränkischen Reich und der Kiewer Rus ausgehenden – im Mittelpunkt der Betrachtung stehen, während einige Sonderfälle nur kurz gestreift werden.

Im Mittelalter war der Adel der politisch herrschende Stand. Aus seinen Reihen kamen die Monarchen und in der Regel auch die Kirchenführer. Der grundbesitzende Adel besaß lange Zeit auch die wirtschaftliche Vormachtstellung, die erst im Hochmittelalter durch die Entwicklung des Städtewesens, die arbeitsteilige gewerbliche Produktion und den Fernhandel des Bürgertums Einschränkungen erfuhr. Als Herrscher über Land und Menschen waren die Adligen »Ausbeuter« der Masse der unfreien bäuerlichen Bevölkerung; als politisch Herrschende hatten die Adligen den entscheidenden Anteil an der Entstehung, Organisation und Ausprägung der europäischen Feudalstaaten.

Die soziale und politische Ordnung des Fränkischen Reiches entstand dadurch, dass spätantike Verhältnisse im römischen Gallien und die in Auflösung begriffene Gentilordnung der Franken aufeinander prallten und miteinander verschmolzen. Aus dieser Synthese ging auch die adlige Herrscherschicht des Fränkischen Reiches hervor.

Als der fränkische Teilkönig Chlodwig I. 486 bei Soissons den römischen Statthalter Syagrius schlug und in den folgenden Jahren seinen Machtbereich schnell nach Süden ausdehnte, traten bei den Franken deutliche Erscheinungen einer sozialen Differenzierung auf. Träger des Stammesverbandes war der wirtschaftlich unabhängige, persönlich freie und politisch vollberechtigte Bauer. Jedoch bestand bereits ein durch Reichtum, Macht und Ansehen abgehobener Stammesadel, der über Gefolgschaften verfügte und selbst nicht mehr an der Produktion materieller Güter teilnahm. Aus den Heerführern hatte sich die Institution des Königtums entwickelt.

Der fränkische Stammesadel verschmolz mit den großen gallorömischen Grundeigentümern, deren Oberschicht sich aus Mitgliedern des Senatorenstandes zusammensetzte, sowie dem neuen Dienstadel der fränkischen Könige. Die Umwandlung des Grund und Bodens in Allod, also frei verfügbares Eigengut, ermöglichte es dem fränkischen Stammesadel, sich das bäuerliche Land anzueignen. Die Begegnung mit dem gallorömischen

Im Mittelalter war der Adel der politisch herrschende Stand. Aus seinen Reihen kamen die Monarchen und in der Regel auch die Kirchenführer (»Heiliger Bischof«, Altarbild von Bartolomé Bermejo, 15. Jh.; Chicago, Ill., Art Institute).

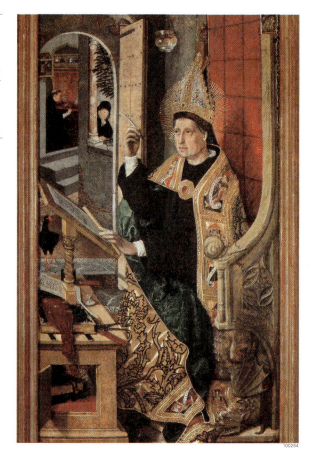

Großgrundeigentum beschleunigte diesen Prozess. Der König, durch die Besitznahme der römischen Fiskalgüter selbst zum größten Grundeigentümer geworden, beförderte die Entstehung adligen Großgrundeigentums durch umfangreiche Schenkungen. Die ehemals freien fränkischen Bauern wurden allmählich zu persönlich Unfreien herabgedrückt, die Dienste und Abgaben leisten mussten. Sie wuchsen mit den spätantiken Kolonen, ursprünglich Sklaven, die selbstständig ein Stück Land bewirtschafteten, zur neuen sozialen Schicht der feudalabhängigen Bauern zusammen. Dieser Prozess fand Anfang des 7. Jahrhunderts im Kerngebiet des Merowingerreiches seinen Abschluss.

Exkurs: Der Adel

Die Ausprägung des Fränkischen Reiches zu einem »Feudalstaat« und die Entstehung des Feudaladels wurde vollendet durch Veränderungen im Kriegswesen, die in der ersten Hälfte des 8. Jahrhunderts einsetzten und zur Entstehung des Lehnswesens führten. Da das Aufgebot freier Bauern nicht mehr existierte und das Gefolgschaftswesen den neuen Anforderungen nicht mehr gerecht wurde, war eine Neuorganisation des Militärwesens nötig. Männern, die bereits Grundherren waren, wurde weiterer Grund und Boden – zunächst beneficium, dann feudum genannt – verliehen. Der Akt der Lehnsübertragung, die Kommendation, begründete ein gegenseitiges Verpflichtungsverhältnis: Mittels Handreichung und Treueids gelobte der Empfänger des Lehens, der Vasall, berittenen Kriegsdienst zu leisten. Der Lehnsherr schuldete ihm dafür Schutz und Hilfe. Auf

Zu Chlodwigs Zeit bestand bereits ein abgehobener Stammesadel, der nicht mehr an der Produktion materieller Güter teilnahm. Chlodwigs Übertritt zum katholischen Christentum trug wesentlich zur Vormachtstellung des Fränkischen Reiches im Abendland bei. Die Tafelmalerei zeigt Chlodwigs Taufe (496) durch Remigius, den Bischof von Reims.

Gregor von Tours, Geschichtsschreiber der Franken und seit 573 Bischof von Tours, hatte bedeutenden Einfluss auf die fränkischen Könige. Außer Heiligenleben schrieb er eine bis 591 reichende Geschichte der Franken (»Historia Francorum«), die wichtigste Quelle für die Anfänge des Merowingerreiches.

diese Weise kam es zum Aufbau einer sozialen und politischen Rangordnung, zu einer Lehnspyramide, an deren Spitze der König stand. Die hohen staatlichen Ämter, zum Beispiel Königsboten, Grafen, Markgrafen, und die kirchlichen Ämter wurden ausschließlich mit Adligen besetzt.

Die dieser Entwicklung innewohnenden Probleme und Widersprüche konnten nur durch konzentrierte politische und militärische Gewalt bewältigt werden, die zur Großreichbildung führte. Kaum waren die neuen Verhältnisse gefestigt, begann der Zerfall des Großreichs, da die Interessen der feudalen Grundherren nun

auf überschaubare, effektivere und besser nutzbare politisch-militärische Strukturen gerichtet waren. Fast analog zum fränkischen Großreich verlief später die Entwicklung in Großmähren, Bulgarien, Polen, Dänemark und die in der Kiewer Rus.

Nach der Eingliederung der Alamannen, Baiern, Thüringer, Westgoten und Sachsen in das Fränkische Reich kam es zu einer weitgehenden Übertragung fränkischer Verhältnisse und einer Symbiose des Adels der unterworfenen Stämme mit den in das Land gesandten fränkischen Adligen. Die führenden Adelsgeschlechter fanden Eingang in die fränkische Reichsaristokratie, aus der sich durch verwandtschaftliche Beziehungen zum Königshaus und den Ausbau regionaler Machtpositionen ein kleiner Kreis bedeutender Adelsfamilien absonderte, die zur Wurzel der späteren Fürstenhäuser in Frankreich und Deutschland wurden.

Im Gebiet des heutigen Frankreich und Deutschland – beide Staaten gingen aus dem fränkischen Großreich hervor – entstand vom 10. bis 13. Jahrhundert eine neue Adelsschicht, als die zahlenmäßig große Gruppe nichtadliger Dienstleute und Krieger hoher Herren und des Königs Anschluss an den Adel fand. Bis zum 13. Jahrhundert erfolgte eine weitgehende Gleichstellung dieser Ministerialen mit den kleinen adligen Vasallen, die nun gemeinsam den Ritterstand bildeten. Der Aufstieg der Ministerialität zum niederen Adel führte zu einem bedeutenden Anwachsen des Adelsstandes sowie zu seiner Stärkung im gesamten Gesellschaftsgefüge und trug wesentlich dazu bei, dass der Adel in einer Zeit, in der sich die Städte entwickelten und die Emanzipationsbestrebungen der bäuerlichen Bevölkerung wuchsen, seine herrschende Stellung behaupten konnte.

Die Ritterschaft entwickelte eine hauptsächlich an französischen Vorbildern orientierte Kultur. Kern der ritterlichen Ethik waren Zucht und Maßhalten in allen Lebenslagen, Frauendienst und Minne. Als ritterliche Lebensprinzipien galten ferner: Treue gegenüber dem Lehnsherrn, Schutz von Witwen, Waisen und Bedrängten, christlicher Lebenswandel, Beherrschen des Waffenhandwerks und kriegerische Tüchtigkeit. Die Ritter nahmen auch das Recht des Burgenbaus für sich in Anspruch, das ursprünglich nur dem Königtum, dem

Herzogtum und der Kirche, dann auch den Grafen zustand.

Die Integrierung der breiten Schicht der Ministerialen in den Adel und die infolge regionaler Zentralisation wachsende Bedeutung der Fürstenhöfe führten insgesamt zu einer Veränderung im geistig-kulturellen Leben des Adels. In den Zentren der Herrschaftsausübung, an den Höfen des Kaisers beziehungsweise Königs und der Fürsten entstand ein gesteigertes Bedürfnis nach Repräsentation und Geselligkeit, das seinen Ausdruck in den Palastbauten der Kaiserpfalzen und größeren Adelsburgen fand, die den Rahmen für politische, festliche und gesellige Zusammenkünfte boten.

Dort fanden auch die zuerst in Frankreich entwickelten Formen und Inhalte höfisch-ritterlicher Kultur Eingang. In der Minnelyrik und höfischen Epik traten Angehörige des hohen und niederen Adels selbst als Dichter auf, wodurch die Geistlichkeit ihre Führungsrolle im literarischen Bereich verlor. Die adligen Dichter pflegten ein Ideal der Liebe, in der die Sinnlichkeit gebändigt ist und der Minnedienst für die unerreichbare Herrin als höchste Vollendung angesehen wird. Die »hohe Minne« sollte zur sittlichen Veredelung der Liebenden führen und wurde hoch über die auf Befriedigung sinnlicher Lust gerichtete Liebe des einfachen Volkes gehoben. Die bleibende Bedeutung der höfisch-ritterlichen Dichtung besteht vor allem darin, dass sie die nur auf Erringung des Seelenheils ausgerichtete Geistlichendichtung überwand. Sie vertrat ein Menschenbild, in dem die Bewährung in der irdischen Welt und die Vervollkommnung der Persönlichkeit entscheidend waren. Dies führte zu einer teilweisen Säkularisierung in der Bewertung des menschlichen Lebens.

Die bis zum Hochmittelalter in Deutschland eingetretene Differenzierung fand ihren Niederschlag in der um 1200 entstandenen Heerschildordnung, die auf der Lehnshierarchie aufbaute und die Befugnis, Vasallen aufzubieten, reichsrechtlich fixierte. Nach dem Schwabenspiegel gehörte der erste Schild dem König, der zweite und dritte den geistlichen und weltlichen Fürsten, die unmittelbare Vasallen des Königs waren und edelfreie Vasallen unter sich hatten, die den vierten Schild bildeten, der wiederum den Grafen und Herren zukam.

Exkurs: Der Adel

König Pippin III., der Jüngere, begründete durch seine nach ihm benannte Schenkung von Ländereien an die Kirche den Kirchenstaat. Vor seinem Tod teilte er das Fränkische Reich unter seine Söhne Karlmann und Karl den Großen (Kupferstich, um 1850; Berlin, Sammlung Archiv für Kunst und Geschichte).

Die kleineren Vasallen des Herrenstandes bildeten den fünften, die Ministerialen den sechsten Schild. Am Fuße der Pyramide standen die Vasallen, die selbst keine Vasallen mehr aufbieten konnten.

Nach dem Zerfall des fränkischen Großreiches Ende des 9. Jahrhunderts kam es in Frankreich zum Erstarken regionaler und lokaler Adelsherrschaften und zu einer starken Dezentralisation der Staatsmacht. Die größeren französischen Fürstentümer waren faktisch selbstständige Staatswesen; der nominell über ihnen stehende König hatte nur ein sehr begrenztes Gebiet zwischen Paris und Orléans unter Kontrolle. In langwierigen und wechselvollen Auseinandersetzungen, die bis zum 16. Jahrhundert dauerten – der letzte Widerstand des Hochadels wurde erst im 17. Jahrhundert mit der Niederwerfung der Fronde gebrochen –, gelang es jedoch den französischen Königen, den französischen Hochadel zu entmachten und einen zentralisierten Staat zu schaffen.

Das deutsche Königtum hatte aufgrund anderer innerer Voraussetzungen in dem aus dem ostfränkischen Teilreich hervorgegangenen deutschen Königreich eine starke Position, die es ihm erlaubte, eine aktive Ost- und Italienpolitik zu betreiben. Die Italienpolitik und der

Wolfram von Eschenbach (um 1170/80–um 1220) zählt zu den bedeutendsten Vertretern der mittelhochdeutschen höfischen Epik. Die idealisierende Darstellung der »Manessischen Liederhandschrift« zeigt ihn als Angehörigen des Ritterstandes mit Wappen und einem Knappen (1. Hälfte 14. Jh.; Heidelberg, Universitätsbibliothek).

Erwerb der Kaiserkrone im Jahre 962 in Rom durch Otto I. führten dazu, dass das deutsche Königtum mit dem Kaisertum verbunden war. Die Kaiserpolitik lenkte die Zentralgewalt in Deutschland von innenpolitischen Aufgaben ab und begünstigte die staatliche Dezentralisation.

Seit der zweiten Hälfte des 11. Jahrhunderts und dann besonders im 12. Jahrhundert vollzog sich auf deutschem Boden die Bildung territorial geschlossener Herrschaftskomplexe in hartem Konkurrenzkampf zwischen Königtum und Fürsten. Die Zentralgewalt unterlag in diesem Ringen, sodass in Deutschland die staatliche Entwicklung auf territorialer Ebene stehen blieb. Das Königtum wurde nicht wie in Frankreich und England Kristallisationspunkt eines entstehenden Nationalstaates. Die Fürsten betrieben vielmehr in ihren Territorien eine energische Zentralisationspolitik und versuchten, auch die reichsunmittelbaren Adligen und Städte zu mediatisieren, das heißt der Landeshoheit zu unterwerfen, was zu einer Fülle von Konflikten führte.

Im ausgehenden 13. und im frühen 14. Jahrhundert trat in Frankreich wie in Deutschland an die Stelle des Lehnsstaates der Ständestaat. Diese Entwicklung vollzog sich mit gewissen zeitlichen Verschiebungen in den meisten europäischen Staaten. Typisch für den Ständestaat war das Auftreten einer Ständevertretung, die teils neben, teils gemeinsam mit dem Herrscher die Regierungsführung beeinflusste. Ansatzpunkt für die Entstehung von Ständevertretungen war die schon lange bestehende Gepflogenheit, dass Könige und größere Fürsten bei wichtigen politischen Fragen mächtige Vasallen zur Beratung in den »großen Rat« oder auf Hoftage einluden. In der Regel waren Geistlichkeit, Adel und Städte in den Ständeversammlungen vertreten. Da die hohen Kleriker fast ausschließlich Adlige waren und als Herrscher über Territorien gegenüber dem Fürsten ähnliche Interessen hatten wie der Adel, besaß der Adel in den Ständevertretungen zumeist ein Übergewicht und konnte seine Wünsche nachdrücklich zur Geltung bringen.

Die Wirkungsmöglichkeiten der Ständevertretungen insgesamt hingen aber von der Stärke der Zentralgewalt ab. So vermochte die ständische Vertretung in Frankreich, die Generalstände, aufgrund der Festigkeit der königlichen Verwaltungsorganisation nur begrenzt ihre Interessen gegen das Königtum durchzusetzen. Dagegen wurde im erstmals im Jahre 1468 so bezeichneten »Heiligen Römischen Reich Deutscher Nation« die Zentralgewalt zunehmend durch die Übermacht der Fürsten gelähmt, die sich ihrerseits mit den Landständen auseinander zu setzen hatten, in denen fast durchweg der Adel dominierte.

Im Unterschied zu der vom fränkischen Großreich ausgehenden Entwicklung, die weite Teile West- und Mitteleuropas geprägt hat, erfolgte die Herausbildung des Feudalstaates und eines Feudaladels in der Kiewer Rus nicht unter direkter Berührung und Einflussnahme antiker Verhältnisse. Hingegen war auch in Altrussland die druschina, also die Gefolgschaft, der Ausgangspunkt für die Entstehung einer adligen Oberschicht. Eine Besonderheit bestand darin, dass skandinavische Gefolgschaften, hier Waräger genannt, bei diesem Prozess eine wichtige Rolle spielten. Wahrscheinlich zu Beginn der ersten Hälfte des 9. Jahrhunderts begründeten warägische Gefolgschaftsführer in Nowgorod und Kiew ihre Herrschaft über slawische Stämme, bei denen die Auflösung der Gentilordnung bereits eingesetzt hatte. Kiew wurde zum Zentrum eines ostslawischen Großreiches, das unter der Herrschaft der schnell slawisierten Nachkommen der warägischen Eroberer stand.

Aus der anfangs wenig differenzierten Gefolgschaft entstanden zwei Gruppen von Gefolgsleuten mit unterschiedlichem politischem und sozialem Gewicht. Die Angehörigen der »älteren Gefolgschaft« (starschaja druschina), die »guten Männer« (dobryje muschi), »besten Männer« (ljepschije muschi), die schließlich Bojaren genannt wurden, bekleideten die wichtigsten Funktionen in der fürstlichen Verwaltung, besaßen einen eigenen Hof mit eigener Verwaltung und verfügten über eine eigene Gefolgschaft. Aus ihnen ist das russische Bojarentum hervorgegangen, mit dessen gesellschaftlicher und politischer Kraft die Fürsten stets zu rechnen hatten. Aus den Mitgliedern der »jüngeren Gefolgschaft«, den Jungen (junije), »Schwertträgern« (metschniki), die seit der Mitte des 12. Jahrhunderts Dworjanen (Hofleute) hießen, entstand der niedere Adel.

Die Ritter nahmen das Recht des Burgenbaus für sich in Anspruch, das ursprünglich nur dem Königtum, dem Herzogtum und der Kirche zustand. Das Foto zeigt die Trostburg in Südtirol; hier verbrachte der spätmittelhochdeutsche Liederdichter und -komponist Oswald von Wolkenstein seine Jugend.

Exkurs: Der Adel

Seit dem 11. Jh. traten zunehmend Zersetzungserscheinungen des Großreiches der Kiewer Rus auf, die schließlich zu seiner faktischen Auflösung in mehrere Fürstentümer führten (Goldenes Tor in Kiew, 1037).

Seit dem 11. Jahrhundert traten zunehmend Zersetzungserscheinungen des Großreiches der Kiewer Rus auf, die schließlich zu seiner faktischen Auflösung in mehrere Fürstentümer führten. Eine eigenartige Erscheinung innerhalb der Rus war die oligarchisch bestimmte Stadtrepublik Nowgorod, in der eine Stadtaristokratie, die sich aus Bojaren, ehemaligen Dworjanen und Fernkaufleuten gebildet hatte, die wichtigsten Ämter besetzte und den Fürsten auf die Rolle eines vertraglich gebundenen Heerführers und Gerichtsherren begrenzte.

Während der Tributherrschaft der Mongolen, die im ersten Drittel des 13. Jahrhunderts begann und bis zum Ende des 15. Jahrhunderts andauerte, hat sich die soziale

Struktur der russischen Teilfürstentümer kaum geändert. An der Spitze der Gesellschaftspyramide standen die aus dem Rurikidenhaus stammenden Fürsten. Diese verfügten über unterschiedliche wirtschaftliche und politische Macht, waren aber als Personen im Rahmen der Senioratsverfassung ursprünglich gleichberechtigt. In einigen nordöstlichen Fürstentümern setzte sich allerdings die Erblichkeit jeweils innerhalb einer Linie der Rurikiden durch, sodass diese größere Stabilität gewannen und eine Vorrangstellung erlangen konnten. Daher ist es kein Zufall, dass die Vereinigung Russlands unter Führung des Moskauer Fürstentums begann und im 16. Jahrhundert ihren Abschluss fand.

Der unter den Fürsten stehende Adel zerfiel weiterhin in die beiden Hauptgruppen der hochadligen Bojaren und der kleinadligen Dworjanen. Die Bojaren verfügten über erblichen Grundbesitz, der sie vom Fürstendienst unabhängig machte. Die Dworjanen besaßen dagegen in der Regel nur ein Dienstgut (pomestje). Verließ der pomeschtschik den Fürstendienst, so wurde sein Gut wieder eingezogen.

Durch das in Russland herrschende Prinzip permanenter Erbteilungen war der Adel insgesamt zunehmend auf den Fürstendienst als Erwerbsquelle angewiesen. Als mit dem Aufstieg Moskaus der Dienst beim Großfürsten immer attraktiver wurde, traten auch Rurikiden als »Dienstfürsten« in den großfürstlichen Dienst, wodurch sich der Konkurrenzkampf um einträgliche Ämter verschärfte. Diese Entwicklung führte am Ende des 15. Jahrhunderts zum System des so genannten mestnitschestwo, das in diesem Zusammenhang etwa Rangordnung bedeutet: Jedem Adligen sollte ein fester Platz innerhalb der Gesamtheit des Adels zugewiesen werden, wobei Abstammung, Verdienste der Vorfahren und eigene Verdienste die ausschlaggebenden Kriterien für die Einordnung waren.

Bei den endlosen Streitigkeiten, die aus diesem System erwuchsen, trat der Großfürst als Schlichter und Schiedsrichter auf. Unter dem mestnitschestwo konnten daher keine Voraussetzungen für die Herausbildung eines machtpolitischen Gegengewichts des Adels gegenüber dem Fürsten entstehen. Die nur aus Vertretern des Hochadels bestehende Bojarenduma, die von den Großfürsten und später den Zaren ziemlich regelmäßig einberufen wurde, übte zwar zuweilen nicht unerheblichen Einfluss auf die Herrscher aus, war aber keine ständische Vertretungskörperschaft, sondern ein reines Beratungsgremium.

Eine weitere Besonderheit des Adels im mittelalterlichen Russland war, dass er nur eine begrenzte Herrschaft über Untertanen ausübte. Die Bauern auf Gutsbesitzer-, Kirchen- oder Klosterland hatten zwar Leistungen in Form von Natural- und Geldabgaben sowie Spann- und Handdiensten zu erbringen, waren aber keine hörigen oder gar leibeigenen Untertanen, sondern persönlich frei. Sie konnten jederzeit ihren Hof und den Grundherren verlassen, wenn sie bis dahin ihren Verpflichtungen nachgekommen waren. Erst im 15. Jahrhundert kam es zu Einschränkungen des Abzugsrechts der Bauern auf bestimmte Tage, dann auf nur einen Tag, den Sankt-Georgs-Tag im Herbst. *Klaus Vetter*

Krise und Dekadenz: Der Adel in der Neuzeit

Die frühe Neuzeit, die etwa den Zeitraum von Ende des 15. bis Ende des 18. Jahrhunderts umfasste, war in Europa eine Epoche tief greifender Widersprüche und Umbrüche in Politik und Wirtschaft sowie in sozialer, rechtlicher und geistig-kultureller Hinsicht, die den Übergang zum bürgerlich-kapitalistischen Zeitalter vorbereitete. Der im Mittelalter politisch herrschende und wirtschaftlich lange Zeit vorherrschende Adel unterlag dabei – durch den Zwang zur Anpassung oder im Ergebnis sozialer Auseinandersetzungen, die in den Niederlanden, England und Frankreich in Revolutionen mündeten – einem erheblichen Umwandlungsprozess.

Das im Ständestaat gesicherte politische Mitbestimmungsrecht des Adels erfuhr durch neue Formen politischer Machtausübung zum Teil weitgehende Einschränkungen. Der dualistische Ständestaat konnte den neuen Anforderungen nicht gerecht werden, und in fast allen europäischen Staaten machte sich zumindest die Tendenz zur Beseitigung des Dualismus und der Konzentration der politischen Macht bei einer der beiden staatstragenden Kräfte bemerkbar. Fast überall in Europa

Exkurs: Der Adel

führte dies zur Stärkung der monarchischen Komponente und zur Entstehung absolutistischer Staaten. Es war aber auch möglich, dass die monarchische Komponente weitgehend eingeschränkt wurde, so in England nach der Revolution des 17. Jahrhunderts, oder gar ausgeschaltet, so in den Niederlanden nach der Revolution des 16. Jahrhunderts.

Der Absolutismus, der seine klassische Ausprägung im Frankreich Ludwigs XIV. erhielt, führte in der Regel zur Beseitigung der zentralen Ständeversammlungen und zur Vereinigung von Legislative, Exekutive und Judikative in den Händen des Herrschers, dessen wichtigste Stützen die Armee, ein Beamtenapparat und die Kirche waren. Das Absolute im Absolutismus ist allerdings zu relativieren, weil nirgends – auch in Frankreich nicht – alle Möglichkeiten ständischer Aktivität und Einflussnahme auf den Herrscher aufgehoben waren. Auf provinzieller Ebene und in noch darunter liegenden regio-

Karlsruhe wurde seit 1715 als barocke Fürstenstadt mit einem in engster räumlicher Beziehung zum Schloss stehenden Grundriss erbaut. Die Stadtanlage mit dem Schlossturm als Ausgangspunkt von 32 strahlenförmig angelegten Straßen bringt mustergültig die absolutistische Idee des Monarchen als Mittelpunkt des Staatswesens zum Ausdruck.

nalen Einheiten, zum Beispiel in den preußischen Kreisen, bestanden zumindest für den Adel ständische Körperschaften fort, die ihm die Möglichkeit zur Selbstvergewisserung, Meinungsbildung und zur Akzentuierung seiner Interessen gegenüber dem Herrscher boten. Die unmittelbare Mitwirkung des Adels an der Gesetzgebung, das Steuerbewilligungsrecht und die Mitbestimmung in der Außenpolitik gingen jedoch im absolutistischen Staat verloren.

Beinahe überall leistete der Adel Widerstand gegen die Einschränkung seiner politischen Privilegien: In Spanien musste Karl I. – als Kaiser Karl V. – die aristokratische Opposition der Granden, des spanischen Hochadels, zähmen, die zeitweise mit dem Aufstand der comuneros (1519–23), eines Zusammenschlusses kastilischer Städte, der vor allem die Interessen des städtischen Bürgertums und des Handwerks vertrat, sympathisier-

Marie Antoinette, Königin von Frankreich und Gemahlin Ludwigs XVI., hatte offensichtlich keine genauen Vorstellungen von der Situation des einfachen Volkes, soll sie doch den Armen geraten haben, Kuchen zu essen, wenn sie kein Brot hätten (Gemälde von Elisabeth-Louise Vigée-Lebrun, 1783; Versailles, Musée National).

ten; die niederländische Revolution (1566–88) wurde am Anfang durch den adligen Widerstand gegen absolutistische Bestrebungen Philipps II. von Spanien geprägt; in Frankreich musste die antiabsolutistische Opposition des Parlaments in der Parlamentsfronde (1648/49) und die des Hochadels in der Prinzenfronde (1650–53) niedergeschlagen werden.

Der absolutistische Staat war aber trotz der Verdrängung des Adels aus zentraler politischer Verantwortung und trotz der Übernahme neuer, zum Teil bürgerlicher Elemente in die Herrschaftspraxis ein Staat des Adels. Die Herrschaft des Adels über seine Untertanen, seine sozialen und wirtschaftlichen Privilegien wurden gesichert; Versuche durch Joseph II. von Österreich und Friedrich II. von Preußen, diese Privilegien einzuschränken, blieben im Ansatz stecken. Im Grunde sicherte der Absolutismus durch die Anpassung des Staates an veränderte Verhältnisse die gesellschaftliche Führungsposition des Adels. Die bestehende Ordnung wurde auch mit militärischen Mitteln gewahrt, Beispiele sind die Unterwerfung der großen Bauernaufstände in Frankreich, England und Russland vom 16. bis 18. Jahrhundert.

Der niedere Adel war an der Wende vom Mittelalter zur Neuzeit in eine krisenhafte Situation geraten. Durch das Aufkommen der Söldnerheere schwand seine Bedeutung als Kriegerstand und die Durchsetzung der Ware-Geld-Wirtschaft minderte den Wert der seit Langem festgeschriebenen bäuerlichen Abgaben. Wegelagerei und Raubrittertum waren zeitweise die Folgen dieser Entwicklung. Im ostelbischen Europa fand er eine Lösung durch den Einstieg in den Getreidehandel, der bei dem wachsenden Bedarf in westeuropäischen Ländern ein einträgliches Geschäft wurde. Der Drang, selbst zum Großproduzenten für Getreide zu werden, führte zum Bauernlegen, zur Entstehung großer Gutswirtschaften, zur Steigerung der bäuerlichen Frondienste und zur vollen Durchsetzung der Hörigkeit beziehungsweise Leibeigenschaft der Bauern im östlichen Deutschland, in Polen und in Russland.

Das 19. Jahrhundert führte zu grundlegenden Änderungen in der gesellschaftlichen Stellung des europäischen Adels. In einigen Ländern waren allerdings schon

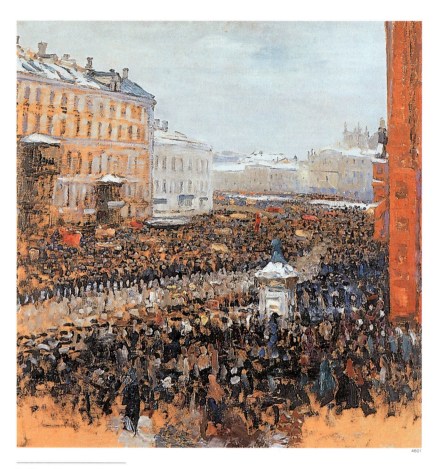

Im Zuge der russischen Oktoberrevolution von 1917 wurden alle Standesunterschiede und Titel aufgehoben, die Adelsgüter enteignet, in Staatsbesitz genommen und an Bauern und die landarme Dorfbevölkerung aufgeteilt (Wassilij Meschkow: »Revolutionäre Massendemonstration in Moskau 1917«, 1917; Rjasan, Kunstmuseum).

vorher durch evolutionäre Entwicklungen oder jähe Eingriffe Wandlungen erfolgt. In der Republik der Niederlande waren die nach der Revolution des 16. Jahrhunderts weiterexistierenden Adelsfamilien zwar nicht ohne Ansehen und Einfluss, spielten aber im politischen Leben keine entscheidende Rolle mehr. Dies änderte sich auch nicht nach dem Wiener Kongress 1815 in der Monarchie. In England vertrat der seit dem Ende des 15. Jahrhunderts entstandene Neuadel bei Wahrung aristokratischer Lebensformen ähnliche Interessen wie das Großbürgertum. In Frankreich hatte die Revolution von 1789 bis 1795 den alten Feudaladel vernichtet. Die im 19. Jahrhundert durch den wirtschaftlichen und politischen Aufstieg des Bürgertums verursachten Reformen führten mehr und mehr zum Abbau adliger Privilegien und zur Beseitigung seiner Herrschaft über Menschen. In diesem Zusammenhang ist an die Preußischen Reformen nach 1807, die Ergebnisse der Revolution von 1848/49 und die Aufhebung der Leibeigenschaft in Russland 1861 zu erinnern.

Der Adel vermochte aber in den meisten europäischen Staaten bis in das 20. Jahrhundert hinein politischen Einfluss und wichtige Führungspositionen zu behaupten. Dies gelang ihm unter anderem durch die Nutzung seit Langem ausgeprägter Fähigkeiten und Talente, durch von den Familienverbänden getragene Protektion, durch die Anpassung an die neue kapitalistische Wirtschaftsweise und durch die Verschmelzung mit dem Großbürgertum.

In den Ländern, die am Ende des Ersten Weltkriegs von Revolutionen erfasst wurden, erfolgte zumeist die Aufhebung des Adels als Stand, in einigen Ländern, zum Beispiel Österreich, wurde auch die Führung von Adelstiteln verboten. In Russland wurden in der Oktoberrevolution von 1917 alle Standesunterschiede und Titel aufgehoben, die Adelsgüter enteignet, in Staatsbesitz genommen und an Bauern und die landarme Dorfbevölkerung aufgeteilt. In den ehemaligen sozialistischen Staaten verfuhr man nach 1945 mit dem Adel in der Regel nach dem Vorbild Sowjetrusslands.

Klaus Vetter

Europa im Zeitalter der Revolutionen
(um 1770 bis um 1850)

Kennzeichen der Epoche

Und es ward Licht! – Die Aufklärung

Die »Aufklärung ist Beginn und Grundlage der eigentlich modernen Periode der europäischen Kultur und Geschichte« – mit diesen Worten leitete Ernst Troeltsch 1897 seinen heute noch grundlegenden Versuch ein, Wesen und Zielsetzungen der Aufklärung zu bestimmen. Sie sei »keineswegs eine rein oder überwiegend wissenschaftliche Bewegung, sondern eine Gesamtumwälzung der Kultur auf allen Lebensgebieten« gewesen, die von fundamentalen politischen, wirtschaftlichen und gesellschaftlichen Wandlungsprozessen begleitet wurde und zu ihnen beitrug.

Mit diesen Feststellungen unternahm Troeltsch den Versuch, den Begriff der Aufklärung von eng gefassten und häufig mit negativ wertender Tendenz versehenen Begriffsbestimmungen zu befreien. Gerade im Deutschland um 1900 galt die Aufklärung vielfach nur als Synonym für platten Rationalismus und seichte Popularisierung, für eine philosophische und literarische Strömung, die sich durch ihre Trivialität auszeichnete und in Deutschland seit 1770/80 durch den Sturm und Drang, durch Weimarer Klassik, Romantik und deutschen Idealismus »überwunden« worden sei. Tatsächlich bedeutete die Aufklärung jedoch nicht weniger als die Durchsetzung einer neuen Form der Weltdeutung und der praktischen Auseinandersetzung mit den vorgefundenen Verhältnissen in Kirche und Staat,

Das Frontispiz zu Denis Diderots »Encyclopédie«, einem zentralen Werk der Aufklärung, zeigt in einer komplexen Komposition Symbole und Allegorien, u. a. auf Vernunft, Wahrheit und Vorstellungskraft (Entwurf von Charles-Nicolas Cochin, 1765).

Wirtschaft und Gesellschaft, wobei so gut wie alle Bereiche der wissenschaftlichen und literarischen Kultur erfasst wurden.

Der Beginn der Aufklärung ist kaum eindeutig festzulegen. Dies liegt weniger an den Phasenverschiebungen zwischen den einzelnen Ländern, wenngleich vor allem den philosophischen Strömungen und der naturwissenschaftlichen Forschung in den Niederlanden und im England des 17. Jahrhunderts eine Vorreiterrolle zukam, die einen eminenten Einfluss auf die Entwicklung der Aufklärung im übrigen Europa, insbesondere in Frankreich und Deutschland ausübte.

Schwierig erscheint es vor allem, die großen philosophischen Systeme des 17. Jahrhunderts in ihrem Verhältnis zur Aufklärung eindeutig zu bestimmen. So waren etwa in dem von Francis Bacon entworfenen Programm empirischer Forschung, im Rationalismus eines René

Die Aufklärung war eine geistige Strömung, die in sich voller Widersprüche und Spannungen war. So trat neben die Skepsis gegenüber dem Fortschritt auch der Glaube an die Wissenschaften (»Jean-Jacques Rousseau bei einer botanischen Vorlesung«, Aquarell; Genf, Universitätsbibliothek).

> **INFOBOX**
>
> **Wurzeln der Aufklärung**
> Zu den stärksten Wurzeln der Aufklärung zählt die Entwicklung der Naturwissenschaften im 17. Jh., die im Werk des englischen Mathematikers, Physikers und Astronomen Isaak Newton mit seiner systematischen Verknüpfung von experimentellem, induktivem Vorgehen und der Mathematisierung physikalischer Forschungsergebnisse ihren Höhepunkt fand. »Nature, and Nature's Laws lay hid in Night / God said, Let Newton be! and All was Light.« (»Natur und Naturgesetz lagen verborgen im Dunkel / Da sprach Gott: Newton sei! Und es ward Licht«). Mit diesen Versen für den Epitaph Newtons in der Westminsterabtei ehrte der Dichter Alexander Pope den großen Wissenschaftler.

Descartes, in der materialistischen Grundlegung einer Wissenschaft von der Natur und vom Menschen durch Thomas Hobbes oder in dem Praxisbezug theoretischer Erkenntnis bei Gottfried Wilhelm Leibniz Positionen vorgeprägt, die noch im 18. Jahrhundert von grundlegender Bedeutung blieben; ihre Vertreter gehören, zwar noch nicht als Repräsentanten der Aufklärung, in einem unmittelbaren Sinne zu jenen geistesgeschichtlichen Entwicklungsprozessen, mit denen die Aufklärung verbunden war.

Die Anfänge in England, Frankreich und Deutschland
Immerhin lassen sich für drei Kernländer der Aufklärung, für England, Frankreich und Deutschland, Zäsuren angeben, die geradezu den jeweiligen Beginn der Aufklärung markieren. In England bedeutete die Glorreiche Revolution von 1688 nicht nur den Ausgangspunkt der weiteren politischen Entwicklung des Landes, sondern bildete auch die unmittelbare Voraussetzung für die Veröffentlichung der beiden Abhandlungen »Über die Regierung« (»Two Treatises of government«, 1690) von John Locke, die die Revolution nachträglich rechtfertigten.

Zu ihnen kam, zum Teil bereits Jahre vorher niedergeschrieben, die in rascher Folge erschienene Reihe seiner übrigen Hauptwerke: Bereits 1689 wurde der erste »Brief über Toleranz« (»Letter Concerning toleration«) veröffentlicht, 1690 die Schrift »Über den menschlichen Verstand« (»An Essay Concerning Human

> **ZITAT**
>
> Johann Heinrich Christoph Beutler und Johann Christoph Friedrich Guts Muths weisen in ihrem »Allgemeinen Sachregister über die wichtigsten deutschen Zeit- und Wochenschriften« (Leipzig 1790) auf die Bedeutung der muttersprachlichen Zeitschriften hin:
> *Durch die Zeitschriften wurden die Kenntnisse, welche sonst nur das Eigenthum der Gelehrten waren und in Büchern aufbewahrt wurden, die der größre Teil der Nation nicht verstand,... allgemein in Umlauf gebracht...*

> **INFOBOX**
>
> **Ein früher deutscher Aufklärer**
> Der Jurist und Philosoph Christian Thomasius (1655–1728), der einer Gelehrtenfamilie entstammte und seit 1681 an der Universität Leipzig lehrte, hielt als einer der ersten Hochschullehrer Vorlesungen in deutscher Sprache. 1688 gab er die erste wissenschaftliche Zeitschrift in deutscher Sprache heraus, die »Monatsgespräche«, und begründete mit seinen Rezensionen darin das journalistische Feuilleton. 1694 wechselte er an die neu gegründete Universität Halle.
> Thomasius, einer der bedeutendsten Vertreter der deutschen Aufklärung, strebte die Befreiung der Philosophie und Wissenschaft von der Vorherrschaft der Theologie und der Scholastik an. Ziel seines Denkens war die Vereinigung von Vernunft und Moral. Sein Eintreten für die Humanisierung der Strafprozessordnung trug wesentlich zur Beseitigung der Hexenprozesse und der Folter bei.

> **ZITAT**
>
> **Gottfried Wilhelm Leibniz über die Bedeutung der Erziehung:**
> *Wer seine Schüler das Abc gelehrt hat, hat eine größere Tat vollbracht als der Feldherr, der eine Schlacht geschlagen hat.*

> **ZITAT**
>
> **Auszug aus dem Artikel »Etat« (Staat) in Diderots »Encyclopédie«:**
> *Also entsteht der politische Körper oder Staat durch eine Vereinigung der Einzelwillen, die durch eine übergeordnete Gewalt unterstützt wird; ohne das wäre es unmöglich, an eine bürgerliche Gesellschaft auch nur zu denken...*

Understanding«); vier Jahre später folgten die »Gedanken über Erziehung« (»Some Thoughts Concerning Education«). In erstaunlicher zeitlicher Gedrängtheit wurden mit diesen Schriften Leitmotive vorgegeben, die im ganzen folgenden Jahrhundert nicht an Aktualität verloren: der Gedanke einer auf unveräußerlichen Menschenrechten beruhenden Teilhabe der Bürger an der durch Gewaltenteilung vor Missbrauch geschützten Regierungsgewalt, die Idee konfessioneller Toleranz, die erkenntnistheoretische Grundlegung des Empirismus und das Konzept einer den natürlichen Anlagen gemäßen Erziehung.

In Frankreich stellte die »Querelle des Anciens et des Modernes«, der »Streit der Alten und der Modernen«, der im Januar 1687 durch den Schriftsteller Charles Perrault ausgelöst wurde, ein Fanal dar, das für den bewussten Bruch mit der autoritativen Geltung der Tradition stand. Nur vordergründig entspann sich die Auseinandersetzung an der literaturtheoretischen Frage nach dem Vorrang und der Vorbildhaftigkeit der antiken Dichtung. Indem sie in den Vergleich zwischen der Antike und der Neuzeit die Wissenschaften einbezogen, entwickelten Perrault und vor allem Bernard Le Bovier de Fontenelle den Gedanken der Überlegenheit der Neuzeit gegenüber den »Alten« 1688 zu einer Fortschrittstheorie weiter, die den Zuwachs an Erkenntnissen im Sinne einer Höherentwicklung des Menschengeschlechts deutete. Der Gedanke des Fortschritts, das Vertrauen in den Prozess wissenschaftlicher Erkenntnisgewinnung und die Idee der kollektiven Vervollkommnung des Menschen wurden hier erstmals systematisch ausformuliert.

Für Deutschland wird vielfach Christian Thomasius' deutsche Ankündigung einer deutschsprachigen Vorlesung im Jahre 1687 und seine Herausgabe der »Monatsgespräche« als einer gelehrten, aber deutschsprachigen und zugleich in einer lockeren literarischen Form geschriebenen Zeitschrift seit 1688 mit dem Beginn der Aufklärung gleichgesetzt. Entscheidend ist hierbei, dass die Wahl der allgemein verständlichen Muttersprache statt des Lateinischen und die Nutzung eines auf größere Breitenwirksamkeit zielenden Mediums die Begrenzung des wissenschaftlichen Diskurses auf den Kreis der Gelehrten zu überwinden suchte und damit das für die Aufklärung charakteristische Anliegen der Verbreitung und Popularisierung von Erkenntnissen programmatisch zum Ausdruck brachte.

> **ZITAT**
>
> **Auszug aus dem Artikel »Société« (Gesellschaft) in Diderots »Encyclopédie«:**
> *Es herrscht demnach unter den verschiedenen Ständen kaum mehr Ungleichheit als unter den Personen einer Komödie: Das Ende des Stückes versetzt alle Schauspieler wieder auf die Ebene ihres alltäglichen Standes, ohne dass die kurze Zeit, da sie ihre Rolle spielten, auch nur einen von ihnen hätte überzeugen können, in der wirklichen Welt höher oder tiefer zu stehen als die anderen...*

Das »Zeitalter der Aufklärung«

So einprägsam die genannten Daten auch sein mögen, die in ihrer Parallelität einen Wendepunkt in der europäischen Geistesgeschichte anzuzeigen scheinen, so darf darüber doch nicht verkannt werden, dass sie letztlich eher symbolhaft für eine Entwicklung stehen, die in ihren

Das Gemälde von 1780 – eine Allegorie der Aufklärung – zeigt Vertreter verschiedener Religionen vor einer Buchhandlung diskutierend. Das Ladenschild beruft sich auf die Führung der Weisheitsgöttin Minerva (Dijon, Musée des Beaux-Arts).

> **ZITAT**
>
> **Immanuel Kant hebt in seiner 1803 veröffentlichten Schrift »Über Pädagogik« die Notwendigkeit der Erziehung hervor:**
> *Der Mensch ist das einzige Geschöpf, das erzogen werden muss… Der Mensch kann nur Mensch werden durch Erziehung. Er ist nichts, als was die Erziehung aus ihm macht.*

Ursprüngen bereits eingeleitet worden war und sich in ihrer Entfaltung über einen längeren Zeitraum erstreckte. Unter stetem Bezug auf die Vorgängerleistungen des 17. Jahrhunderts setzte der französische Literarhistoriker Paul Hazard in den Jahrzehnten von 1680 bis 1715 jene »Krise des europäischen Bewusstseins« an, in der sich der geistesgeschichtliche Durchbruch auf breiter Front vollzog.

Das 18. Jahrhundert gilt als das eigentliche »Zeitalter der Aufklärung«, und tatsächlich besaß die Aufklärung

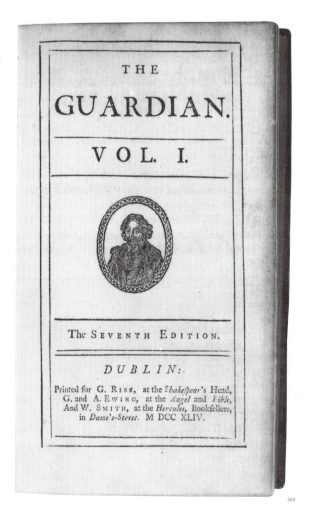

»The Guardian«, seit 1713 herausgegeben von dem englischen Politiker und Journalisten Joseph Addison (Titelblatt zu Vol. I, Dublin, 1744), war eine der ersten moralischen Wochenschriften.

Das Gabriel Lemonnier zugeschriebene Gemälde stellt eine Szene aus dem Salon der Madame Geoffrin dar, in dem sie zwischen 1749 und 1777 mehrmals im Monat Künstler und Gelehrte zum Gedankenaustausch versammelte.

in den Jahrzehnten bis zur Französischen Revolution eine Dominanz auf allen Gebieten der Wissenschaft und Literatur. Darüber darf jedoch nicht verkannt werden, dass sie stets eine geistige Strömung blieb, die es mit starken Gegenkräften zu tun hatte. So setzten etwa die Mächte der kirchlichen Orthodoxie während des ganzen 18. Jahrhunderts den neuen Ideen einen Widerstand entgegen, der die Aufklärung zugleich stimulierte, indem er ihrer Kritik die Zielrichtung vorgab.

Hinzu kam, dass die Aufklärung keine einheitliche Bewegung war. Empirismus und Rationalismus, Fortschrittsglauben und Fortschrittsskepsis, die Überzeugung vom wohltätigen Einfluss der Wissenschaften auf die Entwicklung des Menschengeschlechts und die radikale Infragestellung dieser Überzeugung durch Rousseau, die Hoffnung auf den aufgeklärten Monarchen und das Postulat der Volkssouveränität trugen gemeinsam zu einem Bild bei, das die Aufklärung als in sich ungemein spannungsreiche Bewegung erscheinen lässt, in der auf dieselben Fragen höchst unterschiedliche Antworten gegeben wurden. Ihre sich über mehr als ein Jahrhundert erstreckende Entwicklung trug zu dem variantenreichen Spektrum unterschiedlicher Positionen bei; dazu kamen unterschiedliche nationale Ausprägungen in den europäischen Ländern.

Georg Seiderer

»Jederzeit selbst denken«: Leitbegriffe und Wirkungsgeschichte der Aufklärung

Gleichwohl lassen sich übergreifende Merkmale ausmachen, durch die sich die Aufklärung als historische Erscheinung mit einem charakteristischen Profil umreißen lässt und die zugleich die Frontstellungen deutlich machen, aus denen sie, eine durchaus polemische Bewegung, ihre Dynamik bezog. Dazu scheinen am ehesten jene Leitbegriffe geeignet, die von den aufgeklärten Zeitgenossen immer wieder verwendet wurden und die für ihr Selbstverständnis grundlegend waren.

Das Licht der »Aufklärung«
An herausragender Stelle stand der Begriff der Aufklärung selbst, der in den europäischen Sprachen durch verwandte Ausdrücke – les lumières, enlightenment, illuminismo – wiedergegeben wird, die alle die Metaphorik des Lichts und des Hellerwerdens aufgreifen. Zur zentralen Programmidee avancierte der Begriff »Aufklärung« vor allem in Deutschland, wo er etwa von Immanuel Kant zur Charakterisierung der Epoche verwendet wurde – freilich mit der Einschränkung, dass es sich noch nicht um ein »aufgeklärtes Zeitalter« handele, sondern eben erst um eines der »Aufklärung«. Als umfassende Bezeichnung für das »Ganze jener Geistesbewegung des 18. Jahrhunderts« (Horst Stuke) wurde der Ausdruck von den Zeitgenossen allerdings auch hier noch nicht verwendet, dies blieb erst den Begriffsbestimmungen seit dem 19. Jahrhundert vorbehalten.

Ursprünglich wurde das Wort »aufklären« vor allem für jenes meteorologische Phänomen – das »Aufklaren« des Himmels – verwendet, das den Aufklärern zur allegorisch-bildhaften Veranschaulichung ihres Anliegens diente: Die Sonne bricht durch den Nebel und die Wolken der Unkenntnis und verbreitet ihr Licht. Seit dem ausgehenden 17. Jahrhundert wurde der Ausdruck auf eine Verstandestätigkeit bezogen, die die Erweiterung und Berichtigung von Kenntnissen zum Ziel hatte. »Aufklärung« war im Verständnis der Zeit vielfach gleichbedeutend mit einer »Ausbesserung des Verstandes«, die zu »klaren«, deutlich eingesehenen und für richtig erkannten Begriffen führte. Das Ziel der Aufklärung war

Daniel Chodowiecki schuf viele Illustrationen zu Werken deutscher Dichter. 1791 gestaltete er diese Radierung mit dem Sinnbild der Aufklärung, der durch Nebel und Wolken brechenden, aufgehenden Sonne.

> **INFOBOX**
>
> **Denis Diderot**
> In kaum einer anderen Persönlichkeit verkörpern sich die Tendenzen der Aufklärung so vielfältig, aber auch so klar wie in dem Franzosen Denis Diderot (1713–84). Aus dem Handwerkersohn aus der Provinz, der auf eine bequeme geistliche Laufbahn verzichtete und sich lange mühsam durchschlagen musste, wurde einer der bedeutendsten enzyklopädischen Gelehrten seiner Zeit. Sein Genie machte ihn zum hochmodernen Künstler, insbesondere in der Form des philosophischen Dialogs. Da sein freies Denken ihn mit der Zensur in Konflikt brachte, wurden viele seiner Werke erst nach seinem Tod veröffentlicht. Welches Thema Diderot sich auch vornahm, es wurde daraus Geist und Anregung für viele Generationen.

Erkenntnis, und dazu gehörte zuerst auch deren schlichte Ausweitung.

Der Stellenwert dieses Anliegens kann kaum hoch genug veranschlagt werden. Der Optimismus der Aufklärung erhielt seine Gewissheit nicht zuletzt durch den Fortschritt, den die Gewinnung neuer Erkenntnisse, vor allem auf dem Gebiet der Naturwissenschaften, seit dem 17. Jahrhundert gemacht hatte. Das bedeutendste kollektive Unternehmen der europäischen Aufklärung, die »Encyclopédie« Denis Diderots und Jean Le Rond d'Alemberts, erlangte ihre zündende Wirkung zwar durch die Kritik an der Religion und an der politischen und sozialen Ordnung, die in zahlreichen Artikeln geäußert wurde, im Kern aber zielte das Unternehmen als »umfassende Bestandsaufnahme damaligen Wissens« (Horst Möller) auf die systematische Aufbereitung der Kenntnisse, die in den Wissenschaften, »Künsten« und Handwerken bis dahin erarbeitet worden waren, und wollte damit zugleich den Ausgangspunkt für ihre künftige Erweiterung bereitstellen.

Vernunft und Kritik

Der Begriff der »Vernunft« wurde im 18. Jahrhundert vielfach beinahe schlagwortartig verwendet, er erweist sich in seinem philosophischen Gehalt aber zugleich als außerordentlich komplex. Die Frage nach der Reichweite der Vernunft als menschlichem Erkenntnisvermögen bestimmte seit dem 17. Jahrhundert die Auseinandersetzun-

> **ZITAT**
>
> Eine radikal atheistische Haltung nimmt der französische Philosoph Paul Henry Thiry d'Holbach in »System der Natur« (1770) ein:
> *Was also Fanatismus und Betrug auch sagen mögen:... derjenige, sage ich, der sich von einem so gefährlichen Hirngespinst abwendet, kann fromm, rechtschaffen und tugendhaft genannt werden, wenn sein Verhalten nicht von den unveränderlichen Regeln abweicht, die die Natur und die Vernunft ihm vorschreiben.*

Sympathie mit den Ideen der Aufklärung, aber auch die Unsicherheit der Menschen in dieser Umbruchzeit kommen in den »Caprichos« von Francisco de Goya y Lucientes zum Ausdruck (Blatt 43 mit dem Titel »Der Schlaf der Vernunft gebiert Ungeheuer«).

gen zwischen der Erkenntnistheorie des neuzeitlichen Rationalismus und der des Empirismus: Postulierten die Rationalisten im Gefolge Descartes' ein nichtempirisches, also nicht aus der Erfahrung, sondern aus Vernunftprinzipien (deduktiv) abgeleitetes Wissen, so bestritt der von Locke entwickelte Empirismus die Existenz eingeborener Ideen. Als Grundlage aller Erkenntnis erscheint bei ihm die sinnliche Erfahrung, während dem Verstand und der Vernunft lediglich die Aufgabe zukommt, die aus den Einzelerfahrungen gewonnenen Einsichten zu verknüpfen und auf induktivem Wege, vom Besonderen zum Allgemeinen führend, Schlüsse zu ziehen.

Für Immanuel Kant bildete schließlich der unaufgelöste Widerspruch zwischen den beiden erkenntnistheoretischen Prinzipien den Ausgangspunkt seiner Vernunftkritik, mit der er beide in ihre Schranken verwies, indem er die Abhängigkeit der Erfahrungserkenntnisse von ihren vorgegebenen (apriorischen) Bedingungen ebenso zeigte wie das Unvermögen der reinen Vernunft, über den Bereich möglicher Erfahrung hinaus zu sicheren theoretischen Urteilen zu kommen; der reinen Vernunft blieb das Feld der praktischen Philosophie als eigentlicher Erkenntnisgegenstand überantwortet. Mit

> **INFOBOX**
>
> **»Selbstdenken«**
>
> Der Begriff des »Selbstdenkens«, eines zentralen Leitmotivs der Aufklärung, entwickelte sich in Deutschland zunächst als wissenschaftstheoretisches Prinzip im Rahmen der so genannten Eklektik, deren Programm nach seiner ersten umfassenden Formulierung durch den Altdorfer Professor Johann Christoph Sturm (1679) v. a. von Christian Thomasius vertreten wurde.
>
> An die Stelle der Orientierung an gelehrten Autoritäten und geschlossenen philosophischen Systemen trat der Gedanke einer prinzipiellen Unabgeschlossenheit und Erweiterungsfähigkeit wissenschaftlicher Erkenntnis. Nach 1700 wurde der Begriff der »Eklektik« durch den Begriff des »Selbstdenkens« abgelöst und mit diesem zuweilen auch ausdrücklich gleichgesetzt, so von Diderot: »Der Eklektiker ist ein Philosoph, der das Vorurteil, die Überlieferung, alles Althergebrachte, die allgemeine Zustimmung, die Autorität, ja alles, was die meisten Köpfe unterjocht, mit Füßen tritt und daher wagt, selbstständig zu denken, ... kein Ding anzuerkennen ohne das Zeugnis seiner Erfahrung und seiner Vernunft ...«

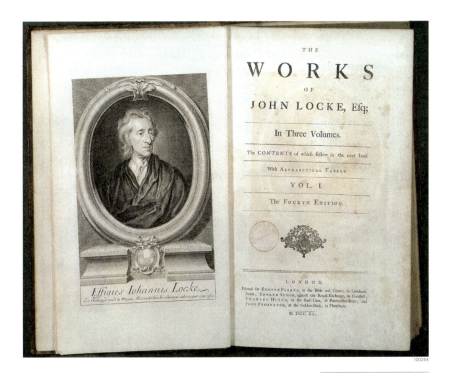

Die Philosophie des englischen Erkenntnistheoretikers John Locke beeinflusste das europäische Denken des 18. Jh. stark. Seine Schriften wurden in vielen Auflagen und verschiedenen Ausgaben gedruckt (englische Ausgabe der Werke in drei Bänden, Band 1, 4. Auflage, London 1740).

der Selbstreflexion der Vernunft über ihre Grenzen gilt Kant vielfach als Überwinder der Aufklärung, doch stand auch er noch in deren Tradition. Ihren Charakter als Leitbegriff bezog die Vernunft im 18. Jahrhundert jedenfalls nicht als konstruierende Vernunft im Sinne des Rationalismus, sondern vor allem aus ihrer kritischen Funktion, durch die sie zugleich eine gegen den Glauben gerichtete polemische Tendenz erhielt.

Im Sinne des Prüfens und Beurteilens fand der Begriff der Kritik, der ursprünglich der Philologie entstammte, seit Richard Simons »Kritischer Geschichte des Alten Testaments« (1678) und Pierre Bayles »Historisch-kritischem Wörterbuch« (1696/97) bereits in zahlreiche Buchtitel Eingang. Zwar besaß der Begriff im Einzelnen unterschiedliche Bedeutung; Literaturkritik im Sinne Gotthold Ephraim Lessings oder Friedrich Nicolais etwa meinte etwas anderes als der Versuch Kants, die Grenzen zu bestimmen, die dem Erkenntnisvermögen der reinen Vernunft gesetzt sind.

Der deutsche Philosoph Immanuel Kant prägte für den Gedanken der Aufklärung den Satz: »Habe Mut, dich deines eigenen Verstandes zu bedienen!« (Porträt von Gottlieb Doebler, 1791).

> **ZITAT**
>
> **Der italienische Jurist Cesare Beccaria fordert in seiner Schrift »Über Verbrechen und Strafen« (1764) die Abschaffung der Todesstrafe:**
>
> *Folglich stellt die Todesstrafe kein Recht dar, und sie kann kein Recht sein, ... sondern sie ist ein Krieg der Nation gegen einen Bürger, weil sie die Vernichtung seines Daseins für notwendig oder nützlich hält.*

Zu einem Grundanliegen der Aufklärung wurde die Kritik allerdings in jenem weiteren Sinne, in dem Kant seine Zeit als »das eigentliche Zeitalter der Kritik« bezeichnete, »der sich alles unterwerfen muss« und der sich selbst Religion und Gesetzgebung nicht entziehen könnten: Erst ihre »freie und öffentliche Prüfung« erlaube es ihnen, auf »unverstellte Achtung« Anspruch zu erheben. Aufklärung bedeutete demnach die grundsätzliche Infragestellung aller Dogmen, Traditionen und Autoritäten, die zu ihrer Anerkennung der Überprüfung bedurften, und sie machte dabei selbst vor dem Heiligsten nicht Halt, indem sie davon auch die in den Büchern des Alten und des Neuen Testaments niedergelegte Offenbarung nicht ausnahm.

Kants Maxime: Jederzeit selbst denken

Der Grundsatz, Glaubenssätze und Lehrmeinungen nicht ohne ihre kritische Prüfung anzunehmen, nichts für wahr zu halten, was nicht am »Probierstein« der eigenen

Vernunft seine Bestätigung fand – dies entsprach der »Maxime, jederzeit selbst zu denken«, die von Kant geradezu als das eigentliche Wesen der »Aufklärung« bestimmt wurde. In dem Begriff des »Selbstdenkens« bündeln sich Grundanliegen der Aufklärung, die im Laufe des 18. Jahrhunderts Wandlungen unterworfen waren, in ihrem Kern aber die Beständigkeit eines zentralen Leitmotivs aufwiesen.

»Selbstdenken« bestand nicht im Verzicht auf die Berücksichtigung fremder Urteile, sondern schloss diese als Mittel zur Überprüfung der eigenen notwendig ein. »Aufklärung« bedurfte des freien öffentlichen Gedankenaustauschs, der ungehinderten wechselseitigen Mitteilung, kurz: der Publizität als unabdingbarer Voraussetzung für den wissenschaftlichen Diskurs. Hinzu kam, dass die Aufklärung im Prinzip auf die allgemeine Verbreitung von Erkenntnissen zielte. Die Ausweitung des Rezipientenkreises von Literatur im weitesten Sinne, des »Publikums«, stellte ein wesentliches Kennzeichen der Aufklärung dar. Charakteristisch für diesen Prozess waren die quantitativen und qualitativen Veränderungen

Ein Merkmal der Aufklärung war die Entstehung eines Lesemarktes außerhalb der lateinisch gebildeten Schichten und damit die erhebliche Vergrößerung des Publikums. Lesen gehörte bald zum Alltag des Bürgertums (Daniel Chodowiecki, Selbstporträt des Künstlers mit seiner Familie, Radierung, 1771).

> **ZITAT**
>
> **Im Gegensatz zu Leibniz ist für Voltaire das »Übel« der Welt nicht mit der Vorstellung eines gütigen Gottes vereinbar (»Das Erdbeben von Lissabon«, 1756):**
>
> »Alles ist gut«, sagt ihr, »und alles ist notwendig.«
> Was? Die Welt im Ganzen, ohne den Höllenschlund,
> Der Lissabon verschlang, sei weniger gut gewesen?...
> Man muss gestehn, das Übel ist auf Erden:
> Wir wissen nicht warum? woher es stammt?
> Hat, der das Gute schuf, das Übel mitgeschaffen?

des Lesemarktes, die sich in der unaufhörlich anschwellenden Zahl von Druckwerken, im Aufkommen des Zeitschriftenwesens, in der Verdrängung des Lateinischen als Schriftsprache, der Abnahme der Zahl theologischer Bücher im Verhältnis zu säkularen Lesestoffen und schließlich auch im Anwachsen der Anzahl der Schriftsteller zeigten.

Der sozialgeschichtliche Entwicklungsprozess der Öffentlichkeit im 18. Jahrhundert war ebenso ein Resultat der Aufklärung als geistiger und sozialer Bewegung wie ihr treibender Faktor, insofern er sie stimulierte und letztlich überhaupt erst ermöglichte. »Publizität« gelangte in den Rang eines obersten Prinzips, das den Fortschritt der Aufklärung garantieren sollte und zugleich eine kritische Dimension erhielt: Die damit verbundene Forderung nach »Pressefreiheit« galt in den Augen vieler Aufklärer als wichtigstes Freiheitsrecht, das, nach einem vor allem in Deutschland verbreiteten Glauben, auch für die Verbesserung der gesellschaftlichen und politischen Verhältnisse eine ausreichende Garantie bot.

Moral und Tugend

Mit all dem war ein Perspektivenwechsel verknüpft, durch den sich die Aufklärung von dem vorangegangenen konfessionellen Zeitalter entscheidend abhob. Konfessionelle Toleranz zählte zu den Kernanliegen der Aufklärung, doch war sie keine grundsätzlich areligiöse

> **INFOBOX**
>
> **Die »Mündigkeit« des Menschen**
> Die programmatische Forderung, sich des »eigenen Verstandes zu bedienen«, erhielt gegen Ende des 18. Jh. eine folgenreiche Neubestimmung, indem Aufklärung als klassisch gewordenen Formulierung Kants von 1784 (»Beantwortung der Frage: Was ist Aufklärung?«) mit dem »Ausgang des Menschen aus seiner selbst verschuldeten Unmündigkeit« gleichgesetzt wurde. »Mündigkeit« bedeutete bei Kant nicht die Befreiung von äußeren Zwängen, sondern bestand in der v. a. auf Wissenschaft und Religion bezogenen Maxime des »Selbstdenkens«. Doch erlaubte es der schillernde Begriff, ihn auf die Lösung aus äußerer, insbesondere politischer Abhängigkeit zu übertragen, ein Schritt, der noch im 18. Jh. von dem Kantianer Johann Benjamin Erhard vollzogen wurde.

Voltaire war einer der einflussreichsten Figuren der europäischen Aufklärung. Die Sitzstatue von Jean-Antoine Houdon (1778) zeigt den Philosophen und Schriftsteller als ironisch lächelnden, altersweisen Denker in der antiken Toga eines Gelehrten.

oder auch nur antichristliche Bewegung. Dogmen- und Offenbarungskritik waren zwar untrennbar mit ihr verbunden, doch war es ihr häufig genug ein Anliegen, Vernunft und Offenbarung miteinander zu verbinden.

Die im England des 17. Jahrhunderts entwickelte Vernunftreligion des Deismus, die radikale Kirchenkritik eines Voltaire oder der Atheismus, wie er von Julien Offray de La Mettrie und dem Baron Paul Henry Thiry d'Holbach vertreten wurde, waren vor allem für die Aufklärung in England und Frankreich charakteristisch, wäh-

> **INFOBOX**
>
> **Die beste aller möglichen Welten**
> In seinen »Abhandlungen zur Rechtfertigung Gottes, über die Güte Gottes, die Freiheit des Menschen und den Ursprung des Übels« (1710) versucht Gottfried Wilhelm Leibniz den Vorwurf, Gott hätte in seiner Allmacht eine bessere Welt schaffen müssen, zu widerlegen. Da Gott wirklich allmächtig sei, so argumentiert er, hätte er natürlich wirklich eine andere, bessere Welt schaffen können. Und eben darum hätte Gott nicht diese Welt erschaffen, so wie sie ist, »wenn sie nicht unter allen möglichen die beste wäre«.
> Voltaire karikiert diese Beweisführung in seinem Roman »Candide« (1759): Während der stets optimistische Erzieher zu beweisen sucht, dass alles aufs Beste geregelt sei »in der besten aller Welten«, zeigt das tägliche Leben mit seinen zahlreichen Widrigkeiten, dass »die Welt« nur das sein kann, was der in ihr lebende Mensch daraus macht.

Henry Fieldings äußerst erfolgreicher, 1749 erschienener Roman »Die Geschichte des Tom Jones, eines Findlings« spiegelt die Zunahme weltlicher Themen in der Literatur und die zunehmende Bedeutung der Moral (Illustration von Hubert Gravelot, 1750). Fielding kämpfte auch als Friedensrichter gegen die soziale Ungerechtigkeit.

rend es in Deutschland weit seltener zu einer entschiedenen Ablehnung des Christentums kam. Überall bedeutete die Aufklärung allerdings einen Prozess der Säkularisierung des Denkens, in dem der Glaube und das Jenseits als Fluchtpunkt des menschlichen Strebens an Bedeutung verloren. Stattdessen stellte sie den Menschen mit seiner diesseitigen Existenz in den Mittelpunkt und begriff die Verwirklichung irdischer Glückseligkeit als seine eigentliche Aufgabe.

Dies zeigte sich insbesondere in dem Stellenwert, den die Moral im Denken der Aufklärung einnahm. Gegenüber der Religion erfuhr die praktische Philosophie eine Aufwertung, die das Verhältnis zwischen beiden letztlich umkehrte: Tugend war nicht mehr bloß Forderung des Glaubens, vielmehr wurde die Religion in den Dienst der Moral gestellt und erlangte ihre Bedeutung als Mittel zu ihrer Beförderung. Bereits durch den irisch-englischen Deisten John Toland wurde das Christentum auf seine Funktion als Morallehre reduziert, und mit der Aufklärungstheologie der deutschen »Neologen« in der zweiten Hälfte des 18. Jahrhunderts prägte die moralische Interpretation des Christentums und die Relativierung von Kernaussagen des Luthertums weite Teile der protestantischen Geistlichkeit Deutschlands. Jesus Christus galt damit nicht mehr in erster Linie als Erlöser, sondern als Muster der Tugend.

Auch unter den Frauen sollten naturwissenschaftliche Erkenntnisse verbreitet werden, forderten italienische Aufklärer und verfassten für diesen Zweck unterhaltsame Lehrbücher (Pietro Longhi, »Die Geographiestunde«, 1752; Venedig, Museo della Fondazione Querini Stampalia).

Moral, Tugend, Sittlichkeit sind Schlüsselbegriffe der Aufklärung, und nicht zufällig widmete sich die praktische Philosophie der Zeit immer wieder der Aufgabe, ihre Geltung neu und zugleich säkular zu begründen. Der Entwurf einer utilitaristischen Ethik durch Jeremy Bentham und die Neubegründung der Moral durch den kategorischen Imperativ Immanuel Kants stellen die beiden bis heute einflussreichsten Versuche des 18. Jahrhunderts dar, die Ethik auf eine neue Grundlage zu stellen. Der Moralismus der Aufklärung hatte nichts mit dem Klischee einer leibfeindlichen »bürgerlichen« Moral zu tun. Charakteristisch war eher eine durch Vernunft gezügelte Wiedereinsetzung der »Sinnlichkeit« in ihre Rechte, eine partielle Rehabilitation, die im Rahmen des moralisch Erlaubten den maßvollen Genuss einschloss und sich von den weltflüchtig-asketischen Richtungen innerhalb der christlichen Konfessionen deutlich abhob.

Das Ziel: Die Veränderung der vorgefundenen Verhältnisse
Dabei verband sich die primär auf innerweltliche Ziele gerichtete Betonung moralischer Pflichten nicht nur mit der Vorstellung sittlichen Handelns in individuellen zwischenmenschlichen Beziehungen. Der Begriff der »Nützlichkeit« schloss als Leitmotiv des Handelns vielmehr die Verpflichtung gegenüber dem Ganzen, der Gesellschaft, dem Vaterland ein. Kennzeichnend war ein auf praktische Wirksamkeit gerichtetes Verantwortungsbewusstsein gegenüber der Menschheit und dem Gemeinwesen, das die Überzeugung von deren Gestaltungs- und Verbesserungsfähigkeit voraussetzte. Aufklärung zielte auf die Veränderung der Verhältnisse, war »kritisches Denken in praktischer Absicht« (Werner Schneiders).

Bereits Leibniz verband mit seinen Plänen zur Errichtung von wissenschaftlichen Akademien den »Zweck, theoriam cum praxi (die Theorie mit der Praxis) zu vereinigen«. Es komme nicht allein auf die Förderung von Künsten und Wissenschaften an, sondern auch darauf, »Land und Leute, Feldbau, manufacturen und commercien und, mit einem Wort, die Nahrungsmittel zu verbessern«. Leibniz formulierte damit im Kern das Programm der gemeinnützig-ökonomischen Aufklärung, die

> **ZITAT**
> Die Königsberger Bürger ließen auf Kants Grabstein eine Gedenktafel mit den berühmten Worten aus dem Schlusskapitel der »Kritik der praktischen Vernunft« anbringen:
> *Zwei Dinge erfüllen das Gemüt mit immer neuer Bewunderung und Ehrfurcht, je öfter und anhaltender sich das Nachdenken damit beschäftigt; Der bestirnte Himmel über mir und das moralische Gesetz in mir.*

INFOBOX

Kants kategorischer Imperativ
Die höchste Forderung der Vernunft, die den Einzelnen zur Orientierung, zur Prüfung und zur Korrektur seines Handelns veranlasst, bezeichnet Kant als »kategorischen Imperativ«. Dieser lautet in seiner allgemeinsten Form: »Handle so, dass die Maxime deines Handelns jederzeit zugleich als Prinzip einer allgemeinen Gesetzgebung gelten könnte.«
Der kategorische Imperativ bezieht sich nicht direkt auf Handlungen, sondern prüft Handlungsmaximen, d. h. subjektive Leitvorstellungen für das Handeln, auf ihre Verallgemeinerungsfähigkeit. Im Unterschied zu allen anderen, bloß hypothetischen Imperativen, bei denen der Wille »nur in Ansehung einer begehrten Wirkung bestimmt« werden soll, bezieht sich der kategorische Imperativ auf keinen Zweck außerhalb und gilt daher unbedingt. Die geforderte Handlung ist um ihrer selbst willen »ohne Bezug auf einen anderen Zweck als objektiv-notwendig« anzusehen.

> **INFOBOX**
>
> **Die Vorurteilskritik**
> Verknüpft mit der Gewinnung richtiger Kenntnisse war die Berichtigung der Irrtümer, der falschen Begriffe und der fehlerhaften oder auch nur vorschnellen Urteile, kurz: der Vorurteile. Die Vorurteilskritik zählte generell zu den Grundanliegen der Aufklärung, in besonderem Maße galt dies aber, wie Kant meinte, für jene Ursache geistiger »Blindheit«, die »vorzugsweise ... ein Vorurtheil genannt zu werden verdient«: den Aberglauben. Im Prinzip bedeutete die Aufklärung von Anbeginn an den Bruch mit der magisch oder astrologisch geprägten Vorstellungswelt, die noch im 17. Jh. keineswegs nur ein Kennzeichen der ungelehrten Bevölkerungsteile war.

beinahe ganz Europa ergriff. Mit dem Ziel einer umfassenden Hebung der wirtschaftlichen und sozialen Verhältnisse knüpfte sie an die Konzepte staatlicher Wirtschaftspolitik an, wie sie seit dem 17. Jahrhundert entwickelt worden waren, wobei der Agrarsektor eine erheblich stärkere Beachtung fand als im Merkantilismus französischer Prägung und sich das zentrale Leitmotiv von der Stärkung staatlicher Macht auf die allgemeine Wohlfahrt verschob.

Vor allem aber beschränkte sich die gemeinnützigökonomische Aufklärung nicht auf den theoretischen Entwurf wirtschaftspolitischer Maßnahmen, sondern ergriff in den Formen des entstehenden bürgerlichen Vereinswesens selbst die Initiative. Nach dem Vorbild der »Society for the Improvement of Husbandry, Agriculture and other useful Arts« (Gesellschaft zur Verbesserung des Wirtschaftens, der Landwirtschaft und anderer nützlicher Künste), die – nach einem Vorläufer in Schottland – 1731 als erstes Beispiel einer gemeinnützigen Gesellschaft zur Bewältigung der Folgen einer Hungersnot in Dublin gegründet wurde, entstanden seit den 1750er-Jahren überall in Europa Gesellschaften, die sich zur Ergänzung staatlicher Maßnahmen die Förderung der Landwirtschaft, die Organisation des Armenwesens, die Unterstützung von Handel und Gewerbe und die Verbesserung des Erziehungswesens zum Ziel gesetzt hatten.

In der uneinheitlichen Mitgliederstruktur der zahlreichen Gesellschaften – Akademien, Freimaurerlogen, Lesegesellschaften –, die einen wesentlichen Anteil an der

Cesare Beccaria forderte in seiner 1764 erschienenen Schrift »Dei delitti e delle pene« als einer der Ersten die Abschaffung der Todesstrafe (deutsch »Von den Verbrechen und Strafen«; Titelblatt einer Ausgabe von 1890).

Entstehung der aufgeklärten Öffentlichkeit hatten, zeigte sich auch der »ständetranszendierende« (Horst Möller) Charakter der Aufklärung, zu deren aktiven Trägern neben den dominierenden bürgerlichen Akademikern auch zahlreiche Adlige zählten. Sie lässt sich damit keineswegs auf eine »bürgerliche« Ideologie reduzieren, doch war der Gedanke bürgerlicher Gleichheit in ihr vorgeprägt, und dies hieß auch: Der Wert des Menschen, individuelle Leistung und Tüchtigkeit rangierten vor der vererbten Würde.

Die Politisierung der Aufklärung

Ihr kritisches Potenzial entfaltete die Aufklärung in der Forderung nach staatlichen Reformen, die im Laufe des 18. Jahrhunderts zunehmend die aufklärerische Publizistik bestimmte und sich etwa auf die Wirtschaftspolitik,

s. ZEIT Aspekte
Freimaurer S. 547

Der wegweisende Mathematiker Leonhard Euler erlangte in der Öffentlichkeit Bedeutung durch seine Schrift »Lettres à une princesse d'Allemagne« von 1768, in der er in Form von Briefen an eine junge Frau die Grundzüge der Naturwissenschaft und der Philosophie darlegte.

das Schul- und Hochschulwesen sowie das Rechtssystem erstreckte. So wurden im Bereich des Strafrechts Gedanken zu seiner Humanisierung entwickelt, die bei dem Italiener Cesare Beccaria bis zur Abschaffung der Todesstrafe reichten. Mit ihren Reformzielen standen die Aufklärer nicht unbedingt im Gegensatz zum Staat, doch zeigte sich in der Diskussion staatlicher Aufgaben der Anspruch der Öffentlichkeit, auf die Politik ihrer Regierungen Einfluss zu nehmen.

Vor allem in Deutschland prägte eine ebenso kritische wie staatsloyale »Politisierung der Aufklärung« die Haltung eines Großteils der Aufklärer, aber auch in Frankreich setzten mit Voltaire oder den Physiokraten viele Philosophen ihre Hoffnungen auf einen despotisme eclairé, einen »aufgeklärten Despotismus«. Mit dem Gedanken einer auf den Prinzipien der Volkssouveränität und unveräußerlicher Menschenrechte beruhenden Verfassung, wie sie zunächst in England und Frankreich von politischen Theoretikern wie Locke, Montesquieu und Rousseau entwickelt wurden, wies die Aufklärung allerdings in letzter Konsequenz über die kontinentaleuropäischen Staatsformen hinaus: Zwar schlossen Aufklärung und Absolutismus einander keineswegs grundsätzlich aus, doch stellte die Aufklärung auch das theoretische Rüstzeug zu dessen revolutionärer Überwindung bereit.
Georg Seiderer

> **ZITAT**
> **Über Kant sagte Johann Wolfgang von Goethe 1827:**
> *Kant ist der vorzüglichste, ohne allen Zweifel. Er ist auch derjenige, dessen Lehre sich fortwirkend erwiesen hat und in unsere deutsche Kultur am tiefsten eingedrungen ist.*

Im Geiste der Aufklärung: Die »Encyclopédie«

Es wirkt fast wie ein Symbol, dass nach der Mitte des 18. Jahrhunderts ein groß angelegtes enzyklopädisches Werk erschien, das, als Zusammenfassung allen bekannten Wissens gedacht und als Instrument der Aufklärung gegen die bestehenden politischen und sozialen Verhältnisse orientiert, dazu beitrug, den Weg zur bürgerlichen Gesellschaft zu bereiten.

Erst das frühe 18. Jahrhundert hatte begonnen, technische Fortschritte als Wissenschaft zu betrachten. Bis dahin galten sie eher als Kunst – auch das Wort »Technik« leitet sich ja von dem griechischen Wort für Kunst her. Manufakturen, Maschinen und Erfindungen wurden Gegenstand breiten öffentlichen Interesses. In Deutsch-

1746 erhielt Denis Diderot den Auftrag, die englische »Cyclopedia or Universal Dictionary of the Arts and Sciences« zu übersetzen. Er beschloss, das Werk zu erweitern, um darin die Gesamtheit des Wissens seiner Zeit zu erfassen (Porträt von Jean Honoré Fragonard, 1769; Paris, Louvre).

ZITAT

Als Vollender der Aufklärung gab Immanuel Kant die berühmte Definition:
Aufklärung ist der Ausgang des Menschen aus seiner selbst verschuldeten Unmündigkeit. Unmündigkeit ist das Unvermögen, sich seines Verstandes ohne Leitung eines andern zu bedienen. ... Sapere aude! Habe Mut, dich deines eigenen Verstandes zu bedienen!, ist also der Wahlspruch der Aufklärung.

land erschien seit 1732 in 68 Bänden Johann Heinrich Zedlers »Großes vollständiges Universal-Lexicon aller Wissenschaften und Künste«. Es wurde ein großer buchhändlerischer Erfolg.

In Frankreich wurden unter der Leitung von Denis Diderot führende Gelehrte zu einer Autorengruppe zusammengeführt. Auch Mathematiker und Naturforscher wirkten mit; unter ihnen d'Alembert. Die großartige »Encyclopédie«, argwöhnisch vom Ancien Régime beobachtet, erschien von 1751 bis 1772 in 28 Bänden – eine unvergleichliche wissenschaftliche Leistung nach Inhalt und Zielstellung. In der Vorrede schrieb d'Alembert: »Das Werk, das wir begonnen haben und zu Ende zu führen wünschen, hat einen doppelten Zweck: Als Enzyklopädie soll es, soweit möglich, die Ordnung und Verkettung der menschlichen Kenntnisse erklären, und als nach Vernunftgründen geordnetes Wörterbuch der Wis-

Europa im Zeitalter der Revolutionen

> **INFOBOX**
>
> **Die »Encyclopédie«**
>
> Nie in der neueren Geschichte haben die Meinungen einer kleinen Gruppe von Schriftstellern und Philosophen eine so große Rolle gespielt wie in Frankreich in der 2. Hälfte des 18. Jahrhunderts. Ihr großes Gemeinschaftswerk war die »Encyclopédie, ou Dictionnaire raisonné des sciences, des arts et des métiers«. Das 35-bändige Werk erschien zwischen 1751 und 1780 unter der Leitung von Denis Diderot und (bis 1759) Jean Le Rond d'Alembert. Zu den Enzyklopädisten gehörten über 150 Wissenschaftler, Schriftsteller, Handwerker, darunter führende Vertreter der Aufklärung: Jean-Jacques Rousseau (besonders Musik), Voltaire und Étienne Bonnot de Condillac (Philosophie), Jean-François Marmontel (Literaturkritik), Paul Henry Thiry d'Holbach (Naturwissenschaften) und Anne Robert Jacques Turgot (Volkswirtschaft). Trotz unterschiedlicher Weltanschauungen einte die Enzyklopädisten die Überzeugung, durch Sammlung und Aufzeichnung allen verfügbaren Wissens dem Fortschritt der Menschheit zu dienen. Kirche und Obrigkeit begegneten dem Werk mit Misstrauen – 1759 wurde es verboten und auf den Index gesetzt –, konnten aber den Erfolg dieses »Bestsellers« der Aufklärung nicht aufhalten.

senschaften, Künste und Gewerbe soll es von jeder Wissenschaft und jeder Kunst... die allgemeinen Grundsätze enthalten, auf denen sie beruhen, und die wesentlichsten Besonderheiten, die ihren Umfang und Inhalt bedingen.«

Die »Encyclopédie« umfasst 17 Foliobände und elf Bände mit Kupferstichen, die zwischen 1751 und 1772 erschienen, sowie fünf nachgelieferte Supplementbände mit zwei Registerbänden.

ZITAT

Im Artikel »Encyclopédie« erläutert Denis Diderot Sinn und Zweck der Herausgabe seiner »Encyclopédie«:
Tatsächlich zielt eine Enzyklopädie darauf ab, die auf der Erdoberfläche verstreuten Kenntnisse zu sammeln, das allgemeine System dieser Kenntnisse den Menschen darzulegen, mit denen wir zusammenleben, und es den nach uns kommenden Menschen zu überliefern...

Naturgeschichte des Himmels

Wenige Jahre, nachdem die ersten Bände der »Encyclopédie« erschienen waren, ließ 1755 im fernen Königsberg, im absolutistischen Preußen, der junge Immanuel Kant ein Buch drucken, das weltgeschichtliche Bedeutung erlangen sollte. Es trug den Titel »Allgemeine Naturgeschichte des Himmels und Theorie des Himmels, oder Versuch von der Verfassung und dem mechanischen Ursprunge des ganzen Weltgebäudes nach Newtonischen Grundsätzen abgehandelt«. Hier handelt es sich um die erste wissenschaftliche Kosmogonie, also um eine Darlegung dessen, wie die Welt geworden ist: Sonnen-

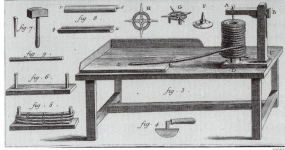

Etwa ein Drittel der »Encyclopédie« nehmen Kupferstiche zu handwerklichen Tätigkeiten ein – hier eine Illustration zur Tabakverarbeitung.

Der französische Mathematiker und Physiker Pierre Simon (Marquis de) Laplace maß über 40 Jahre lang die Bewegungen und Bahnen der Himmelskörper. Seine Erkenntnisse fasste er in einer fünfbändigen Abhandlung zusammen.

systeme und Milchstraßensysteme sind aus rotierenden, sich verdichtenden Materienebeln hervorgegangen; unser Planetensystem ist eines unter vielen. Unter dem Einfluss der newtonschen Gravitation hatte sich die Urmaterie in Bewegung gesetzt; Wirbel bildeten sich, die Himmelskörper herausschleuderten.

Im Detail haben viele Aussagen Kants späteren Einsichten nicht standhalten können. Entscheidend jedoch war die Grundaussage, dass der Kosmos eine Entwicklung in Zeit und Raum durchläuft.

Kants »Allgemeine Naturgeschichte« stellte einen von der Aufklärung getragenen Höhepunkt des Entwicklungsgedankens dar. Auch andere Naturforscher traten – ohne von Kant zu wissen – mit kosmologischen Überlegungen hervor, unter ihnen der Elsässer Johann Heinrich Lambert, ein autodidaktischer Universalgelehrter, und

ZITAT
Der französische Arzt und Volkswirtschaftler François Quesnay schreibt in der von Diderot herausgegebenen »Encyclopédie«:
Ruhm, Größe, Macht eines Königreiches – wie nichtig und sinnlos sind diese Wörter neben den Wörtern Freiheit, Wohlstand oder Glück der Untertanen.

Friedrich Wilhelm Herschel und sein Sohn John in England. Die am präzisesten ausgeführten Entwürfe zur Geschichte des Kosmos stammen von dem Franzosen Pierre Simon Laplace. Seine »Darlegung des Weltsystems« (»Exposition du système du monde«) erschien 1796. Die fünfbändige »Himmelsmechanik« (»Mécanique céleste«) wurde zwischen 1799 und 1825 publiziert, ein Meisterwerk der mathematischen Astronomie. Auch Laplace, seit 1817 Marquis, hatte sich ausführlich mit Kosmogonie beschäftigt. Seiner Meinung nach hatte eine rotierende Zentralsonne Materieringe ausgeschleudert, die sich dann zu Planeten verdichtet hatten. Zwischen den Theorien von Kant und Laplace bestehen einige Unterschiede, doch spricht man heute von der kant-laplaceschen Kosmogonie oder von der Nebularhypothese.

In der Astronomie hatte um die Wende vom 18. zum 19. Jahrhundert der Entwicklungsgedanke konkrete Gestalt angenommen, quasi im Vorgriff auf die stürmische Entwicklung der Gesellschaft und mit ihr die von Mathematik, Naturwissenschaften und Technik in der Periode der industriellen Revolution. *Hans Wussing*

Freiheit, aber für wen? – Der Liberalismus und der Konservativismus

Der englische Schriftsteller, Philosoph und Politiker Edmund Burke (1729–97) gilt als geistiger Vater des Konservativismus.

Die moderne Welt, die durch die politisch-ideologische Anschubkraft der Französischen Revolution erst Dynamik und Gestaltungskraft erhielt, spiegelt sich einprägsam in Begriffen wie Liberalismus, Konservativismus und Nationalismus wider, die seitdem die politisch-soziale Gedankenwelt Europas geprägt haben und nicht zuletzt, wenn auch modifiziert, heute noch Grundpositionen politischen Denkens und Handelns bezeichnen.

Allerdings existierten diese Begriffe als solche zum Zeitpunkt der Revolution noch nicht, wie sich zudem in Mittel- und Westeuropa unterschiedliche terminologische Zuordnungen herausbildeten. Nicht mehr philosophische Theorien, aus Natur oder Vernunft hergeleitet, sondern durch historische Erfahrungen gewonnene Begriffe prägten nun die Ideen und gaben ihnen Kontur. Als »Bilder der Vergangenheit und Deutungen der Gegenwart zugleich«, als Zeit »der Brüche, der Veränderungen, der Bewegungen und der offenen Zukunft« (Thomas Nipperdey) lässt sich die Epochenwende vom 18. zum 19. Jahrhundert charakterisieren. Aufgrund neuer Erfahrungen veränderten sich politische Positionen und ideologische Fixierungen im Laufe der Revolution.

Innerhalb der großen politischen Bewegungen haben Liberalismus und Konservativismus die politische Gedankenwelt am nachhaltigsten geprägt. Zur selben Zeit entstanden und von Beginn an aufeinander bezogen, sind sie zugleich erbitterte Gegner und Konkurrenten im politischen Kampf um die Grundausstattung der modernen Welt. Doch sind beide Strömungen nicht immer klar voneinander zu trennen. Insbesondere das liberale Denken hatte viele Nuancen und deckte ein breites Meinungsspektrum von konservativem Gedankengut auf der »rechten« und demokratischem auf der »linken« Seite ab.

Im Ringen um die ausgewogene Mitte wurde es sowohl liberal-konservativ wie liberal-demokratisch verstanden. Als liberal galt in Deutschland, wer die Freiheit des Einzelnen im staatlichen und gesellschaftlichen Leben erstrebte, losgelöst von herkömmlichen Bindungen und Beschränkungen. Ganz im Sinne der Aufklärungsphilosophie sollte die Emanzipation des Individuums sicherstellen, dass sich jeder einzelne Mensch nach seinen Möglichkeiten und Fähigkeiten frei entfalten könne, um auf diese Weise dem eigenen Nutzen wie auch dem allgemeinen Fortschritt zu dienen. Allerdings war man hinsichtlich der Grenzen der Freiheit geteilter Meinung, wobei die Befürworter wirtschaftlicher Freiheit breitere

ZITAT
Friedrich Schlegel (1798) über stille Revolutionen:
Die Französische Revolution, Fichtes Wissenschaftslehre und Goethes Meister sind die größten Tendenzen des Zeitalters. Wer an dieser Zusammenstellung Anstoß nimmt, wem keine Revolution wichtig scheinen kann, die nicht laut und materiell ist, der hat sich noch nicht auf den hohen weiten Standpunkt der Geschichte der Menschheit erhoben.

INFOBOX
Eine höhere Art von Gleichheit
In seinem 1762 erschienenen Werk »Du contrat social« (»Der Gesellschaftsvertrag«) setzte Jean-Jacques Rousseau an die Stelle des einst gepriesenen freien Naturmenschen den politisch mündigen Bürger. Eine legitime politische Ordnung, die alle an das Gesetz bindet und in der jeder Einzelne dennoch so frei ist wie zuvor, ist nach Rousseau nur möglich durch die freiwillige, vollkommene Entäußerung des Individuums mit allen seinen Rechten an die Gemeinschaft, die die »Volonté générale«, den Gemeinwillen, repräsentiert. Durch die Bindung aller an das Gesetz, das sie sich selbst gegeben haben, gewinnen sie eine höhere Art von Gleichheit und Freiheit.

> **ZITAT**
>
> Edmund Burke in seinen »Betrachtungen über die Französische Revolution« (1790) zur »natürlichen Gliederung des Staates«:
> *Unsere bürgerlichen Neigungen müssen in unsern Familien anfangen. Wer die seinige nicht liebt, ist nie ein wahrer Patriot. Von unsern Familien gehen wir zu unsern Nachbarn und zu den Mitbürgern in unsrer Provinz über. Dies sind Ruheplätze und Herbergen auf unsrer Reise zum allgemeinen Bürgergeist.*

Werk und Denken des französischen Schriftstellers und Politikers François René de Chateaubriand sind von einer antiaufklärerischen Kulturmüdigkeit geprägt (Porträt von Anne-Louis Girodet de Roussy-Trioson, 1811; Versailles, Musée National).

Resonanz in der Bevölkerung fanden als diejenigen, die für politische Freiheit eintraten. Die Anzahl ihrer Vertreter blieb marginal.

Evolution statt Revolution, Tradition statt Reaktion
Während sich der Liberale um 1800 durch die Unbefangenheit des Aufgeklärten gegenüber Vorurteilen auszeichnete und damit offen war gegenüber den als zeitgemäß empfundenen Veränderungen in Staat und Gesellschaft, war die öffentliche Meinung in der Frage der geistig-politischen Auseinandersetzung über die Folgen der Französischen Revolution in begeisterte Anhänger, sympathisierende Beobachter und erbitterte Gegner gespalten. Dies war die Geburtsstunde des Konservativismus, der nun im engeren Sinne zum Sammelbegriff wurde für alle Deutungen, Bestrebungen und Bewegungen, die auf die Erhaltung des politischen Zustands abzielen und ein an den geltenden Normen und Werthierarchien orientiertes Programm verfechten, ohne jedoch Reform und Veränderung prinzipiell abzulehnen. Die konservative Geisteshaltung zielte im Wesentlichen auf Evolution, nicht Revolution, auf Tradition, nicht Reaktion.

Verstand sich der Konservativismus im modernen Sinne ursprünglich als Gegenbewegung zur politisch-sozialen Revolution in Frankreich, so nahm er bis 1848 als eine der bestimmenden politisch-weltanschaulichen und ideologischen Gedankengebäude Gestalt an. Die 1790 erschienenen »Betrachtungen über die Französische Revolution« von Edmund Burke gelten als das bedeutendste Werk des europäischen Konservativismus. Ausgehend von der Reformtradition im britischen Parlamentarismus wies Burke die von der Französischen Revolution propagierten Menschenrechte nicht im Sinne der staatlich zu schützenden Grundrechte, sondern als vorstaatliche, unbeschränkte Handlungsfreiheit des Individuums zurück. Den universell gültigen Forderungen nach Freiheit und Gleichheit setzte er die Ansprüche praktischer Staatsklugheit entgegen. Burkes Ausführungen hatten in mancherlei Hinsicht prophetischen Charakter, und seine in Bezug auf den Ausgang der Revolution pessimistische Vorhersage wurde durch die Terrorherrschaft der Jakobiner in den Jahren 1793/94 unmittelbar bestätigt.

Europa im Zeitalter der Revolutionen

> **ZITAT**
>
> **Der Liberale Benjamin Constant de Rebecque 1815 in »Über die individuelle Freiheit«:**
>
> *Diese Freiheit ist in der Tat das Ziel einer jeden menschlichen Gemeinschaft: Auf sie stützt sich die öffentliche und private Moral, auf ihr beruhen alle Berechnungen von Handel und Gewerbe; ohne sie gibt es für die Menschen keinen Frieden, keine persönliche Würde, kein Glück.*

s. ZEIT Aspekte
Alexis de Tocqueville
S. 555

Jean-Jacques Rousseau verfocht das Ideal einer politischen Ordnung, die alle an das Gesetz bindet und das Individuum freiwillig im Gemeinwillen aufgehen lässt.

Sahen in der angelsächsischen Welt sowohl viktorianische Liberale als auch moderne amerikanische Neokonservative in Burke den Stammvater, so übte sein Denken in Deutschland auf seinen Übersetzer Friedrich Gentz, aber auch auf Hegels Konzeption der »List der Vernunft« einen großen Einfluss aus. Das Spektrum seiner Rezipienten reichte von paternalistisch-gegenrevolutionären Autoren in Frankreich (Joseph de Maistre, Louis de Bonald) über kompromisslose Verteidiger des Status quo (Adam von Müller) bis zu den Vorkämpfern einer vorsichtigen Reformpolitik (August Wilhelm Rehberg, Freiherr vom Stein, Joseph von Görres).

Während man bei Burke von einer freiheitlichen, konservativen Ideenwelt sprechen kann, repräsentieren Novalis und Friedrich von Schlegel den christlich-romantischen, aber nicht unbedingt reaktionären Konservativismus. Zuvor hatte sich in den Schriften Justus Mösers der gegen den aufgeklärten Absolutismus gerichtete Konservativismus Ausdruck verschafft. Hatten im Verlauf von Französischer Revolution und im Kaiserreich progressive Kräfte entscheidend zur Konstruktion Europas beigetragen, so kam nach dem Sturz Napoleons der Gegenentwurf einer nachrevolutionären Gesellschaft zum Tragen, der in François René de Chateaubriand und später in François Guizot wie Alexis de Tocqueville seine markantesten Verfechter fand.

Als bedeutendster Vertreter konservativen Gedankenguts nach 1815 im deutschsprachigen Raum gilt der Schweizer Carl Ludwig von Haller, der in seinem Hauptwerk »Restauration der Staatswissenschaft« (1816–34) nicht nur der Epoche ihren Namen gab, sondern auch über seine am Vorbild Berns orientierte altständische, patriarchalische und legitimistische Staatstheorie auf den preußischen Konservativismus (Gebrüder Ernst Ludwig und Leopold von Gerlach) stark einwirkte.

Demokratisch, sozial, wirtschaftsliberal

Anders als der Konservativismus, dessen geistig-politisches Fundament sich als Reaktion auf die liberalen, dann jakobinischen Denkströmungen herausbildete, verstand sich der Liberalismus zugleich auch als soziale Emanzipationsbewegung, die aus dem Protest gegen die Privilegien von Adel und Kirche hervorgegangen war.

Als Gründungsväter von Liberalismus und Demokratie gelten die Franzosen Montesquieu und Jean-Jacques Rousseau, die in den liberalen und demokratischen Vorstellungen bis weit ins 19. Jahrhundert hinein Spuren hinterlassen haben. Neben den rein ideengeschichtlichen Betrachtungsweisen bildete der ökonomische Ansatz die klassische Grundlage des europäischen Liberalismus. Der Schotte Adam Smith begründete in seiner »Untersuchung über die Natur und die Ursachen des Nationalreichtums« (»Inquiry into the Nature and Causes of the Wealth of Nations«, 1776) den modernen Wirtschaftsliberalismus. Hierin wird der Reichtum auf die Arbeit des Menschen zurückgeführt und dessen natürliches Interesse, nämlich den eigenen materiellen Vorteil zu suchen, hervorgehoben. Als Voraussetzung für die freie wirtschaftliche Entfaltung des Individuums, jenseits staatlicher Reglementierung und behördlicher Bevormundung, formulierte Smith die Maxime des freien Wettbewerbs und die Theorie des Freihandels.

Ideengeschichtlich verkörperten die Girondisten in der Revolutionsepoche die klassischen politischen und ökonomischen Spielarten des Liberalismus, und der

Der britische Moralphilosoph und Volkswirtschaftler Adam Smith fasste in seiner »Untersuchung über die Natur und die Ursachen des Nationalreichtums« (1776) die liberalen Wirtschaftslehren des 18. Jh. zusammen.

s. ZEIT Aspekte
Liberalismus S. 561

> **INFOBOX**
>
> **»Sympathie« bei Adam Smith**
> Im Zentrum der Ethik Adam Smiths steht der Begriff der »Sympathie« (von griechisch sympátheia »Mitleiden«), die er als Fähigkeit versteht, Gefühle anderer nachzuempfinden, seien sie lobens- oder tadelnswert, angemessen oder unpassend. Smith gliedert die Empfindungen, die die Sympathie auslösen, in drei elementare Tugenden: 1. »prudence«, das wohlwollende Eigeninteresse; 2. »justice«, der normative Rahmen, innerhalb dessen sich das Eigeninteresse entfalten darf, und 3. »benevolence«, die freie Tugend, deren Befolgung das höchste Gut darstellt.
>
> Die von der »prudence« motivierten Handlungen entspringen dem Selbsterhaltungstrieb wie dem Wunsch nach sozialer Anerkennung; hierunter fällt das gesamte ökonomische Handeln, das in seinem Werk »Wohlstand der Nationen« in seiner inneren Struktur untersucht wird. Die »justice« legt die Normen fest, in denen sich das Selbstinteresse vorteilhaft für den Einzelnen auswirken kann, ohne anderen zu schaden. Die kodifizierten Normen der »justice« – Leben, Freiheit, Eigentum, Vertragstreue – werden durch den Staat garantiert, der damit unerlässlicher Bestandteil des sozialpolitischen Gefüges ist.

Der französische Revolutionär Emmanuel Joseph Graf Sieyès (1748–1836) verwarf jedes Standesprivileg.

> **ZITAT**
>
> Montesquieu (»Vom Geist der Gesetze«, 1748) sah – anders als Theologen und Naturrechtler – die Freiheit durch Gesetze bestimmt:
> *Die Freiheit kann nur darin bestehen, das tun zu können, was man wollen soll, und nicht gezwungen zu sein, das zu tun, was man nicht wollen soll.*

Geistliche und Politiker Emmanuel Joseph Graf Sieyès, der dank seines geschickten Anpassungsvermögens die Revolution und auch Napoleon überlebt hat, ist einer ihrer ersten großen Gestalten. Seinen Ruhm verdankte Abbé Sieyès, wie er genannt wurde, seinem energischen Eintreten bei der Fixierung von Maximen des französischen Liberalismus in der Anfangsphase der Revolution: Freiheit des Individuums, Gleichheit aller vor dem Gesetz, Volkssouveränität und Repräsentativkörperschaften. Wie die meisten Liberalen misstraute Sieyès der Beteiligung des Volkes an der Regierung und versuchte dies mithilfe von Wahlrechtsbeschränkungen zu verhindern. Dagegen sah das wirtschaftspolitische Programm der Girondisten keine staatlichen Beschränkungen vor, sondern ein weitgehend freizügiges Laisser-faire, Laissez-passer aller am Wirtschaftsprozess beteiligten Akteure.

Neben den politischen Theoretikern sind es im 19. Jahrhundert vor allem die politisch engagierten Publizisten und Historiker gewesen, die die öffentliche Meinung beeinflusst haben. Sowohl die Schriften von Benjamin Constant de Rebecque als auch die Revolutionsdarstellungen von François Mignet und Adolphe Thiers vermitteln Einblicke in die liberale Zeitkritik und in die liberalen Ansprüche an Staat und Gesellschaft. Der Ansatz und das Ziel sind politischer Natur: Es ist ein historisch-politischer Angriff auf die herrschende bourbonische Reaktion mittels einer historischen Rechtfertigung der Revolution. *Erich Pelzer*

Die »Erfindung« der Nation: Der Nationalismus

Seit der Französischen Revolution gehört der Begriff »Nation« zu den Grundbegriffen unserer politischen Sprache. Er verkörpert die breiteste politische Denkströmung der jüngeren Neuzeit. Zwar gab es den Begriff der Nation schon längst, beispielsweise an den mittelalterlichen Universitäten oder als Bezeichnung selbstständiger Souveränitäten, die sich im frühneuzeitlichen Europa herausgebildet hatten. Aber darunter verstand man im Allgemeinen eine »Adelsnation« und nicht eine »Bürgernation«, wie sie die Französische Revolution von 1789 definierte, um damit gleichzeitig die Grundlage für die Herausbildung der modernen Nation zu schaffen.

> **INFOBOX**
>
> **Das Gehäuse der eigenen Nation**
> Als die alteuropäische Welt, von der Französischen Revolution in ihren Fundamenten erschüttert, in der napoleonischen Ära vollends zerbrach, suchten die Menschen ihre neuen Ansprüche im Gehäuse der eigenen Nation zu verwirklichen. Doch die Sehnsucht nach einem europäischen »Völkerfrühling« verzehrte sich stets angesichts der überlegenen Kraft, die von nationalen Leitbildern ausging. Aufklärerische Ideale wie das Recht auf individuelle Selbstbestimmung, aber auch revolutionärer Universalismus traten zusehends hinter nationalen Ideologien zurück oder wurden regelmäßig nationalistisch überformt. Infolge der Prägekraft von Krieg und Aggression trat der moderne Nationalismus seinem Wesen nach als janusköpfiges Konstrukt in Erscheinung, dessen bipolares Spannungsfeld einerseits Partizipation verhieß und andererseits Gewaltbereitschaft in sich barg. Im Verlauf des 19. Jh. machte der liberal-emanzipatorische dem extremen Nationalismus Platz, der die eigene Nation absolut setzte und die Existenz anderer Nationen infrage stellte.

s. ZEIT Aspekte
Nationalismus S. 564

Im November 1688 landete der spätere König Wilhelm III. mit seiner niederländischen Armee in England. Armee und Volk wandten sich mit ihm gegen ihren König – die Glorreiche Revolution stellte die Nation über die Loyalität gegenüber der Obrigkeit (Jan Wyck, »Landung Wilhelms III.«, 1688; London, National Maritime Museum).

ZITAT

Der Schriftsteller Elias Canetti behandelt in seinem Werk »Masse und Macht« (1960) auch das Phänomen der Nation:
Es sollen also die Nationen hier so angesehen werden, als wären sie Religionen. Sie haben die Tendenz, von Zeit zu Zeit wirklich in diesen Zustand zu geraten. Eine Anlage dazu ist immer da, in Kriegen werden die nationalen Religionen akut.

Im Unterschied zu Kontinentaleuropa existierten allein auf der britischen Insel bereits seit der Glorreichen Revolution von 1688 eindeutige Beweise für die Realität der englischen Nation. Äußere Kennzeichen waren die Einheitlichkeit der Sprache und der Religion, und das Londoner Parlament galt im Bewusstsein des englischen Volkes als nationale Interessenvertretung. Als der politische Druck Englands auf Schottland zu Beginn des 18. Jahrhunderts immer größer wurde, trat am 1. Mai 1707 eine staatliche Union beider Königreiche in Kraft. Das vereinigte Königreich firmierte nun unter dem neuen Staatsnamen »Great Britain« (Großbritannien), was in der gemeinsamen Flagge, dem Union Jack, symbolisch zum Ausdruck kommen sollte. Sie setzt sich zusammen aus dem Georgskreuz für England und dem Andreaskreuz für Schottland. Die staatsrechtliche Union mit Irland kam erst nach langen Kämpfen und Verhandlungen 1801 zustande. Sie dauerte über ein Jahrhundert und brach mit der Trennung des Freistaats von Großbritannien 1921 wieder auseinander.

Die Selbstkonstitution der französischen Nation
In Frankreich wurden über die Politisierung breiter Kreise der Bevölkerung seit der Aufklärung ältere und ursprüngliche Gefühle, basierend auf gemeinsamer Herkunft, Sprache und Denkungsart, geweckt. Neben den bereits bestehenden religiösen, sozialen und korporativen Gemeinschaften bildete sich 1789 eine politische heraus, die sich nicht mehr als Zusammenschluss einzelner Stände, sondern als Gemeinschaft der Interessen verstand. Diesem damit einhergehenden neuen staatlichen und sozialen Umwälzungsprogramm hatte das Ancien Régime wenig entgegenzusetzen. Es brach relativ lautlos und fast ohne Gegenwehr in sich zusammen. Die Revolution proklamierte die Gleichheit aller Bürger vor dem Gesetz, und der Staat war in seiner Gewaltausübung fortan an eine Verfassung gebunden. Damit veränderten sich die sozialen Beziehungen zwischen den Gesellschaftsmitgliedern ebenso grundlegend wie das rechtliche Verhältnis zwischen Staat und Bürgern. Darüber

Der zentralisierte, absolutistische Staat schuf wesentliche Voraussetzungen für die Bildung eines modernen Staatsapparates (Schloss und Parkanlage in Versailles, Ausschnitt eines Gemäldes von Pierre Patel, 1668; Versailles, Musée National).

Die Forderung nach Freiheit, Gleichheit, Brüderlichkeit verband sich in der Französischen Revolution mit dem Ruf nach Einheit und Unteilbarkeit der Republik, auf dem Plakat von 1793 verstärkt mit dem Zusatz »oder der Tod«.

hinaus entwickelte sich im Gefolge der Revolution ein Geschichtsbewusstsein, nach dem sich die Gesellschaft als Gemeinschaft durch gemeinsame Vergangenheit und Zukunft verbunden sah. Die Selbstkonstruktion der französischen Nation ging hervor aus einer rapiden Beschleunigung des sozialen und wirtschaftlichen Wandels und gleichzeitiger Politisierung der Gesellschaft.

Allerdings schuf der Absolutismus bereits den modernen Staatsapparat, indem er den systematischen Aufbau staatlicher Institutionen und einer auf Kompetenz und nicht auf Privilegien beruhenden Verwaltungsbürokratie in die Wege leitete. In gewissem Sinn, auch wenn die Revolutionäre dies nicht wahrhaben wollten, bereitete die alte Monarchie, ohne es zu wollen, den modernen Nationalstaat vor. Mit der Konzentration der Macht beim Souverän in dem zur königlichen Zentrale ausgebauten Schloss Versailles, unter Zurückdrängung und Nivellierung älterer sozialer Gruppierungen aus Adel und Kle-

INFOBOX

Staatsnation und Kulturnation

Vorformen von Nationalismus lassen sich in Europa seit der Renaissance nachweisen. Allerdings hat der Begriff »Nation« im weiteren Verlauf unterschiedliche Ausprägungen erfahren, was in der Unterscheidung von Staats- und Kulturnation zum Ausdruck kommt.

Der Begriff der Staatsnation hat seinen geschichtlichen Bezugspunkt in Frankreich, England und den Vereinigten Staaten. Er ist an der Idee der individuellen und kollektiven politischen Selbstbestimmung orientiert und leitet sich aus dem Willen und dem Bekenntnis des Individuums zur Nation her (Ernest Renan). Dagegen versteht sich die Kulturnation als Gemeinschaft auf der Gundlage gemeinsamer Herkunft, Sprache, Religion, Sitten und Geschichte. Dieser Gedanke wurde von Johann Gottfried Herder geprägt, der die Nation nicht nur als politisches Gebilde ansah, sondern auch die Völker in den Blick nahm, denen er einen gleichsam individuellen Charakter zusprach. Dieser drückt sich v. a. in der Sprache aus, aber auch z. B. im Volkslied (ein von Herder eingeführter Begriff).

Die »Erfindung« der Nation im Einflussbereich der Französischen Revolution führte so zu unterschiedlichen Formen des Nationsverständnisses: Dem ethnisch-kulturellen Nationalismus in Deutschland steht in der westeuropäisch-angelsächsischen Welt ein politischer Nationalismus gegenüber (Friedrich Meinecke).

rus und gleichzeitiger Aufnahme bürgerlicher Fachkräfte in die Regierungsverantwortung hatte Ludwig XIV. diesen Weg Frankreichs in die Moderne eingeleitet. Ein wesentliches Merkmal des neuen Staates lag demnach in der Kontinuität seiner Entwicklung begründet. Aber, welche Form hatte die neu proklamierte französische Nation, nachdem die Bastille geschleift, der Bruch mit dem alten Staat vollzogen und der Absolutismus der Bourbonen rückblickend zum Ancien Régime erklärt worden war? Wie es sich der Abbé Sieyès als maßgeblicher politisch-intellektueller Ideenlieferant erhoffte, erschufen sich die Revolutionäre ab dem Herbst 1789 eine eigene, gänzlich neuartige Nation. Für die Selbstkonstitution galten zwei grundsätzliche Bedingungen: Die Nation erhielt erstens eine neue Legitimität und zweitens eine neue Souveränität. Frankreich war nun eine konstitutionelle Monarchie, der König nicht mehr oberster Souverän, sondern das Volk. Die nationale Vergangenheit der absoluten Monarchie wurde in eine neue, auf einheitlichen Gesetzen beruhende, durch Volksrepräsentanten vertretene, universalistisch begründete Nation umgewandelt. Der Kollektivsingular »Nation« verstand sich zugleich als handelnde Kollektividentität, das heißt, der Einheitsgedanke wurde zur tragenden Säule der Nation, die sich in der Folgezeit von allen anderen durch die absolute Radikalität ihrer Prinzipien und ihrer expansiven Fähigkeiten unterschied.

Die Einheit manifestierte sich in allen Bereichen des öffentlichen Lebens: einheitliche Verwaltungseinteilun-

Johann Gottlieb Fichte schrieb mit den »Reden an die Deutsche Nation« 1807/08 einen Text, der später als Programmatik eines ethnischen Nationalismus betrachtet wurde. Er beschwor die »Kraft des deutschen Wesens« und propagierte die geistige Erneuerung (Gemälde von Arthur Kampf in der Friedrich-Wilhelm-Universität in Berlin, Foto von 1913/14).

gen, Nationalerziehung, Zivilkonstitution des Klerus, Nationalisierung der Regionalsprachen. Schließlich bündelten und verdichteten kollektive Reinigungs- und Wiedergeburtsfeiern wie die einzelnen Föderationsfeste oder das Fest des Höchsten Wesens diesen epochalen Nationalisierungsprozess. *Erich Pelzer*

»Eigentum ist Diebstahl«: Der Frühsozialismus

Proudhons Gesang klang rau, und sein Text war voller Kraft, ein Angriff gegen das Eigentum, wie er vordem noch nie ergangen war«, so schrieb Ernst Bloch in »Prinzip Hoffnung«. Der Franzose Pierre Joseph Proudhon hatte bereits im Titel seiner berühmten ersten Schrift »Was ist Eigentum?« (1840) gefragt und geantwortet: »Raub«. Der Satz »Eigentum ist Diebstahl« hatte ihn berühmt gemacht. Hundert Jahre zuvor hatte schon Jean-Jacques Rousseau die Entstehung des Eigentums auf einen ersten Gewaltakt zurückgeführt. Im Gegensatz dazu sah Proudhon diesen »Raub« als ständige Aneignung eines in der Arbeit erzeugten Mehrprodukts. Er stellte die Frage »Warum?« und antwortete, dass diese Aneignung durch nichts gerechtfertigt sei.

Kompromisslos wandte er sich gegen alle bis dahin bekannten Begründungen einer Rechtmäßigkeit dieser Aneignung und damit des Eigentums. Nur weil einer besser arbeite als der andere, habe er kein Recht auf Besitz; auch Erwerb durch Erbschaft lehnte er ab. Die Teilung der Gesellschaft in Besitzende und Nichtbesitzende, in Arme und Reiche, in Freie und in Abhängige und die daraus folgende Auseinandersetzung um die Rolle des Eigentums hatte das Denken in der Zeit von 1650 bis 1850 unterschwellig immer mitbestimmt.

In dieser Zeit wandelten sich das Wirtschaftsleben, die politischen Hegemonien und Strukturen, das Sozialsystem und nicht zuletzt die sie begleitenden sozialtheoretischen Ideen. Trotz aller auch positiven Veränderungen vertiefte sich die Spaltung der Gesellschaft in Besitzende und Nichtbesitzende. Die Leibeigenschaft wurde zwar Schritt für Schritt beseitigt, an ihre Stelle traten jedoch andere Formen sozialer Unterdrückung und Ungerechtigkeit. Diese soziale Situation kollidierte aufs

Schärfste mit der Grundidee der Aufklärung, dass alle Menschen von Natur aus gleich seien.

Ein Traum: Gerechte Verteilung, gleiche soziale Stellung
In einer Vielzahl von Reden, Schriften, romanhaften Darstellungen oder, lebendig praktiziert, in religiösen und nicht religiösen Gemeinschaften artikulierte sich der Traum von einer Gesellschaft mit gerechter Verteilung des Eigentums und gleicher sozialer Stellung aller Gesellschaftsmitglieder. Die Ausdrucksweisen, in denen dies überliefert ist, sind vielfältig. Sie reichen vom Aufschrei der Empörung der Sprecher der plebejischen Schichten in der englischen Revolution des 17. Jahrhunderts bis zur Ausarbeitung umfassender wissenschaftlicher Theoriengebäude in der Mitte des 19. Jahrhunderts. Es finden sich moraltheoretische Traktate von Priestern darunter, aber auch Theaterstücke und romanhafte Darstellungen, wie wir sie heute als Science-Fiction kennen. Immer geht es um die Frage: Wie entsteht die ungerechte Aneignung und wie könnte eine Gesellschaft ohne soziale Differenzierung aussehen?

Pierre Joseph Proudhon stammte aus ärmlichen Verhältnissen und eignete sich durch Selbststudium eine umfassende Bildung an. Mehrere gut bezahlte Stellen lehnte er ab, um seine geistige Unabhängigkeit zu bewahren (Gustave Courbet, »Proudhon mit seiner Familie«; Paris, Musée du Petit Palais).

WICHTIGE FRÜHSOZIALISTEN
Frankreich
François Noël Babeuf (1760–97)
Louis Blanc (1811–82)
Charles Fourier (1772–1837)
Gabriel Bonnot de Mably (1709–85)
Jean Meslier (1664–1729)
Morelly (um 1715 bis nach 1778)
Pierre Joseph Proudhon (1809–65)
Jacques Roux (1752–94)
Claude Henri de Rouvroy, Graf von Saint-Simon (1760–1825)
Deutschland
Moses Hess (1812–75)
Wilhelm Weitling (1808–71)
Großbritannien
Robert Owen (1771–1858)
Gerrard Winstanley (1609–52)

> **ZITAT**
>
> Der französische Philosoph Morelly entwirft in seinem »Gesetzbuch der natürlichen Gesellschaft oder der wahre Geist ihrer Gesetze zu jeder Zeit übersehen und verkannt« (1755) das Bild einer künftigen Gesellschaftsordnung:
> *Jeder Bürger wird für seinen Teil nach seinen Kräften, seinen Talenten und seinem Alter zum Staatsnutzen beitragen. Hiernach werden seine Pflichten den Gesetzen der Verteilung gemäß geregelt werden.*

Nach der Französischen Revolution vollzog sich der Übergang von der spekulativen zur empirischen Sozialwissenschaft. Dieser Vorgang beeinflusste sowohl die Eigentumskritik wie auch die Konstruktion neuer Gesellschaftsmodelle nachhaltig. Die neuen Modelle wurden nicht mehr aus Prinzipien und Grundsätzen spekulativ abgeleitet, sondern aus einer als notwendig angesehenen gesellschaftlichen Entwicklung gefolgert. Auch die Ziele der Kritik wandelten sich. Während zum Beginn dieser Periode vorwiegend der Feudalbesitz beseitigt werden sollte, rückte zur Zeit der großen Französischen Revolution der aus Spekulation, Handel und kolonialer Ausbeutung erworbene Besitz in das Zentrum der Kritik.

Am Beginn des 19. Jahrhunderts schob sich der Gegensatz zwischen der Industriearbeiterschaft, die sich selbstbewusst Proletariat nannte, und dem wohlhabenden Bürgertum, der Bourgeoisie, ins Zentrum der Überlegungen und damit der Besitz an Kapital. Während die frühen Theoretiker die Ursache der gesellschaftlichen Spaltung im moralischen Zerfall und in der Bereicherungssucht der Menschen sahen, trat am Ende des 18. Jahrhunderts die Vorstellung von ökonomischen Gesetzmäßigkeiten ins Zentrum der Aufmerksamkeit.

Was ist Frühsozialismus?
Theorien, die eine gerechte Verteilung des Eigentums und somit soziale Gleichheit fordern, werden im weiteren Sinne sozialistische genannt. Der Begriff »Sozialismus« geht auf das lateinische Wort socialis, »gemeinschaftlich«, zurück. Im heute geläufigen Sinne bildete er sich erst relativ spät heraus, nämlich zu Beginn des 19. Jahrhunderts in Frankreich als Gegenbegriff zu dem auf den Menschen als Einzelwesen abhebenden individualisme (Individualismus) heraus. Er wurde in der Zeitschrift der Anhänger des französischen Sozialphilosophen Charles Fourier, »Le Globe«, als eine auf die Gemeinschaft bezogene Denkweise verstanden. Unter dem Einfluss des britischen Unternehmers und Sozialreformers Robert Owen entstand die »Assoziation aller Klassen und Nationen«, deren Mitglieder sich seit 1839 Sozialisten nannten. Owen selbst überschrieb einen von ihm verfassten Beitrag 1841 mit der Frage »Was ist Sozialismus?«.

Seit der Entstehung der modernen Arbeiterbewegung wird dieser Begriff auf jene Strömung in ihr angewendet, die sich die Beseitigung des Kapitalismus und den Übergang in eine andere, eben die sozialistische Gesell-

François Noël Babeuf (1760–1797) trat für die Aufteilung von Grund und Boden und die gleichmäßige Verteilung des Ernteertrages ein.

Die Ausbeutung der schlesischen Weber und der daraus resultierende Aufstand im Jahr 1844 waren ein Baustein in der Herausbildung einer europäischen Arbeiterbewegung (Gemälde von Carl Wilhelm Hübner, 1844; Bonn, Rheinisches Landesmuseum).

schaftsordnung zum Ziel gesetzt hat, sei es auf friedliche oder gewaltsame Weise. Friedrich Engels beschrieb den Bedeutungswandel und den entsprechenden Gebrauch des Wortes »Sozialisten« 1888 rückblickend für die Mitte des 19. Jahrhunderts wie folgt: »Unter Sozialisten verstand man 1847 einerseits die Anhänger der verschiedenen utopischen Systeme, die Owenisten in England, die Fourieristen in Frankreich...«, die sich aber bald differenzierten: »So war denn 1847 Sozialismus eine Bewegung der Mittelklasse, Kommunismus eine Bewegung der Arbeiterklasse.« Doch schon zu Engels' Lebzeiten hatte sich die politische Bewegung der Arbeiter weitest-

Titelblatt der Erstausgabe »Garantien der Harmonie und Freiheit« von Wilhelm Weitling, 1842 im Verlag des Verfassers erschienen. Weitling sah in den Interessen der Arbeiterschaft und des Bürgertums einen unvereinbaren Widerspruch. Er wollte die Arbeiterschaft zum selbstständigen Kampf für ihre Interessen bringen.

gehend unter der Bezeichnung Sozialisten oder Sozialdemokraten vereint.

Erst als sich die Arbeiterbewegung am Beginn des 20. Jahrhunderts spaltete, gewann auch die terminologische Trennung in Kommunisten, Sozialisten und Sozialdemokraten schärfere Konturen. Vor 1830 wurde der Begriff Sozialismus auch angewandt, wenn die Beibehaltung des Kleineigentums bei kooperativer Nutzung für möglich gehalten wurde, während Kommunismus die völlige Beseitigung des Eigentums an Produktionsmitteln und die absolute Verteilungshoheit und Fürsorgepflicht des Staates vorsah. Doch diese Trennung war nirgends endgültig.

Desgleichen ist kaum schlüssig darzulegen, welche Theoretiker als sozialistische zu bezeichnen sind und welche nicht. Karl Kautsky hatte in seiner Schrift »Vorläufer des neueren Sozialismus« (1895) in die Reihe der Vorleistungen Elemente von Platons Staatsauffassung ebenso aufgenommen wie die auf der Bibel fußenden frühchristlichen Gütergemeinschaften, die Eigentumslosigkeit in den mittelalterlichen Mönchsgemeinschaften ebenso wie Lebensformen der gegen die Kirche gerichteten christlichen Rebellenbewegungen des Mittelalters.

In diesem Sinne fußen auch die utopischen Gesellschaftsvorstellungen in der Zeit von 1650 bis 1850 auf einem reichen Fundus von Autorenleistungen. Andererseits ist die Entwicklung sozialistischer Ideen weder mit dem »wissenschaftlichen Sozialismus« von Marx und Engels abgeschlossen noch mit dem Untergang des Sozialismus als Staatsordnung. Insofern sind die Termini »Frühsozialismus« und »Frühsozialisten« als historische Kategorie zu betrachten.

»Zunächst, wie du weißt, wird bei allen Völkern die Herrschaft über die Erde durch Kaufen und Verkaufen geregelt. Dagegen führt dir der folgende Entwurf eine Regierung vor, die ohne Kaufen und Verkaufen über die Erde verfügt, und ihre Gesetze sind die eines freien und friedfertigen Gemeinwesens, das alles austilgt, was vom Übel ist«, schrieb Gerrard Winstanley zur Zeit der englischen Bürgerkriege (1642–49). Eine Gesellschaft, die alles ausrottet, was von Übel ist, den Hunger, die Kriege, den moralischen Zerfall, das war der Traum. Alle sollten Nahrung haben, aber auch gesicherte Bildung und Ausbildung.

> **ZITAT**
>
> **In seinem Werk »Der sozietäre Reformplan« (1829) klagt Charles Fourier das Recht auf Arbeit ein:**
> *Wir dürfen also im Hinblick auf die Menschenrechte die Philosophie und die Zivilisation ersuchen, uns nicht der Hilfsquelle zu berauben, die uns Gott... in die Hand gab, und uns wenigstens den Anspruch auf eine Beschäftigung zu garantieren, in der wir aufgewachsen sind. Eine Arbeit ist ein kumulatives Recht...*

> **INFOBOX**
>
> **Ein Wegbereiter der Soziologie**
> Der französische Sozialtheoretiker Claude Henri de Rouvroy, Graf von Saint-Simon (1760–1825) gelangte durch die Analyse des Feudalismus und der beginnenden Industrialisierung zu der Erkenntnis, dass die Produktion die Grundlage der Gesellschaft ist. Er machte die Verbesserung des Zusammenlebens der Menschen abhängig von der zweckvollen Einrichtung der Wirtschaft, die der höchste Grundsatz sozialen Handelns sei.
> Die von ihm ausgehende Schule des Saint-Simonismus wollte die von Revolutionen bedrohte und aufgewühlte Gesellschaft durch Naturwissenschaft und Technik beruhigen und auf der Grundlage religiöser Gesinnung ihre Reorganisation befördern. Seine Religion ist eine Religion des Diesseits, eine Verbrüderung zum Zweck der irdischen Glückseligkeit. Der Erforschung der Gesellschaft und ihrer Organisationsformen galt die Arbeit Saint-Simons. Er wurde damit zu einem Wegbereiter der soziologischen Wissenschaften.

> **ZITAT**
>
> Trotz ihrer Verdienste findet sich nach Friedrich Engels bei den utopischen Frühsozialisten letztlich nur:
> *... eine äußerst mannigfaltige Schattierungen zulassende Mischung aus den wenig Anstoß erregenden kritischen Auslassungen, ökonomischen Lehrsätzen und gesellschaftlichen Zukunftsvorstellungen der verschiedenen Sektenstifter, eine Mischung, die sich umso leichter bewerkstelligt, je mehr den einzelnen Bestandteilen im Strom der Debatte die scharfen Ecken der Bestimmtheit abgeschliffen sind wie runden Kieseln im Bach.*

Winstanley entwickelte eine neue Form kommunistischer Gleichheitsvorstellungen für die ärmeren bäuerlichen Schichten der Nachfeudalzeit. Sie richteten sich gegen die Geldwirtschaft, die die einfachen Tauschformen der Naturalwirtschaft ablöste. In England begann das Bauernsterben, weil die Händler die Bauern in den Bankrott trieben. Dennoch waren Winstanleys Vorstellungen konservativ, weil er das idealisierte mittelalterliche Bauerntum wie das Handwerk schützen wollte. Da er jedoch das Bestehende infrage stellte und zu seiner Überwindung aufrief, unterlagen die Anhänger seiner Ideen wie andere Rebellen auch massiven Verfolgungen.

In Frankreich griffen Jean Meslier, Gabriel Bonnot de Mably und Morelly (sein Vorname ist nicht bekannt) diese frühsozialistischen Gedanken auf. Auch sie artikulierten vorrangig die Interessen der französischen »Dorfarmut«, die nicht nur unter der feudalen Unterdrückung, sondern ebenfalls unter den Folgen der Geld- und Kreditwirtschaft leiden mussten. Als Zeitgenossen Jean-Jacques Rousseaus in der Blütezeit der französischen Aufklärung vertieften sie die Eigentumskritik; ihre Gleichheitsvorstellungen basierten auf naturrechtlichen und gesellschaftsvertraglichen Begründungen. In der von Morelly erträumten Staatsform herrscht nicht mehr die gottgegebene Hierarchie, sondern die Zahl: Die Gesellschaft wird in abzählbare Einheiten aufgeteilt, um eine gerechte Versorgung aus den Vorratslagern zu gewährleisten. Alle Menschen sind gleich. Das Mathematische, Ausdruck der Berechenbarkeit und der neuen Wissenschaftsgläubigkeit, bestimmt nun die Ordnung des Zusammenlebens.

Noch war die Kritik des Eigentums allgemein und aus ethischen Prinzipien abgeleitet. Wie die bisherigen Utopisten glaubten auch Meslier, Morelly und Mably, es genüge, die Gesetze und die Moral zu ändern, und schon breite sich der Fortschritt als ständige Entwicklung flächendeckend aus. Doch in dem Maße, in dem sich kapitalistische Manufaktur, Industrie und Handel entfalteten, wurden auch ihre Widersprüche unübersehbar.

Porzellan aus Manufakturen befriedigte die wachsende Nachfrage nach Luxusgütern durch das Bürgertum, während sich in den Betrieben frühe Formen des Kapitalismus herausbildeten, die u. a. die Trennung von Angestellten und Arbeitern mit sich brachten (Geiger aus der Manufaktur Ludwigsburg, um 1765/66; Ludwigsburg, Schloss).

Wirtschaftlicher Fortschritt erzeugte nicht unbedingt moralischen Fortschritt. Die Vorstellungen der Aufklärung, nach der Beseitigung der absolutistischen Herrschaftsform würde das soziale Leben nach den Prinzipien der Gerechtigkeit, der Gleichheit und der Brüderlichkeit gestaltet werden, erwiesen sich schon bald als Illusion.

Der Revolutionär Jacques Roux hatte 1793 im »Manifest der Zornigen«, das er an den Nationalkonvent richtete, festgestellt: »Seit vier Jahren ziehen allein die Reichen Nutzen aus der Revolution. Die Handelsaristokratie, schlimmer als die adlige und geistige Aristokratie, hat sich ein grausames Spiel daraus gemacht, die Privatvermögen und die Schätze der Republik an sich zu reißen«, um dann zu fragen: »Was denn! Soll das Eigentum der Gauner unverletzlich sein?« Doch der Konvent beschloss die Unverletzlichkeit des Eigentums. Das Bürgertum bestand darauf, dass die rechtliche Gleichheit das Höchste und Letzte sei, was die Revolution erreichen könnte. Das stieß auf Widerspruch.

In Antwort auf diese Situation wollte François Noël Babeuf, der sich nach den beiden Volkstribunen aus der Anfangszeit der Römischen Revolution im 2. Jahrhundert v. Chr. auch Gracchus nannte, mit der »Verschwörung der Gleichen« die neue Gesellschaft mit Gewalt und gegen das neue Bürgertum durchsetzen. Es sollte eine »Gemeinschaft der Güter und der Arbeiten« geschaffen werden.

Babeuf hatte vor der Revolution in der Picardie die Tricks der Adligen bei der juristischen Landnahme kennen gelernt und angeprangert. Nach seiner erzwungenen Übersiedlung nach Paris und während der Revolution kämpfte er gegen die Gewinner der Revolution, vor allem gegen die Handelsbourgeoisie. Sein Leben endete auf dem Schafott (1797). Babeufs Auseinandersetzung ist Ausdruck der wachsenden Gegensätzlichkeit innerhalb des dritten Standes. Mit dieser Auseinandersetzung wurde eine weit größere eingeläutet, nämlich jene zwischen den Arbeitern der Manufakturen der beginnenden industrialisierten Produktionsprozesse und den Eigentümern der Betriebe, den Händlern und Bankiers.

Geistig wurden die veränderten sozialen Gegebenheiten und Auseinandersetzungen von einer neuen Genera-

Der britische Unternehmer und Sozialreformer Robert Owen (1771–1858) gilt als Begründer des Genossenschaftswesens.

Adam Smith, der Wegbereiter des wirtschaftlichen Liberalismus, fasste in seiner 1776 erschienenen »Untersuchung über die Natur und die Ursachen des Nationalreichtums«, einem monumentalen Werk von über 1000 Seiten, systematisch die liberalen Wirtschaftstheorien des 18. Jh. zusammen.

tion früher Sozialisten begleitet. Sie hatten neue gesellschaftliche Tatbestände zu berücksichtigen. Die Produktionsprozesse erreichten eine ungeahnte Effektivität. Die ganze Welt wurde zum Handelsschauplatz. Wissenschaft wurde produktionswirksam. Der Reichtum wuchs, die Armut blieb und wurde noch drückender empfunden. Die philosophische Aufklärung mit ihrem auf Empirie (Erfahrungswissen) und Verallgemeinerung gegründetem Wissenschaftsverständnis sowie ihrem Glauben an die Allmacht der Vernunft hatte das gesellschaftliche Selbstbewusstsein gesteigert. Die Machbarkeit des Seins, erlebt in Technik und Industrie, sowie der rasante Wandel der politischen Verhältnisse erschienen nicht mehr als Werk begnadeter Eliten, sondern als Ergebnis der Wissenschaft, des Managements und der Arbeitsorganisation. Voraussetzung und Grundlage der Weltveränderungstheorien war die menschliche Handlungsfähigkeit kraft freien Willens: Wenn sich die Produktion änderte und das politische Leben, warum sollten sich dann Aneignung und Verteilung der Güter in der Gesellschaft nicht ändern und nach wissenschaftlichen Erkenntnissen neu eingerichtet werden?

Alles ist machbar. Es ist nur notwendig, die richtigen Kräfte zu finden, zu bündeln und zu organisieren. Die neue Generation der frühen Sozialisten war anders als ihre Vorgänger. Ihre Vertreter waren Wissenschaftler und Publizisten, Unternehmer, Kaufleute, manche auch Spekulanten und Bankrotteure. Diese Sozialisten wandten sich direkt an die Öffentlichkeit: Sie nutzten Zeitungen und Zeitschriften, und sie sammelten Anhänger um sich. Sie und ihre Anhänger waren Vorläufer der modernen sozialistischen Parteien.

Die wichtigsten Frühsozialisten kommen zweifellos aus Frankreich, so Claude Henri de Rouvroy, Graf von Saint-Simon, Charles Fourier und Pierre Joseph Proudhon. Unter den Engländern ist vor allem Robert Owen zu nennen, unter den Deutschen sind es Wilhelm Weitling und Moses Hess.

Neu an ihren Überlegungen waren drei Aspekte: Zum einen sahen sie in der neuen bürgerlichen Gesellschaft, so wie sie sich darstellte, keine Lösung der grundlegenden sozialen Gegensätze. Zum anderen suchten sie die Ursachen der sozialen Gegensätze in den Mechanismen der industriellen Produktion selbst und nicht mehr in einer Abweichung vom Ideal. Des Weiteren verbündeten sie sich mit den neuen sozialen Kräften und fanden diese entweder in der Intelligenz und den gehobenen Arbeiterschichten (Saint-Simon), im Zusammenwirken von Arbeitern und Unternehmern (Owen), unter den Kleingewerbetreibenden und Handwerkern (Weitling) oder unter den Fabrikarbeitern selbst (Fourier, Proudhon). Und schließlich fassten sie die bestehende Zivilisation nur als ein zeitweiliges Stadium auf, dem eine neue andere Gesellschaft folgen sollte.

Die englischen Ökonomen Adam Smith und David Ricardo entdeckten, dass die produktive Arbeit in Verbindung mit den verwendeten Werkzeugen, Maschinen und Rohstoffen unter Nutzung der vorhandenen Naturgegenstände und -kräfte den gesellschaftlichen Reichtum

ZITAT

Der Frühsozialist Wilhelm Weitling schrieb 1845 in seinem Buch »Das Evangelium des armen Sünders«:

... Alle Evangelisten stimmen darin überein, dass Jesus immer die Gesellschaft der Armen, der Liederlichen, Verachteten und Verworfenen aufsuchte. Für sie besonders hatte er die Wohltaten des neuen Reiches, das er kündete, berechnet, sie hielt er geeignet, die Gründung dieses Reichs ins Werk zu setzen.

schafft (Arbeitswerttheorie) und nicht primär der Handel, wie die Merkantilisten annahmen, oder der Raub – eine These, die noch Rousseau vertrat.

Damit erhielt die nationalökonomische Begründung von der Entstehung und Entfaltung des Eigentums eine neue Dimension. Robert Owen folgerte daraus, dass die Verteilung zwischen Unternehmer und Arbeiter geändert werden müsste. Der Arbeiter sollte einen höheren Anteil am Mehrprodukt erhalten. In Owens Betrieben wurden unter anderem Krankenversicherung, Altersvorsorge und betriebliche Ausbildung eingeführt. Außerdem wurde die Allmacht des Unternehmers gebrochen. In dem von Owen begründeten Fabriksystem waren alle Arbeitenden gleichberechtigt. Weiterhin sollten alle Zwischenstufen der Aneignung des Mehrprodukts durch Händler eliminiert werden. Owen war ein erfahrener Unternehmer. 1799 führte er in Schottland sein Fabriksystem in Form eines sozialen Experiments ein. Die Arbeitsfreude der Arbeiter und die Produktivität wuchsen. Dennoch konnte sich sein Unternehmen in der Konkurrenz nicht behaupten.

Ähnliches schlug Fourier mit seinem Phalanxsystem vor. Unter Phalansterien (phalanstères) oder Phalangen verstand er Organisationsformen der Produktion und des gesellschaftlichen Lebens auf einem Territorium. Nicht die Fabrik sollte die Organisationseinheit sein, sondern ein Gebiet kommunaler Selbstverwaltung, in dem alle lebensnotwendigen Produktionszweige und auch alles Notwendige für Erziehung, Ausbildung, Kultur und Bildung vorhanden war.

Fourier begründete ihre Notwendigkeit aus dem elementarsten Recht der Menschen, sich zu ernähren. Zwar sollte die Phalange den Armen (das sind bei Fourier die Eigentumslosen allgemein), wenn nötig, Brot und Unterstützung geben, doch sollte das nicht die Regel sein. Denn die Armen, meinte er, gewöhnten sich, wie das Beispiel Englands zeige, an ein Leben ohne Arbeit. Erst Arbeit aber ermögliche ein ausgefülltes Leben. Die Aufgabe der Phalange sei es, die Arbeit zu organisieren, um aus ihr heraus das gesellschaftliche Leben und die Moral bis in die Familie hinein zu gestalten. Fourier war ein Anhänger der freien Liebe, was ihm viel Kritik einbrachte.

Der utopische Sozialist Charles Fourier (1772–1837) wollte durch die Bildung von Kommunen, in denen die Menschen entsprechend ihrer Charakterstruktur zusammenleben und arbeiten, eine universelle Harmonie erreichen.

Louis Blanc (1811–82) war ein französischer Vertreter des utopischen Sozialismus. Er versuchte, die Folgen des Kapitalismus durch die politische Stärkung der Arbeiterschaft zu mildern.

Saint-Simon, Fourier und Owen waren Sozialisten des Industriezeitalters. Mit Saint-Simon begann die Suche nach neuen sozialen Kräften, die eine veränderte Gesellschaft hervorbringen könnten. Er rechnete mit dem Adel ab, aus dem er selbst stammte. Dabei ging es ihm in erster Linie um dessen Führungsfunktion. Früher habe der Adel noch eine solche Funktion in der Gesellschaft gehabt und sie durch Fleiß und Bildung ausgefüllt. Heute, so meinte er in der »Parabel des Saint-Simon«, würde es keine Bedeutung haben, wenn die Mitglieder der Adelsfamilien und ihr Anhang nicht mehr existierten. An ihre Stelle müsse die Klasse der Industriellen treten. Zu ihr rechnete er alle, die die Industriegesellschaft zum Leben erwecken, die Güter herstellen oder verteilen: die Bauern, die Arbeiter in den Fabriken, die Tagelöhner, die Unternehmer, die Kaufleute, Spediteure, Seeleute. Durch sie werde, wenn sich die Arbeit ungehemmt entfalten könne, ein ungeahnter Reichtum entstehen. Es wäre eine Gesellschaft ohne Kriege und ohne die Kosten einer aufwendigen Herrschaft über Menschen. Saint-Simon teilte wie die meisten seiner Zeitgenossen die Vorstellung eines unendlichen Fortschritts. So genau seine Analyse der bestehenden Zustände auch war, in seinen Zukunftsvorstellungen mischen sich, wie bei allen Sozialisten, Realität und Illusion, Utopie und Resignation.

Peter Kranepuhl

Wirtschaftliche Schranken fallen: Vom Zunftzwang zur Gewerbefreiheit

Territoriale Flurbereinigung, politische Unruhe und militärische Auseinandersetzungen sowie sich anschließende Liberalisierungsmaßnahmen in Landwirtschaft und Gewerbe kennzeichneten das Ende des 18. und den Beginn des 19. Jahrhunderts. Diese Umbruchphase offenbarte, dass sich die Kriterien zur Beurteilung gesellschaftlichen und wirtschaftlichen Handelns zusehends veränderten. Den geistigen Nährboden für diesen Wandel bereitete die Aufklärung, in der sich philosophisch der Rationalismus und mit ihm eine den Fortschritt bejahende Grundhaltung durchsetzte.

Ideelle und materielle Voraussetzungen des wirtschaftlichen Umbruchs

Das rechtliche Fundament boten Verfassungsreformen, die technische Grundlage einige Neuerungen, zum Beispiel die Nutzung der Dampfkraft, die Einführung von Spinnmaschinen und des mechanischen Webstuhls sowie die Entwicklung der Bandmühle, einer Maschine zur Herstellung textiler Bänder. Die sich etablierende Arbeitsteilung erhöhte die Produktivität, ermöglichte mithin effizienteres Wirtschaften; ferner führte sie zu einer besseren Abstimmung zwischen Wirtschaft und Wissenschaft zu beiderseitigem Nutzen. Das Denken in den Kategorien der Wirtschaftlichkeit, Nützlichkeit und Effektivität bedingte zugleich, dass Leistungsbereitschaft und -fähigkeit des Einzelnen gesellschaftlich deutlich aufgewertet wurden. In diesem Zusammenhang dürfte der Neuhumanismus, der mit seiner Bildungskonzeption das Ideal eines umfassend gebildeten und autonomen Menschen verwirklichen wollte, der unternehmerischen Initiative und der Entwicklung von Visionen in der Zeit der Frühindustrialisierung wesentliche Impulse gegeben haben.

Es bedurfte kräftiger Motive, um diese günstigen Voraussetzungen für zweckrationales und »innerlich« engagiertes Handeln zu entfalten. Da man immer noch agrarische Krisen, das heißt Missernten zu fürchten

Technische Neuerungen (abgebildet eine Dampfschnellpresse für Druckerzeugnisse in einem Holzstich des 19. Jh.) führten zu erhöhter Produktivität und Arbeitsteilung.

Im Mittelalter kontrollierte das Zunftwesen Löhne, Preise und den Zugang zum Markt, sicherte aber zugleich die fachliche Ausbildung (Rüst- und Büchsenmeisterbuch des Hans Henntz, Pergamenthandschrift, um 1410; Weimar, Herzogin Anna Amalia Bibliothek).

hatte, ist in der Vorsorge mittels Lagerhaltung und in der Sicherstellung von »Notgroschen« ein wesentliches Leistungsmotiv zu sehen. Darüber hinaus hatte sich die Marktwirtschaft mehr und mehr herausgebildet und das arbeitsteilige Prinzip im frühindustriellen produktiven Bereich neue Möglichkeiten der Gewinnrealisierung eröffnet. Geschäftsleute suchten ihr Glück – neben dem Handel – verstärkt im industriellen Bereich, der nach und nach bemerkenswerte Unternehmerpersönlichkeiten hervorbrachte. Deren wirtschaftliches Schaffen war meist nicht nur ökonomisch, sondern auch ideell motiviert: So wollte man als bedeutend erachtete Tugenden verwirklichen, seien es Selbstständigkeit, kreativer Gestaltungswille, religiöse Überzeugung und asketische Arbeitsauffassung, oder schlicht der Lust nachkommen, Macht und Einfluss zu erlangen.

Man wird festhalten dürfen, dass diese geistig-sozialpsychologischen und materiellen Faktoren nicht zuletzt dazu führten, »Wohlstand« und »Armut«, »Gewerbefleiß« und »Müßiggang« neu zu bewerten und das anfänglich geringe Prestige des gewerblichen Unternehmertums aufzuwerten. Die in diesem Zusammenhang entstehenden leistungsorientierten breiten bürgerlichen Mittelschichten trugen ebenso wie die wachsende Zuverlässigkeit und Effizienz im Informations- und Kommunikationswesen zur Formation der industriellen Leistungsgesellschaft bei.

Wichtige Impulse für die gewerbliche und industrielle Entwicklung gingen vom Liberalismus aus. Die Idee der Freiheit der Persönlichkeit bildete den zentralen Ausgangspunkt liberaler Überlegungen. Dem entsprach – bezogen auf den wirtschaftlichen Bereich – das Prinzip des Laissez-faire, nach dem jede wirtschaftliche Betätigung des Einzelnen frei von regulierenden staatlichen Eingriffen bleiben sollte. Von der freien Entfaltung der Anlagen und Kräfte des Einzelnen erhoffte man einen Fortschritt der Kultur im Allgemeinen wie auch der wirtschaftlichen und sozialen Ordnung im Besonderen. Der Liberalismus verlangte, die staatliche sowie jede andere Gewalt über einzelne Menschen zu beschränken. Sowohl die Abhängigkeit der Bauern vom Grund- oder Gutsherrn in den Formen der Leib- und Gerichtsherrschaft, die Verhinderung der freien Berufswahl durch Zünfte, die Privilegierung einiger Unternehmer durch den Staat oder die Verhinderung einer freien Konkurrenz infolge von Absprachen hemmten die Entwicklung einer natürlichen Ordnung im Sinne des Liberalismus. Aus dieser Weltanschauung erwuchsen die Reformen des 19. Jahrhunderts.

Etappen auf dem Weg zur Gewerbefreiheit
In den beiden ersten Dritteln des 19. Jahrhunderts wurde die obrigkeitlich genossenschaftliche Gewerbeverfassung abgelöst durch eine Gewerbeordnung, die nicht mehr auf dem Prinzip der Solidarität, sondern auf dem der Konkurrenz beruhte. In Frankreich wurde die Gewerbefreiheit im Gefolge der Französischen Revolution eingeführt, in Großbritannien 1813, in Belgien 1831, in Schweden 1846 und in der Schweiz 1848. Die Vielzahl der deutschen Staaten – der 1815 gegründete Deutsche Bund zählte 39 souveräne Mitglieder, wobei Österreich und Preußen ihm nur mit jeweils einem Teil ihres Staatsgebietes angehörten – erforderte es, hinsichtlich der Aufhebung des Zunftzwanges und der Einführung der Gewerbefreiheit nach Regionen zu unterscheiden. Bevor

ZITAT

Rat des amerikanischen Politikers Benjamin Franklin an einen jungen Geschäftsmann:
Denke daran, dass Zeit Geld ist. Wer durch seine Arbeit zehn Schilling am Tag verdienen kann und die Hälfte dieses Tages... müßig herumsitzt, darf, wenn er auch nur sechs Pence während seiner Zerstreuung oder Müßigkeit verbraucht, das nicht als einzige Ausgabe rechnen; er hat tatsächlich zusätzlich fünf Schilling verbraucht, oder besser weggeworfen.

> **INFOBOX**
>
> **Die »unsichtbare Hand«**
> In seinem Hauptwerk »Untersuchung über die Natur und die Ursachen des Nationalreichtums« (»An Inquiry into the Nature and Causes of the Wealth of Nations«, 1776) erstellt Adam Smith das wirtschaftsliberale Gedankengebäude des 18. Jh. und begründet damit die klassische Nationalökonomie. Ausgehend von einer Analyse der Arbeit und Arbeitsteilung, des Tausches und des Geldes entwickelt Smith seine Arbeitswert- und Distributionstheorie, wobei er als Erster die drei Produktionsfaktoren Arbeit, Boden und Kapital unterscheidet. Arbeit und zunehmende Arbeitsteilung begreift er als Quellen des Wohlstandes. Die notwendige Steuerung von Erzeugung und Verbrauch sieht er am besten über den freien, von keinen staatlichen Eingriffen regulierten Markt gewährleistet.
> Der freie Wettbewerb führe dann zu einer Harmonie des sozialen und wirtschaftlichen Lebens – erhalten und geleitet von der »invisible hand«, der »unsichtbaren Hand«, die die egoistischen Motive in sozial vorteilhafte Handlungen transformiere. Den Freihandel benennt er als wichtigste Voraussetzung wirtschaftlicher Entwicklung, da das Ausmaß der Arbeitsteilung nach Smith wiederum von der Größe der Märkte abhängt. Aufgrund des Prinzips der freien Konkurrenz entsprächen die Marktpreise langfristig ihren natürlichen Preisen, die sich wiederum nach dem zur Warenproduktion erforderlichen, gesellschaftlich notwendigen Arbeitsaufwand richteten.

einige markante Meilensteine auf dem Weg zur Gewerbefreiheit skizziert werden, ist indes zunächst nach der Bedeutung des Zunftzwanges für die Betroffenen und die Wirtschaft zu fragen.

Einerseits gewährten die Zünfte nur beschränkten Zugang, um Konkurrenz, das heißt Wettbewerb am Ort zu verhindern, und verfolgten alle nicht Gewerbeberechtigten als »Pfuscher« oder »Störer«. Andererseits garantierten die Zünfte für die Qualität »zünftiger« Ware und orientierten sich am – in christlichen Vorstellungen gründenden – »gerechten Preis«, also nicht an Preisen, die am Markt erzielt werden konnten. Schließlich betrachteten es die Zünfte als ihre ureigene Aufgabe, ihre Vorstellung von der »Ehre des Handwerks« zu verteidigen, nach der nicht jedes Handwerk oder jede Personengruppe akzeptiert wurde: Personen, deren Vorfahren »unehrliche« Berufe – zum Beispiel Henker, Schäfer oder Nachtwächter – ausgeübt hatten, waren ebenso wenig handwerksfähig wie unehelich geborene. Nur Bürger konnten das Handwerk ausüben, das heißt, mit dem Meisterrecht musste auch das Bürgerrecht erworben werden. Beispielhaft zeigte der Kampf gegen die Bandmühle die Rückständigkeit der Zünfte. Mithilfe dieser Maschine konnte eine ungelernte Arbeitskraft ebenso viel produzieren wie 16 gelernte Handwerker. 1676 forderten die Posamentierzünfte des Deutschen Reichs – das sind die Zünfte, die vorwiegend textiles Knüpf- und Flechtwerk herstellten – das Verbot dieser Maschinen, das 1685 durch kaiserlichen Erlass ausgesprochen und 1719 erneuert wurde. Deshalb wanderte die fortschrittliche Technik nach Basel und ins Bergische Land ab. 1749 hob der preußische König Friedrich der Große das Verbot der Bandmühle mit folgender Begründung auf: »Wir halten es für einen dem gemeinen Wesen schädlichen Handwerksmissbrauch, diejenigen Mittel, die zur Erlangung eines wohlfeilen Preises der Ware gereichen, nicht zur Hand zu nehmen.«

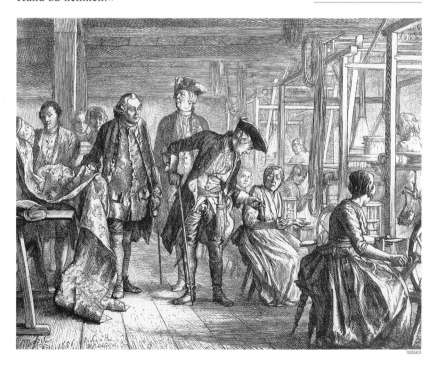

Friedrich II. besucht eine Berliner Seidenmanufaktur (Holzstich nach Adolph Menzel, 1856). Für die merkantilistische Wirtschaftsauffassung des Königs diente der Produktionsfaktor Arbeit der Hebung des Staatseinkommens. 1749 hob er das Verbot der Bandmühle auf.

Um 1750 begannen die der Aufklärung näher stehenden deutschen Länder, über die Lockerung zünftiger Bindungen nachzudenken. Einige Kameralisten wollten die Macht der Zünfte beschränkt wissen, so zum Beispiel Johann Heinrich Gottlob von Justi, der befand: »Die Innungen und Zünfte sind der Geschicklichkeit und dem Nahrungsstande mehr hinderlich als förderlich.« Bereits die Reichszunftordnung von 1731 erleichterte die Zulassung zum Gewerbe und schützte die Gewerbetreibenden außerhalb der Zünfte vor Diskriminierungen. Das Preußische Allgemeine Landrecht von 1794 stellte die Zünfte lediglich unter königliche Genehmigungshoheit, brachte also praktisch keine weitere Erleichterung.

Bestimmte Berufssparten blieben auch nach der Einführung der Gewerbefreiheit zugangsbeschränkt, so etwa das Apothekenwesen (Blick in die 1890 gegründete Falken-Apotheke in Leipzig).

Manchester war im 19. Jh. Zentrum der Textil verarbeitenden Industrie. Hier nahm der u. a. für den Freihandel eintretende so genannte Manchester-Liberalismus seinen Ausgang (Skizze von Karl Friedrich Schinkel, »Fabriken in Manchester«, 1826).

Entscheidende Fortschritte sind in den deutschen Ländern erst im Gefolge der Französischen Revolution zu verzeichnen. Freilich setzte sich die Gewerbefreiheit zuerst in den französisch beeinflussten Gebieten durch, das heißt im linksrheinischen Gebiet und in der Pfalz bereits in den 1790er-Jahren. 1808 folgte das Königreich Westfalen und 1809 das Großherzogtum Berg. In Preußen, das nach der Niederlage gegen Frankreich im Tilsiter Frieden von 1807 auf über die Hälfte seines Territoriums verzichten musste, verfügte das Oktoberedikt zur Bauernbefreiung des gleichen Jahres die Gewerbefreiheit im Grundsatz, nachdem die Aufhebung einzelner Zünfte bereits 1806 begonnen hatte. Das Gewerbesteueredikt von 1810 band die Ausübung eines Gewerbes nur noch an den Erwerb eines Gewerbescheins.

Mit der allgemeinen preußischen Gewerbeordnung vom 17. Januar 1845 wurde dann die Gewerbefreiheit für das nach dem Wiener Kongress von 1815 restaurierte preußische Staatsgebiet eingeführt. Einige andere deutsche Länder folgten erst sehr viel später, so etwa Sachsen, Baden, Württemberg und Bayern in den 1860er-Jahren. Am 21. Juni 1869 schufen die Länder des Norddeutschen Bundes für ihr Gebiet eine einheitliche Gewerbeordnung, die sich an die preußische aus dem Jahre 1845 anlehnte; ihr schlossen sich die süddeutschen Länder bis 1872 an. Die späte formale Regelung sollte jedoch nicht darüber hinwegsehen lassen, dass in einigen dieser Staaten, so zum Beispiel in Sachsen, die gewerbliche und industrielle Entwicklung schon relativ früh weit fortgeschritten war.

Nach Friedrich-Wilhelm Henning bedeutet Gewerbefreiheit, dass jedermann in jedem Umfang jeden Produk-

Richard Cobden bei Beratungen der Anti-Corn-Law-Association; die Unternehmer aus Manchester und Liverpool kämpften für die Aufhebung der Getreidezölle (Buchillustration für ein historisches Werk, um 1879).

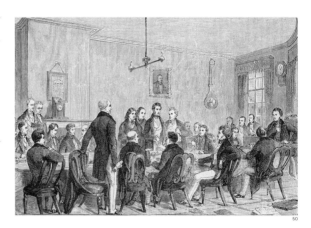

tionszweig mit jeder Produktionstechnik eröffnen und betreiben kann. Das schloss notwendig ein, dass die Zünfte aufgelöst, Konzessionen und Privilegien beseitigt sowie staatliche Förderung und Reglementierung verringert wurden. Es ist jedoch zu bedenken, dass es selbst bei großzügiger Liberalisierung Beschränkungen für einzelne Berufe gab, so die fachliche Vorbildung, die so genannte Approbation bei Ärzten, Apothekern, Bauunternehmern und Schiffern oder der Zuverlässigkeitsnachweis in Form behördlicher Konzessionen bei Schlossern, Schaustellern, Schank- und Gastwirten.

Die Gewerbefreiheit erleichterte es Handwerkern, einen Betrieb zu gründen. Dass diese Möglichkeit verstärkt in Anspruch genommen wurde, ist nicht nur auf die liberale Gewerbegesetzgebung, sondern auch auf den zunehmenden Bevölkerungsdruck zurückzuführen. Zugleich kam es in einzelnen Handwerkszweigen zu Überbesetzungen; vor allem wurde es schwieriger, im städtischen Handwerk zu bestehen. Deshalb verdingte sich ein Teil der Handwerker fortan als Industriearbeiter; neben den abgewanderten Bauern deckten also auch Handwerker den Arbeitskräftebedarf der Fabriken. Zudem nahm besonders in den Handwerkerfamilien die Frauen- und Kinderarbeit zu. Vielerorts bestand ein Überangebot an Arbeitskräften, das die Löhne drückte. Erst der in Deutschland in der zweiten Hälfte des 19. Jahrhunderts, in Großbritannien und in der Schweiz schon früher zu verzeichnende Wachstumsschub der industriellen Revolution absorbierte dieses Überangebot.

Das Manchestertum: Radikaler Wirtschaftsliberalismus
Zunächst in Großbritannien, dann verstärkt auch in Deutschland diskutierte man nach dem Wiener Kongress (1814/15) handelspolitische Fragen, wobei die Zölle im Vordergrund der Erwägungen standen.

Nach der Agrarkrise und der Hungersnot von 1816/17, in deren Folge die Sterblichkeit stark anstieg und Tausende von Europäern emigrierten, geriet zunächst der Brot- und damit der Getreidepreis in die Schusslinie der Kritiker. Handelspolitiker forderten die Aufhebung der Getreidezölle, um wenigstens das Existenzminimum für viele Haushalte zu sichern. Die umfangreichen Emigrationen des 18. und 19. Jahrhunderts lassen sich nur verstehen, wenn man die Jahre der Missernten berücksichtigt. Die dadurch steigenden Getreidepreise schmälerten das Realeinkommen so weit, bis sich für viele Zeitgenossen die Existenzfrage stellte: auswandern oder verharren?

Natürlich lässt sich nicht jede Emigration mit den Preisspitzen bei Getreide infolge von Missernten erklären, denn auch religiöse Verfolgung, Leibeigenschaft, Überbesetzung des Handwerks, Militärdienst, Steuerlas-

Die Berliner Malerin Antonie Volkmar stellte 1860 den »Abschied der Auswanderer« nach Amerika als Drama des Aufbruchs in eine ungewisse Zukunft dar (Berlin, Deutsches Historisches Museum). Tausende von Europäern emigrierten infolge der Agrarkrise und der hohen Brotpreise.

> **ZITAT**
>
> **Das Oktoberedikt des preußischen Königs Friedrich Wilhelm III. (1807) verfügt auch die Gewerbefreiheit im Grundsatz:**
> *§ 2. Freie Wahl des Gewerbes. Jeder Edelmann ist ohne Nachteil seines Standes befugt, bürgerliche Gewerbe zu betreiben, und jeder Bauer ist berechtigt, aus dem Bauern- in den Bürger-, und jeder Bürger aus dem Bürger- in den Bauernstand zu treten...*

s. ZEIT Aspekte
Manchestertum
S. 570

ten und Fronpflichten vertrieben die Menschen aus ihren Herkunftsregionen. Nichtsdestoweniger weisen jüngere Untersuchungen über den Zusammenhang von Getreidepreisen und Emigration darauf hin, dass in Zeiten höchster Getreide- und damit Brotknappheit den Menschen oft nur noch die Alternative blieb, sich in Übersee eine neue Existenz aufzubauen. Diese »Grenzexistenzen«, das heißt diejenigen Personen, die gerade noch ihren Lebensunterhalt fristen konnten, wurden durch zunehmenden Elendsdruck mobilisiert.

Um zumindest für die Bereiche der Versorgung mit Grundnahrungsmitteln und der Textilindustrie die Abschaffung der Zölle zu erreichen, riefen namhafte Kreise oder einzelne Persönlichkeiten entsprechende Initiativen ins Leben. So gründeten beispielsweise zwei Textilindustrielle aus Manchester, Richard Cobden (1804–65) und John Bright (1811–89) eine Anti-Corn-Law-Association, deren Arbeit in Großbritannien 1846 mit der Aufhebung der Zölle erste Erfolge zeigte. Im Laufe der Zeit erhielt diese radikale Variante des Wirtschaftsliberalismus die Bezeichnung »Manchestertum«. Ihre Vertreter zeichneten sich dadurch aus, dass sie eine kompromisslose Freihandelspolitik forderten und das nahezu vollständige Nichteingreifen des Staates in wirtschaftliche Prozesse propagierten. Damit übertrafen sie die wirtschaftsliberalen Vorstellungen Adam Smiths und der »klassischen Nationalökonomie« bei weitem.

Nach der Durchsetzung der Zollfreiheit in Großbritannien folgten weitere Liberalisierungsmaßnahmen: So wurde zum Beispiel 1849 die unter der Ägide Oliver Cromwells 1651 verabschiedete und seitdem geltende Navigationsakte aufgehoben und damit den Schiffen aller Nationen der Handel mit Großbritannien freigestellt. Des Weiteren schlossen Frankreich und Großbritannien 1860 einen Handelsvertrag ab – nach Richard Cobden Cobden-Vertrag genannt –, der erstmals den Grundsatz der uneingeschränkten Meistbegünstigung enthielt und damit eine Phase des internationalen Zollabbaus einleitete. Mit gutem Recht lässt sich daher das mittlere Drittel des 19. Jahrhunderts als entscheidende Phase des Wirtschaftsliberalismus bezeichnen.   *Rolf Walter*

Gegen Zölle und Monopole: Der Freihandel

Die Unabhängigkeit der Neuenglandstaaten und der lateinamerikanischen Länder gaben den Ausschlag, dass sich der Schwerpunkt der Kolonialreiche von Amerika nach Asien und Afrika verlagerte. Wenngleich Großbritannien erheblich an überseeischem Territorium verlor, blieb es doch weiterhin im Amerikageschäft dominierend. Jedenfalls stieg sein Handelsvolumen mit den Vereinigten Staaten stetig. Die lateinamerikanischen Märkte öffneten sich den britischen Fertigwaren und schufen für das von der Kontinentalsperre bedrängte Großbritannien die so wichtigen neuen Absatzgebiete.

Die traditionelle koloniale Politik hatte die überseeischen Besitzungen einseitig den Interessen des Mutterlandes unterstellt: So verhinderte sie weitgehend die Gewerbetätigkeit in den Kolonien, damit der Industrie im Mutterland keine Konkurrenz erwuchs; sie monopolisierte die Schifffahrt und den Warentransport oder unterband den freien Handel durch exklusiv privilegierte Gesellschaften auf Kosten der Kolonien. Diese protektionistische Politik wich allmählich einer Politik des Freihandels und der internationalen Freizügigkeit.

In Portugal liberalisierten die 1755 eingeleiteten Reformen des Ministers Sebastião Jose de Carvalho e Mello, des späteren Marquis von Pombal, den Handel und Verkehr zwischen Mutterland und Kolonien, der Kolonien untereinander sowie zwischen den Kolonien und fremden Ländern. König Karl III. ließ in Spanien 1765 die staatlich monopolisierte Schifffahrt und Bindung an den Hafen von Sevilla aufheben. Er gestattete allen Spaniern den Handel mit dem spanischen Westindien und gab den interkontinentalen Handel frei.

1767 und 1784 errichteten die Franzosen, dem Beispiel der Briten folgend, auf den Westindischen Inseln einige Freihäfen. Letztlich wurde auch der Amerikanische Unabhängigkeitskrieg durch die merkantilistische Kolonialpolitik Großbritanniens ausgelöst. Um die Kosten des Siebenjährigen Krieges aufzubringen, sollte die nordamerikanische Kolonie zu höheren Abgaben und Zöllen herangezogen werden, was den entschiedenen Widerstand der Siedler hervorrief. Bereits 1770 war es im Gefolge von Zollerhöhungen und Korruption in der

Zollaufsichtsbehörde zu blutigen Auseinandersetzungen zwischen Bürgern und britischen Soldaten gekommen, woraufhin alle Zölle bis auf den Teezoll aufgehoben wurden.

Als jedoch die East India Company 1773 versuchte, den im Mutterland von der Steuer befreiten Tee in Amerika billiger anzubieten, sahen die Kolonisten darin den Versuch Londons, sie zur Annahme des Teezolls zu veranlassen. Aufgebrachte Bostoner Bürger enterten als Indianer verkleidet am 16. Dezember 1773 im Hafen einen Frachtsegler, der Tee geladen hatte, und warfen die wertvolle Ladung ins Meer. Das dramatische Ereignis ging als Boston Tea Party in die Annalen ein und bildete einen der Auslöser für den Unabhängigkeitskampf.

Das unabhängige Amerika führte den freien Handel für alle Nationen ein. Generell blieb die Einführung des Freihandels aber ein Erfolg Großbritanniens, das dank der frühen Industrialisierung in der Herstellung von Fertigwaren auf dem Weltmarkt nahezu konkurrenzlos agierte und sich infolge der Liberalisierung des Handels neue Absatzmärkte verschaffen konnte. Großbritannien erlaubte es sich, seine Häfen in den Kolonien schon in den Zwanzigerjahren des 19. Jahrhunderts fremden Schiffen und Händlern zu öffnen, obwohl das Handelsmonopol zwischen Mutterland und Kolonie erst 1849

Bei der als »Boston Tea Party« bekannten Protestaktion 1773 warfen als Indianer verkleidete Bürger Fässer mit Teeblättern ins Meer.

INFOBOX

David Hume

Der englische Philosoph und Ökonom David Hume (1711–76) gilt als Mitbegründer der klassischen Nationalökonomie. Im Gegensatz zu den Merkantilisten vertrat er die Ansicht, dass das wirtschaftspolitische Ziel nicht der Reichtum des Staates sei, sondern der Reichtum der Bürger, der wiederum v. a. auf Arbeit beruhe.

In seinem Werk »Of the Jealousy of Trade« (»Über die Handelseifersucht«) setzt er sich für Handelsfreiheit ein und widerspricht zugleich der merkantilistischen These, nach der der Vorteil des einen Staates nur auf Kosten des anderen Staates gesichert werden könne: »Die Natur hat jeder einzelnen Nation eine solche Vielzahl an Begabungen, Klimaten und Böden mitgegeben, dass eine gegenseitige Befruchtung und Handelstätigkeit solange gesichert ist, solange sie fleißig und zivilisiert bleiben.«

---

durch die Aufhebung der Navigationsakte offiziell abgeschafft wurde. Die anderen europäischen Mächte übernahmen das britische Beispiel, und an die Stelle protektionistischer Zollpolitik traten internationale Abmachungen.

Die allmähliche Durchsetzung des Freihandels musste den wirtschaftlichen Argumenten der merkantilistischen Epoche für den Erwerb und die Aufrechterhaltung der Kolonialreiche bald die Grundlage entziehen. Noch 1852 sprach Benjamin Disraeli, der als britischer Premierminister in den Siebzigerjahren des 19. Jahrhunderts den britischen Imperialismus maßgeblich vorantrieb, von den »elenden Kolonien«, die als »Mühlstein an unseren Hälsen« hingen und möglichst schnell zur Selbstverwaltung geführt werden sollten. Vertreter der Manchesterschule, wie Richard Cobden, John Bright und Hermann Merivale, betrachteten die Kolonien als Anachronismus und ökonomische Belastung, die geeignet schien, die Prosperität des industriellen Systems zu hemmen. Sie befanden sich in Opposition gegen alle imperialistischen Unternehmungen und jegliche offizielle Kolonialpolitik.

Die herausragende Stellung der britischen Industrie um die Mitte des 19. Jahrhunderts rechtfertigte es, Großbritannien als »Werkstatt der Welt« zu bezeichnen. Es förderte zwei Drittel aller Kohle, etwa die Hälfte allen Eisenerzes, fünf Siebtel der noch geringen Stahlproduk-

Der britische Premierminister Benjamin Disraeli war Gegner des Freihandels und forcierte, u. a. mit der Erhebung Königin Viktorias zur Kaiserin von Indien 1876, den britischen Imperialismus (Königin Viktoria und Benjamin Disraeli in Hughenden, Kreidelithographie, um 1879).

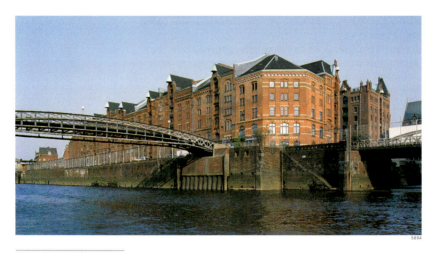

Im 1888 eröffneten Hamburger Freihafen liegt die Speicherstadt, der größte zusammenhängende Lagerhauskomplex der Welt. Hinter den dicken Mauern lagern noch heute hochwertige Güter wie Kaffee, Tee, Kakao, Gewürze, Tabak und Orientteppiche.

tion gingen auf Großbritanniens Konto, es stellte etwa die Hälfte des Baumwolltuchs und wertmäßig vierzig Prozent aller Eisenwaren her.

Einzelne Industriezweige hingen besonders stark vom Außenhandel ab. Um die Mitte des 19. Jahrhunderts bestanden über neunzig Prozent der britischen Nettoimporte aus Grundstoffen. Diesen Bedarf zu decken, halfen nicht nur die überseeischen Besitzungen, sondern auch die europäischen Länder, deren Industrialisierung noch in den Anfängen steckte und die die Erlöse aus dem Grundstoffexport benötigten, um die britischen Gewerbeprodukte zu bezahlen. So lieferte Deutschland Holz, Getreide und vor allem Wolle, während es aus Großbritannien textile Erzeugnisse sowie Metallwaren bezog.

Rolf Walter

Die Bindung an Boden und Lehnsherrschaft wird aufgelöst: Die Bauernbefreiung

In Europa erstreckte sich der Prozess der Bauernbefreiung über mehrere Jahrhunderte. So finden wir zum Beispiel in den Niederlanden bereits im 17. Jahrhundert liberale Agrarverfassungen mit freien Bauern und reformierten Eigentums- und Besitzverhältnissen an Grund und Boden vor. Dagegen hielt das zaristische Russland die Mehrzahl der Bauern noch bis ins 20. Jahrhundert hinein in Leibeigenschaft. Im 17. und 18. Jahrhundert herrschten, wenn auch regional unterschiedlich stark ausgeprägt, feudale Abhängigkeiten vor und behinderten die Entfaltung der agrarischen Wirtschaftskräfte. Sehr enge Bindungen an den meist adligen Herrn existierten in den Gebieten östlich von Elbe und Saale: Die dortige Gutsherrschaft stellte eine besonders strenge Form der Grundherrschaft dar.

Im landwirtschaftlichen Bereich sind im Laufe des 18. Jahrhunderts, verstärkt nach 1740, Zuwachsraten zu verzeichnen. Die Bevölkerung begann stärker anzuwachsen und sorgte für zunehmende Nachfrage nach Nahrungsmitteln. Die damit zusammenhängenden Preisanstiege erhöhten die Gewinne der Anbieter landwirtschaftlicher Produkte. Des Weiteren verdichteten sich die wirtschaftlichen Verflechtungsbeziehungen. Den Physiokraten – eine erste nationalökonomische »Schule«, die sich in der zweiten Hälfte des 18. Jahrhunderts auf Initiative François Quesnays (1694–1774) in Frankreich gebildet hatte – galt die classe productive, zu der sie Bauern und Pächter, nicht aber Landarbeiter zählten, als wichtigste gesellschaftliche Gruppe.

Aber nicht nur in Frankreich, sondern auch zum Beispiel in Deutschland, Dänemark und der Schweiz setzte sich in der Öffentlichkeit langsam die Auffassung durch, dass zunehmende Wohlfahrt des agrikulturellen Fortschritts bedürfe. Reformen sollten helfen, die Nahrungsbasis zu sichern und Hungerkrisen zu vermeiden, die immer wieder, so zum Beispiel 1770/71, viele Menschen hinwegrafften und ganze Existenzen ruinierten oder einen Teil der Betroffenen zur Auswanderung zwangen.

Im 16. Jh. kam die Kartoffel nach Europa, aber erst Friedrich II. schrieb 1756 den Kartoffelanbau vor. Es wurde streng geprüft, ob der »Kartoffelbefehl« befolgt wurde (Gemälde »Friedrich II. auf dem Kartoffelfeld«).

Albrecht Daniel Thaer gründete 1802 die erste deutsche landwirtschaftliche Versuchsanstalt in Celle. Er erzielte u. a. mit der Fruchtwechselwirtschaft große Ertragssteigerungen und entwickelte »Grundsätze der rationellen Landwirtschaft«.

In den europäischen Ländern formierte sich eine »agrarische Bewegung«, die auf Reformen in der Landwirtschaft drängte und die Bauernbefreiung geistig vorbereitete. Ihr Einfluss führte zum Beispiel dazu, dass die Kartoffel in größerem Stil angebaut wurde und als Volksnahrungsmittel zunehmende Bedeutung erlangte. Besonders aufgeschlossen war man in den Kreisen dieser »Bewegung« gegenüber Neuerungen wie der verbesserten Dreifelderwirtschaft und der Fruchtwechselwirtschaft. In der traditionellen Dreifelderwirtschaft baute man im ersten Jahr Sommergetreide, im zweiten Jahr Wintergetreide an; ein drittes Jahr lag die Flur brach und wurde als Weide genutzt. Seit dem 16. Jahrhundert säte man in die Brache überwiegend Hackfrüchte ein.

Diese Art der Bewirtschaftung wich im Laufe des 18. Jahrhunderts der verbesserten Dreifelderwirtschaft, dem Anbau von Futterpflanzen für die Stallfütterung in der Zeit der früheren Brache. Der noch heute praktizierte Fruchtwechsel sieht einen regelmäßigen Wechsel von Halm- und Blattfrüchten vor. Der Ersatz der Brache durch Klee- und Hackfruchtanbau ermöglichte, uneingeschränkt Nahrungsmittel anzubauen. Die dadurch bedingte Steigerung der Nahrungsmittelproduktion erlaubte es, die Viehhaltung auszuweiten, wodurch gleichzeitig mehr Dünger anfiel. Die bessere Bodendüngung ermöglichte wiederum, die Erträge zu steigern. Im Übrigen nahm die Vielfalt der Nahrungs- und Futterpflan-

> **INFOBOX**
>
> **Bauernbefreiung in Österreich**
> Bereits 1777 sprach sich Maria Theresia für eine Bauernbefreiung aus: »Der Bauer wird durch die Gewalttaten seiner Herren zur Verzweiflung getrieben, diese aber haben es die ganzen sechsunddreißig Jahre, seit ich sie regiere, verstanden, sich ebenso wie jetzt aus der Verpflichtung zu ziehen. Und so kommt man niemals zu einer Lösung, und der Untertan bleibt weiter in seiner Abhängigkeit. Ich glaube freilich, wenn der Kaiser – ich will nicht sagen, mich unterstützen – aber doch wenigstens neutral bleiben wollte, dann könnte es mir gelingen, die Leibeigenschaft und die Frondienste aufzuheben. Dann würde Ordnung kommen.«
> Vier Jahre später verfügte ihr Sohn Joseph II., den sie 1765 als Mitregent in den habsburgischen Erblanden bestimmt hatte, mittels Edikt die Aufhebung der Leibeigenschaft.

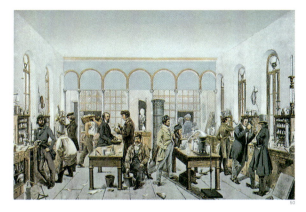

Justus von Liebig entdeckte in seinem Laboratorium die Bedeutung der anorganischen Salze für das Pflanzenwachstum (Aquarell nach einer Federzeichnung von Wilhelm Trautschold, 1842; Gießen, Liebig-Museum).

zen deutlich zu: Neben der bereits erwähnten Kartoffel zählen hierzu vor allem Zuckerrüben, Klee, Kohl, Mais, Karotten, Raps, Hopfen und Buchweizen.

Im technischen Bereich ersetzten der Pflug mit gewölbtem Streichblech die Hacke und die Sense die Sichel. Häufiger als früher wurden nun Pferde – im 19. Jahrhundert zunehmend hufbeschlagen – zur Bearbeitung des Bodens eingesetzt. Sie lösten meist den Ochsen ab. Nicht zu übersehen sind auch die Errungenschaften der Agrikulturchemie, durch die die traditionell verwendeten organischen Dünger ergänzt wurden. Führende Köpfe wie zum Beispiel der in preußischen Diensten stehende frühere Hofarzt Albrecht Daniel Thaer (1752–1828) und sein Schüler Carl Sprengel (1787–1859) empfahlen den Einsatz stickstoffhaltiger Dünger – darunter Guano, Salpetersalze und Knochenmehl –, um verbrauchte Bodennährstoffe zu ersetzen. Später erkannte Justus von Liebig (1803–73) durch systematische Pflanzenuntersuchungen die Bedeutung anorganischer Salze – zum Beispiel Phosphat oder Kali – für das Pflanzenwachstum; diese Erkenntnisse trugen erheblich zur Ertragssteigerung bei.

Um die Wende vom 18. zum 19. Jahrhundert lebten etwa achtzig Prozent der Bevölkerung auf dem Land und von der Landwirtschaft. Ständespezifische Rechtssetzungen prägten noch weitgehend die Gesellschaft. Im 19. Jahrhundert begann man entscheidende institutionelle Veränderungen durchzuführen. Die Ständegesellschaft wurde durch die »Privatrechtsgesellschaft« – der

Im 19. Jh. ersetzten Pferde immer häufiger die als Zugtiere in der Landwirtschaft üblichen, gemächlichen Ochsen – oder es wurden Pferde benutzt, um Ochsen an eine schnellere Gangart zu gewöhnen (Rudolf Koller, »Der Pflüger«, 1870; Aargau, Aargauer Kunsthaus).

Begriff stammt von Franz Böhm – abgelöst, die vor allem dadurch gekennzeichnet war, dass Rechtsgleichheit für jedermann galt. Kurz: Die Moderne hielt Einzug. Die in den deutschen Ländern anfangs nach französischem Vorbild durchgeführten Liberalisierungen wirkten sich nicht nur auf die Wirtschaft förderlich aus, sondern stabilisierten darüber hinaus das Miteinander von Bürger und Staat.

Preußen geht voran
Zuerst wurden in Preußen modernisierende Reformen eingeleitet. Ihr geistiger Kopf war zunächst Heinrich Friedrich Karl Reichsfreiherr vom und zum Stein (1757–1831), der als Staatsmann und Diplomat die Reorganisation Preußens betrieb. Ihm folgte Karl August Freiherr von Hardenberg (1750–1822), der nicht nur Verwaltung und Heer, Bildungswesen und Gewerbe reformierte, sondern auch die Landwirtschaft. Das berühmte Oktoberedikt von 1807 überführte Grund und Boden vollkommen in privatrechtliches Eigentum und befreite die Bauern sowohl aus der Leibeigenschaft als auch von der Erbuntertänigkeit. Das Edikt ermöglichte den Zeitgenossen, sich in freier Wahl für einen Beruf zu entscheiden: Die ehemals gutsherrlichen Bauern konnten in der freien Landwirtschaft tätig sein und für den Agrarmarkt

arbeiten, sie konnten sich aber auch – und das war neu und revolutionär – für ein Leben und Arbeiten in der Stadt entscheiden und sich gewerblich betätigen.

Diese Bestimmungen galten im Grundsatz. Es bestanden noch Dienst- und Abgabeverpflichtungen für die Bauern, die aber gegen Entschädigung abgelöst werden konnten. Geklärt wurden die Modalitäten hierfür in den Regulierungsedikten von 1811, Änderungen verfügte man in den Edikten von 1816 und 1821. 1811 und 1816 wurden die frondienstpflichtigen Gutsbauern, das heißt diejenigen Bauern mit den geringsten Besitzrechten, befreit. Das Gesetz vom 14. September 1811 gestand ihnen das Recht zu, sich »freizukaufen«: Um freie Eigentümer zu werden, mussten sie ein Drittel oder sogar die Hälfte ihres Landbesitzes an den Gutsbesitzer abtreten. Die Deklaration von 1816 schränkte die Zahl der freikauffähigen Bauern wieder erheblich ein, indem sie die Voraussetzungen hierfür verschärfte: Der Bauer musste spannfähig sein, das heißt ein eigenes Zuggespann und Geschirr stellen können, in die Steuerliste eingetragen und Besitzer einer Bauernstelle sein, die älter als ein halbes Jahrhundert war. Durch diese Einschränkungen hielt sich denn auch die Eigentumsregulierung, das heißt die Schaffung neuer bäuerlicher Eigentümer, in deutlichen Grenzen.

In den Provinzen Brandenburg, Preußen, Pommern, Schlesien und Posen zählte man insgesamt lediglich 70 582 neue bäuerliche Eigentümer. Das Land der Masse nicht spannfähiger Kleinbauern konnten die Gutsbesitzer einziehen. Außerdem konnten sie die früheren Inha-

ZITAT

Der preußische König Friedrich Wilhelm III. verfügte in dem »Edikt, den erleichterten Besitz und den freien Gebrauch des Grundeigentums sowie die persönlichen Verhältnisse der Landbewohner betreffend« vom 9. 10. 1807 u. a.:

§ 10. Auflösung der Gutsuntertänigkeit. Nach dem Datum dieser Verordnung entsteht fernerhin kein Untertänigkeitsverhältnis weder durch Geburt noch durch Heirat noch durch Übernehmung einer untertänigen Stelle noch durch Vertrag.

INFOBOX

Salzburger Exulaten

1718/19 hob der preußische König die Erbuntertänigkeit der Bauern der königlichen Domänen in Brandenburg-Preußen auf. Als am 31. 10. 1731 der Erzbischof von Salzburg im Zuge der Gegenreformation alle Protestanten des Landes verwies, bot König Friedrich Wilhelm I. am 2. 2. 1732 den Ausgewiesenen Aufnahme in Preußen an und sicherte ihnen Reise- und Tagegelder und alle üblichen Rechte von Kolonisten zu. Er zwang den Salzburger Erzbischof auch dazu, die Emigranten mit Hab und Gut ziehen zu lassen. Etwa 20 000 Salzburger Exulaten wandten sich daraufhin nach Preußen, ungefähr 17 000 von ihnen siedelten sich in dem nach dem Nordischen Krieg durch Seuchen verödeten Ostpreußen an.

Vielfache Versuche galten der Verbesserung des Weinbaus durch neue Rebsorten und kontrollierte Gärmethoden (Illustration »Weinbauern«, 1836).

ber dieser Bauernstellen als Gutstagelöhner in Dienst nehmen, womit die Klasse der freien Landarbeiter geboren war. Es waren also zunächst die Gutsherren, die den größten Nutzen aus den preußischen Reformen zogen, zumindest bis zum Gesetz vom 2. März 1850, das die endgültigen Freiheitsrechte formulierte. Die rechtlich besser ausgestatteten Bauern konnten nach dem Edikt von 1821 die Ablösezahlungen in Geld entrichten.

Die Hauptbedeutung der Regulierung von 1821 bestand aber darin, dass die Flurverfassung aufgehoben und Allmenden, also die der Dorfgemeinschaft gehörenden Länder, privatisiert wurden. Letzteren Vorgang bezeichnet man als Separation. Diese rechtlichen Änderungen gewährleisteten die Verfügungsgewalt über den Boden und dessen uneingeschränkte Nutzbarkeit, womit eine wesentliche Ausgangsbedingung effizienter Landnutzung gegeben war. Erneut profitierten vor allem die Gutsbesitzer von diesen Edikten: Sie hatten nach dem Umverteilungsprozess ihren Flächenanteil nahezu verdoppelt, wobei die größten Zuwächse aus der Allmendeaufteilung stammten. Aber auch den Bauern nutzte die Separation, da sie ihnen ermöglichte, einen Teil des

Europa im Zeitalter der Revolutionen

> **INFOBOX**
>
> **»Zwangsarbeit ist die teuerste von allen«**
> Der vom Ausschuss schleswig-holsteinischer Gutsbesitzer mit einer Untersuchung zur Leibeigenschaft beauftragte Graf Christian von Rantzau legte diesem am 3. 7. 1796 seine Ergebnisse vor. Unter der Überschrift »Für den Gutsherrn« stellte er fest:
> »Zwangsarbeit ist die teuerste von allen. Daher der richtig geleitete Eigennutz sie nur dort anwendet, wo es unmöglich ist, gegen Lohn Arbeit zu erhalten. Man hat berechnet, dass ein Sklave täglich den Unterhalt von zwei Menschen gewinnt; in allen zivilisierten Länder erwirbt aber ein Taglöhner den Unterhalt seiner Familie, die man auf 6 Personen rechnet, und entrichtet noch beträchtliche direkte und indirekte Auflagen. Der Erwerb unseres Leibeigenen dürfte wohl zwischen beiden ... in die Mitte fallen ... Es wird nach diesem nicht zweifelhaft sein, dass, welche Veränderungen die Aufhebung der Leibeigenschaft in der Art der Benutzung der Landgüter hervorbringen mag, eine neue Verfahrensart dem Staate nützlicher, den Eigentümern einträglicher sein wird, als die Gegenwärtige.«

durch die Regulierung verlorenen Bodens wiederzugewinnen. Aufs Ganze gesehen erlitten die Bauern keine Landeinbußen.

Entwicklungstendenzen in der ersten Hälfte des 19. Jahrhunderts

Die drei Elemente Aufhebung der Leibeigenschaft, Regulierung und Separation umschreiben grob die Inhalte der Bauernbefreiung. Der eigentlich revolutionäre Impuls der Agrarreform gründet indes in dem Produktivitätsschub, den sie mit sich brachte. Aus der ehemals als Weide genutzten Allmende wurde vielfach umgepflügtes, fruchtbares Ackerland, die Neugliederung des Nutzlandes verminderte die Brachflächen und verhalf der bereits beschriebenen Fruchtwechselwirtschaft zum Durchbruch. Schließlich ist nicht zu vergessen, dass eigenes Land auch verstärkt für die individuelle oder familiäre Reproduktion genutzt werden konnte. Dieses Eigeninteresse motivierte zur intensiven Bodenbearbeitung und trug somit dazu bei, die Erträge zu steigern.

Es verwundert daher nicht, dass sich in Preußen die Getreideproduktion zwischen 1816 und 1865 verdoppelte und die Kartoffelproduktion gar auf das Zehnfache

> **INFOBOX**
>
> **»Gleichmachung aller Stände«**
> Die Reform der Agrarverfassung brachte Bewegung in das bisher starre ständische Gefüge Preußens. Weite Teile des brandenburgisch-preußischen Adels hatten dagegen erbittert protestiert. Ein Beispiel dafür ist die »Eingabe der Stände des Lebusischen Kreises an König Friedrich Willhelm III. vom 9. Mai 1811« unter Federführung des märkischen Junkers Ludwig von der Marwitz:
> »So wie der Grundsatz auf welchem diese Theorien (in denen die Reformen gründen) gebaut sind, die Willkür ist und das Bedürfnis des Augenblicks, so ist ihre Tendenz: 1) Gleichmachung aller Stände. Wir glauben aber, dass eine Monarchie ohne einen Mittelstand zwischen König und Volk nicht bestehen kann... Die Gleichmachung aller Stände macht die unteren, ungebildeten trotzig, sie sehen nur sich und den Wert ihrer Person, niemand über sich.«

stieg. Ähnliches galt für die Fleischerzeugung. Der Produktivitätszuwachs in der Landwirtschaft bewirkte nicht nur, dass eine stark wachsende Bevölkerung ernährt werden konnte, sondern auch, dass ein beträchtlicher Agrarüberschuss erzielt werden konnte, den man einkommensteigernd auf den lokalen, regionalen, nationalen und internationalen Märkten verkaufte. Nicht zuletzt leistete die Landwirtschaft mit diesem Zusatzeinkommen auch einen Beitrag zur Finanzierung der Industrialisierung und der gesellschaftlichen Wohlfahrt.

Wohlfahrt und Migrationsverhalten der bäuerlichen Bevölkerung hingen von den Agrarpreisen und damit von der Agrarkonjunktur ab. Die Getreidepreise erreichten zu Beginn des 19. Jahrhunderts nach einem fünfzigjährigen Anstieg ihren Höchststand. Durch die guten Ernten 1805/06 und die Kontinentalsperre brachen dann in Deutschland die Preise zusammen. Nach 1815 trat durch Missernten eine starke Verknappung des Getreides ein. Die Getreidepreise stiegen, und da die Bevölkerung das Geld zum Nahrungsmittelerwerb ausgeben musste, unterblieben entsprechende Nachfrageeffekte in der gewerblichen Wirtschaft, die vorübergehend stagnierte. Die schweren Hungerjahre 1816/17 entzogen einer kriegsgeschädigten Bevölkerung den letzten Groschen. Viele Familien, die an der Subsistenzgrenze lebten, entzogen sich dieser Not durch Emigration.

Das Edikt des Reichsfreiherrn Karl vom und zum Stein über die Aufhebung der Erbuntertänigkeit vom 9. 10. 1807 befreite die preußischen Bauern aus der Leibeigenschaft.

Publicandum

betreffend die,

durch das sub dato Memel den 9. October 1807,

ergangene Edikt,

erfolgte

Auflösung der persönlichen Erbunterthänigkeit

in der

Provinz Schlesien und in der Grafschaft Glatz.

De Dato Königsberg den 8ten April 1809.

Breslau,
gedruckt bey Wilhelm Gottlieb Korn.

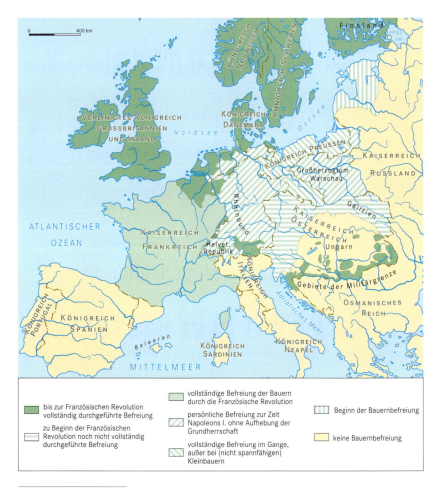

In Europa zog sich der Prozess der Bauernbefreiung über mehrere Jahrhunderte. Die Karte zeigt die Situation zur Zeit des preußischen Oktoberedikts von 1807.

In den frühen Zwanzigerjahren waren die Ernten gut, und die Preise sanken bis 1826. Der Preisverfall traf die von der Landwirtschaft lebende Bevölkerung spürbar, zumal häufig noch Ablösungsverpflichtungen bestanden, die aus der Bauernbefreiung resultierten. Danach trugen wieder ansteigende Agrarpreise dazu bei, dass die Lasten beschleunigt abgetragen werden konnten. In den Dreißigerjahren verbesserten sich außerdem die Absatzmöglichkeiten für landwirtschaftliche Produkte wesentlich. Die Gründe hierfür sind unter anderem auf mittelmäßige Ernten, den Ausbau der Verkehrswege, die zunehmende

Bevölkerungszahl, die gesteigerten Exportchancen und die Umstellung auf das freie Marktsystem zurückzuführen. Die Krise in den Vierzigerjahren erwuchs unter anderem aus der Bodenspekulation und verschärfte sich infolge der schweren Missernten zwischen 1844 und 1848. Die Hungersnöte wurden durch Cholera, Rinderpest und Überschwemmungen noch unerträglicher. Nach Überwindung dieser Krise stiegen bei zunehmender Produktion die Agrarpreise, das heißt, die Nachfrage muss deutlich über dem Getreideangebot gelegen haben. Die Landwirtschaft begann, goldenen Zeiten entgegenzusehen.

»Landflucht«: Folge der Bauernbefreiung?
Immer wieder wird die Frage erörtert, inwieweit wir im Zusammenhang mit der Bauernbefreiung von »Landflucht« sprechen können. So gewiss es ist, dass das Land im Gefolge der Bauernbefreiung Menschen in städtische Regionen abgab, so sehr ist doch vor einer einseitigen und oberflächlichen Sicht dieser Erscheinung zu warnen. Absolut gesehen nahm nämlich gerade in den östlichen Gebieten die Landbevölkerung zu: Im ostelbischen Deutschland wuchs die Bevölkerung zwischen 1816 und 1871 von 7 Millionen auf 10,7 Millionen an, sie erhöhte sich also um 3,7 Millionen. Gleichwohl konnten diese Gebiete »überschüssige Bevölkerung« an die städtischen und industriellen Zentren abgeben. Die Abwanderer waren Menschen, die auf dem Land nicht länger ihre Exis-

»Die Ährenleserinnen« (Gemälde von Jean-François Millet, 1857; Paris, Musée d'Orsay) dürfen nur die Reste der Ernte aufsammeln. Das 19. Jh. war in Europa durch immer wiederkehrende Hungersnöte geprägt.

> **INFOBOX**
>
> **Die Stein-Hardenberg'schen Reformen**
> Die Reformen, die in Preußen im 1. und 2. Jahrzehnt des 19. Jh. v. a. von Karl Freiherr vom Stein zum Altenstein und Karl August Fürst von Hardenberg durchgeführt wurden, betrafen alle wesentlichen Bereiche des gesellschaftlichen Lebens. Mit der Einführung von Fachministerien vereinfachte man die Staatsverwaltung; man beschleunigte den Prozess der Bauernbefreiung und ermöglichte den Stadtbürgern in erheblichem Umfang, bei der Regelung städtischer Angelegenheiten mitzuwirken. Durch die Abschaffung der Zünfte und die Einführung der Gewerbefreiheit wurde die Wirtschaft grundlegend umgestaltet. Darüber hinaus gelang es, das Militär durch die Einführung der allgemeinen Wehrpflicht und die Abschaffung entehrender Strafen ebenso zu modernisieren wie das Bildungswesen, in dem freiheitlichere Lernmethoden den Drill abzulösen begannen.

tenz sichern konnten; sie stammten vor allem aus unterbäuerlichen und handwerklich geprägten, halbbäuerlichen Gruppen. So rekrutierte sich ein wesentlicher Teil der frühen Fabrikarbeiterschaft, und zwar vor allem die ungelernte Arbeiterschaft, aus ehemals ländlicher Bevölkerung aus dem Osten.

Um 1900 stammten mehr als ein Drittel der in Gewerbe und Industrie Tätigen direkt aus der Landwirtschaft oder aus Familien, die im Laufe des 19. Jahrhun-

Die hohe Geburtenrate führte zu einem Überschuss an Arbeitskräften, die in der Landwirtschaft nicht mehr unterkamen und in die Städte abwanderten (Großfamilie um 1900).

derts vom Land in die Stadt abgewandert waren. Wie Friedrich-Wilhelm Henning betont, gab die Landwirtschaft rein rechnerisch etwa drei Viertel ihres Geburtenüberschusses an den sekundären Sektor ab, das heißt, nicht etwa die Agrarreformen und die damit verbundenen Freisetzungseffekte bewirkten die Abwanderung, sondern die hohe Geburtenrate konnte nur zum Teil durch landwirtschaftliche Betätigung absorbiert werden. Mithin ist angesichts dieser Befunde von der marxistischen These Abstand zu nehmen, die »industrielle Reservearmee« sei durch die »Expropriation«, das heißt durch die Enteignung der Kleinbauern, und aus Handwerkerschichten entstanden. *Rolf Walter*

»Gott Baumwolle«: Die industrielle Revolution

Der Einsatz der Dampfmaschine gestattete es, große Mengen effizienter Antriebsenergie an einem beliebigen Ort zu konzentrieren. Damit konnte sich das Gewerbe erstmals seit Menschengedenken unabhängig von den geographischen und klimatischen Zufällen der Wasser- und Windkraft ausbreiten.

In Europa verwandte man die Dampfmaschine zunächst vornehmlich im Bergbau und Hüttenwesen. Der Bau von mit Dampf betriebenen Maschinen, Schiffen und Eisenbahnen steigerte den Eisenbedarf und führte zur technischen Verbesserung, Spezialisierung und Vergrößerung der Maschinenbauwerkstätten. Diese brachten zahlreiche Neuerungen hervor: Werkzeugmaschinen wie Dreh-, Hobel- und Bohrmaschinen, Textilmaschinen, so die Maschinenspinnerei für die Baumwolle und Webmaschinen zur Gewebeherstellung, und Be- und Verarbeitungsmaschinen, zum Beispiel für Mühlen und Sägewerke. In der Metallproduktion betrieb man – in Oberschlesien seit Ende des 18. Jahrhunderts – die Gewinnung des Rohmetalls aus den Erzen nicht mehr mit Holzkohle, sondern mit Koks. Die Kapazität der einzelnen Hochöfen wurde erweitert, und neue Verfahren zur Metallverarbeitung wurden eingeführt, etwa die Reinigung des Roheisens mit Hochofengas, das Puddeln – eine vergleichsweise Energie sparende Verarbeitung – des Roheisens und das Bessemer-Verfahren, nach dem Stahl

> **ZITAT**
>
> **Die »Encyclopädie des Maschinenwesens« von 1803 schreibt über die Dampfmaschine:**
> *Wenn die Dampfmaschine im Gange ist, so bleibt sie vermöge des Feuers auf ähnliche Art in Bewegung, die der Schöpfer ihm gab, mittelst einer beständigen Wärme fortdauert, und das Herz, indem es abwechselnd das Blut einsaugt und wieder von sich spritzt, die Bewegung und das Leben in allen einzelnen Teilen unterhält...*

Durch die Dampfkraft war es möglich, die Produktion an bestimmten Orten zu konzentrieren. Die Textilindustrie war eine der ersten Sparten, die von der neuen Entwicklung betroffen waren.

durch Einpressen von Luft in ein mit Roheisen gefülltes Gefäß hergestellt wurde.

Lange Zeit neigte die Forschung dazu, die unter dem Begriff »industrielle Revolution« gefassten Vorgänge gleichsam automatisch mit der von Großbritannien ausgehenden Industrialisierung auf der Basis von Dampf und Eisen zu verbinden. Diese Betrachtung hat sich als viel zu einseitig erwiesen, und man betont inzwischen die Differenziertheit und Vielgestaltigkeit des Industrialisierungsprozesses. Demnach hatte jedes Land, ja jede Region, eine industrielle Revolution spezifischen Zuschnitts: Frankreich eine andere als Deutschland, Dänemark eine von Belgien verschiedene, die USA eine ganz andere als die Schweiz. Ähnliches wird man bereits für die Phase der so genannten Protoindustrialisierung sagen können, die der industriellen Revolution unmittelbar vorausging. Im Allgemeinen fand auch die agrarische vor der industriellen Revolution statt, wohingegen in Ausnahmefällen die industrielle Revolution gerade in der Industrialisierung der Agrarwirtschaft bestand, wie zum Beispiel in Dänemark. Darüber hinaus lässt sich in einigen Ländern, so auch in Großbritannien, eine teilweise zeitliche Parallelität von agrarischer und industrieller Revolution feststellen.

Der französische Nationalökonom Adolphe Blanqui verwandte den Begriff »industrielle Revolution« erstmals 1837, also zu einem Zeitpunkt, als diese in Großbritannien bereits ihrem Ende entgegensah und Kontinentaleuropa sich anschickte, den Industrialisierungsprozess umfassend einzuleiten. Zunächst begeistert als universalhistorischer Entwicklungs- und Wandlungsprozess von unvergleichlicher Dynamik gefeiert, begleitete ihn gegen Ende ein skeptisches Nachdenken über die Grenzen des Wachstums.

Vorbild Großbritannien
Die britische Prosperität gründete vor allem im nachhaltigen Anstieg der landwirtschaftlichen Produktion pro Kopf, dem unvergleichlichen Aufschwung des Außenhandels sowie der fortdauernden Erhöhung der Produktivität und der Produktionssteigerung in der Baumwoll-, Kohle- und Eisenindustrie.

Im Jahre 1839 erfand James Nasmyth den Dampfhammer, mit dem Isambard Kingdom Brunel die Schaufelräder des geplanten Eisenschiffs Great Britain schmieden wollte. Die Erfindung war grundlegend für die Werkzeugindustrie (James Nasmyth, »Der Dampfhammer in Betrieb«, 1877; London, Science Museum).

> **ZITAT**
>
> **Friedrich Engels 1845 in seiner Schrift »Die Lage der arbeitenden Klasse in England«:**
>
> *Am gedrücktesten leben diejenigen Arbeiter, die gegen eine sich Bahn brechende Maschine zu konkurrieren haben... Von diesen ... Arbeitern sind die am meisten misshandelten die Handweber der Baumwollindustrie... Eine Gattung Weberei nach der andern wird ihnen von dem mechanischen Webstuhl streitig gemacht...*

Drei Faktoren trugen wesentlich zum Wachstum in der Landwirtschaft bei: Erstens die Brachlandbesömmerung, zum Beispiel mit Futterpflanzen, Hackfrüchten und Kartoffeln, zweitens der Einsatz von Dreieckspflügen, Sä- und Dreschmaschinen sowie drittens die Flurbereinigung, das heißt die Zusammenlegung zerstreuter Parzellen, die Auflösung des Gemeinbesitzes, der Allmenden, und dessen Umwandlung in Privateigentum. Damit wurde nicht nur die »offene Flur« bis Anfang der 1820er-Jahre aufgegeben, sondern auch die Fläche des bebauten Bodens um etwa zwanzig Prozent gegenüber der Mitte des 18. Jahrhunderts erhöht. Zudem steigerte man die Bodenproduktivität um ein Mehrfaches. Es handelte sich also nicht nur um ein quantitatives, sondern auch um ein qualitatives, mithin um ein extensives und intensives Wachstum zugleich.

Wandlungen im Export flankierten diese fortschrittliche Agrarentwicklung. Die britische Außenwirtschaft hatte sich bis etwa zur Mitte des 18. Jahrhunderts zu zwei Dritteln auf den Durchfuhrhandel von Kolonialwaren und zu einem Drittel auf den Export heimischer Produkte konzentriert. Der Exportanteil am britischen Sozialprodukt belief sich um 1700 auf fünf Prozent, um 1800 auf 15 Prozent. Nach 1750 sind wesentliche Strukturveränderungen des Exports zu verzeichnen: Gelangten bis 1750 noch 77 Prozent der britischen Exporte auf kontinentaleuropäische Märkte, so waren es 1797 gerade

> **INFOBOX**
>
> **Import von Rohbaumwolle**
>
> Großbritannien importierte zwischen 1701 und 1715 im Jahresdurchschnitt 585 t Rohbaumwolle, 1764, in dem Jahr, in dem James Hargraves die »Jenny« erfand, 1935 t, 1780 8000 t; 1801 belief sich die Einfuhr auf 25 000, 1815 auf 50 000 t, 1825/30 hatte sie sich im Jahresdurchschnitt verdoppelt und 1849 wurden 346 000 t Rohbaumwolle eingeführt.
> 1832 waren in England 9 Mio. Spindeln in Betrieb, 1845 17,5 Mio. und 1850 nach Erhebungen des »Board of Trade« über 20 Mio., wobei vier bedeutende Spinnereien es ablehnten, ihre Spindelzahl anzugeben. Produziert wurde in 1932 Fabriken. Etwa 7 Prozent der Arbeitskräfte waren Kinder unter 13 Jahren, 13 Prozent männliche Jugendliche zwischen 13 und 18 Jahren, knapp 28 Prozent männliche Arbeiter über 18 Jahren; gut 52 Prozent waren Frauen über 13 Jahren.

Jenny-Spinnmaschine.

noch etwa dreißig Prozent. Neue Märkte in Nordamerika, Afrika und Fernost waren mit einem Anteil von siebzig Prozent an die Stelle der alten Absatzgebiete getreten. Daneben veränderten sich die exportierten Waren. Beherrschten dem Wert nach 1750 die Wollwaren zu etwa vierzig Prozent sowie Getreide zu zwanzig Prozent den Export und spielten Baumwollwaren bei der Ausfuhr noch kaum eine Rolle, so belief sich der Anteil der Wolle am britischen Export 1830 nur noch auf zwölf Prozent, während zu fünfzig Prozent Baumwollfabrikate ausgeführt wurden. Heinrich Heine kommentierte: »Sie sagen Gott und meinen Kattun!« Und der britische Historiker Eric Hobsbawm gelangte eineinhalb Jahrhunderte später zur gleichen Einschätzung: »Wer industrielle Revolution sagt, meint Baumwolle.«

Die 1764 von dem Baumwollweber James Hargraves erfundene Jenny-Spinnmaschine konnte mehr als 16 Fäden gleichzeitig herstellen. 1768 drangen aufgebrachte Heimarbeiter, die um ihre Existenz fürchteten, in Hargraves' Haus ein und zerstörten die Spinnmaschinen.

s. ZEIT Aspekte
Industrielle Revolution
S. 576

Vom Weberschiffchen zur Mulemaschine
Die industrielle Revolution gründete des Weiteren in den Erfindungen, die den Produktionsprozess umwälzten. Zentral ersetzten mechanische Kraft und Genauigkeit menschliche Kraft und Geschicklichkeit, wodurch Roh-

Im 19. Jh. stieg der Bedarf an Eisen und Stahl sprunghaft an und führte auch hier zu Verbesserungen und Spezialisierungen der Produktion. Der Stich aus dem 19. Jh. zeigt eine Stahl produzierende Fabrik in Frankreich.

materialien wesentlich besser verwertet und Arbeitsvorgänge beschleunigt wurden. Infolgedessen konnten Güter höherer Qualität gefertigt werden. Grundsätzlich ist es wichtig, die industrielle Revolution als einen komplexen, sich gegenseitig bedingenden Prozess zu begreifen, in dem einerseits langfristig eingeübte Gewohnheiten und viel Erfahrungswissen eine Rolle spielten, andererseits völlig neue Verfahren angewandt wurden.

Das Revolutionäre der Technik kann an wenigen Beispielen verdeutlicht werden. Als im Jahr 1730 das fliegende Weberschiffchen und die Streichmaschine in der frühen Textilindustrie eingesetzt wurden, erhöhten diese Neuerungen die Produktion immens. Seitdem benötigte man vier statt der bisherigen zwei Spinner, um einen Weber mit Garn zu versorgen. Dieses Ungleichgewicht änderte sich erst 1764, als der Weber James Hargraves eine Spinnmaschine – bekannt unter dem Namen »Jenny« – entwickelte, auf der ein Spinner zunächst acht und bald zwölf oder mehr Spindeln zugleich bedienen konnte. Die Fäden wiesen einen Feinheitsgrad auf, den Handspinner niemals erzielen könnten. Es fehlte jedoch an Festigkeit, die man bei Baumwolltuch anfangs noch durch Leinenzusatz zu erreichen versuchte. Diesen Mangel behob ein neues Modell, das sich der Barbier Richard Arkwright fünf Jahre später patentieren ließ. Bedauerlicherweise vermochte diese Maschine nicht, feine Fäden zu spinnen. So verging ein weiteres, wertvolles Jahrzehnt, bis Samuel Crompton 1779 die Mulemaschine erfand, die fester spann als Arkwrights Vorrichtung, feiner als Hargraves Maschine und wesentlich schneller als beide. Schließlich gelang es, die Maschinen mit Dampfkraft anzutreiben, sodass die Baumwollproduktion technisch perfektioniert war.

Als nächstes wurden die organisatorischen Abläufe grundlegend angepasst. Allenthalben entstanden Fabriken, und die maschinelle Produktion begann die Heimspinnerei zu verdrängen. Von dieser Entwicklung zeugten unter anderem die Veränderung der Silhouette betroffener Städte. Entwuchs in Manchester 1786 gerade ein Fabrikschornstein der Stadt wie ein gigantischer Mast, so gaben um 1800 bereits fünfzig dampfbetriebene Textilfabriken der neuen Industrie ihr weithin sichtbares Gepräge.

Ohne die länderspezifischen Besonderheiten der industriellen Revolution leugnen zu wollen, lassen sich deren Bedingungsfaktoren am britischen Beispiel besonders anschaulich darstellen. Zunächst war technisches Know-how erforderlich. Die Aneignung dieses Wissens setzte nicht nur eine qualifizierte Schul- und Weiterbildung, sondern ebenso ein hohes Ausbildungsniveau in der Praxis voraus. Des Weiteren benötigte man effiziente Organisationsstrukturen, um die Massenproduktion zu ermöglichen. Die Fabrik darf daher geradezu als Syno-

> **ZITAT**
> In seiner Schrift »Die Lage der arbeitenden Klasse in England« (1845) beschreibt Friedrich Engels die Not der Weber:
> *Oft wohnten ein halb Dutzend dieser Handweber ... in einer Cottage, die ein oder zwei Arbeitszimmer und ein großes Schlafzimmer für alle hatte ... Ihre Nahrung besteht fast einzig aus Kartoffeln, vielleicht etwas Haferbrei, selten Milch und fast nie Fleisch ...*

> **INFOBOX**
> **Eine pessimistische Bevölkerungslehre**
> Der Engländer Thomas Robert Malthus (1766–1834), einer der führenden Theoretiker der klassischen Nationalökonomie, wurde v. a. durch seine pessimistische Bevölkerungslehre bekannt. In seiner Streitschrift »Versuch über das Bevölkerungsgesetz« (»An Essay on the Principle of Population«) von 1798 führte er das menschliche Elend seiner Zeit auf das Anwachsen der Bevölkerung zurück, die stets die Tendenz zeige, stärker als die verfügbaren Nahrungsmittel zu wachsen. Mithin, so befürchtete er, sei die anwachsende Bevölkerung bald nicht mehr zu ernähren.

nym für die Industrialisierung gelten. Das Fabriksystem funktionierte indes nur, wenn eine wachsende Fabrikarbeiterschaft, das heißt genügend Humankapital, verfügbar war, das diszipliniert und routiniert die zunehmend standardisierten Arbeitsabläufe bewältigte.

Außerdem musste die gewerbliche und industrielle Entwicklung ausreichend mit Kapital versorgt werden. Riesige Gebäudekomplexe, Produktionsanlagen, Energiemaschinen, infrastrukturelle und logistische Anlagen erforderten Investitionen in bis dahin nicht gekanntem Umfang. Zu ihrem risikobehafteten Einsatz bedurfte es des couragierten Auftretens innovativer Pionierunternehmer und institutioneller Rahmenbedingungen, das heißt einer Verfassung, die entsprechende Eigentums- und Verfügungsrechte als notwendige Voraussetzung des freien Unternehmertums garantierte.

Nicht zuletzt mussten eine kaufkräftige, wachsende Nachfrage sowie genügend vernetzte Märkte vorhanden sein, um den massenhaften Produktionsprozess einzuleiten. Die Nachfrage gründete einerseits in dem seit der Mitte des 18. Jahrhunderts ansteigenden Bevölkerungswachstum, das aufmerksame Zeitgenossen wie Thomas Robert Malthus geradezu beängstigte und zu pessimistischen Prognosen veranlasste. Andererseits folgte

Das Selbstbewusstsein der neuen Unternehmer äußerte sich auch in der Architektur. So zitiert der achteckige Uhr- und Wasserturm der Eisengießerei Borsig in Berlin den antiken »Turm der Winde« in Athen (Eduard Biermann, »Eisengießerei und Maschinenbau-Anstalt von A. Borsig«, 1847; Berlin, Stiftung Stadtmuseum).

Europa im Zeitalter der Revolutionen

Der Webstuhl gehört zu den ältesten Maschinen der Menschheit – hier ein spanischer Handwebstuhl aus dem 18. Jh. Im Lauf des 18. Jh. wurden technische Verbesserungen entwickelt, die die Webgeschwindigkeit erhöhten und Arbeitsplätze vernichteten.

sie daraus, dass neue Märkte erschlossen sowie Landwirtschaft und Gewerbe zunehmend kommerzialisiert wurden.

Zwischen Nachahmung und Eigenständigkeit
Die Industrialisierung veränderte nicht nur die Wirtschaftspolitik und wirkte sich auf die soziale Zusammensetzung der Gesellschaften entscheidend aus – zu erinnern ist hier an das Aufkommen der »sozialen Frage« –, sondern sie beeinflusste darüber hinaus wesentlich die Gemengelage der Weltmächte.

Im internationalen Wettbewerb versuchten die Staaten zunächst, den nationalen Vorsprung durch das Verbot des Transfers von materiellem und personellem Know-how zu sichern. Man untersagte sowohl die Ausfuhr von Maschinen als auch die Ausreise von Fachpersonal, zum Beispiel von erfahrenen Maschinenarbeitern. Natürlich blühte auch die Industriespionage, die keine grundsätzlich neue Erscheinung war: Bereits der russische Zar Peter der Große heuerte 1697/98 in den Niederlanden als Schiffszimmermann an, um dort den fortschrittlichen Schiffsbau auf das Genaueste zu studie-

Der britische Ingenieur und Erfinder James Watt (in einer zeitgenössischen Darstellung) hatte die Dampfmaschine durch die Einführung des vom Zylinder getrennten Kondensators entscheidend verbessert und damit wesentlich zur industriellen Revolution beigetragen.

ren und die Kenntnisse dem eigenen Land zugute kommen zu lassen. Gustav Albert Lortzing hat diese Geschichte in seiner 1837 in Leipzig uraufgeführten Operette »Zar und Zimmermann« verarbeitet. Je spektakulärer der innovative Fortschritt eines Landes war, um so mehr wurde zur Nachahmung angereizt und desto dringlicher erschien es, in den nachholenden Ländern technische Ausbildungs- und Reifeprozesse einzuleiten.

Zu diesen Ländern gehörte auch Deutschland, das nicht nur gegenüber Großbritannien einige Besonderheiten aufwies. Es bildete keine geschlossene territoriale Einheit und verfügte nur über wenige Zugänge zum Meer, womit es verkehrswirtschaftlich im Nachteil war. Es musste ferner ein stark ausgeprägtes System der Zünfte und Grundherrschaften beseitigen und Reformen, zum Beispiel die Vereinheitlichung der Maße, Gewichte und des Münzwesens, nachholen, die andere Länder wie Frankreich, Dänemark, die USA oder die Niederlande längst hinter sich hatten. Als »Nachzügler« konnte Deutschland jedoch auf die technischen und ökonomischen Errungenschaften der früh industrialisierten Staaten, auf deren Maschinen, Patente und Know-how, zurückgreifen und das Zuliefer- und Absatzsystem der weiter entwickelten Staaten nutzen. Außerdem war sein Lohnniveau im internationalen Vergleich niedrig. Der relativ hohe Ausbildungsstand ermöglichte zudem die rasche Nachahmung fortschrittlicher Technologien. So ist eine leistungsfähige Lokomotivenindustrie kaum später als in Großbritannien entstanden; während sich 1855 der Brite Henry Bessemer sein Verfahren zur Gewinnung härt- und schmiedbaren Stahls patentieren ließ, entwickelten deutsche und französische Techniker etwa gleichzeitig das Siemens-Martin-Verfahren, mit dem auch große Mengen von Stahlschrott aufbereitet werden können.

Wenn man länderübergreifend das Phänomen der Industrialisierung zu fassen versucht, empfiehlt es sich, von industriellen Revolutionen zu sprechen. Diese Pluralität ergibt sich aus den in jedem Land unterschiedlich vorhandenen Ressourcen. So unterschied sich etwa die amerikanische industrielle Revolution von der belgischen dadurch, dass in den USA Agrarflächen im Überfluss vorhanden waren, mithin Bodenpreise und Pachten äußerst niedrig lagen, während die Arbeitskräfte knapp

---

INFOBOX

Die Armengesetze

Malthus schrieb seine Essays in einer Situation sich stetig verschärfender Armut in den unteren sozialen Schichten. Am nachdrücklichsten spiegelt sich die dramatische soziale Lage jener Zeit wohl in den Armengesetzen, den »Poor Laws«. Diese immer wieder reformierten Gesetze waren nicht etwa, wie man nach heutigem Verständnis annehmen könnte, zur Unterstützung der Armen gedacht, die in den 1830er-Jahren etwa zehn Prozent der Bevölkerug ausmachten, sondern zielten vielmehr darauf ab, diese als Versager zu brandmarken und zu drangsalieren. Das Poor Law hatte also Strafcharakter. Den Höhepunkt der Unmenschlichkeit erreichte das Armengesetz von 1834, das jedwede Hilfe »weniger erstrebenswert« machte als den niedrigsten Lohn. Diese »Hilfe« konnte nur in den gefängnisartigen Armenhäusern entgegengenommen werden, in denen Männer, Frauen und Kinder voneinander getrennt gehalten wurden. Zwar konnte dieses Gesetz nie vollständig durchgesetzt werden, doch blieb es bis zum Ersten Weltkrieg Grundlage der englischen Armenhilfe.

> **ZITAT**
>
> **Aus dem amtlichen Bericht über die Londoner Weltausstellung 1851:**
> *Der von F. Krupp in Essen angefertigte Gussstahl gehört zu den besten Erfolgen in der ganzen Ausstellung. Es ist dieser tätige Fabrikant der erste, dem es gelungen ist, Gussstahl in solchen großen und durchaus gleichförmigen Stücken zu erzeugen ...*

waren und teuer bezahlt werden mussten. In den europäischen Kleinstaaten verhielt es sich eher umgekehrt. Allein daraus ergaben sich wesentliche komparative Kostenunterschiede, die die Frühindustrialisierung und industrielle Revolution in den einzelnen Ländern entscheidend prägten. Dennoch lassen sich einige grundsätzliche Gemeinsamkeiten im zeitversetzten weltweiten Industrialisierungsprozess beobachten. Dazu gehören das Bevölkerungswachstum, die Öffnung der Märkte sowie die innovative Nutzung vorhandener Ressourcen. Von grundlegender Bedeutung für die Industrialisierung war die Dampftechnik.

James Watt gelang es, die Dampfkraft in Drehbewegung umzusetzen. Doch setzte sich diese fortschrittliche, von Wind und Wasser unabhängige Energieform keineswegs in kurzer Zeit durch. Die frühen Dampfmaschinen verbrauchten enorm viel Energie, konnten also nur da sinnvoll verwendet werden, wo das Brennmaterial – besonders Kohle – wenig kostete. Sie begegneten aber auch etlichen sozial motivierten Vorbehalten, denn weite Kreise der Bevölkerung wehrten sich aus beschäftigungspolitischen Gründen gegen Fabriken und Maschinenarbeit. Ein Zeitgenosse klagte 1830 das britische Maschinenwesen an, es mache »aus dem Dampfe eine mächtige und böse Fee, einen boshaften und neidischen Kobold, der dem Menschen nur gehorcht, um ihn unglücklich zu machen und ins Verderben zu stürzen. Wer sollte nicht versucht werden, es zu glauben, wenn man die undenkliche Bevölkerung von Arbeitern sieht, denen der Dampf die Arbeit raubt und nur den Bettelstab lässt. Wie ist es möglich, die Konkurrenz auszuhalten mit diesem Allarbeiter, der weder isst noch trinkt, der weder Frau noch Kinder hat, der nicht auszuruhen braucht, der niemals krank ist.«

Das neue Wahrzeichen des beginnenden Industriezeitalters wurde die Fabrik, in der hoch arbeitsteilig, überwiegend maschinell betrieben oder zumindest mechanisch gestützt Massenware für große Absatzmärkte produziert wurde. Der Bau und die Einrichtung von Fabriken erforderten Investitionen, die von einem Einzelnen oft nicht aufgebracht werden konnten. Damit setzten sich Rechtsformen endgültig durch, die die umfangreiche Finanzierung aus vielen kleinen Töpfen vorsahen, insbe-

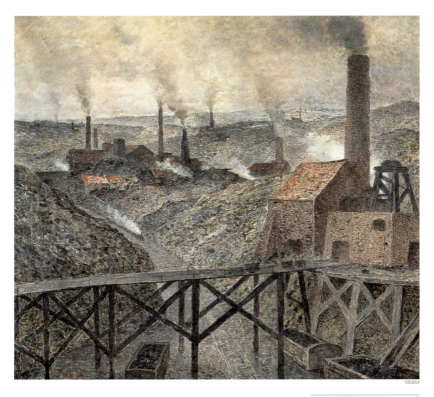

Die industrielle Revolution stieß auf Skepsis in der Bevölkerung. Der belgische Maler und Bildhauer Constantin Meunier machte das Industrieproletariat und seine Arbeitsbedingungen zum Thema seiner sozial engagierten Kunst (»Im schwarzen Land«, 19. Jh.; Paris, Musée d'Orsay).

sondere die Form der Aktiengesellschaft. Vor allem Eisenbahngesellschaften, die in Großbritannien in den 1820er- und auf dem Kontinent in den 1830er-Jahren gegründet wurden, wählten häufig diese Rechtsform. Die Eisenbahnen wurden zum Symbol eines neuen Zeitalters; sie lassen es berechtigt erscheinen, vom 19. Jahrhundert als dem Jahrhundert der Verkehrsrevolution zu sprechen. Bedenkt man, dass die Telegraphenleitungen meist entlang der Bahnlinien geführt wurden und sich netzartig über die Welt zu spannen begannen, kann man zugleich von einer ersten Kommunikationsrevolution sprechen.

Großbritannien erlebte als einziges Land eine selbstständige, unabhängige industrielle Revolution. Die anderen Länder kopierten oder imitierten das britische Modell, wobei die Fähigkeiten und Möglichkeiten hierfür länderspezifisch höchst unterschiedlich einzuschätzen sind. In Deutschland waren die Voraussetzungen allgemein gut: Der entscheidende Rohstoff, die Kohle, war üppig vorhanden. Die Infrastruktur war nach Einführung der Eisenbahn nicht wesentlich schlechter als die der Insel. Das Bildungswesen befand sich auf einem beachtlichen Niveau, auch wenn man zum Beispiel im Bereich des Maschinenbaus noch des »Imports« von Spezialisten und Lehrmeistern bedurfte. An Kapital mangelte es ebenfalls nicht, was sich auch daran zeigt, dass die Zinssätze bis in die 1830er-Jahre sanken. Schließlich fehlte es auch nicht an dynamischen Unternehmerkräften, die die Produktionsfaktoren Arbeit, Boden und Kapital sinnvoll miteinander zu kombinieren wussten und in der Lage waren, eine innovative Entwicklung einzuleiten und zu intensivieren. Zu betonen ist, dass es in Deutschland – im Unterschied zu Großbritannien oder Frankreich – die Staatsbürokratie war, die die institutionellen Hemmnisse für ein Fortkommen des Gewerbes beseitigte. *Rolf Walter*

»Herkules Eisenbahn«:
Die Industrialisierung in Deutschland

Die merkantilistische Epoche, das heißt das 17. und 18. Jahrhundert, hatte dem deutschen Gebiet weder die politische noch die wirtschaftliche Einigung gebracht. Der Zusammenschluss von 35 »souveränen« Staaten und vier freien Städten zum Deutschen Bund (1815–66), dessen gemeinsames Organ die Bundesversammlung war, konnte noch keine einheitliche Wirtschaftspolitik realisieren. Dieser als Staatenbund organisierte und nicht mit Gesetzgebungsbefugnis ausgestattete Bund musste die wirtschaftlichen wie politischen Aufgaben den einzelnen Staaten überlassen, weswegen eine einheitliche deutsche Volkswirtschaft fehlte. Schritte, die die Voraussetzungen für die Verwirklichung einer gemeinsamen Wirtschaftspolitik bereitstellten, gingen von anderer Seite aus.

Gesetzliche Regelungen in Bayern und das preußische Zollgesetz von 1818 schufen zum ersten Male in Deutschland größere einheitliche Wirtschaftsgebiete, in denen die Binnenzölle, das heißt die im Landesinneren erhobenen Zölle, zwischen den einzelnen Provinzen entfielen. Mit dem Zusammenschluss zum Deutschen Zollverein 1834 hatten die Regierungen der meisten deutschen Staaten freiwillig auf Teile ihrer Rechte im Interesse der Gemeinschaft verzichtet. Es eröffnete sich die Möglichkeit, begünstigt durch das Wachstum des Handels und »durch das alle Territorialgrenzen sprengende Wesen der Eisenbahnen« Deutschland zu einigen.

Der Staat als Promotor der Industrialisierung
Fragen wir grundsätzlich nach der Rolle des Staates, so interessiert vor allem, inwieweit sich der Staat als »Nachtwächter« verhielt oder inwieweit er wirtschaftliche Entwicklungen zu gestalten und zu bestimmen versuchte. Tendenziell wird man – jedenfalls für Preußen – feststellen können, dass das merkantilistische Protektionssystem langsam einer freieren Handelspolitik weichen musste. Vor allem die Stein-Hardenberg'schen Reformen in den ersten zwei Jahrzehnten des 19. Jahrhunderts förderten diesen Prozess.

Doch bereits in den Vierziger- und Fünzigerjahren des 19. Jahrhunderts begehrten die Maschinenspinner und Eisenproduzenten stärkere Protektion. Sie beriefen sich auf den Volkswirtschaftler Friedrich List, nach dessen Theorien ein Land, das sich industriell entwickelt, so lange durch »Erziehungszölle« zu schützen ist, bis es sich aus eigenen Kräften auf dem Weltmarkt behaupten kann. Wenngleich ihnen die Protektion grundsätzlich gewährt wurde, hielt sie sich dem Umfang nach in Grenzen. Hierfür verantwortlich zeichnen sowohl die entgegengesetzten Interessen der ostelbischen Agrarexporteure als auch die Schwäche der preußischen gewerblichen Schutzzollbewegung. Im Ergebnis konnte sich Preußen jedoch der international freier werdenden Handelspolitik nicht verschließen, die durch den Handelsvertrag zwischen Großbritannien und Frankreich 1860 einen vorläufigen Höhepunkt erreichte und der sich Preußen durch einen Handelsvertrag mit Frankreich 1862 anschloss.

Insgesamt arbeiteten Staat und Unternehmerschaft in beachtlichem Maße zusammen und die Privatwirtschaft wirkte an der Formulierung der Handelspolitik mit. Bemerkenswert ist, dass Preußen als erster der deutschen Staaten 1851 eine Vorform desjenigen Besteuerungsver-

Der Volkswirtschaftler Friedrich List (1789–1846) war ein Vorkämpfer für den deutschen Zollverein und das Eisenbahnwesen.

s. ZEIT Aspekte
Friedrich List S. 584

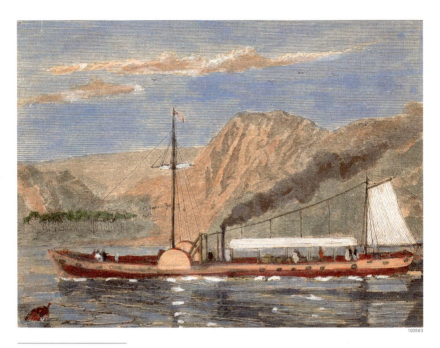

Im 18. Jh. gab es vielfache Versuche, die Dampfkraft für die Schifffahrt nutzbar zu machen. Den ersten Erfolg verzeichnete man in Amerika. Die von Robert Fulton erbaute »Clermont« machte ihre erste Fahrt auf dem Hudson 1807 (Holzstich aus F. Reuleaux, Das Buch der Erfindungen, Bd. 7, 1887).

fahrens durchsetzte, das die tatsächlichen Einkommen besteuerte, wodurch althergebrachte Formen der ständisch gegliederten Klassensteuer langsam überwunden wurden. Außerdem schuf der Staat in beachtlichem Umfang einen Rechtsrahmen für privatwirtschaftliches Tun, so zum Beispiel durch die Wechselordnung von 1848 oder durch das Allgemeine Deutsche Handelsgesetzbuch von 1861. Überdies förderte der Staat durch zahlreiche Maßnahmen das Gewerbe und sorgte für die Verbesserung der Infrastruktur, vor allem im Bereich der Bildung und des Verkehrs.

Die Eisenbahn als Motor der Industrialisierung
Zu Beginn des 19. Jahrhunderts erlaubte es das Verkehrssystem in Deutschland nicht, die Güterverteilung zufriedenstellend zu regeln. Der Ausbau eines durchgängigen Verkehrssystems war daher für die Ausbildung der deutschen Volkswirtschaft von entscheidender Bedeutung. In den ersten vier Jahrzehnten des 19. Jahrhunderts lag das Schwergewicht darauf, die Landstraßen zu verbessern. Der Chausseebau, also die Anlage von Landstraßen mit

festem Steinunterbau, wurde – primär aus militärischen Gründen – unter Napoleon I. wesentlich vorangetrieben. Ebenso kamen den natürlichen Wasserstraßen und den Kanälen wichtige Funktionen zu, die nicht nur in der zunächst schlechten Verfassung der Landstraßen gründeten. Die Verwendung der Dampfkraft für den Antrieb von Schiffen auf den Binnenwasserstraßen revolutionierte auch die Schifffahrt, die dadurch ebenfalls zur wirtschaftlichen Vernetzung beitrug.

Entscheidend förderten der Eisenbahnbau und die Schaffung eines Eisenbahnnetzes die Industrialisierung, indem sie die Voraussetzung schufen, einheitlichere Verkehrsgebiete sowie Märkte zu bilden, die einem großen Teil der modernen Industrie Massenproduktion und Massenabsatz sicherten. Erst die Eisenbahnen ermöglichten es, über die unmittelbaren Grenzen zu den Nachbarterritorien hinaus große Mengen lebensnotwendiger Güter zwischen den verschiedenen Landschaften auszutauschen: Bisher hatte ein reger Güteraustausch meist nur an den Küsten und längs der Wasserstraßen stattgefunden; nun konnten auf relativ leichte Weise auch große Teile der Bevölkerung im Landesinneren mit Massengütern versorgt werden.

Die von Wasserwegen unabhängigen Transportwege trugen ferner dazu bei, die Preise und Produktionskosten in den verschiedenen Regionen einander anzugleichen. Des Weiteren konnte durch die Nutzung der Eisenbahnen im Transportwesen in erheblichem Umfang sowohl Arbeitskraft als auch Kapital eingespart werden. Die dortigen Einsparungen verwendete man für die Indus-

> **ZITAT**
>
> **Im Staatslexikon von 1835 äußerte sich Friedrich List enthusiastisch:**
> *Was die Dampfschifffahrt für den See- und Flussverkehr, ist die Eisenbahndampfwagenfahrt für den Landverkehr, ein Herkules in der Wiege, der... auch den Niedrigsten unter ihnen Kraft verleihen wird, sich durch den Besuch fremder Länder zu bilden, in entfernten Gegenden Arbeit und an fernen Heilquellen und Seegestaden Wiederherstellung ihrer Gesundheit zu suchen.*

Am 7. 12. 1835 fuhr in Deutschland die erste Dampfeisenbahn, gezogen von der Lokomotive »Adler«, von Nürnberg nach Fürth (Lithographie von 1836).

trialisierung der Güterproduktion, womit wiederum die Produktivität der Volkswirtschaft erhöht wurde. Die Wirtschaft begann außerdem, in ehedem verkehrstechnisch ungünstigen Gebieten zu investieren, wodurch neue Agglomerationen, also räumliche Zusammenballungen von Betrieben, entstanden. Die davon ausgehenden Impulse für weitere Investitionen in diesen Gebieten erhöhten das Sozialprodukt pro Kopf der Bevölkerung. Außerdem verbesserte sich die Chancengleichheit zwischen den einzelnen Regionen.

Diese verschiedenen Investitionen bildeten die treibende Kraft für den Aufschwung der deutschen Wirtschaft zwischen 1840 und 1880. In dieser Zeit betrug der Anteil der Eisenbahninvestitionen etwa 15 bis 25 Prozent des gesamten Investitionspotenzials der deutschen Volkswirtschaft. Neben der quantitativen Ausweitung der Produktion und der Produktionsmittel führte der Bedarf der Eisenbahnen in den betroffenen Wirtschaftssektoren dazu, dass sich die qualitative Zusammensetzung des Produktionsapparates und des Arbeitspotenzials wesentlich verbesserte. Der Eisenbahnbau förderte das Wachstum der Eisenindustrie und des Maschinenbaus entscheidend. Umgekehrt trug erst die wachsende Nachfrage eben dieser Industrien dazu bei, die Nachfrage nach Transportleistungen zu erhöhen, was wiederum dem Eisenbahnbau zugute kam. Ohne die gleichzeitige Entwicklung dieser beiden Schlüsselsektoren aber wären die industriellen Wachstumsraten in Deutschland wahrscheinlich deutlich geringer ausgefallen.

Bei der näheren Bestimmung dieser zahlreichen Wechselwirkungen, die die Beziehungen zwischen Industrie im Allgemeinen und Eisenbahn im Besonderen kennzeichneten, unterscheidet die Fachwelt Vorwärts- und Rückwärtskoppelungseffekte. Unter Vorwärtskoppelungseffekten versteht man, dass geldwerte externe Ersparnisse Unternehmer in den einzelnen Industriezweigen anreizten, ihre Produktion auszuweiten und die Kapazitäten zu erweitern. Darunter fasst man vor allem die Tatsache, dass die stark fallenden Transportkosten beträchtliche Gelder für Investitionen freisetzten. Von Rückwärtskoppelungseffekten hingegen spricht man, wenn der Führungssektor, hier also die Eisenbahn, verstärkte Nachfrage nach Produkten anderer Sektoren ent-

> **ZITAT**
>
> **Der preußische Staatsrat Kunth betonte 1817 in seinem Bericht über die Lage in Schlesien die Wichtigkeit der Bildung:**
>
> *Wird aber der höchste Zweck alles Fabrik- und Handelsverkehrs erkannt, will man die große Zahl der Arbeiter ihr Leben nicht bloß kümmerlich fristen, sondern es auch ... menschlich genießen ... sehen ..., so ist die Hülfe, welche von Staatswegen geleistet werden kann, in dem einzigen Worte begriffen: Bildung!*

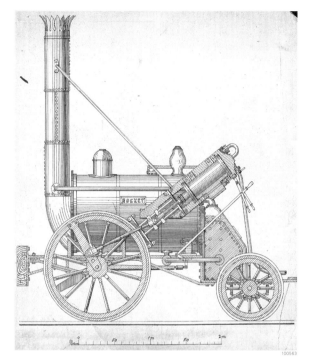

George Stephenson war der führende Eisenbahningenieur Europas. 1829 konstruierte er zusammen mit seinem Sohn Robert die Lokomotive »Rocket«. Sie zog ihr fünffaches Gewicht bei einer Höchstgeschwindigkeit von mehr als 30 Stundenkilometern.

wickelt. In diesen Fällen regt also die Nachfrage des Führungssektors, zum Beispiel nach Eisen, Bauleistungen, Kapital, Kohle oder Ingenieurskapazitäten, die wirtschaftliche Entwicklung an. Darüber hinaus begünstigte der Eisenbahnbau die Entwicklung von Großbetrieben. In diesen ließen sich technische Neuerungen einfacher und rascher umsetzen als in kleineren Produktionseinheiten, wodurch wiederum dem technischen Fortschritt zum Durchbruch verholfen wurde. Mit dem Ausbau der Infrastruktur und der Neuorganisation des Kapitalmarktes förderten diese Faktoren das Wachstum der deutschen Volkswirtschaft.

Die Impulse, die vom Eisenbahnbau auf die gesamte Industrialisierung ausgingen, wurden von einer spürbaren Entlastung des Arbeitsmarktes begleitet. Zwischen etwa 1840 und 1900 fanden über 300 000 Menschen ihren Arbeitsplatz im Eisenbahnbau oder in der Zulieferindustrie. Unter Berücksichtigung der Tatsache, dass der Eisenbahnbau auch andere Wirtschaftssektoren entschei-

> **INFOBOX**
>
> **Gleiche Gesetze und gleiche Sitten**
> In seiner Programmschrift »Ueber die Nothwendigkeit eines allgemeinen bürgerlichen Rechts für Deutschland« (1814) forderte Anton Friedrich Justus Thibaut im Glauben an die Erneuerungsfähigkeit einer Nation durch vernünftige Gesetzgebung die Vereinheitlichung des deutschen Rechts:
> »Sehen wir nun ferner auf das Glück der Bürger, so kann es gar keinen Zweifel leiden, daß ein solches einfaches Gesetzbuch für ganz Deutschland die schönste Gabe des Himmels genannt zu werden verdiente. Schon die bloße Einheit wäre unschätzbar. Wenn auch eine politische Trennung Statt finden muß und soll, so sind doch die Deutschen hoch dabey interessirt, daß ein brüderlicher gleicher Sinn sie ewig verbinde, und daß nie wieder eine fremde Macht den einen Theil Deutschlands gegen den andern mißbrauche. Gleiche Gesetze erzeugen aber gleiche Sitten und Gewohnheiten, und diese Gleichheit hat immer zauberischen Einfluß auf Völkerliebe und Völkertreue gehabt.«

> **ZITAT**
>
> **Aus dem Lied der Weber »Das Blutgericht« in Peterswaldau und Langenbielau:**
> *Hier im Ort ist das Gericht,*
> *Noch schlimmer als die Femen,*
> *Wo man nicht erst ein Urteil spricht*
> *Das Leben schnell zu nehmen.*
> *Hier wird der Mensch langsam gequält,*
> *Hier ist die Folterkammer,*
> *Hier werden Seufzer viel gezählt*
> *Als Zeugen von dem Jammer.*

dend stimulierte, kann man davon ausgehen, dass zwischen 1840 und 1870 etwa fünf Prozent der deutschen Bevölkerung ihren Lebensunterhalt der Eisenbahn verdankten. Neben diesen rein quantitativen Aspekten wirkte sich der Eisenbahnbau auch positiv auf die Ausbildungsqualität der Arbeiterschaft aus. Durch die hohen Anforderungen der Eisenbahn benötigte die Eisenindustrie in einem hohen Maße erstklassig ausgebildete Arbeitskräfte.

Nachdem zunächst für diese schwierigen Tätigkeiten zumeist Facharbeiter aus dem Ausland angeworben wurden, bildete man in den Vierziger- und Fünfzigerjahren des 19. Jahrhunderts einen Stamm qualifizierter deutscher Arbeitskräfte heran. Dieses Facharbeiterpotenzial hatte einen großen Anteil an der positiven Entwicklung der deutschen Eisen- und Stahlindustrie weit über die 1860er-Jahre hinaus. Es trug wesentlich zum Aufstieg Deutschlands als bedeutende Industrienation bei.

Wachstum in der Produktions- und Konsumgüterindustrie
Deutschlands industrielle Revolution folgte der britischen Entwicklung mit etwa fünfzig bis sechzig Jahren Verspätung. Mit Walther G. Hoffmann können wir

davon ausgehen, dass der Take-off in Deutschland zwischen 1830 und 1835 einsetzte und 1855–60 in ein sich selbst tragendes Wachstum überging. Prinzipiell ist zu beachten, dass die einzelnen europäischen Regionen diese Phasen zu unterschiedlichen Zeitpunkten erreichten und die Phasen unterschiedliche Längen aufwiesen.

Im sekundären Sektor, der den Bergbau und die Energiewirtschaft, das Baugewerbe und das verarbeitende Gewerbe umfasst, wirkten der große Eisenbahnboom zwischen 1842 und 1848 und die außerordentlich hohen Investitionen in diesem Bereich zwischen 1870 und 1880 stimulierend. Die durchschnittliche Wachstumsrate der Produktion von Produktionsgütern betrug im Intervall von 1834 bis 1855–60 6,3 Prozent jährlich. Auffallende, stufenartige Wachstumsraten ergaben sich bei Kohle nach 1832–35 und in der Eisenindustrie 1850–55, also fast in der Phase, in der die deutsche Industrie in ein sich selbst tragendes Wachstum überging.

Ebenso trug die Entwicklung des Maschinenbaus zum industriellen Wachstum bei. Dieser Industriezweig erhielt durch den Lokomotivenbau in der ersten Hälfte des

Unter der Leitung George Stephensons wurde am 27. 9. 1825 zwischen Stockton und Darlington in England die erste öffentliche Eisenbahn der Welt eingeweiht.

19. Jahrhunderts einen erheblichen Wachstumsschub. Das technische Know-how übernahm man aus dem Ausland, wofür bis etwa 1830 nur zwei Wege offen standen: Entweder durchlief man dort, insbesondere in Großbritannien, ein technisches Training, oder man holte sich britische Techniker oder Ingenieure ins Land. Die bedeutendsten Maschinenfabriken wurden entweder von Fachleuten geleitet, die in Großbritannien oder bei Briten gelernt hatten, oder es waren Briten. Noch bis 1850 dienten britische Maschinen als Modelle für deutsche Techniker. Außerdem siedelten sich britische Unternehmen in Kontinentaleuropa an, so zum Beispiel in Belgien und Deutschland, unter ihnen James in Aachen, Williams in Guben, Cockerill in Lüttich und W. T. Mulvany im Ruhrgebiet.

Die Zuwachsraten der Kohle-, Eisen- und Stahlindustrie, mithin der Führungsindustrien, lagen in der Phase des Take-off weit über dem Durchschnitt. In der Konsumgüterindustrie waren die Wachstumsraten deutlich niedriger. Zwischen 1834 und 1860 belief sich das jähr-

Der Ausbau der Eisenbahnnetze gab der gesamten Wirtschaft belebende Impulse; u. a. das Baugewerbe hatte ein erhebliches Wachstum zu verzeichnen. Die 1846 für die Eisenbahnstrecke Leipzig–Nürnberg begonnene Göltzschtalbrücke ist die größte aus Ziegeln errichtete Brücke der Welt.

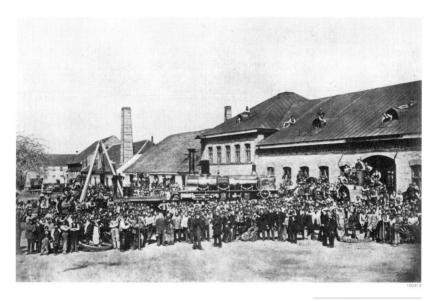

Stolz präsentierte sich die Belegschaft der Lokomotivfabrik Maffei in München im Jahr 1864 mit der 500. Lokomotive eigener Produktion.

liche Wachstum bei Konsumgütern auf zwei Prozent. Hierbei ist zu berücksichtigen, dass eine Wachstumssteigerung in Produktionsbereichen, die auf Handfertigung basieren, wie etwa bei Backwaren oder Metzgereierzeugnissen, schwer zu erreichen war. Den Aufschwung im Konsumgüterbereich trugen wesentlich Zucker- und Süßwaren, Baumwolle und Seide. Die Zuckerindustrie war ziemlich neu und hatte daher besonders hohe Wachstumsraten.

In der Textilindustrie ist der Aufschwung vor allem auf den Wandel der Produktionstechnik zurückzuführen. Bevölkerungswachstum und Realeinkommenzuwachs spielten dagegen eine untergeordnete Rolle. Hier besteht ein erheblicher Unterschied zur Eisen- und Stahlindustrie, in denen das Nachfragewachstum den wichtigsten Faktor darstellte. In der Textilindustrie setzte der technische Fortschritt zuerst in der Spinnerei ein. Aber erst 1870 hatte die mechanische Spinnerei definitiv die Handspinnerei verdrängt. Statistische Zahlen aus Preußen belegen diese Entwicklung: Während es dort 1849 noch 97 000 Handspinner gegenüber 36 000 mechanischen Spinnern gab, betrug die Zahl der Handspinner 1861 nur noch 26 000, die der mechanischen Spinner belief sich auf 40 000.

Auch die Genussmittelindustrie erlebte einen enormen Aufschwung – Werbung der Firma Chocolat Lombart.

Die eher langsame Mechanisierung der Textilweberei gründet in den spezifischen sozioökonomischen Bedingungen dieses Gewerbezweiges. Solange die Löhne der Weber niedrig waren – die menschenunwürdigen Lebensbedingungen schlesischer Weberfamilien sowie deren gewaltsam niedergeschlagenen Aufstandsversuch behandelte Gerhart Hauptmann anschaulich in seinem Drama »Die Weber« –, hatte der mechanische Webstuhl keine Kostenvorteile gegenüber dem Handwebstuhl. Folgerichtig arbeitete man in den Webereifabriken lange Zeit überwiegend an Handwebstühlen. Noch um 1860 konnten sie im Wettbewerb mit den mechanischen Webstühlen durchaus bestehen. Die Webfabriken trugen weniger dazu bei, Lohnkosten einzusparen; vielmehr lag ihr Vorteil im Bereich der Markttransparenz und der besseren Ausnutzung der Marktsituation, etwa durch Stückkostendegression, das heißt, die Kosten pro Stück sanken durch die Massenproduktion, da sich die fixen Kosten auf eine größere Menge verteilten. Ein ähnlicher Prozess der erst allmählichen, lange parallel verlaufenden Erneuerung ist bei den Brennereien zu beobachten. Dort behaupteten sich noch lange die ländlichen

Brennereien gegenüber den neu entstandenen städtischen; diese Konkurrenz regte den Wettbewerb an und erklärt, weshalb die Alkoholproduktion nach 1855–60 stark anstieg. Im Konsumgüterbereich expandierten, wie bereits erwähnt, die Zucker-, Süßwaren- und Baumwollindustrie, mithin die Bereiche, in denen die neuen Produkte des 19. Jahrhunderts hergestellt wurden, schneller als andere Industriezweige. Die Leinenindustrie stagnierte, wohingegen die Erzeugung von Lebensmitteln, Getränken und Tabak etwa mit dem Wachstum der Bevölkerung stieg. Ab 1855–60 gingen Konsumgüter wie Fleisch, Bier, Spirituosen, Leder und Lederwaren in eine Phase progressiven und sich selbst tragenden Wachstums über, sodass auch für diesen Sektor ein Periodisierungseinschnitt in den späten 1850er-Jahren gerechtfertigt erscheint.

Die Industrialisierung bedeutete die tiefste Zäsur, die die Menschheitsgeschichte bis dahin erlebt hatte. In ihrem Gefolge wurden nicht nur Produktionsprozesse rationalisiert und beschleunigt, sondern auch das gesellschaftliche Leben einschließlich der Freizeit neu eingetaktet. Die Alltagskultur erhielt ein völlig neues Antlitz. Die ungeheure Zunahme des Warenangebots in den verschiedensten Bereichen, der Zuwachs der Handelsströme sowie die Beschleunigung von Verkehr und Kommunikation durch Eisenbahn und Telegraph verabschiedeten das vergleichsweise behäbige Ancien Régime und läuteten ein neues Zeitalter ein, dessen Markenzeichen dann die Demokratisierung, aber auch die Standardisierung und Rationalisierung des wirtschaftlichen und gesellschaftlichen Lebens werden sollte.

Rolf Walter

Die Französische Revolution

Adel, Klerus, Bürger, Bauern: Die vorrevolutionäre Krise

Die Erstürmung der Bastille am 14. Juli 1789 durch das Volk von Paris war ein spektakuläres, weil publikumswirksames Ereignis, dessen Nachricht sich in Windeseile in Frankreich und anschließend in ganz Europa verbreitete. Aber man würde aus heutiger Sicht der militanttapferen Aktion der Pariser Bevölkerung eine zu große und singuläre Bedeutung beimessen, wollte man in ihr gar den Beginn der Revolution erblicken. Der legendäre Sturm auf die Bastille ist vielmehr ein Glied in einer Kette von Auseinandersetzungen zwischen der königlichen Macht und den Kontroll- und Mitwirkungsansprüchen einer politisierten Öffentlichkeit, die das monarchische Frankreich seit der Jahrhundertmitte erschütterten und deren explosive Krisensymptome in das Jahr 1787 zurückreichen.

Die gravierende Finanzkrise des Staates und die penetrante Weigerung der tonangebenden Privilegierten aus Adel und Klerus, sich am gewaltig gestiegenen Finanzbedarf zu beteiligen, setzten Anfang 1787 in Versailles, dem selbst gewählten Zentrum königlicher Autorität, einen Mechanismus in Gang, der konsequent in die politische Krise von 1788/89 münden sollte. Ausgangspunkt war die Eröffnung der Notabelnversammlung am 22. Februar 1787, die der regierende König »von Gottes Gnaden«, Ludwig XVI., auf Anraten seines Finanzministers Charles Alexandre de Calonne einberufen hatte.

Obwohl das Ziel dieser Versammlung die steuerliche Gleichbehandlung aller Untertanen sein sollte, setzten sich die Notabeln von 1787 ausnahmslos aus Vertretern der privilegierten Gruppierungen der ersten beiden Stände zusammen. Doch anstatt sich kooperativ gegenüber der Krone und dem Notstand in der Finanzkasse des Staates zu verhalten, setzte der Adel seinen traditionell antiabsolutistischen Anspruch in die Praxis um, indem er Calonne und auch dessen Nachfolger Étienne

Liberté, Égalité, Fraternité – Freiheit, Gleichheit, Brüderlichkeit – war eine der Parolen der Französischen Revolution.

Am Morgen des 14. 7. 1789 bewaffneten sich in Paris die Volksmassen, um das Symbol der Tyrannei, die Bastille, zu erstürmen. Jean-Baptiste Lallemand hielt die morgendlichen Ereignisse jenes Tages noch im selben Jahr auf der Leinwand fest (Paris, Musée Carnavalet).

Charles Loménie de Brienne jeden Eingriff in seine Steuerprivilegien kategorisch verweigerte.

Daraufhin entließ der König Ende Mai 1787 die Notabelnversammlung, und an die Stelle der Adelsopposition trat das Parlement (Parlament) von Paris, der mächtige und oberste Gerichtshof der Hauptstadt. Der alte Konflikt zwischen der absolutistischen Verwaltung und den sich widersetzenden Parlamenten, in der die aufstrebende Neuadel, die noblesse de robe (Amtsadel), den Ton angab, erfuhr unter veränderten Vorzeichen eine politische Neubelebung: Die öffentliche Forderung nach Einberufung der Generalstände (États généraux), denen aufgrund einer alten Rechtstradition, zuletzt 1614 praktiziert, allein die Bewilligung neuer Steuern oblag, tauchte erstmals auf.

Die Rolle des Parlaments in dieser Situation war allerdings äußerst zwiespältig: Im Ringen um die Meinungsführerschaft im politischen Richtungsstreit umgarnte es die aufgeklärte Öffentlichkeit mit liberalen Forderungen, während es im Innersten auf die Aufrechterhaltung seiner eigenen Privilegien abzielte. Hinzu kam, dass die Mobilisierung des Volkes gegen die Regierung

ZITAT

Voltaire postuliert die Gleichheit der Menschen:
Alle Menschen sind gleich. Nicht die Geburt, nur die Tüchtigkeit macht einen Unterschied.

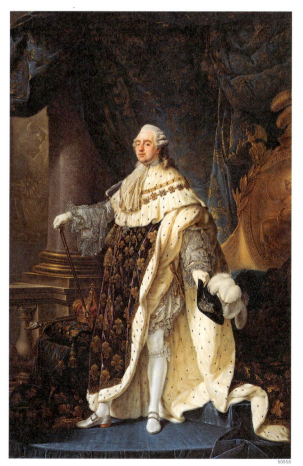

Das Porträt Ludwigs XVI. wurde 1788 bestellt und 1789 erstmals ausgestellt. Es befindet sich heute im Musée National in Versailles.

vor dem Hintergrund struktureller und konjunktureller Schwierigkeiten stattfand. Die Missernte von 1788 hatte zu einem knappen Warenangebot bei gleichzeitig steigenden Preisen geführt, und im Volk verstärkte sich wegen des gravierenden Elends der Argwohn gegen die königliche Verwaltung.

Als auch der Versuch des Siegelbewahrers Chrétien Guillaume Lamoignon de Malesherbes, mittels einer Reform des Gerichtswesens den Widerstand des Parlaments zu brechen, scheiterte, sah sich der König gezwungen, am 8. August 1788 die Einberufung der Generalstände bekannt zu geben. Kurz zuvor, am 21. Juli, hatte die Versammlung der Provinzialstände der Provinz Dauphiné in Vizille nahe Grenoble den zukünftigen Weg bereits beschritten: Der dritte Stand (tiers état) war dort durch Überläufer aus Adel und Geistlichkeit doppelt so stark vertreten und formulierte selbstbewusst die Forderung nach einer Abstimmung nach Köpfen, nicht nach Ständen.

An den Fragen nach dem Modus der Einberufung und der Abstimmung auf der für den Mai des folgenden Jahres einberufenen Versammlung der Generalstände zerriss der Schleier der Einmütigkeit zwischen Parlament und drittem Stand. Als das Pariser Parlament Ende September für die Modalitäten der letzten nationalen Ständeversammlung von 1614 optierte, wechselte die Stimmung innerhalb der Bourgeoisie zugunsten des dritten Standes. Plötzlich waren der König und die Privilegierten nicht mehr Teil der werdenden Nation, sondern das

Die Radierung zeigt die feierliche Prozession zur Eröffnung der Sitzung der Generalstände am 5. 5. 1789.

> **INFOBOX**
>
> **Notabelnversammlung**
> Unter Notabelnversammlung versteht man in Frankreich die seit dem 15. Jh. erweiterte Ratsversammlung des Königs, in der meist die drei Stände – die beiden privilegierten Stände der Geistlichkeit und des Adels und der dritte Stand der nicht privilegierten Bürger und Bauern – vertreten waren. Ihre Mitglieder wurden im Unterschied zu den gewählten Mitgliedern der Generalstände vom König berufen. Oft wurde die Notabelnversammlung anstelle der Generalstände einberufen, da sie nicht das Recht auf Steuerbewilligung hatte, ihre sonstigen Zuständigkeiten aber ähnlich waren. Nach der Notabelnversammlung von 1626/27 verzichtete der König bis 1787 aber auch auf diese beschränkte Form der ständischen Vertretung.

Europa im Zeitalter der Revolutionen

Adel und Klerus stehen entsetzt vor dem Repräsentanten des dritten Standes, der sich von den Ketten des Ancien Régime befreit. Eine zeitgenössische Karikatur schildert die Forderung des tiers état nach einer ständenunabhängigen Abstimmung.

Volk setzte seine ganze Hoffnung auf die »Nichtprivilegierten«, den tiers état. In dieser für die Krone prekären Situation berief der König den als Reformer bewährten und vom Volk geschätzten Genfer Bankier Jacques Necker erneut zum Finanzminister. Ihm gelang es, die doppelte Deputiertenzahl für den dritten Stand durchzusetzen, während die Frage einer Abstimmung nach Köpfen statt nach Ständen vertagt wurde. *Erich Pelzer*

Vom dritten Stand zur Nation: Die Revolutionen im Sommer 1789

Auf dem Kulminationspunkt der politischen Krise im Januar 1789 erschien in Paris die rhetorisch glanzvolle Flugschrift des Abbé Sieyès »Was ist der dritte Stand?«, die der politisierten Öffentlichkeit die eigene Bedeutung und ihr potenzielles Aktionsfeld vor Augen führte. Unter der Flut von politischen Flugschriften, die die Wahl der Deputierten im Frühjahr 1789 begleitete, sprach keine andere so prägnant und zündend die sozialen, wirtschaftlichen und politischen Faktoren an, die zu einer Identitätskrise des Landes geworden waren. Emmanuel Joseph Sieyès, Geistlicher (Abbé Sieyès), von Napoleon in den Grafenstand erhoben, weckte unter seinen Landsleuten

»Was ist der dritte Stand« hatte Abbé Sieyès 1789 in seiner einflussreichen Flugschrift gefragt. Karikaturen versuchten, mit Bildmitteln die Menschen dieses Standes zu erfassen.

das allgemeine Bewusstsein, dass allein der dritte Stand aufgrund seiner numerischen Überlegenheit die Nation verkörpere. Den Adel schloss er kühl und sachlich aus: »Diese Klasse gehört wegen ihres Müßiggangs ganz gewiss nicht zur Nation.«

Dem alten Modus entsprechend, fand im Rahmen der Deputiertenwahlen eine große Volksbefragung statt. Gestaffelt nach einem eigens festgelegten Reglement, verfasste zunächst jede Gemeinde, dann jede Stadt, schließlich der jeweilige Distrikt ein eigenes Beschwerdeheft (cahier de doléances), das den gewählten Deputierten zur Ständeversammlung nach Versailles mitgegeben wurde. Damit bot sich der Bevölkerung nicht nur im großen Stil Gelegenheit, Missstände und Ungerechtigkeiten aufzuzeigen, jeder Franzose versprach sich darüber hinaus von den Generalständen eine Besserung der politischen Situation.

Am 5. Mai 1789 war es soweit. Der König eröffnete mit einer denkbar knappen, nichtssagenden Rede die Versammlung der Generalstände in Versailles nach der traditionellen Sitz- und Kleiderordnung, was von den 585 Abgeordneten des dritten Standes als demütigend empfunden wurde. Anschließend schilderte Necker dem Plenum in trügerischen Farben den Zustand der Finanzen. Seine langatmige Rede war an die Adresse der Privilegierten gerichtet und enthielt den Vorschlag, diese sollten auf ihre Vorrechte verzichten. Vom dritten Stand wurde das Finanzreferat des Fachministers mit großer Enttäuschung aufgenommen, denn es enthielt kein Wort zum Abstimmungsmodus und vor allem kein Wort zur Verfassung.

Mit der Weigerung des Königs, die brennenden Verfahrensfragen kraft seiner Regierungskompetenz zu lösen, schwächte er in den nachfolgenden Tagen nicht nur seine eigene Stellung, er verurteilte ebenso die drei Stände zur Untätigkeit. In dieser sachlich festgefahrenen Situation ergriff der dritte Stand als Erster die Initiative, indem er sich, inzwischen durch liberale Überläufer aus dem Adelsstand verstärkt, am 17. Juni 1789 zur Nationalversammlung erklärte. Nachdem sich die Mehrheit der Geistlichkeit zwei Tage später ebenfalls dem dritten Stand angeschlossen hatte, kamen die Vertreter der neu konstituierten Nationalversammlung am 20. Juni im

Ballhaus zu Versailles zusammen und leisteten den feierlichen Eid, nicht eher auseinander zu gehen, bis Frankreich eine Verfassung habe. Das entschlossene Eintreten für Freiheit und Gleichheit wurde in einem Akt revolutionärer Eintracht beschworen.

Dies war der erste Akt der epochalen Wende von 1789: die Revolution der Deputierten in Versailles, während deren Verlauf zwei prominente Überläufer aus den Reihen von Adel und Klerus, Graf Mirabeau und der Abbé Sieyès, dem König und damit der alten Monarchie die Stirn geboten hatten. Im Sommer 1789, von Mai bis Oktober, brach das jahrhundertealte Ancien Régime zusammen. Was die Rezepte des aufgeklärten Reformabsolutismus in fünf Jahrzehnten nicht hatte bewirken können, vollbrachte jetzt die Revolution in wenigen Monaten. Nach der Revolution der Abgeordneten von Mai bis Juni 1789 bestimmte dann letztlich das Eingreifen des Volkes den Lauf der Geschichte.

Die Erstürmung der Bastille
An die Stelle der alten dreigliedrigen Ständeordnung war eine Dreiecksdebatte zwischen den Privilegierten, dem Monarchen und dem dritten Stand getreten. Nach dem

Mit dem so genannten Ballhausschwur leisteten die Vertreter der neu konstituierten Nationalversammlung den Eid, nicht eher auseinander zu gehen, bis Frankreich eine Verfassung habe. Jacques-Louis David gab den Ballhausschwur in einem Gemälde wieder (Paris; Musée Carnavalet).

triumphalen Auftakt der Nationalversammlung im Ballhaus zu Versailles erhob sich die alles entscheidende Frage: Wie reagiert der König? Am 23. Juni äußerte er sich schriftlich in der ihm eigenen, unentschiedenen Art: Er akzeptierte und er lehnte ab, wobei sich die Aufmerksamkeit des Publikums weniger den Akzenten der Zustimmung als denen der Verweigerung zuwandte. Er sprach sich für neue Steuern und Anleihen aus und sagte »ja« zur Freiheit des Individuums und der Presse, bedingt »ja« zur Steuergleichheit. »Nein« aber sagte er zur staatsbürgerlichen Gleichheit, zur Auflösung der Stände sowie zum Untergang der aristokratischen Gesellschaft.

Die Vertreter der »versammelten Nation« (Jean Sylvain Bailly) vernahmen die Erklärung des Königs wie ein Testament und ein Fanal zugleich. Graf Mirabeau orga-

Eine historisierende Darstellung zeigt den Revolutionär Camille Desmoulins beim Aufruf zu den Waffen.

> **INFOBOX**
>
> **Die Bastille**
> Am Tor Saint-Antoine in Paris ließ Karl V. seit 1369 eine mehrgeschossige, achttürmige Festung als Bollwerk gegen die Engländer anlegen, die von Anfang an auch als Staatsgefängnis genutzt wurde. Im 16. und 17. Jh. wurde die Bastille u. a. durch die unterirdischen Kerker (cachots) erweitert, und Ludwig XI. vermehrte die Schrecknisse noch durch einen eisernen Käfig.
> Besonders bevölkert war die Bastille unter Ludwig XIV. und Ludwig XV.: Die Zahl der Gefangenen, zeitweise auf 10 bis 20 beschränkt, stieg auf 40 bis 60; 1741 waren es sogar 71. Meist waren es nicht Verbrecher, sondern die Opfer tyrannischer Despotenlaune, die in der Bastille eingekerkert wurden. Eine Lettre de cachet, auf Wunsch eines Ministers oder einer Mätresse gegeben, genügte, um einen Unschuldigen jahrelang oder lebenslänglich in der Bastille schmachten zu lassen. Vor allem Schriftsteller, Zeitungsschreiber, Buchhändler, Buchdrucker und Opfer der Inquisition zählten zu den Gefangenen. Unter Ludwig XVI. sank die Zahl der Gefangenen auf jährlich etwa 16, von denen viele nur wenige Tage dort blieben. Bei der Erstürmung der Bastille am 14. 7. 1789 fand man nur sieben Gefangene vor. Am nächsten Tag wurde die Feste unter dem Jubel des Volkes zerstört.

nisierte den Widerstand, indem er in der Versammlung dem königlichen Großzeremonienmeister sein legendäres »Wir lassen uns von unseren Plätzen nur durch die Macht der Bajonette vertreiben« entgegenschleuderte. Der Konflikt war vorprogrammiert, denn Ende Juni/Anfang Juli existierten in Frankreich de facto zwei Souveränitäten nebeneinander, die alte des Königs und die neue »Verfassunggebende Nationalversammlung« (Assemblée nationale constituante), die sich am 9. Juli als solche konstituiert hatte. Obwohl der König dem Druck der Versammlung nachgab und die beiden ersten Stände aufforderte, sich der Vereinigung anzuschließen, schmiedete sein eingestandener Widerstand das Bündnis der Versailler Abgeordneten mit dem Volk von Paris.

Königliche Marschbefehle an die Truppen und die Nachricht von der Entlassung Neckers steigerten in Paris die bereits seit langem spürbare nervöse Grundstimmung und Aufstandsbereitschaft der Bevölkerung. Neben der existenziellen politischen Bedrohung brachte die Angst der Begüterten vor einem Staatsbankrott, vor al-

> **ZITAT**
>
> **Der amerikanische Politiker Gouverneur Morris notiert am 6. 10. 1789 [?] in sein Tagebuch:**
> ... Paris ein einziger Tumult. Die Köpfe von zwei Leibgardisten werden in die Stadt gebracht; die königliche Familie, die sich in der Gewalt des »Nationalregiments«, den übergelaufenen Gardes françaises, befindet, soll im Laufe des Nachmittags eintreffen...

> **ZITAT**
>
> Wie viele andere war der Dichter Christoph Wieland von der Gewalt während der Revolutionsjahre in Frankreich abgestoßen. 1793 räumte er jedoch in einem Brief ein:
>
> *Mein Trost bei allem diesem ist, dass das mannigfaltige Gute, das die Französische Revolution mitten unter den grässlichen Ausbrüchen... in Bewegung gebracht hat, für die Menschen nicht verloren geht, sondern nach und nach, im Stillen... tausendfältige Früchte tragen wird.*

lem aber die katastrophale Ernährungslage in der Hauptstadt die Stimmung zum Siedepunkt. Auf der Suche nach Waffen und Pulver, um sich der städtischen Getreidevorratshäuser zu bemächtigen, zog eine aufgebrachte Volksmenge am Morgen des 14. Juli zur Bastille, dem festungsähnlichen Staatsgefängnis an der Häusergrenze von Paris. Sie galt bereits seit längerem als städtebaulicher Inbegriff des politischen Despotismus. Nur über eine kleine Garnison (achtzig Veteranen und dreißig Schweizergardisten) verfügend, kapitulierte der Festungskommandant Bernard Jordan de Launay nach mehrstündigen gewalttätigen Auseinandersetzungen. Die Besatzung wurde anschließend massakriert, der aufgespießte Kopf des Kommandanten als Symbol des Sieges durch die Straßen von Paris getragen, während die Volksmenge bereits mit der Demolierung des Gebäudes begann. Der zweite Erfolg der Revolution, die Erstürmung der Bastille, war ein leicht errungener Sieg, der ein großes Ergebnis hatte und zugleich ein symbolisches Zusammentreffen offenbarte: An diesem Tag erzielte der Brotpreis aufs Jahrhundert gesehen seine höchste Notierung.

Bauernrevolution, Augustdekrete und der Zug der Fischweiber nach Versailles
Die Einnahme der Bastille bestärkte die Pariser im Entschluss des Widerstandes. Von nun an nahm ihre Stadt einen der vordersten Plätze in der revolutionären Entwicklung ein. Ihr Stadtrat wurde eine mächtige Nebenregierung, seine Nationalgarde die Keimzelle der späteren Volksarmee. Die ganze Stadt verwandelte sich in ein Kriegslager, und die Nachricht von der Erstürmung verbreitete sich wie ein Lauffeuer über das Land. Innerhalb der ländlichen Bevölkerung, die durch Versorgungskrisen, vagabundierende Bettlerscharen und hochmütige adlige Grundherren ebenso drangsaliert wie sensibilisiert worden war, brach eine Kollektivpanik aus. In der Normandie, in den Ardennen, im Elsass, in der Franche-Comté und und im Saônetal stürmten bewaffnete Bauernscharen Schlösser, Klöster und grundherrliche Archive. Ihr abgrundtiefer Hass galt nicht den eigentlichen Grundherren, sondern der Willkür ihrer Verwalter und vor allem den vielen unklaren Rechts- und Besitztiteln, die sie in einem großen Freudenfeuer verbrannten.

Es war Erntezeit, und die Angst vor Räubern und Ausländern sowie die Furcht vor einem Aristokratenkomplott war groß. Die »Große Angst« erfasste weite Teile des Landes, und Gerüchte und Spekulationen entfachten einen mächtigen Kollektivgeist, der zu Gewalt eskalierte.

Nach der Bauernrevolution stellte sich für die Revolutionäre der Hauptstadt die Frage: Soll das Feuer gelöscht oder geschürt werden? Um das Land für die Revolution zu gewinnen, entschied man sich für die erste Lösung. Dies ist der Hintergrund für die berühmten Augustdekrete. Im Laufe einer einzigen von Fieberstimmung erfüllten Abendsitzung, der Nacht vom 4. August 1789, gaben Adel und Geistlichkeit in einem Anfall von Furcht und Edelmut ihre Feudalrechte und Privilegien preis.

Das erste von der Nationalversammlung erlassene Dekret erklärte das alte Feudalsystem für »gänzlich ab-

Die Nationalversammlung nahm am 26. 8. 1789 die »Erklärung der Menschenrechte« an. Ein Gemälde zeigt die Präambel (anonym, um 1789; Paris, Musée Carnavalet).

> **ZITAT**
>
> **Die »Erklärung der Menschenrechte« (1789) der französischen Nationalversammlung proklamierte auch die Meinungs- und Religionsfreiheit:**
>
> *Niemand soll wegen seiner Ansichten, auch nicht wegen der religiösen beunruhigt werden, sofern ihre Äußerung die durch das Gesetz errichtete öffentliche Ordnung nicht stört.*

geschafft«. Damit waren alle persönlichen Rechte des Grundherrn wie die kaum verbreitete Leibeigenschaft, Feudalabgaben, Jagd- und Weiderechte, die grundherrlichen Gerichtsbarkeiten sowie die Zehnten der Kirche, nicht aber die sachlichen Rechte, die an adlige Ländereien gebunden waren, gemeint. Denn Letztere mussten zurückgekauft werden. Damit kam ein gewaltiger Ablösungsmechanismus, eine soziale Umschichtung von Besitz und Vermögen, in Gang, bevor der Konvent im Juli 1793 die alten seigneurialen Rechte entschädigungslos enteignete. Der Revolution war somit ein sozialpolitischer Coup von höchstem Ausmaß gelungen: die Umwandlung des alten Feudaleigentums in bürgerliches Privateigentum, das seinerseits für unantastbar erklärt wurde. Auf diese Weise wurden die französischen Bauern mit der Revolution versöhnt und legten die Waffen nieder.

Die Beschlussfassung des 4. August hatte die Verhandlung über einen Gegenstand unterbrochen, der vor allem Marie Joseph Motier Marquis de La Fayette, dem ehemaligen Waffengefährten George Washingtons und Helden des amerikanischen Unabhängigkeitskrieges, am Herzen lag. Es war die Erklärung der Menschen- und Bürgerrechte vom 26. August, welche die theoretische Einleitung der künftigen Verfassung, zugleich aber die universelle Tendenz der französischen Umwälzung zum Ausdruck bringen sollte.

Den letzten Akt des ereignisreichen ersten Jahres der Revolution inszenierte erneut die Stadt Paris. Als der König sich weigerte, die Augustdekrete zu unterschreiben, und der Ruf nach Brot immer lauter wurde, zog am 5. Oktober eine von Pariser Fischweibern angeführte Volksmenge nach Versailles und nötigte den

Bewaffnet zogen die Pariser Fischweiber am 5.10.1789 nach Versailles und nötigten den König, in die Hauptstadt zurückzukehren.

Als siegreiche Heroinnen kehrten die Fischweiber am 6. Oktober nach Paris zurück.

willensschwachen König samt seiner Familie, am darauf folgenden Tag in die Hauptstadt zurückzukehren. Mit der aufgezwungenen Verlegung des Wohnortes in die Hauptstadt begab sich der König in die Hände der neuen Machthaber; das waren die Konstituierende Nationalversammlung und die politischen Klubs, die von nun an über die Geschicke Frankreichs entschieden.

Der Sieg war kaum verklungen, als es im Verlauf der Debatte über die Stellung des Königs in der Verfassung zur ersten Spaltung innerhalb der Patriotenpartei kam. Namhafte, meist adlige Anführer der ersten Stunde, die für eine konstitutionelle Monarchie mit starker königlicher Entscheidungsgewalt eintraten, plädierten leidenschaftlich für ein dem angelsächsischen Modell nachempfundenes Zweikammerparlament. Als sie sich mit ihrem Verfassungsprojekt in der Nationalversammlung, die mehrheitlich für ein aufschiebendes Veto des Königs votierte, nicht durchsetzen konnten, verließen sie enttäuscht und resigniert den politischen Kampfplatz. Ihnen schlossen sich weitere Adlige an. Die erste Auswanderungswelle setzte ein. Und Männer der ersten Stunde vermengten Prinzipientreue mit persönlichem Ehrgeiz: Jean-Joseph Mounier aus der Dauphiné, der einst den Ballhausschwur initiiert hatte, war der Erste, der gegen ihn verstieß. Enttäuscht legte er sein Präsidentenamt nieder und zog sich schmollend nach Grenoble zurück. Die Versammlung jedoch geriet zusehends unter den Einfluss der aktionsbereiten, brodelnden Menge. Deren Rolle als Aufspalter, als Entzweier der politischen Gruppen, hatte begonnen.

Erich Pelzer

Eine neue Ordnung entsteht: Die Ablösung des Ancien Régime

In weniger als zwei Jahren schuf die Revolution ein neues Frankreich, doch alles deutete schon auf die Hinfälligkeit des neu Geschaffenen: die Weigerung des Königs, die Feindschaft der Adligen, die Spaltung der Kirche und die offenen oder verdeckten Machtkämpfe. Dennoch stand das Jahr 1790 insgesamt unter einem friedlichen Stern. Es war das wohl friedlichste Jahr der Revolution überhaupt. Nach dem fulminanten politischen Auftakt ging man jetzt daran, die territorialen, rechtlichen, sozialen und wirtschaftlichen Rahmenbedingungen des neuen Staates zu verändern.

Das in unterschiedliche, sich teilweise überlagernde Rechts-, Verwaltungs- und Provinzgrenzen gegliederte Frankreich wurde in 83 Départements eingeteilt und mit einem neuen dreigliedrigen Verwaltungsapparat ausgestattet: Gemeinde, Distrikt, Département. Die Gerichtsbarkeit oblag nunmehr nicht mehr den staatlichen Stellen oder der Grundherrschaft, sondern wurde unabhängig. Die Hauptstadt Paris, die lange unter königlicher Verwaltungsaufsicht gestanden hatte, erhielt ihre Autono-

Mit »Eine Lektüre bei Madame Geofrin« zeigt Gabriel Lemonnier eine für die Salonkultur charakteristische Szene. Zur Zeit der Französischen Revolution wurden in diesen Zirkeln auch die aktuellen Tagesgeschehnisse diskutiert.

> **INFOBOX**
>
> **Erklärung der Rechte der Frau**
> Olympe de Gouges (1748–93) kämpfte als einer der ersten politischen Publizistinnnen der Geschichte um Mitsprache im öffentlichen Leben. Kurz nach der Verabschiedung der Verfassung im September 1791 meldete sie sich mit einem Text zu Wort, der ihren Namen unsterblich machen sollte: der in Analogie zur Menschenrechtserklärung von 1789 verfassten »Erklärung der Rechte der Frau und Bürgerin« (»Déclaration des droits de la femme et de la citoyenne«), in der sie die völlige Gleichberechtigung der Geschlechter forderte.
> In einer Zeit, in der Frauen weiterhin politische Rechte verwehrt wurden, schrieb sie: »Diese Revolution wird nur Wirklichkeit werden, wenn alle Frauen von ihrem beklagenswerten Geschick und von den Rechten, die sie in der Gesellschaft verloren haben, durchdrungen sind.« Wegen ihrer girondistischen Positionen wurde Olympe de Gouges 1793 zum Tode verurteilt und hingerichtet.

mie zurück und wurde neu eingeteilt. An die Stelle der bisherigen sechzig Distrikte traten 48 Sektionen.

Zur gleichen Zeit kleidete sich das philosophische Frankreich der Aufklärung in ein politisches, bürgerliches Gewand. Nicht mehr die Aristokratie, sondern bürgerliche Richter, Anwälte und Publizisten besetzten das soziale und politische Terrain. Man diskutierte die neue Gesellschaft auf der Straße, in den Salons, Klubs, Versammlungen jeder Art und vor allem mit einer schier ausufernden Meinungsbreite in Journalen und Tageszeitungen. Nach und nach wurden die vormals gesellschaftlichen Herrschaftsgruppen zur kollektiven Abdankung gezwungen.

Das Hauptaugenmerk galt zunächst dem Adel, dem gegenüber das Verhalten der Unterschichten stets in Feindschaft umschlagen konnte. Zwar wussten die Revolutionäre genau, was sie den aufgeklärten Adligen wie dem Grafen Mirabeau, dem Marquis de La Fayette, dem Herzog von La Rochefoucauld-Liancourt, Charles Maurice de Talleyrand, Alexandre Graf von Lameth, Adrien Duport und Antoine Barnave für das Gelingen der Revolution verdankten. Dennoch blieb ihnen die Tatsache nicht verborgen, dass viele Adelsfamilien inzwischen ins Ausland gegangen waren und die Reihen der Gegenrevolution anführten. Diejenigen, die treu zur Revolution

> **ZITAT**
>
> **Auch Frauen kämpften für ihre Rechte;** Olympe de Gouges in ihrer »Erklärung der Rechte der Frau und Bürgerin« (1791):
> *Mann bist du fähig, gerecht zu sein? Eine Frau stellt dir diese Frage. Dieses Recht wirst du ihr zumindest nicht nehmen können. Sag mir, wer hat dir die selbstherrliche Macht verliehen, mein Geschlecht zu unterdrücken? Deine Kraft? Deine Talente?...*

> **INFOBOX**
> **Die Rechte des Menschen in der Gesellschaft**
> Die Erklärung der Menschenrechte vom 22. 8. 1795, die der neuen Direktorialverfassung wie auch den früheren Verfassungen von 1791 und 1793 vorangestellt wurde, postulierte als obersten Grundsatz:»Die Rechte des Menschen in der Gesellschaft sind: Freiheit, Gleichheit, Sicherheit, Eigentum«. Spiegelten hier einerseits die Reihenfolge wie auch die friedliche Identifikation mit den Leitideen der Revolution die Erfahrungen der Revolution wieder, so verschleierten diese andererseits die Schwierigkeiten, die seit ihrer Verbreitung damit verbunden waren.
> Obwohl für die Konstituante, die verfassunggebende Versammlung, Freiheit und Gleichheit keine Gegensätze waren, handelte sie im Namen der Freiheit dem Ideal der Gleichheit zuwider. Denn die Einführung des Zensuswahlrechts bedeutete Ungleichheit, die mit der Sorge um die Unabhängigkeit der Wahlentscheidung gerechtfertigt wurde. Umgekehrt wurde die Testierfreiheit, nach der Kinder als Erben unterschiedlich berücksichtigt werden konnten, abgeschafft.

standen, fusionierten mit dem gemäßigten Bürgertum zur neuen Revolutionselite.

Aus ehemaligen privilegierten Noblen wurden nun grundbesitzende Notabeln. Ein Frankreich der Besitzenden trat an die Stelle des aristokratischen Frankreich. Die kulturelle Arbeit des Jahrhunderts vereinigte sie. Im Juni 1790 schaffte die Konstituierende Nationalversammlung, auch Konstituante genannt, den erblichen Adel sowie alle Orden, Titel und Wappen, die mit der alten Adelsgesellschaft verbunden waren, kurzerhand ab. Der abgrundtiefe Hass der Revolutionäre richtete sich gegen die Privilegien, aber nicht gegen das Eigentum.

Die Nationalisierung des Kirchenbesitzes und die Spaltung des Klerus

Nach der Abschaffung des Adels erließ die Konstituante am 12. Juli 1790 ein Gesetz zur Reorganisation des Klerus. Es sah tief greifende Änderungen vor, die in ihrem Gefolge eine Kirchenspaltung auslösen und auf einen Bürgerkrieg zusteuern sollten. In einem ersten Schritt waren vorher die gesamten kirchlichen Besitztümer konfisziert und zu Nationalgütern erklärt worden, die zum Verkauf anstanden. Der zweite Schritt betraf die inneren Organisationsstrukturen der Kirche: Ehemalige Geist-

Der französische General Marie Joseph de Motier Marquis de La Fayette nahm 1777 am amerikanischen Unabhängigkeitskampf teil und wurde 1789 Mitglied der Generalstände. Er war einer der führenden Politiker der Revolutionszeit. Das Porträt entstand Ende des 18. Jh. (Versailles, Musée National).

liche erhielten jetzt den Status eines Staatsbeamten, Priester und Bischöfe wurden dem päpstlichen Einfluss entzogen und konnten fortan nur noch von »aktiven«, also Steuer zahlenden Bürgern gewählt werden. An die Stelle der 18 Erzdiözesen traten zehn Metropolitansitze. Obwohl es noch keine Verfassung gab, nötigte das Dekret vom 26. Dezember 1790 die Geistlichen zum Eid auf die Verfassung. Zwar gingen der Abbé Henri Grégoire und der Titularbischof von Lydda, Jean-Baptiste Joseph Gobel, mit gutem Beispiel voran, jedoch lehnte die Mehrzahl den Eid ab. Zu Anfang der Revolution hatten die Dorfpfarrer gemeinsame Sache mit der Volksbewegung gemacht, und ihre Unterstützung war von großem Wert. Jetzt wurde die Geistlichkeit in zwei Gruppen gespalten. Der gefügige Teil leistete den Eid auf die Verfassung und behielt dafür seine Ämter und sein Gehalt, der mutigere Teil pochte auf seine Gewissensfreiheit, lehnte sich auf oder wählte die Emigration. Dies erwies sich immer mehr als verhängnisvoller Fehler: Die vielen Priester, die zum Gelingen der Bewegung beigetragen hatten, verwandelten sich nun in entschiedene Gegner der Revolution.

Das Hauptargument für die Nationalisierung des Klerus ähnelte auf eigentümliche Weise dem, was bereits zum Ausbruch der Revolution beigetragen hatte: Man wollte auf diese Weise den Staatsbankrott abwenden und die Lösung der Finanzkrise bewirken. Der Verkauf der Kirchengüter sollte eben diesem Zweck dienen, und zwar auf der Grundlage einer neuen währungspolitischen Rechnungseinheit, der Assignaten. Die Grundstücke dienten als Garantie für die Ausgabe des neuen Papiergeldes, das in großem Umfang in Umlauf gebracht wurde, was wiederum dazu führte, dass der Kurs zunächst kontinuierlich, schließlich rapide verfiel.

Eine Lösung der Finanzprobleme wurde dadurch langfristig nicht erreicht, aber sie erfolgte auf Kosten der Zerschlagung des vormals ersten Standes. Allerdings leitete der Nationalgüterverkauf eine Umschichtung der Besitzverhältnisse in die Wege und weckte das Interesse breiter Volksschichten am Gelingen der Revolution. Nicht nur reiche Stadtbürger, auch große und mittlere Bauern ersteigerten neue Bodenanteile und arrondierten ihre Parzellen. Die Bauern knüpften ein starkes mate-

Charles Maurice de Talleyrand wurde von den Revolutionären als aufgeklärter Adliger anerkannt. François Gérard zeigt den Staatsmann in einem repräsentativen Porträt.

Europa im Zeitalter der Revolutionen

> **ZITAT**
> Montesquieu erläuterte den Gedanken, der dem Prinzip der Gewaltenteilung zugrunde liegt, so: *Damit man die Macht nicht missbrauchen kann, muss die Disposition der Dinge so sein, dass die Macht die Macht zügelt.*

rielles Band an die Revolution. Sie erwiesen sich im weiteren Verlauf als die beständigste Revolutionsklientel.

Weitere Egalisierungsmaßnahmen
Der Umbau des Staates erfasste alle Bereiche des öffentlichen Lebens. Während sich der revolutionäre Argwohn auf die Katholiken konzentrierte, wurde anderen religiösen Gruppen die Gleichbehandlung zuteil: Die Protestanten erhielten das passive Wahlrecht im Dezember 1789, die Juden spanisch-portugiesischer Herkunft das Bürgerrecht im Januar 1790, während die elsässischen Juden darauf noch bis September 1791 warten mussten. Die Abstufung der politischen Rechte erfolgte nach Steuerklassen, wobei Eignung und Unfähigkeit gleichermaßen berücksichtigt wurden. Gleichzeitig wurden alle Monopole, Gewerbeordnungen sowie Vorrechte in Handel und Industrie aufgehoben, allein das Getreideexportverbot bestand weiterhin aus Angst vor weiteren Unruhen. Schließlich wurden im Dezember 1790 die Erblichkeit und Käuflichkeit der Ämter, Motor und Sprengsatz der alten Monarchie, abgeschafft.

Marie Joseph de Motier Marquis de La Fayette leistete am 14. 7. 1790 auf dem Marsfeld in Paris den kollektiven Treueeid (anonymes zeitgenössisches Gemälde).

Europa im Zeitalter der Revolutionen

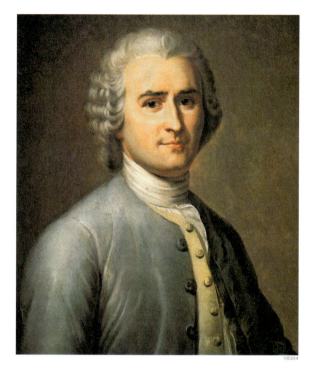

Jean-Jacques Rousseaus 1762 erschienenes Werk »Der Gesellschaftsvertrag«, in dem er an die Stelle des Naturmenschen den mündigen Bürger setzte, wurde rasch zur »Bibel« der Revolutionäre. Das Porträt des Autors schuf Jean Édouard Lacretelle im 19. Jh. (Versailles, Musée National).

Als Höhepunkt des Jahres beging die neue Nation am 14. Juli 1790, dem Jahrestag des Bastillesturms, das Föderationsfest auf dem Marsfeld. Talleyrand, der Bischof von Autun, las feierlich die Messe. Danach trat La Fayette, Kommandeur der Nationalgarde, an den Altar und leistete im Namen von Nation, Gesetz und König den kollektiven Treueeid. Weitere Föderationsfeste fanden auch in anderen Städten statt, unter anderem in Straßburg.

Elemente der politischen Instabilität
Während auf wirtschaftlichem und sozialem Terrain die Erwartungen, die man an die Revolution gestellt hatte, durchaus erfüllt werden konnten, zerfiel die Einmütigkeit der Franzosen bei der Frage nach der Legitimität der Herrschaft. Obgleich die Monarchie äußerlich bestehen blieb, war Ludwig XVI. – seines sakralen Charakters beraubt – nur mehr eine Kreatur der nationalen Souveränität. Unter allseitigem Druck musste er den Treueeid auf Nation und Verfassung schwören.

Der Publizist und Arzt Jean Paul Marat, einer der bekanntesten Revolutionäre, führte gemeinsam mit Georges Jacques Danton den politisch radikalen Klub der Cordeliers an. Jean-François Garneray porträtierte den jungen Marat.

Georges Jacques Danton, Mitbegründer des politisch radikalen Klubs der Cordeliers, ließ 1792 als Justizminister die Septembermorde zu.

Die Nationalversammlung war quasi Exekutive und Legislative zugleich. Die Volkssouveränität hatte damit gegenüber der von Montesquieu propagierten Gewaltenteilung die Oberhand behalten. Jean-Jacques Rousseaus Werk »Der Gesellschaftsvertrag« von 1762 avancierte zur Bibel der Revolutionäre. In Wirklichkeit war Frankreich nun eine konstitutionelle Monarchie ohne einen konstitutionellen König. Drei Gewalten bestimmten das öffentliche Leben: die Stadtverwaltung von Paris, die Nationalgarde und die jeweiligen Distriktversammlungen.

Anfangs fielen die konzeptionellen Unklarheiten nicht weiter ins Gewicht. In dem Maße, in dem die revolutionären Errungenschaften auch durchgesetzt werden konnten, erschien die politische Krise unvermeidlich. Im Sommer 1791, nach dem Tode Mirabeaus, suchte das mächtige Triumvirat Duport, Barnave und Lameth nach politischen Möglichkeiten, die Revolution zu beenden. Um der Revolution Dauer zu verleihen, sollten die Gleichheit eingeschränkt, die Freiheit begrenzt und die öffentliche Meinung auf soliden Grund gestellt werden.

Wie zuvor Mirabeau schlugen die Triumvirn unfehlbar den Weg in die Tuilerien zum König ein. Aber anstatt die Führung des Staates zu übernehmen, floh der König nach Varennes. Sein Fluchtversuch wurde kurz vor Erreichen der Grenze enttarnt, und der kompromittierte Monarch wurde unter schweigender Anteilnahme der Bevölkerung nach Paris zurückgebracht. An diesem 25. Juni 1791 ist Ludwig XVI. ein erstes Mal gestorben. Noch war er nicht Geisel, aber schon ein Spielball in den Händen der Parteien.

Camille Desmoulins gehörte neben Marat und Danton zu den Gründern des radikalen Klubs der Cordeliers. Auf dem Gemälde von Honoré Daumier ist er vor dem Pariser Palais Royal wiedergegeben (Moskau; Puschkin-Museum).

Die Kokarde der Französischen Revolution mit der Aufschrift »Égalité – Liberté« wurde als Abzeichen in Rosettenform an der Jakobinermütze getragen (Berlin, Deutsches Historisches Museum).

Aufgrund dieses Zwischenfalls änderte sich die Lage mit einem Schlag. Es wurde offensichtlich, dass der König die Hilfe des Auslands gegen das eigene Land hatte einsetzen wollen. Seine Proklamation, vor der Flucht verfasst, zeigte, dass er sich zur österreichischen Armee in den Niederlanden begeben wollte, um mit dieser nach Paris zurückzukehren und durch Auflösung der Nationalversammlung seine absolute Macht wiederherzustellen. Seine Flucht zerriss den Schleier der konstitutionellen Monarchie. Die Meinungen unter den führenden Revolutionären über den einzuschlagenden Kurs gingen weit auseinander.

Antoine Condorcet, der berühmte Mathematiker, forderte die Republik, während Maximilien de Robespierre ihr noch misstraute, da sie seiner Meinung nach zur Oligarchie führe. Der politisch radikale Klub der Cordeliers, angeführt von Jean Paul Marat und Georges Jacques Danton, drängte und rief das Volk am 17. Juli 1791 zu einer zentralen Demonstration auf dem Marsfeld zusammen, in deren Verlauf La Fayette auf die Menge schießen ließ.

Das, was im August und Oktober 1789 durch die Besonnenheit der handelnden Akteure verhindert worden war, trat jetzt ein: Die Jakobiner spalteten sich in einen gemäßigten Flügel, der sich Feuillants nannte und die Regierungsgewalt für sich reklamierte, und einen radikalen Teil, der sich zunächst in den Untergrund begab. Mit großer Eile ging man nun an die Ausarbeitung und Verabschiedung der Verfassung, die am 3. September 1791 in Kraft trat. Ihre Grundlage war liberal-demokratisch: Das königliche Veto hatte nur aufschiebende Wirkung, über Krieg und Frieden konnte nur mit Zustimmung der Versammlung entschieden werden, jedes der 83 Départements und jeder Distrikt besaßen eine eigenständige Versammlung. Die Parlamentsarbeit wurde nur von einer Kammer erledigt, in der wegen des Zensuswahlrechts das Bürgertum die führende Rolle übernahm.

Als die Verfassung vollendet war, löste sich die Konstituierende Nationalversammlung am 30. September 1791 auf. In einem Akt der Selbstverleugnung hatte sie bereits angeordnet, dass ihre eigenen Mitglieder nicht zu Mitgliedern der neuen Legislative gewählt werden könnten. Um der personellen Diskontinuität willen wurde ein wichtiger politischer Erfahrungsschatz geopfert.

Erich Pelzer

Auf dem Weg zur Republik: Die Ereignisse der Jahre 1791/92

Am 1. Oktober 1791 nahm die Gesetzgebende Nationalversammlung (Assemblée nationale législative) die Arbeit auf. Gegenüber der Konstituante hatte die neue Kammer einen Linksruck vollzogen, weil die liberalen Adligen, allen voran La Fayette, nicht mehr vertreten waren. Die Legislative, wie sie auch bezeichnet wird, war aber alles andere als radikal: In ihr waren insgesamt 745 Abgeordnete vertreten, darunter 264 Feuillants und 136 Jakobiner. Die meisten Mitglieder gehörten zur breiten Mitte der »Unabhängigen«, in der Regel waren es vermögende Bürger, Herren in Galoschen und mit Regenschirm, die versuchten, den Status quo zu erhalten und eine weitere Radikalisierung durch die Pariser Bevölkerung zu vermeiden. Zu den führenden Köpfen der neuen Körperschaft zählten die Girondisten, unter denen namentlich Jacques Pierre Brissot und Pierre Victurnien Vergniaud den Ton angaben.

Der »Baum der Freiheit«, Siegeszeichen der Französischen Revolution, soll schon 1792 an 60 000 Orten der Republik gestanden haben (Paris, Musée Carnavalet).

Kriegsdebatten
Seit der Flucht des Königs nach Varennes und der von Kaiser Leopold II. und dem preußischen König Friedrich Wilhelm II. im Schloss Pillnitz bei Dresden am 27. August 1791 für ihren französischen »Vetter« Ludwig als Pillnitzer Konvention verfassten Solidaritätserklärung, die in Frankreich als Provokation und Einmischung in die inneren Angelegenheiten angesehen wurde, war die Revolution samt ihrer Inhalte nicht länger auf Frankreich begrenzt. Europa wurde nunmehr mit den inneren Problemen der Revolution konfrontiert.

Die Feuillants wollten eine kriegerische Auseinandersetzung mit dem Ausland vermeiden, aber Ludwig brüskierte sie durch die Ernennung von General Charles François Dumouriez, der den Krieg wünschte, zum Kriegsminister. Zwar unterschrieb und beschwor der König die am 3. September verkündete neue Verfassung, die den Absolutismus beseitigte, aber die immer schärferen Maßnahmen der Legislative gegen die Emigranten, deren Rückkehr erzwungen werden sollte, und gegen die eidverweigernden Priester, die in der Vendée und anderen Teilen des Landes das Volk gegen die Pariser Führung aufhetzten, machten eine Versöhnung zwischen

---

INFOBOX

Jakobiner

Als Jakobiner wurden die Mitglieder des wichtigsten Klubs der Französischen Revolution bezeichnet. Ihren Namen erhielten sie nach ihrem Tagungsort, dem Dominikanerkloster Saint-Jacques in Paris. Der Klub wurde im Mai 1789 von bretonischen Delegierten als »Club breton« gegründet und nahm im November 1789 den Namen »Société des amis de la constitution« (Gesellschaft der Verfassungsfreunde) an. Auch in den Provinzen entstanden zahlreiche Jakobinerklubs.

Nach dem Ausscheiden der Gemäßigten, die an der konstitutionellen Monarchie festhielten (Feuillants), wurde der Klub seit Sommer 1791 zum Stoßtrupp der Republikaner. Er war zunächst von den Girondisten beherrscht, deren radikaldemokratische Gegner aber zunehmend an Bedeutung gewannen, sodass diese in ihm wie auch im Konvent, in dem sie die Mitglieder der Bergpartei stellten, die Girondisten verdrängen konnten. Unter der Führung von Robespierre organisierten die Jakobiner 1793/94 die Schreckensherrschaft. Nach Robespierres Sturz wurde der Jakobinerklub am 11. 11. 1794 geschlossen.

Das Motiv des Freiheitsbaums verbreitete sich schnell und weit (kolorierte Radierung auf einem Fächer; um 1789).

Ludwig und der Nationalversammlung unmöglich. Dazu verschlimmerte sich die innenpolitische Lage. Die Assignaten verloren ständig an Wert, und der Ruf nach festgesetzten Lebensmittelpreisen vonseiten der ärmeren Schichten wurde immer stärker.

Die Herausforderung mit dem König sollte auf eigenem Feld angenommen werden. Über die Wünsche und Vorstellungen des Königs herrschte in der Legislative Klarheit, aber von welcher Art war die patriotische Einmütigkeit? Die gemäßigten Kräfte aus dem Kreis der Feuillants waren die neuen Bewerber um die Rolle als Berater des Königs. La Fayette, der als Kommandant der Nationalgarde zurückgetreten war, wurde jetzt Bürgermeister von Paris, erhoffte sich aber insgeheim ein Heereskommando.

Um die politischen Ambitionen der Königstreuen zurückzudrängen, eröffneten die Girondisten mit Brissot an der Spitze im Oktober 1791 in der Legislative die Kriegsdebatte. Nach Brissots Überzeugung konnte allein der Krieg die Lage im Innern klären. Gleichzeitig bot sich die Möglichkeit, die Armee der Emigranten in Koblenz zu vernichten. Laut Brissot war der Krieg gegen die monarchischen Könige Europas im Voraus gewonnen, weil die französische Armee als Befreierin der Völker gefeiert werden würde. Allein Robespierre war dagegen. Er warnte vor dem Krieg, weil er die Existenz der Revolution gefährdet sah und eine Militärdiktatur befürchtete. Der Feind stand seiner Meinung nach nicht an den Grenzen Frankreichs, sondern im Innern. Erst ein geeintes Frankreich könne mit Aussicht auf Erfolg den europäischen Monarchien trotzen.

ZITAT

Dekret der Gesetzgebenden Nationalversammlung über die Suspendierung des Königtums am 10.8.1792:
Artikel 1: Das französische Volk wird aufgefordert, einen Nationalkonvent zu bilden. ...
Artikel 2: Der Träger der Exekutivgewalt wird vorläufig seiner Befugnisse enthoben, bis der Nationalkonvent über die Maßregeln entschieden hat, die er zur Sicherung der Volkssouveränität und Durchsetzung von Freiheit und Gleichheit für erforderlich hält.

> **INFOBOX**
>
> **Girondisten**
> Die Girondisten waren die gemäßigten Republikaner der Französischen Revolution. Nach der Herkunft der einflussreichen Abgeordneten aus dem Département Gironde im Südwesten Frankreichs, die dem linken Flügel der Gesetzgebenden Nationalversammlung angehörten, wurden sie benannt. Die Girondisten stellten in der Legislative die Mehrheit, setzten 1792 die Kriegserklärung an Österreich und mit den radikalen Jakobinern den Sturz des Königtums durch. Nach dem Zusammentritt des Konvents am 21. 9. 1792 verloren sie allmählich die Macht an die jakobinische Bergpartei. Der Aufstand der Sansculotten vom 31. 5. bis 2. 6. 1793 führte zur Verhaftung und Hinrichtung der führenden Girondisten. Ihre Vertreter entstammten meist dem liberalen Bürgertum der Provinzen, waren Befürworter der Dezentralisation und – im Gegensatz zur Bergpartei – der freien Wirtschaft.

Doch schließlich erklärte die Nationalversammlung am 20. April 1792, nachdem sie zuvor in zwei Erklärungen ihren Friedenswillen bekundet hatte, dem König von Böhmen und Ungarn, womit direkt der Kaiser und indirekt Österreich gemeint war, den Krieg. Die militärische Auseinandersetzung der Revolution mit den verbündeten Armeen Preußens und Österreichs, die im Frühjahr 1792 begann, hatte drei einschneidende Folgen: Sie wurde dem König zum Verhängnis, sie vernichtete Brissot und brachte Robespierre an die Macht.

Der Französische Revolutionskrieg und die Absetzung des Königs

In der Kriegsführung unerfahren und ohne das kriegskundige adlige Offizierkorps unzulänglich ausgestattet, erlitt die junge Revolutionsarmee aus übereilt ausgebildeten und schlecht ausgerüsteten Freiwilligen eine Niederlage nach der anderen. Die vielen Deserteure trugen ebenfalls nicht zur Aufbesserung von Moral und Kampfeskraft der Truppe bei. Zu den militärischen Niederlagen gesellten sich alsbald wirtschaftliche Probleme. Die Geldentwertung nahm infolge des Verfalls der Assignaten immer größere Ausmaße an und führte zu Unruhen in den Städten, die nur mit Mühe niedergehalten werden konnten. Insgesamt radikalisierte sich das Bewusstsein

Der 1820 in Bordeaux errichtete Brunnen ist ein Denkmal für die Girondisten, jene Gruppe gemäßigter Republikaner, zu deren bekanntesten Führern Jacques Pierre Brissot gehörte.

Europa im Zeitalter der Revolutionen

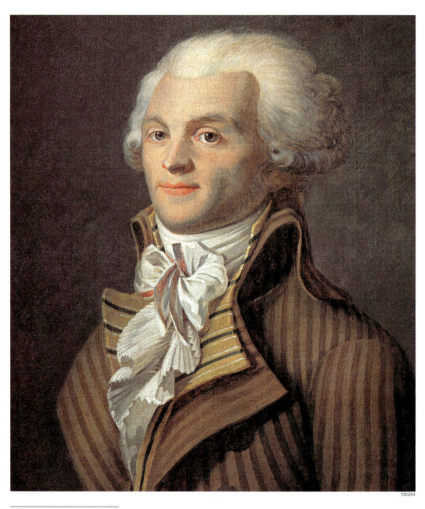

Nach der Hinrichtung Ludwigs XVI. sicherte sich Maximilien de Robespierre rasch eine fast unumschränkte Machtstellung und bekannte sich zur Schreckensherrschaft (Ausschnitt aus einem Gemälde des 18. Jh.; Paris, Musée Carnavalet).

des französischen Volkes, und Gewalttätigkeiten erlebten einen ungeheuren Auftrieb.

Am 20. Juni 1792 konnten die Aufständischen bei ihrem Sturm auf die Tuilerien den Widerstand des Königs noch nicht brechen. Es gelang ihnen aber am 10. August mithilfe der Provinz. Frankreich drohte die Invasion. Aufgrund der prekären militärischen Lage hatte die Legislative am 11. Juli erklärt: »Das Vaterland ist in Gefahr«. Vor diesem Hintergrund fand der Ruf nach der Republik eine stetig wachsende Resonanz. Nachdem bereits am 3. August alle Sektionen der Hauptstadt die Absetzung des Königs gefordert hatten, erstürmte dann am 10. August die aufgebrachte Volksmenge, unterstützt von den Föderierten aus Marseille und Brest, die Tuilerien. Der bedrängte König begab sich zusammen mit seiner Familie in die Obhut der Nationalversammlung. Sein weiteres Schicksal, zunächst Geisel, dann Gefangener und schließlich Delinquent, nahm damit seinen Lauf.

Die föderierten Freiwilligenverbände, die von Marseille aus zur Unterstützung der Pariser Patrioten in die Hauptstadt gezogen waren, hatten zum Gelingen der »zweiten Revolution« den entscheidenden Beitrag geleistet. Auf ihren Lippen hatten sie ein Lied, das am 25. April 1792 im Hause des Straßburger Bürgermeisters Philippe Frédéric de Dietrich – von dem jungen Offizier Claude Rouget de Lisle als Kriegslied für die Rheinarmee komponiert – erstmals erklungen war und jetzt als »Marseillaise« allgemeine Verbreitung fand. Die Revolution des 10. August 1792 war somit das Ergebnis einer patriotischen Bewegung wider den Verrat.

Eine zeitgenössische Gouache betont die Heiterkeit und Freiwilligkeit der im September 1792 in den ersten Koalitionskrieg ziehenden Soldaten der Revolutionsarmee.

Die »zweite Revolution« beendete die mehr als 900 Jahre alte Königsherrschaft in Frankreich. Die konstitutionelle Monarchie scheiterte letztlich an ihrer eigenen Unglaubwürdigkeit, die Ludwig XVI. durch seinen persönlichen Wankelmut und seine Anhänger und Berater durch ihre Flucht verkörperten. Sowohl La Fayette wie auch kurze Zeit später der Kriegsminister Dumouriez verließen das Land und liefen zu den Österreichern über.

Doch nicht nur in politischer Hinsicht, gemeint ist der Bruch mit der monarchischen Regierungsform, war der 10. August ein Wendedatum. Auch der Führungskader der neuen Revolutionselite veränderte sich. Auf Vorschlag von Robespierre wurde festgelegt, dass die Mitglieder der neuen Versammlung, des zukünftigen Konvents, der der Gesetzgebenden Nationalversammlung folgte, nach dem allgemeinen Wahlrecht und nicht mehr nach dem Zensussystem gewählt werden sollten. Bürgerliche Intellektuelle, Journalisten und demokratische Advokaten betraten die politische Bühne. Auch sie zollten dem Besitz ihren Respekt; aber was die Männer des Konvents von ihren Vorgängern unterschied, war vor allem die offenere Haltung gegenüber einem Bündnis mit dem Volk, das sie zum Sieg benötigten. Diese hehre Allianz

ZITAT

Georges Danton hält den Krieg für unvermeidlich:
Ich will, dass wir den Krieg haben, er ist unvermeidlich: Wir müssen den Krieg haben. Aber vor allem müssten die Mittel erschöpft werden, ihn zu vermeiden.

> **INFOBOX**
>
> **Das Hinrichtungsgerät der Revolution**
> Die Guillotine erhielt ihren Namen nach dem französischen Arzt Joseph Ignace Guillotin – nicht, weil dieser sie erfunden hätte, sondern weil er als Mitglied der Nationalversammlung 1789 den Antrag stellte, alle zum Tod verurteilten Bürger auf die gleiche Weise hinrichten zu lassen. Die dafür vorgesehene Gerätschaft war aufgrund eines Gutachtens des Arztes Antoine Louis (1723–92) aus Metz schon vorher in Frankreich eingesetzt worden; es hieß zunächst »Louisette« oder »Petite Louison«. Aufgrund eines Dekrets der Nationalversammlung vom 25. 9. 1791 wurde sie zum Hinrichtungsgerät der Revolution.
> Die tödliche Sicherheit, mit der das schnell herabfallende Beil den Kopf vom Rumpf trennte, bezog der Maler und Festarrangeur der Revolution, Jacques-Louis David, in seine Symbolregie der Hinrichtung des Königspaars ein: Am 21. 1. 1793 war Ludwig XVI. an der Reihe, am 16. 10. desselben Jahres folgte Marie Antoinette. Im Gegensatz zum König, den eine Karosse zum Schafott gebracht hatte, lud man die Königin aber auf einen von Ackergäulen gezogenen Schindkarren. Die Enthauptung fand auf dem »Platz der Revolution«, der heutigen »Place de la Concorde«, statt.

sollte sie allerdings später spalten. Obwohl die Republik nicht ausgerufen war, zeigten sich die Unterschiede zu 1789 in aller Deutlichkeit: 1789 hatte die massive Einwirkung der Straße die Konstituante gerettet, nun verurteilte sie deren Nachfolgerin, die Legislative, zur Selbstaufgabe.

Der Nationalkonvent setzt sich zusammen
Am 21. September 1792 trat der Nationalkonvent (Convention nationale) zu seiner ersten Sitzung zusammen. Im Gegensatz zur vorhergehenden Körperschaft war ihm eine längere Amtszeit beschieden. Er bestimmte über drei Jahre bis Ende 1795 die Geschicke Frankreichs. Diese relativ lange Zeitspanne gehörte zur turbulentesten der ganzen Revolutionszeit. Während der Terror, den ein Jahr später der Wohlfahrtsausschuss zur Regierungsmaxime erhob, bereits in der Stadtverwaltung von Paris, der Kommune, in noch unscharfen Konturen vorgeformt war, als der Konvent das erste Mal zusammentrat, war die Machtverteilung innerhalb des Konvents zumindest zu Beginn ausgewogener, schon deshalb, weil 450 von

Mit dem Hochrelief »Der Aufbruch der Freiwilligen von 1792«, bald »La Marseillaise« genannt, das François Rude für den Pariser Arc de Triomphe de l'Étoile gestaltete, wurde den Soldaten ein Denkmal gesetzt (1836).

Europa im Zeitalter der Revolutionen

750 Abgeordneten als Parlamentsneulinge erstmalig gewählt worden waren. Etwa 200 Deputierte gehörten der Gruppe der Girondisten an, die jetzt die wichtigsten Regierungsämter einnahmen. Das Gros ihrer Anhänger entstammte dem Besitzbürgertum aus der Provinz. Zur Opposition, die man nach den von ihren Anhängern eingenommenen oberen Plätzen im Sitzungssaal Bergpartei (Montagnards) nannte, zählten etwa hundert Mitglieder. Diese Gruppe, von Robespierre und Marat angeführt, konnte sich weitgehend auf den Pariser Jakobinerklub und deren Tochtergesellschaften in der Provinz stützen. Die Mehrheit der Abgeordneten formierte sich in der Mitte des Sitzungssaales zur Plaine (Ebene) und unterstützte zunächst die Politik der Girondisten, später arbeitete sie mit der Bergpartei zusammen. Royalisten waren nicht zugelassen.

Das von dem Straßburger Offizier Claude Rouget de Lisle komponierte Kriegslied wurde von den Marseiller Soldaten beim Einzug in Paris gesungen. Die dann so genannte Marseillaise (hier ein früher Druck von 1792) wurde per Dekret 1795 und 1879 endgültig zur französischen Nationalhymne erklärt.

Der französische Advokat und Revolutionär Maximilien de Robespierre wurde 1789 als Vertreter des dritten Standes Mitglied der Generalstände, dann der Nationalversammlung. Als Führer der Bergpartei stand er häufig am Rednerpult.

Die politische Erbschaft, die der Konvent antrat, war überaus schwierig: Zum einen musste die Verfassung nach dem Sturz der Monarchie den neuen Verhältnissen angepasst werden, zum anderen zeigte die negative Kriegssituation bereits die ersten innenpolitischen Auswirkungen. An diesen Aufgaben gemessen, stand die andere wichtige Frage, was mit dem gefangen gehaltenen König geschehen solle, zunächst nicht zur Diskussion.

Vom Sturz des Königtums bis zur Errichtung der Republik
Nach dem 10. August war die Regierungsgewalt einem Exekutivrat übertragen worden, der sich aus sechs Mitgliedern zusammensetzte. Danton wurde Justizminister,

Der radikale Jakobinerführer Jean Paul Marat wurde 1793 von der jungen Republikanerin Charlotte Corday ermordet. Eines der berühmtesten Gemälde von Jacques-Louis David zeigt den ermordeten Marat in der Badewanne, in der er sich wegen eines Hautleidens häufig aufhielt (1793; Brüssel, Musées Royaux des Beaux-Arts de Belgique).

Jean-Marie Roland de la Platière Innenminister, Charles François Lebrun Außenminister und das Finanzministerium übernahm der Genfer Bankier Étienne Clavière. Die ersten Maßnahmen, die der Exekutivrat anordnete, richteten sich, nun in aggressiver Form, gegen die alten Eliten aus Klerus und Adel. Ein Sondergericht sollte gegen eidverweigernde Priester vorgehen. Gleichzeitig wurde mit der Einrichtung des Standesamtes der bürgerliche Zivilstand der Ehe, Scheidung inbegriffen, eingeführt. Dies waren Konzessionen an die bäuerliche Welt, um sie aus der vermeintlich klerikalen Umklammerung zu befreien. Die Solidarität mit dem Land, die auf die Erfahrung vom August 1789 zurückgriff, wurde sogar noch untermauert: Die Regierung zog das Eigentum der Emigranten ein und bot es zum Verkauf an. Zur Unterstützung all dieser Maßnahmen nahm die Guillotine, ein von dem Arzt Joseph Ignace Guillotin aus humanitären Überlegungen heraus eingeführter neuer Strafrechtsvollzug, am 21. August erstmals ihren mörderischen Betrieb auf.

Aufgrund der Nachrichten von den Grenzen, die den Fall der Festungen von Longwy und Verdun meldeten, kam es in Paris zu ersten gewalttätigen Auseinanderset-

Der französische Arzt Joseph Ignace Guillotin unterbreitete der Nationalversammlung den Vorschlag, die Hinrichtungen aus humanitären Gründen mit der später nach ihm benannten Guillotine vornehmen zu lassen.

> **ZITAT**
> Auch in Deutschland wurde die Guillotine so bekannt, dass Goethe 1793 seinem damals vierjährigen Sohn eine Spielzeugguillotine zu schenken gedachte und seine in Frankfurt am Main lebende Mutter bat, eine solche zu besorgen. Sie antwortete:
> *Die Jugend mit so etwas Abscheulichem spielen zu lassen – den Kindern Mord und Blutvergießen als einen Zeitvertreib in die Hände zu geben – nein, da wird nichts draus!*

zungen, den Septembermorden. In der Zeit vom 2. bis 6. September drang das Volk von Paris in die Gefängnisse ein und massakrierte politisch Verdächtige, eidverweigernde Priester und gewöhnliche Kriminelle. Der Hintergrund dieser ersten Schandtat der Revolution war eine terroristische Verkettung von Niederlage, Verrat und Bestrafung, der insgesamt 1500 Personen zum Opfer fielen, darunter 300 Priester. Die Morde geschahen unter den Augen der verantwortlichen Pariser Kommune, und auch Danton als Justizminister unternahm nichts, um sie zu verhindern.

Die Inauguration des Nationalkonvents fiel zusammen mit einem Ereignis, das wie ein politischer und psychologischer Triumph wirkte. Am 20. September erzielte die französische Armee bei Valmy ihren ersten Sieg über den alliierten Feind. Dabei war Valmy im eigentlichen Sinn keine Schlacht, sondern ein Artillerieduell, eine Kanonade, aufgrund derer der betagte Heerführer der preußischen Armee, der Herzog Karl Wilhelm Ferdinand von Braunschweig, den Rückzug anordnete, der dann in eine militärische Niederlage überging. Einen Tag später, auf seiner ersten Sitzung, erklärte der Konvent die Abschaffung der Monarchie. Frankreich wurde eine Republik. Und um die Tragweite dieser Zäsur zu dokumentieren, beschloss der Konvent die Einführung des republikanischen Kalenders, der den siebentägigen christlichen Wo-

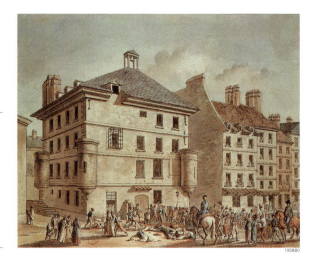

Ein Gemälde vom Ende des 18. Jh. zeigt die »Septembermorde«, das »Massaker in der Rue de l'Abbaye in Paris vom 2. bis 6. September 1792«. Dabei wurden von Revolutionstruppen über 300 Priester und Gläubige erschlagen (Paris, Musée Carnavalet).

Die Kanonade von Valmy, hier dargestellt in einem Gemälde nach Horace Vernet, stellte einen psychologisch wichtigen Sieg der schlecht ausgestatteten und ausgebildeten französischen Freiwilligenarmee dar (1821; Versailles, Musée National).

chenrhythmus durch einen dezimalen ersetzte. Der Kalender selbst wurde erst ein Jahr später rückwirkend eingeführt und von Napoleon mit Ablauf des Jahres 1806 wieder abgeschafft.

Frankreich als Republik
Die Einführung der Republik rettete die Revolution, zumal sie von Beginn an darauf angelegt war. In kurzen Abständen brach der Konvent alle diplomatischen Beziehungen zu den europäischen Staaten ab. Man folgte dem girondistischen Modell der Bekehrung durch Propaganda und der Befreiung durch Armeen. Valmy hatte dem wehrhaften citoyen (Bürger), der jetzt das vertrauliche tu, toi (du) für die Anrede benutzte, die Möglichkeit des Sieges offenbart. In einer Art Vorwärtsverteidigung überschritten die hoch motivierten Revolutionsarmeen die französischen Grenzen: Nizza und Savoyen wurden erobert, das linke Rheinufer besetzt, und Dumouriez fiel in Belgien ein.

Im Frühjahr 1793 kämpfte die junge Republik gegen England, den Papst, die italienischen und deutschen Fürsten und auch gegen Spanien. Die Girondisten verkörperten als tonangebende Gruppe nach innen wie nach außen einen festen Zusammenhalt, auch wenn ihre Anhänger verschiedenen sozialen Gruppierungen angehörten. Sie definierten sich sowohl von ihren Überzeugungen her, die im föderalistischen Gedankengut ihre Wurzeln hatten, als auch über ihr Feindbild, die Montagnards. Ihr Motto war gegen Paris gerichtet, gegen den

Der Französischen Revolution fiel auch der christliche Kalender zum Opfer. Er wurde durch den Revolutionskalender ersetzt, der bis 1806 erschien.

terroristischen Fanatismus der Pariser Kleinbürger und sozialen Unterschichten, die als Sansculotten (Hosenlose) ihre politische Wirksamkeit zu entfalten begonnen hatten. Politisch entscheidend blieb dennoch die Plaine unter dem Einfluss des Abbé Sieyès, des Juristen Jean-Jacques Régis de Cambacérès und des Südfranzosen Bertrand Barère de Vieuzac.

Dies zeigte sich vor allem im Prozess gegen den König. Gegen ihn hatte der Konvent im Dezember 1792 Anklage erhoben, nachdem im Tuilerienschloss aufgefundene Geheimdokumente die Verbindungen Ludwigs mit der konterrevolutionären Bewegung des Auslands als Beweismaterial zutage gefördert hatten. Nachdem nicht ein unabhängiges Gericht, sondern der Konvent selbst sowohl die Anklage wie auch die Gerichtskompetenz zur eigenen Sache erklärt hatte, war klar, dass es sich um einen politischen Prozess handeln würde.

Ludwig XVI., der am Ende seines Lebens eine Charakterfestigkeit an den Tag legte, die jedermann erstaunte, weil man sie vorher von ihm gewünscht hatte, trat am 21. Januar 1793 seinen letzten Gang zur Guillotine an. »Ich behaupte, dass der König wie ein Feind bestraft werden muss«, verlangte der junge Louis Antoine de Saint-Just, und Robespierre hatte in seiner Anklagerede ausgerufen: »Ludwig muss sterben, damit das Vaterland lebe.« Mit der öffentlichen Hinrichtung ihres Königs dokumentierte die Revolution auf martialische Weise gegenüber sich selbst und den argwöhnischen Augen des monarchischen Auslands, dass es kein Zurück mehr gab. Symbolisch stand der Kopf des Königs für die Enthauptung eines verhassten Regimes.

Für den Zusammenhalt der parteipolitischen Gruppierungen im Innern war der Tod Ludwigs XVI. alles andere als stimulierend, er bewirkte eher das Gegenteil. Die Machtkämpfe zwischen Girondisten und Montagnards brachen in dem Moment aus, als die politische und ideologische Dialektik des Krieges, nachdem sich die militärischen Niederlagen häuften, wie ein Bumerang nach Frankreich zurückfederte. Die Girondisten konnten diese Entwicklung weder voraussehen noch ganz zu der ihrigen machen.

Im Frühjahr 1793 musste sich die Revolution nicht nur der äußeren Bedrohung erwehren. Widerstand regte sich auch im Innern. Die katholische Landschaft Vendée erhob sich gegen die entklerikalisierte Revolutionszentrale. Die anhaltende Kriegswirtschaft hatte das Dahinsiechen der lokalen Industrien verursacht und zu Massenelend geführt. Ebenso war der Verkauf der Nationalgüter meist zugunsten der reichen Stadtbürger entschieden worden, sodass die bäuerliche Bevölkerung, unterstützt von royalistischen Adligen und britischem Geld, zum Aufstand überging. In der nationalen Krise von 1793 zeigte sich einmal mehr, dass Frankreich keine wirkliche Regierung hatte. Das Parteienlager war untereinander zerstritten, und insgeheim schürten die Girondisten den Kampf gegen Paris: Sie stachelten Marseille und Lyon gegen die Hauptstadt auf.

Die Montagnards schmiedeten derweil eine neue Waffe. Sie erzwangen den Kurs der Assignaten und setzten einen Höchstpreis für Getreide fest. Mit der Durchsetzung dieser Maßnahmen wurden das neu installierte Revolutionstribunal und der Anfang April 1793 eingesetzte Wohlfahrtsausschuss beauftragt, deren Deputierte sich wiederum Dantons Herrschaftskünsten zu beugen hatten. Um sich der zunehmenden politischen Radikalisierung der Pariser Politszene, die von der Bergpartei

Nach der Hinrichtung Ludwigs XVI. am 21. 1. 1793 wird sein Kopf der Menschenmenge auf der Place de la Révolution gezeigt. Symbolisch stand der Kopf für die Enthauptung eines verhassten Regimes.

> **ZITAT**
>
> Der Generalsekretär des Justizdepartements, Camille Desmoulins, schreibt am 15. 8. 1792 an seinen Vater:
> ... *Mein Freund Danton ist von der Kanone Gnaden Justizminister geworden; dieser blutige Tag musste, zumal für uns beide, so enden, dass wir zusammen erhöht wurden: zur Macht oder zum Galgen. Er hat es in der Nationalversammlung gesagt: »Wäre ich besiegt worden, so wäre ich ein Verbrecher.«*

unterstützt wurde, entgegenzustemmen, griffen die Girondisten zum Mittel der Verhaftungen. Zunächst traf es Marat, anschließend zwei weitere Agitatoren. Sie alle erwirkten jedoch ihre Freilassung und wurden im Triumphzug in den Konvent zurückgetragen.

Während die politischen Waffen der Girondisten immer stumpfer wurden, planten die Montagnards bereits ihrerseits den nächsten Coup. Am 2. Juni 1793 fiel die Entscheidung. Ein gut organisierter Aufstand der Enragés (wilde Heißsporne), organisiert von den Anführern der Sektionen und Volksviertel von Paris, holte zum finalen Schlag gegen die Girondisten aus. 29 führende Mitglieder wurden verhaftet, andere konnten entkommen und tauchten in der Provinz unter. Die Bergpartei hatte ihren Sieg mit einem Staatsstreich des Volkes gegen die Volksvertretung des Konvents bezahlt.

Erich Pelzer

Robespierre bemächtigt sich des Schafotts: Die Diktatur des Wohlfahrtsausschusses (1793/94)

Seit dem 2. Juni hatte Frankreich eine Regierung der vollendeten Tatsachen, nicht des Rechts. Der von den Montagnards beherrschte Konvent verschob die Diskussion über die neue, demokratische Jakobinerverfassung

> **INFOBOX**
>
> **Der »Glaube« der Sansculotten**
>
> Im Gegensatz zur jahrhundertealten Religiosität nährten die Sansculotten ihre Daseinsberechtigung über einen neuen, demonstrativ verinnerlichten Heiligen- und Märtyrerkult. Als der populäre Revolutionsführer Marat am 13. 7. 1793 von der christlich-royalistischen Fanatikerin Charlotte Corday im Bad ermordet wurde, brachten sie ihm religiöse Verehrung entgegen und bezogen ihn in ihren Märtyrerkult ein.
>
> Ihre Radikalität schöpften die Sansculotten aus ihrer extrem inneren Haltung: Sie gaben vor, allein die Gleichheit und Tugendhaftigkeit der armen Gesellschaft zu verkörpern und diese unter beständiger Androhung durch die Guillotine, der »Sense der Gleichheit«, verwirklichen zu wollen. Die Leidenschaft des Strafens und des Terrors verbanden sie mit einem tiefen Verlangen nach Vergeltung und Umkehrung der sozialen Ordnung.

Europa im Zeitalter der Revolutionen

und betraute stattdessen die provisorische Regierung bis zum Frieden mit der alleinigen Herrschaftsausübung. Der Wohlfahrtsausschuss, angeführt von Robespierre, übernahm die Exekutive. Der ehemalige Anwalt aus dem nordfranzösischen Arras errichtete in der Zeit der Krise eine Art Kriegsdiktatur, indem er nach und nach seine Widersacher ausschaltete. Für ein Jahr, bis zu seinem Sturz im Juli 1794, besaß Robespierre die alles dominierende autoritäre Gewalt.

Doch der Wohlfahrtsausschuss setzte sich nicht offiziell an die Spitze der Revolution. Er fungierte eher als Schiedsrichter einer Allianz, die von den Parlamentariern der Plaine und dem Stadtvolk von Paris gebildet wurde. Zwar war seine Diktatur de facto eine Volksfrontregierung, aber sie band und stützte sich auf politische Kräfte, die eine außerordentliche Heterogenität in ihrer sozialen Zusammensetzung aufwies. Selbst die Mitgliederliste des Ausschusses verkörperte die Gegensätze überdeutlich. Neben Barère, dem Mann des Konvents, gehörten ihm Jean-Baptiste Robert Lindet an, der den Terror ablehnte, während Jean Marie Collot d'Herbois und Jean Nicolas Billaud-Varennes ihn predigten.

> Der Terror des innerfranzösischen Bürgerkriegs ist als »Schreckensherrschaft« der radikalen Jakobiner in die Geschichte eingegangen. Ertränkungen und Massenhinrichtungen waren an der Tagesordnung.

Zu den Hingerichteten im Herbst 1793 gehörte auch Marie Antoinette, die Frau Ludwigs XVI. (Gemälde, Ende 18. Jh.; Paris, Musée Carnavalet).

Dementsprechend verstand sich der Wohlfahrtsausschuss als Herrschaftsforum der handelnden Minderheiten, mit dem Ziel, die unterschiedlichen Interessen einer koordinierenden, einheitlichen Behandlung zuzuführen.

Neben den vielen sektiererischen Kleingruppen waren die Sansculotten die bedeutendste und zugleich radikalste Gruppierung. Sie zeigten öffentlich am deutlichsten die psychologischen Spuren der jüngsten Vergangenheit. Mit ihrer roten Mütze, der Pike in der Hand, dem brüderlichen Du und ihrer Tugendhaftigkeit waren die Sansculotten geradezu die Umkehrung der alten aristokratischen Gesellschaft. Durch ihre Präsenz übten sie eine permanente Kontrolle auf Politik und Gesellschaft gleichermaßen aus. Neben dem Konvent, der sich ihrer oft bediente, praktizierten die Sansculotten eine militante Form direkter Demokratie. Getreu ihrer Überwachungs- und Kontrollstrategie forderten sie den sozialen und wirtschaftlichen Interventionsstaat und erteilten den Prinzipien des bürgerlichen Liberalismus, den die Girondisten propagiert hatten, eine deutliche Absage.

Die Herrschaft des Terrors
Währenddessen überschlugen sich im Herbst 1793 die Ereignisse. Die Revolution drohte an ihren eigenen Widersprüchen zu ersticken. Weder die Lage im Innern noch an den Grenzen erwies sich auf Dauer als stabil. Im Gegenteil, der Abgeordnete Barère verglich die Situation der Republik am 23. August in einer Rede vor dem Konvent mit der einer großen belagerten Festung. Daraufhin beschloss die Versammlung die Levée en masse, die Einführung der allgemeinen Wehrpflicht. Von Lazare Carnot glänzend organisiert, standen Ende September 150 000 Mann unter Waffen.

Zunächst wurden die innenpolitischen Feinde niedergerungen. Besonders hart ging die Republik gegen die Städte Marseille und Lyon vor, die nach ihrer Einnahme in Ville-sans-nom (Stadt ohne Namen) beziehungsweise Ville-Affranchie (befreite Stadt) umgetauft wurden. Der Aufstand in der Vendée konnte zwar ebenfalls im Dezember 1793, endgültig erst im Februar 1794, militärisch niedergeschlagen werden. Aber die Region konnte weder nachhaltig befriedet, geschweige denn für die Revolution gewonnen werden. Über 30 000 Menschen kostete der innerfranzösische Bürgerkrieg das Leben. Zur Rechtfertigung ihrer brutalen Vorgehensweise hatten Wohlfahrts-

> **ZITAT**
> **Aus dem Gründungsaufruf der Revolutionären Republikanerinnen vom 12. 5. 1793:**
> *Wir haben beschlossen:*
> *1. dass alle Bürgerinnen... aufgefordert werden, ihren heimischen Herd zu verteidigen;*
> *2. dass wir alle als Erkennungszeichen die dreifarbige Kokarde tragen;*
> *3. dass wir Kommissare zur Organisierung einer Sammlung ernennen, um Frauen von Sansculotten zu bewaffnen, die es nicht aus eigenen Mitteln können.*

INFOBOX

Frauen der Revolution
Im gleißenden Licht männlicher Revolutionsrhetorik erscheinen die Frauen der Französischen Revolution zumeist als vulgäre Fischweiber, zügellose Amazonen, blutrünstige Hyänen, rachsüchtige Hetären oder sanftmütige Strickweiber, weshalb ihnen weder politische Rechte noch Formen politischer Partizipation wie das Wahlrecht oder das Recht, Waffen zu tragen, zugestanden wurden. Dabei spielten die Frauen eine ausgesprochen aktive Rolle: Sie nahmen an bedeutenden »Jours révolutionaires« und an diversen Festen teil, intervenierten lautstark von der Tribüne der Nationalversammlung und opponierten in Sorge um die Existenz ihrer Familien auf den Märkten kämpferisch gegen überhöhte Brotpreise, Spekulanten und Wucherer.
Die bekanntesten Manifestationen weiblicher Gleichstellungsversuche in der Revolution sind der Marsch der Pariserinnen nach Versailles (1789), die »Erklärung der Rechte der Frau und Bürgerin« (1791) von Olympe de Gouges und der Gründungsaufruf der Revolutionären Republikanerinnen (1793).

> **INFOBOX**
>
> **Die Französische Revolution: Reaktionen in Deutschland**
> Der Ausbruch der Französischen Revolution wurde in der deutschen Öffentlichkeit teilweise begeistert aufgenommen. Viele Vertreter des literarischen Deutschland begrüßten die Erstürmung der Bastille als Beginn eines neuen Zeitalters und rühmten sie, wie etwa der Dichter Friedrich Gottlieb Klopstock, als »des Jahrhunderts edelste Tat«. Einige, wie Immanuel Kant und Friedrich Schiller, nahmen eine abwartende Haltung ein, während Goethe und andere dem revolutionären Geschehen misstrauten oder auch feindlich gegenüberstanden.
>
> Das überwiegende Wohlwollen nahm nach den Septembermorden 1792 und 1793 mit der Hinrichtung Ludwigs XVI., spätestens jedoch nach dem Beginn der »Pöbelherrschaft« der Jakobiner spürbar ab und wich alsbald einem tiefen Abscheu vor den »Gräueln der Freiheitsseuche« im Nachbarland. Übrig blieb nur noch eine Minderheit deutscher Sympathisanten der Revolution, die patriotische Klubs gründeten und mit radikaldemokratischen Schriften an die Öffentlichkeit traten, letztlich aber ohne Einfluss blieben.

Ein satirisches Flugblatt entstand angesichts des Blutrauschs Robespierres: Dieser richtet als letztes Opfer eigenhändig den Henker hin.

> **ZITAT**
>
> **Die »Vossische Zeitung« meldet Dantons Tod:**
> *Paris, 9. April 1794 ... Danton wurde, als der Strafbarste, zuletzt hingerichtet. Als er das Blutgerüst bestiegen hatte, grüßte er erst das umherstehende Volk, näherte sich hierauf der Guillotine, verbeugte sich gegen sie und erhielt den Todesstreich. Die Hinrichtung dauerte überhaupt nur 18 Minuten.*

ausschuss und Konvent sich im September zum Terror als zulässigem Regierungsmittel bekannt. Am 17. September 1793 wurde der Terror auf die revolutionäre Tagesordnung gesetzt, es begann die Zeit der Schreckensherrschaft der radikalen Jakobiner, in deren Verlauf es zu einer ungeheuren Anzahl von Prozessen und Todesurteilen kam. Man hat errechnet, dass bis zum Sturz Robespierres etwa 17 000 Todesurteile ausgesprochen wurden, die Gesamtzahl der guillotinierten Opfer betrug 35 000 bis 40 000.

Aber die Revolution fraß, wie es der girondistische Abgeordnete Pierre Vergniaud bereits prophezeit hatte, auch ihre eigenen Kinder. Sukzessive, im Tempo eines aufgezogenen Uhrwerks, räumte Robespierre seine wirklichen oder auch nur vermuteten Gegner aus dem Feld. Während von Oktober bis Dezember 1793 die Vertreter der alten Welt beziehungsweise die verbliebenen Kräfte der ersten Revolutionsgarnitur, darunter Marie Antoinette, Philippe Égalité, ehemals Herzog von Orléans, Barnave, Jean Sylvain Bailly, hingerichtet wurden, richtete sich jetzt die Aufmerksamkeit auf die Kräfte der gemäßigten »Citras« wie auf die radikaleren »Ultras«.

Als Erste fielen der Journalist Jacques René Hébert, genannt Père Duchesne, und seine Anhänger, die einen entchristianisierten Vernunftkult predigten, der Guillotine zum Opfer. Es folgten im April 1794 Danton, der große Revolutionsheld, und Camille Desmoulins, der fähigste und geradlinigste Journalist der Revolutionsepoche, allesamt ehemalige Mitstreiter Robespierres. Danton, dem korrupten aber volksnahen Politiker, der sich dem prinzipientreuen, unbestechlichen Robespierre beugen musste, wurde es zum Verhängnis, dass er öffentlich den Terror als Ultima Ratio der Politik verurteilt hatte.

Von nun an war die Revolution gleichsam »eingefroren« (Saint-Just), aber Robespierre verschärfte den Druck erneut. Die neuen Gesetze gegen die »Verdächtigen« leiteten den Beginn des »Großen Schreckens« ein. Die Kommune beugte sich und gehorchte. Mit ihr verschwanden ebenso die vielen Klubs. Pressefreiheit gab es schon lange nicht mehr. Robespierre führte jetzt eine Minderheitsregierung an, die gleichsam ihr eigenes Prinzip guillotiniert hatte. Auf der Suche nach einer Sinn stif-

> **ZITAT**
> In seinem Drama »Dantons Tod« (1835) lässt Georg Büchner Danton, wie in Vorahnung seines eigenen gewaltsamen Endes, sagen:
> *Ich weiß wohl – die Revolution ist wie Saturn, sie frisst ihre eigenen Kinder.*

Mit der Festnahme Robespierres am 27. 7. 1794 ging in der Französischen Revolution eine Phase der Gewalt und des Terrors zu Ende.

Am 28. 7. 1794, einen Tag nach seiner Festnahme, wurde Robespierre durch die Guillotine hingerichtet.

tenden Revolutionsidentität fand unter seiner Regie am 8. Juni 1794, nach dem christlichen Kalender Pfingsten, das »Fest des Höchsten Wesens« statt. Damit hatte er, um dem Atheismus den Boden zu entziehen, eine Ersatzreligion ins Leben gerufen, doch der Widerstand gegen seine Diktatur organisierte sich bereits im Verborgenen. Der Sturz Robespierres und seiner Helfershelfer am 9. Thermidor (27. Juli 1794) bezog seine Kraft aus der Logik des Sieges wie aus dem ungeheuren Überdruss der Öffentlichkeit.

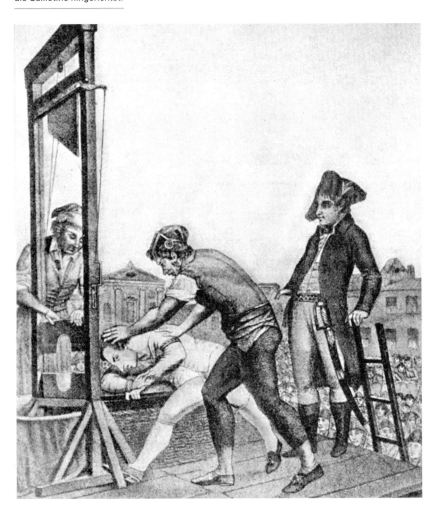

Eine allegorische Darstellung des Sieges der Revolutionäre der Französischen Revolution über die Bourbonen: Die 1794 eingeführte Nationalflagge, die Trikolore, entsteht aus dem im Feuer und Rauch der Revolution untergehenden Lilienbanner der französischen Könige.

Der Konvent vereinigte das Lager der vielen Unzufriedenen und nahm Rache für den erlittenen politischen Kompetenzverlust. Der 9. Thermidor bedeutete das Ende der Schreckensherrschaft. Aber als Legende lebte die Jakobinerdiktatur weiter, gerade wegen ihres Erfolges, als gelungene nationale Rettungsaktion angesichts der inneren und äußeren Bedrohung. Die Revolution gönnte sich indes eine Verschnaufpause, nachdem zwei zentrale Konzeptionen gescheitert waren: Dantons Freiheit durch Frieden und Robespierres Freiheit durch Terror. *Erich Pelzer*

**Die bürgerliche Republik:
Das Direktorium (1795–99)**

Das Ende der Wohlfahrtsdiktatur Robespierres ist ohne Zweifel ein Einschnitt in der Geschichte der Revolutionszeit. Frankreich stürzte nicht ins Chaos, stattdessen begann im ganzen Land das große Stühlerücken. Im Konvent schlug jetzt die Stunde der Plaine. Die »Umstürzler«, die sich nun Thermidorianer nannten und sich aus reuevollen Terroristen und begnadigten Girondisten zusammensetzten, besetzten die politischen Schaltstellen und ordneten die parlamentarischen Reihen neu. Für diese »Königsmörder« (François Furet) waren der existenzielle Kampf gegen Europa und die royalistische Restauration ein und dasselbe: der Kampf ums Überleben. Sie standen treu zum Expansionsdrang der Revolution und hingen den außenpolitischen Fantasien der Girondisten an: Freiheit durch Sieg und Eroberung. Allerdings konnten auch sie den Folgen, die der Krieg innenpolitisch hervorrief, nicht entgehen.

Doch bevor sich die Thermidorianer ihrer Lieblingsbeschäftigung, der Außenpolitik, zuwenden konnten, galt es zunächst, die Lage im Innern zu stabilisieren. Die permanente Kriegswirtschaft und der harte Winter 1794/95 hatten im Land deutliche Spuren hinterlassen. Noch zweimal konnten die Pariser Sansculotten ihren Forderungen nach Brot und Wiederherstellung der Preiskontrollen gewaltsam Ausdruck verschaffen. Die Mehrheit des Konvents widersetzte sich ihrem Ansinnen ebenfalls mit Gewalt, ließ die Vorstädte entwaffnen und diejenigen Deputierten, die mit den Aufständischen sympathisiert hatten, verhaften und deportieren. Die Pariser Volksbewegung war damit endgültig zerschlagen und spielte nach 1795 keine Rolle mehr. Ein Jahr später widerfuhr Gracchus Babeuf (so wurde François Noël Babeuf genannt), der die Abschaffung des Privateigentums sowie soziale Gleichheit propagiert und zum Umsturz aufgerufen hatte, das gleiche Schicksal. Dagegen blieben die Übergriffe junger, meist wohlhabender Leute (jeunesse dorée) gegenüber den verhassten Jakobinern und Aufkäufern von Nationalgütern, die sich im so genannten »weißen Terror« entluden, eher marginal.

Nachdem sich die innenpolitische Lage im Sommer 1795 entspannt hatte, war auch der systematische Einsatz von Gewalt überflüssig geworden. Allerdings blieben die Repressionen, und die Frage nach der Legitimität des neuen Regimes rückte ins Blickfeld. Am 23. September 1795 gaben die Thermidorianer Frankreich eine neue Verfassung, die der bürgerlichen Öffentlichkeit wieder das Wort erteilte. Sie handelten aber sofort ihrem Geist und Wortlaut zuwider mit dem Dekret, wonach zwei Drittel der neuen Parlamentsmitglieder aus den Reihen des alten Konvents entnommen werden sollten. Dadurch konnten sie die beiden neuen Kammern, den Rat der Alten (Conseil des Anciens, 250 Mitglieder über vierzig Jahre alt) und den Rat der Fünfhundert (Conseil des Cinq-Cents, Mindestalter dreißig Jahre) zwangsweise besetzen.

Benannt wurde das Direktorium nach seiner Exekutive, einem Gremium von fünf Direktoren, die sich die einzelnen Ressorts untereinander aufteilten. Um der

Europa im Zeitalter der Revolutionen

Mitteleuropa zur Zeit der Französischen Revolution

> **ZITAT**
>
> Der deutsche Journalist Joseph Görres (»Resultate meiner Sendung nach Paris«) charakterisiert die Situation Frankreichs im Jahr 1799:
>
> ... *Innere Zerrüttung, Vendéekrieg, Andrang der Koalition, Schwierigkeit aller Parteien, allgemeines Misstrauen, zerstörte Finanzen, desorganisierte Armeen, das waren die Legate, die das abtretende Direktorium ihm (Bonaparte) überließ. Er fasste ohne Verzug die Zügel...*

Diktatur eines Einzelnen oder einer Gruppe vorzubeugen, aber auch um einen genügend großen Einfluss der öffentlichen Meinung sicherzustellen, wurde die jährliche Neuwahl von einem Drittel der Legislative und einem Fünftel der Exekutive in der Verfassung festgeschrieben. Frankreich erlebte infolgedessen einen Wahlmarathon ohnegleichen. Ein Kuriosum am Rande: Das jährliche Ausscheiden eines Direktors erfolgte per Los. Allein den Pariser Lebemann Paul Barras, der den Aufstieg Napoleons so maßgeblich förderte, traf der Losentscheid nie, sodass er über die Dauer von vier Jahren die französische Politik ohne Unterbrechung an vorderster Position mitbestimmte. Im Gegensatz zur ersten Verfassung von 1791 und zur nie in Kraft gesetzten Jakobinerverfassung von 1793 betonte die Direktorialverfassung weniger die Rechte als die Pflichten des Bürgers bei der Verteidigung des Landes. Der Wahlmodus war indirekt – alle Steuerzahler hatten ein aktives Wahlrecht, während das passive Wahlrecht auf eine Minderheit von Höchstbesteuerten begrenzt blieb.

Mit zwei verfassungsmäßigen Geburtsfehlern hatte das Direktorium zeit seines Bestehens zu kämpfen: Zum einen war das Verhältnis von Exekutive und Legislative nicht geklärt, denn die Direktoren mussten sich gegenüber den beiden Kammern nicht verantworten. Zum anderen griffen die radikalen und royalistischen Kräfte gegen die offensichtliche Verletzung der Wahlfreiheit durch das Zweidritteldekret zu den Waffen. Die Manipulationen und Annulierungen von Wahlen waren an der Tagesordnung. Das äußerste Mittel des Staatsstreichs hatte Konjunktur, und die politischen Gruppierungen machten davon regen Gebrauch.

Am 4. September 1797 (18. Fructidor V) schlug das Direktorium mit Unterstützung des von Napoléon Bonaparte aus Italien abkommandierten Generals Pierre François Charles Augereau eine royalistische Verschwörung nieder. Und am 11. Mai 1798 (22. Floréal VI) musste es sich gegen neojakobinische Kräfte zur Wehr setzen, bevor Napoleon am 9. November 1799 (18. Brumaire VIII) mithilfe des Abbé Sieyès gegen die Verfassung des Direktoriums putschte, um nach eigenem Bekunden die Revolution vor dem zerstörerischen Potenzial des Extremismus zu bewahren.

In dem politisch-ideologischen Interessenkonflikt zwischen nachjakobinischen »Linken« und royalistischen »Rechten«, an dem das Direktorium zugrunde ging, stand Napoleon für die nun alles entscheidende dritte Kraft: für die Armee. Die Unterstützung der siegreichen Armeen hatte den Druck des Volkes ersetzt. Napoleons triumphaler Italienfeldzug 1796/97 begründete nicht nur seine eigene Karriere, er löste in Frankreich, wenn auch nur kurzfristig, die enormen Finanz- und Versorgungsprobleme, an denen der alte Staat zugrunde gegangen und aus denen die republikanische Nation hervorgegangen war.

Erich Pelzer

Freiheit, Gleichheit, Brüderlichkeit: Die Leitbegriffe der Französischen Revolution

Franzosen benutzen ganz selbstverständlich alltäglich das bislang gültige Münzgeld, das auf der Vorderseite in Großbuchstaben die Umschrift LIBERTÉ – ÉGALITÉ – FRATERNITÉ trägt. Wird die Französische Revolution thematisiert, dann werden die meisten, interessierte Laien wie professionelle Historiker, in einem Atemzug die berühmte Parole »Freiheit, Gleichheit, Brüderlichkeit« im Munde führen. Offensichtlich ist die Annahme, die einprägsame Devise sei die zentrale Botschaft der Revolution, weit verbreitet. Das lässt sich zum einen aus der Tatsache ablesen, dass das historische Ereignis und die dazu geprägte Begrifflichkeit häufig gleichgesetzt werden. Zum anderen scheint im Allgemeinen Übereinstimmung darüber zu herrschen, dass die drei miteinander verschweißten Wörter eine natürliche Deckungsgleichheit mit dem französischen Wesen verkörpern. Die Gründe dafür liegen auf der Hand: Die Schlagwörter bestechen nicht nur durch ihre eingängige Formelhaftigkeit, die von jedermann verstanden und inhaltlich gefüllt werden kann. Vor allem aber fördern sie den Gedanken der Einheit, der von Beginn an für das Gelingen der Revolution von existenzieller Bedeutung war. Darin liegt der wahre Grund ihres Erfolges.

Während sich die Franzosen zunehmend mit der Revolutionsparole identifizierten, wurde sie in abgewandelter Form auch für die meisten Europäer und Amerikaner zur Richtschnur politischen Handelns. Stehen Erfolg und Wirkung der Revolutionsparole außer Frage, so sind die Hintergründe ihrer Entstehung unscharf und keineswegs eindeutig geklärt. Wer kann mit Bestimmtheit sagen, welche Begriffsinhalte sich hinter der republikanischen Bekenntnisformel des Revolutionszeitalters verbergen? Ebenso häufig gebraucht wie missbraucht, ist die Formel heute zu einer Banalität geronnen. Hier gibt es nach über 200 Jahren noch manches zu entdecken.

Eine erste Überraschung: Im Gegensatz zu dem, was selbst in Frankreich oft und gern übersehen wird, wurde die geschichtsmächtige Trias (Dreierformel) Liberté, Égalité, Fraternité während der Großen Revolution von 1789 niemals wirklich eingeführt. Ihre Geburt als offizielle Devise erfolgte erst zu Beginn der Dritten Republik (1871-1944). Ursprung, Verbreitung und »Gründungsakt« der Revolutionsparole, die eigentlich an die Leitbegriffe der Zweiten Republik (1848-52) anknüpfte, gehören demnach unterschiedlichen Epochen an und klaffen zeitlich weit auseinander. Ähnliches gilt auch für weitere nationale Symbole wie den Nationalfeiertag (14. Juli), der erst seit 1880 gesetzlich geregelt ist, oder die Marseillaise, die zunächst 1795, endgültig aber erst 1879 zur offiziellen Nationalhymne erklärt wurde.

Entstehung und Einführung der republikanischen Revolutionsdevise verbindet dennoch ein gemeinsames Merkmal: In beiden Fällen waren politische Gründe ausschlaggebend. Die Parole »Freiheit, Gleichheit, Brüderlichkeit« entstand nicht zu Beginn der revolutionären Umwälzungen im Jahre 1789, sondern erst im weiteren Verlauf der Revolution. Doch entgegen der bei den Zeitgenossen verbreiteten Annahme war die Devise weder Resultat einer spontanen oder anonymen Aktion noch ist sie aus der erfinderischen Energie eines Kollektivs entstanden.

Die Revolutionäre zeigten von Anfang an eine große Neigung zu Dreierkonstellationen. Das hing zum einem mit der historischen Erfahrung der drei Stände, Geistlichkeit, Adel und dritter Stand (tiers état), in der Zeit der alten Monarchie zusammen, die nun endlich, nachdem sich der tiers état im Sommer 1789 zur Nationalversammlung konstituiert hatte, vereint waren. Zum anderen war die überlieferte christliche Dreieinigkeitsformel (Gottvater, Sohn und Heiliger Geist) tief im Bewusstsein der Menschen verankert. Sie war ein wesentlicher Bestandteil der katholischen Glaubenslehre, gegen deren Absolutheitsanspruch, Traditionalismus und praktizierten »Aberglauben« sich bereits die Aufklärung vehement zur Wehr gesetzt hatte. Die Revolution folgte bedingungslos diesem vorgegebenen antiklerikalen Weg und stellte die Autorität der christlichen Kirche infrage. Allerdings schuf sie zunächst keine neue Autorität, die an die Stelle des Christentums hätte treten können, sondern verstärkte nur eine Anzahl weiterer Autoritäten, die miteinander rivalisierten.

Eine Vorliebe für Dreierformeln lässt sich ebenfalls aus der Tatsache ablesen, dass sich ein Großteil der Revolutionäre offen oder verdeckt als Freimaurer betätigte. Auch sie waren von Dreierkadenzen (Heil, Kraft, Einheit) entzückt, aber als Erfinder der magischen Devise kommen sie nicht in Betracht. Gleichheit zählte bei ihnen alles, für die Freiheit konnten sie sich erwärmen, aber die Brüderlichkeit galt bei ihnen wenig. Manchmal tauchten dennoch nach 1789 der freimaurerischen Idee entlehnte Begriffe auf wie »Einheit, Kraft, Tugend« oder »Kraft, Gleichheit, Gerechtigkeit«. Und tatsächlich konnte man gelegentlich »Freiheit, Gleichheit, Brüderlichkeit« entdecken, aber keinesfalls häufiger, eher seltener als andere Parolen.

In der Öffentlichkeit erstmals benutzt wurde die republikanische Parole anlässlich der Feierlichkeiten zum Jahrestag des Bastillesturms am 14. Juli 1790 auf dem

---

INFOBOX

La Nation, la Loi, et le Roi
»Die Nation, das Gesetz und der König«, lautete die meistverbreitete Devise in der ersten Phase der Revolution. Der am 22. 12. 1789 per Gesetz eingeführte Bürgereid bildete dafür den Hintergrund. Alsbald fand sich diese Devise auf amtlichen und privaten Briefköpfen und schmückte im Alltag vieler Bürger die Gegenstände des täglichen Gebrauchs wie Teller und Tassen. Hatte der König bereits in dieser Dreierkonstellation nur den dritten Platz eingenommen, so büßte diese Parole nach dem Fluchtversuch des Königs im Juni 1791 zusehends an Popularität ein und geriet nach dem Sturz der Monarchie im August 1792 endgültig ins Abseits.

Marsfeld in Paris. Die Devise prangte auf Fahnen der Föderierten vor allem der Dauphiné und der Franche-Comté. In diesen beiden Provinzen hatte sich der Geist des Aufruhrs und der Veränderung einen besonders starken Ausdruck verschafft.

Der erste Vorstoß, die Bekenntnisformel für revolutionäre Entschlossenheit in die Öffentlichkeit zu tragen, ging aus dem radikalen politischen Klub der Cordeliers hervor. Dort bekräftigte ein Mitglied im Mai 1791 in einer Rede über die Armee die Auffassung, neben der Verfassung und der Gerechtigkeit solle sich das französische Volk der »universellen Brüderlichkeit« annehmen. Um dieser Parole sichtbaren Ausdruck zu verleihen, schlug er vor, dass jeder Soldat sie durch eine unterhalb des Herzens angeheftete Plakette mit dem Aufdruck »Freiheit, Gleichheit, Brüderlichkeit« bekunden solle. Der Vorschlag wurde von den Anwesenden begeistert aufgenommen, aber erst 1793 verhalf der Buchdrucker Momoro der Devise zum endgültigen Durchbruch. Bezeichnenderweise verdankte ausgerechnet die Brüderlichkeit als friedfertigste aller drei Begriffe ihre Entstehung einer Soldatentaufe.

Der offensichtliche Mangel an Glanz und Klarheit ließ eine gemeinsame, zeitgleiche Geburt nicht zu. Die Entstehung der Trias war ein langwieriges Flickwerk. Sie staffelte sich über drei Zeitabschnitte, von denen jeder einer bestimmten Epoche des revolutionären Prozesses entsprach. Zuerst tauchte die Freiheit als populärstes

> **INFOBOX**
>
> **Allons, enfants de la patrie**
> Die Kriegserklärung von 1792 löste in ganz Frankreich eine Welle von Patriotismus aus. Der Bürgermeister von Straßburg begann eine Proklamation an seine Einwohner mit den Worten »An die Waffen, Bürger!«. Hauptmann Claude Rouget de Lisle, der sich in der Straßburger Garnison aufhielt, versuchte, die Absicht der Proklamation in mitreißende Verse zu kleiden, und schrieb in einer Nacht den »Chant de guerre pour l'armée du Rhin«, das »Kriegslied der Rheinarmee«. Das Lied verbreitete sich rasch im ganzen Land und wurde am 30. 7. 1792 beim Einzug eines Marseiller Freiwilligenbataillons in Paris gesungen. Die danach so genannte Marseillaise wurde per Dekret 1795 (endgültig 1879) zur französischen Nationalhymne erklärt.

Konzept aus den ersten Tagen der Revolution auf. Ihr folgte nach dem Sturz der Monarchie (10. August 1792) die Gleichheit, während die Brüderlichkeit erst während der Regierungszeit der Bergpartei, im Herbst 1793, ihre Chance erhielt.

Unsterbliche Gefährtinnen? – Freiheit und Gleichheit
Die Revolutionäre selbst betonten gern die Stufenfolge der Parole, um das Prozesshafte der Revolution herauszustellen. Der jakobinische Abgeordnete Barère rief während der Debatte über die Verfassung der Girondisten aus: »Unsere Revolution ist nicht nur die der Freiheit, sondern auch die Revolution der Gleichheit, zu dieser fanden wir unter den Trümmern eines Throns zurück.« Eine ähnliche Betrachtungsweise lag auch dem am 22. September 1793 rückwirkend eingeführten Revolutionskalender zugrunde. Er bestimmte das Jahr I als Jahr der Freiheit (Erstürmung der Bastille) und das Jahr II (Einführung der Republik) als Jahr der Gleichheit. Diese Schwierigkeiten hängen ganz offenbar mit der Tragödie der Revolution zusammen: Der Freiheitsgedanke von 1789, der den Despotismus des Ancien Régime vernichten sollte, hatte sich bereits im Sommer 1793 in ein neues Gewand gehüllt: Er war selbst zu einer despotischen Herrschaft entartet.

Dabei hatten die Revolutionäre zu Beginn der Revolution nicht den geringsten Zweifel an der freien Zirkulation zwischen Freiheit und Gleichheit. Die eine Kategorie galt gleichsam als Voraussetzung für die andere. Denn Gleichheit konnte nur gewährleistet sein, wenn Freiheit bereits existierte. Die Erfahrung mit der alten Monarchie hatte gelehrt, dass ein absoluter König, von den Aufklärern absichtsvoll als Despot gebrandmarkt, keine Gleichheit zuließ. Erst die durch Gesetz sichergestellte Gleichheit erlaubte auch die Freiheit. Die allgemeine Gültigkeit des Gesetzes garantierte die gleichzeitige Handhabung von Freiheit und Gleichheit. Diese Identifikation setzte voraus, dass Freiheit ursprünglich negativ definiert war, als Freiheit im Sinn von »Befreiungen«, von Vorrechten und Privilegien, die es vor Fürstenwillkür zu schützen galt.

Die Freiheit war im Selbstverständnis der Träger der Französischen Revolution und wirkungsgeschichtlich die

> **ZITAT**
> **Die Marseillaise (erste Strophe):**
> *Allons, enfants de la patrie,*
> *le jour de gloire est arrivé!*
> *Contre nous de la tyrannie,*
> *l'étandard sanglant est levé!*
> *Entendez-vous dans les campagnes*
> *Mugir ces féroces soldats?*
> *Ils viennent jusque dans nos bras*
> *Égorger nos fils, nos compagnes!*

bedeutendste der drei revolutionären Devisen. Sie wurde als natürliches Recht verstanden, als Freiheit, »alles tun zu können, was den Rechten eines anderen nicht schadet«, wie es im Artikel 2 der Menschenrechtserklärung von 1795 heißt. Den individuellen Freiheitsrechten des Gewissens und der freien Meinungsäußerung entsprachen auf der politischen Ebene die Volkssouveränität, das Wahlprinzip und die Gewaltentrennung, auf der ökonomischen die Unverletzlichkeit des Eigentums. Getreu der Staatsrechtslehre Jean-Jacques Rousseaus, die er in seinem Werk »Der Gesellschaftsvertrag« (»Du contrat social«) niedergelegt hat, wurde der freie Vertrag als Basis aller sozialen Beziehungen angesehen.

»... von Geburt aus frei und gleich an Rechten«
Analog zur Freiheit lag auch der Gleichheit ursprünglich eine negative Definition zugrunde. Sie wurde auf abstrakte Weise als wesentlicher Bestandteil der neuen Rechtsprechung begriffen. Im ersten Artikel der Erklärung der Menschen- und Bürgerrechte vom 26. August 1789 heißt es: »Die Menschen sind und bleiben von Geburt aus frei und gleich an Rechten. Soziale Unterschiede dürfen nur im gemeinen Nutzen begründet sein.« Dieser zentrale Passus hob in ausdrucksstarker Kürze alle bisherigen Formen der Ungleichheit auf, bedeutete aber gleichzeitig den Tod der alten ständischen Herrschaftsordnung.

Denn nun sollten keine Unterschiede mehr aufgrund von Geburt, Stand, Lebensweise und gesellschaftlichem Ansehen gemacht werden; alle Menschen waren prinzipiell vor dem Gesetz gleich, und ein jeder Bürger musste unterschiedslos zum Steueraufkommen des Staates beitragen. Das änderte sich in der jakobinischen Phase mit dem Aufkommen einer anderen Definition von Gleichheit. Nicht mehr die Gleichheit der Rechte, sondern der Güter, der Freuden und sogar der Erfüllung individueller Wünsche war jetzt oberstes Gebot. »Gemeinschaftlichkeit« wurde groß geschrieben und zur Maxime republikanischer Tugendhaftigkeit hochstilisiert, was für den Freiheitsbegriff eine verhängnisvolle Bedeutung hatte: Die Freiheit fiel der Gleichheit zum Opfer.

Den bürgerlichen Erben der Jakobiner wiederum ging diese Anbetung der Gleichheit zu weit; sie fürchteten die

> **ZITAT**
>
> **Die Marseillaise (erste Strophe, in deutscher Übersetzung):**
> *Auf, Kinder des Vaterlands!*
> *Der Tag des Ruhmes ist da.*
> *Gegen uns wurde der Tyrannei*
> *Blutiges Banner erhoben.*
> *Hört ihr auf den Feldern die grausamen Krieger brüllen?*
> *Sie kommen bis in unsere Arme,*
> *Unsere Söhne, unsere Frauen zu köpfen.*

> **INFOBOX**
>
> **Der »Revolutionskalender«**
> Der Französischen Revolution fiel auch der christliche Kalender zum Opfer, der durch den »Revolutionskalender« ersetzt wurde. Die neuen Monatsnamen ab 1793 waren: Vendémiaire (Weinmonat), Brumaire (Nebelmonat), Frimaire (Reifmonat), Nivôse (Schneemonat), Pluviôse (Regenmonat), Ventôse (Windmonat), Germinal (Keimmonat), Floréal (Blütenmonat), Prairial (Wiesenmonat), Messidor (Erntemonat), Thermidor (Hitzemonat) und Fructidor (Fruchtmonat). Bereits seit 1790 war als neuer Gedenktag der 14. Juni, das Föderationsfest, begangen worden; 1793 kam – für den 10. August – das Fest der Einheit und Unteilbarkeit hinzu. 1794 beschloss der Nationalkonvent, neben diesen weltlichen auch religiöse Feste einzuführen: »... Es sollen Feste eingeführt werden, welche den Zweck haben, den Menschen zum Gedenken der Gottheit und zur Würde seines Wesens zurückzuführen.« – Von 1806 an galt auch in Frankreich wieder der gregorianische Kalender.

massenhafte Forderung nach wirtschaftlicher Gleichheit und bekundeten ihre revidierte Vorstellung von Gleichheit in der Erklärung der Menschenrechte von 1795, die nur noch ein schwacher Abglanz derjenigen von 1789 war. Jetzt hieß es nur noch: »Die Gleichheit besteht darin, dass das Gesetz für alle gleich ist ... Die Gleichheit lässt keinen Unterschied der Geburt, keine Vererbung der Macht zu« (Artikel 3).

Freiheit und Gleichheit waren alles andere als »unsterbliche Gefährtinnen«, wie sie der Bildhauer Joseph Chinard in seinem Kommentar zu einem Flachrelief, das er für das Rathaus von Lyon gemeißelt hatte, idealisierend charakterisierte. Die Devise der Freiheit wurde spätestens seit Einführung der Republik am 10. August 1792 verstanden als »Frei leben oder sterben«. Dieses Motto schmückte die Fahnen der Nationalgarde und die »Altäre des Vaterlandes« ebenso wie es als Leitspruch auf Briefbögen, in Reden, Proklamationen und Eidesformeln breite Verwendung fand. Der Freiheitsbegriff wurde in der Folgezeit immer enger ausgelegt. Unter der Herrschaft des radikalen Jakobiners Maximilien de Robespierre waren nur diejenigen im Besitz der Freiheit, die auch über Macht verfügten. »Keine

Freiheit für die Feinde der Freiheit« war eine typische Devise der Schreckensherrschaft der Jahre 1793/94.

Pflicht, Harmonie, Gemeinschaft: Die Brüderlichkeit
Als letzte der drei Devisen tauchte die Brüderlichkeit auf. Ihr fiel in vielerlei Hinsicht die undankbare Aufgabe zu, die Widersprüche, die sich bei der praktischen Verschmelzung von Freiheit und Gleichheit ergaben, zu glätten, wenn nicht auszugleichen. Die Brüderlichkeit gehört zu einer anderen Ordnung: der der Pflichten und nicht der Rechte, der der menschlichen Harmonie und nicht der Verträge, der der Gemeinschaft und nicht des Individuums; einer Ordnung, die eher körperlich ist als intellektuell, eher religiös als juristisch, eher spontan als überlegt. Die bildliche Darstellung betont diese Ursprünglichkeit: Kleine Kinder, Blumensträuße und Tauben zieren zuhauf die Illustrationen. Die Menschenrechtserklärung von 1795 kleidete diesen Typus der Brüderlichkeit, der die Verwirklichung einer quasireligösen, glücklichen Gemeinschaft verhieß, in das Gewand einer biblischen Formel: »Tue andern nicht, was du nicht willst, das man dir tue. Erzeige andern beständig das Gute, welches du selbst von ihnen zu erhalten wünschest.«

Fraternité nicht mehr als bloßes jakobinisches Verbrüderungsdiktat, sondern Brüderlichkeit nun verstanden im Sinne von Ordnung: Hierin unterschied sich der Begriff von früheren Typen der Brüderlichkeit aus den Anfangstagen der Revolution. Der berühmte Ballhausschwur am 20. Juni 1789 symbolisierte eine Brüderlichkeit der Auflehnung, der Verweigerung des Gehorsams. Als Gegenstand eines freien Pakts war die Brüderlichkeit hier der Freiheit und der Gleichheit nur nachgeordnet. Sie rangierte indes vor Freiheit und Gleichheit beim Föderationsfest am 14. Juli 1790, einem Fest, das die Übereinstimmung zwischen Verfassung und Religion sichtbar machen wollte.

Sind Gleichheit und Freiheit vor diesem Hintergrund Zwillinge oder Feinde? Sie sind insofern Zwillinge, als nur das individuelle Recht universell anzuwenden ist. Aber sie sind auch Feinde, weil das eine unbestimmt ist, während das andere unablässig nach einer Bestimmung ruft. Beide Prinzipien zeichnen sich folglich durch ihre Gegensätzlichkeit aus. Hierin sind Freiheit und Gleichheit ein Spiegelbild der Revolution und verweisen stets auf die Widersprüche des Ancien Régime. Wenn man die zentrale Begriffstrias als abstraktes Konstrukt sieht, ist sie kein Widerspruch; begreift man sie indes als Aufforderung zum konkreten Handeln, ist sie es wohl. Insofern ist »Freiheit, Gleichheit, Brüderlichkeit« eine Devise aus Teilwahrheiten, die sich gegenseitig blockieren.

Erich Pelzer

Eroberung oder Befreiung? – Das revolutionäre Frankreich und die europäischen Mächte

Die Revolution von 1789 veränderte nicht allein Frankreich von Grund auf. Revolutionäre Ideen und Armeen überfluteten in der Folgezeit auch das übrige Europa. Kaum ein Staat westlich von Russland und nördlich der Pyrenäen blieb von dieser Beeinflussung unberührt oder konnte sich ihr entziehen. Die Revolution rüttelte gewaltig an dem altersschwachen Gerüst politischer, sozialer und religiöser Konventionen in Alteuropa und bekundete per Dekret beinahe täglich ihren festen Erneuerungswillen. Zuerst fielen die gesellschaftlichen Grenzen, ihnen folgten 1790/91 die religiösen und mit dem Kriegseintritt 1792 die politischen.

Es spricht viel dafür, die Zäsur des Jahres 1792 besonders zu betonen. Hinsichtlich der revolutionären Entwicklung und Dynamik, vor allem jedoch wirkungsgeschichtlich, ist die Wende dieses Jahres vielleicht bedeutsamer als die von 1789, und zwar aus zwei Gründen: Mit der Bereitschaft zum Krieg gegen das monarchische Europa verlässt die Revolution den eigenen nationalen Rahmen, und gleichzeitig vermengen sich in Frankreich außenpolitische Aspekte mit innenpolitischen zu einem schier unentwirrbaren Komplex. Der Krieg wird fortan alle Exzesse im Innern rechtfertigen und die politischen Parteikämpfe zum Äußersten führen. Aber auch das Europa des Ancien Régime wird sich infolge der Revolutions- und Empirekriege tief greifend wandeln. Unter den Prämissen von Modernisierung und politisch-sozialem Wandel nahm Europa in der Zeitspanne von Valmy (1792) bis Waterloo (1815) Konturen an, die teilweise noch heute existieren.

> **ZITAT**
>
> **Aus der Kriegserklärung Frankreichs an Österreich am 20. 4. 1792:**
> *Die Nationalversammlung erklärt, dass ... der Krieg, den sie gezwungen ist zu führen, kein Krieg ist von Nation gegen Nation, sondern die gerechte Verteidigung eines freien Volkes gegen den ungerechten Angriff eines Königs ...*
> *Nach Beratung des förmlichen Antrags des Königs ... beschließt die Nationalversammlung den Krieg gegen den König von Ungarn und Böhmen.*

Revolution und Krieg

Kehren wir zu den Ursprüngen dieser epochalen Wende zurück, zu dem, was man die revolutionäre Mission oder die Universalisierung ihrer Prinzipien nennen kann. War das Hauptaugenmerk der Revolution in den ersten drei Jahren auf die Umwälzungen im Innern gelenkt, so änderte sich mit der Kriegserklärung an Österreich im April 1792 die Ausgangslage grundlegend. Die tollkühne Aktion, die erstmals innenpolitische mit außenpolitischen Gegensätzen verschränkte, stieß am Wiener und Berliner Hof auf eine bereitwillige Resonanz. Kurz zuvor, im Februar 1792, hatte der Nachfolger Kaiser Leopolds II., Franz II., mit Preußen, das im Juli 1792 ebenfalls in den Krieg gegen Frankreich eintrat, ein militärisches Bündnis geschlossen.

Die Konfliktfelder hatten sich inzwischen auf beiden Seiten angehäuft: Frankreich hatte im September 1791 Avignon annektiert, das seit 1348 in päpstlichem Besitz war, und blieb in der Frage der Entschädigungsleistungen für die im Elsass ihrer Rechte und Besitztümer verlustig gegangenen deutschen Fürsten hartnäckig auf Gegenkurs. Die Alliierten, die ohnehin den Krieg wünschten, dokumentierten mittels Diplomatie und öffentlicher Drohungen, zum Beispiel artikuliert im Manifest des Herzogs Karl Wilhelm Ferdinand von Braunschweig am 25. Juli 1792, zunehmend ihre Entschlossenheit, der revolutionären Bewegung ein Ende zu setzen.

Als der Krieg ausbrach, war Frankreich denkbar schlecht darauf vorbereitet und erlitt eine Niederlage nach der anderen. Die Kanonade von Valmy am 20. September 1792 und der Sieg von Charles François Dumouriez bei Jemappes am 6. November über die Österreicher bewirkten indes eine folgenschwere Veränderung der Situation. Die Alliierten zogen sich zurück, und die Revolutionsarmeen folgten ihnen bis an den Rhein und die Alpen und besetzten Belgien. Dies wirkte auf die französischen Truppen wie eine Art Vorwärtsverteidigung, und von den militärischen Erfolgen angespornt, entwickelte sich bei der Mehrheit der Konventsabgeordneten ein Verantwortungsbewusstsein gegenüber so genannten unterdrückten Völkern.

In einem Exzess an Rhetorik und einem Defizit an Beratung und Bedächtigkeit erließ der Nationalkonvent am 19. November 1792 »im Namen der französischen Nation« ein Propagandadekret, worin er allen freiheitsliebenden Völkern Europas seine Brüderschaft und Unterstützung gegen Tyrannei und monarchischen Despotismus anbot. »Krieg den Palästen, Friede den Hütten« lautete die zündende Formel des girondistischen Abgeordneten Joseph Cambon vom 15. Dezember 1792. Zuvor hatte der radikale Deputierte Pierre Gaspard Chaumette in der Versammlung ausgerufen: »Das Gebiet, das zwischen Paris und Moskau liegt, wird bald französisiert, kommunisiert und jakobinisiert sein.« Das rhetorische Delirium komplettierte Jacques Pierre Brissot, der Anführer der girondistischen Kriegspartei, kurze Zeit später. Er schrieb: »Wir können in Europa nicht ruhig sein, bis der ganze Kontinent in Flammen steht.«

Der deutsche Dichter Friedrich Gottlieb Klopstock sympathisierte zunächst sehr mit den Zielen der Französischen Revolution und wurde 1792 zum Ehrenbürger der französischen Nationalversammlung ernannt. 1793 wandte er sich unter dem Eindruck des Terrors enttäuscht ab (anonymes Porträt, 1750; Quedlinburg, Klopstock Museum).

Von nun an erhielten die Ziele der Revolution eine neue Dimension. Die kriegerische Auseinandersetzung mit Europa hatte für die Franzosen existenzielle Konsequenzen: Ein vorhersehbares Ende der Revolution war nicht mehr in Sicht, und der Krieg würde die Revolution fortsetzen oder sie beenden. Sollte der Krieg ursprünglich von den eigenen Problemen ablenken, so exportierte er nun die innere Dialektik der Revolution in die Nachbarstaaten.

Während die französischen Siege bestenfalls zu Waffenruhen führten, war das Trachten nach Frieden beinahe ebenso suspekt wie die Niederlage, denn beide

Der amerikanische Publizist und Politiker Thomas Paine verfasste mit seiner Schrift »Die Rechte des Menschen« 1791 eine Gegenschrift zu Edmund Burkes »Betrachtungen über die Französische Revolution«.

> **INFOBOX**
>
> **Symbol der Unterdrückung: die Festung Hohenasperg**
> Die Französische Revolution wurde in Deutschland unterschiedlich aufgenommen. Während Preußen sowie die meisten anderen deutschen Staaten bei ihrer Ehrfurcht vor dem Monarchen blieben, plante Württemberg mit seinem traditionell starken Bürgertum eine Art Generalstände zu bilden, um die Macht der Obrigkeit zu beschränken oder gar zu brechen. Zum weithin sichtbaren Symbol für den despotischen Absolutismus in Württemberg wurde die Festung Hohenasperg bei Ludwigsburg, die Herzog Karl Eugen zum Landesgefängnis v. a. für politische Häftlinge ausbauen ließ. Hier waren u. a. der Finanzier Josef Süß-Oppenheimer, der Dichter Christian Friedrich Daniel Schubart und der Nationalökonom Friedrich List inhaftiert.

bedeuteten Verrat am revolutionären Patriotismus. Der französische Nationalismus, den die Revolutionsarmeen nach Europa trugen, war infolgedessen kein Nationalismus einer Nation, die befreit, sondern einer, die erobert. Unter dem Mantel des freiheitlichen Kreuzzugsbanners verbarg sich eine Synthese aus ideologischem Messianismus und nationaler Leidenschaft. Der Krieg der Revolution gegen Europa, der ein knappes Vierteljahrhundert andauern sollte, hatte indes in Frankreich die gleiche einheitstiftende Funktion wie in Deutschland die späteren Befreiungskriege.

Die Revolution und Deutschland
In der deutschen politischen Öffentlichkeit wurde der Ausbruch der Französischen Revolution zunächst begeistert aufgenommen. Mit einem Schlage, wenn auch nur für kurze Zeit, setzten sich die führenden Vertreter der deutschen Intelligenz über Fürstenzwänge, Zensur und kleinstaatlichen Egoismus hinweg und feierten euphorisch die neu gewonnene »fränkische Freyheit«. Als die Morgendämmerung eines neuen Zeitalters begrüßten die Koryphäen des literarischen Deutschland die Erstürmung der Bastille, rühmten sie geradezu als »des Jahrhunderts edelste That« (Friedrich Gottlieb Klopstock).

Andere, etwa Immanuel Kant und Friedrich Schiller, nahmen eher eine abwartende Stellung ein, während Johann Wolfgang von Goethe und Justus Möser dem revolutionären Geschehen von Anbeginn an misstrauten oder gar feindlich gegenüberstanden. Die Wirkung des Bastillesturms blieb jedoch nicht auf die deutsche Gelehrtenwelt beschränkt, vielmehr wurden auch weite Teile der Bevölkerung von dem spektakulären Geschehen in Erstaunen versetzt. In Speyer, Mainz, Köln und Aachen wurden Freiheitsbäume errichtet und entlang des Rheins sowie in der Pfalz zirkulierten zuhauf Flugschriften und Broschüren, die über die Neuerungen in Frankreich berichteten oder in denen die ländliche Bevölkerung zur Nachahmung aufgerufen wurde.

Doch der Begeisterung folgte bald die Enttäuschung. Die allgemeine Sympathie nahm nach den Septembermorden und der Hinrichtung des Königs, spätestens nach dem Beginn der »Pöbelherrschaft« der Jakobiner spürbar ab und wich alsbald einem tiefen Abscheu vor den »Gräueln der Freiheitsseuche« im Nachbarland. Solange die Revolution abstrakte Vorstellungen formulierte und sich auf laut tönende Reden von Freiheit, Gleichheit und Menschenrechten beschränkte, bekannte sich die überwiegende Mehrheit der deutschen Intelligenz zu deren Zielen. In dem Moment, in dem sie »ausartete«, beklagten fast alle ihren Irrtum oder sahen sich in ihrem nationalen Bewusstsein tief bedroht.

Übrig blieb eine Minderheit deutscher Sympathisanten der Revolution, die aufgrund ihrer ideellen und praktischen Berührungspunkte zum Pariser oder Straßburger Jakobinerklub abschätzig »Jakobiner« genannt wurden. Sie gründeten analog zum französischen Original patriotische Zirkel oder Klubs und traten sowohl mit radikaldemokratischen Schriften als auch mit politischen Zeitschriften an die Öffentlichkeit. Zentren ihrer Verbreitung waren die linke Rheinseite, Süddeutschland, Hamburg, Berlin und Wien. Nur zwei Gruppen erlangten mit französischer Unterstützung überregionale Bedeutung: die Mainzer Jakobiner von 1792/93 und die Cisrhenanen von 1797/98. Nach der kampflosen Besetzung der Stadt Mainz durch französische Truppen unter Adam Philippe Graf von Custine im Oktober 1792 wurde dort von Professoren, Studenten und Beamten ein Jakobinerklub gegründet, der zeitweise über 400 Mitglieder zählte.

ZITAT

Georg Forster beschreibt den Einmarsch der französischen Truppen in Mainz am 21. 10. 1792:

Es war Abend, als endlich die Franken einzogen und die Stadttore besetzten. Das Volk empfing sie mit einer Art von dumpfem Schweigen, ohne lebhafte Zeichen von Abneigung, aber auch ohne allen Beifall und ohne Frohlocken. ...

Am 17. März 1793 trat ein Nationalkonvent zusammen und rief die »Rheinisch-Deutsche Republik« aus. Gleichzeitig wurde der Anschluss an Frankreich beschlossen und eine sechsköpfige Delegation beauftragt, unter ihnen der Schriftsteller Georg Forster, die Modalitäten in Paris auszuhandeln. Die erste Republik auf deutschem Boden dauerte lediglich vier Monate. Am 23. Juli 1793 kapitulierte Mainz vor der preußisch-österreichischen Armee. Nicht anders erging es den Cisrhenanen am Mittel- und Niederrhein, die, angeführt von Joseph Görres, Franz Theodor Biergans und Mathias Metternich, seit Frühjahr 1797 ihre Hoffnungen auf eine rheinische Schwesterrepublik gesetzt hatten. Ihre 1798 an Frankreich gerichtete Reunionsadresse fiel der neuen Annexionspolitik des Pariser Direktoriums zum Opfer.

Die Revolution und Großbritannien
In den britisch-französischen Beziehungen gehörten die ersten drei Jahre der Revolution zu den ruhigsten seit langer Zeit. Es bestanden zwar hüben wie drüben nach wie vor alte Antipathien, aber sie führten nicht notwendigerweise zum Konflikt. So sahen etwa viele Briten den Ausbruch der Revolution mit großer Schadenfreude. Für den Premierminister William Pitt den Jüngeren war Frankreich nun erst recht ein »Objekt des Mitleids«. Daher betrieb seine Regierung eine strikte Neutralitätspo-

ZITAT
William Pitt d. J. in der Unterhausdebatte vom 1. 2. 1793:
... Sie (die Franzosen) haben erklärt, dass sie jedes Land nach dem Prinzip der Unordnung neu ordnen würden, und hinterher sagen sie ihnen dann, das alles sei ja auf Wunsch des Volkes geschehen... So sehen wir, wie Frankreich alle menschlichen und göttlichen Gesetze mit Füßen tritt, und nun hat es sich offen zu dem unersättlichsten Ehrgeiz und der größten Missachtung des Völkerrechts bekannt.

INFOBOX
Weimar als Zentrum der Kultur
Weimar war die Residenzstadt des Herzogtums Sachsen-Weimar-Eisenach mit seinen verstreuten Besitzungen, das 1815 Großherzogtum wurde. Die Stadt zählte bei Goethes Ankunft im Jahre 1775 gut 6 000 Einwohner; Herder bezeichnete Weimar als »ein unseliges Mittelding zwischen Hofstadt und Dorf«.
Doch um den herzoglichen Hof versammelten sich im späten 18. Jh. viele bedeutende Gelehrte und Künstler, unter ihnen Christoph Martin Wieland, der Erzieher der beiden Prinzen, Goethe und Friedrich Schiller, Johann Gottfried Herder, der Satiriker und Märchenautor Johann Karl August Musäus, Charlotte von Stein sowie zeitweilig Wilhelm von Humboldt, Karl Philipp Moritz, Friedrich Hölderlin, Jean Paul und Heinrich von Kleist.

> **INFOBOX**
>
> **Weimarer Klassik**
> Das Schaffen Goethes und Schillers Ende des 18. Jh. in Weimar stellt eine klassische Epoche in der deutschen Literatur dar: Die Weimarer Klassik begann mit Goethes Italienreise (1786–88) und Schillers Übersiedelung nach Weimar (1787), gipfelte in der Freundschaft und Zusammenarbeit beider seit 1794 und endete mit Schillers Tod 1805. Der Weimarer Hof mit dem von Herzogin Anna Amalia begründeten und von ihrem Sohn Karl August fortgeführten »Weimarer Musenhof« wurde während dieser Zeit zum intellektuellen und literarischen Zentrum Deutschlands.
> Als Reaktion auf die unruhige Situation nach der Französischen Revolution war die Weimarer Klassik von den Leitideen der Harmonie und Humanität geprägt. Sie entwickelte eine eigene Welt- und Kunstanschauung. Menschlichkeit, Toleranz, Ausgleich, Maß, Vollendung, Reinheit, Übereinstimmung von Geist und Gemüt, Mensch und Natur, Individuum und Gesellschaft stellten hohe Werte dar.

ZITAT

Das auf die Humanität verpflichtete Menschenbild der Weimarer Klassik formulierte Friedrich Schiller in der »Ankündigung« zu seinen »Horen« (1795–97):
Sie soll die Gemüter wieder in Freiheit setzen und die politisch geteilte Welt unter der Fahne der Wahrheit und Schönheit wieder vereinigen.

litik gegenüber Frankreich und erteilte allen kontinentalen Drohungen und Aufmarschplänen eine Abfuhr. Großbritannien war die eigene Wohlfahrt und der eigene Frieden wichtiger, als mit Waffengewalt gegen das revolutionäre Frankreich vorzugehen.

Mit dieser rein taktischen Revolutionsabwehr unterschied sich der Premier von jenem Briten, der zum Inbegriff der britischen oder, wenn man so will, der europäischen Gegenrevolution wurde: Edmund Burke. Seine berühmten »Betrachtungen über die Französische Revolution« erschienen in London im November 1790 und erteilten den Ideen von 1789 eine klare Absage. Dieses glänzende politische Pamphlet machte um so mehr Eindruck, als es aus der Feder eines Iren und eines Whig stammte. Burke sah in der Revolution eine Gefahr für die herkömmliche Staats- und Gesellschaftsordnung überall in Europa. Während viele andere Whigs die Entwicklung in Frankreich begrüßten, wollte er die Ausweitung der French principles, der französischen Prinzipien, auf der Insel verhindern. Statt auf Revolution setzte er auf die historischen Traditionen Großbritanniens: Bewahren und Verbessern, Erhalten und Verändern. Seine Schrift wurde die Bibel des politischen Konservatismus.

Burke zum Trotz war die öffentliche Meinung in Großbritannien selbst 1792 beim Kriegsausbruch nicht vorwiegend gegenrevolutionär. Im Gegenteil, als sich hier im Zuge der Französischen Revolution ebenfalls ein nationales Bewusstsein entfaltete, wurden davon besonders liberale und radikale Kreise beeinflusst. Verbreitet war der Begriff »Patriotismus«, womit man die nationale Wohlfahrt meinte. Unter Patrioten verstand man die Friends of Liberty (Freunde der Freiheit), eine Gruppe politischer Dissidenten und Reformer, die sich in der berühmten London Corresponding Society eine organisatorische Plattform gegeben hatten. Bei diesen Radikalen wiederum stießen proklamierte Ideale wie Freiheit, Gleichheit und Brüderlichkeit auf fruchtbaren Boden. Analog zu ihren geistigen Brüdern jenseits des Kanals verbanden sie, zumindest in der Frühphase der Revolution, mit Patriotismus »Kosmopolitismus«.

Ähnlich durchdrungen von optimistischem Internationalismus war die Gegenschrift zu Burke: »Die Rechte des Menschen« (1791) von Thomas Paine. Aus seiner Sicht hoben Staaten, die nach republikanischen Prinzipien organisiert waren, den Krieg auf, weil dieser lediglich für die herrschende Schicht Vorteile einbringe. Er ging davon aus, dass zunächst das britische Regierungssystem reformiert werden müsse, bevor es zu brüderlichen Beziehungen zum revolutionären

Die Radierung von James Gillray aus dem Jahr 1792 karikiert Thomas Paine, der sich durch Flucht nach Frankreich einem drohenden Prozess wegen seiner Schrift »Die Rechte des Menschen« entzogen hatte. Im Traum erscheinen ihm drei Richter.

Frankreich kommen könne. Paines Ideen fanden in Großbritannien einen großen Widerhall. Auf der Ebene der patriotischen Gesellschaften wurden Grußadressen mit französischen Klubs ausgetauscht und gegenseitige Besuche veranstaltet. Am 27. September 1792 erklärte der Präsident der London Corresponding Society, Maurice Margarot, in einer Grußadresse seiner Gesellschaft an den französischen Nationalkonvent: »Franzosen, ihr seid immer frei, wir Briten beeilen uns, es zu werden.«
Diese Stimmung änderte sich schlagartig im Jahre 1793. Die Kreuzzugspropaganda der Girondisten, die einseitig vorgenommene Öffnung der Scheldemündung für die internationale Handelsschifffahrt und der französische Einmarsch in Belgien bewirkten in Großbritannien eine Änderung der bisherigen Neutralitätspolitik. Aus britischer Sicht marschierte der Konvent in den Fußstapfen Ludwigs XIV., die politische und ökonomische Unabhängigkeit der Vereinigten Niederlande war bedroht. Die französische Kriegserklärung vom 1. Februar 1793 brachte das Land auf gegenrevolutionären Kurs. Bei der Bekämpfung des republikanischen Frankreich und des frankophilen Stils im britischen Radikalismus waren der König und die Regierung zusammen mit der gesellschaftlichen Oberschicht in der Lage, sich als Hüter nationaler Werte und Institutionen zu profilieren. Gleichzeitig konnten sie den Angriff parieren, sie seien eine Elite, die sich der Korruption verschrieben und das nationale politische Erbe unterminiert hätte. Die Not des Krieges erzeugte unter der politischen Oberfläche eine nationale Empfindlichkeit, in deren Konsequenz die Radikalen ihre kosmopolitischen Ideale und ihre reformerischen Projekte ruhen lassen mussten.

Die kriegerischen Auseinandersetzungen zwischen Großbritannien und Frankreich verliefen bis zum Frieden von Amiens (1802) unterschiedlich: Während britische Landungsversuche in Frankreich allesamt scheiterten (Toulon 1793, Hondschoote 1793, Quiberon 1795, Ostende und Bergen op Zoom 1799), behauptete Großbritannien 1798 mit der Vernichtung der französischen Flotte in der Bucht von Abukir seine europäische Vormachtstellung zur See. *Erich Pelzer*

»Und ihr könnt sagen, ihr seid dabei gewesen«: Der erste Koalitionskrieg und der Aufstieg Napoleons

Waren es einerseits Hoffnungen und Enttäuschungen, die politisierte Schriftsteller und Publizisten innerhalb der vielgestaltigen Staatenwelt des »Heiligen Römischen Reiches Deutscher Nation« auf Jahre in Brot und Atem hielten, so hing andererseits das Schicksal der einzelnen Staaten und Territorien eng mit dem Französischen Revolutionskrieg zusammen. Neben Preußen und Österreich traten 1793 immer mehr Staaten der ersten Koalition der alliierten europäischen Mächte bei: Großbritannien und die Vereinigten Niederlande am 1. März, Spanien folgte sechs Tage später, Russland am 25. März.

Der erste Koalitionskrieg bis zum Basler Separatfrieden 1795

In der militanten Wendung Frankreichs gegen die europäische Koalition schwangen nationales Überlegenheitsgefühl und teilweise Fremdenhass mit. Die Okkupation fremder Gebiete verlief stets nach dem gleichen Muster: Nach der Besetzung durch die eigenen Truppen wurden eine Militärverwaltung eingerichtet und lokale Jakobinerklubs für die Propagandatätigkeit unter Zuhilfenahme französischer Offiziere, der Zivilkommissare und zuverlässiger Einheimischer ins Leben gerufen. Im Westen und Süden des Reiches machten Belgier und Deutsche direkt Bekanntschaft mit der Revolution durch die vorrückenden französischen Soldaten. Zwar kam es partiell durchaus zu positiven Begegnungen, aber insgesamt überwog die negative Erfahrung infolge der häufigen Brandschatzungen, gewalttätigen Plünderungen und auferlegten empfindlichen Kriegskontributionen.

Im November 1792 waren die Franzosen bei ihrem Einmarsch in Brüssel als Befreier gefeiert worden. Anschließend besetzten sie Antwerpen, Lüttich und Aachen. Im Februar 1793 drang Dumouriez gar in die Niederlande ein und annektierte am 1. März die österreichischen Besitzungen im heutigen Belgien. Jedoch erwiesen sich neue Truppenaushebungen als schwierig und stießen in vielen Teilen des Landes, besonders in der Bretagne, im Midi und in der Vendée, auf Widerstand. Der

---

ZITAT

Nach der Kanonade von Valmy am 2. 9. 1792 berichtet der preußische Soldat Friedrich Christian Laukhard über die Feldlazarette:

Für Reinlichkeit, dieses erste Hauptstück der Krankenpflege, worauf mehr ankommt, als selbst auf die medizinische Verpflegung, wird so wenig gesorgt, dass ich Kranke weiß, denen die Hemden auf dem Leib verfault und die von den Läusen dergestalt zugerichtet worden sind, dass sie tiefe Löcher am Leibe hatten...

Widerstand der belgischen Bevölkerung, Niederlagen und prominente Überläufer (Dumouriez, La Fayette) machten den Erfolg zunichte.

Eine von Robespierre und Saint-Just kontrollierte straffere Armeeführung schaffte den Umschwung. Zuerst wurden britische Invasionsversuche in Toulon (1793) abgewiesen, dann leitete der Sieg Jean Baptiste Jourdans über die Österreicher unter dem Prinzen Josias von Sachsen-Coburg am 26. Juni 1794 bei Fleurus die Rückeroberung ein. In schneller Folge rückten die französischen Armeen bis Köln vor und besetzten im Januar 1795 wiederum die Niederlande. Dem militärischen Vormarsch folgte umgehend die politische Umstrukturierung. Während die Niederlande am 3. Februar zur Batavischen Republik erklärt wurden, schieden zwei Hauptgegner Frankreichs im Basler Separatfrieden 1795 aus der Koalition aus: Preußen im April und Spanien im Juli 1795.

Nach diesem diplomatischen Glanzstück ging die Politik des Direktoriums jetzt immer offener auf Eroberungen aus. Die Vorstellung von den so genannten natürlichen Grenzen Frankreichs an Pyrenäen, Alpen und Rhein nistete sich in den Köpfen der politisch Verantwortlichen ein. Galt noch 1792/93 das revolutionäre Interesse in den besetzten Gebieten dem Aufbau einer franzosenfreundlichen Partei, die auf den Anschluss hinarbeiten sollte, so wurde diese Annexionspolitik ab 1795 durch das Konzept der Schwesterrepubliken, womit von Frankreich abhängige Satellitenstaaten gemeint waren, ersetzt. Genau an diesem Punkt setzte die neue Allzweckwaffe der Pariser Direktoren, der Divisionsgeneral Napoléon Bonaparte, an, dessen Stern 1796 über Italien aufging.

Der erste Koalitionskrieg bis zum Ausscheiden Österreichs 1797 und der Beginn des italienischen Abenteuers
Nach dem Frieden von Basel waren nur noch zwei Feinde der Französischen Republik übrig geblieben: Österreich und Großbritannien. Lazare Carnot, der umsichtige Kriegsorganisator und führende Mann im Direktorium, plante den dreifachen Angriff. General Lazare Hoche erhielt den Auftrag, von Brest aus eine

In der Schlacht bei Fleurus am 26.6.1794 wurden die Österreicher besiegt und verloren ihre Besitzungen in den Niederlanden (Bilderbogen aus Épinal; Paris, Bibliothèque Nationale de France).

Landung in Großbritannien zu bewerkstelligen. Auf dem Festland sollten zwei Armeen unter den Generälen Jourdan und Jean Victor Moreau durch Süddeutschland auf Wien vorstoßen. Zugleich sollte Napoleon, der Anfang März den Elsässer Barthélemy Schérer als Oberbefehlshaber ersetzt hatte, den Österreichern in Oberitalien Piemont und die Lombardei entreißen. Während die beiden ersten Unternehmungen kläglich scheiterten, die erste am schlechten Wetter vor Irlands Küste und die zweite an Erzherzog Karl, feierte Bonaparte mit der dritten Operationsvariante den vollkommenen Triumph.

Die schlecht ausgerüsteten Truppen der Italienarmee staunten nicht schlecht, als sie ihren jungen 26-jährigen Armeechef am 27. März 1796 in Nizza zum ersten Mal zu Gesicht bekamen. In seinem ersten Aufruf an die Armee versprach er den Italienern Freiheit und seinen ausgehungerten Soldaten die reichen Schätze Italiens. Innerhalb eines Monats überquerte er die Ligurischen Alpen, besiegte nacheinander die Österreicher und die Piemonteser bei Montenotte (Provinz Savona), Millesimo und Mondovi und zwang den König von Sardinien zum Waffenstillstand. Dann nahm er die Verfolgung der überraschten Österreicher auf, erzwang am 10. Mai den Übergang über die Adda bei Lodi und zog in Mailand ein.

Nach seinen Siegen von Arcole und Rivoli organisierte Napoleon einen Kunstraub, dem der Louvre bis heute wesentliche Werke der italienischen Renaissance verdankt (Antoine Jean Gros, »Napoleon auf der Brücke von Arcole«, 1797; Sankt Petersburg, Eremitage).

Zwar erneuerte Bonaparte in der Hauptstadt der Lombardei sein Freiheitsversprechen an die Italiener, aber in Wirklichkeit hob er die Lombardische Republik aus der Taufe. Im Stile des Eroberers folgte Napoleon seinem Schlachtenstern. Die österreichische Hauptarmee schloss er in der Festung Mantua ein, und Entsatzversuche wehrte er durch die Siege von Arcole (15.–17. November 1796) und Rivoli (14. Januar 1797) ab. Anfang Februar 1797 kapitulierte der österreichische General Dagobert Siegmund von Wurmser in Mantua. Der

Hauptfeind war besiegt und zog sich vor den nachrückenden Franzosen nach Kärnten zurück.

Schon längst fungierte der siegreiche General Bonaparte nicht mehr als Erfüllungsgehilfe des Direktoriums, dessen Befehle er ignorierte und dem er stattdessen die in Italien erbeuteten Kunstwerke zuschickte. Der Kunstraub war systematisch organisiert und betraf die Museen und Bibliotheken von Mailand, Florenz und Bologna ebenso wie später die von Turin, Neapel sowie die des Vatikans. Antike Kunstgegenstände und die Hauptwerke der italienischen Renaissance fanden auf Hunderten von Wagenladungen den Weg in den Pariser Louvre. Es war jedermann offensichtlich: Napoleon handelte auf eigene Faust. Der »Retter Frankreichs« durchquerte Tirol, rückte auf Klagenfurt vor und legte gleichzeitig den Grundstein für die politische Neuordnung Italiens.

Militärisch in höchster Bedrängnis, suchte Österreich im Vorfrieden von Leoben (18. April 1797) um Waffenstillstand nach und musste sich am 17. Oktober 1797 dem napoleonischen Friedensdiktat von Campoformio beugen. Allerdings hatte Napoleon in der Zwischenzeit Venedig eingenommen sowie die Cisalpinische (Mailand) und die Ligurische Republik (Genua) proklamiert. Kaiser Franz II. verzichtete im Friedensvertrag auf die österreichischen Niederlande, Mailand, Modena und Mantua und erkannte die napoleonischen Republikgründungen in Italien an. Er erhielt dafür Venetien, dessen Besitzungen in Istrien und an der dalmatinischen Küste sowie das Erzbistum Salzburg. Die Republik der Lagunenstadt, »la Serinissima«, hatte nach tausendjähriger Unabhängigkeit aufgehört zu existieren. Die wichtigsten Punkte regelte ein Geheimprotokoll, in dem Österreich der Abtretung des linken Rheinufers an Frankreich im Falle eines Friedens mit dem Reich (Gesandtenkongress von Rastatt 1797–99) zustimmte.

Der Landhunger Napoleons und seiner ihm ergebenen Regierung war damit noch keineswegs gestillt. Im Auftrag des korsischen »Korporals« zettelten seine Generäle in der Schweiz, in Rom und Neapel Revolutionen an, und auf diese Weise wurden am 9. Februar 1798 die Helvetische Republik, am 15. Februar 1798 die Römische und am 26. Januar 1799 die Parthenopäische Republik in Neapel den französischen Satellitenstaaten hinzugefügt. Napoleons Italienpolitik hatte sich durchgesetzt, aber die Sehnsucht der Italiener nach Freiheit und nationaler Einheit war bitter enttäuscht worden. Entsprechend nahmen die antifranzösischen Unruhen zu, und sie hörten auch nicht auf, nachdem französische Truppen Rom besetzt, Papst Pius VI. gefangen genommen und nach Valence gebracht hatten, wo er noch im gleichen Jahr starb.

Napoleons Ägyptenexpedition 1798/99
Nachdem Österreich militärisch besiegt und vertraglich eingebunden war, konzentrierte sich das Hauptinteresse des Direktoriums auf den britischen Erzfeind. Da nach den negativen Erfahrungen von 1796 (missglückte Landung von General Louis Lazare Hoche in Irland) eine erneute Invasion nicht ratsam erschien, schlug der französische Außenminister Charles Maurice de Talleyrand den Pariser Direktoren vor, den Sieger von Italien mit

---

INFOBOX

Der Marquis de La Fayette

Der aus einer alten Adelsfamilie stammende, überaus wohlhabende französische General und Politiker Marie Joseph de Motier Marquis de La Fayette nahm ab 1777 am amerikanischen Unabhängigkeitskrieg teil. Militärischen Ruhm erlangte er durch die Kapitulation der Briten bei Yorktown am 19. 10. 1781.
Als leidenschaftlicher Anhänger des Freiheitsgedankens reichte Lafayette am 11. 7. 1789 bei der Nationalversammlung in Frankreich einen Vorschlag zur Erklärung der Menschen- und Bürgerrechte ein, an der u. a. auch der amerikanische Politiker und spätere Präsident Thomas Jefferson mitgewirkt hatte.
Nach dem Sturm auf die Bastille am 14. 7. 1789 befehligte La Fayette die vom wohlhabenden Bürgertum organisierte Nationalgarde und war einer der führenden Politiker der Revolution. Sein Bemühen, die Radikalisierung der Bewegung aufzuhalten, scheiterte jedoch an der Flucht Ludwigs XVI. im Juni 1791.
Das »Marsfeldmassaker« vom 17. 7. 1791, bei dem die Nationalgarde eine antiroyalistische Massenkundgebung in einem Blutbad auseinander trieb, untergrub seine Popularität. Unter der Herrschaft Napoleons I. lebte La Fayette zurückgezogen auf seinen Gütern in Frankreich, bis er schließlich in der Julirevolution von 1830 abermals die Nationalgarde führte.

Europa im Zeitalter der Revolutionen

einer neuen heiklen Aufgabe zu betrauen. Napoleon sollte England in dessen weltweiter Einflusssphäre an seiner empfindlichen kolonialen Flanke treffen, und zwar in Ägypten.

Napoleon Bonaparte, der seine Aufgabe in Europa als erledigt ansah und den Kontinent hochmütig mit einem »Maulwurfshügel« verglich, versprach sich von einem Erfolg die entscheidenen Rückwirkungen auf die Siegeszuversicht und die Ausdauer des Gegners. Am 19. Mai 1798 verließ die französische Flotte mit 35 000 Soldaten

Der berühmte Admiral Horatio Nelson vernichtete am 1. 8. 1798 die französische Flotte der ägyptischen Expedition Napoleon Bonapartes (Gemälde von Lemuel Francis Abbot, 1797; London, National Portrait Gallery).

Die Schlacht bei den Pyramiden am 21. 7. 1798, in der die Armee Napoleons über die Mamelucken siegte, schildert ein Gemälde von Louis François Lejeune (Versailles, Musée National).

an Bord den Hafen von Toulon und erreichte, unbemerkt von der britischen Flotte unter Horatio Nelson, Ende Juni die Bucht von Alexandria. Das moderne Ägypten mit seinem oberflächlichen Glanz französischer Zivilisation datiert von der Schlacht bei den Pyramiden am 21. Juli, in der Napoleon die Macht der Mamelucken zerstörte. Das archäologische Interesse an diesem Land überhaupt wurde auf dieser Expedition geweckt. Doch während Napoleon als Sieger in Kairo einzog und zugleich dem Koran huldigte, vernichtete Nelson die französische Flotte auf der Reede von Abukir am 1. August 1798.

Mussten nach diesem empfindlichen Verlust und dem Kriegseintritt der Türkei Napoleons Träume einer Indienexpedition hinter das begrenztere Ziel eines syrischen Feldzuges zurücktreten, so vermehrte er seinen Ruhm in der Heimat durch die vielen detaillierten Bulletins, die er nach Paris sandte und die dort eine Kreuzfahrerromantik auslösten. Bevor er nach Frankreich zurückkehrte und seine Truppen bei ihrer weiteren Verteidigung sich selbst überließ, war er bereits Held einer Nation und ihr ungekrönter Herrscher. Die Nachricht von dem Sieg über die Türken bei Abukir am 25. Juli 1799, die dort mit britischer Hilfe gelandet waren, verdeckte die grimmige Tatsache, dass ein stolzes Heer für einen nutzlosen Feldzug geopfert worden war.

Erich Pelzer

Das Zeitalter Napoleons

Napoleons Meisterstück: Der Staatsstreich des 18. Brumaire

Den Grundstein für das moderne Europa legte Napoléon Bonaparte. Mit seinem Namen sind Ausbau und Neugestaltung des nachrevolutionären Frankreich ebenso verbunden wie die umfassendste Veränderung der politischen Landkarte Europas seit Bestehen des Heiligen Römischen Reiches Deutscher Nation. Von den Zeitgenossen fast unbemerkt legte Franz II. am 6. August 1806 in Wien die Kaiserkrone nieder, nachdem kurz zuvor 16 Vertreter west- und süddeutscher Staaten aus dem Reich ausgetreten waren.

Die Gründung des Rheinbundes unter dem Protektorat Napoleons I., auf den die ehrgeizigen Fürsten des »Dritten Deutschland« als Gegengewicht zu Preußen und Österreich jetzt ihre ganzen Hoffnungen setzten, bedeutete gleichzeitig das Ende des fast tausendjährigen Reiches. Aufgrund eines Ultimatums des französischen Machthabers hatte Franz II. bereits 1804 den Titel eines Kaisers von Österreich angenommen, das mit Ungarn vereint als Doppelmonarchie 1918 unterging. Der Zusammenstoß zwischen dem napoleonischen Frankreich und den Mächten Alteuropas führte zu einer völligen

INFOBOX

Kind der Revolution

Napoléon Bonaparte, politisch-intellektueller Initiator der Veränderung Europas, wurde als zweiter Sohn eines kleinadligen Juristen am 15. 8. 1769 in Ajaccio auf Korsika geboren, das 15 Monate zuvor an Frankreich gefallen war. Er war ein Kind der Revolution, und zwar nicht nur weil er, wie so viele andere hervorragende Männer, erst durch diese große soziale Umwälzung seine Person in den Vordergrund des Geschehens hatte rücken können, sondern auch aufgrund seiner ganzen Jugendentwicklung in den besten Militärschulen Frankreichs. Sein Geist war durch die Literatur der Aufklärung und von der Revolution geformt worden, die den großen Sturm, der anschließend 20 Jahre lang über Europa hinwegbrauste, angekündigt hatte.

Das Gemälde »Bonaparte im Rat der Fünfhundert in Saint-Cloud« (Ausschnitt) von François Bouchot illustriert den Staatsstreich am 18. Brumaire VIII (um 1840; Versailles, Musée National).

Napoleón Bonaparte gilt als Begründer und Gestalter eines modernen Europas. Sein geradezu grenzenloser Machtwille allerdings blieb nie unumstritten (Porträt von François Gérard; Moskau, Puschkin-Museum).

Umgestaltung der politischen und territorialen Lage, die 1814/15 auf dem Wiener Kongress trotz aller Bemühungen um eine Restauration des Ancien Régime nicht mehr rückgängig gemacht werden konnte.

Die bahnbrechende Laufbahn Napoleons als Zerstörer der alteuropäischen Welt und Gestalter des modernen Europa begann 1796 in Italien. Er vertrieb dort die Österreicher aus ihrem politischen Einflussgebiet und ordnete ganz Italien neu, indem er auf Kosten alter souveräner Mächte Schwesterrepubliken auf der italienischen Halbinsel einrichtete. Sie waren allesamt wichtige Außenposten der französischen Revolutionspropaganda. Selbst das Scheitern seines Ägyptenfeldzugs (1798/99), mit dem sein Weltreichtraum, auf den Spuren Alexanders des Großen Indien zu erreichen, vor der syrischen Festung Akko ein abruptes Ende fand, tat seiner Karriere keinen Abbruch. Im Gegenteil: Da sich die militärische Lage in Europa während seiner Abwesenheit grundlegend verändert hatte, wurde sein militärisches und politisches Genie in Paris dringend benötigt.

Die zweite Koalition der europäischen Mächte, Österreich, Russland und Großbritannien, hatte 1799 die französischen Eroberungen in Süddeutschland, vor allem jedoch in der norditalienischen Poebene, zunichte gemacht. Bonaparte kam gerade rechtzeitig, um sich in der prekären Lage, in die Frankreich auch innenpolitisch geraten war, als Retter anzubieten. Am 9. November 1799 (18. Brumaire VIII) putschte er, unterstützt von einer hochrangigen Gruppe besitzbürgerlicher Notabeln (Brumairianer) um den Abbé Sieyès, gegen das Direktorium und schwang sich zum neuen Herrn Frankreichs auf. Das Szenario dieses Coup d'État gilt seitdem als Meisterstück eines »legalisierten« Staatsstreichs.

Unter dem Vorwand einer Jakobinerverschwörung waren die Beratungen des Rates der Alten und des Rates der Fünfhundert am 9. November nach Saint-Cloud im Pariser Westen verlegt worden. Am darauf folgenden Tag versuchte der inzwischen zum Oberkommandierenden der Truppen ernannte Bonaparte die Deputierten im Rat der Fünfhundert von seinen Plänen, die die soziale Ordnung betrafen, zu überzeugen. Da er von den Abgeordneten massiv am Reden gehindert wurde, ret-

Europa im Zeitalter der Revolutionen

Die Einsetzung des Staatsrats im Palais du Luxembourg am 25. 12. 1799 zeigt dieses Gemälde von Auguste Couder (1836; Versailles, Musée National).

tete ihn sein Bruder Lucien, indem er als Präsident der Versammlung die Sitzung schloss. Napoleon ließ daraufhin den Saal mit Truppengewalt räumen. Den oppositionellen Deputierten blieb nur die Flucht durch die offenen Sitzungsfenster. Anschließend überredete Lucien die verbliebenen linientreuen Abgeordneten, der ganzen Aktion einen legalen Anstrich zu geben. Eine provisorische Konsularregierung mit Napoléon Bonaparte, Sieyès und Roger Ducos wurde mit Zustimmung des Rates der Alten eingesetzt. Was als parlamentarischer Staatsstreich vorbereitet worden war, endete als Militärputsch.

Die Stadt Paris hatte sich gegenüber der Zerstörung der parlamentarischen Freiheit völlig passiv verhalten. Keiner weinte dem Direktorium und den gesetzgebenden Körperschaften auch nur eine Träne nach. Im ganzen Land wurde der Staatsstreich des 18. Brumaire als der Beginn einer neuen Ära mit Beifall begrüßt. Wenige Wochen später genehmigte das Land mit überwältigender Stimmenmehrheit die neue Verfassung, die Napoleon als dem Ersten unter drei Konsuln für die nächsten zehn Jahre volle Gewalt über das Schicksal Frankreichs gab. Die Republik blieb zwar bestehen, aber nur der äußeren Form nach.

Erich Pelzer

Die Revolution ist beendet: Konsulat (1799–1804) und Kaiserreich (1804–14/15)

Die Konsularverfassung vom 13. Dezember 1799 zählte lediglich 95 Artikel. Im Gegensatz zu den früheren enthielt sie keine Erklärung der Menschen- und Bürgerrechte, und selbst die Revolutionsdevise Liberté, Égalité, Fraternité (Freiheit, Gleichheit, Brüderlichkeit) tauchte nicht mehr auf. Das Zensuswahlrecht von 1795 wurde abgeschafft und durch das indirekte allgemeine Wahlrecht ersetzt. Das Wahlalter des Bürgers (citoyen) lag bei 21 Jahren. Allerdings wählten die Bürger nach einem recht komplizierten, abgestuften indirekten System, das ihr Wahlrecht praktisch ineffizient werden ließ und das obendrein nie richtig funktionierte.

Beraten von den beiden Konsuln Jean-Jacques Régis de Cambacérès und Charles François Lebrun und dem Staatsrat (Conseil d'État), ernannte Napoleon, als Erster Konsul mit der alleinigen Gesetzesinitiative ausgestattet, alle staatlichen Funktionsträger sowie die achtzig Mitglieder des Senats. Dieser Sénat wiederum wählte die Notabeln als Repräsentanten des Volkes für die beiden anderen Körperschaften aus, das Corps Législatif (Gesetzgebende Körperschaft) und das Tribunat. Durch den Modus der Kooptation, durch den weitere Mitglieder nachträglich von bereits der Körperschaft angehörenden Mitgliedern hinzugewählt werden konnten, wurden die Grundlagen der repräsentativen Regierungsform praktisch beseitigt. Zudem konnten die Kammern gegeneinander ausgespielt werden, wovon Napoleon regen Gebrauch machte.

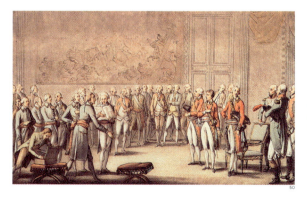

François Marquis de Barthélemy überreicht Bonaparte am 11.5.1802 die Ernennung zum Konsul auf Lebenszeit. Ein zeitgenössischer Kupferstich schildert die Szene.

Diese zeitgenössische Radierung zeigt die Ankunft Bonapartes vor der Kirche Notre-Dame in Paris, wo er am 8. 4. 1802 (Ostersonntag) das »Gesetz zur Wiedereinführung des katholischen Kultus« verkündete.

Das wichtigste Organ des Konsulats war der Staatsrat von dreißig bis vierzig Mitgliedern, die leistungsfähigste Versammlung von Sachverständigen, die Europa je gesehen hat. Charles Maurice de Talleyrand als Außenminister, Joseph Fouché als Polizeiminister, Cambacérès als Justizminister und François Nicolas Mollien als Finanzminister gehörten ihm an. Bei der Rekrutierung der Staatselite galt als oberster Grundsatz, dass jedem Talent der Weg nach oben offen stehen müsse. Mochte auch die politische Freiheit geopfert worden sein, so blieb doch die soziale Gleichberechtigung lebenswichtig, denn der neue Staat setzte auf Verdienst und Leistung, auf Tugenden, die Napoleon mit seiner Person wie kein anderer verkörperte.

Aufgrund seiner Erfolge als Friedensfürst – er beendete den Krieg gegen die zweite europäische Koalition – verlängerte ein erneutes Plebiszit 1802 sein Konsulat auf Lebenszeit. Napoleon, der darauf bestanden hatte, sich direkt vom Volk bestätigen zu lassen, erzielte bei der Wahl ein überwältigendes Ergebnis: 3,5 Millionen stimmten mit Ja, 8 384 mit Nein. Indes konnte Napoleon nicht umhin festzustellen, dass sich über eine halbe Million Wähler der Stimme enthalten hatten. Dennoch war sein Kalkül aufgegangen. Er hatte zu Beginn seiner Regierungszeit auf Frieden gesetzt und damit die Grundlage für seine Popularität selbst gelegt. Ein wesentlicher Bestandteil des napoleonischen Mythos wird sich später hierauf berufen und betonen, dass es Napo-

> **INFOBOX**
>
> **Präfekten**
>
> Auch nach der Revolution blieb die Gliederung Frankreichs in Kommunen, Arrondissements und Départements erhalten und wurde im Lauf der Zeit bis Lübeck im Norden und Rom im Süden auf die eroberten und angeschlossenen Gebiete ausgedehnt. Die Verwaltungen wurden in den Kommunen dem Bürgermeister, in den Arrondissements dem Unterpräfekten und in den Départements dem Präfekten unterstellt, die vom Ersten Konsul ernannt wurden. Die Präfekten erhielten eine weiter gehende Macht als die Intendanten des Ancien Régime. Der Präfekt vertrat die Regierung und den Staat, seine Funktion blieb bis zur Regionalisierung von 1982 erhalten. Paris blieb ohne Stadtrat und wurde durch das Département Seine und dessen Präfekten verwaltet.

leon war, der Anarchie vorgefunden und Ordnung hinterlassen habe.

Analog zum Bild des Retters vor dem Chaos belebte Napoleon auch den Gedanken der nationalen Einheit neu, indem er das neue Frankreich mit dem alten versöhnte und die Priester und Emigranten, die Juden, Atheisten, Protestanten und Jakobiner im Dienst für den Staat zusammenführte. Mit dem Konsulat bestimmte Napoleon die Regeln der Herrschaftstechnik neu: Er führte ein autokratisches Regime auf der Basis plebiszitärer Legitimation. Insgesamt dreimal – 1800, 1802 und 1804 – suchte und erlangte er die Bestätigung seiner Herrschaft durch das Volk. Der Bonapartismus als politische Bewegung und als Mythos war geboren. Nach und nach gelang es Napoleon, das politische Kräftefeld (Jakobiner, Brumairianer, Royalisten) zu neutralisieren. Die Folge waren Komplotte, Attentate und Intrigen, sodass man mit gutem Recht sagen kann: Selten hat ein Staatsoberhaupt sein Amt unter so gefährlichen Bedingungen ausgeübt.

Frieden und Ausgleich im Innern
Für die Befriedung des Landes brachte Napoleon alle Gaben mit, die das Problem verlangte. In seiner ersten öffentlichen Erklärung beim Amtsantritt als Erster Konsul verkündete er: »Bürger, die Revolution ist verewigt in ihren Prinzipien, die sie eingeläutet haben: Sie ist beendet.« Steckte in dieser politischen Kurzformel ein klares Bekenntnis zu den Errungenschaften der Revolution, so bedeutete sie zugleich eine Art Kriegserklärung an die Kräfte der Instabilität aus dem jakobinischen und royalistischen Lager, gegen die er alsbald militärisch vorging. Obwohl sich Bonaparte auf die Macht der Armee stützte, nahm sein autoritäres Regime in der Folgezeit nicht die Züge einer Militärdiktatur an. Im Vordergrund stand vielmehr der soziale Ausgleich im Innern, den er durch den Aufbau einer zivilrechtlich fundierten Zentralverwaltung zu erreichen suchte. Als Mann über den Parteien mit Blick für die Bedürfnisse des ganzen Landes suchte und fand er die Unterstützung der alten und neuen Funktionseliten.

Das Gesetz vom 7. Februar 1800 führte das System der Präfekten ein, die wie die Intendanten des Ancien

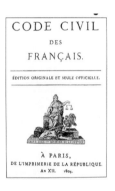

Der Code civil, das französische Zivilgesetzbuch, wurde auf Veranlassung von Napoleon I. erarbeitet und trat mit seiner Veröffentlichung am 23. 3. 1804 in Kraft.

Régime wichtige Arbeiten auf Départementebene für die Zentralisierung des Staates leisteten. Um das Vertrauen der Finanzwelt zu gewinnen, wurden das Steuersystem effizienter gestaltet und die »Banque de France« gegründet. Letztere war ein Privatunternehmen mit staatlicher Unterstützung und stellte das Kreditwesen auf eine neue Grundlage. Überhaupt galt das vordringliche Interesse der Reorganisation der Finanzen. 1803 wurde der Franc als neue Währungseinheit eingeführt und anders als die Assignaten an den Gold- und Silberwert gekoppelt. Ein im April 1802 erlassenes Amnestiegesetz erlaubte den Emigranten, nach Frankreich zurückzukehren, vorausgesetzt, sie leisteten den Treueeid auf die Verfassung und erklärten sich mit den revolutionären Besitzumschichtungen einverstanden. Über Tausend Familien kehrten daraufhin in ihr Heimatland zurück.

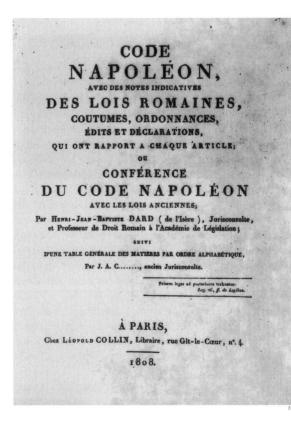

1807 wurde der Code civil in Code Napoléon umbenannt. Er erfuhr zahlreiche Änderungen, ist jedoch als solcher bis heute gültig.

> **INFOBOX**
>
> **Der Code civil**
> Der Code civil, das am 21. 3. 1804 veröffentlichte französische Zivilgesetzbuch, wurde auf Veranlassung Napoleons I. erarbeitet und heißt deshalb auch Code Napoléon. Er übernahm Grundgedanken der Französischen Revolution – Gleichheit vor dem Gesetz, Trennung von Staat und Kirche durch Einführung der Zivilehe, Anerkennung der Freiheit des Individuums und des Eigentums –, beseitigte alle tradierten Gewohnheitsrechte und regelte das Verhältnis von Bürger und Staat neu. Erstmals wurde die Gewissens- und Vertragsfreiheit des einzelnen Bürgers innerhalb der nach weltlichem Recht aufgebauten Gesellschaft festgeschrieben.
> Der Code civil übte großen Einfluss auf den europäischen Rechtskreis aus und wurde von Belgien und Luxemburg übernommen; in Baden galt bis 1899 eine modifizierte Übersetzung als Badisches Landrecht.

Schwieriger zu lösen war dagegen die noch offene Religionsfrage. Nachdem die Verfolgung der Priester, die den Eid auf die Republik verweigerten, eingestellt worden war, wurde am 15. Juli 1801 das Konkordat unterzeichnet. Darin musste der Papst die Rechtmäßigkeit des Nationalgüterverkaufs anerkennen, während gleichzeitig der katholischen Kirche das Recht der uneingeschränkten Religionsausübung garantiert wurde. Das Konkordat war auf Versöhnung der alten mit der neuen Welt angelegt, aber es sollte auch dazu dienen, den in der Armee und bei den Intellektuellen verbreiteten Atheismus niederzuhalten. Es bot den Katholiken die Möglichkeit, die Regierung schnell zu akzeptieren, gab den Priestern Gelegenheit, ihre verlorene Herrschaft über die Seelen zurückzugewinnen, und machte aus Bischöfen würdige Staatsbeamte, Präfekten in Lila: Die Bischöfe wurden vom Konsul ernannt und erhielten dann vom Papst die Investitur. Der Klerus hatte der Regierung den Treueeid zu leisten und erhielt dafür ein Gehalt.

Die wichtigste Gesetzesinitiative Napoleons während seiner gesamten Regierungszeit war die Kodifizierung der bürgerlichen Rechte in einem eigens erstellten Zivilgesetzbuch, dem Code civil von 1804, 1807 in Code Napoléon umbenannt. Mit der Bestimmung der Rechte des Individuums wurden den Besten der Gesellschaft die entsprechenden Ausbildungs- und Aufstiegschancen einge-

Nachdem sich Napoleon I. am 12. 12. 1804 in der Kathedrale Notre-Dame in Paris selbst zum Kaiser gekrönt hatte, setzte er seiner Frau Josephine am selben Tag ebenfalls die Kaiserkrone auf (Ausschnitt aus einem Gemälde von Jacques-Louis David, 1806/07; Paris, Louvre).

s. ZEIT Aspekte
Napoleon S. 590

räumt. Die künftigen Staatsdiener, die sich zu einem Fünftel aus den Mittel- und Unterschichten rekrutierten, wurden an Gymnasien, die per Gesetz vom 1. Mai 1802 als Lycées eingeführt worden waren, unter staatlicher Oberaufsicht erzogen. Den beruflich Tüchtigen beziehungsweise den im Dienst für den Staat Erfolgreichen winkte mit der Aufnahme in die Ehrenlegion der Aufstieg innerhalb der sozialen Hierarchie.

Das Kaiserreich
Die Einrichtung der erblichen Kaiserwürde folgte am 18. Mai 1804 als Reaktion auf eine Serie royalistischer Destabilisierungsversuche durch Attentate und Verschwörungen. In dem Bestreben, die Sicherheit des Regimes zu verstärken, aber auch um die territorialen Eroberungen zu schützen, gab Napoleon seiner Herrschaft eine neue Legitimationsgrundlage. Am 2. Dezember 1804 krönte er sich in der Kathedrale Notre-Dame in Paris im Beisein des Papstes selbst zum Kaiser und be-

gründete nach Meinung seiner Kritiker die »gestiefelte Revolution«. Die Annahme der lombardischen Krone in Mailand 1805 und der Besuch in Aachen, an der Wirkungsstätte und am Grab Karls des Großen, sollten die neuen Ambitionen noch unterstreichen. Zwar wirkte sich die Errichtung des Kaisertums kaum auf die staatlichen Institutionen aus, aber aufgrund ihres immens hohen symbolischen Wertes setzte sie einen Schlussstrich unter die Ära der Revolution.

Um sein politisches Gebäude zu festigen, führte Napoleon I. 1808 den erblichen Verdienstadel ein, den er, indem er ihn mit Titeln und Ländereien ausstattete, persönlich von sich abhängig machte. Damit zementierte er die Vorherrschaft der Notabeln als führender Gesellschaftsklasse. Die Privilegierung gründete nicht wie im Ancien Régime auf der Herkunft, sondern auf der Basis von wirtschaftlicher Macht, Einfluss und Reichtum. Ziel war die Schaffung einer republikanischen Aristokratie, um nach Napoleons eigenen Worten die »Granitbrocken« unter die »Sandkörner« (damit meinte er die französische Gesellschaft) zu schieben.

In dem Maße, in dem die Verwaltung effektiver wurde, nahm das Regime zunehmend diktatorische Züge an. Die neue Monarchie regierte autokratisch mit den Mitteln des Zentralismus und der Bürokratie und war vordringlich darauf bedacht, den sozialen Status quo zu sichern. Von Pressefreiheit war schon lange keine Rede mehr. Bereits zu Beginn der Konsulatszeit waren sechzig von 73 politischen Blättern verboten und oppositionelle Schriftsteller zum Verlassen des Landes aufgefordert worden. Die Wirklichkeit des Kaiserreichs bestand aus Pressezensur und der Einschränkung der persönlichen Freiheit durch landesweit operierende Polizeispitzel.

Erich Pelzer

Krieg und Frieden: Napoleons Machtentfaltung

Der Revolution verdankte Napoleon seinen grandiosen Aufstieg. Sie vererbte ihm aber auch den Krieg. Die französische Außenpolitik bestand bei seinem Regierungsantritt 1799 aus einem äußerst komplexen politischen Minenfeld. Nachdem die Grenze an den Rhein vorge-

> **ZITAT**
>
> Am 21. 10. 1805 schreibt Horatio Nelson in sein Logbuch:
> *Der Feind fuhr südwärts: Um sieben ermüdet der Feind. Möge unser großartiger Gott, den ich verehre, meinem Land und der Wohlfahrt Europas einen großen und glorreichen Dienst bescheren.*

> **ZITAT**
>
> Am Ende seiner letzten Lochbuchaufzeichnung vom 21. 10. 1804 schreibt Horatio Nelson:
> *Ich selbst werde mein Leben ihm, der mich erschaffen hat, widmen und möge sein Licht über meinen Bestrebungen, meinem Land zu dienen, stehen.*

schoben war, wurde das eroberte Land zum Teil annektiert (Piemont, Wallis, Genf, Savoyen, Belgien) oder in Satellitenstaaten (Batavische, Helvetische, Cisalpinische, Ligurische, Römische Republik) eingeteilt. Als Anhänger des Merkantilismus glaubte Bonaparte, das Wohl des Staates mehren zu können, wenn die nationale Zahlungsbilanz Überschüsse erziele, der Kolonialhandel gefördert und Frankreichs Industrie durch Sicherung der Absatzmärkte vor der ausländischen Konkurrenz geschützt würden.

Napoleons Hauptaugenmerk war auf den europäischen Kontinent gerichtet. In Santo Domingo – dem heutigen Hispaniola – beispielsweise wollte er im Mai 1802 die Verwaltung des Ancien Régime samt Sklaverei einführen, was zum Aufstand und Verlust der Insel führte. Die ehemalige französische Kronkolonie Louisiana in Nordamerika, 1800 von Spanien zurückerhalten, verkaufte er im April 1803 für 15 Millionen Dollar an die USA.

Der zweite Koalitionskrieg (1798–1801/02)
Während des Ägyptenfeldzugs hatte sich die Lage in Europa grundlegend verändert. Die Gefechte in Italien, die Errichtung der Helvetischen Republik und die gescheiterte Ägyptenexpedition Bonapartes führten 1798 zur Bildung einer neuen Koalition zwischen Großbritannien, Österreich, Russland, der Türkei, Portugal und Neapel. Ein Angriff Neapels auf die Römische Republik löste den zweiten Koalitionskrieg aus. Die zweite Koali-

In Lyon riefen die Abgeordneten der oberitalienischen Cisalpinischen Republik am 25. 1. 1802 Napoleon zum Präsidenten dieser Republik aus, die am Tag darauf in »Italienische Republik« umbenannt wurde.
Das Gemälde von Nicolas Monsiau entstand 1808 (Versailles, Musée National).

> **INFOBOX**
>
> **Der Reichsdeputationshauptschluss**
> Am 25. 2. 1803 beschloss die letzte außerordentliche Reichsdeputation (bestehend aus Kurmainz, Böhmen, Sachsen, Brandenburg, Pfalz-Bayern, dem Hoch- und Deutschmeister, Württemberg und Hessen-Kassel) im so genannten Reichsdeputationshauptschluss die Entschädigung der von der Abtretung des linken Rheinufers an Frankreich betroffenen weltlichen Fürsten. Sie nahm weit reichende territoriale, staats- und kirchenrechtliche Veränderungen zur Neugestaltung des Reichs vor: Fast alle geistlichen Fürstentümer wurden aufgehoben und die Säkularisation des Kirchenguts gestattet; vorläufig nicht säkularisiert wurden der Deutsche Orden und der Malteserorden sowie der erzbischöfliche Stuhl von Mainz. Die Reichsstädte wurden mit wenigen Ausnahmen mediatisiert. Die Folge war eine starke Gebietsvergrößerung der süd- und westdeutschen Mittelstaaten sowie Preußens.

tion errang 1799 bedeutende Erfolge gegen die Franzosen in Süddeutschland, der Schweiz, vor allem aber in der norditalienischen Poebene. Der österreichische Erzherzog Karl besiegte im März Jean-Baptiste Jourdan bei Stockach und im Juni André Masséna bei Zürich, während der russische General Aleksandr Suworow die Franzosen unter Jean Victor Moreau im April bei Cassano und unter Barthélemy Joubert im August bei Novi schlug.

> **INFOBOX**
>
> **Napoleons Arbeitsweise**
> Hart gearbeitet hat Napoleon immer. Spätestens um 8 Uhr erschien er in seinen Arbeitsräumen, um bis in die Abendstunden hinein rastlos und diktierend in ihnen umherzugehen. Hinter seiner nie erlahmenden Produktivität standen nicht nur ein unbändiger Wille und ein hemmungsloser Ehrgeiz, sie speiste sich nicht weniger aus ungewöhnlichen intellektuellen Fähigkeiten – einem exzellenten Gedächtnis und ungeheurer Konzentrationsfähigkeit.
> Die ganze Kraft Napoleons galt dabei dem Augenblick; »Vergangenheitsbewältigung« hatte er nach seinem Selbstverständnis nicht nötig. Sein ausgezeichnetes Gedächtnis speicherte Gelesenes jeder Art, und Napoleon las viel – nicht nur Akten, auch Bücher. Wenn er in seinem zum Büro ausgestalteten Wagen unterwegs war, entsorgte er die Bücher nach der Lektüre oft, indem er sie zum Fenster hinauswarf.

In siegesgewisser Pose stellte Jacques-Louis David Napoleon I. bei seiner Überquerung des Sankt-Bernhard-Passes während des zweiten Koalitionskriegs auf dem Italienfeldzug dar (1800; Wien, Kunsthistorisches Museum).

Nachdem sich Zar Paul I. im Oktober 1799 aus der Koalition zurückgezogen hatte, wandte sich Napoleon gegen Österreich. Im Stile Hannibals überquerte er den Großen Sankt Bernhard und besiegte den altersschwachen General Michael Friedrich Benedikt Melas am 14. Juni 1800 bei Marengo. Als Moreau den französischen Triumph kurze Zeit später, am 3. Dezember 1800, bei Hohenlinden endgültig sicherte, suchte Kaiser Franz II. um Frieden nach.

Im Februar 1801 schlossen Frankreich und Österreich den Frieden von Lunéville, dem im März 1802 in Amiens der Ausgleich mit Großbritannien folgte. Österreich bestätigte darin die Gebietsabtretungen an Frankreich, die es bereits im Geheimvertrag von Leoben zugestanden hatte, während der Vertrag mit Großbritannien zwar koloniale Gebietsaufteilungen regelte, aber keinen neuen Handelsvertrag einschloss: ein böses Omen für die Aussichten des künftigen Friedens. Der Friede von Amiens hielt ein Jahr, als der Krieg mit Großbritannien erneut ausbrach. Zum Bruch hatten beide Seiten beigetragen: Großbritannien wollte die Insel Malta nicht räumen, und Frankreich besetzte unter Missachtung des Sonderfriedens von Basel das Herzogtum Hannover. Aber Territorien lieferten im britisch-französischen Konflikt oft nur den Vorwand, in Wirklichkeit lagen der Auseinandersetzung unterschiedliche Konstruktionsprinzipien beider Gesellschaften zugrunde. Großbritannien hielt an seiner bewährten Gleichgewichtspolitik fest, während Napoleon eindeutig hegemoniale Ambitionen verfolgte: Er wich von der Politik der natürlichen Grenzen ab, um Großbritannien zu schwächen.

Der dritte und der vierte Koalitionskrieg (1805 und 1806/07)

Im August 1804 stellte der wieder berufene britische Premierminister William Pitt der Jüngere die dritte Koalition, bestehend aus Großbritannien, Österreich, Russland, Schweden und Neapel, gegen Frankreich zusammen, das lediglich von seinem Satelliten Spanien unterstützt wurde. Eigentlich sollte der Feldzug mit der

ZITAT

Nach der Schlacht von Jena und Auerstedt am 14. 10. 1806 richtete sich der Minister Friedrich Wilhelm Graf von der Schulenburg-Kehnert in einem öffentlichen Anschlag an die Bürger Berlins:
Der König hat eine Bataille verloren. Jetzt ist Ruhe die erste Bürgerpflicht. Ich fordere die Einwohner Berlins dazu auf. Der König und seine Brüder leben! Berlin, den 17. Okt. 1806. Graf v. d. Schulenburg

Am 20. 10. 1805 kapitulierte der österreichische General Karl Mack, Freiherr von Leiberich, gegenüber der napoleonischen Armee. »Die Übergabe von Ulm« zeigt das Gemälde von Charles Thévenin (Versailles, Musée National).

Invasion und Eroberung Großbritanniens beginnen. Napoleon spekulierte auf die Unterstützung des englischen Mobs und wollte die britische Insel einschließlich Irlands, dem Beispiel Amerikas folgend, in Republiken umwandeln. Die im Lager von Boulogne (bei Boulogne-sur-Mer) zusammengezogene französische Armee wartete zwei Jahre auf die Einschiffung. Der Invasionsbefehl kam indes nie, denn Großbritannien war wirtschaftlich und mental bestens gerüstet.

Admiral Horatio Nelson lockte die französisch-spanische Flotte aus dem Hafen von Cádiz und schlug sie bei Trafalgar am 21. Oktober 1805 vernichtend. Auch wenn der ruhmreiche britische Admiral den Sieg mit seinem Leben bezahlte, er sicherte Großbritannien die Seeherrschaft bis zum Ende des Krieges. Derweil war der inzwischen zum Kaiser gekrönte Napoleon I. schon in Richtung Wien unterwegs. Einen Tag vor der Schlacht von Trafalgar kapitulierte der österreichische General Karl Mack, Freiherr von Leiberich, in Ulm.

Die Taktik Napoleons waren Blitzkriege und Entscheidungsschlachten. Nacheinander warf er die Österreicher

In der berühmten Schlacht von Trafalgar (21. 10. 1805) sicherte Admiral Horatio Nelson den Briten die Seehegemonie. Er selbst bezahlte dafür mit dem Leben.

INFOBOX

Die Seeschlacht bei Trafalgar
Bei Kap Trafalgar an der Südküste Spaniens zwischen Cádiz und Gibraltar standen sich am 21. 10. 1805 die britische Flotte (27 Linienschiffe) unter Admiral Horatio Nelson und die französisch-spanische Flotte (33 Linienschiffe) unter dem Kommando des französischen Vizeadmirals Pierre Charles de Villeneuve gegenüber. Von Napoleon hatte Villeneuve den Auftrag erhalten, aus dem unter britischer Blockade stehenden Hafen von Cádiz auszubrechen, um Truppenkontingente nach Süditalien zu bringen. Doch dabei wurde er von Nelsons Flotte abgefangen.
Die Schlacht endete mit einer verheerenden Niederlage der französisch-spanischen Flotte – 20 Schiffe wurden erobert und zerstört, während die Briten kein einziges Kampfschiff einbüßten. Villeneuve wurde zusammen mit Tausenden seiner Seeleute gefangen genommen; Napoleons Invasionspläne waren zerstört und Großbritannien behauptete seine Stellung als Seemacht.
Der siegreiche Admiral Nelson wurde von einer Kugel getroffen, die seine Lunge durchbohrte und in der Wirbelsäule stecken blieb. Er erlebte den Sieg der Briten noch bei Bewusstsein, erlag dann aber seinen Verletzungen.

und die Russen in der Dreikaiserschlacht bei Austerlitz am 2. Dezember 1805 und anschließend, im vierten Koalitionskrieg, die Preußen in der Doppelschlacht von Jena und Auerstedt am 14. Oktober 1806 nieder. In Wien und Berlin diktierte der »Kaiser der Franzosen« den geschlagenen beiden deutschen Großmächten die Friedensbedingungen. Österreich musste im Frieden von Preßburg vom 26. Dezember 1805 Venetien und Dalmatien an das Königreich Italien und Tirol an Bayern abtreten.

Preußen wurde für sein Zaudern bestraft, und es half auch nichts, dass es im dritten Koalitionskrieg Neutralitätspolitik betrieben hatte. Es war bereits militärisch und moralisch zusammengebrochen, als Napoleon am 27. Oktober 1806 kampflos in Berlin einzog. Im Frühjahrsfeldzug des darauf folgenden Jahres wandte sich Napoleon Russland zu. In Ostpreußen stellte er die russische Armee unter Zar Alexander I. und besiegte sie im Februar 1807 bei Preußisch-Eylau und am 14. Juni 1807 bei Friedland.

Am 8. Juli 1807 unterzeichneten der russische Zar und der Franzosenkaiser in Tilsit den Friedensvertrag. Als

Mit einem Handschlag zwischen Napoleon I., Alexander I. und Friedrich Wilhelm III. wird der Friedensvertrag von Tilsit besiegelt. Ein zeitgenössischer Kupferstich gibt die symbolische Szene wieder.

In der Dreikaiserschlacht bei Austerlitz gelangen Napoleon I. am 2. 12. 1805 bedeutende Siege über die Österreicher und die Russen.

Tagungsort für die Konferenz wählte Napoleon, an das Ritual des französischen Sakralkönigtums anknüpfend, ein Floß auf der Memel. Der Frieden von Tilsit ordnete die europäische Landkarte völlig neu. Als neue Staaten entstanden im Osten das Großherzogtum Warschau unter der Ägide des Königs von Sachsen und im Westen das Königreich Westfalen unter Napoleons Bruder Jérôme. Preußen jedoch erlebte die bitterste Stunde seiner staatlichen Existenz: Sein Territorium wurde auf ein Viertel beschnitten, das Heer auf 42 000 Mann beschränkt, und zudem musste das Land hohe Kriegsentschädigungen zahlen und blieb bis zur Ableistung unter französischer Besatzung.

Ursachen für Napoleons Erfolge
Den Zenit seiner Macht erreichte Napoleon 1808 auf dem Fürstentag in Erfurt. Die wichtigsten Mächte des Kontinents, Österreich, Preußen und Russland, waren besiegt, und beinahe ganz Europa lag ihm zu Füßen. Die im Oktober 1806 in Berlin verkündete Kontinentalsperre verbot allen Staaten von der portugiesischen Küste bis zum Baltikum den Handel mit dem britischen Erzfeind.

Der politische Schlüssel zu seinem Triumph lag in der Kombination von Tradition und Innovation. Trotz der zahlreichen Feldzüge war die »Grande Nation« keine Soldatennation. Während des Kaiserreichs wurden insgesamt 2,1 Millionen französische Rekruten zu den Waffen gerufen, das waren lediglich 5,77 Prozent der Bevölkerung. Den soldatischen Hauptanteil der napoleonischen Armeen stellten die verbündeten Länder, allen voran die Rheinbundstaaten. Da keine neuen Waffensysteme eingeführt wurden, ersetzte die Artillerie oftmals die fehlenden Truppen. Der napoleonische Soldat war ein improvisierender Kämpfer, von dem der Kaiser nur zweierlei verlangte: Gehorsam und Disziplin in der Schlacht. Die militärische Überlegenheit Napoleons ergab sich aus der Neugliederung der Grande Armée in einzelne Armeekorps und daraus, dass er den Bewegungskrieg den Besatzungen vorzog. Das napoleonische Kriegssystem funktionierte in zumeist ebenen Gegenden, wo der Feind nicht ausweichen konnte. Die ersten Niederlagen erlitt die Grande Armée bezeichnenderweise im Gebirge: in Spanien 1808 und in Tirol 1809.

Auf dem Fürstentag in Erfurt 1808 konnte Napoleon I. sich für seine Siege bewundern lassen. In dem Kupferstich nach einem zeitgenössischen Gemälde empfängt er Zar Alexander und die Könige von Westfalen und Sachsen.

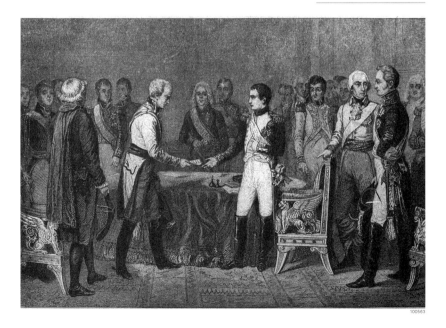

Deutschland unter Napoleon
Für die deutsche Geschichte war Napoleon eine harte, aber heilsame Kraft. Bereits 1803 kam es in Paris zu einer großen Vereinfachung der komplizierten politischen Landkarte, bei der 112 rechtsrheinische Reichsstände ihre Selbstständigkeit verloren. Aus dem »Reichsdeputationshauptschluss« erwuchs ein sinnvoller gestaltetes Deutschland, das leichter zu einigen und daher für seinen westlichen Nachbarn zugleich gefährlicher war. Durch die Säkularisierung der Klöster und die Mediatisierung der reichsunmittelbaren Reichsritterschaften – sie wurden in die angrenzenden Staaten eingegliedert – schrumpfte die deutsche Staatenwelt auf weniger als fünfzig Territorien zusammen.

Unter Napoleons Protektorat wurde am 12. Juli 1806 der Rheinbund gegründet, eine Konföderation von zunächst 16 deutschen Fürsten, die auf dem Höhepunkt napoleonischer Machtentfaltung 1808 vier Königreiche,

INFOBOX
Königin Luise
Luise (1776–1810), Tochter des Herzogs Karl von Mecklenburg-Strelitz, wurde 1793 mit dem späteren König Friedrich Wilhelm III. von Preußen verheiratet; sie ist die Mutter Friedrich Wilhelms IV. und Wilhelms I. Als die königliche Familie nach der Niederlage von Jena und Auerstedt (1806) in das preußische Königsberg floh, setzte sie sich im Juli 1807 in einer Unterredung mit Napoleon vergeblich für mildere Friedensbedingungen ein und wurde so zur Symbolfigur des Widerstandes gegen Napoleon I.
Durch ihr Engagement sowie ihr anmutiges Wesen sehr volkstümlich und bereits zu Lebzeiten idealisiert, wurde sie nach ihrem frühen Tod als Verkörperung weiblicher Tugend und Vaterlandsliebe mystifiziert. Günther de Bruyn (»Preußens Luise. Vom Entstehen und Vergehen einer Legende«, 2001) schreibt:
»Um die außergewöhnliche Verehrung der Königin Luise von Preußen entstehen, andauern und sich über ganz Deutschland ausbreiten zu lassen, mussten verschiedene Ereignisse und Umstände zusammenkommen. Schönheit und Anmut mussten selten gewesen sein auf preußischen Thronen; bürgerliche Tugenden mussten öffentliche Wertschätzung genießen; ein früher Tod musste die Königin in der Erinnerung jung erhalten, Preußen die schlimmste Niederlage seiner Geschichte erleiden, und die Periode seiner Demütigungen musste siegreich zu Ende gehen.«

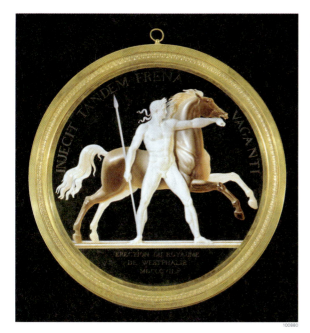

Aus Anlass des durch Dekret vom 18. 8. 1807 gegründeten Königreichs Westfalen wurde diese Gedenkplatte aus Sèvres-Porzellan gestaltet. Dargestellt ist Napoleon als Rossbändiger (1808; Paris, Louvre).

fünf Großherzogtümer, elf Herzogtümer und 16 Fürstentümer umfasste. Der Rheinbund schloss souveräne deutsche Staaten unter einem politischen Dachverband zusammen und wertete sie gegenüber den geschlagenen Mächten Österreich und Preußen auf. In diesem Bund waren einige Mitgliedsstaaten Neuschöpfungen wie das Königreich Westfalen (1807) sowie die Großherzogtümer Berg (1806), Würzburg (1806) und Frankfurt (1810). Andere Staaten des Rheinbundes waren dagegen ehemalige Mitglieder des Reiches, deren Herrscher durch Rangerhöhungen oder Einheiraten in die kaiserliche Familie eingebunden wurden. Die wichtigsten Mitglieder waren die zu Königreichen erhobenen Staaten Bayern und Württemberg (1805) sowie Sachsen (1806), die neu erhobenen Großherzogtümer Baden, Frankfurt, Hessen-Darmstadt und Berg sowie das zum Herzogtum erhöhte Nassau.

Erich Pelzer

Rückschläge und Sturz: Das Ende des Empire

Der spanische Feldzug ließ die ersten Risse im Gebäude des Empire zutage treten. Die Kapitulation von 23 000 Franzosen in Bailén am 19. Juli 1809 war ein deutliches Zeichen dafür, dass mit dem spanischen Nationalgefühl eine neue Kraft aufgetreten war, die das französische Kaiserreich aus den Angeln zu heben vermochte. Kaum hatte Napoleon die Lage in Mittelspanien wieder hergestellt, wandte er sich eiligst nach Süddeutschland, um der Bedrohung durch die Österreicher Herr zu werden. Zwar endete die Schlacht bei Aspern im Mai 1809 mit der ersten Niederlage Napoleons, doch der Sieg bei Wagram im Juli öffnete ihm erneut die Stadttore von Wien. Durch das spanische und österreichische Beispiel ermutigt, erhoben sich die Tiroler unter Andreas Hofer gegen die bayerisch-französische Besatzungsmacht. Auch wenn ihr Aufstand am Berg Isel bei Innsbruck im August 1809 blutig erstickt wurde, so hatte der Nimbus der Unbesiegbarkeit des korsischen Usurpators doch deutlich an Glanz verloren. Im Frieden von Schönbrunn vom Okto-

> **ZITAT**
> **Auf der Flucht aus Russland im Dezember 1812 bemerkt Napoleon I.:**
> *Vom Erhabenen zum Lächerlichen ist es nur ein Schritt.*

1810 heiratete Napoleon die österreichische Erzherzogin Marie Louise. Sie gebar ihm den einzigen legitimen Sohn und Thronfolger. Abgebildet ist ein Porträt der jungen Kaiserin von Robert-Jacques-François Lefèvre.

> **INFOBOX**
> **Die Schlacht von Borodino**
> Der preußische General Carl von Clausewitz, der zum Kampf gegen Napoleon 1812 in russische Dienste trat, beobachtete am 7. 9. 1812 von einem Hügel aus die Schlacht von Borodino: »Die Infanteriemassen waren so zusammengeschmolzen, dass vielleicht kein Drittel der ursprünglichen Massen mehr im Gefecht war; ... Die ungeheure Artillerie, die ... 2 000 Kanonen ins Gefecht gebracht hatte, ließ sich nur in einzelnen Schüssen noch hören, und selbst diese Schüsse schienen nicht mehr den ursprünglichen donnernden kräftigen Ton zu haben, sondern ganz matt und heiser zu klingen.
> Die Kavallerie hatte fast überall die Plätze und die Stellen der Infanterie eingenommen und machte ihre Anfälle in einem müden Trabe, indem sie sich hin- und hertrieb und sich wechselweise Schanzen abjagte. Nachmittags um drei Uhr sah man, dass die Schlacht in den letzten Zügen lag und dass also wie meist die Entscheidung der ganzen Frage noch davon abhänge, wer noch den letzten Trumpf in der der Hand, die stärksten Reserven zurückbehalten habe.« In diesem Fall war das Napoleon, denn obwohl die Verluste auf beiden Seiten sehr groß waren, musste ihm der russische General Michail Kutusow den Weg nach Moskau freigeben.

Napoleon I. nach seiner Abdankung am 6.4.1814 in Fontainebleau; die schonungslose Darstellung schuf Paul Delaroche 1845 (Leipzig, Museum der Bildenden Künste).

ber verlor Österreich einen Großteil seiner Ländermasse an Frankreich (Illyrische Provinzen) und dessen Verbündete (Südtirol an Italien sowie Salzburg, das Innviertel und Nordtirol an Bayern), und die ruhmreiche »Casa d'Austria« der Habsburger wurde zu einem Binnenstaat mit Truppenkontingentierung degradiert.

Zu dem Zeitpunkt, als sich Napoleon zum allmächtigen Beherrscher Europas aufschwang, vollzog sich im eigenen Land der Bruch mit den kompetentesten Vertretern der revolutionären Eliten, die ihn 1799 auf den

> **INFOBOX**
>
> **Marschall Vorwärts**
> Gebhard Leberecht Fürst Blücher von Wahlstatt (1742–1819) trat zu Beginn des Siebenjährigen Krieges in schwedische Dienste, wechselte 1760 zu den Preußen und wurde 1773 auf eigenen Wunsch verabschiedet. 1787 trat er wieder in die Armee ein und zeichnete sich in den Revolutionskriegen und den napoleonischen Kriegen aus. Auf Drängen Napoleons I. wurde er 1811 seines Kommandos enthoben. 1813 übernahm er den Oberbefehl über die Schlesische Armee und trug in der Völkerschlacht bei Leipzig am 16.–18. 10. 1813 entscheidend zum Sieg bei.
> In der Neujahrsnacht 1813/14 überschritt Blücher, der von den Russen den Namen »Marschall Vorwärts« erhielt, mit seinen Truppen bei Kaub den Rhein, besiegte mit Unterstützung der Haupttruppe Napoleon bei La Rothière und eroberte schließlich am 30. 3. 1814 Paris. Mit Arthur Herzog von Wellington entschied er die Schlacht bei Waterloo am 18. 6. 1815 zugunsten der Alliierten. Anlässlich dieses Sieges erhielt der volkstümlichste Feldherr der Befreiungskriege eine eigene Form des Eisernen Kreuzes, den »Blücherstern«.

> **ZITAT**
>
> Nach der Schlacht von Waterloo schreibt der preußische Oberbefehlshaber Blücher am 20. 6. 1815 an seine Frau:
> *Ich habe mich von meinem Fall ziemlich erholt, aber schon wieder ist mir ein Pferd blessiert. Nun glaube ich wohl nicht, so balde und vielleicht gar nicht mehr zu großen Gefechten zu kommen. Unser Sieg ist der vollkommenste, der je erfochten ist. Napoleon ist in der Nacht ohne Hut und Degen entwischt...*

Schild gehoben und ihm lange Zeit Gefolgschaft geleistet hatten. 1807 wurde das Tribunat aufgelöst, dann demissionierten Talleyrand (1807) und Fouché (1810) und wur-

> **INFOBOX**
>
> **Die Schlacht von Waterloo**
> Bei Waterloo (Belgien) fand am 18. 6. 1815 die letzte Schlacht der Befreiungskriege statt. Nach dem Sieg über die von Feldmarschall Blücher geführte preußische Armee bei Ligny (16. 6.) wandte sich Napoleon I., der die Preußen auf dem Rückzug zum Rhein glaubte, gegen die aus britischen, niederländischen und deutschen Kontingenten bestehende Koalitionsarmee des Herzogs von Wellington. Dem frontalen Angriff der Franzosen konnten die Alliierten nur mit Mühe standhalten; in dieser bedrängten Lage soll Wellington den berühmten Satz gesagt haben: »Ich wollte es würde Nacht oder die Preußen kämen!« Tatsächlich tauchte die (nach Verwundung Blüchers) von Gneisenau entgegen der Annahme Napoleons nach Norden in Richtung Brüssel geführte preußische Armee in der rechten französischen Flanke auf und entschied durch sofortigen Angriff die Schlacht zugunsten der Koalitionsarmee. Während Wellington die Schlacht nach Waterloo benannte, wählte Blücher die Bezeichnung Belle-Alliance, und zwar nach einem Gehöft 20 km südlich von Brüssel, in dessen Nähe er nach dem Sieg über Napoleon mit Wellington zusammentraf.

> **INFOBOX**
>
> **Tod auf Sankt Helena**
> Als Napoleon am 5. 5. 1821 auf Sankt Helena starb, war die Todesursache vermutlich Magenkrebs, obgleich immer wieder die Theorie auftaucht, der Korse sei systematisch von den Engländern vergiftet worden. Zahllose Gemälde, Stiche und Lithographien halten den Augenblick fest, in dem Napoleon, von wenigen Getreuen umringt, den Geist aufgab oder, nach einem Wort Chateaubriands, »den mächtigsten Lebensodem, der jemals menschlichen Lehm beseelt hat.«
> Sehr viel nüchterner beurteilte Talleyrand die Nachricht vom Ableben des einst so mächtigen und gefürchteten Mannes: »Es ist nur noch eine Neuigkeit, aber kein Ereignis mehr.«

den durch loyale Kreaturen ersetzt. Gleichzeitig verprellte der Kaiser durch die Heirat mit der österreichischen Erzherzogin Marie Louise 1810 die einflussreiche Gruppe der »Königsmörder«. Der Zielkonflikt, in dem Napoleon sich nach der Geburt seines einzigen le-

Auf Elba lebte Napoleon in dieser Sommerresidenz.

Bei Waterloo, in der belgischen Provinz Brabant, fand am 18.6.1815 die letzte und entscheidende Schlacht der Befreiungskriege statt (Gemälde von Edmonde Bovinet). Danach begab sich der geschlagene Napoleon in britische Hände und wurde nach Sankt Helena verbannt.

gitimen Sohnes, des Königs von Rom, 1811 befand, wurde immer offensichtlicher: Der Kampf gegen Großbritannien erforderte, in Europa Verbündete zu haben, aber er behandelte diese wie seine Vasallen.

Der Russlandfeldzug und die Befreiungskriege
Während die Briten gezielt und wirksam – durch das Bombardement Kopenhagens und die Wegnahme der dänischen Flotte 1807 sowie durch die Siege Arthur Wellesleys, des späteren Herzogs von Wellington, gegen Napoleons Marschälle in Portugal zwischen 1808 und 1810 – die napoleonische Machtphalanx von der Flanke her attackierten, wurde Napoleon Schritt für Schritt jenem maßlosen russischen Abenteuer zugetrieben, das in besonders hohem Maße zum Sturz des französischen Kaisers beitrug. Der äußere Anlass, der zum Bruch mit Zar Alexander I. führte, war die offene Weigerung Russlands, seine Häfen für neutrale Schiffe zu schließen. Am 22. Juni 1812 marschierte Napoleon an der Spitze seiner 600 000 Mann starken Grande Armée in Russland ein. Bei Borodino vor den Toren der Hauptstadt stellte der Kaiser am 7. September den taktisch abwartenden Gegner und besiegte ihn, aber der Brand Moskaus, der frühe Wintereinbruch sowie der verlustreiche Übergang über

> **INFOBOX**
>
> **Von der Legende zum Mythos**
> Auf Sankt Helena, seinem letzten Verbannungsort, diktierte Napoleon seine Memoiren, die in ganz Europa gelesen und begeistert aufgenommen wurden. François René Vicomte de Chateaubriand, einer seiner heftigsten politischen Widersacher, orakelte bereits 1814 über das Weiterwirken des Kaisers auf die Nachwelt: »Im Leben hat er die Welt verfehlt, im Tode besitzt er sie. Nachdem wir den Despotismus seiner Persönlichkeit hingenommen haben, müssen wir nun den Despotismus seines Andenkens auf uns nehmen.«
> Was der berühmte Literat zum Ausdruck bringen wollte, ist das zur Legende versteinerte so genannte »zweite Leben Napoleons«, das positive Geschichtsbild, an dem er selbst auf Sankt Helena kräftig mitgewirkt hat und zu dem die zahlreichen Feldzugserinnerungen seiner Soldaten publikumswirksam beigetragen haben: das Image des nationalen Retters und europäischen Friedensfürsten. Hatte Napoleon gewissermaßen seinen Nachruhm selbst inszeniert, so erlebte der Napoleonkult 1840 mit der Rückführung der sterblichen Gebeine von Sankt Helena nach Paris seinen feierlichen Höhepunkt. Im kollektiven Gedächtnis der Franzosen hat Napoleon noch heute seinen ehrenvollen Platz – ein grandioser Sieg des Mythos über die Geschichte.

Der Tod Napoleons auf Sankt Helena am 5.5.1821; Ausschnitt aus einem Gemälde von Carl von Steuben (Schloss Arenenberg, Kanton Thurgau)

Auf der heutigen Place Vendôme steht anstelle des 1792 zerstörten Reiterstandbildes Ludwigs XIV. die Bronzesäule »La colonne de la grande Armée«, die Napoleon zur Erinnerung an den Sieg zu Austerlitz aus österreichischen und russischen Kanonen gießen ließ.

die Beresina führten in die Katastrophe. Napoleon befand sich bereits auf dem Weg nach Paris, als die auf 30 000 Mann zusammengeschrumpfte Grande Armée über die polnische Grenze zurückflutete.

Währenddessen organisierten die europäischen Staatsmänner den nationalen Widerstand gegen die französische Fremdherrschaft. Zuerst wechselte der preußische General Hans David Ludwig Yorck von Wartenburg in der Konvention von Tauroggen vom Dezember 1812 die Seite, es folgte auf – Druck seiner Berater Gerhard Johann David von Scharnhorst und Karl August von Hardenberg – der preußische König, dem sich schließlich im Sommer 1813 die Österreicher unter Karl Philipp von Schwarzenberg anschlossen. Die Befreiungskriege begannen im Frühjahr 1813, und sie endeten mit der alliierten Besetzung Frankreichs 1814 und der Abdankung Napoleons in Fontainebleau am 6. April. Gegen die Übermacht der verbündeten Armeen blitzte Napoleons Feldherrngenie in den Siegen bei Bautzen, Lützen und Dresden anfangs noch auf, aber in der alles

In der Verbannung auf der Atlantikinsel Sankt Helena lebte Napoleon in diesem Haus.

> **ZITAT**
>
> **Blücher in seinem Brief vom 20. 6. 1815 über Art und Weise von Napoleons Flucht:**
>
> *Er war im Wagen, um sich zurückzubegeben, als er von unseren Truppen überrascht wurde; er sprang heraus, warf sich ohne Degen zu Pferde, wobei ihm der Hut abgefallen, und so ist er wahrscheinlich durch die Nacht begünstigt entkommen, aber der Himmel weiß wohin.*

entscheidenden Völkerschlacht bei Leipzig (16./19. Oktober 1813) verließ er vernichtend geschlagen den Kampfplatz.

Auf Beschluss des Wiener Kongresses musste Napoleon den Weg in die Verbannung antreten. Der im Exil lebende Bourbonenkönig Ludwig XVIII. kehrte nach Frankreich zurück und proklamierte eine liberale Verfassung, die Charte constitutionnelle. Währenddessen floh der Kaiser von Elba und landete im März 1815 in Fréjus. Im Siegeszug kehrte er auf den Schultern seiner Soldaten nach Paris zurück und erklärte den König für abgesetzt. Die Herrschaft der »Hundert Tage« hatte begonnen. In Wien antwortete man mit der Ächtung Napoleons. Während Wellington und der preußische Feldmarschall Gebhard Leberecht Blücher ihre Truppen im Norden und Westen zusammenzogen, eilte ihnen Napoleon nordwärts entgegen, um der drohenden militärischen Einkreisung zu entgehen. Zwar konnte er am 16. Juni die Preußen bei Ligny schlagen, aber die Niederlage bei Waterloo südlich von Brüssel am 18. Juni 1815 bedeutete das Ende des Empire. Nach der Abdankung begab sich der geschlagene Empereur in die Obhut des britischen Erbfeindes, der ihn auf die Atlantikinsel Sankt Helena verbannte, wo er am 5. Mai 1821 starb.

Erich Pelzer

Restauration und Vormärz

Neuordnung unter dem Vorbehalt der Reaktion: Der Wiener Kongress

Durch die Französische Revolution und Napoleon war die europäische Staatenwelt gewaltig in Bewegung geraten. Mehr als die verschiedenartigen territorialen Gebietsaufteilungen hatten der neue Geist der Freiheit und der allgemeine Wille zur Veränderung die Menschen beeindruckt, sie aber gleichzeitig vor dem stets ungewissen Ausgang des Umstrukturierungsprozesses in Furcht, Angst und schließlich in offene Ablehnung versetzt. Die universell begründete französische Freiheitsmission, die den europäischen Regierungen viel Verdruss bereitet hatte, weil sie vorgab, den Völkern Europas mit Waffengewalt die Freiheit zu bringen, hatte sich von Valmy bis Waterloo in weniger als 23 Jahren nicht nur erschöpft, sie war vor allem an ihren eigenen inneren Widersprüchen gescheitert.

Als der »korsische Usurpator« im Sommer 1815 Frankreich verließ, um auf die Atlantikinsel Sankt Helena in die Verbannung zu gehen, war allen klar, dass es kein geeintes, von Frankreich beherrschtes Europa geben würde. Die meisten Franzosen waren der kräftezehrenden Feldzüge und permanenten Kriege müde. Die königlichen Souveräne und Minister der europäischen Allianz wiederum waren von dem einzigen Gedanken beherrscht, unter allen Umständen die Wiederkehr französischer Hegemonie zu verhindern. Auf die durch Revolution und Empire markierte epochale Wendezeit, die den Weg zu einer modernen europäischen Staatengemeinschaft wies und die in ideell-materieller Hinsicht als Grundlage für das »lange« 19. Jahrhundert diente, folgte jedoch zunächst die Zeit der Restauration.

Napoleon I. hatte die Abdankungsurkunde in Fontainebleau noch nicht unterzeichnet, da schlossen die alliierten Mächte am 4. März 1814 im Vertrag von Chaumont eine auf zwanzig Jahre befristete Allianz ab, die in erster Linie militärische Absprachen enthielt. Während der entmachtete Franzosenkaiser den Weg ins

> **ZITAT**
> **Joseph von Görres: Napoleons Proklamation an die Völker Europas vor seinem Abzug auf die Insel Elba 1814 (Auszug):**
> *Gegen Teutschland hab ich vor Allem zuerst den Blick gewendet. Ein Volk ohne Vaterland, eine Verfassung ohne Einheit, Fürsten ohne Charakter und Gesinnung, ein Adel ohne Stolz und Kraft, das Alles musste leichte Beute mir versprechen... Untereinander haben sie sich erwürgt, und glaubten redlich ihre Pflicht zu thun.*

Exil auf die Insel Elba antrat, hielt sich vom 3. Oktober 1814 bis zum 9. Juni 1815 in der Donaumetropole Wien alles auf, was in Europa Rang, Namen und Einfluss hatte, und es herrschte ausgelassene Feststimmung. Jedoch beschränkte sich der Wiener Kongress nicht vorzugsweise auf fürstlichen Ballzauber, wie es namhafte zeitgenössische Beobachter kritisch vermerkten (»Der Kongress tanzt wohl, aber geht nicht«), sondern er stellte die Weichen für die zukünftige politische Neuordnung Europas, die in der gleichsam weltlichen wie religiösen Umschreibung der »Heiligen Allianz« eine mehr absichtsvolle als praktische politische Bedeutung erhalten hat.

Der Wiener Kongress zählt neben dem Westfälischen Frieden 1648 und den Pariser Friedenskonferenzen 1919 aufgrund seines unverwechselbaren Gepräges zu den großen Friedenskongressen der europäischen Neuzeit. Mit Ausnahme des britischen Königs Georg III. und des französischen Königs Ludwig XVIII. führten die einzelnen Herrscher, tatkräftig unterstützt von ihren wichtigsten Ministern, selbst die Verhandlungen.

Klemens Wenzel Fürst von Metternich (Mitte) war einer der führenden Diplomaten auf dem Wiener Kongress, der 1814/15 die Weichen für die Neuordnung Europas stellte.

INFOBOX
Der Kongress tanzt
Die 467 Diplomaten hatten während des Wiener Kongresses Gelegenheit zu Vergnügungen in Hülle und Fülle. »Der kleine Redoutensaal«, schildert Graf de la Garde, »war mit Blumenvasen verziert, in welchen die schönsten Farben abwechselten, und ihm den Anblick eines Feengartens gaben. Die Tapeten waren von schönem weißen Seidenstoff, der durch Verzierungen von Silber gehoben wurde. Die Sessel prangten von Samt und Gold. 7000 bis 8000 Kerzen verbreiteten einen Glanz, der heller war als das Licht des Tages... Welche unerhörte Verschiedenheit der Uniformen... Aber vor allem welche Vereinigung von schönen Frauen!« Mokant stellt der Fürst von Ligne, österreichischer Feldmarschall und Diplomat, dazu fest: »Le congrès ne marche pas, il danse« – »Der Kongress macht keine Fortschritte, er tanzt.«

Auf Drängen des österreichischen und des britischen Außenministers, Klemens Wenzel Fürst von Metternich und Robert Stewart, Viscount Castlereagh, blieb die Aufteilung Europas in Sieger und Besiegte aus. Trotz Niederlage durfte Frankreich in den Grenzen von 1792 verbleiben und erreichte zugleich, dank einer taktischen Meisterleistung seines Verhandlungsführers Charles Maurice de Talleyrand, die Rückgabe seiner Kolonien und Handelsniederlassungen in Übersee (erster Pariser Frieden vom 30. Mai 1814). Wurde damit nachträglich die Französische Revolution und deren Außenpolitik bis zum Sturz der Monarchie diplomatisch anerkannt, so sanktionierte die ratifizierte Neuordnung Deutschlands sogar die von Napoleon geschaffenen Strukturen: Es wurde weder die Auflösung der Rheinbundstaaten beschlossen, wie es der preußische Minister Heinrich Friedrich Karl Reichsfreiherr vom und zum Stein gefordert hatte, noch gab es ein Zurück zum Alten Reich. Vielmehr einigten sich die europäischen Staatsmänner darauf, die territorialen Veränderungen von 1803 anzuerkennen. Metternich gelang es, die besonderen Erfordernisse der Donaumonarchie mit den historischen Traditionen der internationalen Ordnung und der deutschen Staatenwelt in Übereinstimmung zu bringen: Sicherheit und Legitimität der Verträge hatten oberste Priorität, nicht Freiheit und Lebensbedürfnisse der Völker. Die Wiederherstellung der »legitimen Ordnung« und das

Klemens Wenzel Fürst von Metternich leitete seit 1809 die österreichische Außenpolitik, seit 1821 war er österreichischer Staatskanzler. Sein Name ist verbunden mit der Restauration nach dem Wiener Kongress 1814/15 und mit der Unterdrückung der nationalen und liberalen Bestrebungen in Europa.

Seite der Schlussakte des Wiener Kongresses vom 6.9.1815 mit den Ratifikationsbestimmungen, Unterschriften und Siegeln von Talleyrand, Metternich u. a.

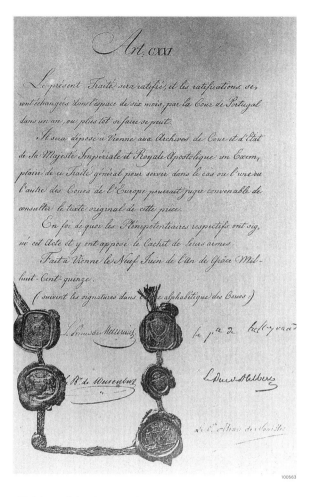

Gleichgewicht der Mächte standen auf der Tagesordnung.

Erst nach dem politischen Zwischenspiel der »Hundert Tage« Napoleons, das mit der Niederlage bei Waterloo beendet war, musste Frankreich staatliche und territoriale Einbußen hinnehmen. Es verlor die vor 1792 eroberten Grenzgebiete (Nizza, Savoyen, Landau und das Saargebiet) und musste der Rückkehr der Bourbonen ebenso zustimmen wie der alliierten Besatzung und der Zahlung hoher Kriegskontributionen. Im zweiten Pariser Frieden vom 20. November 1815 wurde Frankreich dafür bestraft, dass es Napoleon nach seiner Flucht von der Insel Elba mit offenen Armen empfangen hatte. Doch war es dem diplomatisch versierten Talleyrand bereits Anfang Januar 1815 gelungen, einen Keil zwischen die Verbündeten zu schlagen, indem er ein geheimes Bündnis mit Großbritannien und Österreich eingegangen war, um preußische und russische Expansionsgelüste einzugrenzen. Nach Ableistung der alliierten Auflagen kehrte Frankreich drei Jahre nach Waterloo auf dem Aachener Kongress 1818 in das Konzert der europäischen Großmächte zurück.

Die Heilige Allianz
Auf Betreiben des Zaren Alexander I. wurde am 26. September 1815 »im Namen der heiligen und unteilbaren Dreieinigkeit« zwischen dem russisch-orthodoxen Zaren, dem katholischen Kaiser von Österreich, Franz I., und dem protestantischen König von Preußen, Friedrich Wilhelm III., die Heilige Allianz unterzeichnet. In ihr kamen die Monarchen der drei Länder überein, sich in christlicher Brüderlichkeit »als Landsleute« anzusehen, »als Glieder der einen christlichen Nation« zu betrachten und sich »bei jeder Gelegenheit Hilfe und Beistand« zu leisten, wie es in der Gründungsurkunde heißt. Später traten Frankreich und Spanien dem Bündnis bei. Die religiös-humanitäre, gefühlsbetonte Verschwommenheit des Dokuments war dagegen für Großbritannien ein Grund, der Allianz fernzubleiben.

Zwar diente das Bündnisversprechen bis zum Krimkrieg (1853/54–56) als verbindliche Richtschnur für eine gemeinsame Interventionspolitik der europäischen Großmächte gegenüber aufbegehrenden Kleinstaaten und nach nationaler Selbstbestimmung drängenden Völkern, aber es hat insgesamt politisch nie eine große Rolle gespielt. Stattdessen wurde die Heilige Allianz zum Inbegriff für polizeistaatliche Willkür und Unterdrückung liberalen Gedankenguts (Karlsbader Beschlüsse, 1819) und nationaler Hoffnungen im Rahmen der emanzipatorischen Nationalbewegungen in der ersten Hälfte des 19. Jahrhunderts. Der österreichische Staatskanzler Metternich als oberster Repräsentant der neuen Ordnungs- und Staatsvorstellungen sah in erster Linie im Erhalt des Status quo das System des europäischen Gleich-

ZITAT
Metternich, der zwischen 1813 und 1822 die Fäden der europäischen Politik in der Hand hielt, notiert 1821 in seinem Tagebuch:
Ich fühle mich in der Mitte eines Netzes, wie meine Freundinnen, die Spinnen, die ich liebe, weil ich sie so oft bewundert habe...

Charles Maurice de Talleyrand hatte seine Karriere als Mann der Kirche in der Zeit vor der Revolution begonnen und war bis 1807 Außenminister Napoleons.

gewichts gewahrt, sodass man die Gründungsakte der Heiligen Allianz auch als »Manifest der europäischen Restauration« bezeichnen kann.

Die Garantie für die bestehenden Verhältnisse in Europa stand demnach 1815 im Vordergrund. Abgesehen von den verbliebenen vier freien Städten Bremen, Hamburg, Lübeck und Frankfurt am Main und der Helvetischen Konföderation waren die anderen Staaten allesamt Monarchien. Die Gefahr drohte daher nicht von den Republikanern, sondern von den Liberalen, die vom Willen der Nation oder des Volkes redeten oder versuchten, die Macht des jeweiligen Herrschers einzuschränken. Zur Abwehr derartiger Ansprüche wie auch aus Gründen der Stabilitätssicherung nach einer Phase des Umbruchs dienten die neu definierten Prinzipien von Legitimität und Gleichgewicht.

Legitimität im Sinne der Heiligen Allianz bedeutete, dass den rechtmäßigen Herrschern ihre verlorenen Titel und Gebiete zurückgegeben werden mussten. Dagegen hatten die von Frankreich installierten Republiken, die Besitztümer der ehemaligen Kirchenfürsten sowie die freien Reichsstädte keinen Restitutionsanspruch. Ihr territorialer Bestand wurde nach dem Gesichtspunkt des Gleichgewichts neu verteilt. Nach der Wiederherstellung der alten Dynastien in Spanien und Portugal wurden 1815 die Niederlande mit Belgien zum Königreich vereint. In der Toskana und in Modena wurden die habs-

Diese um 1825 entstandene Karikatur »Der Denker-Club« nimmt die Unterdrückung der demokratischen Opposition durch die Politik Metternichs nach den Karlsbader Beschlüssen aufs Korn.

Das gemeinsame Organ des 1815 gegründeten Deutschen Bundes war die Versammlung der Gesandten aller Mitgliedstaaten in Frankfurt am Main (Stich um 1817).

burgischen Seitenlinien wieder eingesetzt. Für die von Napoleon erzwungene Heirat erhielt die ehemalige französische Kaiserin Marie Louise das Großherzogtum Parma als Entschädigung.

Die konservative Staatenrestauration beschränkte sich auf die Wiederherstellung alter Grenzen und die Rückführung der gewaltsam vertriebenen Dynastien. Die europäischen Restaurateure beabsichtigten ursprünglich nicht die Wiederkehr absolutistischer Regime, sondern versuchten nach Möglichkeit, Repräsentativverfassungen zu installieren wie beispielsweise die von Zar Alexander I. vorgeschlagene Charte constitutionnelle 1814 in Frankreich. Mithilfe des neuen Legitimitätsbegriffes sollten das monarchische Erbrecht der bonapartistischen Usurpation vorgezogen sowie die Belange der Öffentlichkeit stärker berücksichtigt werden. Damit kam man den in den Befreiungskriegen gegen Napoleon erwachten nationalen Gefühlen entgegen.

Zwar erzielten die europäischen Monarchen auf dem Wiener Kongress grundsätzlich Einigkeit über das Ziel der Restauration, aber die politische Praxis sah anders aus. Friedrich von Gentz, der »Sekretär des Kongresses« und zugleich die rechte Hand des »Friedenskutschers« Metternich, brachte den Sachverhalt auf den Punkt. Die Absicht des Kongresses, so seine Diagnose, sei »die Aufteilung der dem Besiegten entrissenen Beute zwischen den Siegern« gewesen.

> **INFOBOX**
>
> **Die Karlsbader Beschlüsse**
> Im März 1819 erdolchte der Theologiestudent Karl Ludwig Sand in Mannheim August von Kotzebue, den er für einen Hauptvertreter der Reaktion hielt. Die deutsche Öffentlichkeit war entsetzt – Metternich handelte. Als Maßnahmen gegen »demagogische Umtriebe« zwang er dem widerstrebenden Bundestag die »Karlsbader Beschlüsse« auf, die die deutschen Universitäten strengster Aufsicht unterwarfen, die Zensur verschärften und eine gesamtdeutsche Geheimpolizei einführten. Deutsche Staaten, die wie Bayern, Sachsen-Weimar oder Hessen-Darmstadt freiheitliche Verfassungen einführten, hatten Schwierigkeiten, sich vor dem österreichischen Staatskanzler für ihre Nachgiebigkeit gegenüber »angemaßten« Volksrechten zu rechtfertigen.
> Metternich bekämpfte die nationale und demokratische Revolution, wo immer sie auftrat. Auf seine Anregung hin erstickten Truppen der Großmächte die Revolten der Liberalen in Spanien, Neapel und Piemont und restaurierten dort den Absolutismus. Spitze Bajonette sicherten den Frieden Europas, das Metternich'sche System siegte – zum letzten Mal.

Mit Ausnahme Großbritanniens, das keine territorialen Ambitionen auf dem europäischen Festland verfolgte, dafür aber umso stärker an der Aufrechterhaltung seiner Gleichgewichtspolitik interessiert war, bedienten sich alle anderen Siegernationen aus der napoleonischen Konkursmasse. Russland dehnte sich hemmungslos auf Kosten Polens aus, Österreich streckte seine Hand nach Venetien und der Lombardei aus, und Preußen schlug im Austausch gegen einen Teil Sachsens einen Großteil des Rheinlands und Westfalens für sich heraus. Damit wurde Preußen, dessen Staatsterritorium sich nun von Aachen bis Königsberg erstreckte, zu einem Nachbarn Frankreichs. Es machte sich fortan zur Aufgabe, die »Wacht am Rhein« zu übernehmen, so wie das neu errichtete Königreich der Niederlande seinerseits die »Wacht an der Maas« übernahm. Zu gleicher Zeit sprach Lord Castlereagh von einem »Commonwealth of Europe« und meinte damit die Idee einer allgemeinen Solidarität zwischen den Großmächten. Erst später sollte sich herausstellen, dass das Gleichgewicht der Kräfte eine nachhaltige Verschiebung erfahren hatte.

Von »Deutschland« war bei alledem nicht die Rede. Von Napoleon mehrfach besiegt und zutiefst gedemütigt, gingen die beiden großen Vertreter Preußen und Österreich nach 1815 unterschiedliche Wege. Preußen wuchs aufgrund seiner territorialen Westexpansion ins ehemalige Alte Reich hinein, während Österreich über sein italienisches Engagement und als Vielvölkerstaat Österreich-Ungarn eher hinausdrängte. Als am 8. Juni 1815 in Frankfurt am Main durch die Bevollmächtigten der deutschen Könige, Fürsten und Städte die »Deutsche Bundesakte« unterzeichnet wurde, übernahm Österreich zwar den Vorsitz, aber Metternichs Interesse galt mehr der Verhinderung eines nationalstaatlichen Zusammenschlusses Deutschlands als seiner substanziellen Beförderung. Der »Deutsche Bund« knüpfte an die staatenbündische Tradition an und sollte analog zum Gleichgewichtssystem in der habsburgischen Doppelmonarchie das Gleichgewicht der deutschen Einzelstaaten garantieren.

Auf dem Kongress zu Aachen 1818 beschlossen die europäischen Siegermächte, die alliierte Besatzung in

Europa nach dem Wiener Kongress 1814/15; im Zentrum der Verhandlungen standen die Wiederherstellung der vorrevolutionären Ordnung und die territoriale Neuordnung unter dem Aspekt des Gleichgewichts der europäischen Mächte.

Frankreich aufzuheben und die ehemalige Hegemonialmacht in das »Konzert der Verbündeten« aufzunehmen. Dieser Quadrupelallianz (Russland, Preußen, Österreich, Frankreich) gehörten nur Großmächte an, während zweitrangige und zudem absolutistisch regierte Länder wie Spanien außen vor blieben. Es galt nun, die durch Verträge und multilaterale Abmachungen entstandene Situation im Sinne des Legitimitätsprinzips zu konsolidieren.

Allein in den süddeutschen Staaten setzten sich die in napoleonischer Zeit eingeleiteten liberalen Reformen durch. Sowohl in den beiden Königreichen Bayern und Württemberg als auch im Großherzogtum Baden traten 1818 Verfassungen in Kraft, die, mit dem Zweikammersystem und einem fortschrittlichen Wahlgesetz ausgestattet, vorbildlich für den deutschen Frühkonstitutionalismus waren. Das Konzert der europäischen Mächte, auf Kongressen, Konferenzen und Begegnungen im Laufe des 19. Jahrhunderts stets neu beschworen und aktualisiert, hielt bis 1914 am Prinzip des Gleichgewichts fest und garantierte Europa, von einzelnen regionalen Konflikten abgesehen, die längste Friedensphase seiner Geschichte. *Erich Pelzer*

Nach der Herrschaft der »Hundert Tage«: Die Restaurationszeit in Frankreich

Nach der Landung in Fréjus am 1. März 1815 war der geflohene Kaiser Napoleon I. auf seinem Triumphzug in Lyon mit den Rufen »Es lebe der Kaiser! Nieder mit den Aristokraten! Nieder mit den Priestern! Tod den Royalisten!« empfangen worden. Dem zunächst aus dem Londoner, dann nach dem napoleonischen Intervall der »Hundert Tage« aus dem Genter Exil zurückgekehrten Bourbonenkönig Ludwig XVIII. wurden derartige Loyalitätsbekundungen in Frankreich nie zuteil. Die legitimen Nachfolger des alten französischen Königshauses waren aufgrund ihres ungeschickten, konspirativen Verhaltens während der letzten zwanzig Jahre beim Volk wenig beliebt und besaßen, abgesehen von einer kleinen Gruppe royalistischer Anhänger, keine soziale und politische Verankerung.

Das Deutsche Tor in Landau in der Pfalz ist Teil der von Sébastian de Vauban 1688–91 erbauten Festungsanlage. Die pfälzische Stadt wurde 1680 von Frankreich annektiert und kam 1816 an Bayern.

Während der »Hundert Tage« verhielt sich die politisch tonangebende Klasse des Bürgertums zunächst abwartend, aber nach der zweiten und damit endgültigen Abdankung Napoleons am 22. Juni 1815 musste sie einsehen, dass die allgemeine Atmosphäre gegen eine Wiederholung des Staatsstreichs vom 18. Brumaire sprach. Die innenpolitische Situation sowie das Diktat der Sieger von Waterloo ermöglichte indes die zweite Rückkehr der Bourbonen.

Der Beginn der Restauration unter Ludwig XVIII.
Selbstzufrieden in göttlich sanktioniertem Egoismus, sah sich Ludwig XVIII., als er 1814 nach Paris zurückkehrte, im 19. Jahr seiner Regierung, als ob es weder eine Revolution noch ein Empire gegeben hätte. 1814/15 kehrten jedoch nicht die Minister Ludwigs XVI. nach Frankreich zurück, sondern die Emigranten, die wie die Könige der Restauration – gemeint sind Ludwig XVIII. und sein Bruder, der spätere König Karl X. – die Häupter der Gegenrevolution waren. Ihr Programm war das der aristokratischen Revolte gewesen, der Notabelnversammlung und der königlichen Sitzung des Jahres 1789.

Doch zunächst zeigte der König Versöhnungswillen, indem er eine breite Amnestie erließ und am 4. Juni 1814

Frankfurt am Main war neben Hamburg, Bremen und Lübeck eine der noch verbliebenen freien Reichsstädte in Deutschland. Gegenüber vom Römer wurde 1981–83 eine Häuserzeile unter Anlehnung an die historische Bebauung wieder errichtet.

in feierlicher Sitzung die Charte constitutionnelle, eine halbliberale Verfassung, verkündete. Darin wurden die wesentlichen Ergebnisse der Revolution und des Kaiserreichs wie der Verkauf der Nationalgüter, die Justiz- und Verwaltungsordnung, die Nobilitierungen, Pensionen, Renten und Ehrenzeichen des Kaisers anerkannt. Ebenso behielt der Code Napoléon Gültigkeit. Damit sollte die administrative und gesellschaftliche Struktur, die Napoleon Frankreich gegeben hatte, erhalten bleiben.

Dennoch zeigten sich alsbald die fundamentalen Widersprüche der Restaurationszeit: Den pseudoklassischen Säulen des napoleonischen Systems wurden die pseudogotischen Bestandteile einer aristokratischen Reaktion aufgesetzt. Die neue Staatsform war eine repräsentative, aber keine parlamentarische Monarchie. Der König verkörperte die Exekutivgewalt und verfügte über die Initiative in der Gesetzgebung. Ihm und den Ministern gegenüber standen zwei Kammern, die Deputiertenkammer (Chambre des députés) mit Beratungs- und Abstimmungsrecht über die Gesetze und Steuern und die Pairskammer (Chambre des pairs), in der die höchsten weltlichen, kirchlichen und militärischen Würdenträger versammelt waren. Die Pairskammer wurde vom König einberufen. Für dieses Oberhaus des neuen Regimes waren das britische Beispiel und die Institutionen des französischen Kaiserreichs (Senat) nicht ohne Einfluss. Die alte Streitfrage der Schaffung einer aus Adligen bestehenden Körperschaft, die 1789 den Adel gespalten hatte, stand 1814 offenbar nicht mehr zur Debatte. Während Ludwig XVIII. an die Verfassung gebunden war, die Gleichheit vor dem Gesetz, individuelle Meinungs-, Presse- und Religionsfreiheit vorsah, blieb er in der Wahl seiner Minister frei.

Auch wenn sich die Bourbonenmonarchie mit der Charte constitutionnelle einen politisch liberalen Anstrich gab, so waren die grundlegenden Probleme der Restauration jedoch ihrem Wesen nach im engeren Wortsinn unpolitisch. Ludwig XVIII. wollte nicht der König eines geteilten Volkes sein, wie er in einem Brief an seinen Bruder aus dem Jahre 1817 bekundete: »Sämtliche Anstrengungen meiner Regierung sind auf die Bemühung gerichtet, die beiden Völker, die in Wirklichkeit nur allzu sehr existieren, in ein einziges zu verschmelzen.« Um die »Deux-France« – das alte und das revolutionäre Frankreich – miteinander zu vereinen, akzeptierte der König den Inhalt der Revolution, aber die Symbole und die Sprache des Regimes blieben der Vergangenheit verhaftet: Die Höflinge kehrten zurück, die Selbstdarstellung der Monarchie verwies auf eine enge Verbindung von Thron und Altar, und die Todestage von Ludwig XVI. und Marie Antoinette wurden groß gefeiert.

Unglücklicherweise hatten die »Hundert Tage« den Zauber der allgemeinen Versöhnung gebrochen, der 1814 einen Augenblick wirksam zu sein schien. Zudem mussten die Bourbonen die Kosten der Niederlage tragen, die Napoleon verursacht hatte. 1815 sahen die Royalisten im Süden in der Rückkehr Ludwigs XVIII. das Signal für die Restauration. Der »weiße Terror« (terreur blanche) nahm Rache an den Anhängern Napoleons und den Pro-

> **INFOBOX**
>
> **Restauration**
> Die Restaurationszeit in Frankreich erhielt ihren Namen aus dem Selbstverständnis des wieder eingesetzten Bourbonenkönigs, der seinen Herrschaftsanspruch nicht auf eine Willenserklärung der Nation gründete, sondern auf seine angestammte, unantastbare, durch Gottesgnadentum gestiftete Legitimität. Dieser Sinn für das ererbte Königtum war Ludwig XVIII. in den langen Jahren des Exils zur zweiten Natur geworden.
> Auch die anderen europäischen Staaten versuchten in der Zeit von 1815 bis 1830, die politischen Verhältnisse der Zeit vor der Französischen Revolution wieder herzustellen.

testanten des Languedoc. Eine feindliche Atmosphäre innenpolitischer Revanche und Einschüchterung verbreitete sich, in deren Verlauf hochrangige Offiziere der Grande Armée hingerichtet (Marschall Michel Ney, General Charles Huchet, Graf von La Bédoyère) oder von royalistischen Aufrührern gelyncht wurden (Marschall Guillaume Marie Anne Brune) sowie zahlreiche Königsmörder den Weg in die Verbannung antreten mussten.

Nachdem die Wahlen vom August 1815 eine ultraroyalistische Kammermehrheit zutage gefördert hatten, die chambre introuvable (unfindbare Kammer, das heißt eine im royalistischen Sinne über alle Erwartungen ausgefallene Wahl), und die vorläufige Regierung Talleyrand-Fouché sich daraufhin massiv für die Rechte des Adels und der Kirche engagierte, löste der König die Kammer im Herbst 1816 auf.

Die Wähler, überwiegend bürgerlich-adlige Grundbesitzer und liberale Honoratioren, votierten anschließend für eine gemäßigte Mehrheit in der Kammer und entsprachen damit der Stimmung auf dem Land, das Aufstände und soziale Erschütterungen fürchtete und keine Auslandsfeindschaft riskieren wollte. Dieser sozialkonservative Reflex des ländlich-bäuerlichen Milieus einte die verschiedenen Fraktionen in der Abgeordnetenkammer. Die politisch einflussreiche Gruppe der städtischen Bankiers, Großgrundbesitzer und Notabeln sah zwischen Landbesitz und Industrie keinen Gegensatz, sondern erstrebte eine Symbiose. Die Mehrheit der Liberalen engagierte sich, nachdem sich der klerikal-royalistische Gegenterror ausgetobt hatte, für den Wandel ohne Revolution.

Die liberale Phase der Restauration
Es begann die liberale Phase der Restaurationszeit, die bis zur konservativ-reaktionären Wende im Februar 1820, ausgelöst durch die Ermordung des Herzogs von Berry, des Sohns des späteren Königs Karl X., andauerte. Zum neuen Ministerpräsidenten wurde Armand Emmanuel du Plessis, Herzog von Richelieu, ernannt, der zuvor seine Fähigkeiten als Verwaltungsfachmann in russischen Diensten bewiesen hatte und infolge seiner langen Abwesenheit mit keiner der Parteiungen der Emigration verbündet war. Unter Richelieu erlebte Frankreich eine bemerkenswerte finanzielle Erholung, und mit der Rückkehr in das Konzert der europäischen Mächte auf dem Aachener Kongress 1818 gelang gleichzeitig ein grandioser außenpolitischer Erfolg. Bevor Richelieu im Dezember 1818 der königlichen Günstlingswirtschaft weichen musste, führte er die sechsjährige Wehrpflicht ein, von deren Ableistung sich allerdings die Söhne reicher Eltern loskaufen konnten.

Der literarisch-politische Salon der Schriftstellerin und Bankiersgattin Julie Récamier war schon vor ihrer Verbannung und Emigration (1811–14) ein Treffpunkt für die Gegner Napoleons, danach für die Anhänger der Restauration (Jacques-Louis David, »Madame Julie Récamier«, 1800; Paris, Louvre).

Während Richelieu zur Unterstützung seiner Politik in der Mitte, aber auch bei der politischen Rechten nachgesucht hatte, verließ sich sein Nachfolger Élie Herzog von Decazes und von Glücksberg gleichfalls mit der Regierung der Mitte auf die parlamentarische Hilfestellung durch die linke Fraktion. Mit der Erneuerung des politischen Lebens war die des politischen Denkens Hand in Hand gegangen.

Haupttheoretiker der Linken war Henri Benjamin Constant de Rebecque, der die Sicherstellung der liberalen Grundsätze nur durch eine parlamentarische Monarchie nach britischem Muster gewährleistet sah und dessen politisches Gedankengut vielleicht eben darum in Frankreich die verdiente Anerkennung nicht erlangen konnte. Die mittlere Linke, die so genannte Gruppe der Doktrinäre um Pierre Paul Royer-Collard, Amable Guillaume Prosper Brugière, Baron von Barante und François Guizot, plädierte stattdessen für ein sorgsames Abwägen der Interessen und wollte keine Autorität anerkennen. Die einzig straff organisierte, einheitliche Partei in der Abgeordnetenkammer gehörte der Rechten, den Ultras, an. Diese Fraktion der kompromisslosen Royalisten neigte dem Bruder des Königs, dem

Der Schiffbruch der Fregatte »Medusa« vor der Küste des Senegal löste 1818 einen Skandal aus. Die Offiziersstellen waren mit unerfahrenen, aber royalistisch gesinnten Männern besetzt. Théodore Géricaults Gemälde »Das Floß der Medusa« entstand 1818/19 (Paris, Louvre).

INFOBOX

Der Schiffbruch der »Medusa«
Ein Schiffbruch vor der Küste Senegals löste 1818 einen innenpolitischen Skandal aus, der die Kräfte der Restauration in Frankreich bloßstellte.
Zwei Jahre zuvor war die Fregatte »Medusa« mit 400 Mann an Bord auf Grund gelaufen. Die Schiffbrüchigen wurden im Stich gelassen und trieben 17 Tage lang auf einem Floß, Hunger, Durst und Witterung preisgegeben; auch zu Kannibalismus kam es.
Zwei der 15 Überlebenden veröffentlichten einen heftig diskutierten Bericht. Es stellte sich heraus, dass die Regierung bei der Entfernung der Bonapartisten aus der Marine Offiziersstellen mit politisch genehmen, aber unerfahrenen Royalisten besetzt hatte, die mit ihrer Aufgabe überfordert waren.

Grafen von Artois – dem späteren französischen König Karl X. –, zu und vertrat die unverwässerten Ideen der Gegenrevolution. Ideologische Unterstützung erhielten sie durch die Schriften von Joseph de Maistre, Louis de Bonald und Hugues Félicité Robert de Lamennais.

Die Restauration spitzt sich zu
Die politische Wirklichkeit der Restaurationszeit war weit unter dem Reich erhabener Theorie angesiedelt. Parteitaktik, Stimmrechtsangleichung und Wahlschwindel bestimmten das politische Leben. Der Tod des Herzogs von Berry, der am 14. Februar 1820 beim Verlassen der Oper von dem politischen Fanatiker Louis Pierre Louvel ermordet worden war, läutete das Ende der Liberalität ein. Die Regierung erließ ein Gesetz zur Verhaftung von Verdächtigen. Ebenso wurden die Pressezensur ausgeweitet und den wohlhabenden Angehörigen der Wählerschaft eine Doppelstimme übertragen. Während die Linke dazu überging, mit revolutionären Bewegungen wie etwa der internationalen Geheimgesellschaft der Carbonari zu kokettieren, bereitete sich die Rechte auf die Machtübernahme vor. Die Krone schuf durch ihre schrittweise Annäherung an Ultraroyalisten und Kirche die Voraussetzung für die Wende. 1821 betrat der Wortführer des Ultraroyalismus, Jean-Baptiste Guillaume Joseph, Graf von Villèle, die politische Bühne.
Die Dekrete der Revolution und das napoleonische Konkordat (1801) hatten der katholischen Kirche stark

Nach der Rückkehr von König Ludwig XVIII. wurden die Anhänger Napoleons blutig verfolgt, hochrangige Offiziere hingerichtet, einige »Königsmörder« wie der hier abgebildete ehemalige Polizeiminister Joseph Fouché verbannt.

Der Einfluss der Kirche nahm während der Restauration wieder zu. Universitäten und Eliteschulen wurden unter kirchliche Leitung gestellt (die französische Eliteuniversität École Nationale d'Administration).

zugesetzt, sie aber nicht vernichtet. Jetzt sah der eifrige Episkopat die Stunde für eine religiöse Erneuerung als gekommen an. Eine von Jesuiten inspirierte Kongregation setzte sich in ganz Frankreich energisch für den Glauben ein. Gleichzeitig bemühte sich die Bewegung der Ultramontanen im Einklang mit dem Papst, die Machtfülle der Bischöfe zu stärken. Hatte Napoleon versucht, die Kirche zum Instrument des Staates zu machen, schien nun die Gefahr gegeben, dass der Staat zum Instrument der Kirche gemacht werden könne. Zunächst wurde das Panthéon von den »heidnischen Überresten« Voltaires und Rousseaus gereinigt und wieder religiösen Zwecken zugeführt. Anschließend wurden die höhere Schulbildung bischöflicher Aufsicht unterstellt, die Leitung der kaiserlichen Universität einem geistlichen Großmeister übertragen sowie die Eliteschule, die École Normale Supérieure, aufgelöst. 1824 schließlich überließ man die Einsetzung sämtlicher Lehrer an den Grundschulen dem französischen Episkopat.

Als Karl X. im September 1824 den Thron bestieg und im darauf folgenden Jahr in der Kathedrale von Reims gekrönt wurde, geschah dies mit allem Beiwerk mittelalterlicher Krönungszeremonien auf dem Höhepunkt der religiösen Erneuerung. Zwar ließ die versammelte Menge ihn in alle Ewigkeit hochleben, aber es blieb nicht verborgen, dass der Empfang, der dem König nach der Zeremonie in Paris zuteil wurde, entschieden frostig ausfiel. Die Ewigkeit sollte ganze fünf Jahre dauern! Rationalismus und Antiklerikalismus waren in Frankreich seit der Aufklärung tief verwurzelt, und die Stärke des antiklerikalen Gefühls trat in der wachsenden Feindseligkeit gegenüber Karl X. und seiner Regierung zutage. 1827 schrie das Volk bei der Musterung der Nationalgarde durch den König: »Nieder mit den Jesuiten! Nieder mit den Ministern! Es lebe die Pressefreiheit!« Politisch bereits in die Defensive geraten, löste Karl X. daraufhin die Garde auf.

Karl X. hatte die Amtsgeschäfte seinem Ministerpräsidenten Villèle überlassen. Zwischen 1822 und 1827 stellte dieser die Staatsfinanzen auf Grundlagen, die sie bis zur Krise des 20. Jahrhunderts stabil und gesund erhielten. Villèle erreichte dies mit der Einführung eines Budgetsystems und strafferen Kontrollen der Regierungsausgaben. Natürlich machte erst die Rückkehr zu friedlichen internationalen Beziehungen die finanzielle Stabilität möglich. Daher wies der Zeitraum zwischen 1815

Das Panthéon in Paris wurde von Jacques-Germain Soufflot 1756–90 als Kirche errichtet. Die französische Nationalversammlung säkularisierte die Kirche 1791 und benannte sie in Panthéon um. Während der Restauration wurde das Gebäude wieder in eine Kirche zurückverwandelt.

und 1914, in dem Frankreich in keinen eigentlich großen und lange währenden Krieg eingebunden war, ausgeglichene Budgets auf.

Gleichwohl sorgte die staatliche Entschädigung in Höhe von dreißig Millionen Francs als finanzielle Wiedergutmachung für die 70 000 zurückgekehrten Emigranten im Land selbst für erhebliche Unruhe, die schließlich politischen Widerstand provozierte. Mit der Rücknahme der Revolution im Innern wurde nicht nur ein nationales Tabu verletzt, sie erregte in noch größerem Maße die überwältigende Mehrheit der Besitzenden, die bereits befürchteten, dass sie auf die eine oder andere Weise für ihre Nutznießerrolle bezahlen müssten. Zur besitzbürgerlichen Schicht gehörten bezeichnenderweise alle diejenigen, die den heftigsten Argwohn wegen der in der neuen Regierung wirksamen klerikalen Einflüsse hegten. Der Ausbruch antiklerikaler Propaganda, der sich 1825 ereignete, ist dem fein gesponnenen Taktieren

Der italienische Komponist Luigi Cherubini schrieb die Krönungsmesse für die prunkvolle Inthronisation von Karl X. 1825 in Reims. Jean Auguste Dominique Ingres schuf das Gemälde »Cherubini und die Muse« (1842; Florenz, Palazzo Pitti).

der liberalen Opposition zur Last gelegt worden, die auf solche Weise den Wahlerfolg zu erringen hoffte, der ihr mit legalen Methoden versagt geblieben war. Ebenso wurden sämtliche Maßnahmen zugunsten von Kirche und Religion dem Einfluss der Jesuiten zugeschrieben. Richtig ist vielmehr, dass das Ausmaß der klerikalen Reaktion übertrieben, aber die Stärke antiklerikaler Regungen in Frankreich unterschätzt wurde.

Nach der Kammerauflösung und den Neuwahlen im Winter 1827 musste Villèle zurücktreten. Der König ersetzte ihn, nachdem dem Ministerium des gemäßigten Jean-Baptiste Sylvère Gay, Graf von Martignac, nur eine kurze Regierungszeit (1828/29) gegönnt worden war, durch seinen Günstling, den Fürsten Jules Auguste Armand Marie von Polignac. Ohne Gespür für die politischen Realitäten stellte dieser hinter den Kulissen ein Kabinett mit ausgedienten politischen Nullitäten zusammen, die durch einen strikt antiliberalen Kurs den öffentlichen Rückhalt der Opposition innerhalb und außerhalb der Abgeordnetenkammer geradezu bestärkten. Der Sturz des letzten Bourbonenkönigs in der Julirevolution 1830 kam zwar für viele Zeitgenossen überraschend, ergab sich jedoch aus einer Mischung innerer, sich zwangsläufig potenzierender Widersprüchlichkeiten, einer Anhäufung personeller Fehlbesetzungen, einer zunehmenden Polarisierung unter den politischen Eliten Frankreichs sowie einer konservativen Verhärtung.   *Erich Pelzer*

Fürst Jules Auguste Armand Marie von Polignac, Günstling von Karl X., wurde 1829 als Ministerpräsident eingesetzt. Seine ultrareaktionäre Poltik führte zum Ausbruch der Julirevolution. Er wurde von der Pairskammer zu lebenslänglichem Gefängnis verurteilt, 1836 aber amnestiert.

Um Verfassung und Nation: Die Freiheits- und Nationalbewegungen

Als politische Ideologie und soziale Bewegung gewann der moderne Nationalismus seit der Französischen Revolution durch die Verbindung mit den Grundsätzen der Selbstbestimmung und Volkssouveränität überragende Bedeutung. Im Rahmen einer umfassenden Entwicklung, die die ständisch und räumlich geschiedenen Lebenswelten allmählich aufbrechen ließ, avancierte der nationale Staat zum neuen Fixpunkt des politischen Lebens. Die Völker Europas, die noch nicht über einen Nationalstaat verfügten, entwickelten in der ersten Hälfte des 19. Jahrhunderts einen Nationalismus, der sich vor-

Der Dramatiker August von Kotzebue verspottete in seinen Schriften die liberalen Ideen und patriotischen Ideale der Burschenschaften. Er wurde 1819 in Mannheim von dem Studenten Karl Ludwig Sand ermordet (kolorierter Holzstich um 1860, nach Friedrich Hottenroth).

rangig an sprachlichen, kulturellen und historischen Gemeinsamkeiten orientierte. Es gärte unter den burschenschaftlich organisierten Studenten in Deutschland, es gab Tumulte in Manchester, Aufstände in Neapel, Piemont und Spanien. Sizilien forderte die Unabhängigkeit, und in Portugal meldeten sich Verfassungswünsche zu Wort. Das nationale Erwachen der Völker, von Klemens Wenzel Fürst von Metternich als »Hydra der Revolution« abqualifiziert, ließ vielerorts das kulturelle und politische Bewusstsein, verbunden mit der Suche nach der eigenen Identität, in den Vordergrund treten, was wiederum vor allem die alten übernationalen Staaten wie Russland, Österreich-Ungarn und das Osmanische Reich bedrohte. Die Idee der Nation galt am Anfang des 19. Jahrhunderts als revolutionär und gefährlich für die alte Ordnung.

Die nationalen Bewegungen bildeten die Grundlage für den Prozess der nation building (Nationsbildung), der nach 1815 vor allem die südliche und östliche Hälfte Europas erfasste. Allerdings erfolgten die Nationalstaatsgründungen nicht aus eigener Kraft, sondern stets mit Unterstützung der rivalisierenden europäischen Großmächte. Kriegerische oder revolutionäre Ereignisse begünstigten dabei die entstehenden Nationalbewegungen. Sie verliehen dem politischen Liberalismus und dem Nationalitätenprinzip gewaltigen Aufschwung.

Neue Nationalstaaten entstanden nach langjährigen Freiheitskämpfen in Griechenland 1829 und Serbien 1830 sowie durch Revolution in Belgien 1830. Die belgische Verfassung von 1831 führte die parlamentarische Monarchie ein, in der die Rechte des auf den belgischen Thron berufenen Leopold I. aus dem Hause Sachsen-Coburg stärker als in anderen europäischen Staaten eingeschränkt waren. Sie galt als Vorbild einer liberalen Verfassung. Schließlich gelang 1848 in der Schweiz die Bildung eines Bundesstaates, nachdem der vormals lose Staatenbund durch Integration zu einem einheitlichen Staat mit fester Zentralgewalt umstrukturiert worden war. Die Durchsetzung des Schweizer Bundesstaates

Schädelturm mit ursprünglich 952 Schädeln aufständischer Serben, die der Pascha von Niš 1809 einmörteln ließ. Nach einem langen Freiheitskampf wurde Serbien 1830 ein autonomes Erbfürstentum unter osmanischer Oberhoheit.

wurde nicht allein durch die europäischen Revolutionen begünstigt, sondern in erster Linie durch die innere Einstellung des Volkes, denn einzigartig war vor allem, dass die Bundesverfassung durch Volksabstimmung angenommen wurde.

Die liberalen Traditionen haben in Europa tiefe und vielschichtige Wurzeln wie die dem reformatorischen Gedankengut entsprungene deutsche Gewissensfreiheit oder das religiöse Toleranzprinzip bei den Niederländern sowie der Freiheitsgeist der Engländer und Franzosen. In der ersten Hälfte des 19. Jahrhunderts wurde um andere Freiheiten gerungen, um die Presse-, Versammlungs- und Vereinigungsfreiheit, in England vor allem um das Wahlrecht und schließlich im Rahmen von fortschreiten-

Bern, seit 1813 Vorort der Schweiz, erhielt 1831 eine demokratische Verfassung, die wiederholt ergänzt wurde. Das Foto zeigt die Rückseite des 1852–1902 erbauten Bundeshauses.

der Industrialisierung und entstehender Arbeiterschaft um das Recht auf gewerkschaftlichen Zusammenschluss und um das Streikrecht.

Die wirkungsmächtigen Veränderungen der politischen Herrschaftsordnungen, die unter dem Einfluss der Französischen Revolution den allgemeinen Prozess der Modernisierung von Staat und Gesellschaft eingeleitet hatten, wurden im Wesentlichen durch Auseinandersetzungen um die verfassungsmäßige Verankerung und die Nationalisierung ehemals lokaler und regionaler Herrschaftsräume bestimmt. Es war ein komplizierter Prozess, der die europäischen Staaten zwischen dem Wiener Kongress und den europäischen Revolutionen der Jahrhundertmitte unterschiedlich stark formte und der auch innerhalb einzelner Staaten nicht einheitlich verlief. Er wurde begleitet von einer Fundamentalpolitisierung großer Teile der Bevölkerung, die wie zuvor die relativ kleine Gruppe bürgerlicher Intellektueller nach Formen politischer Mitwirkung strebte. Liberalismus und Freiheit waren keineswegs, wie Napoleon auf Sankt Helena behauptete, auf dem Schlachtfeld von Waterloo tödlich getroffen worden. 1830 brach die Revolution dort wieder aus, von wo sie ihren Ausgang genommen hatte, in Frankreich.
Erich Pelzer

Der »Bürgerkönig« besteigt den Thron: Die Julirevolution und die Julimonarchie in Frankreich

Der überraschende Sturz der bourbonischen Dynastie in Frankreich binnen dreier Tage (29.–31. Juli 1830), von den Aufständischen lakonisch *les trois glorieuses* (die drei ruhmreichen) genannt, löste revolutionäre Wellen aus, die sich über weite Gebiete Europas erstreckten. Vorausgegangen waren starke innenpolitische Spannungen, die sich aufgrund unversöhnlicher Auffassungen über den einzuschlagenden politischen Kurs gegen Ende der Restaurationszeit aufgebaut hatten. Während das ultraroyalistische Ministerium unter Leitung von Jules Auguste Armand Marie von Polignac im Einklang mit Karl X. die politische Macht dem Monarchen in Form von Prärogativen (Vorrechten) überlassen wollte, forderte die Opposition zunehmend eine stärkere Berücksichtigung der Parlamentsmehrheit bei der Verteilung der Regierungsverantwortung. Zwar bildete die Opposition keinen einheitlichen Block, in ihr waren Republikaner ebenso vertreten wie Bonapartisten und als wirkungsvollste Gruppierung die Liberalen, aber insgeheim nutzte sie die latente Untätigkeit der Regierung publikumswirksam aus und wappnete sich auf unterschiedlichen Ebenen zum Widerstand.

Der populäre, ehemalige Revolutionsheld Marie Joseph Motier de La Fayette organisierte Wahlkomitees wie die Gesellschaft mit dem bezeichnenden Namen Aide-toi, le ciel t'aidera (Hilf dir selbst, dann wird der Himmel dir helfen), und die Pariser Studenten gründeten eine republikanische Gesellschaft, die sich La Jeune France (Das Junge Frankreich) nannte. Die Partei der bourbonischen Seitenlinie, die Orléanisten, besaß in Charles Maurice de Talleyrand ihren geistigen Mentor und erhielt finanzielle Zuwendungen vom einflussreichen Bankier Jacques Laffitte. Sie alle trafen außerparlamentarische Vorbereitungen, und mit der Zeitung »National«, die von Adolphe Thiers und Auguste Mignet redigiert wurde, verfügten die liberalen Oppositionellen über ein schlagkräftiges Presseorgan, das meinungsbildende Lenkungsabsichten mit programmatischen politischen Zielen zu verbinden verstand.

Anstatt mit der liberalen Opposition zu einem Ausgleich zu kommen, hielt die Regierung im Frühjahr 1830 durch Zurückweisung der so genannten Adresse der Kammermehrheit, die dem Sinn nach ein Misstrauensvotum in Form einer Bittschrift war, an ihrem strikten Konfrontationskurs fest und suchte zu alledem ihr Heil in der außenpolitischen Offensive. Bevor die Siegesnachricht von der Eroberung Algiers, die den Grundstein für den Erwerb des französischen Kolonialreichs in Afrika legte, in Paris eintraf, löste der König die oppositionelle Kammer auf und behielt gleichzeitig die reaktionäre Regierung im Amt. Die anschließenden Wahlen endeten mit einer für König und Ministerium vernichtenden Niederlage. Trotz Druck und Wahlmanipulation gewann die Opposition 53 Sitze hinzu und wuchs auf 274 gegenüber 143 Abgeordneten der Regierungsseite an.

Als die Revolution von 1830 Karl X. zur Abdankung zwang, bestieg Louis Philippe den französischen Thron. 1848 wurde er gestürzt und floh nach Großbritannien.

Europa im Zeitalter der Revolutionen

Die nun folgenden Aktionen auf beiden Seiten gleichen in verblüffender Weise dem politischen Szenario der Großen Revolution von 1789. Mit vier Ordonnances, regierungsamtlichen Verfügungen, die die Pressefreiheit abschafften, die Zensur einrichteten, die neue Kammer auflösten und den Wahlzensus drastisch erhöhten, trat der König die Flucht nach vorn an. Die Antwort von Paris auf den royalistischen Staatsstreich war ein erbitterter dreitägiger Straßenkampf. Am 29. Juli war Paris in den Händen der Aufständischen. Diese hatten 1 800 gefallene Mitstreiter zu beklagen, die königlichen Soldaten zählten 200 Tote. Paris entschied über das Schicksal Frankreichs, indem es die bourbonische Dynastie von ihrem Thron vertrieb. Die Julirevolution ist insofern bemerkenswert, als sie die Tat einer einzigen Stadt war.

Der ehemalige Revolutionspolitiker Marie Joseph de Motier Marquis de La Fayette berief im Vorfeld der Julirevolution Wahlkomitees für das französische Parlament.

Louis Philippe wird »König der Franzosen«
Die Pariser Unterschichten, die an der Seite des Generals Louis Eugène Cavaignac besonders stark an den Straßenkämpfen beteiligt waren, hatten die Republik verlangt, die Bonapartisten forderten ein zweites Kaiserreich. Das Ergebnis der Revolution war jedoch weder das eine noch das andere, sondern das Bürgerkönigtum Louis Philippes. Am 30. Juli nahm Karl X. endlich zur Kenntnis, dass etwas geschehen war und dass Zugeständnisse vonnöten waren. Aber schon hing an den Mauern von Paris das von Thiers und Mignet entworfene Plakat, das das Volk aufrief, den Herzog von Orléans auf den Thron zu setzen. Die selbst ernannte provisorische Regierung lud ihn ein, Generalstatthalter des Königreichs zu werden. Louis Philippe von Orléans, in sicherer Entfernung von Paris, zögerte zuerst, nahm aber schließlich dieses Angebot an.

Unterdessen hatte Karl X., von der Bevölkerung massiv bedroht, Zuflucht in dem Ort Rambouillet gefunden. Dort ernannte er seinen Enkel Henri Charles de Bourbon, Graf von Chambord, Herzog von Bordeaux, das enfant du miracle (Kind des Wunders), zum Generalstatthalter und dankte ab. Aus Furcht vor dem Einfluss der kleinbürgerlichen Massen, die bereits La Fayette zum neuen Präsidenten auserkoren hatten, bereiteten die gemäßigten, großbürgerlichen Abgeordneten jedoch die »orléanistische Lösung« vor, das heißt die Abdankung

Karls X. zugunsten des Herzogs von Orléans, des Sohnes des berühmt-berüchtigten Philippe Égalité, der einst zusammen mit seinem jugendlichen Sprössling die Bänke des Pariser Jakobinerklubs gedrückt hatte. Während der gestürzte König mit der königlichen Familie gemächlich den Weg nach Cherbourg nahm, wo er seine Leibwache entließ und ein Schiff nach England bestieg, erklärte die Kammermehrheit am 7. August 1830 den Thron für vakant und wählte Louis Philippe eiligst zum »König der Franzosen«. Mit diesem Bruch der traditionellen Einsetzungsformalitäten endete die althergebrachte Legitimation monarchischer Herrschaft, die Idee vom Gottesgnadentum.

Die Restauration hatte politisch versagt, was aber nicht bedeuten muss, dass sie von Anfang an unausweichlich zum Scheitern verurteilt gewesen wäre. Im Ge-

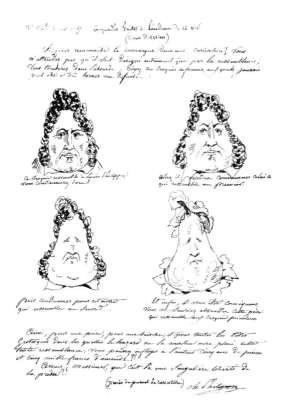

Die berühmten »Birnenskizzen«, Karikaturen auf König Louis Philippe von Charles Philipon, wurden erstmals 1830 in der Zeitschrift »La Caricature« veröffentlicht.

»Die Freiheit führt das Volk«. Die romantische Allegorie der Julirevolution 1830 von Eugène Delacroix zeigt neben der Figur der Freiheit mit der Trikolore auch den Maler selbst (mit Zylinder). Louis Philippe erwarb das Bild 1831 für das königliche Museum (Paris, Louvre).

genteil: Die Ziele der Revolution von 1830 waren nicht eigentlich gegen die Restauration gerichtet. Vielmehr trat sie an gegen das anachronistische Auftreten eines wieder erstarkten Adels, der an eine Fortsetzung seiner Privilegien aus dem 18. Jahrhundert glaubte, und einer ultramontanen – papsttreuen, an Rom orientierten – Geistlichkeit, die noch stärker vergangenheitsorientiert zurückschaute. Die gebildeten, besitzbürgerlichen Schichten jedoch mochten zwar davon überzeugt sein, dass die Religion gut fürs Volk sei, aber sie wollten nicht, dass ihre Söhne von eifernden Priestern erzogen wurden. Sie opponierten gegen ein Regime, in dem der Einfluss der Kirche in zunehmendem Maße die Oberhand gewann.

Louis Philippe als »Bürgerkönig«

Mit der neuen Erbfolgeregelung war der Trend zur Parlamentarisierung bei der Einsetzung der Julimonarchie verstärkt worden, wenngleich die verhängnisvolle Kluft zwischen den aus der Macht verdrängten Legitimisten (Bourbonen), den stärker werdenden Bonapartisten und den überspielten Republikanern größer wurde. Außenpolitisch war die Beibehaltung der Monarchie angesichts des Argwohns der Heiligen Allianz für Frankreich sicherlich die bessere Lösung, zumal die »parlamentarisch« geringfügig revidierte Charte von 1830 in Großbritannien auf große Sympathien stieß. Außerdem waren die übrigen Großmächte entweder im eigenen Land beschäftigt oder mit dem Problem des gerade entstehenden Belgien viel zu sehr befasst, um in Frankreich intervenieren zu können. Geschickterweise zeigte der neue Roi citoyen (Bürgerkönig) gegenüber den Niederlanden keinerlei Expansionsgelüste und zog die Kandidatur seines Sohnes Louis, des Herzogs von Nemours, für die belgische Königskrone nach britischen Protesten zurück.

Verfassungspolitisch setzte die Julimonarchie die Praxis der Restaurationszeit fort. Der ominöse Notstandsartikel 14 wurde gestrichen, und König und Kammer teilten sich jetzt die Gesetzesinitiative. Außerdem wurde die revidierte Verfassung nicht mehr oktroyiert, sondern betonte den Vertragscharakter zwischen Volk und Monarch. Das Parlament beseitigte 1831 die Erblichkeit der Pairswürde und entzog dem Katholizismus den Status der Staatsreligion. Dennoch blieb die Stellung des Königs stark. Die Julimonarchie war eine konstitutionelle, aber keine parlamentarische Monarchie. Da die vom König ernannten Minister nicht um das Vertrauen der Kammer nachsuchen mussten, waren die Konflikte vorprogrammiert. Das Wahlrecht blieb auch weiterhin an das Steueraufkommen gebunden. Die Zahl der Wahlberechtigten stieg von etwa 94 000 im Jahre 1830 auf circa 241 000 in den Wahlen von 1846.

In seiner Person und durch seinen öffentlichen Habitus verkörperte der Bürgerkönig die neue Herrschaftsordnung der Julimonarchie. Er präsentierte sich durch seine relativ bescheidene Lebensführung mit seiner kinderreichen Familie als Mitglied des Bürgertums, als Garant für Wohlstand, Ruhe und Ordnung. Zunächst zeigte er sich reformbereit, erst im zunehmenden Alter wurde er starrsinnig und immer reformunwilliger.

Das politische Führungspersonal der Julimonarchie unterschied sich von der bourbonischen Restaurations-

> **ZITAT**
>
> **Heinrich Heine über die Julirevolution (Französische Maler, 1831):**
>
> *Heilige Julitage von Paris! ihr werdet ewig Zeugniss geben von dem Uradel der Menschen, der nie ganz zerstört werden kann. Wer euch erlebt hat, der jammert nicht mehr auf den alten Gräbern, sondern freudig glaubt er jetzt an die Auferstehung der Völker. ...*

zeit. Nicht mehr Adlige und Emigranten, sondern bürgerliche Aufsteiger besetzten die Schaltstellen der Macht. Die Minister Casimir Périer, Jacques Laffitte, François Guizot und Adolphe Thiers waren allesamt bürgerlicher Herkunft. Die Mittelklasse triumphierte und hatte die Macht in Frankreich übernommen. Allerdings blieb die Führungsrolle der Notabeln in der Abgeordnetenkammer und in den Wahlkörperschaften ungebrochen. Die bürgerliche Absicherung des neuen Regimes war dringend notwendig, denn die politische und soziale Frontstellung nach 1830 hatte sich entscheidend verändert. Während die Gefahr einer adligen Reaktion deutlich an Kraft verloren hatte, mobilisierten die von den Ergebnissen der Revolution Enttäuschten, vor allem die sozialen Unterschichten der wachsenden Fabrikarbeiterstädte, ihren Widerstand gegen die Gesellschaft des Enrichissez-vous (Bereichert euch). Soziale Unruhen, Streiks und Aufstände waren in den 1830er-Jahren an der Tagesordnung. Unter den zahlreichen Erhebungen waren

Die Julirevolution von 1830 in Frankreich führte auch im übrigen Europa zu revolutionären Erhebungen und verfassungsstaatlichen Bestrebungen.

die Revolten der Seidenarbeiter 1831 und 1834 in Lyon das bekannteste Ereignis und erlangten überregionale Bedeutung.

Nach dem misslungenen Attentat auf den König am 28. September 1835 setzten sich in der Regierung diejenigen Kräfte durch, die nicht in der Weiterentwicklung der Verfassung, sondern in der offensiven Abwehr des Bedrohungspotenzials durch Volksunruhen, im Notfall unter Einsatz militärischer Mittel, zur Herstellung von Sicherheit und Ordnung das probate Mittel sahen, die bürgerliche Monarchie zu stabilisieren. Die Folge waren eine repressive Pressepolitik sowie Versammlungsverbote, was den Arbeiterorganisationen nur vordergründig schadete, da sie in den Untergrund gingen, die Wehrbereitschaft der Besitzenden aber eher stärkte. Zudem nahm die günstige Wirtschaftskonjunktur den oppositionellen Republikanern den Wind aus den Segeln. Sie setzten nach 1835 auf den legalen Machtwechsel, nicht mehr auf Subversion. Ebenso blieb das Schicksal der arbeiten-

Der zeitgenössische Stich zeigt die Eroberung des Louvre am 29.7.1830 (Weimar, Stiftung Weimarer Klassik und Kunstsammlungen).

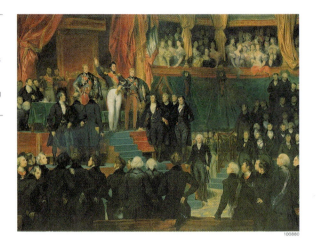

Der neue König Louis Philippe von Orléans leistet den Eid auf die Verfassung vor dem in Versailles versammelten Parlament. Eugène Devéria malte die theatralische Inszenierung des Staatsaktes 1836.

ZITAT
Am 1. 10. 1836 schreibt Talleyrand: *Von keiner der Regierungen, denen ich diente, habe ich mehr empfangen, als ich gab. Keine habe ich im Stich gelassen, die sich nicht zuvor selbst im Stich gelassen hätte.*

den Klasse auf der Tagesordnung, doch nicht mehr deren Mobilisierung.

Die Regierung der Julimonarchie, ihre Gegner und ihre Reformen
Die Zeitspanne von 1838 bis 1848 kennzeichnete eine Phase relativer innenpolitischer Ruhe. Die Regierung setzte ihre politischen Akzente neu; etwa in der Wirtschafts- und Sozialpolitik folgte sie liberalen Prinzipien, in der Haltung gegenüber den Unterschichten griff sie auf repressive Maßnahmen zurück. Innerlich gefestigt, konnten ihr selbst Putschversuche nichts anhaben. 1836 und 1840 scheiterte Louis Napoléon, der Neffe des großen Korsen und spätere Napoleon III., zweimal kläglich, ebenso der Aufstandsversuch der Republikaner im Mai 1839. Von allen politischen Gruppierungen entpuppten sich die Bonapartisten zunehmend als Gefahr für die Regierung. Mit der feierlichen Überführung der sterblichen Gebeine Napoleons I. von Sankt Helena nach Paris am 14. Dezember 1840 erlebte die Napoleonlegende in ganz Frankreich einen enormen Aufschwung. Nachdem 1832 der einzige legitime Sohn Napoleons, der Herzog von Reichstadt, in Wien gestorben war, konzentrierten sich die Hoffnungen der Bonapartisten auf Louis Napoléon, das neue Haupt der Familie Bonaparte, der sich zur Wiedererrichtung des napoleonischen Kaisertums berufen fühlte.

Konnten dessen Versuche zur Machtübernahme erfolgreich abgewendet werden, so wurde das Krisenjahr 1840 zu einer ernsthaften Herausforderung für das Julikönigtum. Der Ausgangspunkt für den gesamteuropäischen Konflikt war die von Frankreich ausgelöste Orientkrise. Vor dem Hintergrund einer nationalistischen Welle in Parlament und Presse hatte sich das Ministerium Thiers in der »ägyptischen Frage« zugunsten des Paschas Mehmed Ali ausgesprochen und damit die Ächtung seines Landes durch die übrigen Großmächte auf der Londoner Konferenz im Juli 1840 provoziert. Aus Furcht vor einer europäischen Isolation und auf Druck nationalistischer Pressestimmen aus dem eigenen Land lenkte Thiers die Orientkrise in eine Diskussion über die französische Rheingrenze um, was wiederum die preußische Seite auf den Plan rief. Ein »Federkrieg« diesseits und jenseits des Rheins entbrannte, in dessen Verlauf Nikolaus Becker sein berühmtes Rheinlied »Sie sollen ihn nicht haben, den freien deutschen Rhein« dichtete, woraufhin Alfred

Der »Bürgerkönig« Louis Philippe in einer Karikatur von Honoré Daumier

Der liberale Politiker Adolphe Thiers war unter König Louis Philippe 1836 und 1840 Ministerpräsident, später – 1871–73 – der erste Präsident der Dritten Republik.

de Musset ihm sein nicht minder populäres Gedicht »Nous l'avons eu votre Rhin allemand« (Wir haben ihn gehabt, euren deutschen Rhein) entgegenhielt. Um dem emotional aufgeladenen Spannungsfeld die Kraft zu nehmen, entließ Louis Philippe kurzerhand den glücklosen Thiers und ersetzte ihn durch den anglophilen François Guizot, der bis zum Sturz des Königs 1848 die Regierungspolitik leitete.

Nachdem die Unterdrückung der Aufstände im Innern einen breiten Konsens innerhalb der bürgerlichen Herrschaftselite gestiftet hatte, öffnete die Regierung das sozialpolitische Ventil und gab den Raum für Reformprojekte frei. Neben der Ausweitung des Wahlkörpers – 1847 besaßen 250 000 von 35 Millionen das Wahlrecht – erzielte die Julimonarchie vor allem in der Schulgesetzgebung einen großen Erfolg. Das bereits 1833 von Guizot eingebrachte Gesetz über den Volksschulunterricht bestimmte, dass jede Gemeinde über 500 Einwohner eine Schule errichten durfte und der Staat die Besoldung und Ausbildung der Lehrer übernahm, was zu einer deutlichen Verbesserung des Ausbildungsniveaus beitrug und die Analphabetenrate absenkte. Weitere Erfolge wurden im Ausbau des nationalen Eisenbahnnetzes erzielt, wobei Staat und private Kapitalanleger bei der Finanzierung zusammenwirkten.

Im Urteil der Kritiker erscheint die Julimonarchie als Inbegriff kleinlicher Interessenrangeleien, als ein Regime mit wuchernder Korruption und geringer Reformfreudigkeit. Als ihr typischer Repräsentant gilt Guizot, der entschieden für die königlichen Rechte eintrat, sich aber zugleich einer Ausweitung des Wahlrechts verschloss und als außenpolitischer Abenteurer – zum Beispiel durch koloniales Konkurrenzverhalten gegenüber Großbritannien und die vollständige Eroberung Algeriens 1847 – hervortat. Dem wachsenden Wunsch großer Teile des Bürgertums nach politischer Mitsprache wurde damit auf nationaler Ebene nicht entsprochen. Als die soziale Unzufriedenheit infolge des strengen Winters 1847/48 zunahm und das Elend vieler arbeitsloser Arbeiter und Handwerker offen zutage trat, schuf dies eine Situation, in der ein Funke genügte, den Pariser Barrikadensturm vom 22. Februar 1848 auszulösen.

Erich Pelzer

Vom Hambacher Fest zum Frankfurter Wachensturm: Der Vormärz

Das politische Leben in Europa kam durch die Julirevolution in Frankreich kräftig in Bewegung. Hinter der trügerischen Fassade äußerer Ruhe gärte es in vielen Ländern. Das französische Beispiel ermunterte zur Nachahmung und gab den liberalen und freiheitlichen Kräften neuen Auftrieb. Bereits im August 1830 griff die Revolution auf Belgien über, im Spätsommer und Herbst auf die Schweiz, im September auf die mitteldeutschen Staaten und im November auf Polen. Die kontinentale Revolutionswelle schwappte selbst nach England über, wo im November das Torykabinett unter dem Herzog von Wellington stürzte und den Weg für eine Wahlrechtsreform frei machte, die von der neuen Whigregierung unter Charles Earl of Grey in Angriff genommen wurde. Die Reform Bill von 1832 hielt zwar am Zensuswahlrecht fest, aber sie weitete insbesondere den Zugang des mitt-

In der auch Biedermeierzeit genannten Periode des Vormärz sah man um 1900 ein Wunschbild bürgerlichen Daseins. Ein neben Carl Spitzweg bedeutender Maler dieser Zeit war Ferdinand Georg Waldmüller (»Nach der Schule«, 1844; Moskau, Puschkin-Museum).

leren Bürgertums zum Parlament durch eine Verdoppelung der Zahl der Wahlberechtigten auf eine Million – bei einer Gesamtbevölkerung von 24 Millionen – aus und leitete eine Reihe weiterer sozialer Reformen wie das Armengesetz und das Gesetz zur Regelung der Kinderarbeit ein.

Der polnische Aufstand von 1830/31, von Russland mit preußischer Hilfe militärisch niedergeschlagen, mobilisierte wie kein anderer das liberale Bürgertum in Deutschland. Zur Unterstützung der Freiheitsbewegung wurden landesweit Polenvereine gegründet, womit sich für die innerdeutsche Opposition erstmals seit den Karlsbader Beschlüssen vom 20. September 1819 auf Bundesebene die Gelegenheit bot, Kontakte mit dem Ausland zu schließen und öffentlich in Erscheinung zu treten. Die Bewegung, die soziale Proteste mit bürgerlich-liberalen Reformforderungen verband, erfasste weite Bereiche der deutschen Staatenwelt. In Braunschweig und im Königreich Sachsen traten unter dem Druck der Volksbewegungen die Landesherren ab und machten ihren Nachfolgern Platz. In Hannover und Kurhessen wechselten gar die Regierungen.

Die allgemeine Aufbruchstimmung erfasste schließlich ganz Süddeutschland. Der badische Landtag verab-

> **ZITAT**
>
> **Aus dem »Pressgesetz« des Deutschen Bundes (1819):**
> ... *dürfen Schriften, die in der Form täglicher Blätter oder heftchenweise erscheinen, desgleichen solche, die nicht über 20 Bogen im Druck stark sind, in keinem deutschen Bundesstaate ohne Vorwissen und vorgängige Genehmhaltung der Landesbehörden zum Druck befördert werden.*

> **ZITAT**
>
> **Georg Herwegh mahnt im Vormärz die deutschen Dichter:**
> *Dem Volke nur seid zugetan,*
> *Jauchzt ihm voran zur Schlacht,*
> *Und liegt's verwundet auf dem Plan,*
> *So pfleget sein und wachet!*
> *Und so man ihm den letzten Rest*
> *Der Freiheit will verkümmern,*
> *So haltet nur am Schwerte fest*
> *Und lasst die Harfen uns zertrümmern.*

> **INFOBOX**
>
> **Das Hambacher Fest**
>
> Auf dem Hambacher Schloss (heute zu Neustadt an der Weinstraße) fand vom 27. bis 30. 5. 1832 die erste Massenkundgebung für ein freies und einiges Deutschland statt. Etwa 30 000 Menschen, darunter Burschenschafter, Vertreter der nach dem Novemberaufstand von 1830 geflüchteten Polen sowie französische Demokraten, forderten unter den Farben Schwarz-Rot-Gold ein einiges und freies Deutschland als föderative Republik, die im Verbund mit den demokratischen Kräften in den europäischen Nachbarstaaten ein Gegengewicht zur Heiligen Allianz bilden sollte.
>
> Das Hambacher Fest war der Höhepunkt der im Zuge der französischen Julirevolution (1830) in den deutschen Staaten sich erneut bildenden, ursprünglich auf die Ideen der Burschenschaften zurückgehenden Einheits- und Oppositionsbewegung. Der deutsche Bundestag reagierte auf die Veranstaltung mit weiteren Repressionsmaßnahmen, u. a. Verhaftung von Teilnehmern sowie der völligen Unterdrückung der Presse- und Versammlungsfreiheit.

Europa im Zeitalter der Revolutionen

schiedete am 28. Dezember 1831 ein »Pressgesetz«, das im Widerspruch zum geltenden Bundesrecht die Zensur aufhob. Die Einheits- und Freiheitsbewegung fand ihren Höhepunkt in der Pfalz. Auf Einladung der beiden liberalen Publizisten Johann Georg August Wirth und Philipp Jacob Siebenpfeiffer trafen sich auf der Ruine des Hambacher Schlosses vom 27. bis 30. Mai 1832 mehr als 30 000 Teilnehmer und beschworen die Parole »Vaterland, Volkshoheit, Völkerbund«. Das Hambacher Fest rief in der deutschen Öffentlichkeit ein großes Echo hervor. Als aber der Versuch einiger Burschenschafter und Bürger, die Hauptwache und die Konstablerwache in Frankfurt zu stürmen, am 3. April 1833 scheiterte, wurde eine zentrale Untersuchungskommission eingesetzt, die mit Verhaftungen, Verurteilungen und Verboten der Oppositionsbewegung des Vormärz ein Ende setzte.

Erich Pelzer

Am 3. 4. 1833 versuchte eine Gruppe von 50 revolutionären Studenten und Handwerkern, den Sitz des Deutschen Bundestags zu erobern. Sie besetzten die Hauptwache, ihr Aufstand scheiterte jedoch an der Passivität der Bevölkerung. Der abgebildete Holzstich erschien in Frankreich.

Die Revolutionen von 1848/49

Bürger auf den Barrikaden: Vorgeschichte und Beginn der Revolution

Mit der Unterzeichnung eines Manifests am 26. September 1815 hatten Kaiser Alexander I. von Russland, Kaiser Franz I. von Österreich und König Friedrich Wilhelm III. von Preußen eine »Heilige Allianz« begründet, um die kurz zuvor auf dem Wiener Kongress geschaffene, im Legitimitätsprinzip wurzelnde Herrschafts- und Staatsordnung in Europa zu festigen. In der Gründungsurkunde versprachen sich die Monarchen »gegenseitige Bruderliebe, Hilfe und Beistand« und erklärten, dass sie die »Religion, den Frieden und die Gerechtigkeit aufrechterhalten wollten«. Konnte ein solches Gesinnungsbündnis dreier von den Ideen des Gottesgnadentums tief durchdrungener Herrscher eine Antwort sein auf die in der Großen Französischen Revolution von 1789 in Europa zum Durchbruch gelangten Forderungen der Völker nach nationaler Identität und nach Mitwirkung der Nationen bei der Regierung ihres Landes?

Hatte Kaiser Alexander I. in seinem ursprünglichen Entwurf die »Heilige Allianz« als einen Kristallisationskern für die Neuordnung der internationalen Beziehungen gesehen, so formte der österreichische Außenminister und spätere Staatskanzler Klemens Wenzel Fürst von Metternich den im religiös-mythischen Geist entstandenen Fürstenbund zu einem machtpolitischen Instrument der »Restauration« um, die sich zum Ziel setzte, revolutionäre oder reformerische Impulse zu unterdrücken – wenn geboten auch mit institutioneller Gewalt. Unter dem Schlagwort »das System Metternich« ging diese Politik in das europäische Geschichtsbewusstsein ein.

Das große internationale Thema des 19. Jahrhunderts, die Stellung der Mächte zur Revolution, konnte jedoch auf Dauer, besonders nach der französischen Julirevolution von 1830, die zwischenstaatlichen Beziehungen nicht mehr allein bestimmen. Zusammen mit Frankreich und Großbritannien bildeten die Staaten der

Kaiser Alexander I. Pawlowitsch von Russland war zusammen mit Kaiser Franz I. von Österreich und König Friedrich Wilhelm III. von Preußen der Mitbegründer der »Heiligen Allianz« (Ausschnitt aus einem Gemälde von Stepan Schtschukin, nach 1805; Moskau, Wassilij Troponin Museum).

Europa im Zeitalter der Revolutionen

Die »Göttinger Sieben«, eine Gruppe von Professoren der Universität Göttingen, waren 1837 ihres Amtes enthoben worden, weil sie gegen die Aufhebung des Staatsgrundgesetzes des Königreichs Hannover von 1833 protestiert hatten. Dieser Schritt wurde als Zeichen des Auflebens der liberalen Bewegung in Deutschland bewertet.

Heiligen Allianz eine »Pentarchie« (Fünferherrschaft), die als »Konzert der europäischen Mächte« die Stabilität des europäischen Staatensystems garantieren sollte, deren Mitglieder aber zunehmend von eigenen Interessen geleitet wurden. Besonders seit der Julirevolution in Frankreich bildete sich ein stärkerer Gegensatz heraus zwischen den »liberalen« Westmächten (Großbritannien und Frankreich) und den »konservativen« Ostmächten (Russland, Österreich und Preußen). Ideengeschichtlich trat immer stärker die Frage in den Vordergrund: War Frieden aus Revolutionserfahrung und Revolutionsfurcht auf Kosten von Freiheit, nationaler Identität und politischer Mitbestimmung der Bürger zu erreichen? War nicht – politisch-weltanschaulich gesehen – der Übergang vom Untertan zum Bürger auf Dauer unumkehrbar?

1830: Revolutionäre Impulse aus Frankreich
Von großer Bedeutung für den weiteren Gang der europäischen Geschichte waren die Impulse der französischen Julirevolution von 1830. Mit dem Sturz Karls X. und der Wahl des »Bürgerkönigs« Louis Philippe hatte

sich die französische Kammer für die konstitutionelle Monarchie entschieden. In den beiden folgenden Jahrzehnten baute sich in Frankreich immer stärker ein Konflikt auf zwischen dem Parti de l'Ordre (zum Beispiel François Guizot, Casimir Périer), der die bestehende Verfassungsordnung unter der von König Louis Philippe ausgebenen Regierungsdevise des Juste-milieu (richtige Mitte) konsolidieren wollte, und dem Parti du Mouvement (Jacques Laffitte, Adolphe Thiers), der die Verfassungsgrundlagen des Staates im Sinne von Republikanisierung und Parlamentarisierung weiterentwickeln wollte. War auf Dauer ein Ausgleich zwischen diesen Polen möglich?

Darüber hinaus verschärften sich die sozialen Spannungen in der sich entwickelnden Industriegesellschaft. Im Interesse einer nationalen Aussöhnung förderte der Parti du Mouvement in Frankreich einen Napoleonkult, der unter Führung von Louis Napoléon Bonaparte zur Sammlung von Unzufriedenen in der Bonapartistenbewegung führte. Mit der unüberbrückbar gewordenen Diskrepanz zwischen der Reformfeindlichkeit der herrschenden Schicht und den sich tatsächlich verschärfenden Krisen in Wirtschaft, Gesellschaft und Staat wuchsen die innenpolitischen Konfliktpotenziale in der zwei-

INFOBOX

Göttinger Sieben
Sieben Göttinger Professoren – Wilhelm Eduard Albrecht, Friedrich Christoph Dahlmann, Heinrich von Ewald, Georg Gottfried Gervinus, Jacob und Wilhelm Grimm und Wilhelm Eduard Weber – protestierten am 18. 11. 1837 gegen die Aufhebung des Staatsgrundgesetzes des Königreichs Hannover von 1833 durch König Ernst August. Der König reagierte mit der Amtsenthebung der Professoren; Dahlmann, Jacob Grimm und Gervinus wurden des Landes verwiesen. Die öffentliche Meinung und zahlreiche Professoren in ganz Deutschland solidarisierten sich mit den »Göttinger Sieben«, die sowohl durch ihr Handeln als auch durch ihre Rechtfertigungsschriften maßgeblich zur Entwicklung des deutschen Liberalismus beitrugen.
Jacob Grimm verarbeitete diese Erfahrung in einer 1838 in Basel erschienenen Schrift, der er den Titel »Jacob Grimm über seine Entlassung« gab. In ihr bekennt er sich voll und ganz zu seiner auf die Einhaltung des Rechts gegründeten staatsbürgerlichen Aktion.

Auch kritische Schriftsteller wie Victor Hugo schufen die Grundlage für die revolutionären Tendenzen im französischen Bürgertum. Das Bild zeigt den Trauerzug zur Beisetzung des 1885 verstorbenen Dichters im Panthéon von Paris.

ten Hälfte der Vierzigerjahre dramatisch. Die kritischen Tendenzen in Publizistik und Literatur, sei es ein philanthropischer Liberalismus, ein demokratisch-utopischer Sozialismus oder die in der Romantik wurzelnde Dichtung zum Beispiel eines Victor Hugo oder eines Charles Baudelaire schufen den »Geist von 1848«, der die revolutionären Tendenzen beflügelte; er bildete die ideologische Grundlage des Bündnisses von Kleinbourgeoisie, Arbeitern, Handwerksgesellen und Pariser Intelligenz.

In einem grundlegenden Konflikt mit dem »System Metternich« und der österreichischen Hegemoniestellung entstand in Italien – besonders unter dem Eindruck

Im Mai 1832 forderten Akademiker, Handwerker und Arbeiter auf dem Hambacher Schloss ein freies und geeintes Deutschland (zeitgenössisches Gemälde von Joseph Weber).

der französischen Julirevolution – eine Nationalbewegung, die in kontroversen Tendenzen politische Mitwirkungsrechte und nationale Selbstständigkeit forderte. Im Zeichen des Risorgimento (Wiedererstehen) traten liberale, konstitutionell-monarchische Kräfte unter Führung des Hauses von Savoyen und des piemontesischen Adligen Camillo Benso Graf Cavour, revolutionäre unitarisch-republikanische Bestrebungen, vertreten durch Giuseppe Mazzini und Giuseppe Garibaldi, und konservative föderale Strömungen, das so genannte Neuguelfentum, dessen führender theoretischer Kopf Vincenzo Gioberti war, in Konkurrenz zueinander.

In der Hoffnung auf die »Brüderlichkeit der Völker« entwickelten besonders die republikanischen Kräfte in Italien europäische Perspektiven. Im Kampf gegen das Metternich'sche System entstand in Italien eine romantisch-nationale und gemäßigt liberale Publizistik, die ihr

Während der Julirevolution 1830 reitet der Herzog von Orleans in die Stadtverwaltung von Paris (Gemälde von Emile Jean Horace Vernet; Versailles, Musée National).

Der 1818 zum Protestantismus übergetretene jüdische Schriftsteller Ludwig Börne, der seit 1830 in Paris lebte, vermittelte den radikalen französischen Liberalismus.

Zentrum zunächst in Mailand, dann in Florenz hatte. Starke patriotische Wirkungen erzielten zum Beispiel frühe Gedichte des Lyrikers Giacomo Leopardi und der historische Roman »Die Verlobten« Alessandro Manzonis. Bedeutsame politische Anstöße im Sinne der italienischen Nationalbewegung gingen 1846/47 vom Kirchenstaat aus, nachdem Giovanni Graf Mastai-Ferretti als Pius IX. zum Papst gewählt worden war. – Am Vorabend der Revolution in Italien standen sich dort zwei Mächtegruppierungen gegenüber: jene, die die liberale Bewegung vor allem im Sinne der moderati (Gemäßigten) unterstützten (Kirchenstaat, Toskana und Sardinien-Piemont), und jene, die diese Entwicklung bekämpften (zum Beispiel das Königreich beider Sizilien).

INFOBOX
Der Weberaufstand in Schlesien

In Schlesien lag das Existenzminimum für eine Familie mit drei Kindern damals bei 100 Talern im Jahr; das Jahreseinkommen einer Weberfamilie betrug jedoch bestenfalls 60 Taler. 1843/44 kamen Missernten und eine Absatzkrise für Textilien hinzu, hervorgerufen durch die Konkurrenz industriell produzierter Waren aus Deutschland und England. Am 4.6. 1844 gipfelte die Empörung der schlesischen Weber in einem Aufstand, der in Kunst und Literatur immer wieder als Beispiel für die Auflehnung gegen Armut und Unterdrückung dargestellt wurde.

Zentrum des Aufstands waren die großen Weberdörfer Peterswaldau und Langenbielau im Kreis Reichenbach; etwa 3000 Arbeiter beteiligten sich. Mit Knüppeln, Äxten und Steinen bewaffnet, zogen die Weber vor die Häuser der Fabrikanten und Verleger und forderten höhere Löhne. Als diese abgelehnt wurden, drangen die Weber in die Villen ein, zerschlugen die Einrichtung, vernichteten Kaufmannsbücher und zerstörten Maschinen. Die Behörden versuchten am 5.6. den Aufstand mit militärischer Gewalt niederzuschlagen, wobei elf Arbeiter getötet und 24 schwer verletzt wurden. Erst am 6.6. gelang es größeren militärischen Einheiten, den Aufstand zu ersticken. Doch das Selbstbewusstsein der Arbeiterschaft war erwacht!

Gerhart Hauptmann behandelte den Aufstand der schlesischen Weber in seinem naturalistischen Drama »Die Weber« (1892). Als es 1894 am Deutschen Theater in Berlin 1894 aufgeführt wurde, erregte es das Missfallen Wilhelms II., der daraufhin die königliche Loge kündigte und die staatlichen Subventionen strich.

In Mitteleuropa hatte Metternich den Deutschen Bund zu einem Instrument geformt, das die innen- und zwischenstaatlichen Beziehungen auf der Basis fürstlicher Souveränität organisierte und liberale und nationale Bestrebungen bekämpfte. Im Widerspruch zwischen Fürstenmacht und liberal-konstitutioneller Bewegung bildete sich im »Vormärz« – verstärkt in der Zeit zwischen 1830 und 1848 – die »deutsche Frage«, das heißt die Frage nach der staatlichen Einheit der Deutschen, heraus. Zwar erhielten einige Mittel- und Kleinstaaten wie Baden, Hannover, Sachsen, Sachsen-Weimar-Eisenach nach dem Muster der französischen Charte eine Verfassung, doch wandten sich besonders Österreich und Preußen, die Vormächte des Deutschen Bundes, gegen die Einschränkung des monarchischen Prinzips.

In der meist vom gehobenen Bürgertum getragenen Verfassungsdebatte orientierten sich die norddeutschen Liberalen am britischen, die radikaleren Süddeutschen stärker am französischen Vorbild. Neben den Dichtern des Jungen Deutschland, besonders Heinrich Heine, Karl Gutzkow und Ludwig Börne, hatten die Schriften des Historikers Friedrich Christoph Dahlmann und das von Karl von Rotteck zusammen mit Karl Theodor Welcker herausgegebene »Staatslexikon oder Enzyklopädie der Staatswissenschaften« große Wirkung auf das poli-

Mit einem Grafikzyklus setzte Käthe Kollwitz dem Weberaufstand von 1844 ein Denkmal – im Bestreben, auf die sozialen Auswirkungen der industriellen Revolution aufmerksam zu machen (»Weberauszug«, Radierung, 1897/98).

> **ZITAT**
>
> **Aus dem Epos »Der Neue Reineke Fuchs« des Berliner Journalisten des Vormärz Adolf Glaßbrenner; es wurde wegen »Gemeingefährlichkeit« verboten:**
>
> *Das Wissen löst die schwerste Kette;*
> *Der Geist zerbricht die Bajonette.*
> *Es stürzt, wo Geist und Wissen thronen,*
> *In Staub die Herrschaft der Kanonen.*

tische Klima des Vormärz. Vom Hambacher Fest 1832 über die Feier des »tausendjährigen Bestehens des Deutschen Reiches« 1843 – anknüpfend an den Abschluss des Vertrages von Verden im Jahre 843 – bis zum Allgemeinen Deutschen Sängerfest 1847 spannte sich ein weiter Bogen liberaler oder nationalromantischer Kundgebungen.

Der Höhepunkt in der vormärzlichen Auseinandersetzung zwischen dem konservativ-autoritären Staatsdenken und der liberal-nationalen Bewegung war 1837 der Protest gegen die Aufhebung der Verfassung des Königreiches Hannover durch König Ernst August, den die »Göttinger Sieben« vortrugen: die Professoren Wilhelm

Neben Ludwig Börne ging auch der Dichter und Publizist Heinrich Heine nach der französischen Julirevolution 1830 aus Deutschland nach Frankreich ins Exil. Das Heine-Denkmal befindet sich auf der griechischen Insel Korfu.

INFOBOX

Denk ich an Deutschland ...

Die französische Julirevolution 1830 führte in zahlreichen europäischen Staaten zu einer Politisierung junger Autoren und Publizisten. Aus Deutschland gingen Schriftsteller wie Ludwig Börne und Heinrich Heine nach Frankreich ins Exil. Für die Vertreter des Jungen Deutschland sollte Literatur, v. a. Flugschriften und politische Lyrik, zum gesellschaftlichen Fortschritt beitragen. Ein Beschluss der Bundestages verbot 1835 die Schriften dieser Gruppe mit der Begründung, sie gefährdeten die bestehende politische, gesellschaftliche und moralische Ordnung.

Das satirische Versepos »Deutschland. Ein Wintermärchen« schrieb Heinrich Heine auf einer Reise von Paris nach Hamburg 1843. Er bringt darin die bitterste Kritik an seiner Heimat, aber auch seine Liebe zu ihr zum Ausdruck. Alles, was zu dieser Zeit gesellschaftlich anerkannt war – Franzosenhass, militantes Nationalgefühl, Verehrung des Mittelalters und Kleinstaaterei – wird von ihm aufs Schärfste kritisiert.

Eduard Albrecht, Friedrich Christoph Dahlmann, Heinrich von Ewald, Georg Gottfried Gervinus, Jacob und Wilhelm Grimm, Wilhelm Eduard Weber.

Das System Metternich sah sich nicht nur in Italien und im Deutschen Bund mit den verschiedenen liberalen Strömungen konfrontiert, sondern auch in den ungarischen und slawischen Teilen des Kaiserreichs Österreich. In Ungarn wurde das erwachende Nationalbewusstsein getragen vom magyarischen Kleinadel. Führer der Bewegung war Lajos Kossuth, von 1841 bis 1844 Chefredakteur der »Pesti Hírlap«, des Organs der in Opposition stehenden Reformbewegung. In Böhmen formierte sich eine liberal-nationale Bewegung um František Palacký.

Neben den grundlegenden verfassungspolitischen Spannungen in Europa traten in Auswirkung der beginnenden Industrialisierung starke soziale Konflikte hervor. Dem vom Bürgerkönig Louis Philippe in Frankreich geförderten finanzstarken Großbürgertum begegnete ein wachsendes, von großer Unzufriedenheit erfülltes Arbeiter- und Handwerkerproletariat. Vor diesem Hintergrund gewannen die Gesellschaftskonzepte der Frühsozialisten wie Pierre Joseph Proudhon, Louis Blanc und Auguste Blanqui große Bedeutung.

August Heinrich Hoffmann von Fallersleben, seit 1830 Professor für deutsche Sprache und Literatur in Breslau, wurde 1842 wegen seiner nationalliberalen Haltung des Amtes enthoben und des Landes verwiesen. 1841 hatte er auf Helgoland das »Lied der Deutschen« (das Deutschlandlied) komponiert.

Der Palais des Tuileries in Paris wurde im revolutionären Frankreich im Februar 1848 gestürmt. Der um 1850 entstandene Stahlstich zeigt den Palast vor der Zerstörung 1871.

Um der sozialen Unrast entgegenzuwirken, propagierte die französische Regierung in den Vierzigerjahren – besonders im Zeichen einer Hochkonjunktur – die Wahrnehmung individueller Aufstiegschancen unter dem Schlagwort Enrichissez-vous (Bereichert euch). In Deutschland, wo das Bürgertum nur begrenzten politischen Einfluss besaß, konnte sich dieses besonders in Preußen (Gewerbefreiheit seit 1810) wirtschaftlich stark entfalten. Befreiend in diesem Sinne wirkte vornehmlich 1833 die Gründung des Deutschen Zollvereins; indirekt förderte dieser Vorgang zugleich die Bestrebungen um eine politische Einigung. Wirtschaftliche Rückschläge, Hungersnöte und wachsendes Massenelend (Pauperismus) gaben radikalen Forderungen nach gesellschaftlicher Erneuerung seit etwa 1830 raschen Auftrieb. Der Übergang von der handwerklichen Einzelproduktion zur maschinellen Massenfertigung führte im Vorfeld des Revolutionsjahres 1848 zu Aufständen; am bekanntesten wurde der Weberaufstand in Schlesien 1844.

Gerhard Baum †

Um Freiheit und Einheit: Die Revolutionen in Frankreich und Italien

Zu Beginn des Jahres 1848 kam der politische und soziale Sprengstoff, der sich in den Dreißiger- und Vierzigerjahren unter verschiedenen regionalen Bedingungen in den Ländern des kontinentalen Europa angesammelt hatte, zur Explosion und trat in vielen revolutionären Aktivitäten in Erscheinung. Obwohl die Unruhen in Süditalien bereits im Januar 1848 begonnen hatten, empfing die revolutionäre Bewegung in Europa ihre Dynamik erst durch die Februarrevolution in Paris; sie griff im März 1848 auf die deutschen Mittelstaaten (Baden, Hessen-Darmstadt, Sachsen), dann auf Preußen und Österreich und von Österreich auf Ungarn und die slawisch besiedelten Gebiete des Kaiserreiches über. Seit Mai 1848 nahmen die revolutionären Bewegungen in ihrem zeitlichen Fortgang – europaweit gesehen – einen unterschiedlichen Verlauf: Während sie sich in Frankreich und Italien im Sommer 1848 bereits starken gegenläufigen Tendenzen gegenüber sahen, standen sie zu diesem Zeitpunkt im Bereich Deutschlands und Österreichs auf dem Höhepunkt.

Frankreich

Vor dem Hintergrund einer seit 1846 in Frankreich andauernden Krise in Industrie und Handel hatte sich die Opposition gegen das Regime des königlichen Ministers François Guizot und die es tragenden Oberschichten verschärften Unterdrückungsmaßnahmen ausgesetzt gesehen. Da politische Versammlungen verboten waren, organisierte die Oppositionsbewegung eine Reihe von »Banketten«, die weniger dem Amüsement als vielmehr der politischen Meinungsbildung und der revolutionären Planung dienten. Zentrale Forderung war eine Wahlrechtsreform, insbesondere die Senkung des hohen Wahlzensus. Das Verbot eines solchen Banketts durch die Regierung löste in Frankreich die Februarrevolution aus. Am 22. Februar 1848 brach in Paris der Aufstand aus.

Nach der Abdankung des »Bürgerkönigs« Louis Philippe und der Ausrufung der Republik am 25. Februar 1848 stand Alphonse de Lamartine, ein Schriftsteller und republikanischer Politiker, an der Spitze einer aus bürgerlichen Republikanern und Sozialisten gebildeten provisorischen Regierung. Diese verkündete ein politisches Reformprogramm: allgemeines Wahlrecht für Männer, allgemeines Recht auf Arbeit, Einführung des Zehn- oder Elfstundentages, Einberufung der Arbeitslosen in eine neu zu schaffende Mobilgarde und ihre Beschäftigung in »Nationalwerkstätten«. Mobilgarde und Nationalwerkstätten sollten nicht nur der Überwindung der Arbeitslosigkeit, sondern auch der Eindämmung und Einbindung revolutionärer Energien dienen.

Die Wahl zu einer verfassunggebenden Nationalversammlung vom 23. April brachte den gemäßigten bürgerlichen Republikanern die Mehrheit (etwa 500 von 900

Das Gemälde von Félix Henri Emmanuel Philippoteaux zeigt den Republikaner Alphonse de Lamartine (auf dem Stuhl), der beim Streit unter den Revolutionären um die richtige Flagge die Trikolore gegen die rote Fahne der Sozialisten verteidigt (Paris, Musée Carnavalet).

Straßensperre bei San Babila in Mailand während der Revolution von 1848 (Mailand, Civica Raccolta die Stampe »Achille Bertarelli«).

Sitzen); bürgerliche Demokraten und Sozialisten konnten zusammen etwa hundert Sitze gewinnen; 300 Mandate errangen die Royalisten unterschiedlicher dynastischer Präferenzen. Im Mai wählte die Nationalversammlung als Nachfolgerin der provisorischen Regierung eine Exekutivkommission.

Mit der Ausrufung der Republik am 4. Mai 1848 stagnierten jedoch die Kräfte der Bewegung. In Paris ging die regierende Mehrheit bald gegen die linke Opposition vor. Am 21. Juni 1848 löste die Regierung die Nationalwerkstätten, die sie als Operationsbasis der Linken betrachtete, de facto auf und verhängte ein Demonstrationsverbot. Vor dem Hintergrund starker Radikalisierungstendenzen in der Arbeiterschaft brach am 23. Juni in Paris ein Arbeiteraufstand – Juniaufstand genannt – aus, der jedoch auf den Widerstand des gesamten Bürgertums stieß, das die Anarchie fürchtete.

Nach Verhängung des Ausnahmezustandes und Rücktritt der Exekutivkommission am 24. Juni schlugen Regierungstruppen unter dem Befehl des Kriegsministers Louis Eugène Cavaignac den Aufstand blutig nieder.

> **INFOBOX**
>
> **Risorgimento**
> Nach 1815 erwuchs im gebildeten Bürgertum Italiens und beim fortschrittlichen Adel der Wunsch nach Reformen, deren Ziel die nationale Einheit und die Rückgewinnung der führenden Stellung Italiens in Europa sein sollte. In der »Risorgimento« – »Wiedererstehung« – genannten Bewegung, die sich nun formierte, artikulierte sich der Widerstand gegen die Restauration unter österreichischer Hegemonie. 1848 schloss sich Italien der Revolution in Europa an; vorübergehend schien es, als könnten die Fremdherrschaft von Habsburgern und Bourbonen abgeschüttelt sowie der römische Kirchenstaat beseitigt werden.
> Doch auch in Italien siegten die alten Mächte. Im Gegensatz zur deutschen Reichsgründung gelang die Vereinigung Italiens nur mit fremder Hilfe, nämlich Frankreichs, das sich seine militärische Unterstützung mit der Abtretung Nizzas und Savoyens honorieren ließ. 1861 war mit der Proklamation Viktor Emanuels II. zum König von Italien eine wichtige Etappe auf dem Weg zur Einheit erreicht. Er wurde von dem ersten frei gewählten italienischen Parlament am 14. 3. 1861 zum »König von Italien« gewählt. Venetien und Rom waren aber immer noch in fremder Hand. Das Risorgimento mit seinen Protagonisten Giuseppe Mazzini, Camillo Cavour und dem charismatischen Giuseppe Garibaldi gelangte erst 1871 mit der Eingliederung des bis dahin existierenden Kirchenstaats in das Königreich ans Ziel.

Der italienische Freiheitskämpfer Giuseppe Mazzini war der geistige Führer der radikalrepublikanischen Richtung des Risorgimento. 1849 leitete er mit Giuseppe Garibaldi die Verteidigung Roms gegen die Franzosen.

Unter der neuen Regierung Cavaignac wurden die Reste der demokratisch-sozialistischen Bewegung bekämpft, am 28. Juni die Nationalwerkstätten offiziell aufgelöst sowie im Juli und August die Versammlungs- und Pressefreiheit eingeschränkt. Nach der Verabschiedung einer neuen republikanischen Verfassung im November 1848, die das »Recht auf Arbeit« in eine »Pflicht des Staates« zu »brüderlicher Hilfe« umwandelte, gewannen die konservativen Tendenzen endgültig die Oberhand.

Im Dezember fanden entsprechend der neuen Verfassung Präsidentschaftswahlen statt: Louis Napoléon Bonaparte, ein Neffe Napoleons I., der im September aus dem Londoner Exil zurückgekehrt war, gewann als Kandidat der Rechten mit überwältigender Mehrheit. Am 20. Dezember als Präsident der Zweiten Republik vereidigt, führte er das politische System Frankreichs in den Bonapartismus, in eine plebiszitär abgestützte, mit diktatorischen Vollmachten ausgestattete Einzelherrschaft. Die Parlamentswahlen vom 13. Mai 1849 bestätigten den Sieg des Parti de l'Ordre.

Italien
In Italien hatten schon 1846 die Reformen des neuen Papstes Pius IX. im Kirchenstaat, denen sich das Großherzogtum Toskana anschloss, und 1847 der Thronwechsel im Königreich Sardinien-Piemont zu Karl Albert der liberalen und nationalen Bewegung Auftrieb gegeben. In den übrigen italienischen Staaten wurden diese Tendenzen jedoch unterdrückt, zum Beispiel im Königreich beider Sizilien – auch Neapel-Sizilien genannt –, wo Ferdinand II. an einem absolutistischen Zentralismus fest-

Das Gemälde »Guiseppe Garibaldi in Marsala« von Domenico Induno, einem Vertreter der veristischen Malerei Italiens, ist im Museo del Risorgimento in Turin ausgestellt. Die Nationalbewegung in Italien bestand aus unterschiedlichen politischen Strömungen.

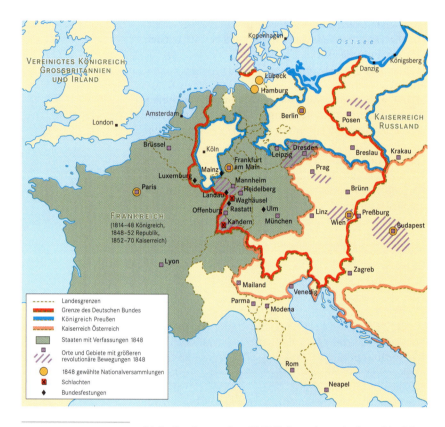

Europa im Revolutionsjahr 1848/49. Während in Frankreich die Februarrevolution ausschließlich politische und soziale Ziele verfolgte, standen in Italien, in Deutschland, in Österreich mit Ungarn und Böhmen auch nationale Fragen im Vordergrund.

hielt. Im September 1847 ließ er einen Aufstand in Messina und Reggio di Calabria blutig niederschlagen. Am 27. Januar 1848 brach ein von radikal-bürgerlichen Gruppen und von ländlichem Proletariat getragener Aufstand in Palermo aus. Unter dem Druck dieser Ereignisse sah sich König Ferdinand II. genötigt, die Herrschaft der Aufständischen in Palermo zu akzeptieren und dem ganzen Königreich eine Verfassung zu geben. Mit dieser Verfassung, verkündet am 10. Februar, versuchte er die Interessen der Krone, des Adels und des Bürgertums miteinander zu verbinden.

Am 8. Februar erließ König Karl Albert von Sardinien-Piemont nach dem Vorbild der französischen Charte eine Verfassung (Statuto Albertino), die die Elemente der Nationalrepräsentation mit dem Gedanken der Souveränität des Monarchen verknüpfte. Am 17. Februar verkündete der Großherzog der Toskana eine Verfassung desselben Zuschnitts. Papst Pius IX., der anfänglich mit seinen Reformen im Kirchenstaat große Hoffnungen geweckt hatte, lavierte mittlerweile zwischen Gewähren und Verzögern von politischen Reformen. Ein von ihm erlassenes Statut schwankte zwischen Absolutismus und Konstitutionalismus und zeigte damit die Grenzen der Reformierbarkeit des Kirchenstaates auf.

Nach der Wiener Märzrevolution (13.–15. März) ergriff diese auch das zum österreichischen Kaiserreich gehörende Königreich Lombardo-Venetien: Am 17. März erhoben sich die Italiener in Venedig, am 18. März in Mailand gegen Österreich. Die Revolution erfasste auch die mit Österreich dynastisch verbundenen Herzogtümer Parma und Modena. Nach einigem Zögern stellte sich König Karl Albert von Sardinien-Piemont an die Spitze der »nationalen Revolution«, die sich unter dem Schlagwort Risorgimento die Bildung eines italienischen Nationalstaates zum Ziel setzte.

Am 24. März erklärte Karl Albert auf die Bitte der Mailänder provisorischen Regierung Österreich den Krieg. Obwohl in Venedig im März 1848 fast kampflos die Republik ausgerufen und Mailand nach fünftägiger Straßenschlacht von den Österreichern geräumt worden war, konnten die Italiener ihre Erfolge nicht sichern. Während Sardinien-Piemont und die Aufständischen in Lombardo-Venetien die Hauptlast des Krieges trugen, zugleich aber über die künftige Gestalt Italiens uneins

INFOBOX

»Flieg, Gedanke!«
Zu den Anhängern des Risorgimento zählt auch der politisch und sozial sehr engagierte Komponist Giuseppe Verdi, der eine Zeit lang auch Abgeordneter des Parlaments war. Der »Freiheitschor« aus seiner Oper »Nabucco« (1841) »Va, pensiero sull'ali dorate« (»Flieg, Gedanke, auf goldenen Flügeln«), wurde zur geheimen Nationalhymne des sich abzeichnenden italienischen Staates.
Die Buchstaben seines Nachnamens galten als Kürzel für die Viktor Emanuel II. unterstützende Parole: Vittorio Emanuele Re d'Italia. Von der Obrigkeit wurden die anhaltenden »Verdi«-Rufe nach Aufführungen seiner Opern daher nicht gern gehört.

Am 22. 5. 1848 trat im Berliner Reichstag die nach freiem Wahlrecht gewählte preußische Nationalversammlung zusammen, um über eine Verfassung zu beraten. Der Stahlstich (um 1850) zeigt das alte Reichstagsgebäude von Paul Wallot.

waren, rüstete Ferdinand II. im Königreich beider Sizilien zur Gegenrevolution. Programmatische Zerstrittenheit, dynastische Sonderinteressen und mangelnde militärische Durchschlagskraft verstärkten seit dem Sommer 1848 die Rückschläge der italienischen Nationalbewegung. Britische Vermittlungsversuche zwischen Italien und Österreich scheiterten; Karl Albert lehnte aus Furcht, seine Führungsrolle im Kampf um einen italienischen Nationalstaat zu verlieren, französische Bündnisangebote ab. Im Juni begann der österreichische Oberbefehlshaber Feldmarschall Joseph Wenzel Graf Radetzky nach Verstärkung seiner Truppen eine Gegenoffensive. Nach dem Sieg seiner Streitkräfte bei Custoza am 25. Juli musste sich König Karl Albert mit seinem Heer und den lombardischen Freiwilligen nach Piemont zurückziehen.

Die Niederlage der Truppen Karl Alberts leitete die Konsolidierung der österreichischen Herrschaft in Oberitalien ein. Am 6. August 1848 zogen die Österreicher wieder in Mailand ein. Karl Albert sah sich gezwungen, nunmehr einen Waffenstillstand zu schließen, der unter großer Empörung der Mailänder die Lombardei unter Kriegsrecht stellte. Die Republik Venedig leistete dage-

Mit schwungvoll-rhetorischen Versen stritt der Dichter Georg Herwegh für Freiheit und Vaterland. Nach dem Scheitern des badischen Aufstands, in dem er aktiv tätig war, floh er in die Schweiz.

gen jedoch weiter Widerstand. In den übrigen italienischen Staaten mit Ausnahme Neapel-Siziliens, wo es Ferdinand II. gelang, die absolute Monarchie wieder herzustellen, setzten sich nun radikale Demokraten durch.

Im Zuge dieser Radikalisierungstendenzen errichtete Giuseppe Mazzini, gestützt auf die Freischärler Giuseppe Garibaldis, in Rom im November 1848 die »Römische Republik«. Es war der letzte ebenso entschlossene wie verzweifelte Versuch, der italienischen Nationalbewegung ein Zentrum zu geben und ihr zugleich die Richtung zu weisen. Unter dem Eindruck dieser Entwicklung flohen im Februar 1849 Papst Pius IX. und der Großherzog der Toskana nach Gaeta unter den Schutz Ferdinands II.; in Florenz übernahm ein Triumvirat die Regierung.

Am 12. März nahm Karl Albert den Krieg gegen Österreich wieder auf, wurde aber am 23. März bei Novara von Radetzky entscheidend geschlagen und dankte zugunsten seines Sohnes Viktor Emanuel II. ab. Dieser unterzeichnete am 26. März einen Waffenstillstand. Ab April 1849 setzte sich in Italien die Reaktion durch: Ferdinand II. eroberte das bis dahin noch von Aufständischen beherrschte Sizilien zurück.

Österreich, Neapel-Sizilien, Spanien und Frankreich gingen auf Bitten des Papstes nunmehr gegen die Römische Republik vor, die zwar den ersten Angriff abwehrte, aber nach massiver Beschießung im Juli von einem französischen Expeditionskorps besetzt wurde. Zugleich kapitulierte auch die Republik Venedig. Die Einnahme Roms und der österreichisch-piemontesische Friedensschluss im August 1849 bedeuteten das Scheitern der italienischen Nationalbewegung. Das Eingreifen Frankreichs unter seinem Präsidenten Louis Napoléon Bonaparte zugunsten des Papstes und der Wiederherstellung des Kirchenstaates offenbarte die Schwenkung der französischen Politik in Richtung auf den vorrevolutionären Zustand und auf eine weniger ideen- als vielmehr interessengeleitete Außenpolitik. *Gerhard Baum †*

Von der Paulskirche zur Hofburg: Die Revolutionen in Deutschland, Österreich und Ungarn

Angestoßen durch die Vorgänge in Paris, griff die liberale und nationale Bewegung auch auf die Länder des Deutschen Bundes über und stellte die obrigkeitsstaatlich bestimmte Gesellschafts- und Staatsordnung seiner Mitgliedsländer infrage. Darüber hinaus stürzte sie den Vielvölkerstaat der Habsburgermonarchie, deren Herrschaft in Ober- und Mittelitalien bereits durch die italienische Nationalbewegung bedroht war, vor allem in seinen Kerngebieten in eine schwere Existenzkrise – verursacht durch die liberalen und nationalen Bestrebungen im deutschsprachigen Raum, durch die Unabhängigkeitsbestrebungen in Ungarn unter Führung von Lajos Kossuth sowie durch die Forderung der im Staatsgebiet des Kaiserreiches lebenden slawischen Völker nach politischen Reformen.

Was den übrigen Bereich des Deutschen Bundes angeht, hatte im badischen Offenburg – nachdem dort auf einem »Freiheitsfest« bereits am 12. September 1847 ein liberales und demokratisches Programm verkündet worden war – am 27. Februar 1848 eine Volksversammlung die Berufung eines deutschen Parlaments gefordert; die gleiche Forderung erhob einen Tag später der Abgeordnete Heinrich von Gagern, der führende Mann der liberalen Opposition im Landtag des Großherzogtums Hessen-Darmstadt. Auf Volksversammlungen und bei Straßendemonstrationen in zahlreichen deutschen Staaten, an denen sich Handwerker, Angehörige akademischer Berufe, Arbeiter und Studenten beteiligten, forderten die Teilnehmer im März 1848 unter anderem Verfassungsrevisionen unter Mitwirkung des Volkes, Gewährung von Versammlungs- und Pressefreiheit, Einrichtung von Schwurgerichten und Vollendung der Bauernbefreiung.

Neben diesen allgemeinen, meist von bürgerlich-liberalen Kräften erhobenen »Märzforderungen« traten besonders die Vertreter der radikaldemokratischen Linken darüber hinaus ein für Aufhebung der stehenden Heere, Abschaffung des Berufsbeamtentums, Liquidierung der indirekten Steuern, Aufhebung der Klöster, Trennung von Staat und Kirche, Ausgleich des Missverhältnisses von Kapital und Arbeit, Beteiligung der Arbeiter am Gewinn aus ihrer Arbeit, Aufhebung der erblichen Monarchie und Errichtung der Republik. Die Regierungen der einzelnen deutschen Länder und die sie tragenden Schichten der Bevölkerung zeigten sich angesichts der in ganz Deutschland sich ausbreitenden liberalen Reformbewegung stark verunsichert (»Märzschock«). In Bayern, Württemberg, Baden, Hessen-Darmstadt, Sachsen, Hannover und in mehreren kleineren deutschen Staaten stürzten die Kabinette, und es wurden Regierungen mit liberaler Programmatik gebildet, die so genannten Märzministerien.

Der von Bauern getragene republikanisch-demokratische Aufstand in Baden unter Führung von Gustav von Struve, Friedrich Hecker und Georg Herwegh im April 1848, der sich vor allem gegen die großgrundbesitzenden Standesherren richtete, wurde von Truppen des Deutschen Bundes unter dem Kommando des Generals Friedrich von Gagern niedergeschlagen. Mitte März 1848 kam es in Wien (13.–15.) und Berlin (18.) zu Kämpfen zwischen Demonstranten und Regierungstruppen. Fürst Metternich, mit dessen Name der Kampf gegen die liberalen und nationalen Bestrebungen in Europa ver-

Lorenz Brentano, in Mannheim geborener Rechtsanwalt, wurde 1845 Mitglied der badischen Zweiten Kammer und 1848 der Frankfurter Nationalversammlung. Er stellte sich im Mai 1849 an die Spitze der provisorischen Regierung Badens, seine Kompromissbereitschaft scheiterte aber am Radikalismus Gustav von Struves. In Abwesenheit zum Tode verurteilt, lebte er ab 1850 in den USA, wo er 1876 in den Kongress gewählt wurde.

Ausschnitt aus Adolph von Menzels Gemälde (1848) von der Bestattung der bei den Kämpfen vom 18. und 19. 3. 1848 Getöteten – sie hießen bald »Märzgefallene« – im Berliner Friedrichshain (Hamburg, Kunsthalle).

bunden war, wurde als österreichischer Staatskanzler gestürzt. Unter dem Eindruck wachsender Unruhen und Barrikadenkämpfe zogen sich die kaiserlichen Truppen aus Wien, die königlich-preußischen aus Berlin zurück. Bürgerwehren übernahmen dort die Aufrechterhaltung der öffentlichen Ordnung.

Mit der Proklamation »An mein Volk und an die deutsche Nation« suchte König Friedrich Wilhem IV. von Preußen in diesem für die Herrschaft der Hohenzollern in Preußen kritischen Moment, die revolutionäre Entwicklung durch Entgegenkommen zu bremsen. Unter dem Druck des Aufstandes bezeugte er den im Berliner Schlosshof aufgebahrten toten Barrikadenkämpfern, den »Märzgefallenen«, die Ehre und zeigte sich auf einem Umritt mit den Symbolen der liberalen Bewegung. Er berief am 29. März eine liberale Regierung unter

Ludolf von Camphausen und sagte die Einberufung einer nach allgemeinem und gleichem Wahlrecht gewählten preußischen Nationalversammlung zu, die am 22. Mai 1848 in Berlin zusammentrat und eine Verfassung beriet.

Die Frankfurter Nationalversammlung und die Reichsverfassung

Aus der revolutionären Bewegung ging auf der Ebene des Deutschen Bundes zunächst ein aus 500 Mitgliedern bestehendes »Vorparlament« hervor, das vom 31. März bis 3. April 1848 in Frankfurt am Main tagte und den Fortgang auf gesamtdeutscher Ebene bestimmte. Der Bundestag, das Beschlussorgan des Deutschen Bundes, übernahm ohne Widerstand die Entscheidungen des Vorparlaments, das die Wahl einer deutschen Nationalversammlung gemäß allgemeinem und gleichem Männerwahlrecht beschlossen hatte.

s. ZEIT Aspekte Revolution in Deutschland S. 601

Am 18. Mai 1848 trat die Nationalversammlung in der Paulskirche zu Frankfurt am Main zusammen. Die Abgeordneten waren Professoren, Rechtsanwälte, Richter und Staatsanwälte, wenige Landwirte und Unternehmer, keine Arbeiter. Das in sich stark gegliederte politische Spektrum war bestimmt von einer liberalen Mitte, aufgefächert in ein linkes und ein rechtes Zentrum, und einer demokratischen Linken, die aus einer radikalen und einer gemäßigten Grundrichtung bestand. Die ständisch orientierte, meist reformfeindliche konservative Rechte war nur schwach vertreten. Zu ihrem Präsidenten wählte die Nationalversammlung am 19. Mai 1848 Heinrich Freiherrn von Gagern, den Vertreter eines gemäßigten Liberalismus aus dem Großherzogtum Hessen-Darmstadt. Er setzte die Schaffung einer Zentralgewalt und die Wahl des österreichischen Erzherzogs Johann zum Reichsverweser durch. Am 18. Dezember übernahm von Gagern selbst die Leitung des Reichsministeriums.

ZITAT

Aus den Offenburger Forderungen der südwestdeutschen Demokraten (1848):
Art. 2 Wir verlangen Pressfreiheit.
Art. 5 Wir verlangen persönliche Freiheit.
Art. 6 Wir verlangen Vertretung des Volks beim Deutschen Bund.
Art. 8 Wir verlangen eine gerechte Besteuerung.
Art. 9 Wir verlangen, dass die Bildung durch Unterricht allen gleich zugänglich werde.

Die Nationalversammlung und die von ihr geschaffenen Reichsbehörden, das heißt der Reichsverweser und das Reichsministerium, standen vor zwei großen Aufgaben: der Bildung eines deutschen Nationalstaates und der Ausarbeitung einer Verfassung. Die Grenzen des angestrebten Deutschen Reiches festzulegen, bereitete

Der liberale hessische Landtagsabgeordnete Wilhelm Heinrich August Freiherr von Gagern wurde am 19. 5. 1848 Präsident der Frankfurter Nationalversammlung, im Dezember Leiter des Reichsministeriums.

ZITAT

Friedrich Wilhelm IV. bei der Eröffnungsrede des Vereinigten Landtages 1847:
Es drängt mich zu der feierlichen Erklärung: Dass es keiner Macht der Erde je gelingen soll, mich zu bewegen, das natürliche, gerade bei uns durch seine innere Wahrheit so mächtig machende Verhältnis zwischen Fürst und Volk in ein konventionell-konstitutionelles zu wandeln, ...

größte Schwierigkeiten. Bereits im Frühjahr 1848 führte die Erhebung der Deutschen in Schleswig gegen die dänischen Einverleibungspläne zu europäischen Verwicklungen; die Frankfurter Nationalversammlung und die neu geschaffenen Reichsbehörden konnten ihren Willen, Schleswig in das Deutsche Reich einzubeziehen, nicht gegen den Kompromisskurs Preußens gegenüber Dänemark durchsetzen, da sie über keine eigenen Machtmittel, vor allem über kein eigenes Heer verfügten. Die nach diplomatischen Interventionen Russlands, Frankreichs und Großbritanniens zustande gekommene Annahme eines Waffenstillstandes mit Dänemark durch Preußen offenbarte nicht nur die innerdeutsche Schwäche der Frankfurter Nationalversammlung und der von ihr getragenen Zentralgewalt, sondern auch das Misstrauen, das die europäischen Großmächte im Sinne ihrer Eigeninteressen einem deutschen Einheitsstaat entgegenbrachten, von dem sie befürchteten, er könne nachhaltig das europäische Gleichgewicht gefährden.

Die Nationalversammlung und ihre Regierung unter dem Reichsverweser Erzherzog Johann von Österreich sahen sich auf Dauer immer stärker mit dem wieder erstarkenden Selbstbewusstsein der traditionellen Gewalten im Deutschen Bund, vor allem Preußens und Österreichs, konfrontiert und in die Defensive gedrängt, zumal sie bei der Realisierung militärischer Ziele stets auf deren Streitkräfte angewiesen waren. Das Scheitern ihres Versuches, mithilfe preußischer Truppen die Annexion Schleswigs durch Dänemark rückgängig zu machen, sowie die Niederschlagung eines Aufstandes der radikalen Linken im September 1848 durch österreichische und preußische Truppen minderten das Ansehen der Nationalversammlung auch in den reformorientierten Teilen der deutschen Bevölkerung stark.

Von entscheidender Bedeutung für die Schaffung eines deutschen Nationalstaates war die Frage, ob die deutschsprachige Bevölkerung Österreichs in den deutschen Gesamtstaat einzubeziehen sei. Vor dem Hintergrund bereits einsetzender gegenrevolutionärer Ereignisse in Österreich und Preußen spitzte sie sich in der Verfassungsdiskussion der Paulskirchenversammlung zu einer Kontroverse zwischen den Verfechtern einer groß- oder einer kleindeutschen Lösung zu.

Die »großdeutsche Lösung«, das heißt die Einbeziehung der deutschsprachigen Bevölkerung des österreichischen Kaiserreiches, würde Österreich zwar eine starke Stellung im Deutschen Reich verschaffen, jedoch zwangsläufig auf seine Auflösung als Vielvölkerstaat hinauslaufen. Die »kleindeutsche Lösung«, das heißt die Schaffung eines Staatsgebietes ohne die Deutschösterreicher, ginge zwangsläufig mit einer beherrschenden Stellung Preußens in diesem neuen Staat einher. Mit der verfassungsrechtlichen Festlegung vom 27. Oktober 1848, dass kein Teil des zukünftigen Deutschen Reiches mit nichtdeutschen Ländern staatlich vereinigt sein dürfe und lediglich eine Personalunion zwischen deutschen und nichtdeutschen Gebieten unter einem Monarchen erlaubt sei, stellte die »Paulskirche« besonders Österreich vor die Wahl, einem gesamtdeutschen Staat fernzubleiben oder sich in seiner bisherigen Form aufzulösen. Schließlich entschied sich die Mehrheit der Frankfurter Nationalversammlung, gestützt auf ihre gemäßigt konstitutionellen Fraktionen und unter Vermittlung Heinrich von Gagerns, für die kleindeutsche Lösung.

Die am 28. März 1849 verkündete Reichsverfassung enthielt einen ausführlichen Katalog von »Grundrechten des deutschen Volkes«, die auch für die Einzelstaaten verbindlich waren; die Vorrechte des Adels wurden abgeschafft. Die Einzelstaaten blieben bestehen und fanden ihre Vertretung im Staatenhaus des Reichstages. Das Volkshaus des Reichstages sollte in allgemeinen, gleichen und direkten Wahlen bestimmt werden. Der Reichs-

> **ZITAT**
>
> **Aus Georg Herweghs: »Der Freiheit eine Gasse« (letzte Strophe):**
> *Wenn alle Welt den Mut verlor,*
> *Die Fehde zu beginnen,*
> *Tritt du, mein Volk, den Völkern vor,*
> *Lass du dein Herzblut rinnen!*
> *Gibt uns den Mann, der das Panier*
> *Der neuen Zeit erfasse,*
> *Und durch Europa brechen wir der Freiheit eine Gasse!*

Eröffnungssitzung der Frankfurter Nationalversammlung in der Paulskirche am 18. 5. 1848 (zeitgenössische Darstellung).

> **ZITAT**
>
> **Aus dem Grundrechtsteil der Frankfurter Reichsverfassung von 1849:**
> *§ 138. Die Freiheit der Person ist unverletzlich. Die Verhaftung einer Person soll, außer im Fall der Ergreifung auf frischer Tat, nur geschehen in Kraft eines richterlichen, mit Gründen versehenen Befehls. Dieser Befehl muss im Augenblicke der Verhaftung oder innerhalb der nächsten vierundzwanzig Stunden dem Verhafteten zugestellt werden.*

tag war Gesetzgebungsorgan, hatte aber keine parlamentarische Kontrolle über die Reichsregierung. Als Reichsoberhaupt war ein Erbkaisertum vorgesehen.

Auf der Grundlage dieser neuen Verfassung wählte die Versammlung am selben Tage König Friedrich Wilhelm IV. von Preußen zum »Kaiser der Deutschen«. Friedrich Wilhelm IV. lehnte jedoch am 3. April 1849 die ihm angetragene deutsche Kaiserkrone ab und begründete dies mit dem Hinweis auf die gottgegebene Legitimität seines Königtums. Am 28. April wies er endgültig die Annahme der Kaiserkrone zurück und verwarf die Reichsverfassung, die inzwischen von 28 deutschen Regierungen anerkannt worden war. Bereits im Dezember 1848 hatte er die im Vormonat von Berlin nach Brandenburg verlegte preußische Nationalversammlung aufgelöst und aus eigenem Machtanspruch eine preußische Verfassung »oktroyiert«, die am 31. Januar 1850 in Kraft trat.

Die tschechische Nationalbewegung

Trotz enger Verflechtung mit den revolutionären Bestrebungen in den anderen Ländern des Deutschen Bundes und den von der Frankfurter Nationalversammlung ausgehenden verfassungspolitischen Impulsen bahnte sich seit Mai 1848 im Kaisertum Österreich eine Sonderentwicklung an. Ein in Prag tagender Kongress von Abgesandten der in Österreich lebenden Slawen forderte unter der Leitung des tschechischen Historikers František Palacký in einem Manifest die Umformung Österreichs in

Die Zeichnung zeigt eine Abordnung der preußischen Nationalversammlung vor König Friedrich Wilhelm IV. nach der Märzrevolution 1848. Schneller als in anderen deutschen Staaten wurden in Preußen die Forderungen nach Demokratie niedergeschlagen. Die Nationalversammlung wurde wenige Monate nach ihrer Wahl wieder aufgelöst. Allerdings war der König fortan in der Ausübung seiner Macht beschränkt.

Europa im Zeitalter der Revolutionen

Zwischen mir und mein Volk soll sich kein Blatt Papier drängen.
Hamburger Karikatur auf Friedrich Wilhelm IV. aus dem Jahre 1848.

Hamburger Karikatur auf Friedrich Wilhelm IV. aus dem Jahre 1848. »Zwischen mir und mein Volk soll sich kein Blatt Papier drängen.«, aus: Die Deutsche Revolution 1848/49 von Hans Blum (Weimar, Herzogin Anna Amalia Bibliothek).

»einen Bund gleichberechtigter Völker« und sprach sich dabei für den Verbleib der Deutschstämmigen in der Donaumonarchie aus. Die Deutschsprachigen in den Ländern der böhmischen Krone hingegen wählten fünfzig Abgeordnete in die Frankfurter Nationalversammlung.

In Kontrast zu den gemäßigt konstitutionellen und föderativen Reformtendenzen des Prager Slawenkongresses entwickelte sich zur selben Zeit in Böhmen eine radikale tschechische Nationalbewegung, die im Juni 1848 den »Pfingstaufstand« gegen die Herrschaft Österreichs auslöste. Im Zusammenwirken von Dynastie, Militär und Bürokratie organisierte Kaiser Ferdinand I., der angesichts des Aufstands in Wien nach Innsbruck geflohen war, von dort aus die Wiederherstellung der vorrevolutionären Herrschaftsordnung. Unter Führung des Feldmarschalls Alfred Fürst zu Windischgrätz unterdrückten im Juni Regierungstruppen den tschechischen Pfingstaufstand.

Österreich

Auf der Grundlage eines Wahlgesetzes, das im Mai unter dem Druck von Demonstrationen im Sinne liberaler Forderungen geändert worden war, trat im Juli ein österrei-

> **INFOBOX**
>
> **Revolution in Wien**
> Auch in der Kaiserstadt Wien war die Revolution von 1848 zu spüren. Während der »Maiaufstände« forderten Nationalgarden, Studenten und Arbeiter die Rücknahme der oktroyierten Verfassung vom 25. April sowie die Einberufung eines konstituierenden Reichstags mit allgemein, direkt und frei gewählten Abgeordneten. Die Forderung wurde bewilligt. Am 17. Mai floh die kaiserliche Familie nach Innsbruck. Es gelang den Revolutionären, soziale Forderungen wie den Zehn-Stunden-Arbeitstag und Lohnerhöhungen durchzusetzen.
> Nach dem Sieg der österreichischen Truppen gegen Aufständler in Oberitalien kehrte der Hof im August nach Wien zurück. Im Oktober erreichte die Revolution einen letzten Höhepunkt: Die Wiener Arbeiter und Studenten versuchten, den Abmarsch des Militärs, das Aufstände in Ungarn niederschlagen sollte, zu verhindern. Wieder kam es zu Straßenkämpfen; Kriegsminister Latour wurde von der Menge gelyncht, und der Hof floh nach Olmütz.
> Am 31. Oktober erstürmten die Truppen von Fürst Windischgrätz die Stadt und beendeten die Revolution. Die Errungenschaften vom Mai wurden größtenteils wieder rückgängig gemacht, und der neue Kaiser Franz Joseph I. errichtete ein konservatives, neoabsolutistisches System, das noch bis 1918 Bestand haben sollte.

chischer Reichstag zusammen. Nachdem in Wien ab dem 6. Oktober 1848 erneut ein Aufstand ausgebrochen war, nunmehr getragen von radikalen Demokraten aus der Studentenschaft, dem Bürgertum und dem Proletariat, floh Kaiser Ferdinand nach Olmütz in Mähren. Um sich dem Druck der Radikalen zu entziehen, verlegte auch der österreichische Reichstag ab dem 22. Oktober seinen Sitz in die mährische Landstadt Kremsier in die Nähe von Olmütz. Nach achttägigen heftigen Kämpfen nahmen die kaiserlichen Truppen unter dem Oberbefehl des Fürsten Windischgrätz, der von dem aus Kroatien stammenden General Joseph Jellačić von Bužim unterstützt wurde, Wien ein.

Einen offenen Bruch des geltenden Reichsrechts stellte die standrechtliche Erschießung Robert Blums durch österreichisches Militär am 9. November 1848 bei Wien dar. Blum, Abgeordneter der Frankfurter Nationalversammlung und Führer des »Deutschen Hofes«, war mit Julius Fröbel nach Wien gekommen, um den gegen die österreichische Regierung kämpfenden Demokraten eine Sympathieadresse der Frankfurter Nationalversammlung zu überbringen. Er nahm an den Auseinandersetzungen teil und wurde deshalb nach der Einnahme Wiens zum Tod verurteilt. Seine Hinrichtung markiert den Bruch der österreichischen Regierung mit der Frankfurter Nationalversammlung.

Felix Fürst zu Schwarzenberg, der am 21. November zum Leiter der österreichischen Regierung berufen wurde, erklärte die Wiederherstellung und Erhaltung des österreichischen Gesamtstaates einschließlich Ungarns zum obersten Ziel seiner Politik und erteilte damit den großdeutschen Bestrebungen der Frankfurter Nationalversammlung eine Absage. In Kremsier konnte sich seine Regierung nicht mit dem Reichstag über eine Verfassung für das Kaiserreich einigen; sie löste den Reichstag gewaltsam auf und oktroyierte am 4. März 1849 eine Verfassung. Während diese »Märzverfassung« die Wiederherstellung der vorrevolutionären Herrschaftsstrukturen auf zentralistischer Basis in den Mittelpunkt stellte, ersetzte der Verfassungsentwurf des Reichstages von Kremsier die Kronländer und »historischen Individualitäten« durch Bundesländer der einzelnen Völker der Habsburger Monarchie. Die gemeinsamen Angelegenheiten sollten von einem Reichstag beraten und beschlossen werden, der aus einer direkt gewählten Volkskammer und einer von den Landtagen beschickten Länderkammer bestehen sollte.

ZITAT
In der Reichsverfassung von 1849 sollte in Artikel 4a die Pressefreiheit als Grundrecht garantiert werden:
Die Pressfreiheit darf unter keinen Umständen und in keiner Weise durch vorbeugende Maßregeln, namentlich Zensur, Konzessionen, Sicherheitsbestellungen, Staatsauflagen, Beschränkungen der Druckereien oder des Buchhandels, Postverbote oder andere Hemmungen des freien Verkehrs beschränkt, suspendiert oder aufgehoben werden.

Das Scheitern der Revolution in Deutschland
Nachdem mit der Durchsetzung der kleindeutschen, erbkaiserlichen Lösung in der Nationalversammlung und der Verkündung der oktroyierten Märzverfassung Österreich aus dem deutschen Einigungsprozess ausgeschieden war, führte die Ablehnung der deutschen Kaiserkrone durch König Friedrich Wilhelm IV. von Preußen die deutsche Nationalbewegung endgültig in die Krise. Die Ablehnung der Kaiserkrone und der Reichsverfassung durch den preußischen König bedeutete das Scheitern der Revolution in Deutschland.

Ein letztes machtvolles Aufbäumen brachten im April und Mai 1849 die Aufstände radikaler Demokraten, die die Paulskirchenverfassung mit Gewalt durchzusetzen

Robert Blum, der populäre Führer der demokratischen Linken in der Frankfurter Nationalversammlung 1848, wurde nach der Niederschlagung des Aufstandes in Wien zum Tode verurteilt und am 9. 11. 1848 erschossen.

versuchten: in Sachsen, wo unter anderen der russische Revolutionär Michail Bakunin und der Komponist Richard Wagner beteiligt waren; in der Pfalz, deren provisorische republikanische Regierung die Loslösung von Bayern verkündete; in Baden, wo das Militär zu den Aufständischen überging und der revolutionäre Landesausschuss das ganze Land hinter sich brachte. In allen Fällen wurden die Aufstände von preußischen Truppen niedergeschlagen, die in der Pfalz und in Baden unter dem Oberbefehl des »Kartätschenprinzen« Wilhelm von Preußen, des späteren Kaisers Wilhelm I., standen.

Aus der Frankfurter Nationalversammlung waren die Österreicher und die Anhänger des Erbkaisertums ausgezogen; das nunmehr von der Linken dominierte Rumpfparlament verlegte Ende Mai 1849 seinen Sitz nach Stuttgart, wo es nach kurzer Zeit von württember-

Der tschechische Historiker František Palacký, ein Vertreter des »Austroslawismus«, beeinflusste stark das tschechische Nationalbewusstsein, obwohl er für einen Verbleib Tschechiens in einem, allerdings reformierten, Österreich eintrat.

gischem Militär gesprengt wurde. Mit der Wiedereröffnung des Frankfurter Bundestages am 1. September 1850 und mit dem Abschluss der Olmützer Punktation vom 29. November 1850 zwischen Preußen und Österreich, mit der Preußen seine kurzfristig betriebene kleindeutsche Unionspolitik aufgab, nahm der Deutsche Bund wieder seine Funktionen wahr.

Ungarn
Jenseits der Ereignisse im Bereich des Deutschen Bundes eskalierte der Konflikt zwischen der österreichischen Reichsregierung und der ungarischen Nationalbewegung unter Lajos Kossuth. Zugleich steigerten sich die innerungarischen Spannungen vor allem zwischen den Ungarn und den kaiserlich gesinnten Kroaten, da Letztere in einem Nationalstaat ein Übergewicht der ungarischen Nationalität befürchteten. Im September 1848 kam es zum Bruch zwischen der österreichischen Reichsregierung und dem ungarischen Reichstag. Der ungarisch-österreichische Konflikt, in dem die ethnischen Minderheiten in Ungarn vor allem von den Gegnern der ungarischen Reformen am Wiener Hof unterstützt wurden, eskalierte um die Jahreswende 1848/49: Im Dezember 1848 widersetzte sich das ungarische Parlament der von Kaiser Franz Joseph I. – ab dem 2. Dezember 1848 Nachfolger Ferdinands I. – befohlenen Auflösung und erklärte im April 1849 nach der Verkündung der zentralistischen österreichischen Gesamtstaatsverfassung das Haus Habsburg für abgesetzt. Kossuth wurde zum Reichsverweser gewählt.

Österreichische und ungarische Truppen kämpften mit wechselnden Erfolgen, bis Russland auf ein kaiserliches Hilfegesuch vom Mai 1849 hin aufseiten Österreichs eingriff. Nach der Flucht Kossuths und der Kapitulation General Görgeys bei Világos im August gab im Oktober als letzte auch die Festung Komorn auf. Die Österreicher verhängten über die Aufständischen ein blutiges Strafgericht und teilten Ungarn in fünf Provinzen unter Militärverwaltung. Mit dem Zusammenbruch der ungarischen Nationalbewegung war das Kaiserreich Österreich in seiner vorrevolutionären Struktur wieder hergestellt.
Gerhard Baum †

Der populäre ungarische Dichter Sándor Petőfi fiel in einer der letzten Schlachten des ungarischen Freiheitskrieges gegen die Habsburgermonarchie 1849 bei Schäßburg im Alter von nur 26 Jahren.

ZITAT

In einer bissigen Flugschrift wird eine Grabschrift auf Metternich formuliert:
Hier liegt, für seinen Ruhm zu spät, Der Don Quijote der Legitimität, Der Falsch und Wahr nach seinem Sinne bog, Zuerst die andern, dann sich selbst belog; Vom Schelm zu Toren ward bei grauem Haupte, Weil er zuletzt die eignen Lügen glaubte.

Die Monarchen erstarken wieder: Die Auswirkungen der Revolution

Die Revolution von 1848/49 zerstörte weitgehend das Metternich'sche Unterdrückungssystem. Die gemäßigt konstitutionellen Kräfte erfuhren auf Dauer – trotz des Sieges der Gegenrevolution – eine Stärkung, sahen sich jedoch in der Lösung nationaler Fragen auf die Zusammenarbeit mit den alten Gewalten und den sie tragenden gesellschaftlichen Schichten verwiesen. Die eigentlichen Verlierer im Ringen um eine staatliche Erneuerung auf der Grundlage der Volkssouveränität waren die radikalen Demokraten, besonders die Republikaner. Die zeitweilige Radikalisierung der politischen Erneuerungsbewegung in den Jahren 1848 und 1849 entfachte in den bürgerlichen Schichten eine starke, lange nachwirkende Revolutionsfurcht. Das Wiedererstarken von Monarchie, Militär und Bürokratie trug wesentlich dazu bei, das auf dem Wiener Kongress geschaffene europäische Staatensystem zu erhalten. Stabilisierend wirkte sich auch die Außenpolitik Großbritanniens und Russlands aus, zweier Mächte, die nicht direkt von den revolutionären Ereignissen betroffen waren: Während die britische Politik darauf ausgerichtet war, das europäische Gleichgewicht zu bewahren, bestimmten die Vorstellungen von der unbedingten kaiserlichen Autokratie und die imperialen Ziele, das heißt die Einbeziehung nichtrussischer Völker in das Russische Reich, die russische Politik, besonders gegenüber Österreich.

Jenseits der allgemeinen Tendenzen in der nachrevolutionären Ära zeigten sich in den einzelnen europäischen Ländern eigene Perspektiven und Entwicklungen. In Frankreich verstärkte Louis Napoléon Bonaparte im Zuge seiner Präsidentschaft die plebiszitären Elemente, während er gleichzeitig den parlamentarischen Einfluss zurückdrängte und die republikanischen Kräfte ausschaltete. Durch den Staatsstreich vom 2. Dezember 1851 und seine Ernennung zum erblichen Kaiser der Franzosen am 2. Dezember 1852 – beide Vorgänge wurden durch Plebiszite legitimiert – erreichte er die Wiedererrichtung des Kaisertums. In Italien hatte die Revolution trotz ihres Scheiterns einen Prozess gesellschaftlicher Emanzipation eingeleitet. Die Kräfte des

Charles Louis Napoléon Bonaparte, ein Neffe Napoleons I., wurde nach einem Staatsstreich und anschließendem Plebeszit 1852 als Napoleon III. zum erblichen Kaiser der Franzosen ausgerufen. Das Porträt von Hippolyte Flandrin entstand 1863.

In der Frankfurter Paulskirche, Ort des ersten frei gewählten Parlaments in Deutschland, das am 18.5.1848 zusammentrat, fand 1998, 150 Jahre später, ein Festakt statt. Auch wenn die Jubiläumsfeierlichkeiten an die Ereignisse und Bedeutung der Märzrevolution erinnerten – zum Ursprungsmythos der modernen deutschen Demokratie wurde sie nie.

Bürgertums hatten jedoch nicht ausgereicht, das doppelte Ziel nationaler Einigung und freiheitlicher Staatsgestaltung zu verwirklichen. Eine tiefe Ernüchterung begründete die »Realpolitik« des nächsten Jahrzehnts und die Verschmelzung der nationalen Idee mit der Wirklichkeit eines bestehenden Staates, mit dem Königreich Sardinien-Piemont. Mit der Errichtung der österreichisch-ungarischen Doppelmonarchie 1867 erzielten Österreich und Ungarn einen Ausgleich zwischen der Habsburgerdynastie und der ungarischen Nationalbewegung, nicht jedoch eine Lösung der Nationalitätenfragen der Donaumonarchie.

Angesichts der zweifachen Frontstellung gegen das Beharrungsvermögen von Dynastien, Bürokratien, Armeen und partikularen Kräften auf der einen Seite und gegen republikanisch-sozialrevolutionäre Strömungen auf der anderen Seite scheiterte die bürgerlich-liberale Revolution im Bereich der deutschen Staatenwelt – ebenso wie in Italien – an der Doppelaufgabe der Staats- und Verfassungsschöpfung. Der Aufhebung der in der Paulskirche beschlossenen Grundrechte durch den Bundestag 1851 standen Reformen der deutschen Regierungen auf den Gebieten der Verwaltung, Finanzen, Schule und Universität gegenüber. Mit der Gründung des »Deutschen Nationalvereins« 1859 suchten die bürgerlichen Kräfte die deutsche Einigung erneut voranzutreiben, ein Anliegen, das in den Sechziger- und Siebzigerjahren mit militärischen Mitteln durch Otto von Bismarck auf dynastisch-kleindeutscher Ebene verwirklicht wurde.

Gerhard Baum †

Exkurs: Revolution

Eine Umwälzung des Bestehenden

Von der »Glorreichen Revolution« zur Märzrevolution: Definition und Begrifflichkeit

In der Nacht nach der Erstürmung der Bastille im Juli 1789 soll der bestürzte Ludwig XVI. mit dem Herzog François Alexandre Frédéric von La Rochefoucauld-Liancourt über das Geschehen gesprochen und behauptet haben: »Das ist eine Revolte«; dieser aber war anderer Meinung: »Non, Sire, das ist eine Revolution.« Es nimmt nicht wunder, dass der König von Frankreich – wie übrigens viele seiner Zeitgenossen – jedwede Handlungen gegen die althergebrachte, gottgewollte Ordnung bekämpfte und als illegal beurteilte. Die Entgegnung des Herzogs hingegen lässt bereits ahnen, dass sich mit der Französischen Revolution ein völlig neues Revolutionsverständnis durchsetzte: Gewaltanwendung und die Idee der Volkssouveränität gehörten fortan zum Kern des Revolutionsbegriffes. Revolutionen wurden als Umwälzungen verstanden, die einen unumkehrbaren gesellschaftlichen Wandel einleiteten und erstrebenswerte Ziele wie Emanzipation, Freiheit und Fortschritt zumindest in Ansätzen verwirklichten.

Dass sich selbst Gegner von Revolutionen den mit diesen verbundenen positiven Inhalten nach 1789 nicht entziehen konnten, beweist Johann Wolfgang von Goethes »Verteidigung« in einem Gespräch mit dem Schriftsteller Johann Peter Eckermann im Jahre 1824: »Weil ich nun aber die Revolutionen hasste, so nannte man mich einen Freund des Bestehenden. Das ist aber ein sehr zweideutiger Titel, den ich mir verbitten möchte.«

Die Puritaner, eine Reformbewegung der anglikanischen Kirche, führten u. a. auch den Kampf des Parlaments gegen den englischen König an. Hierbei spielte der Puritanerführer und spätere Lord Protector Oliver Cromwell die entscheidende Rolle (Gemälde von Anthonis van Dyck; London, National Portrait Gallery).

Heute wird das Wort Revolution geradezu inflationär gebraucht. So spricht man in Zusammenhang mit den Veränderungen Ende der 1960er-Jahre von »Studentenrevolution« oder »sexueller Revolution«; die Werbebranche präsentiert eine »Revolution in der Hutmode«, und die »Revolution in der Gartenarchitektur« soll Innovatives und Unerwartetes im Grenzbereich von Kunst und Kommerz verheißen.

Im politischen Bereich ist der Begriff der Revolution ebenfalls nicht eindeutig bestimmt. So gibt es etliche Umstürze, bei denen umstritten ist, ob sie als Revolutionen zu gelten haben. Dazu gehören Staatsstreiche oder Putsche, in denen der Versuch unternommen wird, die amtierenden Führer einer Regierung zu ersetzen und bestehende Verfassungsorgane zu beseitigen. Solche Umstürze werden meist von einem kleinen Kreis von Personen unternommen, die schon vorher politische Machtpositionen innehatten. Der Sturz des Direktoriums durch den späteren Kaiser Napoleon I. im November 1799 wird im Allgemeinen als Staatsstreich bezeichnet; Putsche werden hingegen häufig mit dem Militär in Verbindung gebracht. So stürzte eine kleine Gruppe von Militärs in Chile im September 1973 in einem blutigen Putsch den Präsidenten Salvador Allende Gossens und installierte eine Militärjunta. Gingen mit dem Putsch in Chile grundlegende soziale und verfassungsrechtliche Veränderungen einher, so werden bei Palastrevolutionen lediglich die Regierenden ausgetauscht; tief greifende Veränderungen staatlicher Politik sind damit nicht verbunden.

Der Übergang zwischen einer »Revolution von oben«, in der die Machthaber elementare Wandlungen initiieren, und grundlegenden Reformen ist fließend. Unabhängigkeitskriege von Kolonialvölkern, die die politische

Während der Puritanischen Revolution in England ließen die Gegner von König Karl I. diesen hinrichten. Im Volk ließ die Exekution des Königs royalistische Sympathien wieder aufleben. Der Kupferstich von 1649 stilisiert ihn zum Märtyrer.

Bindung zum Mutterland auflösen wollen, können mit Revolutionen einhergehen. Auch Bürgerkriege sind manchmal mit Revolutionen verbunden; einige Forscher gehen sogar so weit, Bürgerkriege als eine unvermeidliche Phase von Revolutionen anzusehen, da sie sich oft als notwendig erweisen, um revolutionäre Ziele durchzusetzen.

Im Verlauf der Glorreichen Revolution (1688/89) floh König Jakob II. von England nach Frankreich und wurde vom englischen Parlament für abgesetzt erklärt.

Vom Aufstand zum Fortschritt:
Der Wandel des Revolutionsbegriffs
Im Mittelalter bezeichnete man gewaltsame Erhebungen einer rechtlich untergeordneten Partei, die bestehende Machtverhältnisse zumindest teilweise stürzen wollte, noch nicht als Revolutionen, sondern als Aufstände, Aufruhr, Empörungen oder Rebellionen. Auch Begriffe wie Verschwörung oder Hochverrat spiegeln die Sicht der Machthabenden wider, die die damit verbundenen Aktionen schon sprachlich als widerrechtlich brandmarkten und teilweise sogar als gewöhnliche Verbrechen ausgaben. Außerdem rufen diese Begriffe nicht Vorstellungen von tief greifenden strukturellen Veränderungen hervor, wie sie für das moderne Verständnis von Revolutionen charakteristisch sind.

In der frühen Neuzeit, also etwa der Zeit zwischen dem 15. und 17. Jahrhundert, war die Bedeutung des Wortes »Revolution« noch durch dessen Verwendung in der Astronomie geprägt, in der es den kreisförmigen Umlauf eines kleineren Himmelskörpers um einen größeren kennzeichnete. Auch im übertragenen Sinne be-

> **INFOBOX**
> **Geheiligte und unveräußerliche Rechte**
> Die Volkssouveränität war ein Hauptanliegen der »Déclaration des droits de l'homme et du citoyen«, der »Erklärung der Menschen- und Bürgerrechte«. Laut Präambel der 1793 in Paris gedruckten Erklärung habe das französische Volk diese geheiligten und unveräußerlichen Rechte beschlossen, damit alle Bürger, indem sie ohne Unterlass die Taten der Regierung mit dem Zweck jeder gesellschaftlichen Institution vergleichen können, sich niemals durch Tyrannei unterdrücken und erniedrigen lassen, auf dass ferner das Volk immer die Grundlagen seiner Freiheit und seines Glücks vor Augen habe, der Beamte die Regel seiner Pflichten und der Gesetzgeber den Gegenstand seiner Aufgabe.

zeichnete »Revolution« daher eine Umwälzung, die frühere Zustände wiederherstellte. Die so genannte »Glorreiche Revolution« in England, durch die 1688/89 König Jakob II. abgesetzt und einige Rechte des Parlaments festgeschrieben wurden, war das erste politische Ereignis, das viele Zeitgenossen als Revolution bezeichneten. Vorderhand verstanden sie darunter eine Rückkehr zu früheren Verhältnissen, nicht den Beginn von etwas grundlegend Neuem, und gingen außerdem davon aus, dass solche revolutionären Wiederherstellungen von ursprünglichen Zuständen unumgänglich seien. Dennoch wurde bereits die »Glorreiche Revolution« als etwas Einmaliges angesehen, und in Frankreich meinten einige fortschrittliche Geister sogar, dass sie etwas Neues hervorgebracht habe.

Aber erst im 18. Jahrhundert bildete sich allgemein die Überzeugung heraus, dass Revolutionen eine Verbesserung der bestehenden Zustände einleiteten und mit Fortschritt einhergingen. Während vormals Rebellen dem Vorwurf der Gehorsamsverweigerung, der oft ihr Handeln begleitete, dadurch begegneten, dass sie den Sturz von Despoten und die Wiederherstellung früherer Zustände als ihre Ziele benannten, berief man sich jetzt auf Revolutionen, um tief greifende, zuvor kaum denkbare Umwälzungen zu rechtfertigen.

Im Gefolge der Französischen Revolution etablierte sich ein neuer, grundsätzlich positiver Revolutionsbegriff. Er ermöglichte, illegale Handlungen und den Einsatz von Gewalt in Hinblick auf die Durchsetzung der revolutionären Ziele zu legitimieren. Revolution wurde zu einem Grundgedanken, dessen Realisierung man abzuwenden oder durchzusetzen versuchte. Da Revolutionen die Verwirklichung großer Ideale wie Freiheit oder Gleichheit auf ihrem Banner führten, konnte die Behauptung, man treibe sie voran, fast beliebig eingesetzt werden, um Machtergreifungen zu rechtfertigen. Ein Rebell zu sein, war negativ, aber ein Revolutionär zu sein, war fortan positiv besetzt und wurde nicht mit Verschwörung oder Hochverrat assoziiert. Gegner von missglückten Revolutionen bezeichneten die Akteure daher meist als widerrechtlich handelnde Rebellen oder Rädelsführer, während diese für sich in Anspruch nahmen, Revolutionäre zu sein.

Für den ersten Jahrestag der Oktoberrevolution entwarf Chagall das Plakat »Krieg den Palästen«. Die Entwurfsskizze zeigt einen russischen Bauern, der ein Herrenhaus aus den Angeln hebt (Moskau, Tretjakow-Galerie).

Der Triumph des Sturms auf die Bastille 1789 (zeitgenössisches Aquarell) markierte den Beginn der Französischen Revolution (Paris; Musée Carnavalet).

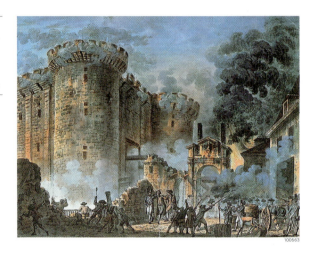

Darüber hinaus ging man anfangs davon aus, Revolutionen seien planbar, ihr Verlauf kraft freien menschlichen Willens steuerbar. Diese Annahme erwies sich aber allzu oft als ein Trugschluss; die Beteiligten machten sehr häufig die Erfahrung, dass sie das Geschehen ab einem gewissen Zeitpunkt nicht mehr kontrollieren konnten. Dass Revolutionen eine Eigendynamik und eine inhärente Gesetzmäßigkeit zugeschrieben wurde, zeigt sich in Wendungen wie »Die Revolution frisst ihre eigenen Kinder«. Es liegt im Wesen von Revolutionen und der Unvorhersagbarkeit der Ereignisse, dass viele, die sich anfangs für oder gegen einen Umsturz engagierten, dies niemals getan hätten, wenn sie die tatsächlichen Folgen hätten absehen können.

Einer solchen Fehleinschätzung erlagen im Verlauf der englischen Revolution schon viele Zeitgenossen, die im Jahre 1641 die Opposition gegen König Karl I. vorangetrieben hatten und dann völlig entsetzt auf die Hinrichtung des Königs im Jahre 1649 reagierten, um die elf Jahre später folgende Restauration des Königtums mit großer Freude zu begrüßen. Umgekehrt beurteilten einige Zeitgenossen wie Benjamin Franklin im Vorfeld der Amerikanischen Revolution die Maßnahmen der englischen Regierung als durchaus vertretbar und wollten keineswegs eine Loslösung vom British Empire. Nach dem Beginn des Krieges und der Erklärung der Unabhängigkeit wurden aber aus anfänglichen Zweiflern enthusiastische Revolutionäre, die sich mit großem Engagement für die Errichtung eines eigenständigen demokratischen Staates einsetzten.

Insgesamt werden Revolutionen seit dem 18. Jahrhundert als etwas grundsätzlich Positives angesehen, das Fortschritt und Verbesserungen einleitet. Dies zeigt sich darin, dass Kräfte, die sich gegen sie richten, meist mit abschätzigen Begriffen, zum Beispiel Gegen- und Konterrevolutionäre oder Reaktionäre belegt werden. Ebenso wie schon Ludwig XVI. bezeichnen Revolutionsgegner Revolutionen daher eher als politische Umstürze oder sogar Revolten.

Das heutige Revolutionsverständnis
Es liegt an der Komplexität politischer Umstürze und an der Menge der Ereignisse, die als Revolutionen bezeichnet worden sind, dass heute keine Einigkeit darüber besteht, was genau eine Revolution auszeichnet. Es gibt fast so viele Begriffsdefinitionen wie Wissenschaftler, die sich mit Revolutionen auseinander setzen. Dennoch lassen sich aus der Vielzahl der Bestimmungen einige Komponenten herausfiltern, die den meisten Definitionen

Das Hambacher Fest, die erste große Nationalkundgebung in Deutschland, vereinigte disparate Kräfte. Die deutschen Farben setzten sich endgültig durch. Die Abbildung zeigt den Zug auf das Schloss in einer volkstümlichen Lithographie von 1832.

Nach den Beschlüssen des Bundestags 1835 kam es in Deutschland zu Demagogen- und Handwerkerverfolgungen. Auf dem Gemälde »Gottesdienst in der Zuchthauskirche« von Wilhelm Joseph Heine sieht man vor der Säule Friedrich Ludwig Weidig, der am 23. 2. 1837 in Darmstädter Haft Selbstmord beging (Berlin, Nationalgalerie).

zugrunde liegen. Häufig versteht man unter Revolution eine rasche und tief greifende Form gesellschaftlichen Wandels, in der bestehende Rechtsordnungen zerstört und bisher geltende rechtliche Spielregeln außer Kraft gesetzt werden. Mit dem Zusammenbruch des staatlichen Gewaltmonopols geht ein Kampf von mindestens zwei Gruppen um die Souveränität einher. Bei geglückten Revolutionen kommt es zur gewaltsamen Ersetzung der herrschenden Eliten durch andere Eliten, denen es gelingt, die Massen zu mobilisieren und gemeinsam mit diesen grundlegende zukunftsgerichtete Veränderungen durchzusetzen. Nach der Machtübernahme erfolgt ein rascher Wandel der herrschenden Werte, der politischen Strukturen, der sozialen Verhältnisse, der Regierung und der politischen Entscheidungen.

Einige Bestandteile dieser allgemeinen Bestimmung sind indes in der Forschung heftig umstritten. So herrscht keine Einigkeit darüber, ob Revolutionen immer mit Gewalt einhergehen und ob sie notwendig einen sozialen Wandel zur Folge haben müssen. Vor allem wird bezweifelt, ob Revolutionäre unbedingt das Ziel zu ver-

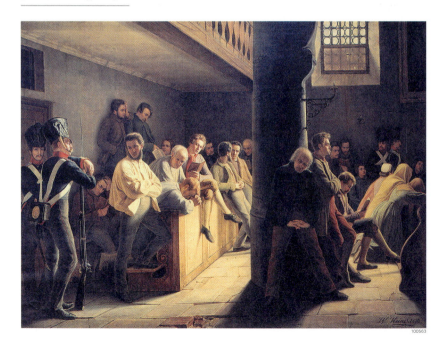

Exkurs: Revolution

Das Gemälde des französischen Malers Horace Vernet hält die Erinnerung an die mehrfach niedergeschlagenen Aufstände der Polen wach. Siegesmächtig sitzt der russische Zarenadler nach dem gescheiterten Novemberaufstand von 1830/31 auf der Brust seines ermordeten Opfers.

folgen haben, eine fundamentale zukunftsweisende Veränderung der bestehenden Strukturen herbeizuführen. Diese Fragen bilden deshalb einen zentralen Streitpunkt der gegenwärtigen Revolutionsforschung, weil dann sämtliche Erhebungen vor 1789 nicht als Revolutionen bezeichnet werden können. Vor der Französischen Revolution beriefen sich die an politischen Umstürzen Beteiligten auf alte Freiheitsrechte, die ursprüngliche Gleichheit aller oder einen Abschnitt der nationalen Geschichte, um ihr Handeln zu legitimieren. Häufig bezogen sie sich dabei weniger auf historische Fakten, sondern vielmehr auf nostalgisch verklärte Visionen der eigenen Vergangenheit.

Obgleich die Revolutionäre vor 1789 somit überwiegend in dem Bewusstsein, frühere Zustände wiederherstellen zu wollen, operierten, zeitigten frühneuzeitliche Umstürze teilweise durchaus revolutionäre Konsequenzen. So erreichten die Beteiligten in der Englischen Revolution der 1640er-Jahre die Hinrichtung von König Karl I. und die Etablierung einer Republik, sodass es, vom Ergebnis her betrachtet, durchaus gerechtfertigt ist, dieses Ereignis als eine Revolution zu bezeichnen. Das Selbstverständnis der Beteiligten, einen zukunftsweisenden Umsturz herbeiführen zu wollen, zu einem notwendigen Kriterium des Revolutionsbegriffs zu machen, ist auch deshalb wenig sinnvoll, weil meist eine große Kluft zwischen den Zielen der Revolutionäre und den tatsächlichen Ergebnissen besteht. Insgesamt erscheint es daher gerechtfertigt, auch Umstürze, die sich vor 1789 ereigneten, als Revolutionen zu bezeichnen.

Vera Nünning

Wie laufen Revolutionen ab? – Ursachen und Typen

Die Revolutionsforschung, die besonders nach Gründen für den Ausbruch von Revolutionen fragte, unterscheidet zwischen längerfristigen Ursachen und kurzfristigen Auslösern. Obgleich es in Revolutionen maßgeblich um die Veränderung politischer Strukturen und den Austausch von Regierenden geht, liegen deren Wurzeln nicht primär im politischen Bereich. Sie gründen oft in einer Krisensituation, in der das soziale Gleichgewicht aus dem Lot geraten und ein Auseinanderstreben der gesellschaftlichen Kräfte eingetreten ist.

Den Hintergrund für Revolutionen bildet meist eine Diskrepanz zwischen Werten und realen Lebensbedingungen, wobei zunächst gleichgültig ist, ob dieses Missverhältnis wirtschaftlicher, sozialer oder politischer Natur ist. So können Forderungen von Staaten mitverantwortlich für den Ausbruch von Revolutionen sein, sofern deren Bürger diese nicht einlösen können oder wollen, weil die Forderungen etwa kollektive Identitäten oder alte Rechte bedrohen wie beispielsweise im Vorfeld der Amerikanischen Revolution. Mit der Losung *no taxation without representation* (keine Besteuerung ohne Stimmrecht) machten die Siedler ihre Rechte als freie Engländer geltend: Das britische Parlament konnte zwar legitimerweise hohe Zölle einfordern, aber die Auferlegung von Steuern ohne die Zustimmung von gewählten Repräsentanten wurde als ein despotischer Akt bewertet, gegen den Widerstand geleistet werden musste.

Wirtschaftliche Faktoren können ebenfalls wichtig sein, wenn sie auch meist nicht die zentralen Gründe liefern. Entgegen der »Verelendungstheorie« von Karl Marx, nach der die zunehmende Degradierung der Industriearbeiterklasse im Kapitalismus diese schließlich zur Verzweiflung und zur unvermeidbaren Revolution führt, haben Untersuchungen ergeben, dass politische Umstürze nicht von Bevölkerungsgruppen initiiert wurden, die am Rande des Elends lebten. Wer täglich um sein Überleben kämpfen muss, hat weder Zeit noch Kraft oder Mittel für gewaltsamen Widerstand.

Ende der 1930er-Jahre hat James Davies dagegen die These aufgestellt, dass Revolutionen häufig eine Phase wirtschaftlicher Prosperität vorausging, die kurz vor dem Ausbruch der Revolution abrupt abbrach. Von zentraler Bedeutung ist für ihn das Konzept der »relativen Deprivation«: In der Phase des wirtschaftlichen Aufschwungs werden Erwartungen hoch geschraubt; wenn diese abflaut, ist zu befürchten, dass nicht einmal der erreichte Lebensstandard auf Dauer gesichert werden kann. Anspruch und Wirklichkeit klaffen auseinander, und wenn die Kluft zwischen Zukunftshoffnungen und Zukunftsängsten zu groß wird, kommt es Davies zufolge zur Revolution. Er belegt seine These anhand einer Analyse der Russischen Revolution von 1917 und der ägyptischen Revolution von 1952, die jeweils auf eine Zeit ökonomischer Konsolidierung und wirtschaftlichen Wachstums folgten.

Obgleich die Thesen von Davies als zu einseitig kritisiert worden sind, haben sie das Revolutionsverständnis insofern ergänzt, als nun meist anerkannt wird, dass Bewusstseins- und Wahrnehmungsebene der Beteiligten eine entscheidende Rolle spielen: Nicht tatsächliche wirtschaftliche, soziale oder politische Missstände fördern in erster Linie den Ausbruch von Revolutionen, sondern deren Bewertung als untragbar oder benachteiligend. Dabei sind nicht nur ökonomische Faktoren wichtig; vielmehr können sich auch Gruppen depriviert fühlen, die zwar vom wirtschaftlichen Wachstum begünstigt sind, es aber als ungerecht empfinden, dass sie dadurch nicht größeres politisches Gewicht oder ein höheres soziales Prestige erlangen. Ein Beispiel dafür ist das französische Bürgertum in der Französischen Revolution, das die Abschaffung der Privilegien von Adel und Kirche sowie politische Mitsprache forderte.

Damit sich Gefühle der Unzufriedenheit und der relativen Benachteiligung in Revolutionen entladen,

Bürgerkriege sind oft mit Revolutionen verbunden. Die Lithographie »Bürgerkrieg« von Eduard Monet (Paris, 1871) befindet sich in Privatbesitz.

muss zusätzlich das Bewusstsein ausgeprägt sein, dass die bestehenden politischen Strukturen für die Misere verantwortlich sind. Daher spielt revolutionäre Propaganda, die breite Teile der Bevölkerung davon zu überzeugen versucht, tief greifende Änderungen in der Politik könnten gerechtere Verhältnisse schaffen, eine große Rolle.

Es führen aber nicht alle Krisensituationen zu Revolutionen, da die Regierenden auf den Verlauf der Ereignisse einwirken können. Ihnen bleiben im Wesentlichen drei Möglichkeiten, Revolutionen abzuwenden. Einerseits können sie selbst Reformen einleiten und denjenigen, die einen tief greifenden Umsturz befürworten, den Wind aus den Segeln nehmen. Andererseits können sie versuchen, die Bevölkerung davon zu überzeugen, dass die von den Revolutionären geforderten Wandlungen ihre Lage verschlechtern würden. Als dritte Möglichkeit bleibt ihnen, revolutionäre Gruppen frühzeitig zu unterdrücken. Solche Taktiken haben sich in bestimmten Situationen als erfolgreich erwiesen.

Der britischen Regierung gelang es in den 1790er-Jahren, die revolutionäre Stimmung, die im Gefolge der Amerikanischen und der Französischen Revolution in England aufgekommen war, durch eine kompromisslose Repressionspolitik erfolgreich zu bekämpfen. So wurden die Habeas-Corpus-Akte ausgesetzt und einige führende Oppositionelle in Schauprozessen zum Tode oder zur Zwangsarbeit in den Kolonien verurteilt. Gleichzeitig konnte die konservative Propaganda weite Teile der Bevölkerung davon überzeugen, dass eine Revolution unweigerlich in Anarchie und Chaos enden würde.

In Deutschland war es in der Krise nach dem Ersten Weltkrieg 1918/19 möglich, eine Revolution nach russischem Vorbild durch eine Verbindung von weit reichenden Reformen, der Schaffung einer Republik und der gewaltsamen Niederschlagung von Aufständen zu verhindern. Allerdings haben die Bemühungen der Regierenden nicht immer Erfolg. Die Reformen, die Ludwig XVI. einleitete, verbesserten die Situation im Vorfeld der Französischen Revolution kaum: Konservative hielten sie für zu radikal, und aufgeklärten Zeitgenossen erschienen sie als völlig unzureichend. Der Einsatz von Reformen ist daher kein untrügliches Mittel, Revolutionen abzuwenden; im Gegenteil kann ein inkompetentes Eingehen auf Reformforderungen als Zeichen der Schwäche des Regimes gedeutet werden und den Eindruck der Ineffizienz verstärken.

Gelingt es den Machthabenden nicht, dem Volk ihre Absichten zu vermitteln, oder stehen ihnen keine ausreichenden Machtmittel zur Unterdrückung des Widerstands zur Verfügung, so besteht die Gefahr, dass die geforderten Verbesserungen gegen den Willen der Regierung und außerhalb der bestehenden politischen Rahmenbedingungen durchgeführt werden. Dabei wird die Wahrscheinlichkeit einer Revolution durch drei weitere Faktoren begünstigt: durch den Vertrauens- und Autoritätsverlust der Regierenden, die zunehmend als inkompetent und illegitim eingestuft werden, und durch die Machtminderung der Regierung. Diese Entwicklung, die etwa durch den als ungerecht empfundenen Gebrauch von Gewalt gefördert wird, geht häufig mit dem Abfall der Eliten von der bestehenden Regierung einher.

In solchen Situationen werden oft Feindbilder entworfen, die mit den tatsächlichen Eigenschaften der Machthabenden nicht viel zu tun haben müssen, die es aber den Revolutionären ermöglichen, sich selbst als positives Gegenbild der angeblichen Unmoral, Korruption und Ineffizienz der Regierenden darzustellen. Dieser Prozess lässt sich sehr schön an der Amerikanischen Revolution beobachten, denn zu Beginn der Auseinandersetzungen zwischen den Kolonien und dem britischen Mutterland verstanden sich die amerikanischen Siedler noch als gute Engländer, die stolz waren auf ihre freiheitliche englische Verfassung; erst im Verlauf der Revolution entstanden zahlreiche Propagandaschriften, die Amerika als ein einfaches, tugendhaftes Land zeichneten, das alle ursprünglichen britischen Tugenden behalten habe, während Großbritannien angeblich die Blüte seiner Zivilisation überschritten hatte und nun von Grund auf korrupt und verweichlicht sei. Sogar die Unabhängigkeitserklärung besteht zu zwei Dritteln aus einer Anklage des damaligen Königs Georg III., der als unverbesserlicher Despot gezeichnet wurde.

Revolutionen sind nicht nur ein Zeichen der Schwäche der Regime, sondern sie markieren gleichzeitig den Durchbruch einer neuen Wertewelt. Es werden oppositionelle Ideologien entwickelt, die eine alternative, bes-

Ein hervorragendes Beispiel für die so genannte Revolutionsarchitektur in Frankreich, die ein Bauen in nüchtern-monumentalen Formen forderte, sind die Gebäude der königlichen Saline in Arc-et-Senans (Doubs), die Claude-Nicolas Ledoux 1774–79 baute.

Exkurs: Revolution

Auseinandersetzungen in Boston, dem Zentrum der nordamerikanischen Neuenglandstaaten, wie die Boston Tea Party 1773 leiteten die Amerikanische Revolution ein (Radierung von 1784 nach Daniel Chodowiecki).

sere politische Ordnung verheißen und zugleich Widerstand und den Gebrauch von Gewalt legitimieren. Häufig wird eine Verwirklichung von Menschenrechten versprochen, wie etwa in der Virginia Bill of Rights und der Menschenrechtserklärung der französischen Nationalversammlung; aber zuweilen zeitigen schlichte und vage Schlagworte wie »Freiheit, Gleichheit, Brüderlichkeit« anhaltende Wirkung. Die Bedeutung solcher Parolen ergibt sich aus der Notwendigkeit, die Massen zu mobilisieren und zu einigen, um Revolutionen erfolgreich durchführen zu können. Die Bildung revolutionärer Organisationen oder die Verbreitung neuer Symbole wie des Bundschuhs der Bauernrebellen oder der einfachen langen Hosen der Sansculotten sind weitere Möglichkeiten, um um breite Unterstützung zu werben. Die Chancen auf einen Erfolg vergrößern sich außerdem, wenn es den Revolutionären gelingt, unterschiedliche Bevölkerungsgruppen wie Bauern und Mittelschichten hinter sich zu vereinigen.

Für den Ausbruch von Revolutionen ist oftmals ein direkter Auslöser verantwortlich, der die Regimekritiker glauben lässt, dass sie den Regierungstruppen militärisch überlegen seien. Ein verlorener Krieg oder Anzeichen dafür, dass das Militär zu den Aufständischen überlaufen werde, können daher einen Anlass für den Beginn gewaltsamer Auseinandersetzungen sein, in denen mindestens zwei Gruppen um die Kontrolle des Staates kämpfen. Eine solche militärische Ausgangslage bestand etwa im Vorfeld der Russischen Revolution, in der das russische Heer während des Ersten Weltkriegs im Jahre 1916 durch das Scheitern der Brussilow- und Kerenskijoffensiven große Verluste hinnehmen musste.

Bei den kriegerischen Auseinandersetzungen mit dem alten Regime befanden sich die Revolutionäre zunächst oft im Nachteil, denn die Offiziersschicht war auf den Staat eingeschworen, und die Armee wurde von der Regierung bezahlt, die den Gehorsam der Soldaten legitimerweise einfordern konnte. Revolutionäre Truppen mussten daher häufig einen Mangel an Waffen und Schulung ausgleichen, was ihnen teilweise in brillanter Weise gelang. So schuf Oliver Cromwell in den 1640er-Jahren mit seiner New Model Army eine Armee, die auf völlig neuen Prinzipien basierte.

Den Verlauf, den Revolutionen nach der Niederlage der Truppen des alten Regimes nehmen, hat Anfang der 1960er-Jahre Crane Brinton in mehrere Phasen unterteilt. Anhand einer Analyse der englischen, Amerikanischen, Französischen und Russischen Revolution kam Brinton zu dem Schluss, dass in einer ersten Phase die Gemäßigten herrschen. Da die Verwirklichung revolutionärer Ziele aber radikale Maßnahmen erfordert, können sich die Gemäßigten in der Regel nicht lange halten. Schließlich müssen die Feinde im Inneren ausgeschaltet, die Administration zentralisiert, die nichtrevolutionäre Bevölkerung integriert, die politische Mobilisierung anderer Gruppen verhindert und eine schlagkräftige Armee aufgebaut werden.

Exkurs: Revolution

Moderatere Politiker werden daher entweder von Konterrevolutionären besiegt oder von Radikalen beseitigt. So wurden die gemäßigteren Parlamentsmitglieder in England 1648 gewaltsam aus dem Parlament ausgeschlossen, was den Weg für die Hinrichtung des Königs bereitete. Auch die provisorische Regierung, die nach der Februarrevolution 1917 in Russland regierte, hatte nicht lange Bestand. Kurze Zeit nach deren erster Krise im April konnten die Bolschewiki die Macht an sich reißen. Nach der Ausschaltung der Gemäßigten etablieren die Radikalen nach Brinton ein Regime des Terrors, um ihre Absichten durchzusetzen. Die letzte Phase der Revolution ist diesem Modell zufolge die Zeit des Thermidors, die nach dem Ausgang der Französischen Revolution benannt wurde. Die Herrschaft von Militärdiktaturen bestimmt diese abschließende Phase.

Typen der Revolution
Revolutionstypen werden nach den beteiligten Bevölkerungsgruppen und nach dem inhaltlichen Schwerpunkt unterschieden. Die wichtigsten Typen bilden die ständi-

In leuchtenden Farben stellt der russische Maler Boris Michajlowitsch Kustodijew in seinem Gemälde »Der Bolschewik« (1919/20) die Russische Revolution dar (Moskau, Tretjakow-Galerie).

Der utopische Gesellschaftsentwurf des französischen Philosophen Charles Fourier baut auf der Idee des Phalansterismus auf, einer harmonischen Wohn-, Lebens- und Produktionsgemeinschaft. Seine Lehre wirkte auf Marx und Engels (Lithographie von 1848).

sche Revolution, die Bauernrevolution, die bürgerliche und die proletarische Revolution. Die Träger von Revolutionen sind nach eigenem Verständnis Minderberechtigte, gleichgültig, ob es sich um Bauern oder Adlige handelt. Nach ihren Inhalten unterscheidet man zwischen politischen und sozialen Revolutionen.

Außerdem kann man differenzieren zwischen Revolutionen nach »westlichem Muster«, zu denen die Französische und die Russische Revolution zählen, und Revolutionen nach »östlichem Muster«, etwa die vietnamesische oder kubanische Revolution. In »westlichen« Revolutionen brachen zunächst die politischen Organe zusammen, danach wurden neue Institutionen etabliert.

Außerdem spielten Hauptstädte in diesen Umstürzen eine große Rolle, da dort die Bevölkerungsdichte und die Kommunikationskanäle vorhanden waren, die eine Massenmobilisierung ermöglichten. Solche Revolutionen begannen meist mit der Besetzung von Hauptstädten und griffen dann auf die ländliche Bevölkerung über. So kam es in der Französischen Revolution erst nach dem Sturm auf die Bastille in Paris, die als Symbol der despotischen Herrschaft Ludwigs XVI. galt, zu Bauernerhebungen auf dem Land. Wichtig waren Hauptstädte auch deshalb, weil sie den zentralen Regierungssitz und damit den Ort bildeten, an dem man einer Regierung habhaft werden konnte. Außerdem gelangten durch die Einnahme der Hauptstädte die zentralen Verwaltungsorgane in die Hand der Revolutionäre. Ein Grund für das Scheitern der 1848er-Revolution in Deutschland kann daher darin gesehen werden, dass es erst seit 1871 eine deutsche Hauptstadt gab.

»Östliche« Revolutionen verlaufen nach einem anderen Muster. Dies liegt teilweise daran, dass sie später stattfanden und die Revolutionäre aufgrund der relativen Modernität der bestehenden Regime, in deren Folge diese mehr Macht, Legitimität und Waffen besaßen, größere Schwierigkeiten zu überwinden hatten. Um ein so ausgestattes Regime stürzen zu können, mussten erst neue Organisationen gebildet werden, die einen anhaltenden und effizienten Kampf koordinieren konnten. Häufig wurde die Machtbasis der alten Regime durch lang andauernde Guerillakämpfe, die zu einem Bestandteil moderner Revolutionen und Gegenrevolutionen geworden sind, unterwandert. In Vietnam und in Kuba rangen die Kontrahenten jahrelang um die Macht, wobei zunächst Teile der Bevölkerung auf dem Land für die revolutionäre Sache gewonnen werden konnten, bis schließlich die Hauptstadt eingenommen wurde. Bei »östlichen« Revolutionen lässt sich daher im Gegensatz zu »westlichen« ihr Beginn häufig nicht genau datieren, während der endgültige Zeitpunkt der Machtergreifung präzise festgelegt werden kann: In Kuba der 1. Januar 1959, an dem Fidel Castro Ruz die Macht anstelle des geflohenen Fulgencio Batista y Zaldívar übernahm.

Vera Nünning

Wechselnde Perspektiven: Neue Facetten des Begriffs

Einige Revolutionstheorien sind nicht zuletzt deshalb von großer Bedeutung, weil sie den Ablauf von Revolutionen beeinflussten. Zu den wichtigsten Theoretikern gehören zweifellos Karl Marx (1818–83) und Friedrich Engels (1820–95). Für beide bilden Revolutionen Prozesse, die im Verlauf der Geschichte notwendig erfolgen und den Übergang von einer Gesellschaftsform zur nächsten darstellen. Diese meist gewaltsamen Umwälzungen gründen auf dem jeweiligen Entwicklungsstand der ökonomischen, sozialen, historischen und kulturellen Situation, können aber durch menschliches Handeln beschleunigt oder verlangsamt werden.

Marx und Engels zufolge zerstören Revolutionen alte Strukturen und leiten qualitativ andere soziale Klassen- und Herrschaftsverhältnisse ein. So bedingen bürgerliche Revolutionen den Übergang vom Feudalismus zum Kapitalismus und zur Herrschaft des Bürgertums, die wiederum durch die proletarische Revolution beendet werde. In dieser stelle die Diktatur des Proletariats eine Übergangsphase dar, bevor es zur Etablierung einer klassenlosen Gesellschaft komme, in der es keine Herrschaft mehr gebe und die Entfremdung des Menschen aufgehoben werde.

Nach Marx und Engels muss der Kapitalismus in seiner Spätphase angelangt sein, bevor die wirtschaftlichen Voraussetzungen für die proletarische Revolution gegeben sind; Wladimir Iljitsch Lenin (1870–1924) vertrat angesichts der rückständigen russischen Verhältnisse zu Beginn des 20. Jahrhunderts jedoch eine andere Meinung.

Lenin hielt eine sozialistische Revolution auch da für möglich, wo die gesellschaftlichen Rahmenbedingungen

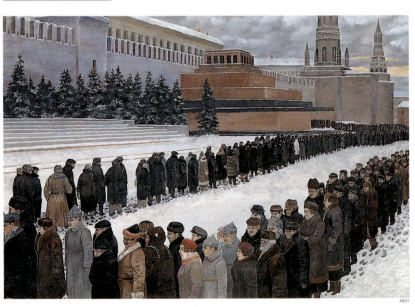

Das Gemälde von Aleksandr Owschinnikow belegt die grenzenlose Verehrung für Wladimir Iljitsch Lenin bei der Bevölkerung vor der stalinistischen Ära. Menschenmengen stehen vor seinem Mausoleum in Moskau Schlange (Kursk, Gemäldegalerie).

Exkurs: Revolution

noch nicht so weit fortgeschritten waren, dass die Arbeiterschaft von sich aus die Initiative übernehmen konnte. Er wartete nicht auf die Eskalation des Gegensatzes zwischen Produktionsverhältnissen und Produktivkräften, sondern hielt Revolutionen prinzipiell für machbar. Notwendig sei lediglich eine klare Planung durch eine Organisation, die über einen hohen Wissensstand verfüge und in der Lage sei, die Massen zu führen. Diese Leitung sollte eine zentralistisch organisierte Partei von Berufsrevolutionären unter Führung ihres Zentralkomitees übernehmen. Die avantgardistische, der Arbeiterschaft überlegene Partei der Berufsrevolutionäre wurde für Lenin damit zur Bedingung für den Erfolg einer Revolution.

Rosa Luxemburg (1870–1919) vertrat demgegenüber die Auffassung, dass Revolutionen vom gesellschaftlichen Entwicklungsstand abhingen und spontane Äußerungen von proletarischen Massen bildeten. Die Initiative müsse vom Proletariat ausgehen, das auf keinen Fall von einer Partei dirigiert werden dürfe.

Mao Zedong (1893–1976) hingegen entwickelte eine völlig andere, auf die chinesischen Verhältnisse zugeschnittene Variante der kommunistischen Revolutionstheorie. Getreu seiner Devise, die politische Macht komme aus den Gewehrläufen, beruhte sein Plan auf den Guerillakämpfen unterlegener revolutionärer Kampfeinheiten, die von den besitzlosen Bauern unterstützt werden sollten. Die ländliche Bevölkerung sollte unter Anleitung der Kommunistischen Partei die Städte umzingeln und das Gelingen der Revolution sichern. In Hinsicht auf die ökonomische Grundlage, die Träger und den Ablauf der Revolution sowie den Gebrauch von Gewalt bestehen daher große Unterschiede zwischen den Theorien von Marx, Lenin und Mao.

Eine Gemeinsamkeit zwischen der russischen und chinesischen Revolutionstheorie besteht dagegen in der Auffassung, dass neben der politischen und ökonomischen Umwälzung auch eine Kulturrevolution erfolgen müsse. Ziel dieses fundamentalen kulturellen Wandels war es Lenin zufolge, einen neuen Menschen und eine sozialistische Intelligenz heranzubilden; der geistige Horizont der Volksmassen sollte erweitert und eine breite Volkskultur ausgeprägt werden. Im Gegensatz zu Vor-

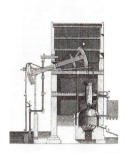

Mit solchen dampfgetriebenen Wasserpumpen wurden im 18. Jh. die Schächte der Bergwerke vor Überflutung geschützt. Die Erfindung der Dampfmaschine zum Antrieb für Arbeitsmaschinen war eine der Voraussetzungen für die »industrielle Revolution«.

ZITAT

Die erste Satzung des Schriftstellerverbandes der UdSSR formulierte 1934 die Doktrin des sozialistischen Realismus:

Hierbei müssen Wahrheit und historische Konkretheit der künstlerischen Darstellung der Wirklichkeit in Abstimmung mit der Aufgabe gebracht werden, die Werktätigen im Geiste des Sozialismus ideell umzuformen und zu erziehen ...

> **INFOBOX**
>
> **Sozialistischer Realismus**
> In den frühen 1930er-Jahren, als unter der Führung Stalins auch das geistige Leben in der Sowjetunion einem totalitären Machtanspruch unterstellt wurde, wurde der sozialistische Realismus, eine eng an die marxistisch-leninistische Ideologie gebundene Methode der künstlerischen Gestaltung und Kritik in Literatur und bildender Kunst, als verbindliches Programm und ästhetische Doktrin formuliert.
> Zu deren Merkmalen wurden erklärt: Volksverbundenheit in Inhalt und Form, der »positive Held«, der als Individuum in typischer Weise den Fortschritt im sozialistischen Sinn repräsentieren und zur Identifikation dienen sollte, die Vermeidung von nicht lösbaren Konflikten als Ausdruck der Überwindung der »Klassenwidersprüche«.
> In der bildenden Kunst dominierte eine optimistisch-heroisierende, dem Ideal des positiven Helden verpflichtete Monumentalkunst in allen Variationen und Genres. Porträts führender Politiker, Historienbilder, der sozialistische Aufbau, Szenen aus dem Produktionsprozess, der industriellen und bäuerlichen Arbeitswelt sowie sozialistisch-realistische Traditionen der anekdotenhaften und moralisierenden Genremalerei waren bis in die 1950er-Jahre hinein bestimmend.

stellungen vom Proletkult, der einen scharfen Kontrast zur bürgerlichen Kultur bildete, vertrat Lenin die Ansicht, dass das Gute aus dem alten Kulturerbe bewahrt werden solle. Neue sozialistische Werke – bewusst parteilich und für die Volksmassen verständlich – traten in Lenins Konzeption, die sich später durchsetzen konnte und im sozialistischen Realismus ihren Ausdruck fand, neben die traditionelle bürgerliche Kunst.

Auch Mao gelangte in den 1960er-Jahren zu der Überzeugung, eine proletarische Kulturrevolution müsse in China die politische und soziale Revolution vollenden. Da die bürgerliche Kultur ihm zufolge eine Emanzipation der Menschen verhinderte, müsse der Klassenkampf fortgeführt werden, um eine neue Ära sozialistischer und proletarischer Kultur einzuleiten, die den Menschen befreie. Dafür sei es notwendig, gegen bürgerliche Künstler und Kritiker vorzugehen und die Hochschätzung klassischer und sowjetischer Literatur zu beenden. Da diese Umerziehung Maos Auffassung nach ohne Gewaltmaßnahmen durchgeführt werden sollte, konnte die Armee nicht eingesetzt werden; Schüler und

> **ZITAT**
>
> Der deutsche Maler und Grafiker Willi Sitte bezeichnete 1973 den sozialistischen Realismus als *eine Methode künstlerischer Durchdringung und ... Verarbeitung der unabhängig von unserem Bewusstsein real existierenden Wirklichkeit.*

Exkurs: Revolution

Studenten, die sich in der »Roten Garde« zusammenschlossen, waren die ersten Träger der chinesischen Kulturrevolution. Es greift jedoch zu kurz, diese Revolution ausschließlich als den Versuch der umfassenden kulturellen Indoktrination der städtischen Massen zu begreifen. Sicherlich spielten auch Maos Ziele eine Rolle, in einer »Säuberungsaktion« seine Gegner innerhalb der Kommunistischen Partei auszuschalten und seine Vorstellungen des Marxismus-Leninismus in ganz China durchzusetzen.

Die industrielle Revolution
Angesichts der grundlegenden Merkmale des politischen und kulturellen Revolutionsbegriffs verwundert es kaum, dass einige Wissenschaftler den Terminus »industrielle Revolution« ablehnen. Wenn sich eine Evolution dadurch von einer Revolution unterscheidet, dass sie

Das Propagandaplakat zeigt den triumphierenden Mao Zedong, den Sieger im chinesischen Bürgerkrieg. Er proklamierte am 1. 10. 1949 die Volksrepublik China.

Der sich im späten 18. Jh. entwickelnde Kapitalismus bedeutete für breite Bevölkerungsschichten härteste Arbeit und Verelendung, die auch vor Kinderarbeit wie hier in einem englischen Kohlebergwerk, nicht Halt machten (1844; kolorierte Lithographie).

sich längerfristig vollzieht und von niemandem absichtlich in Gang gesetzt wird, könnte man auch von einer »industriellen Evolution« sprechen. Andererseits aber rechtfertigen es die grundlegenden Umwälzungen, die mit dem Durchbruch des Industrialisierungsprozesses einhergingen, den Revolutionsbegriff auf die wirtschaftliche Entwicklung zu übertragen.

Der Begriff »industrielle Revolution« bezeichnet im Allgemeinen jene Phase schneller technologischer, ökonomischer und sozialer Veränderungen, die den Übergang von einer relativ statischen, feudalistisch geprägten Agrargesellschaft zu einer rasch expandierenden Industriegesellschaft kennzeichnen. Dieser Wandel vollzog sich seit der zweiten Hälfte des 18. Jahrhunderts zuerst in England, danach in fast allen europäischen und nordamerikanischen Staaten sowie in Japan. Inwieweit diese Entwicklungsmodelle auf den Industrialisierungsprozess von Ländern der Dritten Welt übertragen werden können, bleibt umstritten; sicherlich hängen die genauen Verlaufsformen von den sozioökonomischen, politischen, kulturellen und natürlichen Rahmenbedingungen ab.

Der Übergang vom linearen zum exponentiellen Wachstum beruhte auf drei Ursachenkomplexen. Von grundlegender Bedeutung war zum einen ein fundamentaler technischer Wandel, der sowohl die Produktion als auch den Transport von Waren maßgeblich prägte und mit der Erfindung neuer Produktionsverfahren und Maschinen wie etwa der Dampfmaschine einherging. Weitere Voraussetzungen bildeten die Steigerung des verfügbaren Geld- und Sachkapitals sowie die Vermehrung des Arbeitsangebots infolge des Bevölkerungswachstums. Der Ausdruck »industrielle Revolution« bezog sich zunächst nur auf die Umwälzung der Produktionstechniken, wurde später aber auch auf die damit in Gang gesetzten Veränderungen der sozialen Verhältnisse in England angewandt. In Bezug auf Westeuropa und Nordamerika verwendete man diesen Begriff schließlich sogar zur Bezeichnung eines Zeitalters.

Überblickt man die vielfältigen Bedeutungen des Revolutionsbegriffs, die von rückwärts- und zukunftsorientierten gewaltsamen politischen und sozialen Umstürzen über fundamentale kulturelle Veränderungen bis zu einem längerfristigen ökonomischen Wandel reichen, so erscheint die Scheu Ludwigs XVI., dieses Wort zu verwenden, geradezu modern. Zumindest einige moderne Wissenschaftler vertreten die Auffassung, der Revolutionsbegriff bezeichne so viele unterschiedliche Phänomene, dass er vage und wertlos geworden sei. Solchen Bedenken zum Trotz zeigt aber gerade die Popularität dieses Wortes, dass man offensichtlich nicht gut ohne seinen Gebrauch auskommen kann. Eine Beschäftigung mit diesem allgegenwärtigen Begriff, dessen positive Konnotationen in allen Lebensbereichen von der Politik bis zur Mode genutzt werden, ist daher nicht nur für Historiker von Interesse. *Vera Nünning*

Amerika
(um 1770 bis um 1860)

Nordamerika

Nova Gallia in der Neuen Welt: Die Anfänge des französischen Kolonialreichs

Erst relativ spät ist Frankreich in den Kreis der europäischen Entdeckermächte getreten. Der Grund lag in innenpolitischen Auseinandersetzungen und in der habsburgischen »Umklammerung«, die das französische Königreich in Europa beschäftigten und seine expansiven Kräfte banden. Die portugiesisch-spanischen Entdeckungen blieben indessen in Frankreich nicht unbemerkt, namentlich als durch Piraterie Aztekenschätze, die Hernán Cortés an Kaiser Karl V. gesandt hatte, in die Hände des französischen Königs Franz I. fielen. Aber die Franzosen suchten doch, den Spaniern aus dem Weg zu gehen und etwa den Zugang nach Asien über bis dahin noch unerschlossene Räume zu finden.

Unter diesen Bedingungen sowie aufgrund günstiger Wind- und Strömungsverhältnisse im Nordatlantik ergab sich die Stoßrichtung auf den nördlichen Teil des amerikanischen Kontinents, also jenen Teil Nordamerikas, der anfangs Nova Gallia (Neugallien), aber schon bald Nouvelle France (Neufrankreich) beziehungsweise Kanada – ein irokesisches Wort für Dorf oder Gemeinschaft – genannt werden sollte.

Bestimmt wurde das französische Vorgehen zunächst eindeutig von Wirtschafts- und Handelsinteressen. So standen hinter dem ersten von der Krone genehmigten Unternehmen des Florentiners Giovanni da Verrazano, der die amerikanische Ostküste entlang- und als erster Europäer 1523/24 in die Bucht von New York einfuhr, italienisches Handelskapital aus Lyon und französische Reedereiinteressen. Aufgrund der von Verrazano ausgelösten spanischen Aktivitäten an der nordamerikanischen Küste richtete Frankreich sein Augenmerk auf die nördlichsten Gebiete um den Sankt-Lorenz-Golf.

Ihn und seine Anrainerküsten erschloss der erste große französische Entdecker in Nordamerika, Jacques Cartier. Mit seinem Vordringen in den Sankt-Lorenz-Strom bis auf die Höhe des heutigen Montreal fiel die riesige Querachse des nordamerikanischen Kontinents in die französische Interessensphäre. Das nordamerikanische System der Wasserwege mit den Großen Seen als Drehscheibe und dem Weg über den Mississippi hinab bis zum Golf von Mexiko bot günstige Voraussetzungen für die Etablierung eines künftigen französischen Nordamerika; und so sollte dieses riesige Wasserstraßensystem regelrecht die Entdeckung und Erschließung des nordamerikanischen Kontinents lenken.

Auf seiner ersten Reise betrat Cartier nach zwanzigtägiger Fahrt am 24. Juli 1534 in der Bucht von Gaspé, südöstlich der Mündung des Sankt-Lorenz-Stroms, nordamerikanisches Festland. Zum Zeichen der Besitz-

Denkmal zu Ehren des französischen Seefahrers Jacques Cartier in Quebec

nahme ließ er ein großes hölzernes Kreuz aufrichten, an dem ein Schild mit den drei Lilien der Bourbonen und der Aufschrift »Es lebe der König von Frankreich« angebracht war. Das gegenüberliegende Land, Labrador, an dem er in Fortsetzung seiner Fahrt entlangsegelte, taufte er Terre de Caïn (Land des Kain). Auf seiner zweiten Reise im Jahre 1535 erforschte Cartier den Sankt-Lorenz-Strom bis zum Ottawa River, wobei er und seine Leute erkannten, wie wichtig freundschaftliche Kontakte zu den Indianern waren; denn nur durch die Heilkenntnisse der ihnen freundlich begegnenden »Eingeborenen« vermochten sie den Skorbut sowie den harten Winter zu überleben. Berichte von einem sagenhaften Reich Saguenay bestimmten die dritten Reise 1541, während der auch erstmals eine Siedlung angelegt wurde. Dieser Kolonisierungsversuch scheiterte allerdings ebenso, wie sich die Hoffnungen auf ein an Gold und Edelsteinen reiches Land als Trugbild erwiesen.

Cartiers Reisen blieben nicht nur weitgehend erfolglos, ihnen folgten vorerst auch keine weiteren Unternehmungen Frankreichs. Die Ernüchterung über das nördliche Amerika teilten die Franzosen mit Engländern, Holländern und Schweden. Vorübergehend wandten sie daher ihre Aufmerksamkeit dem Golf von Mexiko zu. Die Versuche in der zweiten Hälfte des 16. Jahrhunderts, sich in der Bucht von Rio de Janeiro, in Florida sowie in Maranhão an der Nordküste Brasiliens zu etablieren, scheiterten indessen allesamt am Widerstand der Portugiesen oder Spanier. Erst zu Beginn des 17. Jahrhunderts,

Der erste französische Entdecker in Nordamerika, Jacques Cartier, mit einer Gruppe von Kolonisten. Die auf einer Karte von Neufrankreich (der Süden ist oben) dargestellte Inbesitznahme Kanadas durch die Franzosen führte allerdings nicht zu einer dauerhaften Kolonisierung.

442

INFOBOX

Der »Vater Kanadas«
Samuel de Champlain (1567–1635) trat 1599 in spanische Dienste ein und lernte auf Schiffsreisen Westindien, Mexiko und Panama kennen. 1601 kehrte er nach Frankreich zurück und wurde von Heinrich IV. zum »Geographen des Königs« ernannt. Auf elf Reisen in den Nordosten Nordamerikas zwischen 1603 und 1633 leitete der »Père du Canada« (Vater Kanadas) die französische Kolonisierung Kanadas ein. Champlain untersuchte und kartierte einen Teil der kanadischen Ostküste und den Sankt-Lorenz-Strom, an dem er 1608 Quebec gründete. 1609 entdeckte er den nach ihm benannten See und erschloss das Gebiet westwärts bis zum Huronsee, den er als erster Europäer befuhr und beschrieb (1615). Seine Karten blieben während des ganzen 17. Jh. maßgebend. 1629 geriet er in britische Gefangenschaft. Erst 1633 konnte er nach Neufrankreich, dessen erster Gouverneur er war, zurückkehren.

als die bis dahin vorherrschenden Motive, nämlich die Suche nach der Nordwestpassage und der Indienhandel, zugunsten anderer zurücktraten, änderte sich die Situation. Mit dem neuen Interesse am Pelzhandel gingen die Franzosen zu einer expansiven Politik und nunmehr zielstrebigen Erschließung Neufrankreichs über.

Champlain, der »Vater Kanadas«
Derjenige, der die Pläne Jacques Cartiers wieder aufnahm und fortsetzte, war Samuel de Champlain, oft als »Vater Kanadas« apostrophiert. Am 3. Juli 1608 gründete der erste erfolgreiche französische Kolonialpionier Quebec – das Wort stammt aus dem Indianischen und bedeutet Flussenge –, das künftige Zentrum der neuen Kolonie, Handelsplatz für den Verkehr mit den Indianern und Ausgangspunkt ihrer Evangelisierung. Von dort aus erfolgte die systematische Erkundung des Gebiets zwischen dem Sankt-Lorenz-Golf und den Großen Seen sowie die Besiedlung entlang des Sankt-Lorenz-Stroms.

Champlain, der 1627 von Kardinal Richelieu zum ersten Gouverneur der nunmehr Nouvelle-France genannten Kolonie bestellt wurde, zeichnete auch die typische Vorgehensweise der Franzosen auf dem nordamerikanischen Kontinent vor: Er suchte überall freundschaftliche Beziehungen zu den Indianern herzustellen und beteiligte schon bald die Missionare an der Erschließung und

Titelblatt des Berichts »Le Grand Voyage du Pays des Hurons« des französischen Missionars Gabriel Sagard, erschienen 1632

Entwicklung des Landes. Nebenbei trugen die Missionsberichte maßgeblich zu dem in Europa im Zeichen von Aufklärung, Philanthropismus und Kulturkritik entstehenden Bild vom »edlen Wilden« (bon sauvage) bei.

Bereits während seiner ersten Reise nach Kanada 1603 hatte Champlain mit einigen Indianerstämmen, namentlich den Montagnais und den Algonkin, militärische Hilfsverträge im Hinblick auf deren Auseinandersetzungen mit dem mächtigen Bund der Irokesen abgeschlossen. Der Plan, sich gegenüber allen Stämmen neutral zu verhalten – Champlain hatte versucht, mit den Irokesen ebenfalls einen Friedensvertrag abzuschließen –, musste indes fallen gelassen werden, da ein solcher Entschluss ständige Übergriffe der Huronen, Algonkin und Montagnais herausgefordert hätte, auf die die Franzosen aber angewiesen waren. Champlain erhoffte sich von seiner Parteinahme somit zugleich Schutz für seine Kleinstkolonien, die ohne den friedlichen Verkehr mit den Indianern die ersten Jahre kaum überlebt hätten.

Die wenigen Franzosen waren auf die Zusammenarbeit mit den Indianern angewiesen: Sie profitierten nicht nur von deren Kenntnis der Wälder, der Wasserwege und der Gewohnheiten der Biber, sondern erlernten ebenso Techniken, wie beispielsweise die Herstellung und Nutzung von Schneeschuhen und Birkenrindenkanus, die ihnen zu überleben halfen. Diese konkreten Umstände haben die gegenüber der spanischen und portugiesischen Conquista vergleichsweise humanen Kolonial- und Missionsstrategien in Neufrankreich bestimmt. Auch sollte keine Siedlung im großen Stil den Indianern ihr Land fortnehmen. Schließlich waren die Franzosen schon aufgrund ihrer geringen Zahl an der Aufnahme und Aufrechterhaltung friedlicher Beziehungen interessiert. Champlains positives Indianerbild dürfte daher in der Notwendigkeit zum friedlichen Handelsaustausch seine tiefere Ursache gehabt haben. Nichtsdestoweniger löste die französische Kolonisation einen tief reichenden sozialökonomischen und kulturellen Wandel in den indianischen Gesellschaften aus.

> **ZITAT**
>
> In einem Brief an Kaiser Karl V. schreibt der Kardinal von Toledo, dass der französische König Franz I. (1515–47) Spanien und Portugal gegenüber darauf beharrte:
> *... dass die Sonne für ihn ebenso wie für die anderen leuchtet, und er möchte gern das Testament Adams sehen, um sich Rechenschaft zu geben, wie dieser die Erde und die anderen Dinge der gleichen natürlichen Beschaffenheit aufgeteilt hat.*

»Pelze und Seelen«

Während der im nordwestlichen Atlantik saisonal von den Europäern betriebene Fischfang auch für die Franzosen vorerst das einzige konkrete Ergebnis ihres Expan-

Amerika

sionismus war, rückten seit dem ausgehenden 16. Jahrhundert Pelze an die Spitze der Kolonialexporte Frankreichs. Der Pelzhandel bestimmte schließlich die ökonomische Zukunft der Kolonie. Der Biber war in Europa immer seltener geworden, wobei die Nachfrage nicht dem eigentlichen Fell galt, sondern der Pelzwolle, die als Filzbesatz für Kleider und für Hüte diente – Letztere anstelle der Wollmütze der niederen Klassen Prestigezeichen der gehobenen Schichten. Anfang des 17. Jahrhunderts erhielten die Franzosen von ihren indianischen Handelspartnern bereits jedes Jahr etwa 10000 Biberfelle, seit den 1630er-Jahren etwa 15000, hundert Jahre später betrug der jährliche Export gar über 100000 Felle. Während die Franzosen den Indianern Metallwaren, Stoffprodukte sowie Feuerwaffen und Alkohol zum Tausch anboten, brachten ihnen die eingehandelten Pelze in Europa etwa das Zehnfache an Wert.

Mittelpunkt und Drehscheibe des indianisch-französischen Pelzhandels war ursprünglich das Gebiet der Huronen. Die etwa 20000 bis 30000 irokesischsprachigen Huronen – eine Ableitung von dem französischen hure, das wild, brutal bedeutet, sie selbst nannten sich Ouen-

Der Sankt-Lorenz-Strom, hier bei Quebec, war eine wichtige Erschließungsroute beim Vorstoß der Franzosen in das Landesinnere von Kanada.

Das Hotel Chateau Frontenac, Wahrzeichen der historischen Altstadt der frankokanadischen Stadt Quebec, wurde 1892 errichtet.

dat – lebten in einem relativ kleinen, dicht besiedelten Gebiet an der Georgian Bay des Huronsees im heutigen Ontario. Aufgrund ihrer geographischen Lage waren sie zu Hauptprofiteuren des innerindianischen Handels und zu den wichtigsten Zwischenhändlern zwischen den einheimischen Pelzjägern und den Europäern geworden. Der Kampf um die Handelsrechte mit den Europäern hat allerdings bestehende innere Spannungen zwischen den indianischen »Nationen« verschärft – Handel und Krieg waren wesentliche Aspekte der Stammesbeziehungen vor der Ankunft der Europäer – und zu einem dauernden Konkurrenz- und Kriegszustand geführt, der durch die Erschöpfung der Pelztierreservate und die Erschließung weiterer Pelztiergründe neue Dimensionen gewann.

Der anfängliche Bekehrungserfolg bei den in Familienverbänden und in Ortschaften mit festen Holzhäusern, so genannten Langhäusern, siedelnden Huronen schien dem Optimismus der Missionare Recht zu geben, zumal die Jesuiten, die quasi eine Monopolstellung im religiösen Leben der Kolonie und bei der Missionierung einnahmen, in einer äußerst behutsamen Weise vorgingen. Sie lernten die Indianersprache und passten sich, was die Lebensweise betraf, an die Indianer an. Auch zeichneten sie ein insgesamt positives Bild von ihnen, sprachen ihnen die Zugehörigkeit zum »Geschlecht Adams« nie ab und bemühten sich, die neuen Völker in das Schema der christlichen Heilsgeschichte einzuordnen. Obgleich sie die in ihren Augen negativen Eigenschaften wie Vielweiberei, »Fresslust«, Grausamkeit gegenüber Kriegsgefangenen oder Kannibalismus nicht übersahen, hielten sie die Indianer doch aufgrund ihrer charakterlichen sowie intellektuellen Eigenschaften und aufgrund der Annahme, diese besäßen keine eigentliche Religion, geradezu für die Bekehrung vorherbestimmt.

Bald zeigte sich jedoch, dass die Missionserfolge äußerlich blieben, zu stagnieren begannen und schließlich in eine ausgesprochene Krise gerieten. Der Grund lag in

Neufrankreich um 1750. Der Pelzhandel entlang der großen Wasserwege Sankt-Lorenz-Strom, Große Seen und Mississippi bestimmte v. a. die Inbesitznahme des von verschiedenen Indianerstämmen besiedelten Landes.

der Tatsache, dass die Indianer die durch die Missionare verursachte »kulturelle Revolution« nicht einfach hinnahmen und keineswegs widerstandslos zu den gewünschten Abbildern einer »französischen« Kultur und eines »europäischen« Christentums werden wollten. Einige wenige übernahmen möglicherweise den christlichen Glauben in seiner europäischen Ausprägung, andere inkorporierten sicherlich christliche Elemente – so insbesondere den Marienkult – in ihr traditionelles religiöses Weltbild. Die meisten eingeborenen Amerikaner beharrten jedoch auf ihrem Glauben und lehnten das Christentum ab.

Die größte Gefahr ging ohnehin inzwischen von den Irokesen aus, die in den Jahren zwischen 1640 und 1684 ihren Pelzhandel ausweiten wollten – möglicherweise zunächst im Bündnis mit den Huronen –, schließlich aber versuchten, durch Ausschaltung und »Vernichtung« der westlichen Indianerstämme – das sind die Huronen, »Tabakleute« (Petun), Neutralen, Erie, Susquehannock – oder durch deren Adoption in den eigenen Verband den nordwestlichen Pelzhandel vom Sankt-Lorenz-Strom in ihre Gebiete umzuleiten. Die Huronen, die durch ihre festen Ansiedlungen feindlichen Angriffen noch mehr

Textilmarkt in Basse-Terre, der Hauptstadt des französischen Überseedépartements Guadeloupe in der Karibik, das zu den Kleinen Antillen gehört.

> **INFOBOX**
>
> **Missionsberichte**
> Französische Missionare – Franziskaner, Jesuiten und Patres des Ordens von Saint-Suplice in Paris – waren so oft an Kontaktaufnahmen zu den Ureinwohnern und an Entdeckungsfahrten beteiligt, dass ihre Berichte, insbesondere die berühmten »Relationen« der Jesuiten, heute zu den wichtigsten Quellen für die Geschichte der Entdeckung, Erschließung und Besiedlung Nordamerikas sowie für den Kulturkontakt zwischen Europäern und Indianern gehören. Damals haben sie weite Kreise in Frankreich für Amerika und die französischen Kolonialunternehmungen dort angesprochen und Interesse für die neue Kolonie geweckt. Auch auf diese Weise ist der französische Expansionismus ideologisch und publizistisch vorangetrieben worden.

ausgeliefert waren, wurden schließlich 1648/49 von den taktisch überlegen operierenden Irokesen, die zudem durch die Engländer und Holländer besser mit Feuerwaffen ausgestattet waren, vernichtet und aus ihrer Heimat vertrieben oder in die irokesischen Dorfgemeinschaften integriert.

Die Indienkompanien
Trotz des lukrativen Pelzhandels wuchs die Kolonie Neufrankreich nur sehr langsam. Den verschiedenen Handelskompanien wie der 1613 gegründeten Compagnie du Canada und der unter Richelieu etablierten Compagnie de la Nouvelle-France – zwischen 1599 und 1663 sind mindestens 36 solcher Unternehmen in Frankreich gegründet worden – gelang es nicht, eine nennenswerte Anzahl von Siedlern nach Kanada zu locken. Zwischen 1628 und 1632 ging die Kolonie am Sankt-Lorenz-Strom sogar an die Engländer verloren. Um 1660 lebten wenig mehr als 3000 Franzosen in Neufrankreich, zu einem Zeitpunkt, als die Kolonien Neuenglands bereits eine zehnmal größere Bevölkerung aufwiesen. Die Alternative lautete, die zeitweilig nur durch die Jesuitenmission am Leben erhaltene Kolonie aufzugeben oder sie intensiv durch das Mutterland zu fördern.

1663 fiel, nicht zuletzt aus dynastischen Prestigegründen der Bourbonen, die Entscheidung zugunsten der letzteren Lösung. Führender Kopf des nunmehr einsetzenden kolonialstaatlichen Verwaltungsaufbaus und der

> **ZITAT**
>
> **Samuel de Champlain betont das Eigeninteresse an guten Beziehungen zu den Indianern:**
> *(Wir) kamen zu dem Ergebnis, dass es sehr wichtig sei, sie (die Indianer) zu unterstützen, nicht nur, um sie noch mehr dazu zu verpflichten, uns zu lieben, sondern auch, um meine Unternehmungen und Erforschungen zu fördern, die, wie es aussieht, nur mit ihrer Hilfe in die Tat umgesetzt werden können ...*

kolonialwirtschaftlichen Erschließung war der Generalkontrolleur der Finanzen, Jean-Baptiste Colbert, der im Zuge der absolutistisch-merkantilistischen Politik des Zeitalters für eine Belebung der Wirtschaft, den Aufbau einer mächtigen Flotte und den Ausbau des Kolonialreiches eintrat. Wichtigste Instrumente sollten zwei 1664 gegründete, privilegierte Handelsgesellschaften sein, die Westindische Kompanie (Compagnie des Indes Occidentales) und die Ostindische Kompanie (Compagnie des Indes Orientales).

Das der Ostindischen Kompanie verliehene Monopol erstreckte sich auf die gesamte östliche Erdhälfte mit den Schwerpunkten Madagaskar und Indien. Auf Madagaskar war schon 1643 unter Richelieu ein Fort errichtet und eine Ansiedlung gegründet worden. Es folgten Versuche zum Anbau von Tabak, Reis und vor allem Zucker mithilfe von importierten Sklaven sowie der Export von Tropenhölzern und Häuten. Gleiche Bestrebungen galten für Réunion, damals noch Île-Bourbon genannt, das ebenfalls unbewohnte Mauritius, der damaligen Île-de-France, und die erst 1756 annektierten Seychellen. 1666 wurde ein Vizekönig für Madagaskar ernannt; die dauerhafte Etablierung scheiterte jedoch vorerst.

Auf dem indischen Subkontinent waren die Franzosen seit 1667 mit Stützpunkten vertreten. Um die eigenen Ansprüche gegenüber der englischen und holländischen Konkurrenz zu demonstrieren, sollte in einem groß angelegten Unternehmen ein »Gouverneur aller Besitzungen im Indischen Ozean« installiert werden. Das von Admiral Jacob Blanquet de la Haye befehligte »Persische Geschwader« mit neun Schiffen, 1 470 Soldaten und 248 Kanonen scheiterte indessen kläglich. Dennoch gelang es, einige dauerhafte Niederlassungen zu gründen, die bedeutendsten Pondicherry in Südostindien und Chandernagore in Bengalen.

1742 besaß Frankreich zwölf mehr oder weniger bedeutende Außenposten in Indien. Handelsprodukte waren Seiden- und Baumwollgewebe, Gewürze und der »indische Salpeter«, der den Pyrotechnikern von Versailles für ihre berühmten Feuerwerke diente. Die Ostindische Kompanie erlebte ein ständiges wirtschaftliches Auf und Ab, schon weil die französischen Handelskreise nur wenig Interesse an Indien zeigten. Dass sie bis zu ihrer Auflösung 1763 überlebte, war nicht zuletzt dem Engagement tatkräftiger Männer vor Ort zu verdanken, so dem Generalgouverneur Joseph-François Dupleix, der während seiner Amtszeit zwischen 1742 und 1754 Frankreichs Einfluss in Indien auszudehnen suchte, aber aufgrund fehlender Unterstützung durch die französische Regierung nur Teilerfolge zu erzielen vermochte.

Der Westindischen Kompanie fiel das Monopol des Handels mit Kanada, Akadien, den Antillen und Westafrika zu. Zentrale Anlaufgebiete französischer Handelsfahrer in Westafrika waren die Senegalmündung und der Golf von Guinea. Auf der südlich von Dakar gelegenen Insel Gorée und in Saint-Louis, einem Hafen im heutigen Nordsenegal, wurden seit dem zweiten Drittel des 17. Jahrhunderts Gold, Elfenbein und Palmkerne gehandelt. Beide Niederlassungen gehörten überdies zu den Umschlagplätzen für den transatlantischen Sklavenhandel. 1701 schloss die neu gegründete Guineakompanie mit den Spaniern einen Vertrag über den Transport von Sklaven, womit die »Versorgung« der karibischen Plantagen gesichert war.

Schmuggel und Piraterie hatten zunächst das Leben in der karibischen Inselwelt bestimmt, wobei sich die fran-

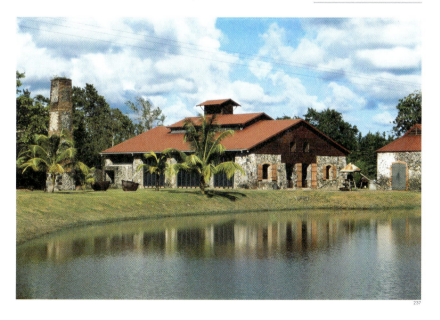

Zuckermühle auf der Antilleninsel Martinique, die zu den ersten kolonialen Erwerbungen Frankreichs gehörte. Zucker war eines der wichtigsten Exportgüter aus Übersee.

zösischen Freibeuter ebenso engagiert an den Überfällen auf spanische Siedlungen sowie Gold- und Silberflotten beteiligten wie sie sich den disziplinierenden Entwicklungen Europas zu entziehen suchten. Die ersten kolonialen Erwerbungen Frankreichs resultierten aus den expansionistischen Bestrebungen in der Zeit Richelieus: Hispaniola, damals Saint-Domingue, Saint Christopher, Martinique und Guadeloupe sowie die kleineren Inseln Dominica, Saint Lucia und Tobago, dazu Französisch-Guayana an der Nordostküste Südamerikas, das vor allem durch die hohe Sterblichkeit bei den verschiedenen Siedlungsversuchen von sich reden machte und seit 1851 als Sträflingskolonie diente. Insgesamt handelte es sich schließlich um 14 Inseln, von denen die Franzosen allerdings einige mit Holländern, Engländern und Spaniern teilten, andere schon bald wieder aufgeben mussten.

Lebten 1681 insgesamt 47 000 Einwohner in der französischen Karibik, davon 18 000 Weiße, so hatte sich bis 1756 die Zahl der Europäer auf 40 000 erhöht, die der Sklaven allerdings auf 300 000. Letztere hatten inzwischen auch die anfangs überwiegenden »weißen Sklaven«, Plantagenarbeiter aus Europa, die sich für einen bestimmten Zeitraum verpflichteten (engagés), weitge-

Der tropische Regenwald in Französisch-Guayana, hier bei Roura, war das Rückzugsgebiet der Marons, der aus der Gefangenschaft geflohenen schwarzen Sklaven.

Amerika

Beim Ort Milot, südlich von Cap Haïtien auf der Insel Hispaniola, ließ König Henri I. 1810–13 eine riesige Schlossanlage errichten, die er nach dem Vorbild in Potsdam Sanssouci nannte. Schon 1842 wurde der Palast durch ein Erdbeben weitgehend zerstört.

hend ersetzt. Beschäftigt wurden die Sklaven, die trotz des 1685 erlassenen, relativ humanen Gesetzes zur Behandlung von Sklaven, des Code Noir, nahezu völlig rechtlos waren, auf Zucker-, Tabak-, Kakao-, Kaffee- und Baumwollplantagen, wobei die höchst lukrativen Gewinne der weitgehend privaten Besitzer zu achtzig Prozent auf dem Zucker beruhten. Die französischen Besitzungen in der Karibik waren damals die reichsten Kolonien der Welt. Von den zahlreichen Sklavenaufständen führte allein der Ausbruch von Unruhen auf Saint-Domingue zur Gründung eines selbstständigen Staates (Haiti, 1804). *Horst Gründer*

Von den Irokesenkriegen zum »Louisiana Purchase«: Der Niedergang des französischen Kolonialreichs

An der Spitze des französischen Kolonialinteresses stand zunächst indessen weiterhin Neufrankreich. Die Jahre nach 1663 waren daher durch die Versuche der französischen Krone bestimmt, die nordamerikanische Kolonie in das merkantilistische Wirtschaftssystem des hochabsolutistischen Staates zu integrieren. Voraussetzung dafür waren zum einen beruhigte Verhältnisse in der Kolonie, zum anderen ihre Besiedlung. Hinsichtlich der Befriedung galt es vor allem, den Dauerkonflikt mit den Irokesen zu beenden.

Die Iroquois – die französische Form eines Wortes aus der Algonkinsprache, das »wahre Natter« bedeutet – lebten südlich des Ontariosees und im oberen Gebiet des Hudson River. Möglicherweise schon im 15. Jahrhundert hatten sie sich zur Vermeidung von Konflikten und kriegerischen Auseinandersetzungen zu einer Konföderation zusammengeschlossen. Diese »Irokesenliga« bestand aus fünf, später sechs miteinander verwandten Nationen, den Mohawk, Oneida, Cayuga, Onondaga, Seneca, Tuscarora. Der erstrebte Zugang zu den nördlichen Pelztierregionen, wohl aber auch traditionelle Kampfmotive und Adoptionspolitik, das heißt Politik der Integration Gefangener in den eigenen Stamm, führten sie in Konflikt mit den dort lebenden Ethnien. Mehr oder weniger hilflos mussten die Franzosen mit ansehen, wie die Irokesen ihre indianischen Verbündeten nacheinander vernichteten. Diese Erfahrungen und die eigenen Auseinandersetzungen mit ihnen haben auch zu dem eindeutig negativen Irokesenbild der Franzosen, im Gegensatz zu dem der Engländer und Amerikaner, geführt.

Nachdem die Krone 1665 das Regiment Carignan-Salières mit über 1 100 Offizieren und Soldaten nach Neufrankreich verlegt hatte, sicherten die Übereinkommen mit den Irokesen zwischen 1665 und 1667, die die »Fünf Nationen« nicht als Untertanen, sondern als Vertragspartner akzeptierten, zumindest bis in die 1680er-Jahre eine relativ friedliche Periode. 1701 kam es in Montreal zu einem großen Friedensschluss zwischen den Irokesen und den Franzosen sowie ihren indianischen Verbündeten. Die verschiedenen Kriegszüge gegen die Irokesen und wiederholten Friedensschlüsse begrenzten bis zu einem gewissen Grad die Gefahr von Angriffen der Irokesen auf französische Niederlassungen, führten jedoch keineswegs zu deren völliger Unterwerfung. Zumindest für die Dauer des englisch-französischen Gegensatzes in Nordamerika wussten die Irokesen durch eine geschickte Diplomatie ihre Unabhängigkeit zu wahren.

Die königliche Provinz
Neufrankreich stand und fiel mit seinem Bevölkerungszuwachs. Nach 1663 ergriffen Colbert und der für Kanada neu ernannte Intendant, Jean Talon, daher eine Reihe von Maßnahmen, um die zu einer königlichen Provinz erhobene Kolonie gegenüber den englischen Kolonien, die wesentlich höhere Einwandererquoten aufzuweisen hatten, aufzuwerten.

Eine erste Aktion war, dass Teile des Regiments Carignan-Salières, das gegen die Irokesen gekämpft hatte, nach Art der römischen »Militäransiedler« in der Neuen Welt verblieben. In Frankreich begann die Suche nach Frauen, so genannten Töchtern des Königs (filles du roi), die bereit waren, nach Amerika zu gehen. So sind zwi-

Iroquois warrior (story page 4) drawn in 1787 by J. Grasset de St Sauveur.

Darstellung eines Irokesenkriegers. Die eine Algonkinsprache sprechenden Irokesen hatten sich schon früh zu einer Konföderation zusammengeschlossen, um interne kriegerische Auseinandersetzungen zu vermeiden (Stich nach einer Zeichnung von Jacques Grasset de Saint-Sauveur, 1787).

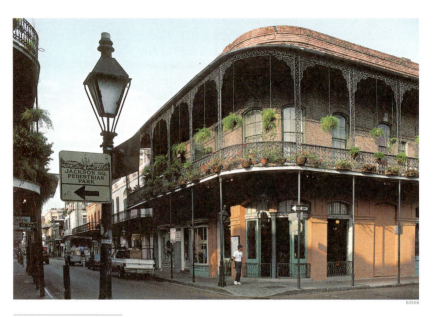

Das »French Quarter« in New Orleans ist geprägt durch bis zu 260 Jahre alte Gebäude mit Bogengängen, schmiedeeisernen Balkonen, roten Dächern und pittoresken Höfen mit Springbrunnen.

schen 1665 und 1669 insgesamt 661 Frauen aus dem Pariser Generalhospiz nach Neufrankreich gebracht worden, wo regelrechte Heiratsmärkte für sie organisiert wurden. Auch mithilfe von Zeitverpflichteten und Strafgefangenen suchte man die Auswanderung zu fördern. Vor Ort erhielten Verheiratete verschiedene Vergünstigungen, während Junggesellen mit Strafen belegt wurden. Besonders kinderreichen Familien wurden Prämien gewährt.

All diese Bemühungen waren jedoch nicht von besonderem Erfolg gekrönt, und selbst das offizielle Programm der Mischehe mit Indianerinnen funktionierte nicht. 1685 war die Zahl der Einwanderer auf gerade 12 373 angewachsen, davon 5 629 Frauen, mithin 45,5 Prozent. Etwa ein Drittel der französischen Bevölkerung lebte in den Städten Quebec, Montreal und Trois-Rivières.

Auch das Seigneurialsystem, eine der Grundlagen der kanadischen Gesellschaft, konnte dem Mangel der Kolonie an Siedlern nicht abhelfen. Es handelte sich um eine durch den königlichen Absolutismus abgeschwächte Form des französischen Feudalismus, die der Aristokratie, aber auch dem gehobenen Bürgertum, einen Anreiz zur Kolonisation liefern sollte. Für die Überlassung von

Amerika

Land in der Neuen Welt musste der seigneur dem König »ohne Degen, mit bloßem Haupt und gebeugtem Knie« die Treue schwören und sich gleichzeitig verpflichten, das kostenlos erhaltene, umfangreiche Areal mit – abgabepflichtigen – Siedlern (habitants) zu bevölkern. Allerdings bestand nur ein Bruchteil des Landes aus solchen feudalen Seigneurien, von denen wiederum weniger als ein Prozent an Siedler vergeben, also tatsächlich genutzt wurden.

Im Ganzen war der merkantilistisch-administrativen Politik des französischen Kolonialstaates nur ein bescheidener Erfolg vergönnt. Weder gelang es, die Indianer auf Dauer zu kontrollieren oder gar zu »französisieren« – 1714 gab es etwa 1 500 sesshafte Indianer –, noch eine nennenswerte »weiße« Bevölkerung zu etablieren. Als besonders schwierig erwies es sich, die ungebundenen »Waldläufer« (coureurs de bois) zu integrieren. Auf der anderen Seite haben gerade sie die weiten Räume des amerikanischen Westens und Südens erschlossen und Handelskontakte hergestellt.

Der französische Kolonialstaat suchte freilich nicht nur aus wirtschaftlichen Gründen neue Handelsverbindungen mit den westlichen Indianerstämmen, sondern auch aus politisch-strategischen Überlegungen. Um Frankreichs Rivalen England und Spanien in der Besitzergreifung der Gebiete zuvorzukommen, sorgten Talon und seine Nachfolger für die Einrichtung von Handelsstationen und Forts im Westen und die Einbindung der dort lebenden Indianer in eine den französischen Interessen dienende Allianz. Forscher, Händler und Missionare wurden als Agenten in dieses Programm eingespannt. Die Verbindung zwischen dem Waldläufer Louis

> **ZITAT**
> Am 27. 2. 1670 schrieb Colbert an den Erzbischof von Rouen, François Harlay de Champvallon:
> *... Bieten Sie Ihr Ansehen und die Autoriät, die Sie bei den Pfarrern der 30 oder 40 besagten Sprengel genießen, dafür auf, dass sich dort jeweils ein oder zwei Mädchen freiwillig melden, um in das genannte Land (Kanada) auszuwandern und dort hingeschickt zu werden.*

INFOBOX

»Langhausleute«
Zur Zeit der Ankunft der Europäer bewohnten die Irokesen große, von Palisaden umzäunte Siedlungen, die aus mehreren Langhäusern – danach ihre Selbstbezeichnung »Ho-dé-no-sau-nee« (Langhausleute) – bestanden. In ihnen lebten die Angehörigen einer matrilokalen Großfamilie. Matrilineare Sippen standen unter Leitung einer Matrone.
Der Seneca-Prophet Handsome Lake gründete 1799 die Langhausreligion, eine synkretistische Religion mit irokesischen und christlichen Glaubensvorstellungen, die noch heute unter den Irokesen verbreitet ist; es gibt elf Langhäuser (Kirchen).

Jolliet und dem Jesuiten Jacques Marquette, die 1673 zusammen den Mississippi erforschten und bis zur Mündung des Arkansas River hinunterfuhren, symbolisiert am besten jenes Bündnis von Waldläufern und Missionaren, das konstitutiv für den französischen Expansionismus im Norden Amerikas gewesen ist.

Das Aufsehen erregendste Unternehmen gelang dem ehemaligen Jesuiten René Robert Cavelier de la Salle, einer der schillerndsten Figuren unter den großen Entdeckern Nordamerikas. La Salle, dessen religiöser Fanatismus ihn zu immer neuen Taten trieb, fuhr den Mississippi bis zu seiner Mündung hinab und nahm 1682 den Strom mit allen Zuflüssen und angrenzenden Ländern für Frankreich in Besitz. Zu Ehren Ludwigs XIV. nannte er das Land Louisiane (heute Louisiana).

Um 1700 war ein weites Netz von Militärposten sowie Missions- und Handelsstationen entstanden, das sich über die Region der Großen Seen und des Mississippitales bis nach Louisiana ausbreitete und auch das Ohiotal und den tieferen Westen und Norden berührte. Auf diesem Netzwerk von Militär-, Missions- und Handelsstationen basierte der immer noch lukrative Pelzhandel, der Hauptwirtschaftsfaktor Neufrankreichs.

Im Freilichtmuseum »Swamp Gardens« bei Morgan City in Louisiana wird das frühere Leben der Cajuns, einer aus Akadien (Kanada) vertriebenen französischen Siedlergruppe, in ihren Camps im Atchafalaya-Sumpf nachgestellt. Ihre Tradition lebt in der von Akkordeon und Geige geprägten Cajunmusik weiter.

Amerika

Der Tod des britischen Generals James Wolfe 1759 bei der Eroberung des Zentrums der französischen Kolonie Neufrankreich, Quebec, wurde durch den amerikanischen Historienmaler Benjamin West zu einem nationalen Identifikationsbild und in zahlreichen Stichen verbreitet (Ottawa, National Gallery of Canada).

Das Ende Neufrankreichs

Das erste französische Kolonialreich ist im Wesentlichen amerikanisch gewesen. Zwar existierten eine Reihe von Handelsstützpunkten in Afrika und Indien, aber der Schwerpunkt kolonialer Aktivitäten und Ambitionen lag eindeutig in Nordamerika und in der Karibik. Dabei war der Gegensatz zu den Engländern von Anfang an für das erste französische Kolonialimperium bestimmend; beanspruchten doch Franzosen und Briten bereits zu Beginn des 17. Jahrhunderts für sich dieselben Gebiete in Nordamerika wie zum Beispiel Neufundland und Akadien, das etwa die heutigen kanadischen Provinzen Nova Scotia und New Brunswick sowie Teile Quebecs und des US-amerikanischen Staates Maine umfasste. Ihren Ursprung hatten die Kolonialkriege des 17. und 18. Jahrhunderts aber zumeist in europäischen Konflikten.

So begann der in Europa geführte Krieg der Augsburger Allianz gegen Frankreich in Nordamerika als Indianerkrieg, als nämlich Irokesen Fort Saint Louis im heutigen Illinois und eine französische Niederlassung bei Montreal überfielen und fast alle Siedler töteten. Dieser von 1689 bis 1697 dauernde Krieg (King William's War) führte indessen nur zu einer gegenseitigen Anerkennung der bestehenden Verhältnisse.

Dagegen brachte der Queen Anne's War von 1701 bis 1713/14, in Europa bekannt als Spanischer Erbfolgekrieg, den Franzosen die ersten größeren Verluste. Im

Unterschrift des amerikanischen Präsidenten Thomas Jefferson unter dem Vertrag, mit dem die Vereinigten Staaten Louisiana 1803 von Frankreich kauften.

Frieden von Utrecht 1713 gingen Neufundland, Teile von Akadien und die Außenposten an der Hudsonbai an die Engländer verloren. Zudem mussten die Franzosen die Oberhoheit der Briten über die »Fünf Nationen« anerkennen, obgleich auch in Zukunft Teile der Irokesen den Franzosen zuneigten. Im parallel zum Österreichischen Erbfolgekrieg verlaufenden King George's War von 1744 bis 1748 gelang es den Franzosen, einige Verluste im Nordosten wettzumachen. Der in Amerika als French and Indian War zwischen 1754 und 1763 geführte Siebenjährige Krieg brachte jedoch im Frieden von Paris 1763 den definitiven Verlust Kanadas – bis auf die Inseln Saint-Pierre und Miquelon vor Neufundland. Die Gebiete westlich des Mississippi, einschließlich Louisiana, musste Frankreich an Spanien abtreten, das Florida an die Engländer verloren hatte. In der Karibik konnten die Franzosen ihre Position halten, wohingegen in Indien nach der Niederlage gegen die Engländer bei Plassey 1757 nur Pondicherry, Chandernagore und drei weitere Niederlassungen als offene Handelsplätze erhalten blieben.

1803 verkaufte Napoléon Bonaparte, ab 1804 Kaiser Napoleon I., endgültig das kurz zuvor von Spanien an Frankreich zurückgegebene Louisiana für sechzig Millionen Francs an die Vereinigten Staaten. Aufgrund seiner Bindung an die katholische Konfession und die französische Sprache überlebte allerdings das Frankokanadiertum die Umwandlung Neufrankreichs in eine englische Kolonie. *Horst Gründer*

Freibeutertum und Nonkonformismus:
Die Anfänge des britischen Kolonialreichs

Die Anfänge des englischen Expansionismus in der Neuen Welt gehen auf die Entdeckungsfahrten im Gefolge des englischen Seefahrers italienischer Herkunft, John Cabot, mit italienischem Namen Giovanni Caboto, zurück, der zusammen mit seinem Sohn Sebastian die Küste Neufundlands erkundete und, nach dem folgenlosen Vorspiel der Wikinger um 1000, am 24. Juni 1497 nordamerikanisches Festland betrat. In den ersten Jahrzehnten des 16. Jahrhunderts begnügten sich die Engländer allerdings mit der Beteiligung am Fischfang auf den Neufundlandbänken.

Die eigentliche Koloniegründung setzte erst in der zweiten Hälfte des 16. Jahrhunderts unter Elisabeth I. ein, wofür das Aufkommen einer merkantilistischen Wirtschaftsgesinnung sowie steigende soziale Nöte der städtischen und ländlichen Unterschichten im Zuge von Überbevölkerung und sozialem Druck die wichtigsten Faktoren darstellten. Der politische, ökonomische und nicht zuletzt ideologisch-religiöse Gegensatz des im Aufstieg begriffenen englischen Nationalstaates zur spanischen Universalmonarchie kam hinzu.

Unter Elisabeth legten berühmte Seefahrer (sea dogs) wie Francis Drake, Walter Raleigh, John Hawkins und andere, deren von der Krone geduldete Kaperfahrten zwischen zehn und 15 Prozent der auswärtigen Einnahmen Englands ausmachten, den Grundstein für die britische Kolonialmacht. Antrieb waren, wie bei den Spaniern, Portugiesen und Franzosen, die Hoffnung auf Edelmetallfunde und die Gewürze Indiens. Den Zugang nach Asien hoffte man entweder über eine östliche oder eine westliche Passage zu finden.

Während der 1588 als Vizeadmiral Drakes am Kampf gegen die spanische Armada beteiligte Martin Frobisher auf drei Reisen zwischen 1576 und 1578 den direkten nordwestlichen Seeweg um Amerika nach Asien suchte und dabei bis zur Baffininsel und in die Hudsonstraße gelangte, segelte Francis Drake durch die Magellanstraße in den Pazifik und suchte von Westen her eine Fahrtroute durch den nordamerikanischen Kontinent. Bei dieser Gelegenheit erkundete er Kalifornien, das er als New Albion für England in Besitz nahm. Über die Marianen und die Molukken, wo er für einen Teil des von den Spaniern vor San Francisco erbeuteten Goldes und Silbers Gewürze aufkaufte, kehrte er nach England zurück. Als erster Engländer hatte er, dafür von Elisabeth I. geadelt und zum Admiral befördert, die Welt umsegelt.

Auf drei Expeditionen in nordpolare Gewässer befuhr John Davis die nach ihm benannte Meeresstraße und erreichte ebenfalls den Eingang der Hudsonbai, wurde aber immer wieder durch das Packeis zur Umkehr gezwungen. Humphrey Gilbert, ein königlicher Günstling, suchte demgegenüber in seiner »Abhandlung über die

Entdeckung eines neuen Seeweges nach Cataia« von 1576 den systematischen Beweis für das Vorhandensein einer nordöstlichen Durchfahrt nach Ostasien zu erbringen. Sein Patent von 1578, das ihn zur Entdeckung und Inbesitznahme allen unbesetzten Landes zwischen Labrador und Florida ermächtigte, ist wohl das erste Dokument einer englischen Kolonialpolitik.

Die im Auftrag Walter Raleighs unternommenen Fahrten eröffneten schließlich den englischen Siedlungskolonialismus an der Ostküste Amerikas. 1584 erhielt der Halbbruder Humphrey Gilberts, der gleichfalls Günstling Elisabeths I. war, einen Freibrief (charter) für ein Kolonisationsunternehmen in der Neuen Welt. Auf der Insel Roanoke vor der Küste des heutigen North Carolina wurde daraufhin die erste englische, von Raleigh zu Ehren der unverheirateten Königin Virginia genannte

Tundrenlandschaft bei Clarenville nahe der Südostküste der kanadischen Insel Neufundland. Im 16. Jh. betrieben die Engländer Fischfang in den reichen Fischgründen auf den vorgelagerten Neufundlandbänken.

Amerika

Der zeitgenössische Kupferstich zeigt den Angriff der Flotte von Francis Drake auf die spanische Stadt Santo Domingo auf Hispaniola 1586. In den Jahren 1585/86 unternahm er gezielte Kaperfahrten gegen spanische Schiffe und Städte in Westindien, die seinen Geldgebern in London oft riesige Gewinne einbrachten.

Siedlung auf amerikanischem Boden begründet. 1590 fand man indessen keinen der 110 Kolonisten mehr vor.

Walter Raleigh und die Expansionisten wurden wirkungsvoll unterstützt von dem engagiertesten Kolonialpropagandisten der elisabethanischen Zeit, Richard Hakluyt, Wortführer der aggressiv antispanischen, expansionistischen Partei am Hofe. Der anglikanische Theologe und Geograph sammelte sämtliche Reiseberichte aus europäischen Entdeckerkreisen, deren er habhaft werden konnte, und publizierte sie, wobei er in den Vorworten, Widmungen und Ähnlichem seine eigenen Auffassungen wiedergab. Seit 1846 veröffentlicht die nach ihm benannte renommierte Hakluyt Society bedeutende Reiseberichte der Entdeckungsgeschichte.

Nachdem Hakluyt 1582 in seinem ersten Werk »Verschiedene Reisen zur Entdeckung Amerikas« den britischen Anspruch auf Nordamerika erhoben hatte, legte er in seiner zweiten Veröffentlichung 1584 »Abhandlung über das Ansiedeln im Westen«, auf Wunsch Raleighs für die Königin angefertigt, die Vorzüge einer Kolonialgründung in der Neuen Welt systematisch dar. Er pries überseeische Gebiete als Absatzmärkte für englische Wolle und als Bezugsquellen für unterschiedlichste Produkte wie Eisen, Salz, Wein, Öl, Orangen, Zitronen und Feigen, die man bis dahin teuer von den Niederländern und Franzosen hatte kaufen müssen. Vor allem würden sich Kolonien als Ventil für den englischen Bevölkerungsüberschuss und gescheiterte Existenzen anbieten. Es

> **ZITAT**
> Einer der führenden Köpfe der Puritaner, John Winthrop, formulierte in seiner berühmten Laienpredigt »Ein Modell christlicher Nächstenliebe« 1630 während der Atlantiküberquerung:
> *Denn wir müssen bedenken, dass wir wie eine Stadt auf dem Hügel sein sollen, die Augen aller Menschen sind auf uns gerichtet. Die Schaffung einer beispielhaften puritanischen Gemeinschaft wird England bekehren – und durch England die gesamte Welt.*

folgten Hinweise auf die günstige strategische Lage der Kolonien in der Auseinandersetzung mit Spanien und fiskalische Gesichtspunkte. Die Aufgabe der Verbreitung des Evangeliums, selbstverständlich an den Anfang gestellt, wird ebenso hervorgehoben.

Hakluyts Hauptwerk von 1589, »Die wichtigsten Schifffahrten, Reisen, Handels- und Entdeckungsfahrten der englischen Nation zu Wasser oder über Land«, ein aus anderen Werken und Nachrichten zusammengestelltes Kompendium, brachte noch einmal das imperiale Programm für die britische Politik und die einzigartige Auserwähltheit des englischen Volkes zu Kolonisierung und Christianisierung zum Ausdruck. Im Verständnis dieses ersten »Apostels« des britischen Empire hatte Gott gewisse Regionen der Welt bestimmten Völkern reserviert, wobei den Engländern als Manifest Destiny, also als ureigene Bestimmung, die Errichtung eines anglikanischen Reiches in Nordamerika zufiel.

Sir Walter Raleigh gründete auf der Insel Roanoke vor der Küste des heutigen North Carolina die erste englische Siedlung in Nordamerika (kolorierter Kupferstich nach einem zeitgenössischen Porträt).

Virginia oder Die Pocahontas-Romanze

Nach dem Friedensschluss mit den Spaniern 1604 hatten die Engländer die Hände frei, um das von Richard Hakluyt anvisierte Ziel einer Handels- und Siedlungskolonie auf dem nordamerikanischen Kontinent zu verwirklichen. Am 16. April 1606 stellte König Jakob I. den Freibrief für die Virginia Company aus. Hinter ihr standen Kaufleute und Landadlige, die kommerzielle und nationale Ziele verfolgten. Für das Gebiet zwischen dem 34. und 45. Breitengrad waren Agrarsiedlungen vorgesehen, deren Kolonisten für ihre Arbeit im Dienst der Kompanie mit Landbesitz nach dem so genannten Kopfrechtsystem entschädigt werden sollten.

Vorerst hatte die 1607 an der Chesapeakebai begründete und zu Ehren Jakobs I. nach dem englischen Namen für Jakob Jamesfort beziehungsweise Jamestown genannte Siedlung jedoch mit ungeheuren Schwierigkeiten zu kämpfen. Nur mithilfe der Indianer vermochten die von Typhus, Skorbut und anderen Mangelkrankheiten heimgesuchten Kolonisten überhaupt zu überleben. Dabei hatten es die Engländer mit den Powhatan zu tun, etwa dreißig bis vierzig verschiedenen Gruppen eingewanderter Indianer der Algonkin-Sprachfamilie, von denen sich mehrere zu Bündnissen zusammengeschlossen hatten.

Die größte Vereinigung stellte der Powhatan-Bund dar, nach ihrem »monarchischen« Oberhaupt Powhatan benannt. Die Powhatan verfügten über feste Wohnsitze und bauten in ihren Gärten Tabak, Mais, Kürbisse, Erbsen, Bohnen und andere Gemüse an. Tauschgeschäfte mit den Neuankömmlingen, wohl aber auch Powhatans Absicht, die Engländer als militärische Verbündete zu gewinnen – während diese ihn zum Vizekönig krönen wollten –, sprachen auch aus Sicht der Indianer für ein friedliches Nebeneinander. In dieser Phase des Kulturkontaktes, in der die Siedler schon aus Gründen des eigenen Überlebens auf die Indianer angewiesen waren, konnte sogar von einer gewissen »Indianisierung« der Kolonisten die Rede sein, während umgekehrt Indianer bei Europäern wohnten und an ihren Tischen aßen, ohne dass es freilich zu einem tieferen europäisch-indianischen Kulturaustausch kam.

Gefestigt wurde dieses einigermaßen verträgliche Zusammenleben durch die Beziehung der Häuptlingstochter Pocahontas zu dem englischen Kapitän John Smith, den sie während dessen Gefangenschaft bei den Powhatan im Winter 1607/08 vor der Hinrichtung bewahrt ha-

Originalgetreuer Nachbau der »Mayflower« im Hafen von Plymouth (Massachusetts), unweit der Stelle, an der die Pilgerväter 1620 erstmals amerikanischen Boden betraten.

Mit dem vor der Landung bei Cape Cod am 21. 11. 1620 an Bord der Mayflower geschlossenen »Mayflower-Compact« verpflichteten sich die Pilgerväter, nach der Landung mit der Siedlung Plymouth ein auf puritanischen Grundsätzen aufgebautes Gemeinwesen zu gründen (Stahlstich nach einem Gemälde aus dem 19. Jh.).

ben soll. Es handelte sich wohl um eine Scheinexekution, die seine Aufnahme als Stammesmitglied symbolisierte. Von John Smith stammen auch die wichtigsten Berichte und Karten über die Anfänge der Kolonie Virginia sowie über die politischen, sozialen und religiös-kulturellen Verhältnisse der Ureinwohner, wobei das Indianerbild von Smith zunächst noch von seiner ursprünglichen Faszination zeugt, bevor es dann die gewandelten Beziehungen spiegelt.

Denn wachsende Siedlerzahlen, das Bedürfnis der Engländer nach mehr Land, Provokationen von ihrer, Diebstahl und Plünderungen von indianischer Seite hatten die Lage zunehmend verschärft. Als die Powhatan den Engländern keine Nahrung mehr lieferten, standen diese vor der Aufgabe der Kolonie. Verstärkung aus der Heimat im Zuge erneuerter Freibriefe, den charters von 1609 und 1612 für die inzwischen zum Prestigeobjekt gegenüber den Spaniern gewordene Kolonie, bedeuteten die Wende. Ein strenges Regiment unter der Leitung des ersten Gouverneurs Thomas West, Lord De La Warr, das einige Engländer sogar zu den Powhatan überlaufen ließ, Bündnisse mit den Gegnern der Powhatan und die Waffenüberlegenheit brachten kriegerische Erfolge, die in der Entführung von Pocahontas 1613 gipfelten. Im folgenden Jahr wurde sie mit dem Siedler John Rolfe verheiratet, nachdem sie auf den Namen Rebecca getauft worden war. Während einer Englandreise wurde sie bei Hof vorgestellt und in gesellschaftlichen Kreisen empfangen. Im März 1617 starb die »Indianerprinzessin«, die nie das Symbol für eine wirkliche Kultursynthese war. Ihr Englandbesuch hatte in erster Linie der Werbung für die neue Kolonie gedient.

Tatsächlich brachen zwischen 1617 und 1622 rund 4600 neue Kolonisten nach Amerika auf. Mit ihrem Landhunger verschärften sich die gegenseitigen Übergriffe. 1622 fielen die Virginia-Indianer über die Siedler her und töteten in wenigen Stunden 300 Männer, Frauen und Kinder. Die Engländer reagierten mit blutiger Vergeltung auf das Massaker. Gleichzeitig setzte die Diskussion darüber ein, ob man die Indianer vertreiben oder ausrotten solle. Die kriegerischen Auseinandersetzungen währten noch, mit Unterbrechungen, über zwei Jahrzehnte.

Dann wurden den verbliebenen Powhatan Reservationen zugewiesen – die Geburt des Reservationssystems –, während ihr Anführer Opechancanough, der Nachfolger des 1618 gestorbenen Powhatan, künftig das Gegenbild des »bösen Wilden« oder »roten Teufels« (red devil) zu der in zahlreichen Romanen und Filmen weiterlebenden »guten Indianerin« Pocahontas, der »edlen

ZITAT

Cayugahäuptling Sachradadow kommentierte die Beziehungen zwischen Kolonisatoren und Indianern:

... als die Weißen damals (hier) ankamen, waren sie arm; aber jetzt besitzen sie unser Land und sind dadurch reich geworden, und wir sind jetzt arm; das wenige, was wir für unser Land erhalten haben, schwindet schnell dahin, aber das Land bleibt für immer.

INFOBOX

L'Anse aux Meadows

1960 entdeckte der Norweger Helge Ingstad bei L'Anse aux Meadows, einem Fischerdorf an der Nordspitze der Insel Neufundland (Kanada), den bisher einzigen Wohnplatz von Wikingern in Amerika (außerhalb von Grönland). Gegründet wurde er möglicherweise von Leif Erikson, der um 1000 auf der Fahrt nach Grönland durch einen Sturm vom Kurs abkam und – vermutlich im Gebiet von Nova Scotia (Labrador) – an die Küste Nordamerikas gelangte, die er »Vinland« nannte. Ausgegraben wurden 1961–64 die Reste von mehreren Häusern und einer Schmiede aus der Zeit um 1000. Die älteste von Europäern bewohnte Niederlassung in Amerika ist heute rekonstruiert und gehört zum Weltkulturerbe der UNESCO.

Wilden« (noble savage), verkörpern sollte. Wirtschaftlich überlebte die Kolonie durch den erfolgreich begonnenen Tabakanbau, der bald zum Ankauf von schwarzen Sklaven führte.

Der puritanische Exodus
Zentral für die Entwicklung von Neuengland sollte das religiöse Dissidententum werden. Die Bewegung der dissenters, hatte sich seit Mitte der 1560er-Jahre in Auseinandersetzung mit der etablierten Kirche von England und als Folge politischer, sozialer und wirtschaftlicher Probleme in England ausgebildet. Kirchlich strebte sie eine Reinigung (purification) der Religion Englands von den »papistisch«-hochkirchlichen Einflüssen an, aber auch eine Wiederbelebung des Glaubens, wobei ihr gleichzeitig eine starke soziale Komponente zu Eigen war. In Bezug auf das persönliche Leben entfaltete dieser vom Kalvinismus geprägte religiöse Fundamentalismus (Puritanismus), nicht zuletzt unter dem Druck von außen, rigide Moralvorstellungen.

Seine soziale Basis besaß er eindeutig im Mittelstand. Als diesem Mittelstand im Zuge der hochabsolutistischen, den feudalen Landbesitz favorisierenden Finanz- und Steuerpolitik die Hauptlast aufgebürdet wurde und er sich dagegen wehrte, wuchs die mittelständisch-puritanische Opposition gegen das Staatskirchenestablish-

Puritanische Siedler der Kolonie Plymouth auf dem Weg zum Gottesdienst an Thanksgiving, dem seit 1621 gefeierten Friedens- und Erntedankfest zur Erinnerung an die erste Ernte der Pilgerväter in der neuen Heimat (»Der erste Thanksgiving Day«, Gemälde von George Henry Boughton, 1867).

Haus in Fort James, dem originalgetreuen Nachbau von Jamestown, der ersten dauerhaften englischen Siedlung in Nordamerika

ment der Stuartmonarchie. Aber auch Kleinbauern, Landpächter und Landarbeiter, die infolge der Einhegungspolitik auf Kosten der Allmende, des Gemeineigentums an Grund und Boden, ihre Existenz verloren hatten, schlossen sich dem Dissidententum an. Der politische Protest kleidete sich mithin in ein religiöses Gewand. Zugleich artikulierte sich im Puritanismus ein auf den Begriffen von Arbeit, Disziplin, Selbstverantwortung und Rationalität aufbauendes modernes Wirtschaftsdenken.

Mit der Landung der ersten Puritaner, der berühmten Pilgerväter (Pilgrim Fathers), auf der Mayflower am 19. November 1620 in New Plymouth in der Massachusetts Bay erreichte der religiöse dissent erstmals amerikanischen Boden. Die Pilgrim Fathers gehörten dem radikalen Flügel des Puritanismus an, der sich von der Staatskirche gelöst hatte und 1607 in das tolerante Holland ausgewichen war. Um ihre englische und puritanische Identität nicht zu verlieren, entschlossen sich die »Heiligen« (saints), zusammen mit in London dazugestoßenen Auswanderern mit »weltlicheren« Motiven (strangers), nach Amerika zu gehen.

> **INFOBOX**
>
> **Thanksgiving Day**
> Kein Feiertag steht so für die amerikanische Kultur wie Thanksgiving Day, das amerikanische Erntedankfest. Mit ihm verbunden sind auch zahlreiche Thanksgiving-Sprüche, von denen folgender auf ein zentrales Element des Festes hinweist: »The Great American Birds; may we have them where we love them best: the Turkeys on our tables, the Eagles in our pockets« (Die großen amerikanischen Vögel; mögen wir sie dort haben, wo wir sie am liebsten haben: die Adler [= goldene Zehndollarstücke] in unseren Taschen, die Truthähne auf unseren Tischen).
> Niemand wird es wohl jemals ganz genau sagen können, wie viele Truthähne jedes Jahr ihr Leben für das Thanksgiving-Festmahl lassen müssen, den kulinarischen Höhepunkt des Festes. Ein Truthahn unter vielen Millionen kann sich allerdings glücklich schätzen. Seit 1947 überbringen Mitglieder der »National Turkey Federation« dem amerikanischen Präsidentenpaar am Vortag des Thanksgiving Days zwei bereits zubereitete Truthähne und einen noch lebenden Truthahn. In einem offiziellen Akt im Garten des Weißen Hauses wird dieser vom Präsidenten »begnadigt«.

Aber erst 1630 setzte der große Exodus der englischen Puritaner nach Nordamerika ein. Unter Führung eines vom sozialen Abstieg bedrohten Grundbesitzers aus Suffolk, des Aristokraten John Winthrop, segelten etwa tausend Auswanderer auf vier Schiffen, finanziert von der Massachusetts Bay Company, von Southampton zur nordamerikanischen Ostküste, wo sie am 12. Juni 1630 in Salem eintrafen. Bis 1643 siedelten bereits 20 000 von ihnen in Massachusetts.

Die Hauptanstrengungen der Puritaner richteten sich eindeutig auf die Errichtung und äußere wie innere Festigung ihres eigenen Gemeinwesens, in dem sie ihre religiös-politischen Idealvorstellungen von einem »neuen Jerusalem« verwirklichen konnten.

Puritaner und Indianer

Pocahontas, die Tochter eines Häuptlings der Powhatan, soll dem von den Indianern gefangen genommenen englischen Kapitän John Smith das Leben gerettet haben.

Ihr in England praktiziertes Verhalten der Abschottung, das notwendig war, um als religiös-politische Minderheit zu überleben, setzten die Puritaner in der Neuen Welt fort, nun in einer ausgesprochenen Grenzermentalität gegenüber der ständig als Bedrohung empfundenen Mehrheit der Indianer. Die allumschließende Ordnung der Institutionen, des geschriebenen Gesetzes und der Hierarchie diente angesichts einer kargen Umgebung und gefahrvollen Umwelt als Halt, führte aber auch zu der dogmatischen Engstirnigkeit der Puritaner. Tatsächlich schufen das puritanische Arbeitsethos und das Bewusstsein, Gottes auserwähltes Volk (God's Chosen People) zu sein, die besten Voraussetzungen, in der Neuen Welt zu bestehen.

Unnachgiebig gingen die Puritaner deshalb daran, in einer »orthodoxen Theokratie« ihre religiös-politischen Anschauungen und ihre Lebensführung in dem von ihnen kontrollierten Teil der Welt durchzusetzen. In diesem Weltbild gab es keinen Platz für die Werte einer anderen Kultur. Ihre elitäre Auserwähltheitsdoktrin und die aus ihr folgenden rigorosen Moralvorstellungen erschwerten es selbst den eigenen Leuten, sich für die volle Kirchenmitgliedschaft zu qualifizieren und sich immer richtig zu verhalten, wofür die Hexenverfolgungen 1692 in Salem, bei denen 19 Personen hingerichtet wurden, beredtes Zeugnis ablegen. Und wie sie sich selbst als das »neue Israel« sahen, erblickten sie nach dem Auszug aus »Ägypten« in dem vorgefundenen Indianerland das ihnen von Gott geschenkte »neue Kanaan«. Es den zu neuen Kanaanitern und Edomitern erklärten Indianern

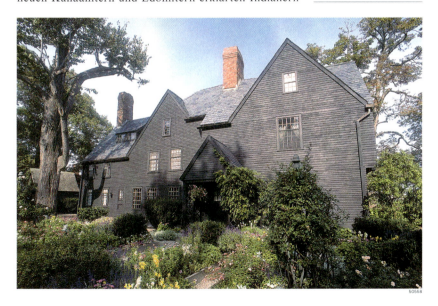

Das House of Seven Gables in Salem wurde 1668 im puritanischen Stil errichtet. Die Stadt in Massachusetts war 1692 Schauplatz von Hexenprozessen, bei denen es insgesamt 19 Hinrichtungen gab.

fortzunehmen und sie mit Feuer und Schwert auszurotten, entsprach nach ihrem alttestamentlichen Bibelverständnis dem »offenbaren« Willen Gottes und seinem Heilsplan.

Mitte der Dreißigerjahre des 17. Jahrhunderts fühlten sich die Neuengländer so weit gerüstet, dass sie nicht mehr vor einem militärischen Konflikt zurückschreckten. Ein Beweis dafür ist der 1637 von den Puritanern angezettelte Krieg mit den Pequot (Pequot War). Gemeinsam mit verbündeten Indianern, den Narragansett und Mohegan, vernichteten sie, nachdem die meisten Pequot geflohen waren, ein Dorf dieser Indianergruppe bei Mystic in Connecticut. 500 bis 600 indianische Männer, Frauen und Kinder wurden in weniger als einer Stunde – bei zwei Toten auf englischer Seite – in einem Massaker niedergemacht. Die Überlebenden des Pequotkrieges wurden versklavt; die Nation der Pequot wurde ein Jahr später für aufgelöst erklärt.

Karte der Neuenglandstaaten am Atlantik von 1673

Amerika

Historische Ansicht aus dem 17. Jh. von New Amsterdam. Die ehemalige Hauptstadt der holländischen Kolonie Neuniederland wurde 1664 von englischen Kolonisten erobert und in New York umbenannt (Washington, D. C., Library of Congress).

Göttliche »Bundesgenossen« erblickten die Puritaner in den verheerenden Seuchen wie Typhus, Gelbfieber, Diphterie, Grippe oder Pocken. Sie haben tatsächlich wohl mehr Indianer dahingerafft als die kriegerischen Auseinandersetzungen zwischen »Bleichgesichtern« und »Rothäuten«. So hatten bereits vor Ankunft der Pilgerväter vermutlich von englischen Sklavenhändlern eingeschleppte Epidemien die auf dem späteren Siedlungsgebiet der Puritaner lebenden Wampanoag um zwei Drittel, die Massachuset gar zu neunzig Prozent vernichtet. John Winthrop kommentierte diesen Sachverhalt als Werk der göttlichen Vorsehung: »Was die Eingeborenen betrifft, so sind sie nunmehr sämtlich den Pocken erlegen, sodass der Herr unsere Ansprüche klargestellt hat auf das, was wir besitzen.« Im Krieg gegen die Indianer im Ohiogebiet (Pontiac's Rebellion) 1763 stellte man sogar Überlegungen an, ob und wie man die Indianer mit Pocken infizieren könnte.

»Betende Indianer«
Einerseits stand das puritanische Bild der Welt als eines Schauplatzes, auf dem sich Gut und Böse gegenüberstehen, als einer Auseinandersetzung, in der »Erwählte«

Das Siegel der Massachusetts Bay Company mit dem Ausspruch des dargestellten Indianers »Come over and help us«

Denkmal am Mohawk Trail, einem alten Indianerpfad in Massachusetts. Die Mohawk oder Irokesen wurden schon früh in englisch-französische Streitigkeiten verwickelt. Sie kämpften aufseiten der Engländer.

gegen die Armeen des Satans fechten, im Grunde dem Missionsgedanken entgegen; denn wer anders sollte die Mächte des Bösen verkörpern als die offenbar kulturell so andersartigen Indianer? Andererseits gab es in der puritanischen Theologie, repräsentiert durch Geistliche wie John Cotton und Cotton Mather im Wesentlichen zwei Motive, die den Ansatz für die Missionsarbeit lieferten: den Ruhm Gottes und das Mitleid mit den Indianern.

Von daher stand die Mission als Teil einer Bewegung, die sich insgesamt als gottgefällig und auserwählt interpretierte, beim Aufbau des »neuen Jerusalem« nicht grundsätzlich abseits, wenn ihr auch eher ein beiläufiger Charakter zukam. Jedenfalls war die englische Mission in der kolonialen Phase Nordamerikas bis auf die bescheidenen Versuche der Anglikaner bei den Mohawk, der Herrnhuter Brüdergemeine am Delaware und von einigen Quäkern ausschließlich kalvinistisch. Ihr Zentrum war die Massachusetts-Bay-Kolonie.

Es dauerte allerdings bis in die Mitte der 1640er-Jahre, bis erste Ansätze einer Missionsarbeit unternommen wurden. Sie lag in den Händen einiger weniger Geistlicher, die sich für die Bekehrung der Indianer zuständig fühlten. Der erste und zweifellos berühmteste dieser puritanischen Indianermissionare war John Eliot. Auf der Basis der Weisung von Exodus 18, 21–22 ging der bis heute als »Apostel der Indianer« verehrte Eliot daran, seine theokratischen Ordnungsvorstellungen und seine Hoffnung auf ein christliches Gemeinwesen, die er in seinem Werk »Der Christenstaat oder Die zivile Politik des anbrechenden Königreichs Jesu Christi« entwickelt hatte, auf die Indianer zu übertragen, wobei »zivile Gesellschaft« und »Kirchengesellschaft« von vornherein eine Einheit bildeten. Bevor die Indianer aber christianisiert werden konnten, mussten sie nach seiner und puritanischer Überzeugung erst zivilisiert werden. Die Devise lautete daher, ganz ähnlich wie in der iberischen und französischen Kolonialideologie: »Zivilisation für ihren Körper« und »Christentum für ihre Seele«.

Den Anfang des Missionswerks machte Natick in der Nähe von Boston, das zu einer Keimzelle der »betenden Indianer« wurde. Nachdem die Gebietsfragen mit den englischen Kolonialbehörden geklärt waren, entstanden

Friedensmedaillen, wie dieses 1757 von Joseph Richardson geprägte Exemplar, wurden regelmäßig im Austausch für indianisches Land an Stammeshäuptlinge gegeben (New York, American Numismatic Society).

weitere »betende Dörfer«, alle im Umkreis von siebzig Meilen um Boston. Bis 1674 waren 14 von ihnen errichtet. Zur Errichtung eines Dorfes gehörte der Bau fester Häuser und die Anlage eines nach englischem Vorbild gestalteten Straßensystems. In diesen Dörfern lebten die Indianer von Viehzucht, Acker- und Gartenbau sowie Fischfang. Auf diese Weise sollten sie in ein nach puritanisch-europäischen Vorstellungen aufgebautes Gemeinwesen eingegliedert werden.

Trotz ihrer Bekehrung und Sesshaftigkeit blieben die »betenden Indianer« zivilisierte Christen zweiter Klasse. Als daher 1675 der zweite große Indianerkrieg der Kolonie, der King Philip's War, ausbrach – die Hauptursache lag eindeutig im Landhunger der Puritaner, gegen den sich die Indianer in einem verzweifelten Akt erhoben –, sollten ihnen selbst ihre den Weißen angebotenen Hilfsdienste im Kampf gegen die vom Häuptling der Wampanoag, Metacomet, angeführte Indianerkoalition nichts helfen. Die Siedler nutzten die Gelegenheit zu einer Abrechnung mit allen Indianern, die wenigen überlebenden christlichen Indianer verloren ihre restliche Autonomie. Sogar das Modell der »betenden Dörfer« war dem Modell der Reservation gewichen.

Horst Gründer

Von Jamestown nach Philadelphia: Die Etablierung des britischen Kolonialreichs

Gold und den Weg nach »Indien« hatten auch die Engländer zunächst in der Neuen Welt gesucht. Zwei andere Ziele wurden indes für den englischen Expansionismus in dieser Weltregion zentral: Land, das in England so schwierig zu erwerben war und das man in Amerika reichlich vorfand oder den Ureinwohnern fortnehmen konnte, und die Verwirklichung politischer und religiöser Freiheit. Bei der Realisierung dieser Ziele kam den Kolonisten die – im Vergleich mit dem Kolonialexpansionismus der Iberer – nur geringe Organisation der englischen Überseepolitik entgegen. Zwar unterstanden letztlich alle Kolonien der Krone, aber es gab weder eine zentrale Kolonialgesetzgebung noch so etwas wie eine Indianerpolitik.

Amerika

Verwaltung und Koloniegründungen
Die weitgehende Freiheit der Siedler führte schon früh zur Bildung von Selbstverwaltungseinrichtungen. Bereits am 30. Juni 1619 war in der Kirche von Jamestown das erste Kolonialparlament mit 22 Mitgliedern zusammengetreten, womit nicht nur freiheitliche Prinzipien des Mutterlandes auf amerikanischem Boden Fuß fassten, sondern sich auch erster Widerstand der Siedler gegen autokratische Tendenzen der Krone regte. Künftig standen in der Regel neben den vom Inhaber der Freibriefe beziehungsweise der Krone eingesetzten Gouverneuren Selbstverwaltungskörperschaften (general assemblies oder general courts). Während die den Gouverneuren beigeordneten Beratungsgremien (councils) zugleich als Oberhaus und oberstes Gericht fungierten, bildeten diese Körperschaften, denen Gesetzgebung, Steuerermächtigung und Haushaltskontrolle oblagen, quasi das Repräsentantenhaus.

Wasserspiel im Waterplace Park in Providence. Die Hauptstadt von Rhode Island wurde 1636 von dem protestantischen Theologen Roger Williams als Zufluchtsort für verfolgte Gläubige jeder Konfession gegründet.

Die freien Siedler (freemen) erhielten unter bestimmten Voraussetzungen – vor allem Vermögen – aktives und passives Wahlrecht zur Bildung dieser Repräsentativorgane. Starker Anteil an der Entstehung repräsentativ-freiheitlicher Institutionen kommt der Vorstellung der Puritaner von der selbstständigen Gemeinde (congregation) und ihrer Organisation als religiöser und politischer Einheit zu. Bereits auf der Mayflower hatten sie eine Vereinbarung (compact) unterzeichnet, der zufolge Regierung und Gesetze aus gemeinsamen Beschlüssen hervorgehen sollten – Mythos und Ritual der späteren Vereinigten Staaten. Die Einheit von religiöser und politischer Gemeindebildung bedeutete allerdings auch die Ächtung Andersgläubiger wie etwa der Juden oder der Katholiken.

Der Ausschluss von Katholiken vom Gebiet der puritanischen Massachusetts-Bay-Kolonie war daher Anlass für die Gründung der ersten Eigentümerkolonie. 1632 erhielt der Katholik George Calvert, Lord Baltimore, von Karl I. einen Freibrief, der ihn zum persönlichen Besitzer (proprietor) eines weitläufigen Gebietes im nördlichen, unbesiedelten Teil Virginias, das 1624 zur Kronkolonie geworden war, erhob. Sein Sohn gründete daraufhin die nach der katholischen Gemahlin Karls I., Henriette Maria, benannte Kolonie Maryland, die vor allem Katholiken offen stehen sollte, in der aber, trotz einiger feudaler Grundherrschaften katholischer Adliger, Protestanten ein Übergewicht gewannen. Diese erzwangen gegenüber dem mächtigen Eigentümer 1649 die Einrichtung eines Repräsentationssystems und ein Toleranzedikt, in dem allen bekennenden Christen religiöse Freiheit zugestanden wurde.

Keimzelle der Neuenglandkolonien, die alle durch den radikalen Protestantismus der Puritaner geprägt wurden, bildete die sich von Boston aus ausbreitende Massachusetts-Bay-Kolonie. Ihre strenge theokratische Staatsordnung (Holy Commonwealth) sowie die Intoleranz ihrer Anführer führte zum Fortgang oder zur Verbannung von religiösen und politischen Dissidenten wie Roger Williams, der für die Rechte der Indianer eintrat und 1636 Providence als Zufluchtsstätte für verfolgte Gläubige jeden Bekenntnisses gründete. Das Schicksal der Vertreibung durch die puritanische Oligarchie traf auch die Anhänger der spiritualistischen Erwählungs-

Das Gemälde von John White zeigt englische Kolonisten im Handel mit den Mitgliedern eines Indianerdorfes in der von William Penn gegründeten, liberal regierten Kolonie Pennsylvania.

Amerika

Der englische Quäker William Penn hatte 1685 im heutigen Pennsylvania eine Eigentümerkolonie erhalten, in der er seine Vorstellungen von einer religiös und gesellschaftlich toleranten Siedlungspolitik verwirklichen wollte.

lehre der Anne Hutchinson, die Portsmouth und Newport gründeten.

Aus dem Zusammenschluss dieser und anderer Gruppen entstand die Kolonie Rhode Island, die 1644 einen Freibrief des englischen Parlaments erhielt, den Karl II. 1663 bestätigte. Die Kolonie wurde ein Beispiel für religiös-politische Toleranz. Sie war die erste, die Juden und Quäker aufnahm. Mit der Trennung von Staat und Kirche führte sie ein wichtiges Prinzip der späteren amerikanischen Verfassung ein. Andere Kolonien verfolgten eher die politische Linie der Massachusetts-Bay-Kolonie, so Connecticut und New Hampshire. Andere Puritaner unter Führung des namhaften kongregationalistischen, das heißt kalvinistischen Theologen Thomas Hooker gründeten 1638 New Haven, das sich 1662 an Connecticut anschloss. Dessen Gouverneur John Winthrop jr. erhielt im gleichen Jahr einen königlichen Freibrief für die Kolonie.

Nach der Restauration der Stuartdynastie 1660 kam es noch einmal zu einer Welle von Koloniegründungen, die durchweg Eigentümerkolonien waren. Bei den Besitzern handelte es sich zumeist um Mitglieder des Königshauses oder enge Gefolgsleute der Krone. So gab Karl II. 1663 das Gebiet Carolinas an acht hohe, ihm besonders treu ergebene Adlige, die die erhaltenen Ländereien freilich Landspekulanten überließen. Auf diese Weise erwarben zum Beispiel reiche Zuckerbarone von Barbados

> **INFOBOX**
>
> **Der Mayflower-Compact**
> Bevor die Pilgerväter im November 1620 bei Cape Cod (heute Provincetown, Massachusetts) landeten, schlossen 41 Männer den Mayflower-Compact, in dem sie sich zur Aufrichtung einer gesetzlichen Ordnung in der zu gründenden Siedlung Plymouth verpflichteten: »Und wir ... vereinigen uns selbst zu einem bürgerlichen Körper ... und kraft dieses wollen wir von Zeit zu zeit verordnen, errichten und einrichten rechte und billige Gesetze, Verfügungen, Erlässe, Einrichtungen und Ämter, wie es uns am zuträglichsten und zweckmäßigsten für das allgemeine Wohl der Kolonie erscheint ...«.
> Bedingt durch das Fehlen eines gültigen Freibriefes, ist das Übereinkommen eine Nachbildung des puritanischen Gemeindebundes (Covenant) und war Vorläufer ähnlicher für Gemeinde- und Kirchenverwaltung grundlegender Verträge.

Amerika

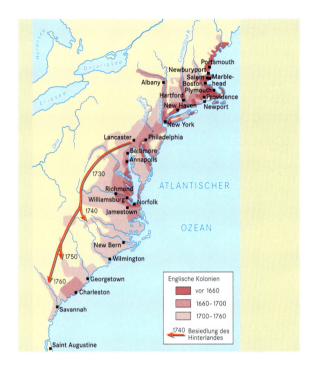

Immigration und Expansion in Neuengland im 17. und 18. Jahrhundert

Landbesitz in Carolina. Ansonsten bestimmte eine starke innerkoloniale Migration die Zuwanderung in die Kolonie, die sich aufgrund ständiger politischer Auseinandersetzungen 1701 in South und North Carolina trennte.

Auch die mittleren Kolonien New York, New Jersey, Delaware und Pennsylvania befanden sich zunächst in privatem Besitz. 1664 erhielt der Bruder Karls II., der Herzog von York und spätere Jakob II., die Kolonie New York; das Gebiet musste zuerst den Niederländern, die es ihrerseits den Schweden entrissen hatten, fortgenommen werden. Delaware wurde 1682 Teil Pennsylvanias mit eigener assembly und 1775 selbstständig. Auch New Jersey gehörte zunächst dem Herzog von York, der seine Eigentümerrechte an dem Gebiet zwischen Hudson River und Delaware River jedoch an zwei Gefolgsleute weiterschenkte; 1702 wurde es Kronkolonie. Die englischen Kolonien bildeten jetzt eine geschlossene Kette entlang der Ostküste Nordamerikas zwischen den spanischen Besitzungen – Florida – und dem französischen Kanada.

Das Castillo de San Marcos wurde 1672–95 zum Schutz der Siedlung Saint Augustine in Florida erbaut. Anfang des 18. Jh. war die nordamerikanische Ostküste zwischen Kanada im Norden und dem spanischen Florida im Süden in englischem Besitz.

William Penns »heiliges Experiment«

In erster Linie um die Verwirklichung der eigenen gesellschaftspolitischen, religiösen und pazifistischen Ziele ging es dem englischen Quäker William Penn mit seinem »heiligen Experiment« in Pennsylvania. Die Krone sah dagegen aufgrund der strategisch wichtigen Lage Pennsylvanias in der Eigentümerkolonie – Penn hatte sie 1681 aufgrund finanzieller Verpflichtungen der Krone seinem Vater gegenüber erhalten – ein Bollwerk gegen die Franzosen.

Die Kolonie mit dem zentralen Handelsplatz Philadelphia, der »Stadt der Bruderliebe«, wuchs schnell. 1685 verfügte sie bereits über 8000 Siedler. An Penns Kolonisationsunternehmen waren erstmals auch in größerem Umfang Siedler aus Deutschland beteiligt. Pietistische Kreise und Gruppen aus dem protestantischen Sektenmilieu sahen, nachdem Penn persönlich für sein Projekt in Deutschland geworben hatte, in der Neuen Welt eine Chance sowohl zur Vertretung ihrer religiösen Anschauungen als auch zur Lösung sozialer Probleme. Im Auftrag einer Frankfurter Landkompanie erwarb Francis Daniel Pastorius 15000 Acres Land von Penn und gründete Germantown, heute ein Stadtteil von Philadelphia.

Rassisch-religiöse Toleranz übten die Quäker, die »Religiöse Gesellschaft der Freunde«, auch gegenüber den Indianern. Zu der fairen Behandlung der eigentlichen Landesbewohner gehörte die Anerkennung ihres Landbesitzes. Penn war der Erste, der ihnen das Land abkaufte und es ihnen nicht gewaltsam fortnahm. Die Landabtretungsverträge, die er mit den Indianern abschloss – wobei ihm freilich deren rege Nachfrage nach europäischen Gütern entgegenkam –, stellen ein nur zu seltenes Beispiel friedlichen Landerwerbs in europäischen Kolonialgebieten, erst recht in Amerika, dar.

Seit dem zweiten Viertel des 18. Jahrhunderts mussten die »Freunde« eine drastische Verschlechterung in den gegenseitigen Beziehungen erkennen. Entfremdung und blutige Auseinandersetzungen beendeten schließlich William Penns »heiliges Experiment«. Die Zunahme einflussreicher Nichtquäker in der Kolonie, der aufkommende englisch-französische Gegensatz, der wiederum die Indianer spaltete, wohingegen sich auf der anderen Seite merkantile Interessen und Prinzipien der Quäker letztlich als unvereinbar erwiesen, vor allem jedoch die sich unter dem Druck der Siedler immer weiter nach Westen verschiebende Grenze zerstörten die Hoffnung auf eine gegenseitige Interessenallianz. Landerwerb und friedliche Koexistenz mit den Indianern hatten sich als unvereinbar erwiesen.

1732 wurde schließlich das südlich der Carolinas gelegene Georgia, nach dem englischen König Georg II. benannt, als letzte der 13 »alten« Koloniegründungen an eine Gruppe von Treuhändern um den sozial engagierten James Oglethorpe vergeben, die die Kolonie von England aus regierte. Geplant war sie als Pufferzone gegen Neuspanien und das französische Louisiana sowie als Siedlungsgebiet für entlassene Sträflinge und Opfer der Schuldhaft. 1752 übernahm die britische Krone die – trotz des Zuzugs von Schotten und Deutschen, den »Salzburger Exulanten« – nur mäßig prosperierende Kolonie.

ZITAT
Franz Daniel Pastorius übermittelte im Grundbuch von Germantown (1691) in einer Vorrede den Nachfahren einen Gruß:
Sei gegrüßt, Nachkommenschaft... in Germantown!... Deine Eltern und Vorfahren (haben) DEUTSCHLAND... in freiwilliger Verbannung verlassen,... um in diesem waldreichen Pennsylvanien, in Einöde und Einsamkeit und in geringerem Maße von Sorgen bedrängt, den Rest ihres Lebens... zu verbringen.

Gesellschaft und Wirtschaft
Charakteristisch für den englischen Expansionismus in der Neuen Welt war die Anlage von Siedlungskolonien mit großen Zuwanderungsraten. Die Bevölkerungszahl stieg von etwa 2000 im Jahr 1620 auf etwa 2,5 Millionen

bis zum Ende der Kolonialepoche, davon ungefähr ein Fünftel schwarzafrikanische Sklaven. Bis 1680 waren etwa neun Zehntel der weißen Bevölkerung englischstämmig, danach kamen vermehrt Einwanderer aus Nordirland (Iroschotten), aus Schottland, Deutschland, Frankreich und der Schweiz. Die zunächst geschlossene Siedlungsweise bot Schutz vor den Indianern, entsprach aber auch dem puritanischen Gemeindeideal mit seiner gegenseitigen Überwachung.

Ebenfalls religiös motiviert war das Arbeitsethos, das das harte tägliche Leben bestimmte; Letzteres bezog alle Familienmitglieder in die Erschließung des Bodens mit ein (family farming), im Unterschied zur Arbeitshaltung in den iberischen Kolonien Südamerikas. Viele Einwanderer kamen aber auch als indentured servants oder redemptioners nach Nordamerika. Während es sich bei Ersteren um europäische Arbeitskräfte handelte, die in einer bestimmten Zeit, meist drei bis fünf Jahre, die Kosten für Überfahrt und Unterhalt während ihrer »Vertragsknechtschaft« abarbeiten mussten, regelten bei Letzteren, die keinen Kontrakt über ihr Arbeitsverhältnis besaßen, die Kolonien die Bedingungen der Arbeitsverpflichtung.

Traditionelles Wohnhaus im englischen Kolonialstil in Savannah, Georgia. Der Anbau von Tabak und Baumwolle mithilfe von Sklaven war ein lukratives Geschäft.

> **INFOBOX**
>
> **Die Quäker**
> Die Quäker gehen zurück auf den englischen Schuhmacher George Fox, der nach einem visionären Erlebnis in den 1640er-Jahren einen Kreis von Anhängern um sich sammelte, die sich zunächst als »Children of the Light« (»Kinder des Lichts«) bezeichneten, nach 1652 als »Society of Friends« (»Gesellschaft der Freunde«).
> Die Ethik der Quäker ist geprägt durch Sozialarbeit und Friedensdienst im umfassenden Sinn. Ihr Menschenbild betont eindringlich die Gleichheit aller Menschen, besonders auch im Hinblick auf die Rechte der Frauen, woraus die Ablehnung jeglicher Diskriminierung und Gewaltanwendung folgt. Aufgrund ihrer Ablehnung der englischen Staatskirche, des Eides und des Kriegsdienstes waren die Quäker in England bis zum Inkrafttreten der Toleranzakte 1689 schweren Verfolgungen ausgesetzt.
> Nach dem Vorbild der Puritaner wanderten sie deshalb in die Neue Welt aus. 1681 gründete William Penn hier einen eigenen Quäkerstaat, Pennsylvania, dessen Verfassung auf den Grundsätzen des Quäkertums – Gewaltfreiheit, Gleichheit, Toleranz – beruhte.

Wachsende Kosten für die »weißen Sklaven« – wegen der verbesserten wirtschaftlichen Lage in England – und die Expansion der Plantagenwirtschaft führten nach 1680 zu einem Anwachsen der afrikanischen Zwangsmigration. Zu einem bedeutenden Wirtschaftsfaktor wurde die Sklaverei aber nur in den südlichen Kolonien. Sträflinge machten vornehmlich im 18. Jahrhundert einen beträchtlichen Teil der englischen Amerikaeinwanderer aus. Indianer nahmen in den Siedlungen der Europäer ausnahmslos eine Randstellung ein.

Generell lassen sich innerhalb des englischen Kolonialreiches in Amerika drei beziehungsweise vier sichtbar verschiedenartige Regionen unterscheiden: das eigentliche Neuengland, die mittleren Kolonien und die Kolonien im Süden, dazu der Grenzraum im Westen, die so genannte frontier.

Neuengland besaß von diesen Gebieten zweifelsohne die homogenste Bevölkerung: Sie war überwiegend englischer Abstammung, vom Puritanismus geprägt und zeichnete sich durch eine weitgehend egalitäre Sozialstruktur und gesellschaftskonforme Lebensart aus. Haupterwerbszweige bildeten die Landwirtschaft und

Der 1706–20 erbaute Governor's Palace in Williamsburg. Die im Stil des 18. Jh. restaurierte und unter Denkmalschutz stehende Stadt war bis 1780 Hauptstadt von Virginia.

der Fischfang, die einen gewissen Wohlstand zuließen. Beträchtliche Reichtümer sammelten sich in Boston und anderen Küstenstädten an, wo Schiffswerften, Sägewerke, Gerbereien, Wollspinnereien und – auf der Basis des Zuckers aus der Karibik – Rumbrennereien entstanden und von wo Handelsschiffe, Sklaventransporter und Walfänger bis nach Afrika verkehrten. Überdies zeichnete sich Neuengland durch ein beachtliches Bildungsniveau aus.

In den mittleren Kolonien New York, New Jersey und Pennsylvania war die Bevölkerung ethnisch unterschiedlicher, das religiöse Leben vielgestaltiger sowie die gesamte Lebenshaltung weniger streng geregelt als im puritanischen Norden. Die Städte New York und Philadelphia etablierten sich neben Boston als bedeutende Handelsplätze und Gewerbezentren. Im Tal des Hudson River und des Delaware River bauten reiche Farmer Mais, Kartoffeln und europäische Getreidearten an und betrieben Viehzucht. Nirgends sonst in den englischen Kolonien Amerikas konnten sich Wirtschaft und Geistesleben so ungehindert entfalten wie dort.

Oligarchisch strukturiert und von einem ländlichen Lebensstil geprägt waren die südlichen Kolonien, in denen eine mehr oder weniger reiche Pflanzeraristokratie Großbetriebe mithilfe von Sklaven bewirtschaftete. In

Virginia stellten die Sklaven zum Ende der Kolonialzeit zwanzig Prozent der Arbeitskräfte und vierzig Prozent der Bevölkerung. Harte Sklavengesetze (slave codes) mit drakonischen Strafen selbst für kleinste Vergehen sorgten für die Aufrechterhaltung der Sklavenhaltergesellschaft, zumal die Freilassung von Sklaven sehr selten vorkam; in Virginia betrug zum Beispiel im Jahr 1760 der Anteil der freien Schwarzen an der schwarzen Bevölkerung zwischen zwei und drei Prozent.

Neben den Sklaven gab es aber auch zahlreiche »arme Weiße«, die ein zusätzliches Potenzial für den manifesten Rassismus des Südens bildeten. Hauptanbauprodukte waren Tabak in Virginia und Maryland, Indigo und Reis in South Carolina und Georgia. Das religiöse Leben bestimmte eindeutig die anglikanische Kirche. Dagegen sollte das westliche Hinterland der Kolonien, in denen sich die Pioniere der »wandernden Grenze«, Jäger, Pelzhändler und Holzfäller, aber auch Abenteurer, Flücht-

Die Yale University, die drittälteste Universität in den USA, wurde 1701 als Collegiate School in Killingworth bei New Haven in Connecticut gegründet. 1718 wurde in New Haven ein eigenes Gebäude eröffnet und das College nach seinem Hauptförderer, dem britischen Kaufmann Elihu Yale, benannt.

linge und Außenseiter aufhielten, erst im Zuge der Unabhängigkeitsbewegung an Bedeutung gewinnen.

Der Konflikt mit dem Mutterland
Im Zuge der merkantilistischen Politik des absolutistischen Staates, der Kolonien als wichtige Rohstofflieferanten und Absatzgebiete für Manufakturwaren betrachtete, begann auch der englische Kolonialstaat seinem amerikanischen Imperium mehr Aufmerksamkeit zu widmen. Die zwischen 1651 und 1696 erlassenen Navigationsgesetze schlossen nichtenglische Schiffe vom Handel zwischen England und den Kolonien aus. Wichtige koloniale Produkte wie Zucker, Tabak und Indigo, später auch Reis, Melasse und Biberfelle, durften nur noch nach England geliefert, europäische Manufakturwaren allein von englischen Häfen eingeführt werden.

Koloniale Angelegenheiten, für die bislang der Privy Council zuständig war, wurden 1696 dem neu errichteten Board of Trade and Plantations übertragen. Die zum Teil weit reichenden Selbstverwaltungsrechte, die sich in den Handelsgesellschafts- und Eigentümerkolonien entwickelt hatten, wurden bis 1720 mehrheitlich durch die Form der »königlichen Kolonie« eingeschränkt. Weitere, den Kolonien gegenüber restriktive Gesetze folgten in der ersten Hälfte des 18. Jahrhunderts, so Verbote be-

Farm bei Canandaigua an den Fingerlakes im Bundesstaat New York. Die ersten, in Nordamerika gegründeten Landwirtschaftsbetriebe wurden noch ausschließlich von Familienmitgliedern bewirtschaftet.

treffend die Hutproduktion und Eisenverarbeitung sowie hohe Zölle auf Melasse und Zucker aus Französisch-Westindien, Grundprodukte für die in Neuengland blühende Rumdestillation. Mitte des 18. Jahrhunderts nahmen die Kolonien bis zu einem Viertel des gesamten englischen Exports auf.

Diese einseitige Ausrichtung der Wirtschaft auf das Mutterland stand notwendigerweise im Widerspruch zum expandierenden Handel und Gewerbe in den Kolonien. Eine weitere Verschärfung des sich anbahnenden Konflikts brachten die seit 1680 andauernden Auseinandersetzungen Englands mit seinem französischen Kolonialrivalen. Zwar führte der Sieg der Engländer in dem in Amerika als French and Indian War geführten Siebenjährigen Krieg 1763 zum Gewinn Neufrankreichs und zur Position der alleinigen Kolonialmacht in Nordamerika.

Aber die Kriege mit den Franzosen und ihren indianischen Verbündeten waren äußerst kostspielig gewesen. Um weitere Auseinandersetzungen mit den Indianern zu vermeiden – der zunächst erfolgreiche Aufstand unter dem Ottawahäuptling Pontiac im Nordwesten des Kolonialgebietes im Jahre des Friedensschlusses mit den Franzosen diente als Menetekel –, legte der Kolonialstaat eine etwa entlang dem Kamm der Appalachen verlaufende »Proklamationslinie« fest, die von den Siedlern nicht überschritten werden sollte. Mit dieser eingrenzenden Konzeption setzte er sich aber in Gegensatz zu Siedlern und Landspekulanten in diesem Raum.

Den Ausschlag für den schließlich offen ausbrechenden Konflikt zwischen Mutterland und Kolonien gaben weitere Zwangsgesetze, so eine ganze Reihe von Einfuhrzöllen, unter anderem auf Zucker, Textilien, Kaffee, Wein, Tee, Blei, Farbe und Papier, sowie Gebühren für die Ausstellung von Urkunden und Abgaben auf Zeitungen, Druckschriften, Spielkarten und Würfel. Da die politisch selbstbewussten Kolonisten nicht an der Entscheidung beteiligt waren, setzten sie sich unter der Losung no taxation without representation (keine Besteuerung ohne Stimmrecht) zur Wehr. Am Ende der bewaffneten Auseinandersetzungen standen die »Vereinigten Staaten von Amerika«; England hatte das wichtigste Teilstück seines ersten Empire verloren.   *Horst Gründer*

Das Streben nach Glück: Die Amerikanische Revolution

Die Loslösung der 13 nordamerikanischen Festlandskolonien vom britischen Mutterland war kein isoliertes Ereignis auf einem fernen Kontinent. Schon die Zeitgenossen glaubten das Echo der Schüsse von Lexington und Concord in Massachusetts rund um die Welt zu hören, und die Europäer diskutierten leidenschaftlich die Bedeutung des Unabhängigkeitskampfes der amerikanischen »Patrioten« für die Zukunft der gesamten Menschheit. Das Bewusstsein einer epochalen Umwälzung war weit verbreitet und wurde durch die Krise des Ancien Régime in Frankreich noch verstärkt.

Obwohl die Revolutionen in Nordamerika und in Frankreich unterschiedliche soziale Voraussetzungen hatten und ihren jeweils eigenen Verlauf nahmen, waren sie doch Teile eines größeren Ganzen: Sie beschleunigten auf dramatische Weise den historischen Wandel, der die ständisch-monarchischen, auf Privilegien beruhenden Ordnungen in das Zeitalter der demokratisch-kapitalistischen Nationalstaaten hinüberleitete.

Der 1774 nach Amerika eingewanderte Thomas Paine rief als Erster zum Kampf für die Unabhängigkeit der Amerikaner auf.

Republikanismus und Verschwörungsängste

Die Entfremdung der Amerikaner vom britischen Mutterland, die aus stolzen Bürgern des britischen Empire und treuen Untertanen der Krone unversöhnliche Rebellen machte, hatte sich erstaunlich rasch vollzogen. John Adams, der spätere zweite Präsident der USA (1797–1801), bezeichnete diesen intellektuellen Prozess rückblickend als den eigentlichen Kern des Geschehens. Die Revolution, so schrieb er 1815 an Thomas Jefferson, habe in den Köpfen der Menschen stattgefunden, und sie sei schon abgeschlossen gewesen, bevor 1775 bei Lexington und Concord Blut vergossen wurde.

Diese Beobachtung trifft insofern zu, als die Ursprünge des Konflikts in erster Linie geistig-ideologischer Natur waren. Das beharrliche Pochen der Siedler auf ihre in den Gründungsbriefen der Kolonien verankerten »alten englischen Rechte«, allen voran die Gesetzgebung und Steuerermächtigung, diente nicht der Verschleierung oder Rationalisierung ökonomischer Interessen, wenngleich diese sicher auch eine Rolle gespielt

> **ZITAT**
>
> **Benjamin Rush (1746–1813), Unterzeichner der Unabhängigkeitserklärung, über das Pamphlet »Common Sense«:**
> *Seine Wirkung war plötzlich und weit reichend. Es wurde von Männern in öffentlichen Ämtern gelesen, in Clubs besprochen, in Schulen deklamiert und in einem Fall, in Connecticut, anstelle einer Predigt von der Kanzel verlesen. Mehrere Pamphlete wurden dagegen geschrieben, aber sie fielen totgeboren aus der Druckerpresse.*

Amerika

> **INFOBOX**
>
> **Thomas Paines Pamphlet »Common Sense«**
> Gedruckt im Januar 1776 und immer wieder neu aufgelegt, kursierten bald über 150 000 Exemplare des Pamphlets in den Kolonien. Der Autor Thomas Paine, der erst zwei Jahre zuvor aus England eingewandert war, griff den bis dahin weitgehend verschont gebliebenen britischen König Georg III. (1760–1820) in beispielloser Weise als unfähigen und tyrannischen »Pharao« an und sprach damit aus, was viele Siedler inzwischen dachten: Nur die Unabhängigkeit könne verhindern, dass die Amerikaner von der politischen Korruption und dem moralischen Verfall Englands angesteckt würden. Es gehe nicht um die Wiederherstellung der »alten Ordnung«; vielmehr müsse der Kampf gegen die Monarchie und für den Aufbau einer gerechten republikanischen Ordnung geführt werden: »Wir haben es in unserer Hand, die Welt von neuem zu beginnen.« Im phänomenalen Erfolg dieses Appells spiegelt sich das Entstehen einer kraftvollen politischen Öffentlichkeit, die den Kontinentalkongress in Philadelphia im Frühjahr und Sommer 1776 über eine Welle von Gemeinde- und Provinzversammlungen zur Unabhängigkeitserklärung vorantrieb.

Titelblatt der Erstausgabe von Thomas Paines Flugschrift »Common Sense« vom 10. 1. 1776, die eine gerechte republikanische Staatsordnung verfocht und damit dem Unabhängigkeitsgedanken zum Durchbruch verhalf.

haben. Vielmehr verschmolzen praktische Erfahrungen mit den britischen Bestrebungen, die amerikanischen Kolonien nach Ende des Siebenjährigen Krieges wirtschaftlich und politisch wieder stärker zu kontrollieren, mit den Maximen des klassischen Republikanismus und mit liberal-naturrechtlichen Vorstellungen zu einer Weltsicht, in der alle britischen Maßnahmen seit 1763 als Ausfluss einer von langer Hand geplanten Verschwörung gegen die Kolonien erschienen, deren Ziel die Beseitigung des Selbstbestimmungsrechts der Siedler war.

Irrationale Ängste vor einer »Versklavung« setzten zusätzliche Energien frei, die sich im Boykott britischer Waren und anderen Protestaktionen (zum Beispiel Boston Tea Party 1773) entluden und auch zu Zusammenstößen von Demonstranten mit britischen Truppen führten. Angespornt durch die inkonsequente Haltung des Parlaments und der englischen Regierung, die zwar einige Steuer- und Zollgesetze rückgängig machten, aber an ihrem Besteuerungsrecht prinzipiell festhielten, gelang es den Patrioten, die städtischen Mittel- und Unterschichten zu mobilisieren und englandtreue Kolonisten, die Loyalists oder Tories, als Feinde des Volkes abzustempeln.

Wie viele andere Loyalisten verließ auch der Gouverneur von Massachusetts, Thomas Hutchinson, Amerika und emigrierte nach London.

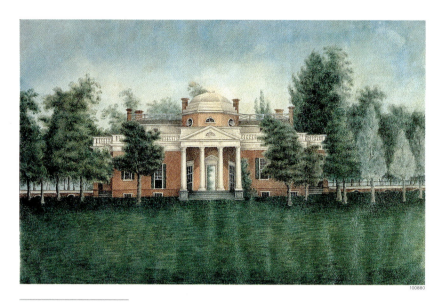

Thomas Jefferson, einer der Väter der amerikanischen Unabhängigkeitserklärung und der dritte Präsident der USA, entwarf sein Wohnhaus in Monticello bei Charlottesville in Virginia selbst (zeitgenössisches Aquarell).

Angesichts britischer Strafmaßnahmen gegen Massachusetts 1774 (Schließung des Bostoner Hafens, Auflösung des Kolonialparlaments, Aburteilung der Aufrührer, Einquartierung von Soldaten in Privathäusern) empfanden sich immer mehr Amerikaner nicht mehr als Untertanen in einer gottgegebenen, hierarchisch gegliederten Gesellschaftsordnung, sondern als freie und gleiche Bürger, die ihr Schicksal selbst in die Hand nahmen. In der gespannten Atmosphäre nach den ersten Kämpfen in Massachusetts 1775 entzündete Thomas Paines Flugschrift »Common Sense« den Funken, der das Pulverfass zur Explosion brachte. *Jürgen Heideking †*

Das Lösen der Bande: Die Formulierung der Unabhängigkeitserklärung und der Verfassung

Im Mai 1776 spitzte sich die Auseinandersetzung zwischen der gemäßigten und der radikalen Fraktion im Kontinentalkongress, dem Delegiertenkongress der 13 britischen Kolonien in Philadelphia, zur letzten Kraftprobe zu. Der entscheidende Anstoß kam aus Virginia, wo die Patrioten nach der Auflösung des Parlaments durch den britischen Gouverneur einen Provinzialkongress einberufen hatten, der de facto die Regierungsgeschäfte führte. Am 15. Mai 1776 forderte er die Delegierten Virginias im Kontinentalkongress auf, sich für die Unabhängigkeit einzusetzen.

Daraufhin stellte der Abgeordnete Richard Henry Lee am 7. Juni in Philadelphia den Antrag, der Kongress möge die Kolonien zu »freien und unabhängigen Staaten« erklären, ausländische Mächte um Hilfe bitten und eine Konföderation bilden. Es dauerte aber einen weiteren Monat, bis die übrigen Kolonien auf diese Linie gebracht werden konnten. Am 2. Juli nahm der Kontinentalkongress Lees Resolution mit zwölf Stimmen bei Enthaltung New Yorks an. Zwei Tage später blieben die New Yorker Delegierten, die immer noch keine Instruktionen erhalten hatten, der Sitzung fern, um so die einstimmige Billigung der Unabhängigkeitserklärung zu ermöglichen.

Der Entwurf stammte aus der Feder von Thomas Jefferson, einem Rechtsanwalt und Angehörigen der virginischen Pflanzeraristokratie, der mit seinen 33 Jahren zu den jüngsten Delegierten in Philadelphia zählte. Die Präambel leitete das Recht auf Loslösung vom Mutterland aus dem Naturrecht ab und betonte, dass es der Respekt vor der öffentlichen Meinung der Welt verlange, einen solch schwerwiegenden Schritt ausführlich zu begründen.

Der erste Teil fasste die politische Philosophie der amerikanischen Revolution in einigen Kernsätzen zusammen. Den Ausgangspunkt bildete das Naturrecht als »selbstverständlicher«, objektiver Maßstab, an dem das von Menschen gesetzte Recht zu messen ist. Alle Menschen seien gleich geschaffen (»all men are created equal«) und von ihrem Schöpfer mit unveräußerlichen Rechten ausgestattet; hierzu zählten vor allem Leben (»life«), Freiheit (»liberty«) und das Streben nach Glück (»pursuit of happiness«). Die Staatsgewalt (»government«) sei eingerichtet worden, um diese Rechte zu schützen; sie müsse auf der Zustimmung (»consent«) der Bürger beruhen und dürfe beseitigt und durch eine neue Regierung ersetzt werden, wenn sie ihren Aufgaben nicht gerecht werde.

Im zweiten Teil folgte ein langes, nicht in allen Einzelheiten korrektes Register der Amtsverstöße Georgs III., das den König eines Bruchs des Herrschaftsvertrags überführen sollte. Der Schlussabschnitt besie-

ZITAT

In den Xenien widmet Johann Wolfgang von Goethe ein Gedicht »Den Vereinigten Staaten«:

Amerika, du hast es besser
Als unser Kontinent, der alte,
Hast keine verfallenen Schlösser
Und keine Basalte.
Dich stört nicht im Innern
Zu lebendiger Zeit
Unnützes Erinnern
Und vergeblicher Streit.

gelte unter feierlicher Anrufung der göttlichen Vorsehung die Loslösung von Großbritannien und die Souveränität der amerikanischen Staaten. Eine der wenigen inhaltlichen Änderungen, die der Kontinentalkongress an Jeffersons Entwurf vornahm, betraf die Streichung eines sklavereikritischen Absatzes, der den Delegierten aus dem Süden zu weit ging.

Die Unabhängigkeitserklärung war einerseits dazu gedacht, die Amerikaner durch die Verkündung fundamentaler Prinzipien und Grundwerte, für die es sich zu kämpfen lohnte, an die revolutionäre Sache zu binden. Mit Blick auf Europa sollte sie andererseits die ehemaligen Kolonien als handlungsfähige Völkerrechtssubjekte etablieren. Jefferson nannte sein Werk später bescheiden »einen Ausdruck des amerikanischen Geistes«, wie er sich zur Zeit der Revolution dargestellt habe. Indem er eben diesen Geist auf den Begriff brachte, verlieh Jefferson der Unabhängigkeitserklärung über ihre unmittelbare Wirkung hinaus den Charakter eines weltgeschichtlich bedeutenden Dokuments.

Die neuen Staatenverfassungen
Während noch über die Unabhängigkeitserklärung debattiert wurde, vollzog sich in den einzelnen Kolonien die Neuordnung des politischen Lebens. Angesichts der leidenschaftlichen Auseinandersetzungen, bei denen sozial egalitäre, »gleichmacherische« Forderungen aufkamen, fürchteten Gemäßigte und Besitzende um den inneren Frieden und wollten ein Weitertreiben der Revolution verhindern. Aber auch viele radikale Befürworter der Unabhängigkeit hielten es für geboten, nach dem Zusammenbruch der britischen Autorität zu stabilen Verhältnissen zurückzukehren und die gefährliche Phase des Nebeneinanders von alten und neuen Institutionen zu beenden.

In diesem Prozess der Loslösung von Monarchie und Empire nahm die aufklärerische Idee, das Volk sei der Souverän und könne sich selbst regieren, erstmals konkrete Gestalt an. Zentrale Bedeutung erlangten die Verfassungen (constitutions), in denen die Staatsform und die Kompetenzen der verschiedenen Regierungsorgane festgeschrieben wurden. Sie enthielten überdies, wie die Gemeindeversammlung von Concord im Oktober 1776

Thomas Jefferson, der maßgeblich für die Formulierung der Unabhängigkeitserklärung verantwortlich war, wurde 1801 zum dritten Präsidenten der Vereinigten Staaten von Amerika gewählt.

Das Gemälde von John Trumbull zeigt (vor dem Tisch stehend) das Komitee, das die Unabhängigkeitserklärung der Vereinigten Staaten von Amerika ausarbeitete. Ihm gehörten neben Thomas Jefferson (zweiter von rechts) John Adams, Roger Sherman, Robert R. Livingston und Benjamin Franklin an (von links nach rechts).

feststellte, »ein System von Prinzipien, das die Rechte und Freiheiten der Regierten gegen alle Übergriffe der Regierenden schützt.«

Die revolutionären Parlamente von New Hampshire und South Carolina hatten bereits im Januar beziehungsweise März 1776 provisorische Verfassungen verabschiedet, die nur bis zum Ende des Konflikts mit Großbritannien in Kraft bleiben sollten. Im Mai 1776 empfahl der Kontinentalkongress dann allen Kolonien, ein Regierungssystem einzurichten, »das nach Meinung der Volksvertreter am besten geeignet ist, das Glück und die Sicherheit ihrer Wählerschaft im Besonderen und Amerikas im Allgemeinen zu gewährleisten.«

Zwischen Juni 1776 (Virginia) und Oktober 1780 (Massachusetts) kamen neun Kolonien dieser Aufforderung nach. Connecticut und Rhode Island beschränkten sich darauf, ihre Kolonialverfassungen aus dem 17. Jahrhundert von Erwähnungen des Königs und der Monarchie zu »reinigen«. Einen anderen Sonderfall stellte Vermont dar, dessen Bürger sich weder New York noch New Hampshire angliedern lassen wollten und die deshalb im Juli 1777 eine eigene, dem radikal-republikanischen Beispiel Pennsylvanias folgende Verfassung an-

Vom Balkon des 1713 erbauten Old State House wurde in Boston die Unabhängigkeitserklärung (»Declaration of Independence«) verlesen.

nahmen. Ihren Antrag, der Union beizutreten, lehnte der Kongress jedoch vorerst ab (die Aufnahme als 14. Staat erfolgte erst 1791).

Die Prozeduren der Verfassunggebung unterschieden sich von Staat zu Staat. Einige revolutionäre Parlamente schrieben ohne speziellen Wählerauftrag Verfassungen und setzten sie ebenso eigenmächtig in Kraft. Diese Praxis wurde aber bald als unvereinbar mit dem Prinzip der Volkssouveränität kritisiert. Pennsylvania berief deshalb einen speziellen Konvent für die Ausarbeitung und Verabschiedung von Verfassung und Grundrechteerklärung ein. In Massachusetts einigte man sich schließlich auf ein Verfahren, das in seinen Grundzügen zum Vorbild für die gesamte spätere konstitutionelle Entwicklung wurde: Ein eigens zu diesem Zweck gewählter Konvent arbeitete die Verfassung aus und legte sie den Bürgern zur Ratifizierung vor; rechtskräftig wurde sie erst nach der Zustimmung durch das Volk. Auf diese Weise erhielt die Verfassung einen höheren Stellenwert als das Gesetzesrecht und konnte nur noch unter Mitwirkung des souveränen Volkes geändert werden.

Inhaltlich stellten die neuen Verfassungen Kompromisse zwischen den beiden Flügeln der patriotischen Bewegung dar: dem radikal-republikanischen, der besonderen Wert auf Bürgerbeteiligung und Kontrolle der Regierenden legte, und dem konservativ-gemäßigten, der die Regierungsgewalten und sozialen Kräfte sorgsam auszubalancieren suchte. Das radikale Konzept setzte sich am reinsten in Pennsylvania durch, das konservative in New York und – unter dem Einfluss von John Adams –

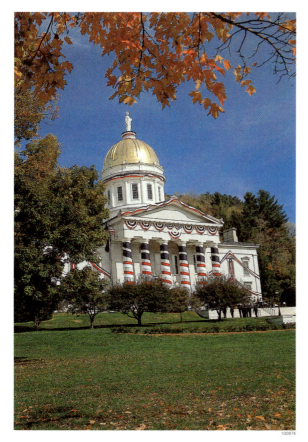

Das State Capitol von Montpelier, der Hauptstadt des Bundesstaats Vermont. Die Einwohner Vermonts nahmen 1777 eine eigene Verfassung an. Erst 1791 wurde Vermont als 14. Staat in die Union aufgenommen.

> **ZITAT**
>
> **Grundrechteerklärung Virginias vom 12. 6. 1776:**
> *Artikel 16: Religion oder die Ergebenheit, die wir unserem Schöpfer schuldig sind, und die Art, wie wir sie erfüllen, kann lediglich durch Vernunft oder Überzeugung bestimmt werden, nicht durch Zwang oder Gewalt, und deshalb haben alle Menschen einen gleichen Anspruch auf freie Ausübung der Religion nach den Geboten ihres Gewissens. ...*

Der junge George Washington als General der Miliz von Virginia

in Massachusetts. Überall mischten sich traditionelle mit innovativen Elementen. Die Zensusbestimmungen, die das aktive und passive Wahlrecht an Besitz und Steuerleistungen banden, wurden so weit gelockert, dass im Schnitt zwischen siebzig und neunzig Prozent der männlichen weißen Erwachsenen aktiv am politischen Leben teilnehmen konnten. In New Jersey waren auch Frauen wahlberechtigt – was allerdings 1809 zunächst wieder rückgängig gemacht wurde.

Am untergeordneten Status der Frauen, der auf dem englischen Common Law beruhte, änderten die Verfassungen nichts. Abigail Adams' Appell an ihren Mann John, bei der Verfassunggebung »die Ladys nicht zu vergessen«, blieb ohne Echo. Reformer wie der Arzt Benjamin Rush auf dem Kontinentalkongress in Philadelphia schrieben den Frauen als »republikanischen Müttern« eine wichtige Funktion bei der politischen und moralischen Erziehung der Jugend zu. Rushs Pläne für ein staatliches Schulwesen, das auch Mädchen Bildungschancen eröffnet hätte, fielen aber der Sparsamkeit oder dem Unverständnis der Verfassungs- und Gesetzgeber zum Opfer.

Abgesehen von Pennsylvania und Georgia, die das Einkammersystem einführten, behielten die Staaten Senate bei, die im zeitgenössischen Verständnis dem Schutz der besitzenden Schichten dienten. In der Praxis büßten diese Oberhäuser aber viel von ihrer Exklusivität ein. Als wichtigster Vorteil der Zweikammerlegislativen wurde bald nicht mehr die soziale Balance angesehen, sondern der Zwang zur gründlichen Beratung von Gesetzesvorlagen und Regierungsmaßnahmen.

Aus der frischen Erinnerung an die Konflikte mit den königlichen Gouverneuren heraus wurden die Befugnisse der Exekutive in der Regel stark eingeschränkt. Ins Zentrum des Regierungssystems rückte das Parlament, das häufig sowohl die Gouverneure als auch die Richter berief. Nur New York und Massachusetts ließen die Gouverneure direkt vom Volk wählen und gaben ihnen das Recht, mit einem suspensiven Veto in die Gesetzgebung einzugreifen. Auf diese Weise konnte das Zustandekommen eines Beschlusses so lange verzögert werden, bis das erstentscheidende Organ seinen Beschluss wiederholte. Für die Kontrolle der Parlamentarier sorgten die jährlichen Wahlen, die vielfach geübte Praxis des imperativen Mandats sowie Bestimmungen zur Ämterrotation. Die Judikative schließlich, die richterliche Gewalt im Staat, galt zwar noch nicht als »dritter Regierungszweig«, aber in einigen Staaten besaßen die Obersten Gerichte doch schon genügend Autorität, um die Verfassungsmäßigkeit von Gesetzen zu prüfen.

Die Anfänge der Staatenpolitik waren durch ein ständiges Ringen zwischen verschiedenen Interessengruppen und geistig-ideologischen Strömungen gekennzeichnet. In den meisten Staatenparlamenten bildeten sich Bündnisse und Fraktionen, die im politischen Tagesgeschäft oft heftig aneinander gerieten und Einfluss auf die Wählerschaft zu gewinnen suchten. Damit begann der Prozess der Parteienbildung. Der Grad der politischen Beteiligung der Bevölkerung nahm insgesamt zu, und die Aussichten von einfachen Farmern und Handwerkern, ins Parlament oder sogar auf einen Regierungsposten gewählt zu werden, stiegen deutlich an.

Abigail Adams engagierte sich für die Rechte der Frauen. Ihr Mann John Adams, Mitglied des zweiten Kontinentalkongresses, wurde 1797 zweiter Präsident der Vereinigten Staaten von Amerika.

Die Virginia Declaration of Rights
Die Diskussion über Grundrechte war ein wesentlicher Teil der konstitutionellen Neuordnung. Sechs Staaten formulierten separate Grundrechtskataloge und stellten

INFOBOX

»Declaration of Independence«

Mit der »Declaration of Independence«, der Unabhängigkeitserklärung, lösten sich die 13 amerikanischen Kolonien von Großbritannien. Von einem Ausschuss des 2. Kontinentalkongresses unter Thomas Jefferson vorbereitet, wurde die Unabhängigkeitserklärung am 4.7.1776 durch die Delegierten der Kolonien in Philadelphia, Pennsylvania, angenommen; New York trat am 9. Juli bei.

Mit dem Gedankengut der Aufklärung und auf angelsächsischen Rechtstraditionen basierend, postulierte die Unabhängigkeitserklärung in der Präambel unter Berufung auf das Naturrecht die Freiheit und Gleichheit aller Menschen sowie das Prinzip der Volkssouveränität:

»Wir halten diese Wahrheiten für selbstverständlich, dass alle Menschen gleich geschaffen wurden, dass sie von ihrem Schöpfer mit gewissen unveräußerlichen Rechten ausgestattet sind, darunter Leben, Freiheit und Streben nach Glück; dass zur Sicherung dieser Rechte Regierungen eingesetzt sind, die ihre gerechten Vollmachten von der Einwilligung der Regierten herleiten.«

sie als bills of rights oder declarations of rights neben die Verfassung; die meisten anderen integrierten die Grundrechtsbestimmungen in den Text der Verfassung. Über den konkreten Schutz vor staatlicher Willkür hinaus diente die schriftliche Fixierung der fundamentalen Rechte und Freiheiten nun zur Begründung und Sinngebung des republikanischen Regierungssystems. Am deutlichsten kam dies in der von George Mason formulierten Virginia Declaration of Rights zum Ausdruck, die der Provinzialkongress am 28. Juni 1776 annahm.

Ihre 16 Artikel füllten die Begriffe limited government, was bedeutete, dass die Macht der Regierung durch das Wahlrecht der Bürger und die Unabhängigkeit der Gerichte begrenzt wurde, sowie inalienable rights, die unveräußerlichen Rechte, mit Inhalt. Zu der Locke'schen Trias von Leben, Freiheit und Eigentum traten der Schutz vor Durchsuchung oder Verhaftung ohne richterlichen Befehl, das Verbot von Folter und grausamen Strafen sowie der Anspruch des Angeklagten auf einen raschen Prozess vor einem Geschworenengericht; als spezielle republikanische Freiheiten wurden aufgeführt das Wahlrecht und das Widerstandsrecht, die Pressefreiheit und die unbehinderte Religionsausübung gemäß der Gewissensentscheidung des einzelnen Bürgers. Hinzu kam die Garantie des Milizsystems, des Volksheeres auf der Ebene der Einzelstaaten, als Alternative zur europäisch-monarchischen Tradition der stehenden Heere.

Gleichzeitig wurden die Bürger zu Gerechtigkeit, Mäßigung und Sparsamkeit, zu Fleiß und christlicher Nächstenliebe verpflichtet. Das entsprach dem republikanischen Ideal des sittenstrengen, sich selbst regierenden Volkes, von dem Tugend, virtue, im klassischen Sinne, das heißt aufopfernde Hingabe an das Gemeinwohl, erwartet wird. Die Regierenden waren nicht länger Herrscher, rulers, sondern auf Zeit berufene Treuhänder, trustees, des Volkes. Alle gemeinsam unterstanden dem Recht, das in der Verfassung seine erhabenste Gestalt annahm. Die Einflüsse dieser Ideen und Konzepte reichen über die französische Erklärung der Menschen- und Bürgerrechte und die konstitutionellen Kämpfe des 19. Jahrhunderts bis in unsere Zeit hinein.

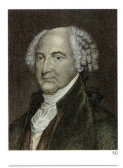

John Adams war einer der erfolgreichsten Diplomaten der Revolutionszeit, allerdings ein glückloser Präsident. Von seinen Gegnern wurde er als »Monarchist« attackiert, in der eigenen Partei schuf er sich durch seine Friedenspolitik viele Feinde (Stich, um 1840, nach einem Porträt aus der Zeit um 1800).

Amerika

»Alle Menschen sind gleich« – *Grundrechte und Sklaverei*
Der eklatante Widerspruch, der sich zwischen der Sklaverei und dem in der Unabhängigkeitserklärung und den meisten Verfassungen verankerten Gleichheitspostulat auftat, blieb den Zeitgenossen keineswegs verborgen. Aus mehreren Richtungen geriet das System der Sklaverei unter Druck: Angeführt von den Quäkern, nahmen viele Religionsgemeinschaften eine dezidiert sklavereifeindliche Haltung ein; das aufklärerische Gedankengut wirkte nicht länger nur auf eine »Humanisierung« der Sklaverei, sondern immer stärker auf ihre Überwindung hin; die republikanisch-freiheitliche Rhetorik der Patrioten mobilisierte auch viele freie Schwarze und sogar Sklaven, die sich mit Petitionen an die Staatenparlamente wandten; und schließlich erschien das Sklavereisystem aus ökonomischer Sicht als ineffizient im Vergleich zu »freier« Arbeit.

George Mason, ein Freund und Nachbar von George Washington, prangerte schon während der Proteste gegen die Stempelsteuer 1765 das Beharren des britischen Parlaments auf dem Vorrang seines Willens vor den Rechten der Amerikaner an.

Nach 1776 entstanden in den meisten Staaten nördlich der Chesapeakebai Antisklavereigesellschaften, die noch während des Unabhängigkeitskrieges Kontakte zur Abolitionismusbewegung in England aufnahmen. Im Krieg stellten die Patrioten (mit Ausnahme der Plantagenbesitzer in den Carolinas und Georgia) denjenigen Afroamerikanern die Freiheit in Aussicht, die sich ihnen anschlossen und Militärdienst leisteten.

Dieser Antisklavereiimpuls leitete das Ende der Sklaverei im Norden ein. Einige Staaten hoben die Sklaverei per Verfassung, durch Gesetze oder auf dem Weg über Gerichtsurteile umgehend auf. Das Oberste Gericht von Massachusetts stützte sich in einer entsprechenden Entscheidung von 1783 (Quock Walker Case) explizit auf die Grundrechteerklärung in der Staatsverfassung, die den Satz »all men are created equal« enthielt. Die Mehrzahl der Staaten folgte dagegen dem Beispiel Pennsylvanias, dessen Parlament 1780 die »graduelle Emanzipation« beschloss. Diese Gesetze legten fest, dass alle Kinder von Sklaven, die nach einem bestimmten Datum geboren wurden, ihre Freiheit erhielten, den Besitzern aber noch bis zur Volljährigkeit dienen mussten.

Gekoppelt mit einem Einfuhrverbot von Sklaven bedeutete dies das allmähliche »Absterben« der Sklaverei im Norden der Vereinigten Staaten, auch wenn 1810 immer noch 30 000 Sklaven nördlich der Chesapeakebai

> **ZITAT**
>
> **Artikel 2 der Konföderationsverfassung von 1777 betont die starke Rolle der Einzelstaaten im neuen Regierungssystem:**
> *Jeder Staat behält seine Souveränität, Freiheit und Unabhängigkeit und jegliche Gewalt, Gerichtsbarkeit und Recht, welches nicht durch dieses Bündnis ausdrücklich den im Kongress versammelten Vereinigten Staaten übertragen wird.*

lebten. In Maryland, Delaware und Virginia führten die Kritik an der Sklaverei und der Wunsch, sich von der Tabakmonokultur zu lösen, immerhin dazu, dass die private Freilassung von Sklaven (manumissio) erleichtert wurde. Weiter südlich leisteten die Plantagenbesitzer jedoch nicht nur erbitterten Widerstand gegen jeden Versuch, die Sklaverei infrage zu stellen, sondern nahmen sofort nach dem Friedensschluss von Paris 1783, in dem Großbritannien die amerikanische Unabhängigkeit anerkannte, im großen Stil die Sklaveneinfuhr wieder auf, um die während des Krieges durch Flucht und Tod erlittenen Verluste auszugleichen.

Die Afroamerikaner ließen die Revolution keineswegs passiv über sich ergehen. Viele Sklaven nutzten die Gelegenheit zur Flucht, und Tausende von Schwarzen kämpften in den amerikanischen oder britischen Armeen. In dieser Phase erwuchs der schwarzen Bevölkerung eine erste Generation von Führungspersönlichkeiten. Die Gründung autonomer afroamerikanischer Kirchen bildete den Auftakt zur Entstehung schwarzer Selbsthilfeorganisationen, die sich im Bildungs- und Sozialwesen engagierten. Die Sprecher der freien Schwarzen im Norden fungierten von nun an als »Gewissen der Nation«, da

Tabakernte in einer Plantage in South Carolina. Maschinen erledigen heute die frühere Arbeit der Sklaven auf den Südstaatenplantagen.

Amerika

Bei dem Versuch, die patriotischen Milizen vom Bunker Hill vor den Toren Bostons zu vertreiben, erlitten die Briten am 17. 6. 1775 schwere Verluste. Kupferstich von Johann Gotthard von Müller nach einer Vorlage von John Trumbull (1792; Weimar, Stiftung Weimarer Klassik und Kunstsammlungen).

sie sich bei ihrer Kritik an der Sklaverei stets auf die Prinzipien der Unabhängigkeitserklärung berufen konnten.

Die erste Unionsverfassung
Den vorläufigen Abschluss der revolutionären Umwälzung bildeten die Articles of Confederation, die der Kontinentalkongress am 15. November 1777 mitten im Unabhängigkeitskrieg verabschiedete. Die 13 amerikanischen Staaten schlossen unter dem Namen »The United States, in Congress assembled« einen »festen Freundschaftsbund«, der jedem Mitglied die volle Souveränität beließ. Der Kontinentalkongress wurde in Konföderationskongress umbenannt und tagte in der alten Form weiter. Die Parlamente entsandten jährlich Delegierte, und wie bisher verfügte jeder Staat über eine Stimme. Der jährlich gewählte Präsident übte nur repräsentative Funktionen aus, und die Arbeit wurde vorwiegend in Komitees geleistet, von denen sich einige in Richtung auf Exekutivbehörden wie Außen-, Finanz- und Kriegsministerium hin entwickelten.

Der Konföderationskongress erhielt zwar das Recht, über Krieg und Frieden zu entscheiden, Kredite aufzunehmen und Verträge zu schließen, durfte aber weder Ge-

Der Nordamerikanische Unabhängigkeitskrieg (1775–83) führte nach wechselvollem Verlauf 1781 zu einer britischen Niederlage bei Yorktown. Er endete mit dem Frieden von Paris, in dem Großbritannien die Unabhängigkeit seiner ehemaligen Kolonien anerkannte.

setze verabschieden noch Steuern und Zölle erheben. Die Finanzierung der Gemeinschaftsaufgaben erfolgte durch freiwillige Beiträge der Einzelstaaten entsprechend ihrer nutzbaren Bodenfläche. Wichtige Entscheidungen mussten mit Zweidrittelmehrheit getroffen werden, und Änderungen der Articles of Confederation bedurften der Zustimmung sämtlicher Parlamente. Offiziell trat die Verfassung erst am 1. März 1781 in Kraft, nachdem die Staaten ihren Streit über Gebietsansprüche im Westen dadurch gelöst hatten, dass sie das Land jenseits der Appalachen als public domain in den Gemeinschaftsbesitz der Union überführten.

Jürgen Heideking †

Amerika

Siegreiche Rebellen: Der Unabhängigkeitskrieg

Mit den Staatenverfassungen und den Articles of Confederation schufen sich die Amerikaner ein konstitutionelles Gerüst, das zum Teil experimentell und unvollkommen war, das aber dennoch den schweren Belastungen des Krieges gegen Großbritannien standhielt. Nach dem amerikanischen Fiasko im Feldzug gegen Kanada Ende 1775 war die Initiative an die Briten übergegangen. In London glaubte man zunächst, der »Unruhen« in den Kolonien mit einer Seeblockade und begrenzten Polizeiaktionen Herr werden zu können. Das änderte sich, als die britischen Truppen im März 1776 unter dem Druck der amerikanischen Belagerer Boston räumen mussten. Nun entschlossen sich Parlament und Regierung zum Krieg, ohne allerdings die Lage in Amerika richtig einschätzen zu können.

Anfänglich zielten die Briten darauf ab, Neuengland von den anderen Kolonien zu isolieren und die »Rebellenarmee« rasch zu zerschlagen. Bis Ende August 1776 landeten rund 32 000 Mann auf der New York vorgela-

Das Guckkastenblatt zeigt die Landung britischer Truppen unter Admiral Richard Howe in New York 1776.

gerten Insel Staten Island, darunter 8000 deutsche Söldner (die von den Amerikanern »Hessians« genannt wurden, obwohl keineswegs alle aus den hessischen Territorien kamen). Bei den Kämpfen auf Long Island und Manhattan erwiesen sich die gut ausgebildeten britischen Soldaten als den Staatenmilizen und Freiwilligenverbänden der Kontinentalarmee überlegen.

George Washington, der die amerikanischen Truppen seit Juni 1775 befehligte, konnte jedoch eine Entscheidungsschlacht vermeiden und seine Armee, die auf 3000 Mann zusammengeschmolzen war, nach New Jersey retten. Ende Dezember gelangen ihm nach der riskanten Überquerung des Delaware River Teilerfolge bei Trenton und Princeton, die sich positiv auf die Moral der Truppe und der Bevölkerung auswirkten. Die Lage blieb aber heikel, denn der Kongress und die Staaten hatten große Schwierigkeiten, genügend Soldaten zu rekrutieren und die Armee zu versorgen.

Das amerikanische Bündnis mit Frankreich
In der zweiten Kriegsphase planten die Briten, die Kolonien durch einen Zangenangriff aus der Chesapeakeregion und aus Kanada zu teilen. General William Howe konnte zwar im August 1777 Philadelphia erobern, aber die von General John Burgoyne entlang des Hudson River nach Süden geführte Streitmacht wurde bei Saratoga

General George Washington bei der Überquerung des Delaware. Der deutsche Maler Emanuel Leutze benutzte amerikanische Besucher als Modelle für diese idealisierende Darstellung von 1850 (New York, Metropolitan Museum of Art).

> **INFOBOX**
>
> **Friedrich von Steuben**
> Friedrich von Steuben (1730–94) stieg im Siebenjährigen Krieg in der preußischen Armee zum Stabskapitän auf und war nach seiner Verabschiedung 1764–75 Hofmarschall beim Fürsten von Hohenzollern-Hechingen, dann Oberst im badischen Heer. 1777 trat er in den Dienst der amerikanischen Kontinentalarmee, wo er rasch das Vertrauen George Washingtons gewann. Als Generalinspekteur der Revolutionsarmee im Rang eines Generalmajors vermittelte Steuben der Revolutionsarmee die für den Kampf mit den britischen Truppen notwendigen taktischen Kenntnisse. Zur Erinnerung daran wird alljährlich am Sonnabend nach dem 17. August in New York die Steuben-Parade veranstaltet.

von den Amerikanern geschlagen. Am 16. Oktober musste sich Burgoyne mit 6000 Mann, darunter auch viele deutsche Söldner, ergeben. Diese Schlacht markierte den Wendepunkt des Krieges, denn die französische Regierung, die den Amerikanern bereits seit Frühjahr 1776 insgeheim materielle Unterstützung gewährt hatte, trat nun offen an die Seite der Vereinigten Staaten.

Im Februar 1778 erkannte sie die USA diplomatisch an und schloss in Paris mit dem amerikanischen Gesandten Benjamin Franklin ein Militärbündnis sowie einen Freundschafts- und Handelsvertrag. In der Hoffnung, Revanche für die Niederlage im Siebenjährigen Krieg nehmen zu können, weiteten der französische Außenminister Charles Gravier, Graf von Vergennes, der seit 1774 dieses Amt bekleidete, und König Ludwig XVI. den britisch-amerikanischen Streit zu einer neuen Kraftprobe der Großmächte aus. Ab Juni 1778 befand sich Frankreich im Krieg mit Großbritannien, und im folgenden Jahr traten auch Spanier und Niederländer der antibritischen Koalition bei. Mit großzügiger Finanz- und Waffenhilfe aus Europa konnten die Amerikaner den Tiefpunkt des Krieges überwinden und ihre Lage stabilisieren.

Volks- und Partisanenkrieg
Die Patrioten führten den Kampf um die Unabhängigkeit gleichzeitig mit konventionellen Methoden und als revolutionären Volkskrieg. Die Kontinentalarmee, umsichtig befehligt von George Washington und nach preu-

> **ZITAT**
>
> **Benjamin Franklin über das Verhältnis von Freiheit und Sicherheit:**
> *Wer die Freiheit aufgibt, um Sicherheit zu gewinnen, wird am Ende beides verlieren.*

Benjamin Franklin, Politiker, Naturwissenschaftler und Schriftsteller, war der erste Amerikaner, der in Europa weithin bekannt wurde, nicht zuletzt durch seine wissenschaftlichen Arbeiten. 1752 erfand er den Blitzableiter (Gemälde von Charles Peale, 1789; Philadelphia, Pa., Historical Society of Pennsylvania).

ßischer Manier gedrillt von Baron Friedrich Wilhelm von Steuben, blieb unverzichtbar als Machtinstrument und als Symbol der Einheit der Konföderation. Ihre Stärke überstieg aber selten 18 000 Mann, und sie sank in den harten Winterlagern von Valley Forge (bei Philadelphia) 1777/78 und Morristown (New Jersey) 1779/80 unter 5 000 Mann ab.

Angesichts der zahlenmäßigen Unterlegenheit hatte Washington kaum eine andere Wahl, als die »Fabius«-Strategie – benannt nach dem römischen Feldherrn Quintus Fabius Maximus Verrucosus mit dem Beinamen Cunctator (Zauderer) – zu verfolgen, mit der er Entscheidungsschlachten auswich und nur gelegentliche Vorstöße wagte. Er machte zuweilen taktische Fehler, geriet aber nie in Panik, sondern bewies selbst in aussichtslos scheinenden Situationen Übersicht, Nervenstärke und ein gutes Urteilsvermögen.

Während Washington und die britischen Generäle den Kampf nach klassischen Regeln führten, versanken weite Teile des Landes im Bürgerkrieg. Briten und Patrioten kämpften nicht nur gegeneinander, sondern stets auch um die Gunst und Kontrolle der lokalen Bevölkerung. Insbesondere im Süden nahm die Auseinandersetzung den Charakter eines Guerrillakrieges an. Die Briten hatten nicht ohne Grund auf die Unterstützung ihrer Truppen durch Loyalisten, Sklaven und Indianer gehofft.

Etwa ein Drittel der Bevölkerung war loyalistisch gesinnt, und ein weiteres Drittel verhielt sich ängstlich abwartend oder lehnte Kriegsdienst aus religiösen Gründen ab. Mehr als 20 000 Loyalisten kämpften als reguläre Soldaten in britischen Armeen, und viele andere schlossen sich den probritischen Milizen an. Obwohl die britischen Befehlshaber davor zurückschreckten, die Indianerstämme zu einem allgemeinen Aufstand gegen die Siedler anzustacheln, waren doch an allen britischen Offensiven indianische Hilfstruppen beteiligt. Im Süden liefen zudem Tausende von Sklaven zu den Briten über, die sie durch das Versprechen der Freiheit zur Flucht ermuntert hatten.

Trotz dieser Unterstützung gelang es den Briten nicht, größere Gebiete dauerhaft unter Kontrolle zu bringen. Ihre Strategie, von städtischen Zentren oder festen Plät-

Der preußische Offizier Friedrich Wilhelm von Steuben kam 1777 in die Vereinigten Staaten und unterstützte den Unabhängigkeitskampf der ehemaligen Kolonien. Die oftmals schlecht ausgebildeten Rekruten der Kontinentalarmee profitierten von seinen administrativen und militärischen Fähigkeiten.

zen aus die umliegenden Landstriche zu »befrieden«, bewirkte oft das genaue Gegenteil: Sie trieb viele Unentschiedene und Neutrale in die Arme der patriotischen Milizen und »Sicherheitskomitees«, die zumeist unabhängig von der Kontinentalarmee operierten. Ihr wichtigster Beitrag bestand in der Politisierung des Krieges: Sie bestraften die »Verräter«, enteigneten loyalistischen Besitz und vermittelten den Anhängern das Gefühl, für eine gerechte Sache zu kämpfen. Je länger der Krieg dauerte, desto weniger konnten die Briten die ihnen treu ergebenen Amerikaner schützen, und desto geringer wurde ihr Einfluss auf die öffentliche Meinung. Die Ausweitung der kolonialen Revolte zu einer breiten Volksbewegung verurteilte die britischen Anstrengungen um Wiederherstellung ihrer Autorität und Herrschaft letztlich zum Scheitern.

Die Belagerung von Yorktown

Im Sommer 1778 gaben die Briten Philadelphia auf und gingen dafür im Süden zur Offensive über. Nach der Landung in Georgia stieß der britische General Sir Henry

> **INFOBOX**
>
> **Tugenden eines puritanischen Geschäftsmannes**
> Benjamin Franklin formulierte seine eigenen Lebensregeln im puritanischer Tugendhaftigkeit.
> »So fasste ich denn unter 13 Namen von Tugenden alles das zusammen, was mir zu jener Zeit als notwendig oder wünschenswert einfiel, und verband mit jedem einen kurzen Lehrsatz, welcher die volle Ausdehnung ausdrückte, die ich seiner Bedeutung gebe.« Franklins Tugendleiter begann mit der Mäßigkeit (»Iss nicht bis zum Stumpfsinn, trink nicht bis zur Berauschung!«), »da sie dazu dient, jene Kühle und Klarheit des Kopfes zu verschaffen, die so unerlässlich ist, wo man beständige Wachsamkeit beobachten und auf der Hut sein muss, gegen die unermüdliche Anziehungskraft alter Gewohnheiten und die Gewalt beständiger Versuchungen.« Es folgten: Verzicht auf unnütze Reden, Ordnung, Entschlossenheit, Sparsamkeit, Fleiß, Aufrichtigkeit, Gerechtigkeit, Mäßigung (das Vermeiden von Extremen), Reinlichkeit, Gemütsruhe, Keuschheit (»Übe geschlechtlichen Umgang nur selten...«) und Demut (»Ahme Jesus und Sokrates nach!«). Franklin beachtetete diesen Regelapparat, allerdings nie fanatisch, und sicherte sich durch Fleiß, Tüchtigkeit und Klugheit den Respekt seiner Mitbürger.

Amerika

»Washington erzwingt die Übergabe von Yorktown«. Nach der Kapitulation der britischen Armee in Yorktown konnte es am Sieg der Amerikaner im Unabhängigkeitskrieg kaum noch Zweifel geben (1861; München, Stiftung Maximilianeum).

Clinton über Charleston (South Carolina) nach Virginia vor. Sein Nachfolger Lord Charles Cornwallis konnte das Ziel dieser Strategie, die durch die Sklaverei besonders verwundbaren Südstaaten aus der Union herauszubrechen, jedoch nicht erreichen. Vielmehr versteifte sich der amerikanische Widerstand, als die Franzosen im Sommer 1780 eine 5500 Mann starke Armee nach Amerika schickten.

Im Sommer 1781 konzentrierte Cornwallis seine Truppen in Virginia und befestigte den Ort Yorktown am Ausgang der Chesapeakebai. Damit tappte er allerdings in eine Falle, die ihm von den virginischen Milizen gestellt wurde. Sie schloss sich vollends, als die Kontinentalarmee und das französische Expeditionskorps von George Washington, dem Marquis de La Fayette und dem Grafen von Rochambeau aus dem Norden herbeigeführt wurden und eine starke französische Flotte unter Admiral de Grasse den Zugang zur Chesapeakebai versperrte. Nach längerer Belagerung musste Cornwallis am

19. Oktober 1781 mit über 7000 Soldaten und Offizieren kapitulieren.

In Großbritannien brach diese demütigende Niederlage den Willen von Parlament und Regierung, den Krieg, der im eigenen Volk zunehmend unpopulär geworden war und das Land diplomatisch isoliert hatte, weiter zu verfolgen. Aber auch die Amerikaner zahlten mit etwa 25000 Toten einen hohen Preis für die Trennung vom Mutterland.

Der Frieden von Paris
Im Frühjahr 1782 begannen in Paris Friedensverhandlungen, die für die Vereinigten Staaten Benjamin Franklin, John Adams und John Jay führten. Hinter den Kulissen ergab sich im Herbst Einvernehmen zwischen den Amerikanern, die ihre Unabhängigkeit so schnell wie möglich völkerrechtlich bestätigt sehen wollten, und den Briten, die fürchteten, Franzosen und Spanier könnten lange Verzögerungen zu weiteren Gebietsgewinnen in der Karibik nutzen. Am 30. November 1782 schlossen die britischen und amerikanischen Unterhändler einen Präliminarfrieden, der allerdings erst ein Jahr später, nach der Unterzeichnung des Friedens von Paris am 3. September 1783, in Kraft trat.

Durch geschicktes Taktieren hatten Franklin und seine beiden Mitdelegierten ihre Maximalziele nahezu erreicht: Großbritannien erkannte die amerikanische Unabhängigkeit formell an, trat das gesamte Territorium zwischen den Appalachen und dem Mississippi an die Vereinigten Staaten ab und räumte den Amerikanern Fischfangrechte vor Neufundland und Neuschottland ein. Kanada nördlich der Großen Seen blieb britisch, wobei die Grenzen allerdings noch nicht unzweideutig definiert wurden. Der Friedensschluss zwischen den europäischen Mächten brachte keine wesentlichen Veränderungen, abgesehen von der Tatsache, dass Großbritannien Florida an Spanien zurückgeben musste. Das wichtigste Ergebnis aus amerikanischer Sicht war natürlich – abgesehen von der Unabhängigkeit selbst – die Öffnung der riesigen Westgebiete, in die nun bereits Siedler zu strömen begannen. *Jürgen Heideking †*

Die Urkunde zum Frieden von Paris, ausgestellt am 3. 9. 1783, trägt die Unterschriften von John Adams, Benjamin Franklin und John Jay.

ZEIT ASPEKTE

Das Beste aus der ZEIT zu ausgewählten Themen dieses Bandes.

Katharina die Große
Alexis de Tocqueville
Liberalismus
Napoleon ...

ZEIT Aspekte

Katharina die Große	**Renaissance einer Kaiserin** Die Russen sehnen sich nach ihrer Epoche der Stabilität *Von Ursula Schlude*	**516**
Osmanisches Reich	**Die ganze Welt ist Griechenland** Als sich Anfang des 19. Jahrhunderts die Griechen gegen die osmanische Herrschaft erhoben, feierten Europas Künstler und Gelehrte das Land Olympias *Von Ralf Zerback*	**526**
Krimkrieg	**Europas erstes Verdun** Im Sommer 1853 begann die Auseinandersetzung zwischen Russland und dem Osmanischen Reich – und zum ersten Mal zeigte sich der Krieg in seiner neuen, industriellen Gestalt *Von Gerd Fesser*	**536**
Freimaurer	**Suche nach einem Halt** Geheime Bünde sind ein Schatten – auch auf der modernen Welt *Von Karl-Heinz Göttert*	**547**
Alexis de Tocqueville	**Ein hellsichtiger Nonkonformist** Die Freiheit stand bei Alexis de Tocqueville an erster Stelle *Von Sven Papcke*	**555**
Liberalismus	**Der Liberalismus hat's schwer** Politisch Inkorrektes unterliegt traditionell der Selbstkontrolle *Von Rolf Weitkunat*	**561**
Nationalismus	**Der Phantomstolz** Die zäheste Ideologie der Moderne ist der Nationalismus. 1870 eroberte er Italien, ein Kinderbuch verbreitete ihn in Europa. Im heutigen Deutschland ist die Nation der Trost der Verlierer *Von Gustav Seibt*	**564**

Manchestertum	**Gerecht ist nur die Freiheit** Wer vor dem Rückfall in finstere Zeiten der Ausbeutung warnen will, beschwört das Schreckgespenst des »Manchester-Liberalismus«. In Wahrheit aber waren die Manchester-Liberalen radikale Demokraten und Sozialreformer *Von Richard Herzinger*	**570**
Industrielle Revolution	**Der Boom der Bastler** Zwischen 1760 und 1830 fand in Großbritannien die erste industrielle Revolution statt. Doch die meisten Unternehmen setzten neue Erfindungen nur langsam um, die ausländische Konkurrenz holte schnell auf *Von Thomas Fischermann*	**576**
Friedrich List	**Zölle fürs Vaterland** Friedrich List begründete den ökonomischen Nationalismus in Deutschland *Von Arne Daniels*	**584**
Napoleon	**Der gesalbte General** Vor 200 Jahren krönte sich Napoleon in der Pariser Kathedrale Notre-Dame mit grandiosem Pomp zum Kaiser der Franzosen *Von Volker Ullrich*	**590**
Revolution in Deutschland	**Im Frühling der Freiheit** Bauern, Bürger, Arbeiter – für einen Moment vereinte die 48er-Revolution das ganze deutsche Volk *Von Karl-Heinz Janssen*	**601**

Katharina die Große

Renaissance einer Kaiserin

Die Russen sehnen sich nach ihrer Epoche der Stabilität

Von Ursula Schlude

In Ufa, der Industriestadt im südlichen Ural, gedenkt man Ihrer Majestät aus einem besonderen Grund. Nicht der 200. Todestag von Katharina der Großen wird gefeiert, sondern ein Gnadenerlass, den die Kaiserin 1796 kurz vor ihrem Tod an den tatarischen Adel richtete. Mit diesem Entschluss erhielten die einst von Peter dem Großen entehrten tatarischen Mursy ihre Adelstitel wieder, jene Familien, die sich dem Diktat des Zaren nicht gebeugt hatten und nicht zum Christentum übergetreten waren. Als standhafte Muselmane waren sie enteignet und in den Ural und nach Westsibirien verbannt worden. Katharina die Tolerante hat ihnen ihre einstigen Besitztümer westlich des Urals nicht mehr zurückgegeben, sie gab ihnen nur ihre Ehre wieder. Seitdem wird sie in tatarischen Volksliedern besungen.

Fürst Aktschurin, aus tatarischem Adelsgeschlecht stammend, Delegierter bei der in Moskau wieder ins Leben gerufenen Russischen Adelsversammlung, erzählt mit glänzenden Augen vom Katharina-Kult. Da seine Familie schon seit fast drei Jahrhunderten ohne Besitz leben muss, scheint sich das Edle in ihm verstärkt zu haben. Anders als der erst 1918 enteignete russische Adel, sagt er, habe er den Vorteil, dass man sich in seiner Familie schon etwas länger auf das Geistige habe konzentrieren können. Viele bekannte russische Adelsfamilien, wie zum Beispiel die Scheremetjews, sind tatarischen Ursprungs. Sie hatten sich zur rechten Zeit taufen lassen und so das Wohlwollen Peters des Großen erlangt. Katharinas Gnadenakt aber ehrte die Standhaften. Die Ehre der Rehabilitierten zählt in Russland viel. Katharina scheint das gewusst zu haben.

Mit internationalen wissenschaftlichen Kongressen, historischen Schauspielen und Ausstellungen wurde das große Katharina-Jubiläum 1996 vielerorts gefeiert: hierzulande in (Anhalt-)Zerbst, wo das Stammhaus der Zarin lag, im friesischen Jever, das 1793 über sie an Russland fiel, in Eutin, dem Sitz des Hauses Holstein-Gottorp, von dem die mütterliche Linie Katharinas und die ihres späteren Gemahls abstammte, ebenso im westlichen Ausland und im polnischen Szczecin (Stettin, dem Geburtsort Katharinas). Doch nirgendwo hat man sich emotional so für die Zarin engagiert wie in Russland.

Seit dem Wendejahr 1990 beschäftigt sich die russische Öffentlichkeit mit Katharina. Erstmals seit 1907 erschienen die Memoiren der Kaiserin wieder in russischer Sprache. Zum ersten Mal überhaupt wurde die Korrespondenz zwischen Katharina und Potjomkin, ihrem langjährigen Favoriten, dem russischen Publikum zugänglich gemacht. In den Bibliotheken entdeckte man alte Buchbestände und Handschriften der Zarin. Der Moskauer Historiker Kamenskij überraschte in seiner Katharina-Biographie die Leserschaft mit einem ganz neuen Bild der Kaiserin: Reformerin, konsequente Poli-

Katharina die Große war eine fleißige Briefschreiberin. Ihre reichhaltige Korrespondenz zu Fragen der Politik entzückt heute die Historiker (Iwan Mjoduschewskij, »Katharina II., die Große, erhält einen Brief«, 1861; Moskau, Tretjakow-Galerie).

tikerin und erfolgreichste aller russischen Herrscherpersönlichkeiten. Stalin, so wird in Russland spöttisch kolportiert, habe nur in die Uniformen Peters des Großen und Iwans des Schrecklichen gepasst, die Staatskleider einer Zarin aber nicht anprobieren und sich deshalb mit ihr nicht messen können. Tatsache ist: Die wegen ihrer Liberalität heute als beispielhaft hingestellte Regierung Katharinas war seit den Stalin'schen Lehrbuchreformen kein Unterrichtsthema mehr. Jahrzehntelang konnte in der Sowjetunion über sie weder in nennenswertem Maße geforscht noch gelehrt werden, ausgenommen die von Katharina niedergeschlagene Sozialrevolte des Kosaken Pugatschow. In die heute noch benutzte »Sowjetische Enzyklopädie« ist Katharina II. als Unerbittliche in Sachen Leibeigenschaft und als Unterdrückerin der literarischen Opposition eingegangen.

Seit der Perestroika scheint das Katharinäische Zeitalter zu einem neuen Bezugspunkt im nationalen Gedächtnis der Russen zu werden. Schon 1811 sprach der Schriftsteller und Historiker Nikolaj Karamsin davon, dass »bei einem Vergleich aller bekannten Epochen der russischen Geschichte fast jeder zustimmen würde, dass die Epoche Katharinas für Russlands Bürger die glücklichste war«. Das groß angelegte Reformwerk der Herrscherin ist zwar in den entscheidenden Punkten (Einführung der konstitutionellen Monarchie, Aufhebung der Leibeigenschaft) Makulatur geblieben – es war seiner Zeit, noch mehr der russischen Zeit, voraus –, die Zarin hat aber die Stellung gehalten und als Politikerin versucht, das Machbare durchzusetzen.

Es ist weniger Katharinas halsbrecherischer Weg zur Macht, der die historisch interessierten Gemüter im neuen Russland bewegt. Auch ihre deutsche Herkunft und ihr ungewöhnliches Privatleben haben, sofern es ihr Ansehen mindern könnte, kein großes Gewicht. Vielmehr vergleicht man gerne die Umbruchszeit nach dem Ende der Sowjetunion mit den ersten Jahren der Katharinäischen Epoche. Denn ihre Regierung wollte den Rechtsstaat nach damaligem westeuropäischen Verständnis einführen und die Gesellschaft zivilisieren und entwickeln. Man wünscht sich heute die Stabilität jener

Zeit und den Aufschwung, den sie für Russlands Städte, die Wissenschaften, die Publizistik und die Künste zeitigte.

Für die demokratische Öffentlichkeit Russlands ist die erfolgreiche Außenpolitik Katharinas aus verständlichen Gründen weniger bedeutsam. Jedoch wird sie wegen ihrer Eroberungsfeldzüge gegen das Osmanische Reich und der polnischen Teilungen, wodurch sich Russlands West- und Südgrenzen erheblich ausdehnten, vom nationalistischen Lager in der Russischen Föderation hochgehalten. Ähnlich ist es bei den Russinnen und Russen, die in den ehedem sowjetischen Ländern, also im Baltikum, in der Ukraine, auf der Krim, leben. In den Augen der russischen Rechten war und bleibt Katharina eine große Nationalheldin, ihr verdankten das Militär und der Adel ein goldenes Zeitalter.

Die vielfältigen Leistungen der Kaiserin eignen sich als Anregung für die heutige Politik und zur kulturellen Orientierung in Russland. So kann es geschehen, dass, wie 1994, am Denkmal der Zarin in Sankt Petersburg – dem einzigen übrigens, das heute in Russland noch steht – russische Nationalisten demonstrieren, die faschistische Embleme tragen. In Odessa hingegen, der einst von Katharina gegründeten Stadt am Schwarzen Meer, bemüht sich ein liberaler Bürgermeister um die Wiedererrichtung des Katharina-Denkmals, weil er seinen Bürgerinnen und Bürgern die Geschichte ihrer Stadt näher bringen will; er muss sich mit einer ukrainisch-nationalistischen Öffentlichkeit auseinander setzen, welche die Kaiserin – weil sie den Sonderstatus des ukrainischen Hetmanats (Kosaken-Obrigkeit) aufhob – mit russisch-imperialistischer Großmachtpolitik identifiziert.

Im Gedenken an die Liberalisierung der Wirtschaft des Landes unter Katharina wurde in Moskau eine Vereinigung wieder gegründet: die Freie Ökonomische Gesellschaft. Zu Zeiten der Zarin gab sie wichtige Impulse für einen freien Außenhandel und ein freies Unternehmertum. Auf Wunsch Katharinas schrieb die Gesellschaft einen Wettbewerb aus für Wirtschaftsgelehrte im In- und Ausland zur Frage,»ob es für die russische Gesellschaft nützlich sei, ihren Bauern das Recht auf Eigentum an Boden zu geben«. Obwohl die Mehrheit der Experten damals dafür war, wurde die russische Agrarverfassung noch nicht geändert.

Katharina erobert heute die elektronischen und die klassischen Medien. Seit einigen Jahren steht ihr Name auf dem Spielplan mehrerer Moskauer Theater. Die Komödie »Hinter dem Spiegel«, von einer russischen Autorin geschrieben, ist nicht frei von peinlichen Klischees nach dem Motto »alternde deutsche Nymphomanin verschlingt junge russische Liebhaber«, das auch schon in sowjetischen Trivialromanen breitgetreten werden durfte. Das Stück ist dennoch amüsant, sehr informativ und wird besonders von den russischen Zuschauerinnen wohlwollend aufgenommen.

Historische Szenen ohne Pathos sind in Russland noch ungewohnt und erfreuen die Herzen. Wenn etwa Katharina ihren neuen Favoriten erst einmal von oben bis unten mustert und von ihm wissen will, ob er schon gegen Pocken geimpft sei – ein Lieblingsthema der aufgeklärten Souveräne des 18. Jahrhunderts, ihr Aids-Test sozusagen –, ist das im Vergleich mit früheren Darstellungen russischer Herrscher auf sowjetischen Bühnen erfrischend und wohltuend respektlos.

In einem avantgardistischen Theaterstück des polnischen Autors Slawomir Mrozek, das in Moskau uraufgeführt wurde und russische Geschichte zum Thema hat, entblößt ruckartig eine übergroße Katharina-Puppe ihre Brüste über einer Mafiabande. Die Szene spielt auf der Krim, in dem nun schon seit zwei Jahrhunderten – seit Katharina eben – geschichtsträchtigen Ambiente einer Landvilla klassizistischen Stils.

Übrigens hat Katharina selbst Theaterstücke verfasst. Eines davon wurde vor einiger Zeit in einem russischsprachigen Theater der estnischen Hauptstadt Tallinn aufgeführt: ein Lehrstück über einen Familienkonflikt, kein nationalistisches Machwerk.

Die Architektur der Katharinäischen Zeit hat sich in Moskau mittlerweile als beliebtester Stil der russischen Großfinanz zu erkennen gegeben. Die – griechischen Tempeln nachgeahmten – Stadtpaläste mit Säulen, die Wahrzeichen der Epoche Katharinas in jeder russischen Stadt, wurden zwar immer wieder kopiert, zuletzt noch von Stalins Architekten. Die Moskauer Banken

Das Taurische Palais in Sankt Petersburg wurde 1783–1789 für Grigorij Potjomkin errichtet und nach dessen Tod von Katharina der Großen erworben. Es zeigt die typische klassizistische Architektur der Zeit, die heute in Russland wieder en vogue ist.

aber ziehen die Originale vor und nehmen dafür kostspielige Auflagen des Moskauer Denkmalschutzes in Kauf.

Katharina ist auch Heldin in einem Videoclip des russischen Schlagerstars Irina Allegrowa. Das Lied heißt »Die zügellose Kaiserin«, gemeint ist zügellos im positiven Sinn, lustbetont, respektlos. Der Clip spielt mit den Klischees des aufgeklärten 18. Jahrhunderts.

Auch für die russische Historikerzunft ist die Regierungszeit Katharinas, die zweite Hälfte des 18. Jahrhunderts, attraktiv geworden. Es gibt viel zu entdecken und neu zu bewerten. Eine Unzahl an Dokumenten, nicht zuletzt an Quellen, welche die Graphomanin Katharina selbst produziert hat, wird zum ersten Mal in diesem Jahrhundert eingeschätzt: Memoiren, Korrespondenzen, Rechtsvorschriften zur Gouvernementsreform, die Adels- und Stadtgesetze, die Polizeigesetzgebung.

Die Vorlage Katharinas für die von ihr einberufene Gesetzgebende Kommission, eine Sammlung all dessen, was sie aus den Werken Montesquieus, Beccarias und anderer Rechtsphilosophen zusammengelesen und für Russland gleichsam übersetzt hatte, wurde nur teilweise

Realität. Als veröffentlichter Text, als Lesebuch, blieb der Entwurf zu ihrer Zeit nicht ohne Wirkung. In allen Institutionen des russischen Staates musste er dreimal im Jahr laut vorgelesen werden. Gesetze in der Landessprache öffentlich zu verbreiten galt damals als Sensation. In Frankreich war Katharinas Entwurf sogar verboten. Ihr Nachfolger auf dem Thron, ihr Sohn Paul, hatte ebenfalls nichts Besseres zu tun, als das Werk seiner Mutter gleich bei Regierungsantritt aus dem Verkehr zu ziehen.

Fürst Grigorij Potjomkin war Vertrauter und Günstling der Kaiserin. Auch die Menschen aus Katharinas Umgebung geraten nun als Persönlichkeiten in den Blick.

Eine hervorragende Quelle für die russische Sozialgeschichte des 18. Jahrhunderts sind jene Beschwerde- und Lageberichte aus allen Regionen des Reiches, die Katharina von den mehr als fünfhundert Delegierten der Gesetzgebenden Kommission eingefordert hatte. Dass die Kommission fast zwei Jahre lang im Moskauer Kreml getagt hat und gewissermaßen Russlands erste Erfahrung mit dem Parlamentarismus darstellt, wissen heute die wenigsten.

In einem Schulbuch für die Oberstufe an russischen Gymnasien wird jenes Ereignis ausführlich und zum ersten Mal thematisiert. Sein Autor, der Moskauer Geschichtslehrer Katzwa, wird nicht müde, das bisher völlig vernachlässigte Kapitel russischer Demokratiegeschichte seinen Schülern und Schülerinnen nahe zu bringen: »Freiheit ist, das zu tun, was die Gesetze erlauben.« Oder: »Sorgen Sie dafür, dass man das Gesetz fürchtet und nichts außer dem Gesetz.«

Solche Sätze in einem Klassenzimmer zu hören, an dessen Wänden (mangels Geld für Renovierung) noch Szenen mit dem großen Lenin aufgemalt sind, ist erwähnenswert. Die beliebte Fangfrage des Lehrers: »Wie sollten nach Katharinas Vorstellung die Reformen durchgeführt werden?« wird immer noch falsch beantwortet. »Schnell«, sagt eine Schülerin, welche die Tempovorgaben der sowjetischen Geschichtsschreibung beherzigt hat. Das Lernziel von Katharina war aber das Gegenteil: »Langsam und schrittweise« soll reformiert werden.

Bunt und vielseitig ist das Bild, das man sich in Russland von der großen Zarin macht. Es wird genährt von der Sehnsucht nach Ordnung, Stabilität und nationaler Selbstachtung, aber auch von dem Wunsch, die neuen Freiheiten auszuleben. Das goldene Zeitalter der Katharina hat so viele prachtvolle, vorzeigbare und nachlesbare Spuren hinterlassen, die sich vor Augen zu führen dem eigenen Selbstwertgefühl schmeichelt.

Die Rückbesinnung auf das internationale Ansehen, das Russland zu Katharinas Zeiten erwerben konnte, eröffnet eine neue nationalgeschichtliche Orientierung. Sie ist frei von Reminiszenzen des Sowjetreiches und ermöglicht eine differenzierte Haltung zum reaktionären zaristischen Russland. Gleichermaßen hält sie Distanz zum fortschrittlichen Westen. Matuschka, Mütterchen Katharina, verkörpert den russischen Weg zur bürgerlichen Gesellschaft. Die Petersburger Eremitage – seinerzeit wurde sie von Katharina mit immensen Ankäufen westlicher Kunst begründet – zeigt eine ständige Ausstellung über »Katharina die Große und die Kultur der zweiten Hälfte des 18. Jahrhunderts«. Ungeachtet ihrer konventionellen Aufmachung ist sie eine Sensation für die Bürgerinnen und Bürger Russlands.

Erstmals werden die Porträts Katharinas und ihres Hofstaats unter dem Gesichtspunkt ihrer Persönlichkeit präsentiert und nicht, wie noch vor einigen Jahren in sowjetischer Zeit üblich, als Gegenstand der Kunstgeschichte. Katharinas Minister, Sekretäre, Hofdamen, ihre Kinder, legitime und illegitime, ihre Verehrer – auf allen scheint der wohlwollende Blick der Ausstellungsgestalterinnen zu ruhen. Ihre Bildunterschriften sind frei von sowjetgeschichtlichen Schnörkeln. »Wie Verwandte« seien die abgebildeten Personen ihm vorgekommen, meinte ein russischer Besucher.

Erst seit wenigen Jahren lassen Ausstellungen in Russland diesen privaten Blick auf die Abbildungen von Menschen zu. Geistes- und kulturgeschichtliche Weiterungen bleiben nicht aus. In einer viel beachteten Ausstellung der Moskauer Tretjakow-Galerie Anfang 1996 – sie war der so genannten primitiven, der volkstümlichen Kunst des ausgehenden 18. und beginnenden 19. Jahrhunderts gewidmet – wurde die historische Kategorie der europäischen Aufklärung ins Spiel gebracht und von einer russischen Renaissance gesprochen. Renaissance und Aufklärung fallen im Russland der Epoche Katharinas zu einer geistigen und kulturellen Bewegung zusammen, eine von westlichen Historikern schon längst aufgestellte These, die jetzt erneut das verspätete Russland thematisiert.

Neben religiöser Volkskunst wurde als Kontrast die damals in Russland erst aufkommende, weil erstmals tolerierte, weltliche Porträtkunst gezeigt: Bilder von Kaufleuten und Kaufmannsfrauen, Bäuerinnen und Adligen, wohltätigen Stiftsherren und Freimaurern, vielfach noch im Stil der Ikonen, vereinzelt mit religiöser Symbolik, aber durch und durch alltägliche, zum familiären Gebrauch bestimmte Kunst. Die nicht akademisch gebildeten, meist anonym gebliebenen Künstlerinnen (?) und Künstler waren zumeist Leibeigene, Sklaven nach westeuropäischer Vorstellung.

Anderswo tut man sich noch schwer mit der Historisierung von Kulturgütern. Im Moskauer Kreml beispielsweise würde manche Kustodin am liebsten gleich morgen mit der Neuordnung der kaiserlichen Bestände beginnen. Aber das Gerangel um Zuständigkeiten erlaubt es nicht. Katharinas Krone, die kostbarste aller russischen Kronen, ihre Reichsinsignien mit dem berühmten Orlow-Diamanten und ihr Schmuck, an dem Farbe nur aus Saphiren leuchtet und Licht von Vielkarätigem gebrochen wird, liegen im Diamantenfonds des Kreml, kontrolliert von der Russischen Kommission für Edelmetalle, die auch für die Goldminen des Landes zuständig ist. In der Rüstkammer des Kreml finden sich andere Kostbarkeiten: Textilien, Thronsessel, Kutschen, Krönungskleider und alle sonstigen Zarenkronen.

Graf Bobrinskij, ein Nachkomme Katharinas aus der illegitimen Linie, er lebt in Moskau, kritisiert zwar seine Vorfahrin, weil sie die russische Kirche um einen Großteil ihres Vermögens brachte, lobt sie aber dafür, dass ihre Politik immer das rechte Maß bewahrt hat. Ihre Epoche sieht er als eine solide Wegstrecke in der russischen Geschichte, ein paar Kilometer befestigten Pfades: »Sie sagte, wenn das Volk mit seiner Regierung nicht zufrieden ist, hat das Volk immer Recht. Das heißt, man muss sich seinen Bedürfnissen immer anpassen. Diesen Ratschlag gab sie ihren Nachfolgern auf dem Thron mit.«

Katharina starb am 17. November 1796 an den Folgen eines Schlaganfalls. »Alles, was ich für Russland tun konnte, war nicht mehr als ein Tropfen im Ozean.«

29. November 1996

ZEIT Aspekte

Osmanisches Reich

Die ganze Welt ist Griechenland

Als sich Anfang des 19. Jahrhunderts die Griechen gegen die osmanische Herrschaft erhoben, feierten Europas Künstler und Gelehrte das Land Olympias

Von Ralf Zerback

Am 5. März des Jahres 1821 überquert der griechischstämmige Generalmajor der russischen Armee, Alexandros Ypsilantis, mit einem Haufen wilder Gesellen den Pruth in Richtung Südwesten. Der Fluss, der kurz vor dem Schwarzen Meer in die Donau mündet, markiert die Grenze zwischen dem Russischen und dem Osmanischen Reich. Das Ziel der Truppe: Freiheit für die Griechen, die seit Jahrhunderten unter dem Halbmond leben. Ypsilantis' Adjutant des Zaren, ist der Führer der so genannten Gesellschaft der Freunde, Philiki Hetairea, eines freimaurerisch inspirierten Geheimbundes. Mit Eisen und Blut wollen sie ihr Ziel erreichen.

Ypsilantis' Plan ist irrwitzig und kühl kalkuliert zugleich. Ein neues freies Griechenland – in den folgenden Jahren wird diese Idee noch ganz Europa zum Träumen bringen, ja in Begeisterung versetzen. Doch zunächst setzt Ypsilantis nur auf die Russen. Sie würden, das ist seine Hoffnung, die Gelegenheit nutzen, um den alten Gegner am Bosporus weiter zu schwächen. Und neben den Griechen sollen sich auch die Rumänen an der Donau, die in autonomen Fürstentümern unter osmanischer Herrschaft stehen, dem Befreiungskrieg anschließen.

Nichts davon wird wahr. Die Russen kommen nicht, und die Rumänen erheben sich nicht. Und so geschwächt das Osmanische Reich auch ist – der lose Haufen griechischer Idealisten macht seinem Militär keine große Sorge. Im Juni werden sie südlich der Karpaten, im walachischen Dragasani, geschlagen; Ypsilantis flüchtet über die Grenze nach Österreich. Dort sperrt man ihn zunächst ein, erst auf russisches Drängen hin darf er das Gefängnis wieder verlassen. In Wien stirbt er 1828, auf dem Friedhof St. Marx im 3. Bezirk wird er begraben. Zwei Jahre später ist Griechenland frei.

Mit Ypsilantis' verwegener Expedition war die Idee manifest geworden. Auch im griechischen Kernland hatte es zu brodeln begonnen. Auf der Peloponnes waren die Chancen größer als an der Donau, die Philiki Hetairea hatte hier viele Sympathisanten. Allerorten rotteten sich kleine Gruppen Aufständischer zusammen.

Doch wie groß war der Leidensdruck unter der osmanischen Herrschaft wirklich? Die Politik des Sultans wechselte zwischen türkisch-islamischer Leitkultur und einer Art geduldetem Multikulturalismus. Ausdruck des Letzteren waren die so genannten millets, in denen die Reichsbevölkerung nach religiösem Bekenntnis aufgeteilt war. Die millets – zunächst gab es das islamische, das griechisch-orthodoxe, das armenische, das jüdische und das katholische millet – standen unter der Leitung ihres jeweiligen religiösen Oberhaupts. Die Griechen hatten bei den Orthodoxen stets das Sagen, obwohl auch Bulgaren, Rumänen und Serben Teil des orthodoxen millet waren.

Auch in den autonomen Donaufürstentümern Moldau und Walachei standen Griechen an der Spitze – ein weiterer Grund, warum Ypsilantis von hier aus den Aufstand gewagt hatte. Die Angehörigen dieser feudalen Elite, Phanarioten genannt, schienen dazu prädestiniert, die nationale Sache zu der ihren zu machen. Doch profitierten sie so sehr von den Privilegien, die ihnen der osmanische Staat gewährte, dass ihr Feuer für die griechische Freiheit nur müde flackerte.

Mehr patriotische Kraft versprach da schon die Kaufmannschaft. Groß und vermögend geworden durch den Seehandel in der Ägäis und im gesamten Reich, verkörperte sie Modernität und Leistungskraft. Sie blickte nach Westeuropa, dachte in liberalen Kategorien, stieß sich an den Feudalstrukturen der osmanischen Herrschaft. Nicht alle Kaufleute freilich waren bereit, ihren Reichtum für ein vages politisches Ziel aufs Spiel zu setzen. Ähnlich hin- und hergerissen war die griechisch-orthodoxe Geistlichkeit.

ZEIT Aspekte

Ihrem großen Philosophen Platon setzten die Athener im 19. Jh. vor der Akademie der Wissenschaften ein Denkmal. Die große Vergangenheit Griechenlands war es auch, die die europäische Begeisterung für den griechischen Freiheitskampf beflügelte.

Das Oberhaupt, der Ökumenische Patriarch in Istanbul, besaß unter den Osmanen eine mächtigere Stellung als einst im oströmischen, im byzantinischen Reich. Das osmanische System garantierte der orthodoxen Kirche Autonomie, sofern sie für die Staatstreue ihrer Schäflein sorgte. So hatte noch 1798 der Patriarch von Jerusalem verkündet, Gott habe das Osmanische Reich »höher« errichtet »als irgendein anderes Königreich«.

Immerhin – Einzelne ließen sich erfassen vom Geist der Zeit. Zu ihnen gehörte der Erzbischof Germanos von Patras. Am 25. März 1821 soll er, der nationalen Schöpfungsgeschichte nach, im Kloster Aghia Lavra bei Kalavrita die Revolution ausgerufen haben. Für die Griechen beginnt mit diesem Tag (und nicht etwa mit Ypsilantis' Überquerung des Pruth) der Freiheitskampf; der 25. März ist heute ihr Nationalfeiertag.

Zunächst schien den Aufständischen auf der Peloponnes mehr Erfolg beschieden zu sein als dem Generalmajor in zaristischen Diensten. Allen voran kämpften die so genannten Kleften, Mitglieder von Räuberbanden, die sich in den Bergen seit jeher der osmanischen Herrschaft entzogen hatten, einen blutigen, erbarmungslosen Kampf. Einige wurden zu Volkshelden, etwa Theodoros Kolokotronis, der »Alte von Morea«, der mit seinen Arkadiern im ersten Kriegsjahr 1821 Stadt um Stadt erobert hatte. Sein Neffe, der »Turkophagos«, der Türkenfresser Nikitas Stamatelopulos, errang im April 1822 mit seinen Leuten einen wichtigen Sieg in Dervenakia.

Während so nahezu die gesamte Peloponnes in die Hände der Revolutionäre geraten war, weitete sich der Aufstand zugleich auf die benachbarten Inseln aus. Eine Flotte wurde eilig zusammengestellt, kühne Operationen in der Ägäis folgten. Berühmt wurde die Kapitänstochter Laskarina Bouboulina, die auf eigene Kosten Kriegsschiffe bauen ließ und damit in die Schlacht zog. Auch zu Land kämpfte sie mit einer Privatarmee. Dort rückten die Griechen nach Norden vor, nach Attika und weiter in Richtung Thessalien. Die osmanischen Truppen verschanzten sich in ihren Festungen. In Athen kontrollierten sie die Akropolis, während die Griechen den Ort selbst besetzten; von der glorreichen Metropole des Altertums war allerdings nicht mehr übrig geblieben als ein trübes Provinznest.

Dann jedoch ging der Aufstand immer mehr in einen grausigen Kleinkrieg über. In Istanbul und andernorts kam es zu Massakern an der griechischen Minderheit. Bereits am 10. April 1821 war der Ökumenische Patriarch Grigorios V. in Istanbul an der Kirchentür erhängt worden, obwohl er Ypsilantis' Abenteuer scharf verurteilt hatte. Dieser Mord sorgte für neue Empörung; die Griechen schlugen nicht minder brutal zurück.

Längst schon wurde um das innere Gefüge des geplanten Staates gestritten. Im April 1821 traf sich ein »Senat von Messenien«, gebildet von Kolokotronis und einem weiteren Heerführer. In anderen Regionen geschah Gleiches, ein Nebeneinander örtlicher Herrschaften etablierte sich. Fast konnte man sich an die Zeit der antiken Poleis erinnert fühlen. Doch das Ziel der neuen Griechen – ganz Kinder ihrer Epoche – war natürlich ein einheitlicher Nationalstaat. Im Dezember konstituierte sich eine Nationalversammlung zunächst in Argos, später in Epidauros. Während noch überall gefochten wurde, proklamierte sie für den 1. Januar 1822

die Unabhängigkeit und verabschiedete eine provisorische Verfassung nach liberalem Muster.
Die Nachricht flog rasch über Land und Meer. Der Kampf der Griechen begeisterte Europa. Monarchen und Minister, Dichter, Maler, Komponisten, Wissenschaftler und Lehrer – alles sammelte sich hinter der griechischen Fahne. Schließlich ging es darum, David gegen Goliath zu Hilfe zu eilen und dem Halbmond noch einmal zu trotzen wie einst vor Wien. Doch herrlicher noch als der Widerschein des allerchristlichsten Abendlandes leuchtete die Gloriole des heidnischen Hellas über Europa.

Deutschland begeisterte sich für den Freiheitskampf
In Deutschland war es, in der zweiten Hälfte des 18. Jahrhunderts, vor allem Johann Joachim Winckelmann gewesen, der Schusterssohn aus Stendal, der als Gelehrter und Kunsttheologe von Rom aus die frohe Griechenbotschaft verkündet hatte: die Erneuerung Europas zu »edler Einfalt und stiller Größe« aus dem Geist der Alten. Akropolis und Agora, Perikles und Phidias – Kunst und Politik des klassischen Athen inspirierten mit der Zeit eine Art antiker Utopie. Sie war hell und heiter, hatte Geist und Körper versöhnt und zur Vollendung gebracht und sollte nicht zuletzt die Jugend an den Gymnasien und Universitäten beflügeln. Ob Hölderlin oder Humboldt, Goethe oder Beethoven – sie alle huldigten dem idealen Land der Griechen.

So musste der Freiheitskampf die Herzen geradezu entflammen. Das stilisierte Bild von der Antike wurde nun auf die Griechen der Gegenwart übertragen. Rasch sammelte sich eine Sympathisantenszene, die Philhellenen, die einem etwas wunderlichen Synkretismus aus Antikenverehrung und modernen politischen Idealen anhingen. »Ganz Europa, die ganze Welt« sei Griechenland, so verkündete es 1822 der »Deutsche Beobachter« in Stuttgart, dem griechischen Freiheitskampf werde ein europäischer folgen. Die Philhellenen organisierten Unterstützungsvereine, führende Intellektuelle leisteten ideologische Hilfe, und mancher begab sich selbst an die Front. Der Leipziger Professor Wilhelm Traugott Krug beschwor als einer der Ersten bereits Mitte April 1821

»Griechenlands Wiedergeburt«. In Paris feierte der Maler Eugène Delacroix in seinen Gemälden Europas neue Helden. Zum berühmtesten Philhellenen aber wurde der englische Dichter George Byron: »The Isles of Greece! The Isles of Greece! / Where burning Sappho loved und sung, / Where grew the arts of war and peace ...« Im Sommer 1823 brach er, der auf eine föderale griechische Demokratie nach amerikanischem Vorbild hoffte, von Genua aus auf. Er erreichte zunächst die – damals englischen – Ionischen Inseln und segelte weiter nach Messolongi am Golf von Patras. Hier warb er eine kleine Truppe an, 600 christliche Albaner, die vor allem nach dem Geld des Lord-Dichters schielten. Bevor Byron jedoch die Leyer mit dem Schwerte tauschen konnte (wie man damals wohl sagte), starb er am Ostermontag des Jahres 1824 an Malaria, ein europäischer Mythos nun selbst.

Mit albanischen Söldnern wollte Lord Byron in den griechischen Freiheitskampf eintreten. Er starb jedoch wenig später in Griechenland, wo er bis heute hoch angesehen ist (»Lord Byron in albanischer Tracht«; London, National Portrait Gallery).

ZEIT Aspekte

Ein Massaker wird zum Wendepunkt des Krieges
Inzwischen hatten die Truppen des Halbmonds begonnen, wieder die Oberhand zu gewinnen. Auf Kreta rückte der ägyptische Herrscher Mehmed Ali vor, dessen Reich formell zum Osmanischen gehörte; sein Adoptivsohn Ibrahim Pascha eroberte gar die Peloponnes zurück. Doch nicht nur die Siege der ersten Jahre, gerade auch die Niederlagen schufen die Mythen der jungen Nation. Dazu gehört, von Delacroix in einer berühmten Allegorie verewigt, der Fall von Messolongi

Aus Bayern wurde Prinz Otto mitsamt einem Stab Beamter geschickt, um die antiken Ideale wieder durchzusetzen (»König Ottos Einzug in Griechenland«, Lithografie zu Carl von Rotteck, »Allgemeine Weltgeschichte«, nach 1846).

1826. Von den osmanischen Truppen monatelang belagert, hatten sich die Bewohner, halb verhungert, entschlossen, heimlich des Nachts die Stadt zu verlassen. Die Flucht scheiterte. Durch unglückliche Umstände gerieten sie in die Linien der feindlichen Truppen. Die Soldaten kannten in ihrer Wut, überrumpelt worden zu sein, kein Erbarmen und machten jeden nieder, der nicht mehr entkommen konnte.

Das Massaker von Messolongi wird zum Wendepunkt des Krieges. Einmal mehr drängt Europas Öffentlichkeit die Regierungen zum Eingreifen. Während England die griechische Unabhängigkeitserklärung bereits 1822 akzeptiert hat, ist man sich in Sankt Petersburg uneins, schwenkt aber nach dem Tod des Zaren Alexander I. 1825 auf eine progriechische Linie. Damit stehen England, Frankreich und Russland zusammen und beschließen ein Bündnis zur Rettung der griechischen Sache. Der Sieg der alliierten Flotte am 20. Oktober 1827 vor Navarino (dem griechischen Pylos an der Südwestküste der Peloponnes) besiegelt schon kurz darauf die Niederlage des Osmanischen Reiches; es ist der Anfang vom Ende dieses einst so mächtigen Imperiums.

Die Russen marschieren jetzt auf dem Festland vor. Dabei halten die innergriechischen Händel an. Schließlich bestimmt die Nationalversammlung Graf Ioannis Kapodistrias auf sieben Jahre zum Regenten des Landes, das offiziell noch nicht existiert. Kapodistrias ist 1815 russischer Staatssekretär des Äußeren geworden, hat aber als Freund des griechischen Freiheitskampfs 1821 zurücktreten müssen und ist in die Schweiz gegangen. Gewählt wird er vor allem, weil er keiner der sich gegenseitig blockierenden Parteien angehört.

Als Kapodistrias 1828 sein Amt antritt, steht er vor einem Olymp von Nöten und Problemen. Die Bevölkerung ist zersplittert in Klans, das Land arm und durch den Krieg verwüstet. Kapodistrias' Regime greift zu autoritären Mitteln. Die mächtigen Großfamilien zeigen sich verstimmt. Zudem beginnt die harsch vorangetriebene Umwandlung des Landes in einen Staat nach westlichem Vorbild viele Griechen zu überfordern. Am 9. Oktober 1831 wird der Graf von zwei Angehörigen der einflussreichen Mavromichalis-Familie ermordet.

Zwei Jahre zuvor hat der Sultan im Frieden von Adrianopel endlich die Einwilligung zur Unabhängigkeit eines griechischen Staats gegeben. 1830 folgt das Londoner Protokoll, in dem neben Russland Frankreich und Großbritannien zustimmen – Griechenland ist endlich frei!

Klein-Griechenland. Denn griechisch wird nur die Peloponnes, das nördlich davon gelegene, Livadien genannte Gebiet mit Attika und der östlich vorgelagerten großen Insel Euböa, dazu die Nördlichen Sporaden und die Kykladen. Nicht einmal jeder dritte Grieche im Osmanischen Reich ist damit »befreit«. Übrigens hat zunächst auch England sein Stück Griechenland, die Ionischen Inseln (samt Korfu), nicht herausgegeben; bis 1864 weht hier noch der Union Jack.

Den Zeitgenossen musste das diplomatische Gezerre am Ende ernüchternd, das Ergebnis kläglich erscheinen. »Im Jahre ein Tausend acht Hundert und dreißig / Erschien, nachdem man erst lange und fleißig / Zu London daran war, mit Drucken und Pressen / – Auch hat man nicht zu beschneiden vergessen – / Ein Werkchen, betitelt: Neugriechischer Staat / In einem sehr niedlichen Taschenformat«, höhnte der junge Robert Blum.

Allen, die von einem Modellstaat für ein neues Europa geträumt hatten, verging spätestens nach Kapodistrias' Ermordung jede Illusion. Die europäischen Regierungen wollten in Athen jetzt eine stabile Monarchie. Auf den 17-jährigen Wittelsbacher-Prinzen Otto fiel die Wahl: Er, der Sohn des bayerischen Königs Ludwig I., sollte Griechenlands Herrscher werden. Die Nationalversammlung stimmte im August 1832 dem Vorschlag zu, und im Februar 1833 traf König »Othon« aus München in der vorläufigen Hauptstadt Nauplion ein.

Der neue Staat bleibt von den Großmächten abhängig
Da Otto noch unmündig war, führten seine Beamten für ihn das Regiment. Ihnen schwebte eine Mischung aus bayerischem Reformstaat und antikem Ideal vor. Athen, das Nest, durch die Kämpfe weiter entvölkert, sollte Hauptstadt werden, die Metropole wiedererstehen. Schüler und Studenten wurden mit einer gereinigten

Hochsprache, dem Katharevussa, traktiert, einer Form des Neugriechischen, die sich ans Altgriechische anlehnte. All das begeisterte wenig, zumal viele Griechen weiter von der Neuerrichtung des byzantinischen Reiches träumten und Istanbul-Konstantinopel als Griechenlands wahre Hauptstadt betrachteten.

Und Ottos Leute mochten keine Widerworte, keine aufmüpfigen Untertanen. Ihr Griechenland erinnerte eher an das neoabsolutistische, zensurgeknebelte Biedermeier-Deutschland als an den Idealstaat, von dem Europa so oft geträumt hatte. Erst ein Aufstand führte 1844 zur Einführung einer Verfassung, und die Münchner Beamten wurden nach Hause geschickt. Otto durfte noch bis 1862 weiterthronen; dann, nach einer missglückten Intervention im Krimkrieg, stürzte ihn das Militär.

Doch nicht allein die selbstherrlichen Bayern erweckten bei den Griechen den Eindruck, Knecht im eigenen Haus zu sein. Im Hintergrund agierten noch immer die drei »Schutzmächte«. Mit großzügigen Krediten hatten sie den jungen Staat unterstützt – und von sich abhängig gemacht. Ihre Botschafter walteten und schalteten in Athen wie Vizekönige; sogar Griechenlands politische Parteien orientierten sich an ihnen. Bis ins 20. Jahrhundert hinein blieb das Land ein strategischer Stein auf dem Spielfeld der Großen.

Die Pläne des Münchner Hofbaumeisters Leo von Klenze für das neue Athener Königsschloss aber hatten schon in den 1830er-Jahren ein besonderes Gespür für die Geschäftsgrundlagen des wiedererstandenen Hellas gezeigt. Zwar erhebt sich über der Terrasse eine Statue, eine mächtige Allegorie des neuen Griechenlands. Doch am Aufgang dräuen die Standbilder des alten Europa: die Herrscher Englands und Frankreichs, Russlands und Bayerns. *12. August 2004*

Krimkrieg

Europas erstes Verdun

Im Sommer 1853 begann die Auseinandersetzung zwischen Russland und dem Osmanischen Reich – und zum ersten Mal zeigte sich der Krieg in seiner neuen, industriellen Gestalt

Von Gerd Fesser

Jede Zeit hat ihre eigenen Stichworte, ihre Leitartikel-Phrasen und -Metaphern, und so wusste im 19. Jahrhundert jeder Zeitungsleser und Dorfkrug-Politiker, was mit dem »kranken Mann am Bosporus« gemeint war und der »orientalischen Frage«. Der »kranke Mann« hieß die Türkei beziehungsweise das Osmanische Reich; bei der »orientalischen Frage« ging es um Sein oder Nichtsein ebendieses Reiches, das in jener Zeit noch immer eine gewaltige Ausdehnung besaß – vom Balkan bis zum Fuß der Arabischen Halbinsel, von Mesopotamien im Osten bis Tunesien im Westen. Doch bereits seit dem Ende des 17. Jahrhunderts befand sich das Imperium unter dem Halbmond in einem Zerfallsprozess. Wirtschaftlich sank es auf den Stand eines halbkolonialen Rohstofflieferanten herab, geriet in immer stärkere Abhängigkeit von den ökonomisch fortgeschrittenen Ländern Westeuropas. Zu seinem gefährlichsten Gegner aber hatte sich Russland entwickelt.

Anfang 1853 kam eine komplexe Entwicklung in Gang, die schließlich, im Sommer desselben Jahres, in einen der grauenvollsten Kriege, die Europa bis dahin erlebt hatte, einmünden sollte: den Krimkrieg. Als treibende Kraft agierte der Herrscher aller Reußen, Zar Nikolaus I. Dieser düstere Despot trug, seitdem er 1830/31 den Aufstand der Polen und 1849 den Aufstand der Ungarn blutig niedergeworfen hatte, den Beinamen »Gendarm Europas«. Er war davon überzeugt, dass die Tage des »kranken Mannes am Bosporus« gezählt seien und Russland sich beim Zusammenbruch dieses Reiches seine alten Expansionsziele, insbesondere »Zarigrad« (Konstantinopel) und die türkischen Meerengen, sichern müsse.

Bereits in den 1840er-Jahren hatte er vergeblich versucht, die Regierenden Österreichs und Großbritanniens für eine Aufteilung der Türkei zu gewinnen. Seit Januar 1853 entwickelte er in vertraulichen Gesprächen mit dem englischen Botschafter George Hamilton Seymour neue Ideen für eine Aufteilung des Osmanischen Reiches. Der Brite berichtete sofort nach London. Dort war man hellwach, sah man doch vitale eigene Interessen durch die russischen Pläne bedroht.

Der britische Export in die Türkei hatte zwischen 1825 und 1852 um 800 Prozent zugenommen. Mittlerweile war das riesige Reich der Hauptabnehmer englischer Industrieprodukte. Schon um der Handelsinteressen willen wollten die Briten die Integrität der Türkei erhalten. Des Weiteren ging es ihnen darum, die Verbindungswege nach Indien nicht unter die Kontrolle Russlands fallen zu lassen.

Auch Frankreich – wo sich im Dezember 1851 ein Neffe Napoleons an die Macht geputscht hatte und nun als Napoleon III. regierte – zeigte sich entschlossen, der russischen Expansion entgegenzutreten. Konfliktstoff mit Sankt Petersburg boten vordergründig die heiligen Stätten in Palästina. Jerusalem und weitere Städte des Heiligen Landes waren überwiegend von Muslimen und Juden bewohnt, die damals noch friedlich zusammenlebten. Die christliche Minderheit hingegen war arg zerstritten. So pflegten sich insbesondere zu Ostern die griechisch-orthodoxen Mönche mit den katholischen Franziskanern zu prügeln. Bei dem, was schon die Zeitgenossen »Mönchsgezänk« nannten, ging es zum Beispiel darum, wer die Grabeskirche in Jerusalem restaurieren und wer den Schlüssel zur Geburtskirche und -grotte in Bethlehem bewahren dürfe. Hinter den Ansprüchen der Orthodoxen stand Russland, als Anwalt der Katholiken blähte sich Frankreich. Napoleon III. suchte sich auf die Katholiken Frankreichs zu stützen. Da ergriff er gern die Gelegenheit, als Verteidiger katholischer Interessen aufzutreten.

Ende Februar 1853 entsandte Nikolaus I. Alexander Fürst Menschikow nach Konstantinopel. Der Admiral sollte mit der türkischen Regierung eine Konvention abschließen, welche die Vorrechte der Orthodoxen an

Zar Nikolaus I. wollte sich Gebiete des zerfallenden Osmanischen Reichs sichern (Ausschnitt aus einem Gemälde von Bogdan Willewalde, 1883; Moskau, Tretjakow-Galerie).

»Angriff russischer Kosaken auf einen französischen Truppentransport im Krimkrieg« (Gemälde von Konstantin Filippow; Sankt Petersburg, Privatsammlung)

den heiligen Stätten garantierte. Dazu war Konstantinopel bereit. Doch Menschikow hatte noch eine zweite, sehr weitreichende Forderung in petto: Die ganze Türkei solle sich durch einen Vertrag unter das Protektorat Russlands stellen. Dieses Ansinnen wies die türkische Regierung, vom britischen Botschafter Stratford Canning dazu ermutigt, zurück. Menschikow reiste daraufhin am 21. Mai 1853 unter großem Eklat ab.

Drei Wochen später setzten Großbritannien und Frankreich ein deutliches Zeichen: Die britische und die französische Mittelmeerflotte gingen in der Besika-Bucht nahe der Einfahrt zu den Dardanellen vor Anker. Wenig später, Anfang Juli, rückte eine russische Armee von 80 000 Mann in die türkisch verwalteten Donaufürstentümer Walachei und Moldau ein. Daraufhin erklärte die türkische Regierung, wiederum von den Briten ermutigt, Russland am 4. Oktober 1853 den Krieg. Die russische Armee überschritt die Donau und begann die strategisch wichtige türkische Festung Silistria zu belagern. Auch griff, am 30. November, die russische Schwarzmeerflotte an. Im Hafen von Sinope setzten die

Russen Sprenggranaten ein und schossen sämtliche osmanischen Schiffe in Brand.

Nur die Deutschen zeigen wenig Neigung mitzumachen
Wenige Wochen später lief die britisch-französische Flotte ins Schwarze Meer ein. Nikolaus machte jetzt Kompromissvorschläge. England und Frankreich traten daraufhin nicht etwa in Verhandlungen ein, sondern erklärten Russland im März 1854 den Krieg. Napoleon III. ging es letztlich darum, Frankreichs alten Anspruch auf eine Führungsrolle in Europa zu bestätigen.

Bei ihrem Entschluss zum Kriege hatte für die britische Regierung auch der Druck der öffentlichen Meinung eine Rolle gespielt. In Großbritannien sah man die Türkei als eine schwache, liberale (!) Nation an, die von einer starken autokratischen Nation angegriffen worden sei. Diese Stimmung wurde durch die antirussisch eingestellte Presse angeheizt.

Nur die Deutschen zeigten wenig Neigung zum Krieg. Sowohl die Westmächte als auch Russland ließen nichts unversucht, um Österreich und Preußen auf ihre Seite zu ziehen. Doch in beiden Ländern war die Führungsschicht gespalten, gab es eine prowestliche und eine prorussische Fraktion. Vor einer aktiven Beteiligung am Krieg schreckte man in Wien und Berlin überwiegend zurück, weil man dann dessen Hauptlast hätte tragen müssen.

In Österreich gewann bereits Mitte 1854 die von Außenminister Graf Buol-Schauenstein repräsentierte Strömung die Oberhand, welche immer stärker mit den Westmächten kooperierte. Am 3. Juni 1854 richtete Österreich an Russland die drohende Aufforderung, sich aus den Donaufürstentümern zurückzuziehen. Nachdem die Russen abgezogen waren, besetzten Habsburgs Truppen mit Genehmigung der Türkei die beiden Territorien. Im Oktober 1854 marschierte die österreichische Armee mit 300 000 Mann an der russischen Grenze auf. Das zwang die Russen, auf ihrer Seite der Grenze erhebliche Streitkräfte bereitzustellen.

In Preußen hingegen hielten sich der Einfluss der stockkonservativen prorussischen »Kreuzzeitungspartei« und der der liberalkonservativen prowestlichen

»Wochenblattpartei« die Waage. König Friedrich Wilhelm IV. schwankte zwischen beiden Gruppierungen hin und her. Der enttäuschte Zar bemerkte deshalb bissig: »Mein lieber Schwager geht jeden Abend als Russe zu Bett und steht jeden Morgen als Engländer wieder auf.« Seit der Jahreswende 1853/54 hatte die Wochenblattpartei scheinbar Oberwasser, doch im Frühjahr 1854 entließ der König einige ihrer wichtigsten Sympathisanten.

Da Preußen neutral blieb und Österreich zumindest nicht unmittelbar in den Krieg eingriff, war ein direkter Feldzug der Briten und Franzosen gegen das russische Kernland unmöglich. Die Westmächte, deren Schiffe nach wie vor im Schwarzen Meer kreuzten, landeten nun Truppen bei Varna, um der Armee des Zaren den Weg nach Konstantinopel zu versperren. Die Russen zogen sich daraufhin über die Donau und dann auch über den Pruth zurück. Die Westmächte beschlossen nun, die russische Seefestung Sewastopol anzugreifen.

Sewastopol liegt im Süden der Krim, einem der schönsten Landstriche Europas. Im mediterranen Klima wachsen hier Wein und alle Früchte des ewigen Sommers, hier kurten der Zar und Russlands Adel in prächtigen Villen.

Am 14. September 1854 nun brach der Krieg in dieses Paradies ein. Nördlich von Sewastopol, in der Bucht von Eupatoria, gingen 50000 britische, französische und türkische Soldaten an Land. Bereits der erste Tag offenbarte die groteske Inkompetenz der englischen Generalität. Die Briten hatten nämlich keine Zelte an Land gebracht. Am Abend setzte ein sintflutartiger Regen ein, der die ganze Nacht über anhielt. Das logistische Debakel konnte nicht verheimlicht werden. Die britische Armee wurde von einem Korrespondenten der Times, William Howard Russell, begleitet, der zum Schrecken der Militärs fortan nicht die erwünschten Elogen lieferte, sondern schrieb, was er sah.

»Der Leser«, berichtet er im September, »stelle sich die alten Generale und jungen Lords und Gentlemen vor, die Stunde um Stunde der gnadenlosen Macht des Unwetters ausgesetzt, ohne Bett waren, auf durchweichten Decken oder nutzlosen wasserdichten Umhängen in stinkenden Pfützen lagen, und die rund zwanzigtausend armen Teufel, die gar keinen Fußbreit trockenen Boden hatten und sich genötigt sahen, in Tümpeln oder Bächen zu schlafen oder es immerhin zu versuchen, ohne ein wärmendes Feuer, ohne heißen Grog und ohne Aussicht auf ein Frühstück – all das stelle sich der Leser vor ... und er wird zugeben, dass diese ›Akklimatisierung‹ durchaus barbarisch war ...«

Die britische Armee hatte im Kampf gegen Napoleon manchen Ruhm geerntet, doch war sie danach gleichsam auf ihrem Siegerlorbeer eingeschlafen. Noch immer wurden hier Offizierspatente gegen gutes Geld verkauft, noch immer hielt sie an einer veralteten Taktik fest, noch immer disziplinierte sie ihre Soldaten mit der Prügelstrafe. Der britische Oberbefehlshaber Lord Fitzroy Somerset Raglan war bereits 65 Jahre alt. Er hatte fast seine gesamte Militärdienstzeit in Stäben zugebracht und noch nie eine größere Einheit als ein Bataillon kommandiert.

Die Generalität auf beiden Seiten war völlig inkompetent
Die Befestigungsanlagen Sewastopols waren auf der Seeseite viel massiver als auf der Landseite, wo man bei der Errichtung der Festung nicht mit einem Angriff gerech-

Der Krimkrieg wurde Objekt einer neuen Form der Kriegsberichterstattung. Unter anderem kam mit Roger Fenton der erste Kriegsfotograf auf die Krim (Roger Fenton, »Krankenschwester versorgt einen Verwundeten«, 1855).

net hatte. Es wäre für die Alliierten, nachdem sie am 20. September die russische Feldarmee auf der Krim in der chaotischen Schlacht an der Alma besiegt hatten, durchaus möglich gewesen, Sewastopol aus der Bewegung heraus im Handstreich zu nehmen. Die britischen und französischen Generale entschlossen sich jedoch, die Festung nach den klassischen Regeln förmlich zu belagern. Die meisten der russischen Generale waren genauso inkompetent wie die britischen. Einer der russischen Militärs sollte sich jedoch für die Alliierten als ein sehr gefährlicher Gegner erweisen: der deutsch-baltische Ingenieuroffizier und spätere General Eduard von Totleben. Totleben ließ vor den Festungsmauern ein effektives und für die Angreifer unübersichtliches System von Feldschanzen, Batteriestellungen und Schützengräben anlegen, das eine flexible Verteidigung ermöglichte. Auch Admiral Menschikow, der die fatale Mission nach Konstantinopel geleitet hatte, tat etwas sehr Vernünftiges: Er ließ die Schwarzmeerflotte abrüsten und stellte ihre Matrosen und Kanonen Totleben zur Verfügung.

Bald nach Beginn der Belagerung, am 25. Oktober 1854, kam es zu einem Ereignis, das diesen Tag in den Augen vieler Briten zum denkwürdigsten Datum des ganzen Krimkrieges machte. Die Alliierten, die Sewas-

Über den Hafen Balaklawa südöstlich von Sewastopol bezogen die Briten ihren Nachschub – der Versorgungskai von Balaklawa in einer Fotografie von Roger Fenton (1855).

topol lehrbuchgerecht belagerten, legten ihrerseits Schanzen an und trieben gegen die Festung Laufgräben vor. Den erforderlichen Nachschub bezogen die Briten dabei über den Hafen Balaklawa, südöstlich von Sewastopol. Um sich gegen Angriffe der russischen Krim-Armee zu schützen, legten sie auch rückwärtig Befestigungen an. So führten sie nach zwei Seiten hin einen Stellungskrieg – übrigens den ersten Stellungskrieg der Moderne.

Doch im Morgengrauen des 25. Oktober griffen die Russen überraschend an. Ihr Ziel war es offensichtlich, die Briten von Balaklawa abzuschneiden. Raglan befahl die Gegenattacke, und es begann eine Kette von Missverständnissen. Raglan diktierte seinen Befehl dem Generalmajor Sir James Airey. Dieser gab ihn mündlich an seinen Ordonnanzoffizier Captain Lovis Edward Nolan weiter. Nolan sprengte zur Leichten Kavallerie-Brigade, die von Generalmajor James Earl of Cardigan befehligt wurde – der wiederum Generalmajor Lord George Lucan unterstellt war. Lucan und Cardigan waren Schwäger und gleichzeitig Intimfeinde. Der eitle Nolan hielt beide für die »größten Dummköpfe der ganzen englischen Armee«.

Er gab den Befehl Raglans in ganz knapper Form weiter. Lucan und Cardigan konnten von ihrer Position aus nicht sehen, was auf den Höhen um Balaklawa vor sich ging. In seltener Einmütigkeit nahmen sie an, die Brigade solle die russische Artilleriestellung attackieren, die sie in zweieinhalb Kilometer Entfernung am anderen Ende des Tals sahen.

Gegen 11 Uhr griff Cardigan an und geriet in ein wahres Inferno. Seine Männer wurden von drei Seiten unter Feuer genommen. Als einer der Ersten fiel Nolan, der die Angriffsrichtung Cardigans nicht mehr hatte korrigieren können. Nach 20 Minuten erreichten die britischen Kavalleristen die russische Artilleriestellung und machten die Kanoniere nieder. Doch von den 673 Mann der Brigade waren 156 tot oder vermisst, 122 verwundet. Die Hälfte der Pferde war getötet worden. Das Debakel aber sollte als heldenhafter »Todesritt von Balaklawa« zum Mythos der englischen Geschichte verklärt werden.

Das Gebiet um Balaklawa ist durch eine steile Höhenkette gekennzeichnet, eine natürliche Verteidigungsstellung gegen die russische Armee (Hafeneinfahrt von Balaklawa, Fotografie von James Robertson, 1855).

In sinnlosen Angriffen opfern die Generale Tausende von Soldaten

Währenddessen zog sich die Belagerung von Sewastopol hin, 349 Tage schließlich, bis in den September 1855. Während dieser Zeit war die Stadt nie völlig abgeriegelt. Die Nordseite von Sewastopol jenseits der Tschernaja-Bucht oder Großen Bucht wurde nicht belagert. Von dort aus wurde die Festung über Schiffsbrücken und Fähren versorgt. Da es aber noch keine Eisenbahnlinie vom Zentrum Russlands in den Süden gab, wurde die Versorgung Sewastopols immer schwieriger.

Die russische Armee zählte damals insgesamt 1,2 Millionen Soldaten. Sie mussten die Ostseeprovinzen und die baltische Küste gegen eventuelle Landungsversuche der Briten und Franzosen sichern. Sie standen im rebellischen Polen. Im Süden drohte von den Österreichern Gefahr, und die kaukasische Front gegen die Türken band weitere 100 000 Mann. Die Folge: Russland war zu keinem Zeitpunkt in der Lage, auch nur 200 000 Mann auf der Krim konzentrieren zu können.

Die Verteidiger von Sewastopol kämpften mit der gewohnten stoischen Standhaftigkeit. Einer von ihnen war der junge Leo Tolstoj. Bereits in der ersten Erzählung, »Sewastopol im Dezember«, beschwört er das Grauen: »Sie sehen hier entsetzliche, die Seele erschütternde Bilder, sehen den Krieg ... in seiner wirklichen Gestalt – mit Blut, Qualen und Tod ...«

Dank ihrer großen materiellen Überlegenheit gewannen die Alliierten allmählich die Oberhand. Ihre Artillerie zerstörte die Stadt fast völlig. Ihre Generale opferten bei den verschiedenen Sturmangriffen rücksichtslos Tausende von Soldaten. Die Franzosen trugen bald die Hauptlast des Kampfes. Im Mai 1855 standen schließlich 100 000 französische und 35 000 britische Soldaten auf der Krim.

Mehrmals wütete unter den Soldaten der Alliierten die Cholera. Die Versorgung der Verwundeten war jämmerlich schlecht. Sie verbesserte sich etwas, nachdem die englische Krankenpflegerin Florence Nightingale mit etlichen Helferinnen im Hauptspital Skutari ihre schwere Arbeit aufgenommen hatte.

Anfang September 1855 leiteten die Alliierten den entscheidenden Sturmangriff ein. Unter großen Opfern gelang es ihnen am 8. September erstmals, eine Position innerhalb der Festungsmauern, den berühmt-berüchtigten Malakow-Turm zu erobern. Angesichts der großen eigenen Verluste beschloss der Oberbefehlshaber der russischen Streitkräfte auf der Krim, Fürst Michael Gortschakow, Sewastopol zu räumen. In der Nacht zum 9. September sprengten russische Pioniere die meisten der Festungsanlagen in die Luft. Bis zum Morgen des

Der Kampf um Sewastopol forderte so viele Tote und Verletzte wie keine Schlacht der Geschichte zuvor (Grigorij Mjassojedow, »Die Belagerung von Sewastopol«, 1878; Charkow, Kunstmuseum).

kommenden Tages zogen die 40 000 Verteidiger über die Tschernaja-Bucht ab.

Bis zum Fall von Sewastopol hatten 73 000 russische, 70 000 französische und 22 000 britische Soldaten ihr Leben verloren. 61 000 von ihnen waren im Kampf getötet worden, 104 000 an Krankheiten und Seuchen gestorben oder ihren Verwundungen erlegen. Nikolaus I. lebte nicht mehr. Nach seinem Tod am 18. Februar 1855 hatte Alexander II. den Zarenthron bestiegen. Im März 1856 musste er in Paris Frieden schließen. Im Vertrag sowie in weiteren Konventionen garantierten die europäischen Mächte die Unabhängigkeit und Integrität der Türkei. Das Schwarze Meer wurde neutralisiert, und Russland durfte dort fortan keine Kriegsflotte und keine Festungen besitzen. Der Krimkrieg zerstörte endgültig das auf dem Wiener Kongress 1815 geschaffene politische System. Infolge der Haltung Österreichs war die Solidarität der »Heiligen Allianz«, der drei konservativen östlichen Großmächte, zerbrochen. Russland hatte seine Rolle als führende Militärmacht und »Gendarm« Europas ausgespielt.

Die Niederlage im Krimkrieg führte der Welt vor Augen, wie rückständig Russland tatsächlich war. Alexander II. allerdings zeigte sich im Unterschied zu Nikolaus lernfähig und Ratschlägen zugänglich. Er begriff, dass es für sein Land eine Existenzfrage war, tief greifende Reformen einzuleiten, insbesondere die Aufhebung der Leibeigenschaft.

Der vor einigen Jahren verstorbene Historiker und Publizist German Werth hat 1989 in seinem Buch über den Krimkrieg den Kampf um Sewastopol als »Vorwegnahme von Verdun« bezeichnet. In der Tat – der Krimkrieg war der erste Krieg der Moderne, der erste industrielle Krieg, ein Krieg, in dem allein die materielle Überlegenheit zählte. Auf Menschenleben kam es weniger an denn je, und schon wenige Jahre später fielen im Amerikanischen Bürgerkrieg 200 000 Soldaten, 400 000 starben an ihren Verwundungen, an Krankheiten und Entbehrungen. Der Erste Weltkrieg dann forderte 10 Millionen Menschenleben, und das sollte noch lange nicht das Ende sein des großen Wahns, der Europa im 20. Jahrhundert beinahe verschlungen hätte. *7. August 2003*

Freimaurer
Suche nach einem Halt

Geheime Bünde sind ein Schatten – auch auf der modernen Welt

Von Karl-Heinz Göttert

Mitten in der so genannten Wissensgesellschaft tritt Scientology auf: eine selbst ernannte Kirche in Form einer straffen, weltweit operierenden Organisation. Merkwürdig – sollte dies nicht das Zeitalter der Individualisierung sein? Der Abkehr von disziplinierenden Gemeinschaften? Indes, mehr Individualisierung scheint Gemeinschaftsbildung nicht etwa ersatzlos zu beseitigen, sondern sie vielmehr zugleich hervorzurufen. Die Kultur der Kritik geht einher mit einem Bedarf an neuen Dogmen, das freie Fluktuieren der Meinungen produziert als Pendant die endgültigen Antworten. So erweist sich unversehens nicht das Mittelalter als die Zeit der ultimativen Versprechungen, sondern ausgerechnet die Moderne. Und das schon seit geraumer Zeit; ein Blick in die Geschichte kann da lehrreich sein und Scientology & Co. in anderem Licht erscheinen lassen.

Die Gründung von Vereinigungen mit exklusiven weltanschaulichen Zielen begegnet uns in Europa seit der Aufklärung, ja die Teilnahme an Bünden wurde schon von den damaligen Zeitgenossen als »Krankheit des Jahrhunderts« apostrophiert. Wenn wir, wie üblich, die Aufklärung im frühen 18. Jahrhundert in England – dem damals politisch und wirtschaftlich fortschrittlichsten Land Europas – beginnen lassen, stoßen wir sofort auf die erste große Alternative zu den alten Formen weltanschaulicher Bindung: die Freimaurerei.

Statt als Abspaltung (Sekte) mit neuen Glaubensinhalten, wie es jahrhundertelang zuvor typisch war, verstand sich die Freimaurerei eher als Organ der Umsetzung vorgefundener Inhalte: Die moralischen Ideale der gerade aufgekommenen Aufklärung sollten eben nicht bloße Theorie bleiben, sondern praktisch werden – daher die Symbolik des Menschheitsbaus im Hier und

Jetzt, wie ihn weder die Religionen noch der Staat je unternommen, geschweige vollendet hatten.

Im Jahre 1717 wurde die erste Großloge in London gegründet. Der Funke sprang aufs Festland über; allenthalben bildeten sich Mutter- und Tochterlogen, kam es zu Vereinigungen wie 1761 in Deutschland mit der »Strikten Observanz«, in der wenige Jahre später 26 fürstliche Mitglieder als Teilnehmer bezeugt sind.

Bald setzte ein Wandel ein. Es blieb nicht bei den aufklärerischen Idealen. Mehr und mehr wurden die Lehren mit Verheißungen überfrachtet – etwa der vollkommenen Erleuchtung oder gar der Kunst, unedle Metalle in Gold zu verwandeln. Überdies hatte das Gleichheitspathos die Unterprivilegierten angelockt: Der hehre Bund wandelte sich zum Karriereverein.

In den 1770er-Jahren schlug die Stunde der Radikalisierer. Es bildeten sich straffe Organisationen, die die zerstrittene Maurerei ersetzen wollten und sich untereinander einen erbarmungslosen Verdrängungswettbewerb lieferten. 1776 etablierten sich die – sozusagen – linken Illuminaten mit ihren radikalen Ideen einer Befreiung der Menschheit von entwürdigender Bevormundung im Absolutismus, 1779 die – um den hinkenden

Die Lehre der Freimaurer spiegelt sich in den Symbolen des Menschheitsbaus. Auf dem Schurz des Logenmeisters steht u. a. der Zirkel für die Menschenliebe und das Winkelmaß für Gerechtigkeit, überstrahlt von Lichtsymbolen (Paris, Musée du Grand Orient de France).

Vergleich noch einmal zu bemühen – rechten Rosenkreuzer mit ebenso radikalen Ideen einer Belebung des mittelalterlichen Ständestaates und seinen oktroyierten Normen.

Beide Bünde reagierten in je anderer Weise auf die Aufklärung: schiere Beseitigung oder kompromisslose Vollendung ad absurdum.

Was für die einen alle Ordnung untergräbt, geht den andern nicht schnell genug. Das Ziel aber ist durchaus gleich: die geeinte Menschheit unter Führung – endlich! – der Richtigen. Die Rosenkreuzer konnten immerhin bis ins Kabinett des preußischen Königs vordringen; die Illuminaten dagegen wurden früh als Verschwörer gegen die bürgerliche Gesellschaft denunziert, verboten und verfolgt. Und wurden fortan zum Prototyp des Geheimbundwesens.

Ein perfektes System der Anwerbung und Überwachung
Der Werdegang der Illuminaten ist aufschlussreich. Die Initialzündung gab fast durch Zufall (nämlich weil er die hohen Aufnahmegebühren für eine Freimaurerloge nicht bezahlen konnte) ein 28-jähriger Professor des Natur- und Kirchenrechts namens Adam Weishaupt, und sein wichtigster Helfer wurde der zu Unrecht nur als Anstandspapst bekannt gewordene Freiherr Knigge, ein kurz zuvor seiner Güter verlustig gegangener Adliger. Wenn man so will: zwei Hungerleider, die ihre hochgestochenen Weltverbesserungspläne mit handfesten Karriereerwartungen verbanden. Das Entscheidende aber lag darin, dass das den Freimaurern entlehnte Modell des Geheimen mit seiner Funktion des Anreizes und der Steigerung der Gruppensolidarität überboten wurde durch ein Spiel mit gezinkten Karten: Um das Vernunftreich durchzusetzen, sollten die Mitglieder nämlich getäuscht, zu ihrem Glück förmlich gezwungen werden.

Das Ziel der Befreiung der Menschheit vom Sklavenjoch der Unvernunft – Weishaupts Logenname lautete Spartacus – schien nur eine Frage der Zeit, die Aufklärung vor ihrem letzten Gefecht. Doch es bedurfte nach dieser Auffassung des Zwangs als Vorstufe, als Notlösung unter der Voraussetzung allzu verbogener Charaktere und allzu widriger Umstände – eine geschichtsphilosophische Idee, die uns Heutigen nicht unbekannt vorkommen sollte.

Im praktischen Leben wurde daraus ein perfektes System der Anwerbung und Überwachung der Mitglieder. Schon die Werbung, angebahnt von Geheimen, war aggressiv und suchte ausdrücklich an die Leidenschaften der Kandidaten (ausdrücklich: Geiz oder Wollust) anzuknüpfen. Zum Einstieg gehörte die Ausforschung der Neulinge in einem Anfangstest mit 25 Fragen (etwa zur Vermögenslage), nach Eintritt folgte gegenseitige Bespitzelung mit Denunziationszwang.

Der (ebenfalls der Maurerei abgesehene) Aufstieg über den Illuminatus minor und major zu den höheren Graden bis hin zum Priester war als Anreiz gedacht: eine Art Ersatzhierarchie für in der rauen Wirklichkeit Gescheiterte oder zu kurz Gekommene. Schließlich sollten Druckereien und Buchhandlungen kontrolliert und Gegner bei Bedarf öffentlich »ausgeschrieen« werden.

Dass das Ganze trotz völlig dilettantischer Durchführung, in der selbst die Postgebühren ein Problem darstellen konnten, für einige Jahre tatsächlich funktionierte, kann man sich nur aus der damaligen Melange aus Enttäuschung über die Realität und aus der Unerfahrenheit im praktischen Umgang mit ihr erklären. Im Übrigen blieb die Mitgliederzahl für heutige Maßstäbe mehr als bescheiden; insgesamt 1 255 Personen sind recherchiert worden. Allerdings lassen die Namen aufhorchen: Ferdinand von Braunschweig, Bruder des regierenden Herzogs, ist neben vielen anderen Adligen dabei, ebenso Graf Montgelas, der nachmalige Reformer in der bayerischen Landesregierung, oder Karl Theodor von Dalberg, später Fürstprimas von Mainz. Unter den Bürgerlichen wäre das Berliner Haupt der Aufklärer Friedrich Nicolai zu nennen oder Johann J. Chr. Bode als bedeutender Übersetzer und Verleger, unter den Professoren der Antikantianer Johann G. H. Feder ebenso wie der Kantianer Karl L. Reinhold und als noch heutige Berühmtheit Johann Heinrich Pestalozzi.

Der Marsch durch die Institutionen hatte also immerhin begonnen – doch dann brach alles fast über Nacht zusammen.

Freimaurer

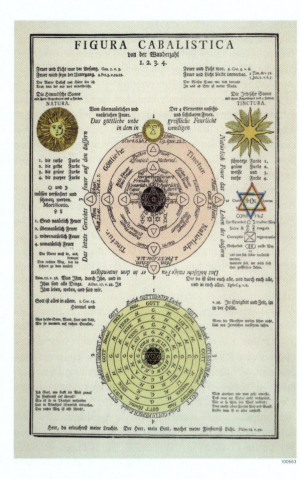

Die Abbildung zeigt eine Seite aus der Schrift »Geheime Figuren der Rosenkreuzer« (gedruckt in Altona 1785 bei J.D.A. Eckhardt). Die Rosenkreuzer wurden im Gegensatz zu den Illuminaten als staatsbejahend und politisch erwünscht angesehen.

Der äußere Grund: das weiter oben schon en passant erwähnte, im Jahre 1785 ausgesprochene Verbot im bayerischen Ursprungsland der Bewegung, das auf ganz Deutschland ausstrahlte. Doch die späteren Rechtfertigungsschriften der Initiatoren zeigen, dass die inneren Gründe für das Ende schwerer wogen: Knigge hatte »mit unbeschreiblich großen Revolutionen« geworben, mit einem »Welt und Menschen umschaffenden System« – und musste sich damals schon von einem Unwilligen sagen lassen, dass eine »lichtscheue Maschine« niemals den freien Willen ersetzen könne. Später sah er dies selbst ein, und auch Weishaupt gab in einer umfangreichen Abhandlung zu, einen Abweg gegangen zu sein. Was als »sinnlicher Anreiz« für Aufklärung geplant war, habe in Wirklichkeit deren wichtigste Errungenschaft untergraben: die Selbstbestimmung.

Schon die Freimaurer hatten ihre humanitären Ideale mit dem Versprechen von endgültigem Wissen verbunden. Die Welt sollte aus einem ebenso einfachen wie einsichtigen Prinzip erklärt werden, wozu man den Anschluss an Magie und Alchemie suchte und sogar die Legende von den Tempelrittern erfand, die das Wissen Adams bewahrt hätten. Was wie ein Stück Verrat an der Aufklärung wirkt, lässt sich andererseits auch als deren Folge interpretieren: Die Befreiung von Traditionen löst die Suche nach neuem Halt aus. An die Stelle »permanenter Aufklärung«, wie sie Lessing in seiner Kritik an den Freimaurern forderte, trat der »Despotismus der Aufklärung« (Körner an Schiller), der gewollte Stillstand mit seinen letzten Gewissheiten.

Es hat eine breite Auseinandersetzung in Romanen und Theaterstücken gegeben, die angesichts der letztlich harmlosen Fakten – man hat mit Recht von einem »papiernen Radikalismus« gesprochen – einigermaßen erstaunt. Schillers Figur des Marquis Posa im Don Carlos (1787) beispielsweise repräsentiert den fehlgeleiteten Idealisten, der die Befreiung der Niederlande nicht politisch-argumentativ anstrebt, sondern mithilfe des verliebten Prinzen, der im Spiel der Mächte zum bloßen Werkzeug wird. In Wielands Peregrinus Proteus (1788/89) sind die verschiedenen Typen der Menschheitsverbesserer portraitiert: der Idealist, der sich ruiniert, ehe er den Irrtum einsieht, der Realist, der den Betrug durchschaut und sich rechtzeitig absetzt, schließlich der Zyniker, der die Weltherrschaft plant und mit vorgetäuschten Versprechungen seine Zöglinge um ihr Vermögen bringt. Auch im Wilhelm Meister (1795–1821) von Goethe, der selbst zusammen mit seinem Herzog Illuminat war (Logenname: Abaris), spielt die Manipulation des Titelhelden durch die Turmgesellschaft auf das Geheimbundwesen an. Mozarts Zauberflöte (1791) wäre schließlich ein Beispiel offener Sympathiewerbung für die Szene.

Die Verschwörungstheorien spielen weiter eine Rolle
Seit 1789 sind aber auch ganz andere Töne zu hören gewesen: Von reaktionärer Seite wurden die Illuminaten als Vorbereiter der französischen Revolution bezeichnet, Knigge als »Volksaufwiegler« in eine Reihe mit Marat und Robespierre gestellt. Ein ehemaliger Insider sprach von »Ungeheuern«, vom »Krebsschaden der Völker« und zählte »satanische Kunstgriffe« auf. Mit »antimonarchischen Schriften ganz Deutschland zu vergiften«, das ist noch ein harmloser Vorwurf, auch »Kopf abschneiden, intrigieren, morden, sengen und brennen und – Menschenfleisch fressen« kommt vor, nebenbei ein Beleg dafür, dass die heutige Sensationsberichterstattung nicht unbedingt einen Verfall darstellt. Während des 19. und des beginnenden 20. Jahrhunderts spielt die Verschwörungstheorie weiter ihre Rolle, und noch die Nationalsozialisten weideten sie aus: Alfred Rosenberg bezeichnete Karl Liebknecht und Rosa Luxemburg als verkappte Illuminaten.

All dies scheint auf den ersten Blick weit weg von unseren heutigen Problemen zu liegen. Die Scientologen setzen nicht – wie die Illuminaten – am Sozialen an, sondern an der Psyche. Es geht weniger um Menschheitsrettung denn um Selbsterlösung. Und von Naivität kann keine Rede sein, vielmehr stellt sich eher die Frage, inwieweit die weltanschaulichen Programme nicht bloß der Profitmaximierung eines Wirtschaftsunternehmens untergeordnet sind. Wenn wir die Mitgliederzahlen und Werbestrategien betrachten, setzt ohnehin jeder Vergleich aus.

Adolph Franz Friedrich Freiherr von Knigge wollte nicht nur der Menschheit Benimm beibringen, sondern als Illuminat die Welt verbessern.

Aber spätestens bei der Programmatik selbst und auch bei manchen Zügen des Aufbaus stoßen wir eben doch auf deutliche Parallelen.

Dazu gehört zuerst der Anspruch auf endgültiges Wissen. Jeder Selbstdefiniton der Scientologen liegt die Inaussichtstellung grundlegender Wahrheiten in Verbindung mit dem Versprechen auf Befreiung und Erlösung zugrunde. Vom Angebot einer anwendbaren und funktionierenden Wahrheit ist die Bezeichnung Scientology direkt abgeleitet. Schon die frühere Fassung der Lehre (als so genannte Dianetik) spielte auf die Einübung eines perfekten Verstandesgebrauchs, auf die Freisetzung der wahren geistigen Kräfte eines jeden Einzelnen an, wozu der Anschluss an die Psychotherapie gehört, deren Methoden im so genannten »Auditing« auftauchen – in verballhornter Form, versteht sich.

All dies wiederum ist eingebunden in einen Weg des Aufstiegs, der den Adepten auf sichere Weise ans Ziel zu bringen verspricht. Er führt vom Persönlichkeitstest zunächst zum »Clear«, der seine bislang undurchschauten geistigen Sperren (»Engramme«) abzubauen lernt. Weisheitsgut aller Religionen und aller Zeiten sorgen für einen weiteren Aufstieg zum »operierenden Thetan«, der sein Geistwesen hin und wieder darin zeigt, dass er auch außerhalb des Körpers zu operieren versteht. Damit nicht genug, sind höhere Grade in Aussicht gestellt – bis zum Priester.

Übrigens könnte man den Mythos des Thetan – ein außerirdischer Fürst brachte die ersten Exemplare einst auf die Erde, um seine Bevölkerungsprobleme zu lösen – als nur in umgekehrter Zeitrichtung angelegtes Remake der Tempelritterlegende lesen.

Viele Versprechungen also, viel Anspruch auf Perfektion – und viel Verbrämung: taufähnliche Initiation und allerlei Zeremonien erinnern ebenfalls an die Praxis der Geheimbünde. Eine Diskussion en détail dürfte freilich kaum lohnen. Zum Ausgangspunkt von Scientology gehört die Absetzung von jeder rationalen Diskussion, ja gerade darin zeigt sich die neue Glaubensgemeinschaft als Fortführung jener Alternative, die mit der Aufklärung von Anfang an verbunden war. Scientology ist so gesehen auch kein peinlicher Betriebsunfall, sondern Produkt der Moderne – einer Moderne, die nicht nur Segnungen bietet, sondern ebenfalls enorme Belastungen.

Deshalb werden die Scientologen oder ähnliche Bünde vorläufig nicht aus der Welt verschwinden. Wer glauben sollte, dass die Moderne ihr Ziel erreicht habe, hat am Erfolg von Scientology – nicht zuletzt im Internet! – ein Indiz dafür, dass die Rechnungen nicht beglichen sind.

Geheime Bünde sind der Schatten, den die moderne Welt nicht los wird. Doch sie waren auch niemals gefährlicher als ein Schatten: ein schwarzes Abbild, störend vielleicht, nicht zu greifen – aber ohne Wirkung.

7. Mai 1998

Alexis de Tocqueville
Ein hellsichtiger Nonkonformist
Die Freiheit stand bei Alexis de Tocqueville an erster Stelle

Von Sven Papcke

Seine »in weniger als sechzig Jahren von sieben großen Revolutionen« durchpflügte Epoche empfand Alexis de Tocqueville als ein einziges großes Drama. Über »die Unsicherheit aller Verhältnisse, Einrichtungen, Ideen und Sitten« müsse man sich daher kaum wundern, so kommentierten seine »Erinnerungen« (1850) die allgemeine Verwirrung der Mitwelt.

Der Verfasser dieser Zeitdiagnose war Sproß eines alten Adelsgeschlechts aus der Normandie, das in der Revolution nach 1789 furchtbar gebeutelt worden war. Und auch in das Leben des Alexis-Charles-Henri Clérel, Comte de Tocqueville, geboren am 29. Juli 1805 in Verneuil-sur-Seine, spielten die politischen Ereignisse kräftig hinein. Als Staatsmann vom Prinzen Louis-Napoléon zum Außenminister berufen, versuchte er am 2. Dezember 1851 gegen dessen Staatsstreich zu opponieren. Tocqueville wurde eingekerkert, nach wenigen Tagen aber wieder auf freien Fuß gesetzt. Die letzten Jahre seines Lebens verbrachte er in politischer Quarantäne im eigenen Land.

Einer Biographie von André Jardin gelingt es, das Auf und Ab der hier zum ersten Mal vollständig rekonstruierten »Ballade des äußeren Lebens« (Hofmannsthal) von Tocqueville mit einer aufschlußreichen Werkgeschichte zu verbinden und vor dem Hintergrund der damaligen Zeitstimmung auszuleuchten. Ansprechend ist auch die gründliche Aufbereitung der Privatsphäre seines Helden durch den französischen Chronisten, der modischer Tiefenanalytik allerdings nicht verfällt.

Tocqueville war ein Kind seiner Gegenwart, zugleich aber blieb er ein Zeitfremder, dessen ausgeprägtes Einsamkeitsgefühl zwar keine Weltscheu, wohl aber jene Hellsichtigkeit bedingte, die wir Nachgeborenen an sei-

Alexis Clérel de Tocqueville (1805–1859) fürchtete, dass der menschliche Drang nach Selbstbestimmung geringer sein könnte als das Bedürfnis nach Sicherheit.

nen vielen Schriften bewundern. »Meine Zeitgenossenschaft und ich: wir gehen mehr und mehr so verschiedene Wege und manchmal so gegensätzliche«, beschrieb er selbst diese Unbehaustheit einmal, »daß wir uns fast nie mehr in den gleichen Gefühlen und den gleichen Gedanken begegnen können.« In solcher Verfremdung kommt nicht nur ein Gefühl der Isolation des durch die Zeitläufte irritierten Weltbürgers zum Ausdruck. Wir haben es vielmehr mit einer besonders eindringlichen Art der Anteilnahme zu tun, die an Leiden grenzt, aber mit Durchblick belohnt wird.

Mitten in den Tagesgeschäften bewährte sich Tocqueville, der homme bizarre, wie er sich selbst nannte, als ein zuverlässiger Prognostiker. So etwa, wenn er eine manie réglementaire ausmalte, wenn er die Demokratie vor der »Omnipotenz und Omnikompetenz der Majorität« warnte, oder wenn er die Vorherrschaft und Konkurrenz Amerikas und Russlands ankündigte. Am Mittwoch, dem 27. Januar 1848, hielt Tocqueville eine berühmt gewordene Rede, in der er die Pariser Deputiertenkammer, der er seit neun Jahren angehörte, auf den vent des révolutions hinwies, der im Lande zu verspüren sei. Einen Monat später erzwangen Studenten, Arbeiter und die Nationalgarde nach heftigen Barrikadenkämpfen die Abdankung des Bürgerkönigs Louis Philippe aus dem Hause Orléans. Solcher Spürsinn für soziale Spannungen und geschichtliche Entwicklungen hatte viel damit zu tun, dass sich Alexis de Tocqueville als ein eher unwilliger Gast seines Jahrhunderts fühlte, das keine Rast noch Ruhe kannte. Das Alte fand in jener Zeit keinen Halt mehr, auch deswegen nicht, weil es mit argen Mängeln behaftet war. Und das Neue, das den raschen Wandel der Verhältnisse bedeutete, war noch unausgegoren. Seine traits confus aber ließen immerhin schon eine Politik der Massen erkennen, deren Konturen Tocqueville im Namen der Freiheit zukünftiger Generationen einer strengen Prüfung unterzog. Die Distanz der Außenseiterrolle ließ den Zeitzeugen bereits in seinem Buch »Über die Demokratie in Amerika« (1835/1840) ein ganzes Bündel von kultursoziologischen Fragestellungen anschneiden, die uns noch heute beschäftigen. Sie machte ihn auch zu einem »der Ersten unter den Staatsgelehrten« (Mohl), der als Analytiker der politischen Welt gleichrangig neben Aristoteles oder Machiavelli zu stellen ist, wie Wilhelm Dilthey geurteilt hat. Für John Stuart Mill begann mit Tocqueville gar die moderne Politikwissenschaft als Demokratieforschung.

In der Wertschätzung seiner Leistungen, die Sachzwänge einer entfesselten Industriemoderne mitsamt ihren sozialen Unwägbarkeiten zur Diskussion gestellt zu haben, war sich das intellektuelle Europa seinerzeit einig; gleichwohl war Tocquevilles Werk gegen Ende des Jahrhunderts fast vergessen. Der Fortschritt von Wissenschaft und Technik schien inzwischen selbstläufig, wenigstens offiziell war allerorten Zufriedenheit angesagt. Warnungen vor Fehlmodernisierungen galten als Nörgelei. Erst als mit Zentralismus, Bürokratisierung, totalitären »Lösungen« oder dem Schwinden der Verantwortungsethik »die großen sozialen Seuchen der modernen Welt« (Jardin) unübersehbar wurden, die Tocqueville ausnahmslos vorausgeahnt hatte, sah sich auch sein Œuvre als einzigartige Zukunftsdiagnose wiederentdeckt. »Wir schlafen auf einem Vulkan«, so brachte Tocqueville das Zeitgefühl seiner Ära auf den Begriff. Er selbst ließ sich von der Panikbereitschaft seiner Umwelt nicht anstecken, die geradezu folle de peur sei, vielmehr hielt er Abstand zum Problemdruck und Stimmungschaos seiner Tage. Darin ähnelt er jenem Überlebenden aus Edgar Allan Poes Erzählung »Ein Sturz in den Mahlstrom« (1841), der einen Ausweg aus dem Dilemma findet, weil er noch in der Gefahr die Umwelt neugierig und nüchtern betrachtet. André Jardin versteht das Gesamtwerk Tocquevilles zu Recht als einen Versuch, den Mut und die Intelligenz der Menschen contre la force des choses zu stützen. Die vielen Sachzwänge der Industriemoderne dürften nicht so hingenommen werden, als ob kein Kraut gegen folgenschwere Fehlentwicklungen gewachsen sei.

Tocqueville war Nonkonformist genug, um zeitlebens über die engen Wahrnehmungsgrenzen seiner Zeit und deren vielfältige Tabus hinauszusehen. »Ich vertrete keine Traditionen«, behauptete er treffend von sich, »ich spreche für keine Partei, ich streite überhaupt für keine Sache – es sei denn, für die Freiheit und für das, was als Menschenwürde zu bezeichnen ist.«

Solche Nichtzugehörigkeit erschwert freilich bis heute die Einordnung seines Werkes. Tocqueville lässt sich nicht einfach in Schablonen wie »Konservativer«, »Liberaler« oder auch nur »Soziologe« pressen. Es gibt statt dessen »viele Tocquevilles« (Nisbet), und manche seiner Züge, wie der zuweilen geradezu anarchisch gestimmte Freidenker, bleiben noch zu entdecken.

»Hundertmal habe ich gedacht, daß, falls ich Spuren in dieser Welt hinterlassen sollte, diese wohl mehr auf meine Schriften als auf meine Taten zurückzuführen sein werden«, schrieb Tocqueville im Dezember 1850 aus Sorrent. Obschon als Tagespolitiker durchaus angesehen, war seine Wirkung schon damals eher literarischen Bemühungen zu verdanken, die nicht erst seit seiner Schrift über das »Alte Regime und die Revolution« (1856) auch international Anerkennung fanden. »Ideenreichtum in prägnanter Kürze«, so beschrieb ein zeitgenössischer Rezensent den Stil des Verfassers, der schon

1841 in die Académie française gewählt worden war. Und tatsächlich: Der gedankliche Zugriff von Tocqueville erinnert nicht nur an Montaigne; die Weite und Tiefe seiner Weltsicht messen sich durchaus mit Montesquieu, dessen »Betrachtungen über die Ursachen von Größe und Untergang der Römer« (1734) ohnehin sein großes Vorbild waren.

Die Aufgabe, die Tocqueville sich gestellt hatte, war freilich ungleich schwieriger als dessen Untersuchung eines historischen Dekadenzbeispiels. Tocquevilles Interesse an den Möglichkeiten der modernen Industriegesellschaft galt vor allem der Frage, ob die politischen Strukturen der Demokratie auf Dauer das hielten, was sie versprachen: die überkommenen Formen der Unterordnung als den bisherigen Grundtenor aller Vergesellschaftung zu überwinden.

Oder lauerten im Schwange der Majoritätsherrschaft neue Gefahren, die man frohgemut hinter sich gelassen zu haben meinte? Ganz im Gegensatz zur Euphorie der Aufklärung machte Tocqueville eine paradoxe Spannung zwischen den zwei Grundpfeilern der politischen Moderne aus. Zwar beruhe geschichtlich-faktisch die Freiheitsidee auf der nachfeudalen Gleichheitsvorstel-

Im Auftrag der Regierung Louis Philippes reiste Alexis de Tocqueville nach Amerika. Als Deputierter gehörte er zur gemäßigten Opposition und sagte den Ausbruch der Februarrevolution voraus (»Königlicher Eid von Louis Philippe von Orleans 1830«; Paris, Bibliothèque Nationale de France).

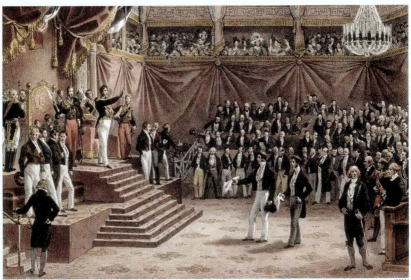

lung; Erfahrungen mit der zeitgenössischen Demokratie in den Vereinigten Staaten ließen den Denker aber befürchten, dass der Gleichheitsanspruch seinerseits die Freiheit unterhöhlen könne. Auf Tocquevilles Werteskala rangierte die Idee der Freiheit jedoch an höchster Stelle; alle anderen politischen Güter bewertete er danach, ob sie die Freiheit fördern oder nicht. So meinte Tocqueville mit Blick über den Atlantik beobachten zu können, dass in der Demokratie die Tendenz angelegt sei zu einer Art von plebiszitärem Anpassungsdruck, einer allerdings gleichmäßigen Unterwerfung unter einen anonymen Zentralismus also, der durch staatliche Zuständigkeit den Verlust eigener Lebensgestaltung nur mangelhaft entgelte. »Es gibt in der Tat einen sehr gefährlichen Übergang im Leben demokratischer Völker«, warnte Tocqueville bereits 1840. »Entwickelt sich in einem dieser Völker die Vorliebe für materielle Genüsse schneller als die Bildung und die freiheitliche Gewohnheit, so kommt ein Augenblick, da die Menschen vom Anblick begehrter Güter wie außer sich sind. Man braucht derartigen Bürgern Rechte, die sie besitzen, nicht erst zu entreißen, sie lassen sie selber gern fahren.« Die Sorge um Wohlstand und Wohlfahrt mache offenbar leicht vergessen, dass es vor allem Selbstverantwortung und Freizügigkeit seien, welche die Qualität der Moderne ausmachen.

Tocqueville, der am 16. April 1859 in Cannes starb, befürchtete schon vor über hundertfünfzig Jahren, dass auf Dauer das Bedürfnis nach Sicherheit größer sein könnte als die eher gemischten Freuden der Selbstbestimmung. Träfe das wirklich zu, dann allerdings wäre mit ihm zu fragen, wieso die Geschichte den mühsamen Umweg über Aufklärung, Revolutionen, Liberalismus einschlug, um am Ende wieder in jene »freiwillige Knechtschaft« (de la Boétie) zu münden, über die sich die frühe Neuzeit so erregt hatte. War alles nur eine Übung in Vergeblichkeit? »Ich denke«, so mahnte jedenfalls Tocqueville seine Leser mit Nachdruck, »daß in den demokratischen Jahrhunderten, die sich jetzt eröffnen, die individuelle Unabhängigkeit immer ein Produkt der Kunst sein wird.« Diese Seinsqualität gehe leicht wieder verloren, werde sie nicht von der Öffentlichkeit und von jedem Einzelnen hochgehalten. *26. April 1991*

Liberalismus

Der Liberalismus hat's schwer

Politisch Inkorrektes unterliegt traditionell der Selbstkontrolle

Von Rolf Weitkunat

Der klassische Liberalismus wird von seinen Kritikern häufig auf den Freiheitsanspruch des Einzelnen verkürzt. Dabei wird die logisch damit verbundene Kehrseite der Medaille, die unbedingte Pflicht, das Recht der anderen auf Selbstbestimmung jederzeit voll zu würdigen, nur allzu gerne vergessen. Wo die Selbstbestimmung von Menschen durch andere beschnitten wird, ist daher Zwang nicht nur möglich, sondern unvermeidbar.

In der aktuellen Diskussion rückt die relativ repressive New Yorker Polizeitaktik zur Eindämmung der Straßenkriminalität nachgerade automatisch in die Nähe einer konservativ-antiliberalen Position. Wer sich dafür interessiert oder positive Merkmale darin ausmacht – automatisch unmöglich ein Liberaler?

Die bei uns im Detail kaum bekannte, dafür um so schneller diskreditierte Strategie der zero tolerance gegenüber Gewalt (Intoleranz) ist wissenschaftlich relativ gut begründet – jedenfalls besser als so manches populistische, aber aus der Hüfte heraus durchgeführte großformatige Reglementierungsexperiment hierzulande. Nicht das deutsche Primat des Vorbehaltes gegenüber allem Neuen, sondern eine allgemeine liberale Offenheit, die (gelebte, nicht nur in Papierform erhältliche) Kultur der Meinungsfreiheit und -äußerung sowie das Recht auf Irrtum samt dessen unverblümter Korrektur scheinen überhaupt das Geheimrezept des Erfolgsmodells jenseits des Atlantiks zu sein.

Wie wir in Deutschland aus diversen Herbsten wissen, neigen ausgebremste Diskussionen dazu, schließlich auf der Straße geführt zu werden. Die so oft eingeforderten Beiträge von Querdenkern dürfen in einer »lebendigen Demokratie« daher keinesfalls abgeblockt werden, sobald sie geäußert werden – ein frommer Wunsch wohl leider in dem Lande, in dem schon die Parteiprogramme zunehmend der öffentlichen Meinung hinterherlaufen statt umgekehrt. Jedenfalls scheint mir an unserer Diskussionskultur, die sich mit höchstem Eifer in bizarren Verregelungsfragen zur Rechtschreibung ergeht und fundamentale Verfassungsänderungen kaum kommentiert, doch – mit Verlaub – einiges faul zu sein.

Liberalismus tut sich schwer, wo politisch Inkorrektes traditionell einer reflektorischen Selbstkontrolle unterliegt und von Wahrheitsbesitzern mit nicht bewiesenen Argumenten selbstgefällig auf Stammtischniveau herabgewürdigt wird, noch bevor ein Diskurs überhaupt beginnen kann. Zumindest in meinem süddeutschen Umfeld kann ich – wieder ein unangenehmes Thema – nicht nachvollziehen, dass »wir Ausländerdiskriminierung und Ausländerhass«, wie von allerlei Seiten andauernd behauptet, »nahezu täglich beobachten« können. Auch wenn der Aufschrei der intellektuell Betroffenen durchs Land hallt: Ich kann mich an kein einziges persönlich erlebtes Beispiel hierfür erinnern.

Wer einzelne verabscheuungswürdige Verbrechen an Ausländern zum moralischen Vorwurf an die gesamte

Verschiedene wissenschaftlich nachgewiesene, genetisch bedingte Unterschiede zwischen den Menschen widersprechen dem hierzulande gängigen Verständnis vom politisch Korrekten (Mikroskopische Aufnahme männlicher Chromosomen im Phasenkontrast).

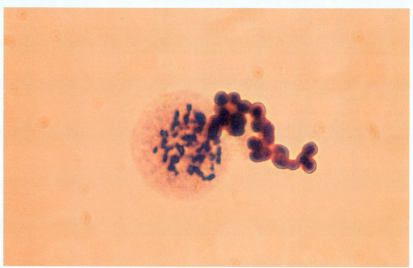

Gesellschaft und alle ihre Mitglieder uminterpretiert, muss sich zumindest fragen lassen, wie gut er dieses begründen kann; mit irreführender Statistik für die Hosentasche, wonach die absoluten Häufigkeiten krimineller Delikte von Deutschen über denen von Ausländern liegen, macht er sich zumindest beim selbst denkenden Teil der Bevölkerung nicht gerade glaubwürdig. Um so mehr, wenn nicht auszuschließen ist, dass sich das Argument bei gleichzeitiger Betrachtung der zugehörigen Nenner, also der fraglichen Bevölkerungsanteile, in sein Gegenteil umkehrt.

Eine weitere Hauptunart der deutschen Diskussionsunkultur scheint mir die der selektiven Wahrnehmung zu sein. Denn bisweilen ist doch – sogar auf allergrundsätzlichster Ebene –, was partout nicht sein darf: Menschen sind, von kultur- und sozialisationsbedingten Unterschieden gar nicht zu reden, unter anderem auch genetisch verschieden – sogar Männer und Frauen.

Es gibt kaum ein mit heutigen Mitteln messbares Merkmal, das sich nicht zwischen den Geschlechtern unterscheidet. Und nicht erst seit der (fast ausschließlich in den USA geführten) Bell-curve-Diskussion sind zahlreiche Fachleute sich über angeborene Intelligenzunterschiede weitgehend einig. Schließlich (das vorerst letzte Fettnäpfchen), auch wenn es den gerne moralisierenden Environmentalisten und Milieutheoretikern vollends nicht gefällt: Dispositionen zur Ausübung krimineller Handlungen werden beispielsweise so genannten antisozialen Persönlichkeiten in Form eines angeborenen (wohl im Frontalhirn lokalisierten) Mangels der Fähigkeit, negative Handlungskonsequenzen zu antizipieren, ziemlich wahrscheinlich in die Wiege gelegt.

Solcherart schlechte Nachrichten aus der Wissenschaft tun mir persönlich für beide Arten von Betroffenen in unserem Lande Leid. Es ist aber irrwitzig, sie nicht zur Kenntnis nehmen zu wollen. Freie Meinungsäußerung, gesunder, wenngleich kritischer Menschenverstand und Vernunft – das sind die Grundpfeiler der Liberalität.

Es ist schade, dass wir in Deutschland in allen Punkten zunehmend Lieferschwierigkeiten zu haben scheinen.

7. November 1997

Nationalismus

Der Phantomstolz

Die zäheste Ideologie der Moderne ist der Nationalismus. 1870 eroberte er Italien, ein Kinderbuch verbreitete ihn in Europa. Im heutigen Deutschland ist die Nation der Trost der Verlierer

Von Gustav Seibt

Es war, so lassen es die Berichte vermuten, einer der glücklichsten Tage des 19. Jahrhunderts. Am 20. September 1870 eroberten die Truppen des Königreichs Italien Rom, um es zur neuen Hauptstadt zu machen. Ein zehnjähriger diplomatischer Stellungskrieg war vorausgegangen, aber der Feldzug selbst war kurz und schmerzlos gewesen. Nach dreistündigem Bombardement und 40 Minuten Gefecht strömten 35 000 Soldaten in die soeben noch von einem internationalen päpstlichen Corps verteidigte Stadt. Schon am Nachmittag entwickelte sich ein Straßenfest, das zwei Tage ohne Unterbrechung weiterging und in immer neuen Höhepunkten nationaler Begeisterung gipfelte. Man umarmte sich, man machte Musik, die Limonaden- und Kaffeeverkäufer verschenkten ihre Getränke literweise an die neuen Mitbürger. »Das Gefühl der Italianità bahnte sich seinen Weg in die Herzen aller«, fasste ein Augenzeuge den Inhalt der Begeisterung zusammen. Italia docebat: Diese kollektive Jubelstunde war eine Generalprobe jener nichtrevolutionären Massenversammlungen, die bald überall in Europa das abstrakte Gebilde Nation anschaulich machen sollten.

Der Nationalismus (um die Sache gleich bei ihrem unbeschönigten Namen zu nennen), diese zäheste, primitivste, unterschätzteste aller Ideologien der Moderne – recht eigentlich das Unkraut unter ihnen –, ist heute in Deutschland eine Sache der Unterschicht. Sein sozialer Status entspricht dem der Jogginghose, des Ballermanns, des Urlaubs auf Mallorca. Das macht ihn so attraktiv für die Politik und die Boulevard-Medien. Dass Guido Westerwelle mit ihm kokettiert, liegt auf der Linie seines Auftritts bei Big Brother.

Für Arthur Schopenhauer war der Nationalstolz das letzte Mittel dessen, der auf keine persönliche Leistung stolz sein könne.

Diese soziale Konstellation hat es schon im 19. Jahrhundert gegeben. »Die wohlfeilste Art des Stolzes hingegen ist der Nationalstolz«, erklärte des Geistesaristokrat Arthur Schopenhauer in den »Parerga und Paralipomena«. »Denn er verräth in dem damit Behafteten den Mangel an individuellen Eigenschaften, auf die er stolz seyn könnte, indem er sonst nicht zu dem greifen würde, was er mit so vielen Millionen theilt (...) Jeder erbärmliche Tropf, der nichts in der Welt hat, darauf er stolz seyn könnte, ergreift das letzte Mittel, auf die Nation, der er gerade angehört, stolz zu seyn.«

Das war in der Tat der gesellschaftliche Sinn und das Versprechen des Nationalismus: dass die öffentliche, politische Sphäre eine Ebene herstelle, auf der von Standes- und Klassenunterschieden, von Religion und individuellem Vermögen (im doppelten Sinn von Begabung und Reichtum) abgesehen werde. Die Nation sollte etwas von ihrer Stärke noch ihren schwächsten Mitgliedern mitteilen. Sie konstituierte dabei eine nachchristliche, lokale Form der Gleichheit, indem sie die Unterschiede, die in vormodernen Gesellschaften hierarchisch funktionierten, jedenfalls teilweise nach außen verlagerte, an die Grenzen der Nationen.

Diese neuartige Gemeinschaftsbildung konnte auch etwas Humanes und Großes haben, wie heute noch aus jener Adresse spürbar wird, die die römischen Juden schon wenige Tage später, am 25. September 1870, an den italienischen König richteten: »Wir sprechen jetzt den Namen Israelit zum letzten Male aus. In dem Augenblicke, da wir aus dem Zustande einer gesetzlichen Erklärung in die Acht zu dem heiligen Regime der bürgerlichen Gleichheit übergehen, ist dies eine Pflicht der Dankbarkeit. Unter dem Scepter Ew. Majestät werden wir außerhalb unserer Tempel nur daran uns erinnern, dass wir Italiener und Römer sein müssen und auch nichts anderes sein werden.« Ein Vertreter der jüdischen Gemeinde Roms war Mitglied der Delegation, die drei Wochen später dem König das Ergebnis des Plebiszits zum Anschluss Roms an Italien feierlich überreichte.

Die Idee der Nation taugt nicht zum sozialen Ausgleich
Als Gleichheitsideologie aber ist der Nationalismus ohne weiteren Inhalt, und das macht ihn einerseits so flexibel und überlebensfähig wie andererseits anfällig für allen möglichen hässlichen Missbrauch. Nationalismus ist eben bloß die Hohlform eines Ethos, das keinen für alle Male feststehenden Inhalt hat. Die Römer, die sich so rauschhaft und sympathisch mit den Italienern wiedervereinigten, fingen schon im Lauf ihres Straßenfestes an, die päpstlichen Soldaten, vor allem die Franzosen unter ihnen, zu verprügeln. Gehindert wurden sie daran von den italienischen Soldaten und jenen mit ihnen einmarschierten Funktionären, die erklärten: So etwas tue man nicht als anständiger Italiener. Doch sind solche zivilisatorischen Ermahnungen immer willkürlich gewe-

sen, sie folgten nie zwingend aus der Zugehörigkeit zu einer Nation.

Das führt in den Kern der Frage nach dem Nationalstolz. Wenn heute aufgeklärte Zeitgenossen empfehlen, man solle stolz auf die Verfassung und andere demokratische Errungenschaften sein, dann bleiben sie doch in dem von Schopenhauer verächtlich umrissenen Dilemma, Nationalstolz sei der Stolz auf etwas, das man sich nicht selber als Verdienst zurechnen könne. Warum sollte ein Skin in Sachsen-Anhalt stolz auf das Grundgesetz oder den Sozialstaat sein? Wenn er einen Begriff davon haben sollte, dürfte es keineswegs immer ein positiver sein; jedenfalls könnte er nicht das Gefühl haben, mit eigener Leistung zu diesen Errungenschaften beigetragen zu haben.

Wenn dagegen ein ausländisch aussehender Deutscher tatsächlich in der Öffentlichkeit ein T-Shirt mit der Schrift »Ich bin stolz, ein Deutscher zu sein« tragen würde, so wie es die Werbekampagne von Scholz & Friends vorführt, dann hätte er einen realen Grund für diesen Stolz: und sei es nur, weil es für einen Menschen afrikanischer oder asiatischer Abstammung an vielen Orten Deutschlands eine Mutprobe bedeutete, sich mit dem T-Shirt zu zeigen. Aber auch, weil für Immigranten und deren Kinder das Deutschsein etwas mit einer Anstrengung zu tun hat, die Spracherwerb, Anpassung an fremde Umstände, Aufstieg unter erschwerten Bedingungen umfasst. Für diese neuen Deutschen ist ihr Deutschsein eine Leistung, auf die sie mit Recht und persönlich stolz sein können.

Darum bedeutet die Kampagne von Scholz & Friends keineswegs, wie der Chef der Grünen, Fritz Kuhn, jüngst erklärte, eine »Verfremdung«. Sie bezeichnet präzise den aktuell möglichen Sinn des Satzes, den einzig humanen, den die nationalistische Leerformel augenblicklich zulässt. Er erinnert an die bessere Möglichkeit des Nationalismus, die großzügig Gemeinschaft verheißt. Doch ist es eben das Grundmerkmal der nationalistischen Ideologie und die Grundlage ihrer unkrauthaften Überlebensfähigkeit, dass ihr Sinn oder Aberwitz so ganz von wechselnden konkreten Umständen abhängt. Die nationalistischen Sätze (»In allen Herzen bricht sich

Nationalistische Gefühle haben vor allem in historischen Momenten ihre Berechtigung, etwa beim Wegfall von Grenzen wie in der deutsch-deutschen Silvesternacht 1989/90 am Brandenburger Tor.

das Gefühl der Italianità Bahn«, »Ich kenne keine Parteien mehr, sondern nur noch Deutsche« oder »Heute sind die Deutschen das glücklichste Volk der Welt«, »Wir sind ein Volk«) sind wirksam immer nur in bestimmten historischen Zusammenhängen, beispielsweise wenn eine Schranke oder eine Grenze fällt, ein Sieg oder eine Niederlage das Kollektiv betrifft. Warum sollte man Tag für Tag, auf der Arbeit oder in seiner Freizeit, bekunden, man sei stolz, ein Deutscher zu sein? Das wäre lächerlich.

Wer es heutzutage tut, ist häufig arbeitslos und trägt auf seinem T-Shirt die Drohung des Ausnahmezustands vor sich her. Er wird sich, so der Inhalt der Drohung, die Gelegenheit für den Stolz schon suchen, und die Schlägerei, die er gewinnt, ist ihm ja tatsächlich ganz allein zuzuschreiben, als eigene »Leistung«. Er antwortet auf die drohende Deklassierung (oder auch nur das Empfinden des Zurückgesetztseins) mit der Gegendrohung des Selbsthelfertums. Bei den Nazi-Skins ist der Satz »Ich bin stolz, ein Deutscher zu sein« ein Verlierersatz, der sagt: Ich habe ein Recht darauf, in diesem Land nicht als Fremder behandelt zu werden. Das Nationale bezeichnet, wie Hans Castorf einmal gesagt hat, ein fehlendes Soziales.

Die Idee der Nation taugt allerdings nicht zum sozialen Ausgleich. Im besten Fall ist sie geeignet, eine rein formale Gleichheit herzustellen, also um Fremde oder

Nationalismus

Außenseiter zu integrieren, wie die Juden in Rom 1870 oder, nach dem Vorschlag von Scholz & Friends, die ausländischen Bürger heute. Das gelingt selten genug, und ohne andere Ausgrenzungen ist es bisher noch nie abgegangen. Einer, der am 20. September 1870 mitfeierte beim großen römischen Straßenfest, war Edmondo de Amicis, der erfolgreichste Kinderbuchautor des 19. Jahrhunderts. Sein Buch »Herz« (Cuore) von 1886 war der Harry Potter seiner Zeit, zu Hunderttausenden verbreitet, die Geschichte eines Schuljahres und zugleich eine Bibel des Nationalismus mit unabsehbarer Wirksamkeit.

Dort gibt es einen Brief des Vaters an den kindlichen Helden, in dem erklärt wird, was Vaterlandsliebe sei. Wie künstlich und abstrakt sie ist, zeigt sich schon an der Versicherung des Vaters: »Du wirst sie voll empfinden, wenn du ein Mann sein wirst«, also erst als Erwachsener. Und schon 15 Jahre nach dem römischen Abschluss des Risorgimento war aus der Vaterlandsliebe ein kriegerisches Gefühl geworden: »Du wirst sie fühlen, in der schmerzlichen und stolzen Verachtung, die dir das Blut ins Gesicht treibt, wenn du dein Land aus dem Munde eines Fremden beschimpfen hörst (...) Du wirst sie fühlen wie eine göttliche Freude, wenn du das Glück haben wirst, die gelichteten, müden, zerfetzten, schrecklich zugerichteten Regimenter wieder in deine Stadt einziehen zu sehen mit dem Siegesglanz in den Augen und den von Kugeln zerrissenen Fahnen.« Zitiert nach dem 16. Tausend der deutschen Übersetzung aus dem Jahre 1895. Auch deutsche Kinder haben das gerne gelesen.

Heute schlägt das nationale Herz Italiens nicht mehr im Takt. Die radikalsten rechten Bewegungen sind antiunitarisch, sie berufen sich auf die vormodernen Regionen. Stolz sind die Lombarden, der Rest ist Fernsehen.

29. März 2001

Manchestertum

Gerecht ist nur die Freiheit

Wer vor dem Rückfall in finstere Zeiten der Ausbeutung warnen will, beschwört das Schreckgespenst des »Manchester-Liberalismus«. Aber in Wahrheit waren die Manchester-Liberalen radikale Demokraten und Sozialreformer

Von Richard Herzinger

Der schlimmste Bannfluch, der in der wirtschafts- und sozialpolitischen Debatte ausgesprochen werden kann, ist der des »Manchester-Liberalismus«. Ob Gewerkschafter oder Kirchenvertreter, linke Gesellschaftskritiker oder konservative Werteschützer – alle würden wohl dem Schriftsteller Günter Grass zustimmen, der schon 1997 zu erkennen glaubte: »Wir erleben den Rückgriff auf einen Manchester-Liberalismus, der keine Rücksicht auf Menschen mehr nimmt.« Bei diesem Begriff werden die Bilder von verelendeten Arbeitermassen und ausgemergelten Kindern wachgerufen, die in Textilfabriken oder Bergwerken 16 Stunden lang schuften müssen. Daraus wird flugs gefolgert, es handele sich hierbei um Zustände, die von den Befürwortern des »Manchester-Kapitalismus« angestrebt worden seien. Und so wird, wer staatlichen Dirigismus zurückdrängen will, heute leicht mit dem Vorwurf konfrontiert, er wolle die Menschheit in eine düstere Epoche brutaler Ausbeutung und trostlosen Elends zurückwerfen.

Diese Anklage ist so wirkungsvoll, dass selbst hartgesottene Wirtschaftsliberale vor ihr zurückschrecken und sich empört vom »Manchester-Liberalismus« distanzieren. So betont die FDP-Führung immer wieder, sie sei den Prinzipien der sozialen Marktwirtschaft verpflichtet und habe mit »Manchestertum« nichts im Sinn. Doch zu solchen eilfertigen Dementis gibt es in Wahrheit nicht die geringste Veranlassung. Denn die Verteufelung des Manchester-Liberalismus beruht auf einem grandiosen historischen Irrtum. In die Tradition der Manchester-Liberalen eingereiht zu werden ist ganz und gar ehrenvoll.

Manchestertum

Der bedeutendste Kopf dieser Richtung, Richard Cobden (1804 bis 1865), war ein unermüdlicher Streiter nicht nur für den freien Welthandel, sondern auch für die Verbesserung der wirtschaftlichen und sozialen Lage der Bedürftigsten in der Gesellschaft. Cobden selbst wuchs in extremer Armut auf, als eines von elf Kindern eines Bauern in Sussex. Weil sein Vater sie nicht mehr ernähren konnte, musste er seine Kinder zu Verwandten in Pflege schicken. Richard landete bei einem Onkel in Yorkshire, bei dem er sehr schlecht behandelt wurde. Diese an einen Roman von Charles Dickens erinnernde Geschichte wirft ganz nebenbei ein Schlaglicht auf die sozialen Zustände, die vor der industriellen Revolution auf dem so gern idyllisierten Land herrschten.

Der Autodidakt Cobden, der kaum Schulbildung genossen hatte, arbeitete zunächst als Angestellter in der Textilindustrie und gründete 1828 ein eigenes Unternehmen, das ihm bald Wohlstand einbrachte. Seit 1832 lebte Cobden in Manchester, wo er sich der Kampagne für

Der Manchester-Liberalismus ist zu Unrecht Synonym für rücksichtslose Ausbeutung der menschlichen Arbeitskraft (Kinderarbeit in einer Spinnerei in North Carolina, Foto von Lewis W. Hine, um 1907/08).

einen demokratisch gewählten Stadtrat anschloss und, nachdem dies durchgesetzt war, zum Abgeordneten gewählt wurde. Seit 1841 saß Cobden für die Liberalen im britischen Unterhaus. Er und sein engster Mitstreiter John Bright (1811 bis 1889) verloren ihren Sitz erst bei den Wahlen 1857 – wegen ihrer Opposition gegen die aggressive Außenpolitik der konservativen Regierung und gegen den Krim-Krieg von 1854 bis 1856. Zu den Grundüberzeugungen Cobdens gehörte die Gewissheit, der freie Welthandel werde kriegerische Konflikte zwischen Nationen überflüssig machen. Die Manchester-Liberalen waren leidenschaftliche Antimilitaristen.

Das politische Hauptanliegen Cobdens und Brights aber war die Aufhebung der Getreidezölle, einer protektionistischen Maßnahme, die nach Auffassung der Liberalen nur die Privilegien der ländlichen Aristokratie schützen sollte, für die arbeitende Bevölkerung aber überteuerte Brotpreise und somit verschärftes soziales Elend bedeutete. Die Corn Laws, ein Bündel von Verordnungen, die den Getreidepreis künstlich hoch hielten, waren 1815 erlassen worden – nach dem Ende der napoleonischen Kriege und der gegen das napoleonische Frankreich gerichteten Kontinentalblockade.

Die Blockade hatte auch zur Folge, dass englische Waren im Inland vor ausländischer Konkurrenz geschützt waren. Landwirtschaft war extrem lukrativ geworden, und Land wurde zu hohen Preisen gehandelt. Diesen Zustand wollten der Adel und andere reiche Landbesitzer, die über den Großteil des Ackerbodens verfügten, mithilfe der Corn Laws verewigen: Um billigere ausländische Anbieter auszuschalten, wurde ein Mindestpreis für eingeführtes Getreide festgelegt.

Cobden und Bright waren führende Aktivisten der Anti-Corn-Law-League, die sich mit aller Kraft für die Abschaffung dieser Schutzzölle einsetzten, weil sie darin das Kernstück des herrschenden halbfeudalen Staatsdirigismus sahen. Besonderen Wert legten sie aber auf die Feststellung, dass sie nicht nur im Interesse von Industriellen und Kapitalisten handelten, sondern in erster Linie mit Blick auf die Lage der besitzlosen Klassen. »Der erste und schwerwiegendste Anklagepunkt in meinem Urteil gegen den Getreidezoll«, erklärte Cobden in einer Rede 1844, »ist, dass er eine Ungerechtigkeit gegen die Arbeiter in diesem und jedem anderen Land darstellt.« Cobden widmete dem Kampf gegen die Corn Laws nicht nur seine Zeit, sondern auch sein Vermögen, sodass er in den Fünfzigerjahren in tiefe Schulden geriet, aus denen ihm nur eine Geldsammlung seiner politischen Anhänger heraushelfen konnte.

Wie John Bright, der ein gläubiger Quäker war, identifizierte sich Cobden während des amerikanischen Bürgerkriegs mit Abraham Lincoln und seinem Kampf gegen die Sklaverei. Als infolge der Kämpfe in Amerika die Einfuhr von Baumwolle stockte und die Textilindustrie im Norden Englands zum Erliegen kam, organisierte Cobden eine Sammlung zugunsten der Not leidenden Textilarbeiter – mit der Zielsetzung, die für damalige Zeiten unerhörte Summe von einer Million Pfund zusammenzubringen. Nach Cobdens Tod unterstützte Bright die Bewegung für das allgemeine und gleiche Wahlrecht und für geheime Wahlen. Weitere Ziele, für die sich die Manchester-Liberalen einsetzten, war die Ausweitung und Verbesserung staatlicher Schulbildung sowie die Reform und Öffnung der Universitäten für alle.

Einer der brillantesten zeitgenössischen Anhänger des »Manchester-Liberalismus« außerhalb Englands war der französische Ökonom und Pamphletist Claude Frédéric Bastiat (1801 bis 1850) – ein literarisch begabter Polemiker, der seine Anklagen gegen die staatliche Gängelung der Freiheit im wirtschaftlichen und gesellschaftlichen Leben nicht nur in programmatische Traktate, sondern auch in scharfzüngige Satiren fasste. Als Bürger eines Landes, in dem die Denkungsart Rousseaus und seiner Lehre von der volonté générale, das Erbe des Absolutismus und des jakobinischen Zentralismus sowie der aufkommende Sozialismus zu einem hartgesottenen Etatismus zusammenflossen; in einem Land, in dessen politischen Sprachschatz das Wort »liberal« nie Aufnahme gefunden hat, befand sich der radikale Marktwirtschaftler und Freihändler Bastiat in einer hoffnungslosen Außenseiterposition.

So hatte er eine gute Portion sarkastischen Humor bitter nötig. Nicht nur die Repräsentanten der beste-

ZEIT Aspekte

Protektionistische Maßnahmen der reichen Länder sind eine der Ursachen für die Armut in der so genannten Dritten Welt (afrikanische Kinder warten nach einem langen Fußmarsch an einem Brunnen in Kenia).

henden Verhältnisse, sondern auch die Reformer und Revolutionäre, nicht nur die Staatsfunktionäre, sondern auch die Sozialutopisten hatte er gegen sich – die geballte Macht einer öffentlichen Meinung, die in allen möglichen Punkten ideologisch tief zerstritten war, nur nicht in einem: dass das Wohl der Gesellschaft in die Hände eines fürsorglichen Staats gelegt werden müsse. Diese Herausforderung durch eine unbezwingliche Übermacht schärfte Bastiats Feder. Mit beißendem Spott und feiner Ironie ging er den Bewusstseinsstrukturen auf den Grund, die der Staatsgläubigkeit zugrunde liegen – und kam, in seiner Schrift »Das Gesetz von 1848«, zu dem Schluss, dass dahinter nicht zuletzt die Anmaßung selbst ernannter »Vorsteher« des Menschengeschlechts stecke, die in der »trägen Masse« bestenfalls »passive Moleküle« erkennen könnten. Sie gelte es mittels des Staates zu einem produktiven Ganzen zu formen. Sich selbst sähen diese »Publizisten« als jene »schaffende Kraft« an, »deren erhabene Aufgabe es ist, diese verstreute Materie – die Menschen – in einer Gesellschaft zu vereinigen«. »Die modernen Publizisten«, ätzte Bastiat, »teilen die Menschheit in zwei Teile:

Manchestertum

Die Gesamtheit der Menschen minus eins bildet den ersten, der Publizist ganz allein den zweiten und bei weitem wichtigsten Teil.«

Die Manchester-Liberalen waren radikale Demokraten, die ihren Einsatz für freie Märkte und individuelle Selbstbestimmung in einem Zusammenhang mit ihrem Anliegen sahen, den Volkswohlstand zu heben und die Armut zu bekämpfen. Es waren Philanthropen, die den Ertrag ihrer Tätigkeit als Kapitalisten in den Dienst ihres sozialreformerischen Idealismus stellten. Sie waren das Gegenteil von menschenverachtenden Ausbeutern; sie waren Pioniere der modernen freiheitlichen Demokratie. Wie allen echten Liberalen lag ihnen die soziale Gerechtigkeit sehr am Herzen, doch definierten sie sie anders als sozialistische oder religiös motivierte Gesellschaftstheoretiker: Nicht soziale Ungleichheit war in ihren Augen ungerecht. Ungerecht sei vielmehr, wenn bestimmte Gruppen der Gesellschaft von der Möglichkeit des sozialen Aufstiegs ausgeschlossen werden.

Ironischerweise müssten sich heute eigentlich globalisierungskritische Bewegungen wie Attac, die für mehr Gerechtigkeit auf den internationalen Märkten eintreten, den Manchester-Liberalismus zum Vorbild wählen. Denn es sind hauptsächlich protektionistische Maßnahmen der reichen Industrienationen wie Schutzzölle oder Subventionen für die eigene Industrie und Landwirtschaft, die die ärmeren und ärmsten Länder – die so genannte Dritte Welt – um einen fairen Anteil am Welthandel bringen. Die Manchester-Liberalen aber waren zutiefst davon überzeugt, dass der Freihandel – und zwar in alle Richtungen – die einzige Chance für weniger entwickelte Länder sei, zu mehr Wohlstand und sozialer Stabilität zu gelangen. *1. Oktober 2003*

Industrielle Revolution

Der Boom der Bastler

Zwischen 1760 und 1830 fand in Großbritannien die erste industrielle Revolution statt. Doch die meisten Unternehmen setzten neue Erfindungen nur langsam um, die ausländische Konkurrenz holte schnell auf

Von Thomas Fischermann

Falls Hannah Darbys Tante jemals nach Coalbrookdale gekommen ist, hat sie sicher einen Schreck bekommen. »Ein jeder Ausblick erfreut das Auge«, hatte ihr die Nichte im Jahre 1751 geschrieben und sie zum Besuch eingeladen. »Was das Ohr betrifft, so sorgt der Chor der Vögel für vortreffliche Unterhaltung.« Doch der armen Tante dürften bei der Ankunft zunächst die rauchenden Schlote aufgefallen sein, der Schwefelgeruch und das Hämmern, das damals durch das ganze Tal schallte. Entlang des Flüssleins Severn bei Telford, westlich von Birmingham, standen um die Mitte des 18. Jahrhunderts mehr Schmelzwerke, Eisenhütten, Walzwerke und Gießereien als irgendwo sonst auf der Insel. Die industrielle Revolution war auf ihrem Höhepunkt und Hannahs Mann dafür vor Ort verantwortlich. Abraham Darby der Dritte, Erbe des Großunternehmens Coalbrookdale Co. Ltd., lieferte »Eisengegenstände aller Art« nach Großbritannien und ganz Europa. Vom Spucknapf bis zur Eisenbrücke, vom Kamingitter bis zum Fensterrahmen.

Der erste industrielle Revolutionär am Ort war Darbys Großvater gewesen, Abraham der Erste. Der zugezogene Topfmacher aus Bristol probierte im Jahr 1708 als Erster, ob er seine gusseisernen Töpfe nicht viel effizienter mithilfe von Kokskohle statt mit Holzkohle herstellen könnte. Lange blieb er ein Außenseiter, bis sich die Neuerung schließlich im ganzen Tal durchsetzte. Abraham der Zweite baute das Familiengeschäft so richtig aus: Er kaufte in der Umgebung Minen zusammen, verband sie mit Holz- und später Eisenbahnen, erfand ständig neue Öfen und stellte darin immer besseres Eisen her. Als Abraham der Dritte das Familienunternehmen

Als wichtigste technische Neuerung der Industrialisierung gilt die Dampfmaschine nach James Watt.

schließlich erbte, waren in Coalbrookdale schon die ersten Eisenbahnräder der Welt geformt worden. Leute von Coalbrookdale hatten die ersten Dampfzylinder gegossen, spannten 1779 die erste Eisenbrücke der Welt und bauten später die erste Dampflok. Nicht nur Tanten kamen damals zur Besichtigung nach Coalbrookdale, sondern die Ingenieurselite aus dem ganzen Land.

Die erste industrielle Revolution – von den Historikern normalerweise zwischen 1760 und 1830 ausgemacht – war die große Zeit der Tüftler. So schnell wie damals rollte der technische Fortschritt noch nie. »In den zwei Jahrhunderten seit der industriellen Revolution hat sich das tägliche Leben stärker verändert als in den 7000 Jahren davor«, glaubt Joel Mokyr, Wirtschaftshistoriker an der Northwestern University.

Als wichtigste Neuerung gilt heute im Rückblick die Dampfmaschine. Sie konnte Hitze in mechanische Energie umwandeln und wurde so zum universalen Antrieb für Maschinen aller Art. Dampfmaschinen bewegen mithilfe von Wasser und brennender Kohle einen Kolben auf und ab, indem sie ein paar einfache physikalische Prinzipien ausnutzen: den Atmosphärendruck, die Ausdehnung von Wasser zu Wasserdampf – und das plötzliche Schrumpfen einer Wasserdampfwolke, wenn man sie abkühlt und das Wasser kondensiert.

Der große Durchbruch für die Dampfmaschine gelang 1765, als der Ingenieur James Watt ein besonders wirtschaftlich arbeitendes Modell entwickelte und patentieren ließ. Gemeinsam mit dem umtriebigen Fabrikanten Matthew Boulton vermarktete er seine Erfindung bald in aller Welt. Später wurde er sogar für den Erfinder der Dampfmaschine gehalten – doch das erste wirtschaftlich arbeitende Modell war schon 1712 von dem Ingenieur Thomas Newcomen gebaut worden. Es kam seinerzeit ganz in der Nähe von Coalbrookdale zum Einsatz: In Wolverhampton pumpte es Wasser aus einer Kohlenmine.

Dass die Flut der neuen Erfindungen auch einen gewaltigen sozialen Wandel mit sich bringen würde, merkten als Erste die Beschäftigten in der britischen Textilbranche. Hauptsächlich in der Grafschaft Lancashire, nördlich von Manchester, hatten sich über die Jahrzehnte zahlreiche Spinnereien und Webereien niedergelassen. Sie erledigten ihre Arbeit traditionell in Handarbeit und mithilfe einfacher Geräte. Das blieb auch noch lange Zeit so, nachdem der Erfinder Lewis Paul 1738 das erste Gerät zum automatischen Spinnen von Baumwollfäden gebaut hatte – eine schlichte Konstruktion, bei der zwei Rollen die rohen Fasern von einem Knäuel ziehen und als Garn aufrollen. So richtig funktionierte das nie.

Doch dreißig Jahre später kam dem Tüftler Richard Arkwright – einem gelernten Toupetmacher – die Idee, die zwei Rollen in Lewis Pauls Maschine durch vier zu ersetzen. Das klappte, und seitdem gilt er als Erfinder der mechanischen Spinnmaschine. Plötzlich brachte die Textilbranche nach Jahrzehnten technologischer Schlafmützigkeit eine Neuerung nach der nächsten hervor. Die 1768 patentierte »Spinning Jenny« arbeitete mit mehreren Spindeln gleichzeitig und zwirbelte die Fäden ohne fremde Hilfe fachmännisch zusammen. Der Erfinder Samuel Crompton baute 1779 die »Jenny« und das Patent von Arkwright zur ultimativen Spinnmaschine zusammen (mule). Schließlich entstanden Geräte, die dank Wasserkraft und Dampfmaschinen ganz von alleine liefen. Ab 1822 kamen automatische Webstühle zum Einsatz.

Gesamtwirtschaftlich waren die Folgen der Erfindungen damals nicht besonders bedeutend, weil die Baumwollbranche klein war. In den betroffenen Regionen war die Wirkung aber gewaltig – und ein Vorbote für den Wandel, der mit der eigentlichen Industrialisierung vieler Branchen in den kommenden Jahrzehnten bevorstand. Der Preis für Baumwolltuch sank zwischen 1780 und 1850 um 85 Prozent, und Baumwolle drängte andere Stoffe wie Wolle und Leinen zurück. Spinner in Lancashire und den Midlands stürmten seit den 1770er-Jahren immer mal wieder die Maschinen und beschwerten sich im Parlament. Die Automatisierung konnten sie trotzdem nicht aufhalten, denn da gab es noch die Zwänge der Globalisierung: Baumwollbosse konnten damals wählen, ob sie hundert Pfund Baumwolle von indischen Handspinnern oder englischen Spinnmaschinen zu Fäden verarbeiten lassen wollten. Im ersten Fall kostete es 50 000 (billige) Arbeitsstunden, im zweiten Fall zuletzt 135 Maschinenstunden.

Die neuen Ideen fielen auf fruchtbaren Boden
Weder die Ökonomen noch die Historiker konnten sich bislang darauf einigen, warum es all diesen Fortschritt ausgerechnet in Britannien gab. Die Avantgarde der Intelligenz war damals nicht gerade auf der Insel versammelt: Die wissenschaftlich-technische Bildung in Großbritannien wurde als vergleichsweise rückständig angesehen. Allerdings hatten sich die großen Denker, etwa in Frankreich, gerade vorwiegend aufs Grübeln verlegt: Sie beschäftigten sich mit Mathematik, Philosophie, der Abschätzung von Technikfolgen und bald mit den Umwälzungen der Französischen Revolution. Als größtes Symbol für den technischen Fortschritt galt den Franzosen die Ballonfahrt der Brüder Montgolfier (1783) – hübsch, aber eher brotlos.

Bei den Briten hingegen regierte der Kommerz. Erfinder taten sich ganz selbstverständlich mit wendigen

Unternehmern aus der neuen, aufsteigenden Mittelklasse zusammen. Die meisten Tüftler kamen denn auch nicht aus den Elfenbeintürmen: Revolutionshelden wie Arkwright oder die Darbys waren besessene Amateure, die ihr technisches Wissen aus Büchern erwarben, als Gesellen in einem handwerklichen Betrieb oder bei Studienaufenthalten in einer Ideenschmiede wie Coalbrookdale. Die industrielle Revolution geriet zum Boom der Bastler.

Außerdem fielen die neuen technischen Ideen offenbar auf einen besonders fruchtbaren Boden. Es gab genug Experten, die neue Erfindungen von einem Papierplan in funktionsfähige Maschinen verwandeln konnten. Das britische Handwerk erlebte nämlich im Gegensatz zur Situation auf dem Kontinent eine Blütezeit, und die alte Handelsnation hielt sich eine breite Schicht von Uhrmachern und Instrumentenbauern für die Seefahrt. Besonders früh hatten die Briten ein Patentrecht eingeführt, das kommerziell orientierten Erfindern wie James Watt die Früchte ihrer Arbeit sicherte. Die Verstädterung war weiter vorangeschritten als in anderen Teilen Europas: Die Bevölkerung wuchs

Hübsch, aber brotlos: Der Aufstieg einer Montgolfiere in Saint-Antoine, Paris 1783 (zeitgenössische Radierung)

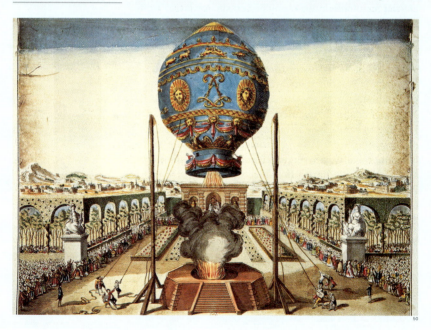

damals kräftig und floh vom Land. Die landwirtschaftliche Produktivität war über die Jahrzehnte aber so stark gestiegen, dass die Briten in den Städten nun nicht allesamt verhungern mussten.

Eine weitere wichtige Voraussetzung war, dass die neuen Produkte ihre Abnehmer fanden. Denn in einem Punkt unterschied sich die neue, mechanisierte Produktionsweise grundlegend vom alten Handwerk: Erst eine große Stückzahl machte sie richtig rentabel. Der britische Binnenmarkt war durch Straßen, Kanäle und später die Eisenbahn gut erschlossen. Vor allem aber öffneten die Exportkanäle der alten Handelsnation auch den Herstellern der mechanisch hergestellten Baumwollprodukte und Eisenerzeugnisse einen gewaltigen Markt in Übersee. »Es würde sich kaum lohnen, deine Motoren nur für drei Länder herzustellen«, schrieb der Dampfmaschinen-König Matthew Boulton 1769 an seinen Partner James Watt. »Aber für die ganze Welt lohnt es sich sehr wohl.«

Also stimmten viele Ausgangsbedingungen für eine industrielle Revolution. Es dauerte freilich erstaunlich lange, bis man in Großbritannien auch von einer breit angelegten Industrialisierung sprechen konnte. Wirtschaftshistoriker hatten noch bis in die Sechzigerjahre geglaubt, dass der technische Fortschritt damals in Großbritannien auch frühzeitig zu einem »Take-off« der ganzen Volkswirtschaft geführt habe. Doch heute weiß man, dass Orte wie Coalbrookdale erst mal die Ausnahme blieben.

Der Wirtschaftshistoriker Nicholas Crafts von der London School of Economics (LSE) hat zum Beispiel errechnet, dass das Wirtschaftswachstum über die ganze Periode keineswegs sprunghaft, sondern langsam und stetig zunahm. Selbst zur Mitte des 19. Jahrhunderts, dem Zenit der Revolution, betrug die jährliche Wachstumsrate nur 2,5 Prozent. Der Ökonom Jeremy Greenwood weist darauf hin, dass sich die Produktivität der Gesamtwirtschaft in den ersten Jahrzehnten der Revolution sogar verlangsamte. Vorher sei sie jährlich um 0,4 Prozent gewachsen, dann aber vierzig Jahre lang nur um 0,2 Prozent. Es scheint fast, als habe sich die industrielle Revolution jahrzehntelang vor allem in Bastelstuben und Patentämtern niedergeschlagen.

Erst in der zweiten Hälfte des 19. Jahrhunderts – also ganz am Ende der Epoche – brach die neue Technik endgültig aus den Tüftlerwerkstätten und den Pionierbetrieben der Midlands, Lancashires, Südwales‹ und Schottlands aus. Auch die Bauwirtschaft nutzte nun die neuen Maschinen und Transportmöglichkeiten, die Nahrungsmittelindustrie wurde automatisiert, sogar die Porzellanmanufakturen arbeiteten jetzt mit Dampfkraft. Gaslicht ermöglichte vielen Betrieben eine Produktion rund um die Uhr, und die Eisenbahnen schafften ihre Güter durchs ganze Land. Die zunehmende städtische Bevölkerung und die Seefahrer freuten sich über die Erfindung der Konservendose. Nun zeigte die Industrialisierung auch all ihre Schattenseiten: wachsende Ungleichheit zwischen qualifizierten Arbeitern und einfachen Hilfs- und Landarbeitern, die Abwertung traditioneller Handwerksberufe, strukturelle Arbeitslosigkeit in traditionellen Branchen, Ausbeutung in den Fabriken und eine Zunahme der Kinderarbeit. Doch zunächst waren Jahrzehnte vergangen.

Für den Wirtschaftshistoriker Mokyr müssen da nicht Faulheit, Trägheit oder gar Aberglaube als Erklärung herhalten – sondern für ihn stecken einfache ökonomische Gesetzmäßigkeiten dahinter. Spektakuläre Erfindungen wie die Dampfmaschine seien zwar die Triebfeder des menschlichen Fortschritts – doch je ungewöhnlicher die Erfindung, desto weniger könnten die Leute zunächst etwas damit anfangen. Für die bisherigen Anwendungen reicht häufig die etablierte Technik: Bis James Watt den Kohleverbrauch der ersten Dampfmaschinen auf ein Viertel drosselte, rechneten sich Wasserkraft und Pferdetriebwerke für viele Unternehmer einfach besser.

»Damit die Volkswirtschaft als Ganzes von Handwerkstechniken auf die mechanisierte Produktion umsteigen konnte, brauchte es Hunderte von Erfindern, Tausende innovativer Unternehmer und Zehntausende von Mechanikern und Technikern«, schreibt Mokyr.

Eine spannende Beobachtung für diejenigen, die sich mit einem Rätsel unserer Zeit auseinander setzen: dem Fortschritt in der Revolution der Informationstechnik, auch dritte industrielle Revolution genannt. Seit den Siebzigerjahren scheint nämlich wieder eine Zeit angebrochen, in der sich bei den Patentämtern neue Anmel-

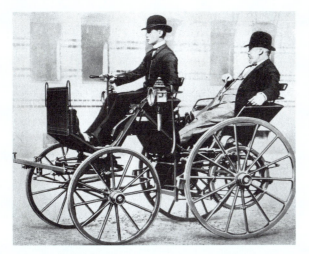

Nicht zuletzt ein gut ausgebautes Ausbildungssystem ermöglichte die wirtschaftlich attraktiven Erfindungen auf dem Kontinent. Die Aufnahme zeigt Gottlieb Daimler 1887 auf seiner ersten Fahrt im Fond seines Motorkutschwagens.

dungen stapeln: Schnellere Chips, leistungsfähigere Netzwerke und schlauere Software entstehen in atemberaubendem Tempo. Und Computer stehen in fast jedem Büro – doch der Nobelpreisträger und »Wachstumspapst« Robert Solow stellte in einer berühmten Bemerkung fest: Auf die Produktivität vieler Branchen hat sich das bislang kaum ausgewirkt. Wiederholt sich einfach die Geschichte? Vielleicht wird es dann noch ein paar Jahrzehnte dauern, bis die Erfindungen der Computerbranche ausreichend verstanden, angewendet und verfeinert sind, damit es zum erhofften großen Durchbruch kommt.

Übrigens hat die industrielle Revolution auch gezeigt, dass sich niemand auf seinem Lorbeer ausruhen kann. Als die britische Industrie zur Mitte des 19. Jahrhunderts endlich begann, die Früchte ihrer Erfindungen zu ernten, holten andere europäische Länder und die USA das britische Wirtschaftswachstum mit abgekupferten Techniken nach – und zwar viel schneller. Die britischen Erfinder gerieten bei neuen Entwicklungen ins Hintertreffen, die sich immer mehr um Werkzeugtechnik und Chemie drehten. Solche Aufgaben überstiegen den Horizont von Amateurerfindern. Französische und deutsche Ingenieure dagegen profitierten allmählich von ihren formalen Ausbildungssystemen und technischen Hochschulen.

14. November 1997

Friedrich List

Zölle fürs Vaterland

Friedrich List begründete den ökonomischen Nationalismus in Deutschland

Von Arne Daniels

Bescheidenheit war seine Sache nicht. Es sei ihm »der peinlichste Gedanke«, notierte Friedrich List 1841, »hinzuscheiden, ohne dieses kosmopolitische System, unter dessen Tritten ich dreißig Jahre lang das Gras in meinem Vaterland verdorren sah, in Stücke geschlagen zu haben«. Gemeint war nicht weniger als die klassische Nationalökonomie, die Lehre von Adam Smith, David Ricardo und Jean-Baptiste Say.

Dieses »System« zu zerschlagen ist Friedrich List nicht gelungen, aber er stellte ihm sein eigenes entgegen und orientierte es an den Bedingungen des damals rückständigen Deutschland. Schon der Titel seines 1841 erschienenen Hauptwerks ist Programm: »Das nationale System der politischen Ökonomie«. Dem großen Schotten Adam Smith, Theoretiker des Freihandels und Vordenker der Marktwirtschaft, warf List »bodenlosen Kosmopolitismus« und »desorganisierenden Individualismus« vor; er hielt mit einer Lehre dagegen, die die mächtige und unabhängige Nation in den Mittelpunkt stellte. So ist Friedrich List beides: ein ideenreicher Entwicklungstheoretiker und, mit den Worten von Hans Kohn, der »Vater des deutschen Wirtschaftsnationalismus«.

Dabei waren seine Wirtschaftstheorien gewissermaßen nur ein Nebenprodukt seines unsteten Lebens. Der 1789 in Reutlingen geborene List war eine der umtriebigsten und schillerndsten Figuren des deutschen Vormärz – ein kämpferischer Liberaler, der unermüdlich für die politische, gesellschaftliche und wirtschaftliche Modernisierung seines Landes warb. List arbeitete zunächst als Verwaltungsbeamter, lehrte, obwohl er selbst nie studiert hatte, kurze Zeit an der Tübinger Universität Staatsverwaltungslehre und stritt als einer der

Friedrich List

Ersten für einen deutschen Zollverein. Als Landtagsabgeordneter in Württemberg verfasste er eine politische Kampfschrift, die ihm Verfolgung, Festungshaft und schließlich die – vorübergehende – Emigration nach Amerika einbrachte. Er versuchte sich als Landwirt und Industrieller, war einer der wichtigsten Förderer des deutschen Eisenbahnbaus und wird zu den einflussreichsten Journalisten seiner Zeit gezählt.

Als entschiedenen Verfechter der Industrialisierung Deutschlands interessierten ihn dabei vor allem Wirtschaftsfragen, die er in zahllosen Artikeln und Abhandlungen für Dutzende von Zeitungen erörterte. Seine theoretischen Werke entwickelten sich aus diesem tagespolitischen Engagement heraus. List wird heute denn auch eher als Theoretiker der Wirtschaftspolitik denn als Wirtschaftstheoretiker angesehen. Der Praxisbezug ist

Friedrich List gilt als »Vater des deutschen Wirtschaftsnationalismus«. Er war u. a. Professor für Staatswissenschaften, Abgeordneter im Landtag von Württemberg, kam in Festungshaft und wanderte in die Vereinigten Staaten von Amerika aus.

sicherlich die große Stärke seines Werkes; zugleich aber mag es am geringen theoretischen Gehalt seiner Schriften liegen, dass der Autodidakt List heute in vielen Abhandlungen zur Geschichte der Wirtschaftstheorie fehlt.

Am bekanntesten sind wohl noch seine Überlegungen zur Zollpolitik. Keiner anderen Frage maß List »in Hinsicht auf Wohlstand und Zivilisation der Nationen, auf ihre Selbstständigkeit, Macht und Fortdauer« so viel Bedeutung bei wie der Handelspolitik. Hintergrund war die wirtschaftliche Vorherrschaft der Briten, die damals mit billigen und hochwertigen Industriewaren den europäischen Markt beherrschten – wenn auch mit weniger dramatischen Folgen für die Deutschen, als List behauptete. Um diese Dominanz zurückzudrängen, propagierte er »Erziehungszölle«.

Seine Grundidee war einfach: Die einheimische Industrie sollte durch Zölle vor ausländischer Konkurrenz geschützt, die Nation zur Selbstversorgung gezwungen und damit zur industriellen Entwicklung »erzogen« werden. Lediglich die Landwirtschaft und ein paar andere Branchen sollten ohne diesen Schutz auskommen. List hat dieses Prinzip der »Erziehungszölle« vielfach differenziert und variiert – so sollten etwa hoch entwickelte Industrieländer auf Zölle verzichten. Im Grunde ging es ihm jedoch um Protektionismus.

Damit stand Friedrich List im Widerspruch zu seiner Zeit. Bis weit in die zweite Hälfte des 19. Jahrhunderts hinein beherrschte die Idee des Freihandels Politik und Wissenschaft in Europa. Auch List lobte überschwänglich diese Idee sowie die Vision von einer »Universalkonföderation der Menschheit« – nur sei dafür die Zeit, wegen des unterschiedlichen Entwicklungsstandes der Nationen, noch nicht reif. Bekenntnissen dieser Art verdankt List es, dass er heute gelegentlich als »erster Visionär eines vereinten Europas« gefeiert wird. Allzu viel Gewicht sollte ihnen jedoch nicht beigemessen werden. Sie waren wohl nicht viel mehr als Zugeständnisse an den Geist der Zeit, vielleicht auch an den eigenen, ursprünglich von der Aufklärung geprägten Idealismus, und dienten der ethischen Rechtfertigung seines Systems. Auswirkungen auf seine praktische Politik hatten sie nicht.

Hier wies List in eine ganz andere Richtung. Er forderte, die Zölle dürften »nie so weit fallen«, dass die eigene Industrie gefährdet sei; bestenfalls am Konsumzuwachs könne die »fremde Konkurrenz« beteiligt werden. Das alles hatte mit dem Freihandelsbegriff eines Adam Smith nichts zu tun. Unmissverständlich sagte List auch, was allein für ihn der »großartige internationale Handel« war: der Tausch von Industriewaren des Nordens gegen Agrarprodukte und Rohstoffe der »heißen Zone« – ein Prinzip, dem die Industriestaaten ja lange treu geblieben sind.

Lists Ideal war weniger eine Universalkonföderation als eine große, mächtige, wirtschaftlich sich selbst genügende Nation. Das sicherte ihm im Zeitalter des Nationalismus viele Anhänger – im Kaiserreich, in der Weimarer Republik und unter den Nazis, aber auch in anderen Ländern, in denen versucht wurde, nationale Selbstständigkeit durch wirtschaftliche Entwicklung zu erreichen. In seinen letzten Lebensjahren schwang List sich obendrein zu einem der ersten Theoretiker des Imperialismus auf. In Zukunft würde die Welt seiner Ansicht nach in ein paar autarke Imperialblöcke aufgeteilt sein, bestehend jeweils aus einem industrialisierten Mutterland und abhängigen Kolonien.

Es mag daher überraschen, dass Friedrich List in den vergangenen Jahrzehnten neue Leser ausgerechnet bei Entwicklungstheoretikern gefunden hat, die sich mit den Problemen der Dritten Welt befassen. Doch nimmt man ihn beim Wort und entrümpelt zudem sein Werk von nationalistischem Pathos, so finden sich in Lists Schriften tatsächlich interessante Anregungen zum Problem der so genannten »nachholenden Entwicklung«, der Frage also, wie junge Entwicklungsländer angesichts der Konkurrenz von hoch entwickelten Industriestaaten eine eigene Industrie entfalten können.

Vor allem aber hat List sehr früh und sehr genau die Bedingungen benannt, die für eine gesunde Entwicklung erfüllt sein müssen: unter anderem eine stabile und freiheitliche politische Ordnung und eine moderne Infrastruktur, ein gutes Bildungssystem und ein effektives Kommunikationsnetz, Pressefreiheit und Rechtssicherheit.

Der klassischen Vorstellung von Produktivität stellte List seinen Begriff von der »produktiven Kraft« entgegen: Wer etwa in die Ausbildung seiner Kinder investiere, schaffe Werte für die Zukunft.

List propagierte die ausgewogene Entwicklung von Landwirtschaft und Industrie und erkannte besser als die reinen Theoretiker den Charakter einer industriellen Marktwirtschaft als ein sensibles, teils auch artifizielles Gebilde, das, um zu funktionieren, mehr braucht als nur das Bekenntnis zum Gesetz von Angebot und Nachfrage.

Auch in diesem Zusammenhang polemisierte List heftig gegen Adam Smith, vor allem gegen dessen Produktivitäts- und Wertbegriff, und hier hatte er zum Teil die besseren Argumente auf seiner Seite. Smith glaubte, ähnlich wie Karl Marx, nur jene Arbeit sei produktiv, die materielle Güter produziere; die Arbeit anderer Berufsstände sei hingegen unproduktiv, denn sie drücke sich nicht »in einem dauerhaften Gegenstand oder verkäuflichen Gut aus«.

»Wer Schweine erzieht«, höhnte List, sei nach dieser Lehre »ein produktives, wer Menschen erzieht ein unproduktives Mitglied der Gesellschaft«. Ein Arzt sei unproduktiv, nicht aber ein Apothekerjunge, der Pillen herstelle. Dieser materialistischen Vorstellungswelt der Klassiker setzte List seinen Begriff der »produktiven Kraft« entgegen, der Kraft also, Reichtümer zu schaffen – was ungleich wichtiger sei als der Reichtum selbst.

Die Unterscheidung hatte für ihn weit reichende Folgen: Wer sein Geld auf die Bank trage, handele nach der Theorie der Werte, denn er schaffe Reichtum. Wer sein Geld hingegen in die Ausbildung seiner Kinder investiere, zerstöre Werte, schaffe aber produktive Kräfte, die später um so größeren Reichtum ermöglichen würden. Auch die Nation müsse »gegenwärtige Vorteile aufopfern, um sich zukünftige zu sichern«. Moderner ausgedrückt: Zukunftsinvestitionen sind wichtiger und letztlich ertragreicher als kurzfristiges Gewinnstreben. Und nur durch die »nationale Konföderation der produktiven Kräfte« könne die Nation zu »Independenz und Macht« gelangen.

In der Beschreibung der Entwicklungsbedingungen einer modernen Wirtschaft hat der weitgehend vergessene Pragmatiker Friedrich List der oftmals allzu akademischen Wirtschaftstheorie Neues hinzugefügt. Hier lagen seine Stärken – nicht zuletzt deshalb, weil er nicht nur ein theoretischer Schriftsteller, sondern immer auch ein politischer Reformer war. Selbst Friedrich Engels räumte ein, dass List als »Autorität der Schutzzöllnerschule der deutschen Industriebourgeoisie immer noch das beste ist, was die deutsche bürgerlich-ökonomische Literatur produziert hat«.

Das Lob vieler Zeitgenossen änderte jedoch nichts dran, dass List ein gesellschaftlicher Außenseiter blieb. Er galt als unwirsch und unbeständig, wurde aber vor allem gemieden, weil ihm der Ruf des politischen Unruhestifters anhing. Die meisten seiner ehrgeizigen Projekte scheiterten, er litt unter ständigem Geldmangel und bemühte sich vergebens um eine standesgemäße Anstellung. Schließlich beging er, tief resigniert, am 30. November 1846 Selbstmord.   *20. November 1992*

ZEIT Aspekte

Napoleon

Der gesalbte General

Vor 200 Jahren krönte sich Napoleon in der Pariser Kathedrale Notre-Dame mit grandiosem Pomp zum Kaiser der Franzosen

Von Volker Ullrich

In der Nacht vom 1. auf den 2. Dezember 1804, dem Tag, an dem Napoleon zum Kaiser gekrönt werden soll, hat es in Paris geschneit. Am Morgen hört der Schneefall auf, doch es bleibt ungewöhnlich kalt. Die Schaulustigen, die sich hinter den Absperrungen drängen, frieren erbärmlich. Um zehn Uhr macht sich die kaiserliche Karosse, gezogen von acht prächtigen Pferden, auf den Weg von den Tuilerien nach Notre-Dame. Bevor die Prozession in die Kathedrale einzieht, wo sich über 8 000 Würdenträger aus ganz Frankreich versammelt haben, wendet sich Napoleon dem älteren Bruder Joseph zu und flüstert ihm einige Worte in ihrer korsischen Muttersprache ins Ohr: »Si Babbu ci vidia!« – »Wenn Vater uns jetzt sehen könnte!«

Carlo Bonaparte, das Oberhaupt des Klans, war bereits im Februar 1785 gestorben. Damals war Napoleon erst 15 Jahre alt und hatte gerade die Militärschule in Brienne hinter sich gebracht, wo er, der kleine Korse mit dem seltsamen Namen und dem fremden Akzent, oft gehänselt worden war. Doch er hatte es verstanden, sich Respekt zu verschaffen und einen Platz auf der École militaire du Champs-de-Mars in Paris zu ergattern – das Sprungbrett für eine der erstaunlichsten militärischen Karrieren, welche die Geschichte kennt.

In den ersten Jahren nach Beginn der großen Französischen Revolution 1789 suchte der begabte Leutnant sein Glück noch auf seiner Heimatinsel Korsika, doch nachdem er hier gescheitert war, richtete sich sein Ehrgeiz fortan ganz auf das Fortkommen im neuen, revolutionären Frankreich. Im Dezember 1793 bewies er erstmals sein militärisches Talent, als er im Auftrag des Konvents die Engländer aus dem abtrünnigen Toulon ver-

Als eine der erstaunlichsten militärischen Karrieren der Geschichte wird der Aufstieg des korsischen Kleinadeligen Napoleone Buonaparte angesehen, der sich schließlich selber zum Kaiser krönte (Napoleon als Phönix, zeitgenössische Karikatur).

trieb. Der Sturz der Jakobinerherrschaft am 9. Thermidor (27. Juli) 1794 bedeutete nur einen vorübergehenden Karriereknick, denn schon im Oktober 1795 griff das Direktorium, die neue Exekutive, auf seine Dienste zurück, als es darum ging, einen royalistischen Aufstand niederzuschlagen.

Als Belohnung erhielt Napoleon das Kommando über die italienische Armee, und diese völlig demoralisierte Truppe führte der junge Befehlshaber 1796/97 in Oberitalien von Sieg zu Sieg. Hier begründete General Bonaparte seinen Ruhm als Feldherr, von dem er noch zehrte, als er sich am 18./19. Brumaire (9./10. November) 1799, gerade von einer eher missglückten Ägypten-Expedition zurückgekehrt, mit einen Putsch an die Macht brachte.

Von der Revolution emporgetragen, machte sich Napoleon nun daran, sie zu beerben. Als Erster Konsul, dessen Amt zunächst auf zehn Jahre begrenzt, 1802 jedoch auf Lebenszeit verlängert wurde, besaß er eine Machtfülle, die der eines absoluten Monarchen bereits nahe kam. Allerdings blieb er auf plebiszitäre Zustimmung angewiesen, und um sich die zu sichern, setzte er ein bedeutendes Reformwerk in Gang: Er reorganisierte die Verwaltung, sanierte die Finanzen, förderte Handel und Industrie – und er schuf mit dem Code civil vom März 1804 ein bürgerliches Gesetzbuch, das wesentliche Errungenschaften der Revolution, etwa die Gleichheit vor dem Gesetz oder die Trennung von Staat und Kirche, festschrieb.

Freilich konnte sich der Erste Konsul seiner Herrschaft noch keineswegs sicher sein. Seine recht zahlreichen Gegner trachteten ihm nach dem Leben. Am 24. Dezember 1800 entging er nur knapp einer Bombe. Im März 1804 flog in Paris ein weiteres Mordkomplott auf. Drahtzieher war Georges Cadoudal, der Anführer der gegenrevolutionären bretonischen Chouans. Er hatte einen Kreis von Verschwörern um sich geschart, darunter auch einige Revolutionsgeneräle der ersten Stunde wie Jean-Charles Pichegru und Jean Victor Moreau, die nicht verwinden konnten, dass der Parvenu aus Korsika sie alle übertrumpft hatte. Cadoudal wurde mitsamt zwölf seiner Komplizen hingerichtet; Pichegru fand man erdrosselt in seiner Zelle auf, und Moreau wurde in die Verbannung geschickt.

Die Verschwörung kam der bonapartistischen Propaganda gerade recht, um eine Idee zu lancieren, die der Erste Konsul schon seit längerem verfolgte: nämlich in Frankreich die Erbmonarchie wieder einzuführen. »Die vielen Anschläge auf mein Leben schrecken mich nicht«, erklärte Bonaparte. »Aber ich kann den quälenden Gedanken nicht loswerden, wie es heute um unser großes Volk bestellt wäre, wenn das letzte Attentat erfolgreich gewesen wäre.«

Freilich musste es so aussehen, als ginge das Verlangen nach einer Rückkehr zur Monarchie vom Volke selbst aus. Eine Flut bestellter Bittschriften bereitete die Initiative der gesetzgebenden Körperschaften vor. Am

30. April 1804 schlug ein Mitglied des Tribunats, der ehemalige Jakobiner Jean-François Curée, vor, Napoleon zum Kaiser der Franzosen und die kaiserliche Würde für erblich zu erklären. Der Vorschlag stieß auf Zustimmung. Nur einer stimmte dagegen – General Lazare Carnot, der Schöpfer des revolutionären Heeres, das die Republik gegen die Truppen der europäischen Fürsten verteidigt hatte. Der Senat, ein Gremium von 60 auf Lebenszeit ernannten Männern, griff die Initiative auf und verabschiedete am 18. Mai 1804 eine neue Verfassung, deren entscheidender Passus lautete: »Die Regierung der Republik wird einem Kaiser übertragen, der den Titel Kaiser der Franzosen trägt.« Ein Plebiszit sprach sich mit überwältigender Mehrheit (3 572 329 Ja- gegen 2569 Neinstimmen) für die Erblichkeit der Kaiserwürde aus.

Warum kaprizierte sich Napoleon auf den Kaisertitel? Zum einen ging es ihm darum, den Abstand zur alten Monarchie zu betonen. Die Wiedereinführung des Königstitels hätte unliebsame Erinnerungen an die Bourbonen heraufbeschworen. Zum anderen wollte er gegenüber den anderen europäischen Regenten deutlich machen, dass er mit ihnen nicht von Gleich zu Gleich zu verkehren gedachte, sondern beanspruchte, die Geschicke Europas nach seinen Vorstellungen zu lenken. Das Vorbild der Cäsaren schwebte ihm vor, aber auch das Karls des Großen. Als er Anfang September 1804 der inzwischen zu Frankreich gehörenden Stadt Aachen einen Besuch abstattete, erwies er dort im Dom dem Thron des »erhabenen Vorgängers« seine Reverenz.

»Wie könnte ich diese gute Frau verstoßen, nur weil ich mächtiger werde?«
Die Erblichkeit der Kaiserkrone warf allerdings das Problem der Nachfolge auf. Denn die Ehe mit der sechs Jahre älteren Joséphine de Beauharnais, die Napoleon im März 1796 geheiratet hatte, war kinderlos geblieben, und es war nicht zu erwarten, dass die immerhin schon 41-Jährige ihm noch den ersehnten Erben schenken würde. Da Joseph nur Töchter besaß, der zweite Bruder Lucien zum großen Ärger Napoleons Madame Jouberthon, eine Witwe von zweifelhaftem Ruf, geheiratet hatte, bot sich an, den ältesten Sohn seines dritten Bru-

Obwohl die Kinderlosigkeit Napoleons und Joséphines dynastische Probleme aufwarf und auch die Geschwister gegen Joséphine intrigierten, hielt Napoleon lange an der Ehe mit »La Beauharnais« fest.

ders Louis zu adoptieren, der aus der Verbindung mit Joséphines Tochter Hortense hervorgegangen war.

Dagegen jedoch protestierten Joseph und auch Louis, die ihre eigenen Ansprüche auf die Nachfolge anmeldeten. Der unerquickliche Zwist wurde noch dadurch verschärft, dass auch Napoleons Schwestern Elisa und Caroline sich zurückgesetzt fühlten, weil nur die Gemahlinnen von Joseph und Louis den Titel »Prinzessin« tragen durften. Enerviert vom Familienkrieg, wies Napoleon die Eifersüchtigen zurecht: »Nach Ihren Ansprüchen, meine Damen, sollte man wahrhaftig glauben, dass wir die Krone aus den Händen Seiner Majestät unseres hochseligen Vaters empfangen haben.«

Was den Bonaparte-Klan, bei allem Zwist, einte, war der Hass auf »La Beauharnais«. Hinter ihrem Rücken streuten sie Gerüchte über ihre angebliche Untreue, ja mehr oder weniger offen bedrängten sie den Bruder, sich von seiner Gemahlin scheiden zu lassen. Napoleon ließ sich davon wenig beeindrucken. Im September 1804 stand für ihn fest, dass er sich mit Joséphine gemeinsam krönen lassen wollte: »Wie könnte ich diese gute Frau verstoßen, nur weil ich mächtiger werde? [...] Ich habe ein menschliches Herz, ich bin nicht von einer Tigerin geboren [...] Ja, sie wird gekrönt werden.«

Der neuen Monarchie wollte Napoleon durch eine pompöse Feier eine besondere Weihe verleihen. Wie einst bei der Krönung Karls des Großen sollte der Papst anwesend sein. Allerdings wollte sich der Kaiser der Franzosen nicht nach Rom begeben, sondern der Heilige Vater sollte in die französische Hauptstadt kommen, um den Herrscher zu salben. Anfang August 1804 erging die Einladung an Pius VII. Der war über das Ansinnen keineswegs erbaut, und lange zögerte er, ob er dem Lockruf aus Paris Folge leisten sollte. Schließlich glaubte er sich nicht entziehen zu können, zumal Napoleon mit dem Konkordat vom Juli 1801 seinen Willen zum Ausgleich mit der römischen Kurie bekundet hatte. Vielleicht, so verständigte man sich im Kardinalskollegium, könnte der Papst sein Entgegenkommen dazu nutzen, um weitere Verbesserungen für die Kirche auszuhandeln.

Gerade fünf Monate blieben den Organisatoren Zeit für die Vorbereitung der Zeremonie. Wo sollte sie stattfinden? Die Könige von Frankreich waren seit 1179 in der Kathedrale zu Reims gekrönt worden; dieser Ort kam also nicht infrage. Aber auch das Pariser Marsfeld, Ort der revolutionären Feste, lehnte Napoleon ab. Hier würde er, »in alle diese Gewänder gehüllt, wie eine Kleiderpuppe aussehen«, gab er zu bedenken. Dahinter verbarg sich die Furcht des Emporkömmlings, zum Gespött des Publikums zu werden. Schließlich einigte man sich auf die Kathedrale Notre-Dame, die wenige Jahre zuvor noch in einen »Tempel der Vernunft« verwandelt worden war. Sie bot den Vorteil, dass der Platz für die Würdenträger reserviert und das Volk auf Distanz gehalten werden konnte. Die Straßen wurden neu gepflastert, ganze Häuser abgerissen, um Platz zu schaffen für den Krönungszug.

Zum Zeremonienmeister wurde Louis Philippe de Ségur bestellt; der Spross eines alten Adelsgeschlechts

Joseph Bonaparte, König von Neapel und Spanien, war ein Bruder Napoleons und erhob Anspruch auf die Thronfolge (Gemälde von José Flaugier, 1809, Ausschnitt; Barcelona, Museu d'Art Modern del MNAC).

war als ehemaliger Botschafter mit der Etikette bestens vertraut. Er verfasste ein Programm, in dem der Ablauf bis ins kleinste Detail festgelegt wurde. Der Hofmaler Jean-Baptiste Isabey entwarf die Kostüme. Er ließ sich dabei von Renaissancegewändern inspirieren, kreierte Pluderhosen und Westen nach spanischer Mode und Hüte aus Velours.

Nach langem Suchen fand man das Zepter Karls des Großen und ein Schwert, das er angeblich bei der Krönung getragen hatte. Eine Krone allerdings existierte nicht mehr (die des Heiligen Römischen Reiches lag unerreichbar in Wien), und so erhielt der Goldschmied des Kaisers, Martin-Guillaume Biennais, den Auftrag, eine neue zu liefern. Er schuf, nach römischem Vorbild, einen Lorbeerkranz aus Gold. Zum neuen Emblem seiner Würde wählte Napoleon, statt der Lilie der Bourbonen, das Merowingersymbol der Biene.

Mit der musikalischen Gestaltung wurden der Italiener Giovanni Paisiello, den Napoleon 1802 als Kapellmeister nach Paris geholt hatte, und sein Nachfolger, der Franzose Jean-François Le Sueur, betraut. Paisiello schrieb die Krönungsmesse und das darauf folgende Te Deum, Le Sueur den Einzugsmarsch und die übrigen Stücke. Zwei Orchester, mit je vier Chören und 300 Musikern, sollten antreten.

Der Papst war ein Unsicherheitsfaktor
Napoleon plante das gigantische Schauspiel, als gelte es, eine Schlacht zu schlagen. Einige Wochen vor dem Ereignis befahl er Isabey, ihm Zeichnungen anzufertigen, auf denen alle Momente der Inszenierung dargestellt sein sollten. Damit brachte er den Maler, der ohnehin schon mit seiner Arbeit im Verzuge war, in allergrößte Verlegenheit. Schließlich hatte Isabey einen rettenden Einfall: Er durchstöberte die Spielwarenläden, kaufte alle Holzpuppen, die er finden konnte, bekleidete sie mit Papierkostümen und zeichnete einen Grundriss von Notre-Dame. Anhand dieses Modells konnten Napoleon und Joséphine nun ihren Auftritt proben.

Doch es gab noch einen Unsicherheitsfaktor: den Papst. Pius hatte sich erst Anfang November auf den Weg gemacht, und er ließ sich mit seinem großen Tross viel Zeit. So musste der Termin der Krönung mehrfach verschoben werden: vom 9. November, dem 5. Jahrestag des Staatsstreichs, den Napoleon ursprünglich favorisiert hatte, auf den 2. Dezember als letztmöglichen Zeitpunkt. Am 24. November begibt sich der Hof nach Fontainebleau südlich von Paris, um Pius zu empfangen, dessen Ankunft für den nächsten Tag gemeldet worden ist. Napoleon fährt ihm einige Meilen entgegen. Der mächtigste Mann Europas, gekleidet wie zur Jagd, und der Stellvertreter Christi auf Erden – sie fallen sich in die Arme. Dann lässt Napoleon seine Kutsche vorfahren, steigt als Erster ein, und fordert den Papst auf, an seiner Seite Platz zu nehmen. Die Rollen sind damit von Anfang an klar verteilt.

Bald nach seiner Ankunft bittet Joséphine Seine Heiligkeit um eine Privataudienz und gesteht ihm, dass sie nicht kirchlich getraut sei. Für den Papst steht fest: Er wird an der Krönung nicht teilnehmen, solange das Versäumte nicht nachgeholt ist. Napoleon schäumt vor Wut, doch er muss nachgeben. Am Nachmittag des 1. Dezember wird in aller Heimlichkeit im Arbeitskabinett des Kaisers in den Tuilerien die kirchliche Trauung vollzogen. Napoleons Oheim, Kardinal Joseph Fesch, selbst hat es übernommen, dem Paar das Jawort abzunehmen. So steht der Krönung nichts mehr im Wege.

Schon früh am Morgen des 2. Dezember ist in den Tuilerien alles auf den Beinen. Napoleon steht um acht Uhr auf. Er ist bester Laune, doch das Anlegen des monströsen Kostüms macht Schwierigkeiten; während ihn seine Diener ankleiden, stößt der Kaiser allerhand Verwünschungen aus. Dann begibt er sich in die Gemächer Joséphines. Die Kaiserin hat sich noch sorgfältiger schminken und frisieren lassen als sonst. Wie eine 25-Jährige sieht sie an diesem Tag aus, und ihr Gemahl lässt sich von ihrem Anblick wieder einmal bezaubern.

Noch während sich das Paar zurechtmacht, strömen die ersten Gäste in die Kathedrale. Pünktlich um neun Uhr verlässt der Papst die Tuilerien. Seine Karosse wird von vier Dragoner-Schwadronen begleitet. Ihr voran reitet auf einem Maulesel der päpstliche Kämmerer, Monsignore Speroni, ein großes Kreuz in den Händen. Der Anblick erregt die Spottlust der Zuschauer, es fallen herbe Bemerkungen: »Voilà la mule du pape, c'est elle qu'on baise!«

Über eine Stunde muss Pius in der kalten Kathedrale warten, denn der Zug mit dem Paar verspätet sich. Erst gegen zwölf Uhr, als der Himmel aufreißt und sich erste Sonnenstrahlen zeigen, kündet der Donner der Kanonen seine Ankunft an. Vor dem Erzbischöflichen Palais hält der Zug. Hier legt Napoleon den Krönungsmantel an – ein mit goldenen Bienen besticktes, mit Hermelin gefüttertes Gewand, unter dessen Last er fast zusammenbricht. Auch Joséphine hat schwer an der langen

Napoleon I. in seinem hermelingefütterten Krönungsmantel, unter dem er fast zusammenbrach (Gemälde von François Gérard, um 1804; Versailles, Musée National).

Schleppe zu tragen, zumal ihre Schwägerinnen, die sich nur widerwillig als Trägerinnen haben kommandieren lassen, sich wenig Mühe geben, ihr die Bürde zu erleichtern. Einmal lassen sie sogar die Schleppe mutwillig fallen und bringen dadurch Joséphine ins Straucheln. Mit einigen schneidenden Worten ruft der Kaiser die renitente Verwandtschaft zur Raison.

Unter den Klängen des Krönungsmarsches zieht die Gesellschaft in die Kathedrale ein. Napoleon, beobachtet eine Hofdame, ist »äußerst blass, wahrhaft bewegt, der Ausdruck seiner Züge streng und ein wenig unruhig«. Das kaiserliche Paar nimmt vor dem Altar auf Sesseln Platz. Die Feier zieht sich über vier Stunden hin, und je länger sie dauert, desto weniger kann Napoleon ein Gähnen unterdrücken. Nach der Messe salbt der Papst das Paar auf Scheitel und Handflächen und segnet die Kronen. Dann erhebt sich Napoleon, nimmt die goldene Lorbeerkrone vom Altar und setzt sie sich aufs Haupt. Das ist mit dem Papst so verabredet, und die zuerst vom französischen Historiker Adolphe Thiers in den Zwanzigerjahren des 19. Jahrhunderts aufgebrachte und seither immer wieder kolportierte Geschichte, nach der Napoleon dem Papst die Krone entrissen habe, um ihm die Schau zu stehlen, ist nichts weiter als eine Legende.

Papst Pius VII. erfüllte bei der Krönung Napoleons nur eine ihm zugewiesene Rolle.

Danach kniet Joséphine vor den Altarstufen nieder, um sich von Napoleon krönen zu lassen. Die Herzogin von Abrantès, die Frau des Generals Andoche Junot, hat in ihren Erinnerungen die Szene beschrieben: »Aber als endlich der Moment kam, die Frau zu krönen, die, wie er glaubte, sein glücklicher Stern war, da fing er an, [...] ein kokettes Spiel mit ihr zu treiben. Er setzte ihr die kleine Krone [...] wie zur Probe einmal auf, nahm sie dann ab und setzte sie ihr wieder auf, als wollte er ihr auf diese Art die Versicherung geben, dass die Krone ihr leicht sein und sie niemals drücken sollte.«

Es ist genau dieser Augenblick, den Jacques-Louis David in seinem berühmten Gemälde Le sacre festgehalten hat. Freilich nahm es der Maler mit den Details nicht so genau, denn auf Geheiß Napoleons platzierte er auch Letizia Bonaparte, Madame Mère, in den Hintergrund des Bildes, obwohl diese der Zeremonie fern geblieben und stattdessen nach Rom zu ihrem Sohn Lucien gereist war, den der Kaiser wegen der angeblichen Mesalliance verstoßen hatte.

Nachdem der sakrale Akt vorüber ist, zieht sich der Papst zurück. Die Hand auf die Bibel gelegt, schwört Napoleon, »die Unversehrtheit des Staatsgebiets der Republik zu erhalten, die Gesetze des Konkordats und die Glaubensfreiheit, die Gleichheit vor dem Gesetz, die politische und bürgerliche Freiheit, die Unwiderruflichkeit des Verkaufs der Nationalgüter zu respektieren«. Mit dieser Eidesformel versucht er, das scheinbar Unvereinbare, das Kaisertum von Gottes Gnaden und die Ideale der Revolution, zusammenzuzwingen – ein vergebliches Unterfangen, wie sich bald herausstellen wird. Doch am 2. Dezember überwiegt noch die Genugtuung, dass das Spektakel ohne unliebsame Zwischenfälle über die Bühne gegangen ist. Am Abend speist der Imperator allein mit Joséphine, und er bittet sie, die Krone aufzubehalten, weil sie ihr so gut steht.

Glaubt man den Berichten der Agenten, so reagierte das Volk von Paris auf das zwischen Pomp und Pathos schwankende Schauspiel eher zurückhaltend. Jedenfalls hielt sich die Begeisterung in Grenzen, und dass im »Moniteur«, dem offiziellen Regierungsorgan, keine Zeile über die Zeremonie erschien, spricht Bände. Auch außerhalb Frankreichs gab es manche enttäuschten Reaktionen von ehemaligen Bewunderern des Revolutionsgenerals.

»Ist es nicht ein schönes Resultat«, hatte Napoleon im Juli 1804 Staatsrat Miot de Mélito gefragt, »bis zu jener Höhe gelangt zu sein wie ich; sich von Königen mit ›mein Bruder‹ anreden zu lassen ...?« Doch der Kaiser der Franzosen täuschte sich. Die europäischen Regenten fürchteten zwar den Emporkömmling auf dem Thron, solange er stark genug war, sie militärisch in Schach zu halten, doch als einen ihresgleichen akzeptierten sie ihn nie.

Weder im Innern noch nach außen hat die Einführung des Kaisertums die Stellung Napoleons befestigt. Claude Joseph Rouget de Lisle, der Schöpfer der Marseillaise, sandte Bonaparte nach der Krönung einen zornigen Brief: »Sie werden zugrunde gehen und, was schlimmer ist, Frankreich mit sich ins Verderben stürzen.« Prophetische Worte.

2. Dezember 2004

Revolution in Deutschland
Im Frühling der Freiheit

Bauern, Bürger, Arbeiter – für einen Moment vereinte die 48er-Revolution das ganze deutsche Volk

Von Karl-Heinz Janssen

»Beständig Getrommel, Schießen und Marseillaise«, berichtet Heinrich Heine seinen deutschen Lesern am 3. März 1848 aus Paris, wo das Volk zehn Tage zuvor den »Bürgerkönig« Louis Philippe gestürzt und die Zweite Republik ausgerufen hat. »Ich fürchte, die dämonischen Freveltöne werden in Bälde auch euch zu Ohren kommen, und ihr werdet ebenfalls ihre verlockende Macht erfahren.« Doch da war's schon geschehen: Kaum hatte die Nachricht von der Februarrevolution Köln erreicht – mitten im Karneval –, da erhoben sich einige Bürger spontan und sangen die Marseillaise. Der Funke der Revolution hatte die Grenze übersprungen und sofort gezündet. Von den Wiener Kaffeehäusern bis zu den Kneipen mecklenburgischer Kleinstädte wartet man gespannt auf die neuesten Zeitungen. Aufgeregt diskutieren die Menschen miteinander – freudig die einen, ängstlich die anderen. Deutschland, ja ganz Europa ist reif für die Revolution.

Bereits am 12. September 1847 hatten achthundert südwestdeutsche Demokraten in Offenburg voll »männlicher Entschlossenheit« dreizehn Forderungen des Volkes zu Papier gebracht und in ganz Deutschland verbreitet. Sie verlangen Meinungs- und Gewissensfreiheit, Freizügigkeit, Versammlungs- und Vereinsfreiheit. Überdies fordern sie demokratische Verhältnisse in Deutschland: Volksvertretung, Volksbewaffnung, gerechte Besteuerung, Bildung für alle, Geschworenengerichte, »volkstümliche Staatsverwaltung« mit Selbstregierung des Volkes. Schließlich stehen noch zwei Punkte im Programm, die der deutschen Revolution von 1848/49 einen gewaltigen Schub geben werden: »Angleichung des Missverhältnisses zwischen Arbeit und Kapital« und »Abschaffung aller Vorrechte«.

Die kommende Revolution wird eben nicht nur eine Tat des reformwilligen liberalen Bürgertums sein, sondern sie ist undenkbar ohne den Aufstand der unterprivilegierten und mittellosen Massen. Das Metternich'sche System, getragen von der Heiligen Allianz (1815) der Kaiserreiche Österreich und Russland und des Königreiches Preußen, sollte den inneren und äußeren Frieden in Europa sichern, indem es die Bürgerfreiheiten unterdrückte und den unterjochten Völkern ihr Selbstbestimmungsrecht verwehrte. Nach dreißig Jahren hat es sich überlebt. Im Vormärz häufen sich die Krisen.

Ein gewaltiger Bevölkerungszuwachs und eine hohe Arbeitslosigkeit auf dem Lande führen zu einer Massenarmut. Das Elend schreit zum Himmel, als 1846/47 zwei Missernten samt Kartoffelfäule die preußischen Ostprovinzen heimsuchen. Am schlimmsten sind die Verhältnisse in Oberschlesien. Zu Hunderten und Aberhunderten sterben die Menschen am Hungertyphus. Wegen der nachfolgenden Teuerung sinkt das Einkommen der landlosen Tagelöhner auf fünfzig Prozent unterhalb des Existenzminimums. Über sechzig bis neunzig Prozent der Stadtbevölkerung gehören zur Unterschicht, mehr als die Hälfte davon lebt knapp über oder unter dem Existenzminimum.

Noch ehe die Arbeiter und Handwerker im März 1848 auf die Barrikaden gehen, bricht der Aufruhr in den ländlichen Gebieten los, zuerst in Süd- und Südwestdeutschland, dann auch in Thüringen und Sachsen, also in denselben Gegenden, wo 1524/25 der große Bauernkrieg getobt hat. Hans-Ulrich Wehler hält in seiner Deutschen Gesellschaftsgeschichte fest: »Südlich des Mains wurde innerhalb einer Woche ... fast jedes standesherrliche Schloss und Rentamt, jedes Reichsrittergut von Bauernhaufen belagert.« Die Besitzer oder Verwalter müssen schriftlich auf Abgaben, Jagd- und Gemeinderechte verzichten. Grundbücher und Schuldurkunden fliegen auf den Scheiterhaufen. In Franken sind Hunderte von Edelleuten, Bürgern und jüdischen Kreditgebern auf der Flucht vor aufständischen Kleinbauern.

Seit dem 10. März 1848 wandelt sich die Revolte zum organisierten Massenaufstand. Rund 30000 Bauern aus dem Taunus, dem Rheingau und der Mainebene fahren mit der Eisenbahn nach Wiesbaden, wo sie den Herzog von Nassau zwingen, all ihre Forderungen zu erfüllen. In Mecklenburg – dem einzigen deutschen Staat, der noch eine altständische Verfassung hat – erheben sich die Landarbeiter, die von den Gutsherren wie Sklaven behandelt werden. Als die preußische Regierung den Bauern in Schlesien die Befreiung von allen Lasten verwehrt, organisieren sie sich in über 200 Rustikalvereinen.

Die Anfang März einsetzenden Massendemonstrationen in den Residenzen der 34 deutschen Mittel- und Kleinstaaten sowie in den vier freien Städten führen überraschend schnell zum Erfolg. Fast überall reagieren die Herrschenden geschmeidig: Sie berufen prominente Liberale in die Regierungen (»Märzministerien«), welche die Forderungen der Demonstranten erfüllen: Volksbewaffnung, Pressefreiheit, Schwurgerichte und, vor allem, Wahl einer Nationalversammlung.

Mit unerwartetem Tempo fügt sich auch der Bundestag, das höchste Organ des Deutschen Bundes, dem Zeitgeist: Am 3. März hebt er die Zensur auf, sechs Tage später bestimmt er die bislang verbotenen Farben Schwarz-Rot-Gold zum Symbol der deutschen Nation. Ferdinand Freiligrath, der »Trompeter der Revolution«, bedankt sich mit einem neuen Lied, worin es ahnungsvoll heißt: »Denn erst der Anfang ist gemacht, / Noch steht bevor die letzte Schlacht! / Pulver ist schwarz, / Blut ist rot, / Golden flackert die Flamme!«

Die kleinen Leute vom Kiez besiegen 25 000 Soldaten
Die Nachgiebigkeit in den Einzelstaaten basiert auf der Angst vor dem Kommunismus. Im Februar 1848 haben Marx und Engels ihr Kommunistisches Manifest veröffentlicht. Bezeichnend für die Geisteshaltung des Bürgertums ist ein Brief, den der rheinische Zwirnfabrikant Koenigs am 9. März an seinen Schwager, den rechtsliberalen Kölner Bankier Gustav Mevissen schrieb: »Unser Wunsch kann daher nur sein, dass die Regierungen sobald als möglich alle billigen Forderungen bewilligen und dann die Rolle wechseln, d. h. die Regierung zur Aufrechterhaltung der Ordnung im Innern und im Äußern mit allen Kräften zu unterstützen.«

Doch was tut sich in Wien? In den Kreisen und Vereinen des gut situierten österreichischen Bürgertums wird rege über die Märzforderungen diskutiert. Sie werden alsbald von den Studenten übernommen, die eine Petition an den Kaiser richten. Am 13. März, einem strahlend schönen Frühlingstag, ist ganz Wien auf den Beinen. Die Ständeversammlung tagt und wird von vielen Gruppen bedrängt. Aus den Vororten rücken die Arbeiter an. Alle warten auf eine Entscheidung, auch das aufmarschierte Militär. Erste Straßenkämpfe setzen ein. In der Nacht dann breitet sich das erlösende Wort aus: Metternich, der mächtigste Mann Europas, ist zurückgetreten. Mit ihm endet eine Epoche. Seine Feinde am Hof, die eine blutige Schlacht vermeiden wollen, opfern ihn den Massen. Der Staatskanzler geht inkognito ins Londoner Exil.

Überall in der Reichshauptstadt Wien wehen nun die schwarzrotgoldenen Fahnen. Die Presse ist frei; der Kaiser genehmigt dem Volk eine Nationalgarde und den Studenten ihre eigene Legion. Auch eine Verfassung wird in Aussicht gestellt. Im Habsburgerreich sieht es freilich schlimm aus: Die Lombardei und Venetien stehen in Flammen, Tschechen, Ungarn und Kroaten fordern Selbstbestimmung ein.

Deutschland schaut nun auf Berlin. Wird der preußische König Friedrich Wilhelm IV. die Chance nutzen und sich an die Spitze der Reformbewegung stellen? Täglich versammeln sich in den Zelten am Tiergarten Tausende reformfreudiger Einwohner, diskutieren, hören Reden, entwerfen Petitionen. Am 13. März erbitten sich Arbeiter ein Ministerium für Arbeit, um der großen Not abzuhelfen. Berlin ist überschwemmt von Militär; die Zwischenfälle mehren sich, und die Wut wächst auf beiden Seiten.

Der Sieg der Revolution in Wien bringt endlich auch die preußische Regierung auf Trab. Am Mittag des 18. März wird bekannt, dass der König die Zensur aufhebt, den Vereinigten Landtag vorzeitig einberufen wird und eine konstitutionelle Verfassung aller deutschen Stände befürwortet. Das Volk ist erfreut und jubelt dem König zu, als er sich auf dem Balkon zeigt. Nun werden Rufe laut: »Das Militär zurück!« Urplötzlich ergeht der Befehl, den Schlossplatz zu räumen; Dragoner gehen mit bloßem Säbel gegen die Menge vor; erste Schüsse fallen. Bürgerkrieg!

In Windeseile bauen die Berliner Barrikaden zusammen und bewaffnen sich, mehr mit Steinen als mit Gewehren. Um vier Uhr nachmittags läuten die Glocken Sturm, um fünf donnern die Kanonen und prasselt das

Revolution in Deutschland

Nachdem es den revolutionären Kräften in Wien gelungen war, Metternichs Rücktritt zu erzwingen, floh dieser nach London (»Die Konstitution macht Bewegung« Karikatur auf den Sturz Metternichs, Holzstich, 1848).

Gewehrfeuer. Zwölf Stunden dauern die Gefechte, auf beiden Seiten wird verbissen gekämpft. Es geht grausam zu: Schon wehrlose Kämpfer werden hingemordet, Gefangene misshandelt. Gegen Morgen ermatten die Soldaten, die bereits eine Woche Tag und Nacht im Einsatz sind – und sie haben keinen Proviant mehr! Bislang ist nur jede zehnte Barrikade genommen worden.

Der Befehlshaber, General Karl von Prittwitz, erwägt, die Truppen abzuziehen und die aufrührerische Stadt zu umzingeln. Doch der König nimmt ihm die Verantwortung ab, als er, um das Blutvergießen zu beenden und Berlin vor weiteren Zerstörungen zu bewahren, selber den Abmarsch anordnet. »Was können wir tun«, fragt Prittwitz den herbeigeeilten Landtagsabgeordneten Otto von Bismarck, »nachdem der König uns befohlen hat, die Rolle des Besiegten anzunehmen?«

Sieger der blutigen Straßenschlacht sind die ungezählten Tausende hinter den Barrikaden. Es sind zu neunzig Prozent Männer aus den Unterschichten: Handwerksgesellen, Handlungsgehilfen, Fabrikarbeiter, Laufburschen, nicht zu vergessen die Frauen und Kinder, die aus

ZEIT Aspekte

Fensterblei Kugeln gießen, die Bäcker, die Brot herbeischaffen, aber auch die vereinzelten Bürger und Studenten, die aus Empörung über den vermeintlichen Verrat des Königs ihr Leben in die Schanze werfen.

Am Nachmittag des anderen Tages bewegt sich ein unabsehbarer Trauerzug zum Schloss: Das Volk von Berlin bringt die mehr als 200 »Märzgefallenen« zu Grabe. Jetzt naht die Stunde der bittersten Demütigung für Friedrich Wilhelm IV.: Er wird genötigt, sich barhäuptig vor den Toten zu verneigen. Hernach gestattet er die Bewaffnung des Volkes; eine Bürgerwehr übernimmt den Schutz des Schlosses und sorgt für die öffentliche Sicherheit. Entgegen den Befürchtungen des Bürgertums wird in jenen Tagen weniger gestohlen denn je und nirgends geplündert. Als sich eine Volksmenge anschickt, das Kronprinzenpalais Unter den Linden zu stürmen – Prinz Wilhelm, Führer der Militärpartei, hat vor dem Volkszorn fliehen müssen –, schreibt ein Handwerker unter großem Beifall an die Mauer: »Eigentum der ganzen Nation«.

Adolph von Menzel malte die »Aufbahrung der Märzgefallenen« 1848. Das Bild blieb unvollendet (Hamburg, Kunsthalle).

Am 21. März bietet der König seinen Berlinern ein unvergessliches Schauspiel: Mit Helm und in Gardeuniform, um den Arm ein breites schwarzrotgoldenes Band, begleitet von Prinzen und Ministern, reitet er durch die Stadtmitte. An allen Ecken hält er versöhnliche Reden: »Ich schwöre es Euch, ich will nur das Gute für Euch und Deutschland.« Er beschließt den Tag mit einer Proklamation an sein Volk und die deutsche Nation, denen er verheißt: »Preußen geht jetzt in Deutschland auf« – was immer das heißen mag. Heute wissen wir, dass der König log. Lediglich aus taktischen Gründen hat er die Farben der Revolution angelegt, einzig um seinen Thron zu retten. Nur eine Woche später erwartet der Monarch von seiner neuen Regierung, Berlin von dem »Mordgesindel« zu reinigen. Um den Abfall des Rheinlandes zu verhindern, hat er zuvor zwei angesehene rheinische Liberale in sein Kabinett berufen: Der Bankier Gottfried Camphausen wurde Ministerpräsident, der Großunternehmer David Hansemann Finanzminister.

Inzwischen haben Demokraten und Liberale aus Südwestdeutschland die Initiative ergriffen, auf dass rasch ein gesamtdeutscher Nationalstaat mit einer demokratischen Verfassung entstehen kann. Am 31. März versammelt sich in der Frankfurter Paulskirche ein Vorparlament, dem Abgeordnete aus allen Landtagen angehören. Drei Fünftel der Versammlung stehen für eine konstitutionelle Monarchie, womit sie wohl den Willen der großen Mehrheit des Volkes widerspiegeln. Zwei Fünftel, angeführt von den sozialrevolutionären badischen Rechtsanwälten Friedrich Hecker und Gustav Struve, wollen die Republik, können sich aber nicht durchsetzen. Schnurstracks beschließen die beiden einen Aufstand in Baden.

Hecker hängt nur an dem Traume der deutschen Republik
Hecker war der Che Guevara der 48er-Revolution: hand- und bodenfest, ein Volksredner mit Charisma, verwegen und voller Illusionen. Er bildete sich ein, mit einem Marsch durch das badische Land das Volk und auch die Soldaten auf seine Seite ziehen zu können, durch bloße Überredung. Das liberale badische Kabinett will aber nicht die geplante Nationalversammlung durch einen Aufstand gefährden. Darum bittet es Württemberg und

Nach dem Scheitern der Revolution setzte sich die konservative Konterrevolution durch (»Der Denker-Klub« – Auch eine neue deutsche Gesellschaft, aus: Hans Blum, Die deutsche Revolution 1848/49, 1898; Weimar, Herzogin Anna Amalia Bibliothek).

Hessen um Waffenhilfe. Am 20. April wird Heckers kleine Truppe in der Scheidegg bei Kandern von hessischer Infanterie überwältigt. Hecker entkommt in die Schweiz und wandert schon im Herbst nach Amerika aus. Das Volk aber verklärt ihn und singt das Heckerlied: »Er hängt an keinem Baume, / er hängt an keinem Strick. / Er hängt nur an dem Traume / der deutschen Republik.«

Ebenso kläglich endet der Zug der Deutschen Legion, die der jungdeutsche Lyriker Georg Herwegh aus freiwilligen Emigranten in Paris zusammengestellt hat. Am 23. April überquert er mit 650 Mann – es sind auch Franzosen und Elsässer dabei – den Rhein, zu spät, um Hecker noch zu erreichen. Am 27. April wurde die Freischar bei Dossenbach von einer württembergischen Kompanie aus dem Feld geschlagen. Herwegh und seine beherzte Frau Emma, die beim Gefecht bis zuletzt Patronen gefüllt hatte, flüchten mit einem Heuwagen über die Schweizer Grenze.

Am 18. Mai 1848 konstituiert sich die deutsche Nationalversammlung in der Paulskirche. Ein Festtag im Frühling der Freiheit und zugleich der Höhepunkt der Revolution. Einen Monat später marschiert die Konterrevolution.

29. Januar 1998